トニー・ジャット

ヨーロッパ戦後史

上

1945-1971

森本醇訳

みすず書房

POSTWAR

A History of Europe Since 1945

by

Tony Judt

First Published by William Heinemann, London, 2005

『ヨーロッパ戦後史』を読むために

長部重康

トニー・ジャット教授が本書の執筆を思い立ったのは一九八九年の一二月、プラハからの帰り途、ウイーンの西駅で列車の乗り換え中だったという。その数週間前にベルリンの壁が崩れて東西ヨーロッパの分断に終止符が打たれ、四〇年以上続いた冷戦は終わった。この著者の旅に一月遅れで一九九〇年の一月、わたくしもまた混乱が続く東欧の一周旅行を思い立ち、難行苦行の末ブダペストまでたどり着いた。ドナウ川を見下ろすゲレルトの丘に登り小春日和の陽気に誘われてしばしまどろんだが、ソ連の兵士たちも連れ立って三々五々と散歩を愉しんでおり、眼下には「ドナウの真珠」と謳われた美しい街並みが時を刻んだ甍《いらか》を並べて広がっていた。「豊かだったヨーロッパがなぜ社会主義に支配されたのか。そしてそれはなぜ崩壊したのか。」これを解明しなければ、という義務感のようなものに突如襲われた。教授もまた歴史転換への目撃の旅を終えてきて、その証言執筆へと駆り立てられる。この興奮には、深く共感できる。

その後、ドイツの統一、湾岸戦争勃発、モスクワのクーデタ失敗、EU（欧州連合）の誕生、ソ連解体と、社会主義の壊走からその崩壊へと激動のサイクルが一巡するが、これを受けてわたくしは一九九二年初めに『権謀術数のヨーロッパ』(1)を書き上げた。だが著者ジャットは「様々な事情」から執筆には取り掛かれず、二〇〇五年の上梓まで約一五年の長き発酵の時を経ることになった。その間に多くの公文書や研究成果が公開・発表され、「革命的変化にはつきものの避けがたい歴史的混乱が自ずと整理される」（はじめに）という幸運に恵まれ、浩瀚かつ芳醇な歴史叙述が可能になった。

ユダヤ系のフランス・ヨーロッパ現代史家であるトニー・ジャット教授は、ロシア移民の母と、リトアニアのラビ（ユダヤ教指導者）の血を引くベルギー人の父との間に一九四八年、ロンドンはイーストエンドで生まれ、ケンブリッジで歴史学の学位を得た。本書（第XII章）でも長い説明が割かれる六八年五月「革命」の勃発時にはパリの文理系エリート校、高等師範学校に留学しており、マルクス主義の影響を受けた。フランスのいわゆる「六八年世代」（soixante-huitards）に属し、いわば「全共闘世代」の先駆者にあたろう。彼の叙述には善かれ悪しかれこの若き日の「事件」が投影されており、ヨーロッパ戦後史を傍観者としてではなく、それに参加した一当事者として語る、という視点が貫かれている。「その大部分について知り、観察し、時にはそこに加わったりした」（まえがき）からである。

ケンブリッジとオクスフォードとで教えたのち、結局はアメリカ移住を選択してカルフォルニアのバークレーに迎えられ、現在ではニューヨーク大学でヨーロッパ問題を講じつつ現代ヨーロッパ研究のレマルク研究所（Remarque Institute）を主宰している。(2) 書評や評論でも健筆を振るう。

処女作は第一次大戦以前のフランスにおけるマルクス主義の地方への伝播を分析した社会史であり、(3) 主著には『マルクス主義とフランス左翼』(4) と『半過去』(5) とがある。後者は一九四四—五六年の、フルシチョフのスターリン批判以前のフランス知識人によるマルクス主義への対応を描き、その無責任なモラル状況を剔抉《てっけつ》したものだが、後述のコラムニスト、ダニエル・ジョンソンから「コミュニズムへの悲しき恋物語の最良の説明」(6) と激賞されている。

ジャットはユダヤ系ヨーロッパ人に共通してかつては親イスラエルの立場をとり、若き日にはキブツ（集団農場）へ参加してシオニズム（民族国家再生）運動にも積極的に加担してきた。だがイラク戦争勃発後、ブッシュ政権とイラク戦争に対する厳しい批判者の立場を鮮明にしてリベラル派知識人の旗手の一人に踊り出た。またパレスチナ系アメリカ人でコロンビアの比較文学教授であったエドワード・サイードとは、彼の死後に出た評論集の長い序文を書くほどに親密な関係を結ぶにいたった。[7]二〇〇三年には『ニューヨーク・レヴュー・オヴ・ブックス』に論評を発表し、[8]民族国家イスラエルを「機能不全のアナクロニズム」だと厳しく断罪するとともに、イスラエルは「信仰主導の人種国家」（faith-driven ethno-state）から「一国二民族国家」（binational state）へ転換すべしと主張した。アメリカのユダヤ人社会に衝撃が走り、彼は、これまで長年務めてきた『ニュー・レパブリック』[9]（親イスラエルの良識派オピニオン誌）の寄稿エディターの地位を解任された。

本書が出版された二〇〇五年には、わたくしは在外研究で偶然ニューヨークのコロンビア大学に滞在していた。一二月の初めに街をまわると、大型書店の店頭に本書が平積みにされ、クリスマス・プレゼントとして飛ぶように売れていた、とまでいかずとも（そのヴォリュームゆえに！）、読書界の熱い注目を集めていた。アメリカでのヨーロッパ研究の最高峰、ハーヴァード大学のスタンレー・ホフマン教授はこの労作を早速とりあげ、『フォーリン・アフェアーズ』（一一・一二月号）の短い書評[10]で「ジャットによるフランス語衰退の指摘にもかかわらず、ここではフランス語表現でなければぴったりしない」と断って、「力業」（tour de force）と絶賛した。その後辛口を含めて、多くの書評が欧米の新聞・雑誌を飾り、『ニューヨーク・タイムズ』は本書を年間最良一〇書にノミネートし、『タイム』誌も年間必読書の一冊に指定した。また二〇〇六年度ピュリッツァー賞（一般ノンフィクション部門）では最終候補三冊に選ばれている。多くの国で翻訳されまたその途上にあると聞くが、本書はこうしてヨーロッパ戦後史のスタンダードの地位を獲得し、またその「エンサイクロペディア」としての高い評価を受けることに成功した。今後もそれは揺らがぬであろう。

当時わたくしは、フランスで初夏に起こった国民投票での欧州憲法への批准拒否と、とくに晩秋に勃発した移民の子弟による都市暴動とに動転して、現代フランス史を書き下ろすべく、資料収集とその分析とに没頭せざるを得なくなった。[11]同じニューヨークに住みながらキャンパスの違いを言い訳に、ジャット教授への訪問を果たさなかったのは心残りである。

＊　＊

ジャット教授は序文の中で本書のテーマを、以下の四点にまとめている。

第一に、ヨーロッパの衰微の歴史である。ヨーロッパはファシズムからの解放を自力で勝ち取れず、アメリカの支援なしでは共産主義を阻止できなかった。西、蘭、英、仏などかつての海洋帝国も、いまやヨーロッパ内国家に縮退し、内向きになってしまった。

第二に、偉大なる一九世紀の様々な歴史理論が姿を消した。一九八九年以降、ヨーロッパでは左右を問わず、全体包括的イデオロギーの提起はおこなわれなくなった。「ヨーロッパにおけるイデオロギー政治の一八〇年間のサイクル〔フランス革命以降の〕が終わりに近づいていた」（第XIII章）。

第三に、脱イデオロギーの「ヨーロッパ・モデル」が登場し、子育てから国家間の規範にいたる全てを包括し「アメリカ的生き方」と競合する。とりわけ一九九二年に誕生したＥＵ（欧州連合）が折しも欧州分断が終わるポスト冷戦を受けて東方拡大戦略を開始し、二〇〇四年には25ＥＵに飛躍した。

第四に、欧米関係の複雑な、そして誤解されがちな展開である。ヨーロッパのアメリカ化はしばしば誇張されており、一九八九年以降の中東欧におけるアメリカ・モデルによる自由主義化とは、一時的な動きに過ぎず、時代逆行的でしかなかった。

このうち前二者については、ヨーロッパに限らず全世界的な流れといえる。第一点は「新世界」や

「第三世界」による「旧世界」の追い上げプロセスとみなされ、第二点はすでに半世紀前にレーモン・アロンが予言していた「イデオロギー時代の終焉」（第XI章）の実現に他ならない。

　だが後二者については議論が分かれるところだろう。ジャットは「二一世紀の初め、ヨーロッパ人が直面するジレンマは、社会主義か資本主義かではなく、……ヨーロッパかアメリカかでさえない。この選択はほとんどの人の心の中で、ヨーロッパへ好意的な形で、すでに有効な解決が図られているからである」（第XXIV章）と言い切る。そして、「ＥＵは今や米議会へ効果的な圧力を行使できるまでに大きくなり、……ヨーロッパはもはやアメリカの陰の存在ではなく、その関係はむしろ逆転した」（同章）と自信に満ちて結論を下す。彼がＥＵの対極に位置づける存在はイスラエルであり、過酷な状況を超えて民族（国民）国家（nation-state）を創設し、力ずくで防衛してきた。

　ＥＵへの昇格とユーロ誕生とで一九九〇年代に入って求心力を高めてきた欧州統合だが、二〇〇三年にアメリカがイラク戦争を開始すると、仏・独にスペインなどが加わる「古いヨーロッパ」が対米批判を強めて中東欧など「新しいヨーロッパ」との対立を深めた。欧米関係は戦後最悪に落ち込んでしまった。二〇〇五年には本書出版と符節を合わせるかのように、フランスで欧州憲法へのノンと都市暴動とが燃え盛り、ヨーロッパは一転して自信喪失に陥って欧州統合は漂流し始めた。イラク戦争で傷ついたアメリカがいまやヨーロッパ分解を懸念する一方、二〇〇七年になるとサルコジがアングロサクソン流改革を掲げてフランス大統領の座を射止める。[12] 秋に訪米し上下両院合同会議で、第二次大戦においてフランス解放に命を懸けた多くの若き米兵への心からの哀悼と感謝とをささげ、米議会史上異例な一三回のスタンディング・オベーション（総立ちの拍手）で迎えられた。ヨーロッパ・モデルとアメリカ・モデルとの優劣比較、対立抗争とは、著者も認めるように複雑を極めるが、そのうえグローバリゼーションの動きと関連して一筋縄ではいくまい。

＊＊

本書の魅力を挙げて、その例証をいくつか上巻から示してみよう。

（1）冷戦終焉の好機を生かして、東西ヨーロッパの文化と地理とをシームレス（継ぎ目なし）に織り込むことに成功している。冷戦の断層線が走ったのは、東欧と西欧とのあいだというより、東西ヨーロッパのそれぞれ内側であった（第Ⅶ章）。またスカンジナヴィア諸国やバルカン半島、オーストリア、アイルランド、中東欧諸国など、辺境や小国などへの目配りも行き届いている。貴重で珍しい写真が、数多く証言台に立ち、臨場感を高める。

（2）戦後の動きを歴史的長期的パースペクティブ（展望）のなかに位置づけ、分析が深みを増す。たとえばヨーロッパの農業問題は、一八七〇年代の新大陸からの安価な農産物輸入による欧州農産物価格の長期低落と、少数の大土地所有者による土地独占とから説明される（第Ⅲ章）。

（3）常識的な枠組みを超えた意外性ある対象を設定して、共通点と対立点とを際立たせる。低地三カ国（オランダ、ベルギー、ルクセンブルグ）相互間（第Ⅷ章）や、イタリアとオーストリア間（同章）など、対比の妙が光る。ベルリン危機が雄弁に示すものは、米、ソ二大国が自己認識している以上に共通点が多かった事実であり、双方とも従属民から愛想をつかされるのを恐れてその頑固な要求や不満を受け入れさせられ、うんざりしていた（同章）。

（4）時代や姿勢、状況を二項対立させ、比較・対照を通じて変化を浮彫りにする。第一次大戦では「一世代分の若者が殺された」が、第二次大戦後は、「年老い、面目失墜の連中が退場」した（第Ⅶ章）。一九五六年の「スエズ危機」でイギリスは「初の国際的屈辱を経験」したが、フランスはすでに「おなじみ」であり、そこから得た教訓も両国で正反対となる（第Ⅸ章）。イギリスはその後、

「いかなることがあってもアメリカに忠実に付き随ってゆく」ことを決意し、アメリカへの影響力行使とアメリカからの支援確保を誓ったが、フランスは逆にアメリカへの挑戦を続けることになった。

（5）新たな史実や研究成果を積極的に盛りこんでいる。エアハルトがドイツを支配していたら、農業抜きの英独自由貿易連合が出来上がっていただろう（第Ⅸ章）。一九五六年のハンガリー動乱に際し、アメリカは戦略上取るに足らぬ小国の出来事として注目せず、スエズ動乱の当事者たる仏、英にすべて責任があるとの結論を下した。他方、チトーを含む衛星国すべての指導部がナジ追放に同意したのは、彼が「党の指導的役割」を放棄した点にある（同章）。フランスの労働総連合（ＣＧＴ）がフランス電力（ＥＤＦ）からその売上げの一パーセントという巨額な金を社会金庫に振り込ませ、これを武器に共産党に対して大きな政治的な圧力を発揮しえた（第Ⅺ章）。実はその後、公金流用で司直の手が入りフランスの労働貴族と共産党との秘密が暴かれる、という衝撃的事実に展開していく[13]。

（6）芸術の中で映画を熱愛する著者は、時代の雰囲気を伝えるべく、おびただしい数の作品を列挙し、『自転車泥棒』や『大いなる幻影』などの名場面を点描する。第Ⅷ章は西独ファスビンダー監督の『マリア・ブラウンの結婚』への長い言及で終わるが、「決然として金儲けという国民的関心事に専心奮闘する」女性が突然見舞われた悲劇を描く。「新生ドイツが新たに見出したさまざまな長所は、……新しい装いの下に姿を現した古い欠陥だった」のだ。歴史叙述の際にも、クローズアップからパン、モンタージュなど高度な技法を想起させる巧みな筆づかいで、読者を飽きさせない。

（7）緊迫した情景描写の中にも、皮肉やユーモアに富んだ息づかい満載である。共産主義に対する理論上の熱中は、実際上の直接経験と逆比例する（第Ⅶ章）。フランス女性は独軍兵士に対し「水平的コラボ（協力）」に励んだ（第Ⅱ章）。また各章冒頭にふんだんに盛られた多彩なエピグラフ（題辞）のなかに、秀逸な名句が隠れている。辛辣さでも退けをとらず、一七九二年以来、フランスの公共生活における「革命」と「反革命」という二つの極は、この国の両極分裂性向を実証し、インテリゲンチャが政治の手段としての暴力を肯定し、崇拝してさえいた（第Ⅶ章）。ああ何という！

＊　＊

現代史では、われわれ一人ひとりが直接時代と向き合い、その証人になりうる。立場や見方が違えば異なった歴史解釈が存在しえるし、当代現代史家の間にも激しい対立を呼ぶ断層が貫きうる。評価定まる歴史をひもとくことでは味わえない緊張感に満ちた同時代史解読の醍醐味に、アンテナを鋭敏に働かせて迫ってほしい。ジャット教授の労作にも、ポレミーク（論争）を促す歴史観が少なからず見つかる。もっとも興味をひく冷戦終焉の解釈に絞って、いくつか見所を紹介してみよう。

前ロンドンの『タイムズ』で、現『ニューヨーク・サン』でコラムニストとして活躍するダニエル・ジョンソンはその長文の書評(14)のなかで、「レーガンの役割は軽んじられており、彼にヒントを与えたサッチャーについての記述もない」と嘆き、「アメリカ人は共産主義崩壊を引き起こしたどころではなく、観客として、しかもその意味を理解できぬ観客として描かれている」と苦言を呈する。彼はこの労作に「ヒーロー」がいるとすれば、それは「流血の事態を回避し、持続不可能な帝国からのロシアの脱出を成就させた」ゴルバチョフであると断言する。「こうした図式ではアメリカ人イギリス人のみならず、東欧のヨーロッパ人もまた、その解放の栄誉を否定されるに違いない」と皮肉っている。事実ワレサの「連帯」もたいした役割を演じさせられない。社会主義は自己崩壊したのだ。

一九九一年八月、モスクワでクーデタが勃発した時、ロシア大統領のエリツィンは寝返って味方についた戦車の上によじ登り、集まった市民に向けてゼネストと不服従とを呼びかけた。パリのテレビでこの事件を知ったロストロポーヴィチは、チェロもビザも持たずにモスクワ便に飛び乗り、混乱の中で奇跡的にバリケードに直行できた。レジスタンスの若者の列に加わり二日ふた晩座ることも寝ることもせずに、無名戦士として立ち続けた。[15] 共産党の改革になおも固執したゴルバチョフは、結局はクーデタの秘密指令を突き付けられて総書記辞任・党解体に追い込まれてしまう。ジャットも「ゴルバチョフは歴史によって圧倒され、それに気づかなかった」（第XX章）とし、「エリツィンはなにが起こっているのかを理解し対応するのが、ゴルバチョフよりずっと早かった」（写真解説）と認めてはいる。だが彼は、ゴルバチョフを持ち上げるがエリツィンにはそっけない。

ＥＵを重視するジャット教授は、欧州統合のプロセスには公正な判断を下し、一九八七年発効の単一欧州議定書（ＳＥＡ）を「共同体の権限が拡大され、財と労働との真の単一市場が誕生し、意思決定プロセスに加重多数決が導入された」（第XVI章）と高く評価する。だがそれが社会主義崩壊の引金を引いたとまではみなしていない。

一九八〇年代初めの第二次オイルショック以降、ヨーロッパは「ユーロ・ペシミズム」に陥り、国際競争力の低下が著しかった。ＳＥＡが掲げた「九二年市場統合」とはこの低迷からの脱却をアングロサクソン流市場経済化の断行でめざす初の試みといえるが、当初国益にこだわり角突き合せる欧州諸国を前に、世界は実現不可能と見放していた。だがＥＵ中期財政計画、「ドロール・パケージ」の合意が成ると、市場統合は突如夢から現実へと変身し、ＥＵには世界から資本が滔々と流れ込み、Ｍ＆Ａ（企業の合併・買収）が加速した。ヨーロッパはペシミズムから見事に立ち直り、一九八〇年代の末には輝かしいばかりの富と自由とを手に入れることに成功した。この激しい変貌が鉄のカーテンを透写して東欧市民を揺さぶっていく。自由と豊かさに取り残され、見捨てられる社会主義の閉塞状況に、市民は絶望する。ゴルバチョフの「東欧放棄」もまた、ひと一倍ヨーロッパ指向の強い彼が、欧州ダイナミズムから取り残されることを懸念しての決断であった。[16]

ジョンソンは、ジャット教授が「アメリカ人をしてヨーロッパに対する猜疑心から切り離そうとするあまり、自らの文化的選好に衝突し、歴史的判断を歪めてしまった」[17]と分析する。顕著な一例が彼のヨーロッパ観、「ヨーロッパとはアメリカにない全てであったし、またそうあるよう努めるべきだ」（第XIII章）に見つかる。「ヨーロッパの「非アメリカ的」特性が、ヨーロッパのアイデンティティーの自己確認において、急速に最高位の共通要素になりつつあった」（同章）と断定するジャット教授にとって、「ヨーロッパ的価値」とは皮肉なことに「アメリカ的価値」の単なる反措定に過ぎないことになってしまおう。

＊　＊

本書に頻出する、中央ヨーロッパ（中欧）、東ヨーロッパ（東欧）、中東ヨーロッパ（中東欧）について説明しておこう。中央ヨーロッパとはMitteleuropa（ミッテルオイローパ）を指し、中世以来ドイツが言語・文化・技術・制度などで影響力を発揮してきた領域を意味する歴史的地理的概念である。だが東ヨーロッパとは、戦後スターリンによって強制的に社会主義化させられたソ連の衛星圏と同義であり、中欧およびバルカン半島諸国を含む戦後生れの人工的政治的な概念といえる。冷戦終焉とともに中欧は復活し、バルカン諸国は新たに東南ヨーロッパ（英語では南東欧だが、東南アジアにならった方がすわりが良かろう）と呼ばれるようになった。中東ヨーロッパとはこれを受けて生まれた、新たな妥協的な呼称といえる。中欧を指したり旧東欧を指したりと、あいまいさが残るからである。

＊　＊

トニー・ジャット教授は「死の家から」と題したエピローグにおいて「ヨーロッパ近代の記憶」に

ついて語りかけて、本書を閉じる。「ハインリッヒ・ハイネが結論づけたように、かつてヨーロッパへの入場券は洗礼であったが、今日では、ホロコースト（大虐殺）がヨーロッパへの入場券となった。」彼はユダヤ系知識人らしくこう語って、「亡きユダヤ人」への記憶という重い事実を想起させる。EU加盟を目指して、ポーランドの大統領はポーランド系ユダヤ人に対する戦時下の迫害を公式に認めた。ルーマニアのイリエスク大統領ですら、同じ目標からヨーロッパ系ユダヤ人の破壊に手を貸した事実を受け入れた。トルコはアルメニア人への「ジェノサイド」（集団殺戮）を認めるのを拒否し続けてきて、そのEU加入への障害が高まった、というのである。

「恐ろしい過去の記号と象徴とを束ねた新しいヨーロッパとは、一つの注目すべき成果ではあるが、今後永久に過去に差し出された担保でありつづけなければならない。「脱民族（post-national）のヨーロッパ」（はじめに）に他ならない。そして「EU（欧州連合）とは歴史への一つの回答であろうが、しかし何ものによっても決して代替されえないのだ。」これが本書の結論である。EUは「生けるユダヤ人」の住まう民族（国民）国家（nation-state）の対極に位置し、「亡きユダヤ人」の記憶を担保している。

さてEUとは、欧州委員会（行政機関）が代表する新機軸の超国家機関、すなわち「共同体」（community）であるとともに、国民（民族）国家を加盟国とし閣僚理事会（立法機関）が代表する、伝統的な「国家連合」（confederation）でもある。この共同体と国家連合とのハイブリッド（雑種）構造であるEUは、それゆえ脱民族と親民族（pro-national）との相反する両面性を備えている。[18] ジャック教授の言う「決して代替されえぬ」ものとは、このヤヌス（ローマの双面神）性の中に見出されよう。幾多の試練をくぐりぬけてきたヨーロッパで、主意主義（voluntarism）と経験主義（experientialism）とがもたらした成熟した知恵の所産ということができる。

〔二〇〇八年一月〕

（1）長部重康（一九九二）『権謀術数のヨーロッパ——社会主義壊走と欧州新秩序』（講談社）

（2）著者が用いた膨大な参考文献のリストは、本書への収録をあきらめ、この研究所のウェブサイト上で公開されている。

（3）Judt, Tony (1979), *Socialism in Provence 1871-1914 : A Study in the Origins of the French Modern Left*, Cambridge University Press.

（4）Judt, Tony (1990), *Marxism and the French Left : Studies in Labour and Politics in France 1830-1981*, Clarendon.

（5）Judt, Tony (1992a), *Passé imparfait : les intellectuelles en France, 1944-1956*, Fayard ; (1992b) *Past Imperfect : French Intellectuals, 1944-1956*, University of California Press.

（6）Johnson, Daniel (2005), History Channel, in *Commentary*, Oct.

（7）Said, W. Edward (2004), *From Oslo to Iraq and the Road Map*, Pantheon Books. ; サイード著・中野真紀子訳（二〇〇五）『オスロからイラクへ』（みすず書房）

（8）Judt, Tony (2003), Israel : the Alternative, in *The New York Review of Books*, 23 Oct.

（9）*The New Republic*.

（10）Hoffmann, Stanley (2005), Western Europe, in *Foreign Affaires*, Nov./Dec.

（11）長部重康（二〇〇六）『現代フランスの病理解剖』（山川出版社）

（12）長部重康、宮島喬、大野博人他（二〇〇七）、「座談会—サルコジのフランスはどこに行く」（法政大学『経済志林』第七五巻第二号）

（13）長部（〇六）、二六〇ページ。

（14）Johnson (05).

（15）長部（九二）、一〇三ページ。

（16）長部（九二）、終章。

（17）Johnson (05).

（18）長部（〇六）、七一—七六ページ。

ジェニファーに

現在の直前に起こったことほど、その過去性は深みを増し、伝説となっているのではないか？

——トーマス・マン『魔の山』

上巻目次

第二部　繁栄と不満と・一九五三―一九七一年

＊（　）のなかは原文にある挿入、原文の補足的言い換え、原語の字義説明などである。
＊〔　〕のなかは訳者による補注、邦訳書紹介、参照情報などである。
＊『　』は書物名、定期刊行物名、文芸・映画などの作品名に付してある。
＊「　」は引用文や強調を示すほか、論文・詩歌などの表題に付してある。
＊本書中の引用文で訳文の出典を示していないものは、原書英文からの訳である。
＊未だ邦訳のない書物や日本未公開の映画などの表題は、原表題を直訳してある。
＊ハンガリー人名は姓・名順とした。
＊本書の刊行にあたり、長部重康法政大学大学院経済学研究科教授に解説をお願いし、また訳語などについても貴重な教示と助言をいただいた。

〔編集部〕

まえがきと謝辞

ヨーロッパは最も小さな大陸だ。いや、本当は大陸ではない――アジア大陸のそえもの、亜大陸であるにすぎない。ヨーロッパ全体の面積は（ロシアとトルコを除き）五五〇万平方キロメートルで、ブラジルの三分の二を下回り、中国あるいはアメリカの半分をあまり超えない。一七〇〇万平方キロメートルあるロシアよりはるかに小さい。しかしその内部に含まれているさまざまなちがいやコントラストの点で、ヨーロッパはユニークだ。国の数は最新で四六カ国である。その大半がそれぞれ固有の言語をもつ国家・民族であり、そのうちかなりのものが国家をもたない民族・言語を付加的に統合している。すべての国に独自の、あるいは重複し合う歴史、政治、文化、記憶があり、その一つ一つについて膨大な研究がなされている。第二次世界大戦終結以後の六〇年という、ヨーロッパ史上の短い時期についてさえ――実を言うとこの時期はまた特別なのだが――二次文献は英語で書かれたものだけでも無尽蔵にある。

となれば、現代ヨーロッパに関して十分に包括的な、あるいは決定的な歴史を書くことなど、誰にも望めないのである。この仕事をするに当たってのわたし自身の不適切さは、対象への親近性によって倍加される。戦争終結後間もなく生を享けたわたしは、本書で記述される大半の出来事の同時代人であり、繰りひろげられた歴史の大部分について知り、観察し、時にはそこに加わったりしたのを記憶している。これはわたしの戦後ヨーロッパ物語の理解を容易にしているのだろうか、それとも困難にしているのだろうか。わたしには分からない。しかし時にはそれによって、歴史家の冷静な捉われのなさで臨むことが困難になることがあることは、わたしにはよく分かるのである。

この本が試みるのは、そうしたオリンポスの神々の超然性ではない。客観性や公平さを損なわぬことを望みつつも、この『ヨーロッパ戦後史』はヨーロッパの近い過去についての、個人的と認めざるを得ぬ解釈を提示している。不当にも悪口的な意味合いをもつ言葉を使うなら、これは意見丸出しの本なのである。その判断のいくつかにはおそらく議論の余地があり、なかにはまちがいと判明するものもあるだろう。すべてについて誤謬があり得る。良かれ悪しかれ、それはわたしが犯したまちがいだ——これだけの分量と対象範囲をもつ仕事にはえてしてそうしたまちがいが付きものなのだが。しかしもしも誤りが抑えられ、そしてこの本が下している評価や結論の少なくとも一部に永続性があるとするなら、それはまったくのところ、調査や執筆の過程でわたしが頼りとしてきた多くの学者や友人のおかげなのである。

この種の本は、なによりもまず、他の本の肩に担がれて出来上がっている。(1) 近代史の古典としてわたしがインスピレーションの源泉とし、模範ともしてきた書物としては、エリック・ホブズボーム『極端な時代』〔河合秀和訳・邦題『20世紀の歴史　極端な時代』上／下・三省堂〕、ジョルジュ・リヒトハイム『二〇世紀のヨーロッパ』〔塚本明子訳・邦題『ヨーロッパ文明　一九〇〇—一九七〇』・みすず書房〕、A・J・P・テイラー『イギリス史・一九一四—一九四五年』、故フランソワ・フュレ『幻想の過去』〔楠瀬正浩訳・バジリコ〕がある。これらの本と著者たちは互いにまったく見解を異にしながらも、後続の著者たちにめったに見られぬ類いの、博学から生まれ出る確信と知的自信とを共有している——加えてその文体の明晰さは、すべての歴史家が範とすべきものだ。

最近のヨーロッパ史について書かれた著作のうち、わたしが最も多くを学んだ学者としてとくにその名を挙げて感謝しなければならないのは、ハロルド・ジェイムズ、マーク・マゾワー、アンドルー・モラヴチックである。彼らの著作の発行所・発行年などは以下のページでそれぞれ明記する。アラン・S・ミルワードに対して、わたしは——現代ヨーロッパを研究するすべての人びとともに——その戦後経済に関する薀蓄のある、偶像破壊的な研究に特別お世話になっている。

中東ヨーロッパの歴史は、この大陸の西半分の専門家が書く場合のヨーロッパ全般史で軽んぜられることしばしばなのだが、わたしがこれにいささかの親近性を主張できるとすれば、それは若い一群の有能な学者たち、とくにブラッド・アダムズ、キャサリン・メリデイル、マーシー・ショア、ティモシー・スナイダー、その他にもわたしの友人であるジャック・ルプニク、デアーク・イシュトヴァーンのおかげである。ティモシー・ガートン・アッシュからは、中央ヨーロッパ（これが彼の長年の専門だが）に関してのみならず、とくに「東方政策」期の二つのドイツについて学んだ。ヤン・グロスとの長年にわたる会話のなかで——さらには彼の先駆的な著作のおかげで——わたしはポーランドの歴史についてはもとより、戦争がもたらす社会的な諸結果の理解の仕方を学んだが、これこそヤンが比類のない洞察力と人間性で書き上げているテーマである。

本書のイタリアに関する部分で、わたしがポール・ギンズボーグの研究に負っていることは明らかなのだが、同じくスペインをあつかう章は、卓越したビクトル・ペレス＝ディアスをわたしが読み、かつ聴講したことを反映している。このお二人と、アネット・ヴィヴィオルカに対してわたしは格別の感謝を捧げる。ヴィヴィオルカはその著書『強制移住とジェノサイド』において、ホロコーストをめぐる戦後フランスのアンビヴァレントな対応ぶりに関する威厳に満ちた分析を行ない、あつかいのむずかしいこの話に関するわたしの叙述に深い影響を及ぼしている。わたしの最終章の考察「生き方としてのヨーロッパ」は、すばらしい国際弁護士アン＝マリー・スローターの著作から影響を受けたものだが、彼女の「分解国家論」の研究がEU型の国際ガヴァナンス（管理）を強力に推奨するのは、それが本来的に善であるとか理想モデルであるからではなく、今われわれが住むこの世界では他のやり方が機能しないからである。

ヨーロッパ中の友人や同僚や聴衆の皆さんは、この大陸の近時の過去および現在について、書物や資料から収集可能だったことよりもはるかに多くのことを教えて下さった。わたしがとくに感謝しているのはクシシュトフ・クウゼウスキー、ピーター・ケルナー、イヴァン・クラステフ、ドニ・ラコルヌ、クシシュトフ・ミハルスキー、ミルチャ・ミハエス、ベルティ・ムスリュ、スーザン・ニーマン、デイヴィッド・トラヴィスの各氏からいただいた厚誼と助力である。ブダペストの「恐怖の家」は——どれほどいやな体験であろうとも——是が非でも訪れるべきだと、価値ある無理強いをしてくれたレーヴ・イシュトヴァーンにも、わたしは感謝している。ニューヨークでは我が友人にして同僚のリチャード・ミッテン、キャサリン・フレミング、ジェロルド・シーゲルが、時間とアイデアを気前よく恵んでくれた。ディノ・ブツロヴィッチは、ユーゴスラヴィアの言語的複雑さについてのわたしの説明を、懇切にチェックして下さった。

ニューヨーク大学文理学部で相次いで学部長を務められたフィリップ・ファーマンスキー、ジェス・ベンハビブ、リチャード・フォーリーの三氏に、わたしは感謝している——彼

（1）以下につづく章で、大方の脚注では伝統を踏襲する——つまり出典の明示というより、本文への補説を行なう。一般読者向けとしてはすでに重厚長大なその上に、さらに紙数を増やすことを避けるべく、参考文献一覧はこの本には掲げない。その代わりに『ヨーロッパ戦後史』の出典は、文献一覧ともども、下記のレマルク研究所のウェブサイトで検索可能である——http://www.nyu.edu/pages/remarque/

らはわたしの研究はもとより、わたしがヨーロッパに関する研究・討論を奨励すべく設立したレマルク研究所を支援して下さった。わたしがレマルク研究所を発展させることができ、そこで行なわれた数多くのワークショップやレクチャーからたくさんのことを学べたのは、イーヴ＝アンドレ・イステルの寛大な支援と庇護のおかげであり、レマルクの運営にたずさわりながら本書を執筆できたのは、理事長ジャイル・ケスラーの忍耐強い、効果抜群のご協力があったからだった。

他の多くの方たちと並んで、わたしのエージェントであるアンドルー・ワイリーとセーラ・チャルファントの好誼と忠告にも深く感謝している。二人は予想に反して長期かつ重厚長大となったこの仕事に変わらぬ支援を与えてくれた。わたしの担当編集者たち――ロンドンのラヴィ・マーチャンダニーとキャロライン・ナイト、ニューヨークのスコット・モイヤーズとジェーン・フレミング――に対しても、この本の完成までに払われたご尽力に感謝している。第XII章と第XIV章に現われている評価や意見の一部は、レオン・ヴィーゼルティールの厚誼によって、彼が苦心してつくり上げた『ニュー・レパブリック』誌の巻末の優れたアート頁にエッセイの形で発表されたものである。何といってもプロの物書きとしてわたしが最もお世話になったのは、『ニューヨーク・レヴュー・オヴ・ブックス』紙の比類なき編集者ロバート・シルヴァーズであり、彼は長年にわたってわたしを書評者として叱咤激励して政治書・歴史書の世界を逍遥させ、こうした大冒険につきものの危険と利得とを味わわせて下さった。

この本はニューヨーク大学の研究者から多大のご助力をいただいている。そのうちの幾人か――とくにポーライナ・ブレン博士、ダニエル・コーエン博士（現在はライス大学）、ニコール・ルードルフ博士――は、彼ら自身の歴史調査を通じてわたしの理解を助けてくれたのだが、それは時代ごとに以下のそれぞれのページに明記してある。さらに他の人びと――ジェシカ・クーパーマンとアヴィ・パット――が、研究助手として優れた仕事をしてくれた。ミシェル・ピントはサイモン・ジャクソンとともに、不平も言わずに有能な写真探索者へと変身をとげた。魅力的な数々のイラストを探し出してくれたのが彼女だが、とくに第三部にある、覆いを掛けられたレーニン像がすばらしい。アレックス・モローは既刊あるいは未刊の統計資料やデータ集を丹念に探索し蓄積してくれた――この種の本は必然的に、こうした資料に正しく依拠しなくてはならないのだ。まことにそれなしでは、本書の執筆は不可能だった。

わたしの家族は長いあいだ「戦後ヨーロッパ」とともに生きてきた――わたしの子どもたちの場合、その若年期のすべてがそれだった。彼らはそのことに起因するわたしの不在や、旅行や、執心に対して寛大だったのみならず、その内容にも一人ひとりが貢献してくれた。この本の表題はダニエルが付けてくれたのだし、ニコラスのおかげでわたしは、良き物語のすべてがハッピーエンドではないことを肝に銘じつづけることができた。妻のジェニファーに、この本は多くを負っている――とくに二度にわたる綿密で建設的な原稿閲読を。しかし著者のわたしは、もっともっと多くのことを負っている。『ヨーロッパ戦後史』は彼女に捧げられる。

ヨーロッパ戦後史

はじめに

「どの時代も、まるでスフィンクスのように、その謎が解かれた途端に深淵へと潜り込んでゆく」

――ハインリヒ・ハイネ

「さまざまな事情が（そんなものにはまるで無頓着な御仁もいらっしゃる！）、現実にはあらゆる政治原理に独特の色合いや、特別の有効性を与えている」

――エドマンド・バーク

「事件だよ、大事なのは事件」

――ハロルド・マクミラン

「世界歴史という土壌に幸福は育たない。幸福な時代とは、歴史の上では空白のページである」

――ゲオルク・ヴィルヘルム・フリードリヒ・ヘーゲル

　わたしがこの本を書こうと思い立ったのは、ウィーンの主要鉄道ターミナル、ヴェストバーンホーフ（西駅）で列車を乗り換えている最中だった。一九八九年一二月のことで、うってつけの時機だった。わたしはプラハからもどってきたのだが、そこではヴァーツラフ・ハヴェルの「市民フォーラム」に所属する劇作家や歴史家たちが共産主義警察国家を解体し、四〇年にわたる「実在する社会主義」を歴史のゴミ箱へと投げ込んでいた。数週間前には、「ベルリンの壁」が突如破壊された。ハンガリーでもポーランドでも、誰もがポスト共産主義政治という課題に躍起になって取り組んでいた。旧体制――わずか数カ月前には全能だった――は今、廃物と化しつつあった。リトアニアの共産党は、ソヴィエト連邦からの即時独立を宣言していた。そして駅へと向かうタクシーのなかでは、オーストリアのラジオが、ルーマニアのニコラエ・チャウシェスク一族の独裁政権打倒をめざす蜂起の第一報を伝えていた。政治の大激震が、戦後ヨーロッパの凍りついた地勢を打ち砕きつつあった。

　一つの時代が終わり、新しいヨーロッパが誕生しつつある。

そのことは実にはっきりしていた。しかし古い秩序の消滅とともに、長いあいだ当然のこととして顧みられなかった諸前提に疑問が投げかけられるだろう。かつては永続的で不可避とさえ思われていたことが、ほんの束の間のものという気配を帯び始めるだろう。「冷戦」という対立、東欧と西欧の分裂、「共産主義」と「資本主義」の争い、繁栄する西ヨーロッパと東のソヴィエト・ブロック内衛星国家群との分裂や交流杜絶の物語——こうしたことすべてを、イデオロギーの必然性や政治の鉄則として理解するのは、もはや困難になるだろう。それらは歴史の偶然的な成り行きだった——そして歴史は今、それらを脇へ押し退けようとしているのだ。

ヨーロッパの未来はまったくちがったものに見えてくるだろう——そしてヨーロッパの過去もまた、まったくちがったものに。一九四五—八九年という時期は、振り返ってみれば、新しい時代の入口というよりも中間期と考えられるようになるだろう——戦後という挿入句、つまり一九四五年に終わったにもかかわらず、そのエピローグがさらに半世紀もつづいた対立未決着の時期である。これから先のヨーロッパがどのような形になるにせよ、これまで起こったことについての聞きなれた、きちんと整理された物語は永遠に変わってしまった。あの凍てついた中央ヨーロッパの一二月、戦後ヨーロッパの歴史の書き変えが必要なのは、わたしには明白なことと思われた。

時はうってつけだったが、場所もそうだった。一九八九年のウィーンは、入り組み重なり合うヨーロッパの過去が書きこまれたパリンプセスト（羊皮紙）だった。二〇世紀初期のウィーンはヨーロッパそのもの、多産的・先鋭的・自己欺瞞的な文化の中心、終末間近の文明の中心だった。二つの戦争のあいだに、栄光の帝国の大都市からちっぽけな落ちこぼれ国家の疲弊し萎縮した首都へとさまがわりして、ウィーンはひたすら没落の坂を降った。最後にはナチ帝国の在外基地となり、市民の大半がこの帝国に熱烈な忠誠を誓ったのである。

ドイツが敗れると、オーストリアは西側陣営に組み入れられて、ヒトラーの「最初の犠牲者」という地位を割り当てられた。こうした二重に不相応な幸運に見舞われたおかげで、ウィーンは過去の悪霊を祓い清めることができた。ナチへの忠誠は都合よく忘れられ、このオーストリアの首都はソヴィエトの「東」ヨーロッパに囲まれた「西」側都市となり、自由世界の護衛官ならびに模範生として、新たなアイデンティティーを獲得したのである。今ではチェコスロヴァキア、ポーランド、ハンガリー、ルーマニア、ユーゴスラヴィアの各国に分散されて囚われているかつての帝国臣民たちにとって、ウィーンは「中央ヨーロッパ」の象徴となった——「中央ヨーロッパ」とは二〇世紀のヨーロッパ人がなぜか置き忘れてしまった、コスモポリタンな市民文化の「想像の共同体」のことである。共産主義が死滅してゆく時期、この都市は一種の自由陣営情報収集所、西側へと逃亡する東ヨーロッパ人や東欧への架橋を試みる西ヨーロッパ人たちの、出会いと出発で活気づく場所となるのである。

こうして一九八九年のウィーンは、ヨーロッパについて「考える」恰好の場所だった。オーストリアは戦後の西ヨーロッパの、いささか自己満足的な諸属性をすべて体現していた――すなわち、恵まれた福祉国家に下支えされる資本主義の繁栄、主要な社会集団や政党のすべてを通じて気前よく分配される仕事や余得のおかげで保たれる社会の治安、西側の核の傘の暗黙の庇護によって確保される対外的安全保障などだが、その間オーストリア自身は「中立」を決め込んで満足げだった。これに対して、ライタ川がドナウ川へとつづくその向こう岸わずか数キロメートル東には、わびしい貧困と秘密警察官の「別の」ヨーロッパがあった。これら二つのヨーロッパを分けている隔絶感を実にうまく要約していたのが、二つの駅が示すコントラストだった――ウィーンのヴェストバーンホーフは人混みと活気に溢れ、サラリーマンや行楽客がスリムなボディーの最新式急行列車に乗り込んでミュンヘンやチューリヒやパリへと向かい、ズュートバーンホーフ（南駅）はいかめしくてとっつきにくく、ブダペストやベオグラード発の汚れた旧式列車から降り立った貧しげな外国人たちの溜り場として、みすぼらしく黒ずんで少々威嚇的な雰囲気さえ漂っていた。

この都市の二つの主要鉄道駅がこうして図らずもヨーロッパの地理上の分裂を露わにして、一つは楽観的に利益を見込んで西を向き、もう一つはウィーンが有する東に対する使命をしぶしぶ引き受けていたと同じように、オーストリアの首都の大通り自体も、ヨーロッパの平穏な現在と不穏な過去とを分ける沈黙の亀裂の存在を証言していた。大通りのリングシュトラーセ（環状道路）に建ち並ぶ堂々たる威圧的建物群は、ウィーンが担った往時の帝国としての使命を思い起こさせ（と言ってもヨーロッパの中規模首都の通勤者の日常幹線として、その環状道路はあまりにも雄大壮麗すぎるように思われたが）、この都市が公共建築物や市民的空間を誇るのももっともなことだった。実際のところ、ウィーンは往年の栄光の喚起には力を注いでいた。しかしもっと最近の過去のこととなると、断固として口を閉ざしていた。

そしてかつて市の中心部の多くの建物にたむろし、これぞ最盛時のウィーンそのものというべき美術、音楽、演劇、文学、ジャーナリズム、思想に決定的な貢献をしたあのユダヤ人たちについて、この都市はことのほか黙りこくっていた。ウィーンのユダヤ人を棲み家から追い立て、この都市の東方へと移送し、この都市の記憶から叩き出したあの暴力が、現在のウィーンのやましさから来る静穏さを説明してくれていた。戦後のウィーンは——戦後の西ヨーロッパと同じく——語り得ぬ過去の頂上に聳え立つ壮大な建物だった。最悪の過去の大部分はソヴィエト支配下となった諸地域で起こっており、そのためそれらはいとも簡単に（西側では）忘れられ、（東側では）乗り越えられてしまったのである。東ヨーロッパが復帰したとて、過去は同じように語りにくかろう。しかし今度はどうでもこうでも、語らざるを得ないだろう。一九八九年以後、同じものは一つもない——未来も、現在も、そしてとりわけ過去は、もはや同じものではあり得ないだろう。

わたしが戦後ヨーロッパの歴史を書こうと決意したのは一九八九年一二月だったが、その後幾年ものあいだ本は書かれなかった。さまざまな事情があったのだ。振り返ってみると、これは幸運だった——今日ではやや明確になったことも、当時ははっきりしなかったのだ。さまざまな公文書が公開されたと整理され、一九八九年の大変動がもたらした長期的結果の少なくとも一部は、今では理解可能になっている。しかも一九八九年の後遺症はすぐには治まらなかった。わたしが次にウィーンに行ったとき、隣国のクロアチアやボスニアからの何万人もの難民に住居を与えようと、この都市はおおわらわだった。

それから三年後、オーストリアは注意深く培ってきた戦後の自律性を放棄して「ヨーロッパ連合（ＥＵ）」に加盟したが、このＥＵがヨーロッパ問題のなかで一つの力として登場したことこそ、東ヨーロッパ革命がもたらした直接的な帰結だった。一九九九年一〇月にわたしがウィーンを訪れると、ヴェストバーンホーフにはイェルク・ハイダーの「オーストリア自由党」のポスターが貼りめぐらされていた。彼は東部戦線で「義務を遂行した」ナチ軍の「名誉ある兵士たち」を公然と褒め称えたにもかかわらず、この年の選挙で二七パーセントの票を獲得しており、それは過去一〇年間に自分たちの世界で起こったさまざまな変化に対して不安と理解困難を感じているオーストリア人同胞を動員した結果だった。ほぼ半世紀にわたった無活動の後で、ウィーンは——それ以外のヨーロッパと同じく——歴史へと再参入したのである。

＊＊＊

この本が語るのは第二次世界大戦後のヨーロッパの物語で、したがってそれは一九四五年、ドイツ人が「シュトゥンデ・ヌル」つまり「ゼロ時」と呼んだ時から始まる。しかし二〇世紀の他のあらゆる事柄と同じく、その物語には一九一四年に始まった三〇年間の戦争が濃い影を落としており、ヨーロッパ大陸はこの時点から破局への下降を開始したのだった。第一次世界大戦はそれ自体としても、参戦国のすべてにトラウマを遺すキリング・フィールド（殺戮の野）だった――セルビアの一八歳から五五歳までの男性人口の半分が戦闘で死んだ――が、何の解決ももたらさなかった。ドイツは（当時広く信じられていたこととは反対に）戦争や戦後の決着で壊滅などしなかった。もしそうだったら、ドイツがわずか二五年の後にヨーロッパのほぼ全体を支配するに至ったことの説明はつかないだろう。実を言えば、連合国側の勝利に要したコストはドイツが敗北で失ったコストを上回っており、ドイツはその第一次世界大戦の負債を支払わなかったから、比較相対的には一九一三年よりも強くなっていたのだ。一世代前のプロイセンの勃興とともにヨーロッパで表面化した「ドイツ問題」は、未解決のままだったのである。

　古い陸つづきの諸帝国〔オーストリア＝ハンガリー二重帝国・ドイツ帝国・ロシア帝国〕が一九一八年に崩壊して出現した小国群は、いずれもが貧しく不安定で、安全保障はままならず、しかも隣国に対して敵対的だった。両大戦間時代のヨーロッパは「リヴィジョニスト」（現状修正派）の国家でいっぱいだった――ロシア、ドイツ、オーストリア、ハンガリー、ブルガリアはすべてこの「大戦争」で敗北を喫し、領土回復の機会をうかがっていた。一九一八年以後、国際的な安定性の回復は見られず、列強間の勢力均衡は復旧せず、それは単に疲弊から生まれた幕間《まくあい》にすぎなかった。戦争の暴力は鎮まらなかった。それは国内問題へと形を変えた――民族主義の論戦、人種的偏見、階級対立、そして内戦。二〇年代、そしてとりわけ三〇年代のヨーロッパは、一つの戦争の予後ともう一つの戦争のおぼろげな予兆とのあいだの、トワイライト・ゾーンに入っていたのである。

　二つの世界戦争のあいだの時期の国内紛争と国家間対立とが悪化した――そして相当程度に激発した――のは、そこにヨーロッパ経済の崩壊が付随していたからだった。実際のところ、この時期のヨーロッパの経済生活は三重の打撃をこうむった。第一次世界大戦は国内の雇用を歪ませ、貿易を破壊し、地域全体を荒廃させた――国家を破産に導いたことは言うまでもない。多くの国々――とくに中央ヨーロッパの国々は、その影響から回復しなかった。回復した国々もふたたび「三〇年代恐慌」へと引き下ろされ、今度はデフレーションや企業倒産や、対外競争のために保護関税を設けようという絶望的な努力やらの結果、未曾有の失業や産業能力の浪費がもたらされたのみならず、国際貿易の崩壊をも招来し（一九二九年から一九三六年にかけて、フランス－ドイツ間通商は八三パーセント下降した）、それに付随して国家間の激しい競争と反目が生まれた。そこで第二次世界大戦となったのだが、それが関係諸国の一般住民に与えた前例のないインパクトについては、本書の第一部で検討する。

こうした打撃の累積がもたらすインパクトは、文明の破壊だった。ヨーロッパが自ら招いた災厄のスケールの大きさは、そのまっただなかにいた同時代の人びとにも明々白々だった。極左・極右の別なく、一部の人びとはブルジョアたちのヨーロッパのこうした自己破壊行為を、より善きものをめざす戦いの好機と考えた。「三〇年代」は、オーデンによれば「低調、不誠実の一〇年間」だったが、政治信念と献身の時代でもあり、行きついた先にはスペイン内戦における幻滅と人命の喪失とが待っていた。それは一九世紀の急進的な変革思想にとっては遅ればせの小春日和だったのだが、今やそこにはもっと険しくなった時代の激烈なイデオロギー闘争が絡んでいた――「二つの世界大戦に挟まれた時期には新しい人間の秩序への大いなる希求があったが、その実践は惨めな失敗に終わった」(アーサー・ケストラー)。

ヨーロッパに絶望して逃げ出した人びとがいた。初めは西の端に残っていた自由民主主義諸国へ、次いで――まだ間に合う場合は――南北アメリカへ。幾人かは、シュテファン・ツヴァイクやヴァルター・ベンヤミンのように自ら命を絶った。この大陸が最終的に深淵へと陥没してゆく直前、ヨーロッパの将来は絶望的様相を呈していた。ヨーロッパ文明が内部崩壊してゆく過程で失われたもの――その喪失の意味を、カール・クラウスやフランツ・カフカはツヴァイクのウィーンで長年にわたって直観しつづけていたのだが――それはもう二度と取りもどせないだろう。ジャン・ルノワール監督一九三七年の古典的名画の題名にある通り、戦争とそれにまつわる名誉・身分・階級の神話というよりどころこそ、この時代の「大いなる幻影」だった。しかし一九四〇年時点の鋭敏なヨーロッパ人観察者にとって、ヨーロッパの幻影のなかで最大のものは「ヨーロッパ文明」それ自体であり、それが今や回復不可能なまでに権威失墜していたのである。

こうした経緯に照らして考えれば、一九四五年以後のヨーロッパの予期せぬ回復の物語を自画自賛的な、さらには叙情的な調子で語りたいという誘惑に駆られるのも、理解できないわけではない。しかも実際のところ、これが戦後ヨーロッパについての歴史書、とりわけ一九八九年以前に書かれた歴史書に通底する優勢なテーマとなった点では、ヨーロッパの政治家が戦後の数十年間の自分の業績を回顧するときの調子と同じだった。総力戦という大変動の後の大陸ヨーロッパ内で個別国家が辛くも生き残ったり再出現したりしたこと、国家間紛争がなかったこととヨーロッパ内協力の体制整備が着実に進展したこと、三〇年にわたる経済崩壊からの持続的回復と繁栄や楽観主義や平和の「正常化」が起こったこと――

こうしたことすべてがおおげさな反応を引き起こしたのだ。ヨーロッパの復興は「奇蹟」だった、「脱民族」のヨーロッパは近時の歴史から痛切な教訓を汲み取った、残忍な――自己抹殺的な――過去の灰燼のなかから協調的で平和的な大陸が「不死鳥のように」よみがえった、云々。

二〇世紀後半の、こうした心地よいヨーロッパ観にも、多くの神話と同じく、真実が含まれていないわけではない。しかしそこにはたくさんの取りこぼしがある。東ヨーロッパ――オーストリア国境からウラル山脈まで、タリン〔エストニアの首都〕からティラナ〔アルバニアの首都〕まで――は、これに当てはまらない。こちらでの戦後数十年はそれ以前と比べて確かに平和だったが、それは招かれざる赤軍の駐留のおかげだった――戦車に囲まれた、牢獄の平和だった。そしてソヴィエト・ブロックの衛星諸国が、表面的には西側で進展したものに比せられるような国際的な協力に取り組んだとしても、それはモスクワが彼らに「同志としての」制度や交流を強制したからにすぎなかったのである。

戦後ヨーロッパという二つの「半分」の歴史を、切り離して別々に語ることなどできない。第二次世界大戦が遺したもの、さらには戦前の数十年とその前の戦争が遺したものは、東西両ヨーロッパの政府や国民に対して、過去への逆もどりを回避するために問題をどう処理するのがベストか、きびしい選択を迫った。選択肢の一つ、一九三〇年代の人民戦線運動が提示した急進的指針の追求は、当初は東と西の両ヨーロッパで好評だった（一九四五年というのは、時にそう見えるほど新規まき直しなどではなかったことを想起させる）。東ヨーロッパでは何らかの急進的変革が不可避だった。不名誉な過去への逆もどりの可能性など、あり得なかった。ならばどんな代案があったのか？　共産主義はまちがった解決案だったかもしれないが、それが取り組もうとしていたジレンマはきわめて現実的なものだった。

西側における急進的変化の可能性が拓かれたのは、少なからずアメリカからの援助（および圧力）のおかげだった。人民戦線の――さらには共産主義の――指針の魅力は薄れてしまった。どちらも困難な時代に適用される処方であって、西側では少なくとも一九五二年以後は、もはやさほど困難な時代ではなくなったのである。したがってその後の数十年間には、戦後すぐの時期の不確かな状況など忘れられてしまった。しかし一九四五年には、状況が一変する可能性――今にも状況が変わる公算――がきわめて現実なものと思われたので、西ヨーロッパが今ではわれわれがよく知っている新たな進路を取ったのは、古き悪霊ども（失業、ファシズム、ドイツの軍国主義、戦争、革命）の復活を阻止するためだった。脱民族の、福祉国家の、協調的で平和なヨーロッパが生まれたのは、今日のヨーロッパ理念主義者たちがたわいのない回想で思い描くような楽観的・野心的・前進的な企図からではなかった。それは不安が産み落とした虚弱な赤ん坊だった。ヨーロッパの指導者たちは、歴史の影におびえながら社会改革を実行に移し、過去を寄せつけないための避妊具として新たな諸制度を建設したのである。

ソヴィエト・ブロックの各国当局も、本質的には同じことを企図していたことを想起すると、この点が理解しやすくなる。彼らもまたことのほか、政治的逆もどりに対する防護策を据え付けることに腐心していた——と言っても共産党支配下の国々では、これは社会進歩によってではなく物理的な力の行使によって達成されたのだが。共産党主導の社会革命が過去の欠陥のみならずそれらを生み出した諸条件をも徹底的に拭い去ったという主張と齟齬《そご》をきたさぬよう、近い歴史は書き直され、市民たちも歴史を忘れるよう奨励された。これから見てゆく通り、この主張も神話だった——せいぜいのところ半分の真実でしかなかった。

しかし共産党神話は、やっかいな過去の遺産をどう処理すべきかという、ヨーロッパの両半分に共通の重要問題（と困難さ）が存在したことを、図らずも証言している。第一次大戦は古いヨーロッパを破壊し、第二次大戦は新しいヨーロッパのための諸条件を創造した。しかしヨーロッパ全体は一九四五年以後の数十年間、直近の過去の独裁者や戦争が投げかける長い影の下で暮らしたのだ。これは戦後世代のヨーロッパ人が互いに共有する経験の一つでアメリカ人との相違点であり、アメリカ人が二〇世紀から引き出したのはもっと別の、はるかに楽観的な教訓だった。一九八九年以前のヨーロッパの歴史を——さらにその後それがいかに変わったかを理解しようとする者にとっては、この点こそが必然不可避の出発点なのである。

＊＊＊

アイザイア・バーリンは、トルストイの歴史観の説明に当たって知的推論の二つのタイプに重要な弁別をほどこし、ギリシアの詩人アルキロコスからの有名な一行を引用している——「キツネはたくさんのことを知っているが、ハリネズミは大きなことを一つ知っている。」バーリンの言葉に照らせば、この本は断じて「ハリネズミ」ではない。わたしは以下のページで、現代ヨーロッパの歴史に関して大理論を提起したり、包括的なテーマについて詳説したり、すべてを含むただ一つの物語を語ったりはしない。だからと言ってわたしは、第二次大戦後のヨーロッパの歴史にテーマ性がないと考えているわけではない。まるで反対に、テーマは一つならずある。キツネさながら、ヨーロッパはたくさんのことを知っている。

まず第一に、これはヨーロッパの衰微の歴史である。ヨーロッパを構成する諸国家のどれとして、一九四五年以後は国際的ないし帝国的な地位など望めなかった。この法則の二つの例外――ソヴィエト連邦と、ある程度イギリス――は、ともに自らを半ヨーロッパにすぎぬと考えており、いずれにせよ本書で語られる時期の終わりには、両者とも大いに衰微してしまった。他の大陸ヨーロッパの大半は、敗北と占領の屈辱に甘んじた。ファシズムからの解放を自力で勝ち取ることができず、支援なしでは共産主義を阻止できなかった。戦後ヨーロッパはアウトサイダーによって解放された――あるいは閉じ込められたのだ。ヨーロッパ人がようやく自らの運命の支配力を取りもどしたのは、並々ならぬ努力と数十年の歳月の後でのことだった。海外の領土をすっかり失ったので、かつてのヨーロッパの海洋帝国（イギリス、フランス、オランダ、ベルギー、ポルトガル）のすべては、この間にヨーロッパ内の芯へと縮退してしまい、彼らの関心はヨーロッパ自体へと振り向けられることになった。

第二に、二〇世紀後半数十年のあいだに、ヨーロッパ史の「マスター・ナラティヴ（大きな物語）」というものが色あせてしまった。進歩や変化、革命や変革のモデルに則って、この世紀の前半にヨーロッパを分裂させた政治的企てや社会運動を焚きつけた、あの偉大なる一九世紀のさまざまな歴史理論は姿を消したのである。これもまた汎ヨーロッパというカンバスに描いてみてこそ意味を成す――西側における政治的熱気の衰退（周辺的な少数派知識人は別として）は、理由はまったく別だったにせよ、東側における政治的信念の喪失や公式マルクス主義の権威失墜を道づれにしていたのだった。たしかに一九八〇年代のほんの一時《いっとき》、右翼的知識人たちが「社会」を解体し公的問題を廃棄して完全自由市場と最小限国家をめざすという、同じく一九世紀的な企図の復活を図るやに見えたのだが、その衝動もやがて消え去っていった。一九八九年以後のヨーロッパでは、左翼・右翼にかかわらず全体包括的なイデオロギーの提起などは行なわれず、例外は自由への希求だけだったが、これは大部分のヨーロッパ人にとっては今や実現済みのことだった。

第三に、そして過去のヨーロッパが失ったイデオロギー的大望に替わる控え目な代役として、遅ればせながらも――しかもおおむね偶然的に――「ヨーロッパ・モデル」が登場した。「社会民主党的」「キリスト教民主党的」な立法の折衷的混合と、「ヨーロッパ共同体（ＥＣ）」およびそれを受け継いだ「ヨーロッパ連合（ＥＵ）」のカニの横ばい的な制度拡大から誕生したこの「ヨーロッパ・モデル」とは、社会的交流と国家間関係とを調節する顕著に「ヨーロッパ的」なやり方のことだった。子育てから国家間の法的規範に至るすべてを包括するこのヨーロッパ的アプローチは、ヨーロッパ連合とその加盟諸国が有する官僚制的諸慣行以上のものを表象しており、それは二一世紀初めの時点で前向きなEU加盟諸国の指針となり手本となり、アメリカに対するグローバルな挑戦となり、「アメリカ的生き方」と競合する魅力となったのである。

ヨーロッパはこうして、単なる地理的な記号（しかもその点では幾分やっかいな）から、個人と国の両方にとっての模範となり吸引力となる存在へと予期せぬ変容をとげたのだが、それはゆっくりとした累積的なプロセスだった。ヨーロッパは、両大戦間期のポーランドの政治家たちの幻滅を反語的に言い換えたアレクサンデル・ヴァットの言い種のように「偉大となるべく運命づけられて」などいなかった。こうした能力を具えての出現は、一九四五年の状況からは、一九七五年の状況からでさえ、予見することなどとても不可能だった。この新しいヨーロッパは、あらかじめ思い描かれた共通のプロジェクトだったのではなく、それを実現しようとした者などいなかった。ところが一九九二年の「ヨーロッパ連合条約（マーストリヒト条約）」調印以後、ヨーロッパが国際情勢全般のなかで新たな位置を占めることがはっきりすると、とくにアメリカとの関係が、ヨーロッパ人とアメリカ人の双方にとってこれまでとちがった様相を帯びたのである。

本書の戦後ヨーロッパの叙述に織り込まれているのがこの第四のテーマで、アメリカとの複雑な、そしてしばしば誤解されている関係である。一九四五年以後、西ヨーロッパの人びとはアメリカが進んでヨーロッパ問題に関与することを望んだ――しかし彼らはその関与と、それがヨーロッパの衰退を意味したこととに反撥もした。さらにヨーロッパにおけるアメリカの、とくに一九四九年以後の駐留にもかかわらず、「西側」の両者は相異なる位置どりのままだった。「冷戦」はアメリカ国内で人騒がせな反応を引き起こしたが、ヨーロッパでの受けとめ方はそれと大いにちがっていたし、その後の五〇年代・六〇年代ヨーロッパの「アメリカ化」は、これから見てゆくように、しばしば誇張されているのである。

当然のことだが、東ヨーロッパはアメリカとその諸属性をちがった目で見ていた。しかしこの点でも、アメリカが東ヨーロッパ諸国に及ぼした典型的な影響を、一九八九年の以前・以後両方にわたって強調するのは誤解を招きやすい。ヨーロッパの両半分のそれぞれにおける反主流派的批判者たち――たとえばフランスではレーモン・アロン、チェコスロヴァキアではヴァーツラフ・ハヴェル――は、アメリカは自分たちの社会にとっていかなるモデルでも手本でもないことを注意深く強調していた。そして東ヨーロッパの八九年以後の世代はというと、自分たちの国を公共サービスの限定や税金の引き下げや自由市場という、アメリカ・モデルで自由主義化しようと一時《いっとき》は志したのだが、大勢とはならなかった。ヨーロッパにおける「アメリカの時間」は過去のものだった。東ヨーロッパの「リトル・アメリカ」化という未来は、ヨーロッパでは時代逆行的だったのだ。

最後にもう一点、ヨーロッパの戦後史にはさまざまな沈黙、つまり不在が影を落としている。かつてのヨーロッパ大陸は、重なり合う言語・宗教・地域社会・民族が織りなす複雑きわまりないタピストリーだった。その多くの都市、とりわけ新旧両帝国の境界が交錯した地点にある小都市、たとえばトリエステ〔イタリア北部〕、サラエヴォ〔ボスニア＝ヘルツェゴヴィナ首都〕、テッサロニーキ、チェルニフツイ〔ウクライナ西部〕、オデッサ〔ウクライナ南部〕、ヴィリニュス〔リトアニア首都〕などは、そもそもからして真に多文化的な社会であり、カトリック教徒、ギリシア正教徒、ムスリム〔イスラム教徒〕、ユダヤ教徒その他の宗教の並存がふつうのこととなっていた。この古いヨーロッパを、われわれは理想化してはならない——ポーランドの作家タデウシュ・ボロフスキの表現を借りれば、これら「ヨーロッパのどまんなかで火を噴いている、信じがたいほどの、ほとんど滑稽と言っていいくらいの国民・民族の溶鉱炉」は、周期的な暴動や虐殺やポグロム〔ユダヤ人への襲撃〕で引き裂かれた状態だったのだから。しかしそれは現実だったのであり、記憶のなかに生き残っていたのである。

ところが一九一四年から一九四五年のあいだに、かのヨーロッパは打ち砕かれて灰燼に帰した。目をしばたたきながら二〇世紀後半に立ち現われたこざっぱりしたヨーロッパでは、未解決の難問がかなり減っていた。戦争や、占領や、国境の調整や、追放や、民族殺戮によって、今ではほとんどすべての人が自分の国で、自分の同胞と暮らすようになった。第二次大戦から四〇年が過ぎて、ヨーロッパの両半分それぞれのヨーロッパ人は、ともに気密性の高い民族集団のなかに住んでおり、その内部にいる宗教的・民族的少数派集団——たとえばフランスのユダヤ人——は、全人口中のわずかなパーセンテージを占めるにすぎず、文化的・政治的な主流へと完全に統合されたのである。ユーゴスラヴィアとソヴィエト連邦——これは国というより帝国だが、いずれにしてもすでに指摘した通り、ヨーロッパといっても部分的でしかない——だけが、こうして新たにひとつながりに均質化したヨーロッパと一線を画していた。

しかしながら一九八〇年代以降、とくにソヴィエト連邦の崩壊とEUの拡大以降、ヨーロッパは多文化的な未来と直面している。ヨーロッパ内部での難民、移民労働者、仕事や自由を求めてかつてのヨーロッパ植民地から旧帝国の大都市へと引き寄せられて帰化した人びと、拡大したヨーロッパの周辺地域にある破滅国家・抑圧国家から自発的あるいはそうでなく移住してきた人びと、こうした人びとが否応なしにロンドン、パリ、アントワープ、アムステルダム、ベルリン、ミラノ、その他十数箇所を、コスモポリタンな世界都市へと変貌させてしまったのである。

たとえば目下のところEU内のムスリムはおそらく一五〇〇万人、さらにブルガリアとトルコで入国許可を待っているのが八〇〇〇万人だが、ヨーロッパで暮らすこうした新たな「他者」の存在は、現在こうして多様性が増大していることへのヨーロッパ側の不快感のみならず、ヨーロッパの過去が死せる「他者」を心の内からすっかり追い払ったその安易さをも浮き彫りにした。一九八九年以後はそれ以前にも増して、戦後ヨーロッパの安定がイオシフ・スターリンとアドルフ・ヒトラーの達成に依存していたことがますます明らかになった。この二人の独裁者と、戦時中この二人に「協力」した人びとによって、人口統計学的な荒野が平坦化され、複雑さを減じた新しい大陸の基礎はその上に築かれたのだった。

ウィンストン・チャーチルの言う「陽光きらめく広々とした高地」に向かって進歩してゆくヨーロッパという、口当たりの良い物語のなかのこうした不協和音的なもつれは、戦後ヨーロッパの両半分において、少なくとも六〇年代まではおおむね語られずじまいだったのだが、六〇年代以後は、通常とくにドイツ人によるユダヤ人絶滅との関連でのみ引き合いに出されるようになった。時おりの例外的論争以外には、悪事をはたらいた他の連中——そして他の犠牲者たち——の記録は、語られぬままだった。第二次世界大戦の歴史や記憶は、通常は馴れ親しんだ道徳的決まり文句のなかに閉じ込められたままだった——「悪」に対して「善」、「ファシスト」に対して「反ファシスト」、「コラボ（対独協力者）」に対して「レジスタンス（抵抗者）」、などなど。

一九八九年以後は——長年の抑制を乗り越えて——ヨーロッパ再生のために支払われた道徳的代償について、公然と（時には猛烈な敵意や拒絶に歯向かって）語ることが可能になった。ポーランド人、スイス人、イタリア人、ルーマニア人その他の国民は、ほんの数十年前に自分の国で実際に何が起こったのか、知りやすくなっている——彼らが知りたいと思えばの話だが。ドイツ人でさえ、自分の国の定番の歴史の改訂を行なっている——その結果は逆説的だ。ここ数十年間で初めてのことだが、今注目の的となっているのはドイツ人たちのことで、彼らはイギリスの空爆によって、あるいはロシア兵によって、あるいはチェコ人の追放者によって苦しめられ、その犠牲者となったのである。しかるべき方面のお歴々がふたたびためらいがちに言い出し始めたのは、ユダヤ人だけが犠牲者なのではなく、云々。

こうした議論の良し悪しは、論争の的である。これら公然たる記録発掘のすべてが政治的な健康さのしるしなのだろうか？　あるいは、あのド・ゴールが誰よりもよく理解していたように、忘れ去るほうが賢明な場合もあるのだろうか？　この問題はエピローグで取り上げよう。わたしはここでは、単に以下のことを指摘しておく――最近のこうした破壊性記憶想起の発作を、過去に犯した犯罪から学習する能力の欠如、記憶喪失が原因のノスタルジー、今にも起こりそうな一九三八年への回帰性向など、ヨーロッパの「原罪」の不吉な証拠だと理解する必要はない――現在も見られる民族的ないし人種的偏見の暴発と対置して、時にはそういう理解もなされてはいるのだが（とくにアメリカで）。これはヨギ・ベラ（ヤンキースのキャッチャー・監督）の言う「デジャ・ヴュ（既視感）の蒸し返し」などではない。

ヨーロッパは戦争中の苦難の過去へと再突入しつつあるのではない――その正反対に、そこから離れつつあるのだ。今日のドイツは、その他のヨーロッパと同じく、過去五〇年間で未だかつてないほどに二〇世紀の歴史に自覚的である。しかしそれは、ドイツが前世紀へと引きもどされているという意味ではない。この点に関して、歴史は決してその場を立ち去らなかった。この本が示そうとしているのだが、第二次大戦の長い影は戦後ヨーロッパに重くのしかかった。しかしその罪の全面的受け入れなど不可能だ。ヨーロッパの近い過去についての沈黙は、ヨーロッパの未来を構築するための必要条件なのである。ほぼ二国に一国の割合で起こったつらい論争の後の今日では、善き意図にもとづく公式の記憶の正典に対して、ドイツ人とてついにはおおっぴらに疑問を呈し得ると感じて当然なのだ。この点がわれわれにはおもしろくないかもしれないし、それは良いきざしではないのかもしれない。しかしそれが一種の終結であることは確かだ。ヒトラーの死から六〇年、彼の戦争とそれがもたらした諸結果は歴史になりつつある。ヨーロッパの戦後は長くつづいたけれども、それが最終的に結末を迎えつつある。

第一部　戦後・一九四五―一九五三年

I 戦争が遺したもの

「ヨーロッパ化された世界を見舞ったのは、ゆっくりとした衰退といったものではなかった――他の諸文明は徐々に崩壊していったが、ヨーロッパ文明は、言うなれば、吹っ飛んだ」

――H・G・ウェルズ『空の戦争』（一九〇八年）

「この戦争で人間がこうむる後遺症がどんなものになるのか、想像した者はおらず、もちろん経験した者などいない。生活の根幹がこれほど徹底的に破壊され、これほど完全に崩壊したことなど、これまでなかった」

――アン・オヘア・マコーミック

「いたるところ、奇蹟や救済への渇望がある。戦争のおかげで、ナポリの住人は中世へともどってしまった」

――ノーマン・ルイス『ナポリ・一九四四年』

第二次世界大戦終了直後のヨーロッパの光景は、悲惨と荒廃の極みだった。当時の写真やドキュメンタリー・フィルムが映し出すのは、破壊された都市や荒れ果てた田園の索漠とした風景をさ迷い行く人びとの、惨めな姿である。やつれた女たちがレンガの瓦礫を掘りかえす傍らを、孤児となった子どもが寂しげに歩き回っている。強制移送で頭を丸坊主にされた人びとや、強制収容所で縞のパジャマを着せられた人びとが、飢えと病気に苦しみ抜いた放心の表情でこちらを見つめている。電力がたまにしか供給されないので動いては止まり動いては止まりの路面電車も、激しかった砲撃のせいでシェル・ショック（戦争神経症）にかかっているように見える。装備十分・食糧十分でその名のとどろく連合国側占領軍は別として、誰もかれも何もかも、疲れ果て、財は失われ糧《かて》はなく、消耗しつくしていた。

こうしたイメージも、後年この大陸が見せた破滅からの急速な復興ぶりを理解しようとすると、そこにさまざまなニュアンスを読み取る必要があるだろう。しかしこのイメージは、ドイツ敗北の後にヨーロッパが置かれた状況について、根本的な真実を伝えている。ヨーロッパの人びとは心底絶望感に襲われ、とことん疲弊した――しかもそれは、しかるべき理由あってのことだった。一九三九年九月ヒトラーのポーランド侵攻に始まり、一九四五年五月ドイツの無条件降伏で終わったヨーロッパの戦争は、まさに総力戦だった。兵士のみならず、一般市民を巻き込んだ戦争だった。

実際のところ、「ナチ党（国家社会主義ドイツ労働者党）」政権のドイツに占領された国々――東西はウクライナからフランスまで、南北はギリシアからノルウェーまでの国々では、第二次大戦とは何を措いてもまず一般市民にとっての体験だった。軍隊同士の正式の戦闘が行なわれたのは、戦争の始めと終わりだけだった。その中間で、戦争とは占領であり、弾圧であり、搾取と絶滅であり、兵士や突撃隊員や警官によって一般市民の日常生活と囚われた幾千万の人びとの生命が支配されたのだ。戦争のあいだ中ほとんど占領されつづけていた国もあり、いたるところに恐怖と欠乏があった。

第一次大戦とはちがって、第二次大戦――ヒトラーの戦争――は、ほぼ全世界にとっての体験となった。しかもそれは長期にわたった――始めから終わりまで参戦していた国（イギリス、ドイツ）にとっては六年近くもつづいた。チェコスロヴァキアでは一九三八年一〇月ナチのズデーテンラント占領で、戦争は一足先に始まっていた。東ヨーロッパとバルカン諸国では、ヒトラーの敗北が終戦とはならなかった。ドイツの退場後も長いあいだ、（今度はソヴィエト軍による）占領と内戦がつづいたからである。

言わずもがなだが、占領をともなう戦争は、ヨーロッパでこれが初めてだったわけではない。それどころか、一七世紀ドイツにおける「三十年戦争」では、外国の傭兵部隊が農村に住みついて地元住民を恐怖で支配したので、その記憶は各地の神話やおとぎ話として、その後三世紀にわたって民衆のなかに保存されていた。近くは一九三〇年代でも、スペインのおばあちゃんたちは言うことをきかない子どもを叱るとき、「ナポレオンが来るよ！」と脅したものだ。しかし第二次大戦の被占領体験には、特有の強烈さがあった。その理由の一端は、被占領住民に対するナチならではの姿勢にあった。

それまでの占領軍は、一七世紀ドイツにおけるスウェーデン軍であれ、一八一五年以後のフランスにおけるプロイセン軍であれ、現地に住みついて地元市民を攻撃し殺害しても、それは時たまの、むしろ偶発的なことだった。ところが一九三九年以降にドイツの支配下に入った人びとは、ドイツ帝国への奉仕を強いられるか、死滅を運命づけられるかのどちらかだった。ヨーロッパの人びとにとって、これは新しい経験だった。ヨーロッパ諸国も海外の植民地では、自分の利益のために常日頃から、現地住民を債務で縛ったり奴隷として買い取ったりしていた。それらの犠牲者をむりやり服従させるために、拷問や虐待や大量殺人をしでかしていた。しかし一八世紀を過ぎると、こうした行為はヨーロッパ人同士のあいだでは、少なくともポーランド東部のブーク川やルーマニア東部のプルート川より西側では、おおむね聞かれなくなっていたのである。

したがってヨーロッパの近代国家が、他のヨーロッパ人を征服し搾取するという目的を最初から掲げて全力で臨むというのは、第二次世界大戦が初めてだった。戦い、そして勝つために、イギリス人は自らの資源を略取し蕩尽した。戦争が終わる頃までに、イギリスは国民総生産の半分以上を戦費に当てるようになっていた。ところがナチ・ドイツのほうは、とりわけ戦争後期には、その犠牲者から奪い取った経済資源を最大限に活用して戦争を遂行した（ナポレオンも一八〇五年以降これと同じことをしたが、その効率ははるかによかった）。ノルウェー、オランダ、ベルギー、ボヘミア〔チェコの中西部でチェコ語称チェヒ〕とモラヴィア〔チェコの東部でチェコ語称モラヴァ〕、そしてとりわけフランスは、ドイツの戦争遂行に不承不承の莫大な助力を強要された。これらの諸国の鉱山、工場、農地、鉄道は、ドイツの必要を満たすよう命じられ、住民たちはドイツの軍需生産に徴用された——初めは自分の国のなかで、後にはドイツまで連れて行かれて。一九四四年九月段階で、ドイツには七四八万七〇〇〇人の外国人がいたが、その大部分がむりやり連れてこられた人びとであり、ドイツの労働力の実に二一パーセントを占めていた。

ナチは可能な限り、犠牲者の富に寄生した——実はそれがきわめてうまくいったので、ドイツの一般市民が戦時規制や物資不足の影響を実感し始めたのは、ようやく一九四四年になってからだった。しかしもうその頃には、まずは連合国側の空爆という形で、次には連合国軍の東西両面からの同時進攻という形で、軍事対決の時が迫っていた。そして最悪の物理的破壊の大部分が起こったのは、戦争最後のこの一年間であって、ソヴィエト連邦以西で行なわれた戦闘行動の比較的短期間でのことだった。

当時の人びとの視点で見ると、戦争がもたらした影響とは産業上の利益と損失、すなわち一九三八年と一九四五年の実質国民資産の比較によって測られるのではなく、自分たちの生活環境や地域社会がこうむった直接目に見える損害のことだった。一九四五年終戦直後に観察者の注意を惹きつけた、あの荒廃と絶望のイメージの背後にあったトラウマ（心の傷）を理解しようとすれば、われわれはまずこの損害のことから始めなくてはならない。

ヨーロッパの町や都市は大小を問わず、無傷で戦争を生き延びたものはほとんどなかった。暗黙の合意ないし幸運のおかげで、ローマ、ヴェネチア、プラハ、パリ、オックスフォードといった少数の有名ヨーロッパ都市の、古代・近世に中心部だった区域が攻撃目標となることはなかった。しかしすでに戦争の第一年目から、ドイツの爆撃機はロッテルダムを襲い、つづいてイギリスの工業都市コヴェントリを破壊していた。ドイツ国防軍はその進攻途上ポーランドで、後にはユーゴスラヴィアやソ連で、数々の小さな町を殲滅した。ロンドン中心部はその全域が、とくにイーストエンドの波止場地域周辺の貧困者居住区が、戦争の全期間にわたってドイツ空軍「電撃戦」の犠牲となった。

しかし最大の物的損害を引き起こしたのは、一九四四年と一九四五年に行なわれた西側連合軍によるかつてない大規模な空爆と、スターリングラードからプラハまで赤軍が行なった情け容赦のない進撃だった。フランス大西洋岸の諸都市ロワイアン、ルアーヴル、カーンは、アメリカ空軍によって壊滅させられた。ハンブルク、ケルン、デュッセルドルフ、ドレスデン、その他幾十ものドイツの都市がイギリスとアメリカの絨緞《じゅうたん》爆撃によって灰燼に帰した。東部では、ベラルーシの首都ミンスクの八〇パーセントが戦争終結までに破壊され、ウクライナのキエフは瓦礫と化し、ポーランドの首都ワルシャワでは一九四四年の秋、家という家、街という街が退却するドイツ軍によって意図的に火を放たれ、爆破されたのである。ヨーロッパでの戦争が終わったとき、すなわち一九四五年五月の最後の一四日間で四万トンもの砲弾を浴びせられてベルリンが赤軍に陥落したとき、このドイツの首都はくすぶりつづける瓦礫とねじ曲がった金属片の山にすぎなくなっていた。その建物の七五パーセントが居住不可能の状態だった。

破壊された都市は戦争がもたらす荒廃の隠しようのない、そして最も写真写りのよい証拠品であり、戦争の惨禍をてっとり早く目に見える形で全世界に伝えるのに役立った。損害の大部分は住宅やアパートがこうむったのであり、その結果多くの人びとが家なしとなってしまったから（その数はソヴィエト連邦でおよそ二五〇〇万人、ドイツで二〇〇〇万人――ハンブルクだけでも五〇万人）、瓦礫の山の都市の光景を見れば、終わったばかりの戦争がたちどころに思い出された。しかし、それだけではない。西ヨーロッパでは、通信・輸送に重大な損壊が起こっていた。戦前のフランスに一万二〇〇〇台あった機関車のうち、ドイツ降伏の時点で運行していたのはわずか二八〇〇台だった。たくさんの道路や鉄道や橋が爆破されたが、それは退却するドイツ軍や、進攻する連合軍や、フランスのレジスタンスが行なったのだった。フランスの商船の三分の一が撃沈された。一九四四―四五年だけ

枢軸国占領下のヨーロッパ—1942年11月

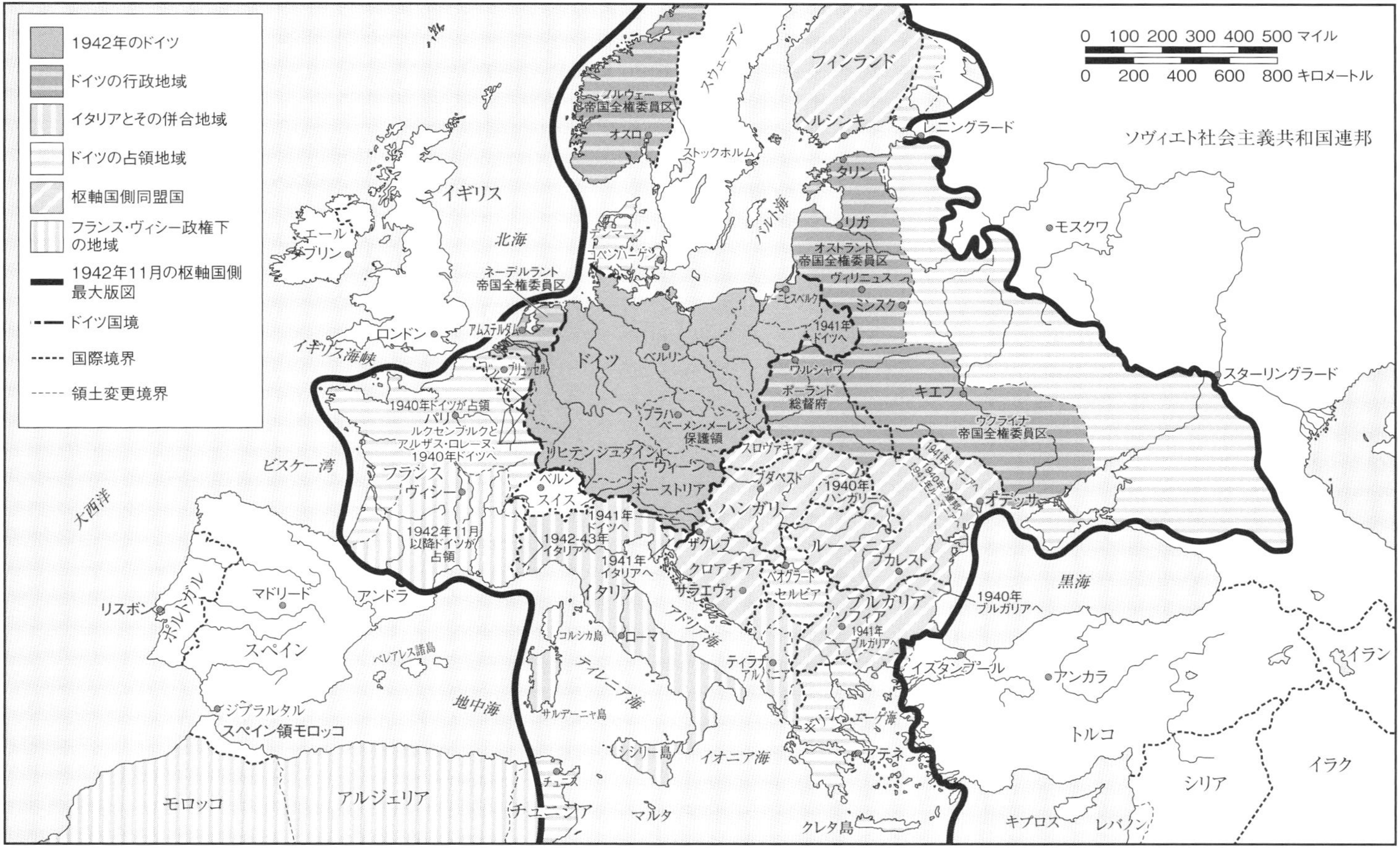

で、フランスは五〇万戸の住居を失った。

しかしフランス人はそれと自覚してはいなかったが、まだしも幸運だった。イギリス人、オランダ人、デンマーク人、ノルウェー人、イタリア人とて同様に幸運だった――オランダでは二一万九〇〇〇ヘクタールの土地にドイツ人が押しよせ、一九四五年時点で鉄道、道路、運河による輸送が戦前の四〇パーセントまで落ち込んだし、ノルウェーではドイツに占領されていたあいだに、戦前の資本の一四パーセントを失ったのだが。戦争の真の恐怖は、はるか東方で体験されていた。うまく利用するだけのためだったにせよ、西ヨーロッパ人に対するナチのあつかいには幾らかの敬意がこもっており、西ヨーロッパ人はその返礼として、ドイツの戦争遂行に対する妨害や反抗をかなり手加減していた。東部および東南ヨーロッパにおけるドイツ占領軍は無慈悲だったが、それは各地――とりわけギリシア、ユーゴスラヴィア、ウクライナ――のパルチザンが、彼らに対して絶望的ながらも不屈の戦いを挑んだためだけではなかったのである。

したがってドイツ軍の占領と、ロシア軍の進攻と、パルチザンの闘争とが東欧で引き起こした物質的な結果というものは、西欧において戦争がもたらした結果とまるでけたちがいだった。ソヴィエト連邦で戦争期間中に破壊されたのは七万の村落と一七〇〇の都市、それに三万二〇〇〇の工場と四万マイルの鉄道が加わった。ギリシアでは、この国の生命線ともいうべき商船の三分の二が失われ、森林の三分の一が荒廃し、一〇〇〇の村が姿を消した。同時にドイツは、占領費用をギリシアの支払い能力を無視してドイツ軍の必要に応じて支出する政策をとったので、ハイパー・インフレを招来してしまった。

ユーゴスラヴィアの損失は、ぶどう園の二五パーセント、全家畜の五〇パーセント、道路の六〇パーセント、耕作地と鉄道橋の七五パーセント、戦前にあった住居の五分の一、その乏しい工業資産の三分の一、加えて戦前の人口の一〇分の一が失われた。ポーランドでは、標準ゲージの鉄道線路の四分の三が使用不能になり、農場の六分の一が生産不能になった。町や都市の大部分が機能停止状態に陥った（全滅したのはワルシャワだけだったが）。

しかしながら、たいへん劇的なこれらの数字が伝えるのも事態の一端――陰鬱なる物理的背景でしかない。ヨーロッパの人びとが戦争中にこうむった物的損害はひどいものではあったが、その人的損失と比較すれば、取るに足りないものだった。戦争が起因となって一九三六年から一九四五年のあいだに死亡したヨーロッパ人の数は、およそ三六五〇万人と見積もられている（これは戦争勃発時のフランスの全人口に等しい）――ここには同期間中に自然死をとげた人は含まれていないし、当時およびその後に戦争のため避妊されたり中絶されたりした子どもの数も含まれてはいない。

死者の総数は信じがたいものだ（この数字には日本人やアメリカ人など、非ヨーロッパ人の死者は含まれていない）。一九一四―一八年の大戦の死亡者数もひどいものだったが、それが小さく見えてしまう。これほどの短期間にかくも多数の人が殺された戦いは、歴史の記録にない。しかし何よりも衝撃的なのは、死者に占める非戦闘員の数である。少なくとも一九〇〇万人、つまり全死亡者数の半分以上なのだ。一般市民の死者数が軍人の死者数を超えたのは、ソ連、ハンガリー、ポーランド、ユーゴスラヴィア、ギリシア、フランス、オランダ、ベルギー、ノルウェーだった。イギリスとドイツでだけ、軍人死者数が一般市民のそれをはるかに超えた。

ソヴィエト連邦領土内での一般市民死者数の推定にはかなりの変動があるのだが、真実に最も近いと思われる数字は一六〇〇万人超である（これはおおざっぱに見てソ連軍の死者数の二倍に当たる。軍人死者のうち七万八〇〇〇人がベルリンの戦闘で斃れた）。分割前ポーランド領内における一般市民の死者数は五〇〇万人近く、ユーゴスラヴィアでは一四〇万人、ギリシアでは四三万人、フランスでは三五万人、ハンガリーでは二七万人、オランダでは二〇万四〇〇〇人、ルーマニアで二〇万人だった。これらの死者のうち、とくにポーランド人、オランダ人、ハンガリー人のなかで目立つのがユダヤ人で、その数およそ五七〇万人、さらにロマ（ジプシー）二二万一〇〇〇人を加えなくてはならない。

以下に一般市民の死因をあげよう。死の収容所と、南はオデッサから北はバルト海までのキリング・フィールドにおける大量殺戮。病気、栄養不足、飢餓（意図的その他）。ドイツ国防軍、ソ連赤軍、あらゆる種類のパルチザンによる人質の射殺および焼殺。一般市民に対する報復殺人。戦争全期にわたる東部戦線と、一九四四年六月ノルマンディー上陸から翌年五月ヒトラーの敗北までの西部での、農村および都市における空爆・砲撃・歩兵戦の巻きぞえ。難民の列に向かって故意に行なわれた機銃掃射。軍需産業や刑務所における奴隷労働のあげくの死。

軍人の損失が最大だったのはソヴィエト連邦で、武装した男・女の兵士八六〇万人が死んだと考えられている。ドイツ軍の死傷者は四〇〇万人。イタリアの歩兵・水兵・航空兵で四〇万人。ルーマニア軍では三〇万人が死んだが、その大半はロシア戦線での枢軸国軍との戦いにおいてだった。しかし人口との比例で見てみると、オーストリア、ハンガリー、アルバニア、ユーゴスラヴィアの軍人損失がきわめて大きかった。一般市民と軍人を合わせた死者の総数を見ると、ポーランド、ユーゴスラヴィア、ソ連、ギリシアの損害がきわめて大きかった。ポーランドは戦前人口のおよそ五人に一人を失い、そのなかで教育を受けた人びとの割合が高かったのだが、これはナチによる意図的な殺害の対象となったからだった(1)。ユーゴスラヴィアは戦前人口の八人に一人、ソ連は一一人に一人、ギリシアは一四人に一人を失った。主な比較対照をあげれば、ドイツの損失割合が一五人に一人、フランスが七七人に一人、イギリスが一二五人に一人だった。

ソヴィエト軍の死者には、とりわけ多くの捕虜が含まれている。ドイツ軍は全戦争期間を通じて約五五〇万人のソヴィエト兵を捕虜としたが、その四分の三は一九四一年のソ連攻撃後七カ月間で捕らえられた。そのうち三三〇万人は、ドイツ軍の収容所での飢餓や屋外遺棄や虐待で死んだ――一九四一―四五年期にドイツの捕虜収容所で死んだロシア人の数は、第一次大戦における全ロシア人死者を上回ったのである。一九四一年九月にドイツ軍がキエフを攻略した際に捕虜となったソヴィエト軍兵士七五万人のうち、ドイツの敗戦まで生き延びたのはわずかに二万二〇〇〇人だった。逆にソ連側が捕虜にしたのは三五〇万人で(その大部分はドイツ人、オーストリア人、ルーマニア人、ハンガリー人)、大半は戦争が終わって帰国した。

こうした数字から考えると、戦後のヨーロッパ、とくに中東ヨーロッパが急激な男性不足に見舞われたとしても、おどろくには当たらない。ソヴィエト連邦では女性の数が男性を二〇〇〇万も上回ったが、これは正常にもどすのに一世代三〇年を要するアンバランスである。ソヴィエトの農村経済は、今やあらゆる種類の労働を大幅に女性に依存していたが、それは男性のみならず馬もほとんどいなかったからである。ユーゴスラヴィアでは、一五歳以上の男はすべて銃殺するというドイツ軍の報復作戦のせいで、成人男性が一人も残っていない村が数多くあった。ドイツ自体においても、一九一八年生まれの男性の三人に二人はヒトラーの戦争を生き延びることができなかった。詳しい数字が残っているベルリン郊外のトレプトウ地区では、一九四六年二月の時点で、一九歳から二一歳までの成人女性一一〇五人に対して、男性はわずか一八一人しかいなかった。

とりわけ戦後ドイツにおいて、こうした過大な女性比率のことが、これまで大いに注目されてきた。ドイツ人男性の地位の屈辱的な下落はフィクションではない――彼らは輝けるヒトラー軍隊のスーパーマンから転落し、ぼろをまとってようやく送還される捕囚へと変わり果て、否でも応でも男なしでなんとか生き延びる術を身につけて強くなった一世代の女たちを前に、すっかり困惑してしまったのである。(ドイツの首相ゲルハルト・シュレーダーは、戦後に父親なしで育った幾千人もの子どもたちの一人である。)ライナー・ファスビンダーは、こうした戦後ドイツの女性イメージを効果的に使って映画『マリア・ブラウンの結婚』（一九七九年）をつくったが、そこでタイトルに名を冠しているこのヒロインは、「魂の害になるようなこと」などしてくれるなという母親の懇願を無視して、自分の美貌とシニカルなエネルギーを大いに活用する。しかしファスビンダー描くマリアが後続世代の怒りと幻滅を背負っていたのに対し、一九四五年のドイツにおける現実の女性たちは、もっと直接的な困難と向かい合っていた。

戦争も最後の数カ月となって、ソヴィエト軍が中央ヨーロッパとプロイセン東部へと押し寄せているとき、その前方を幾百万の一般市民――大半はドイツ人――が逃亡していた。アメリカの外交官ジョージ・ケナンは、その光景を回想記のなかでこう述べている――「ソヴィエト軍の進入によってこの地方を見舞った災厄は、近代ヨーロッパのいかなる経験をも絶している。現存するすべての証拠で判断する限り、ソヴィエト軍が通過した後、地元住民が男も女も子どもも一人として生き残っていない地域がかなりあったのだ。……ロシア軍が……この地の住民を掃討したやり方は、かつてのアジア遊牧民以来その類例を見ないものだった。」

主として犠牲となったのは成人男性（生き残っていたとして）と、あらゆる年齢層の女性たちだった。クリニックや医師からの報告によると、ウィーンでは赤軍到着後の三週間のうちに、ソヴィエト軍兵士によって八万七〇〇〇人の女性が強姦された。ベルリンではソヴィエト軍の進撃で、それよりやや多目の数の女性が強姦されたが、その大半は五月二日から七日の週で、ドイツ降伏直後のことだった。以上二つはともに控え目の数字のはずであり、しかもそこにはオーストリアへの進撃途上や、ポーランド西部からドイツへと進攻したソヴィエト軍の行く手にあった村や町での女性襲撃は含まれていないのである。

こうした赤軍の行動は、秘密でも何でもなかった。ユーゴスラヴィアのパルチザン（ゲリラ）活動でチトーの緊密な協力者であり、当時熱烈な共産党員だったミロヴァン・ジラスは、この問題を直接スターリンにぶつけた。ジラスが記録しているこの独裁者の反応は、われわれの蒙を啓いてくれる――「ジラス、おまえは作家のくせに人間の苦しみや人間の心を知らないのか？　作家のくせに、血と火と死をくぐりぬけた兵士たちがちょっと女をいたぶったからといって、連中の気持ちが分からないのか？」

グロテスクではあるけれども、スターリンは半分正しかっ

（1）あるいはスターリンの仕業だったのかもしれない。彼は一九四〇年にカティンの森でポーランド人将校二万三〇〇〇人の射殺を命じ、後にそれをドイツ人の所業にした。

た。ソヴィエト軍には休暇制度というものがなかった。歩兵や戦車乗員の多くはロシアからウクライナへと、ソヴィエト連邦の西部を三年間立てつづけの戦闘と行軍で反撃してきたのだった。その進撃の途上で彼らが見聞きしたのは、ドイツ軍の残虐行為を示すおびただしい証拠だった。まずはヴォルガ川やモスクワ、レニングラード両市へと向かう意気揚々たる進撃があり、次には忌々しくも血みどろの退却があったのだが、その行く手にいた捕虜、一般市民、パルチザン、あらゆる者、あらゆる物に対するドイツ国防軍の暴虐ぶりは、その地表とその地の人びとの魂のなかに、はっきりと跡形を残していたのである。

赤軍がついに中央ヨーロッパに到達したとき、疲れ果てた兵士たちの眼前にあったのは別世界だった。ロシアと西欧とのちがいは常に大きかった。かつてロシア皇帝アレクサンドル一世〔在位一八〇一―二五年〕は、ロシア人に西欧の暮らしぶりを見せたことを悔やんだが、そのちがいは戦争中に拡大していた。ドイツの兵士が東欧で破壊と大量殺人をしでかしていたあいだにも、ドイツ自体は繁栄していた――その繁栄ぶりはかなりのものだったから、ドイツの一般住民は戦争末期にいたるまで、戦争の物質的なコストについてほとんど無自覚だった。戦時のドイツは都市化と、電気と、食糧品・衣類・小売店・消費物資と、適度に栄養十分な女性・子どもたちの世界だった。ふつうのソヴィエト軍兵士にとって、荒廃した故国とのちがいは測り知れないものだったにちがいない。ドイツ軍はロシアにひどいことをした、今度はやつらが苦しむ番だ。やつらの持ち物、やつらの女をやっちまえ。指揮官たちの暗黙の許可の下、赤軍は征服したばかりのドイツの領土で、その一般住民への狼藉を開始した。

赤軍は西へと進む途上のハンガリー、ルーマニア、ユーゴスラヴィアでも、強姦と略奪（ここでもこの野蛮な表現がふさわしい）を行なったが、ドイツ女性の被害はまさに最悪だった。ドイツのソヴィエト占領地域では、一九四五―四六年に、一五万から二〇万の「ロシア・ベビー」が生まれているが、この数字には中絶が勘案されていない――中絶の結果、望まれぬ胎児とともに多くの女性が死亡した。生き残った幼児の多くは、孤児やホームレスになった子どもの数に加えられた――戦争が捨てた漂流貨物である。

ベルリンだけでも、一九四五年末の時点で、およそ五万三〇〇〇人の子どもが行方不明だった。ローマのクイリナーレ庭園は、肢体を損なわれたり、ひどい外傷を負ったり、親から遺棄されたりした幾千人ものイタリアの子どもたちの溜り場として、しばしその名がとどろいた。解放後のチェコスロヴァキアには四万九〇〇〇人の孤児がおり、オランダでは六万人、ポーランドではおよそ二〇万人と推定され、ユーゴス

一九四五年ドイツの敗北直後にベルゲン＝ベルゼン強制収容所近傍の道路脇に並べられた幾百人もの被収容者たちの遺体。戦後ドイツの大人たちがそうだったように、この子も顔をそむけて歩いている。

1946年キエフ（ウクライナ）での、戦犯として有罪宣告を受けたドイツ軍兵士の公開処刑。戦後にこうした裁判や処刑を遂行したソヴィエトの動機にはさまざまな思惑が絡んでいただろうが、ドイツ軍やＳＳや各地の「コラボ（対独協力者）」が行なった犯罪は真に恐るべきものだった。

ラヴィアではおそらく三〇万人だった。幼児のなかにユダヤ人はほとんどいなかった――戦争のさなかのポグロムや大量殺戮を辛うじて逃れたユダヤ人の子どもたちは、ほとんどが十代だった。ブーヘンヴァルト強制収容所では、解放時に八〇〇人の子どもが生存しており、ベルゼン強制収容所ではわずか五〇〇人だったが、そのうちの幾人かはアウシュヴィッツからの死の行進をも生き延びたのである。

戦争を生き延びたとしても、平和を生き延びることができるかどうか分からなかった。新たに設立された「国連救済復興機関（ＵＮＲＲＡ）」と連合国占領軍による早期の効果的な介入のおかげで、大規模な伝染病の発生や感染症の蔓延は回避された――第一次世界大戦直後にヨーロッパを襲ったアジア・インフルエンザの記憶が、今なお生きていたのだ。それでも状況は深刻だった。ウィーンの住民は一九四五年の大半を、一日八〇〇カロリーの配給で生きながらえており、ブダペストでの一九四五年一二月分の公式の配給量は一日わずか五五六カロリーだった（託児所の子どもたちは八〇〇カロリーをもらっていた）。一九四四―四五年のオランダの「飢餓の冬」のあいだ（この国はすでに部分的に解放されていたが）、一週間当たりのカロリー配給量が、連合国遠征軍（ＡＥＦ）が兵士向けに推奨する一日分を下回った地域さえあった。一万六〇〇〇人のオランダ市民が死んだが、その大半は老人と子どもだった。

ドイツにおける成人の一日の平均摂取量は、一九四〇―四一年で二四四五カロリー、一九四三年で二〇七八カロリーだったが、一九四五―四六年にはそれが一四一二カロリーへと下がっていた。しかしこれは、あくまで平均値だった。一九四五年六月のアメリカ軍占領区域では、（特別待遇の労働者を除く）「標準的」ドイツ人消費者への配給は、公式には一日わずか八六〇カロリーだった。こうした数字を見ると、戦時中のドイツのジョークには痛ましい真実がこもっていた――「戦争を満喫しよう、平和になったらひどいことになる。」しかし状況はイタリアの大部分でもほぼ同じ、ユーゴスラヴィアやギリシアではもっと悪い地域さえあった。(2)

農村が破壊されたことや、通信・輸送が混乱したことも問題だったが、いちばんの問題は膨大な数にのぼる無力な非生産人口を養わねばならぬことだった。ヨーロッパの農民は食糧生産が可能な場合でも、それを町に供給することには消極的だった。ヨーロッパ通貨のほとんどは無価値になっており、たとえドルと交換可能な通貨で農民に食糧代を支払う算段がついたとしても、農民たちにとっては何の魅力もなかった――買う物などなかったのだ。したがって食糧が出回ったのは闇市だったが、その値段たるや、犯罪者か金持ちか占領軍だけにしか買えなかった。

やがて人びとは飢え、病に斃れた。ギリシアのピレウスでは、住民の三分の一がひどいビタミン不足からくるトラホームに罹った。一九四五年六月ベルリンで赤痢が発生したときには（下水道の損壊によって上水が汚染された結果だった）、新生児一〇〇人当たり六六人が死亡した。ドイツ駐在のアメリカ政治顧問ロバート・マーフィーの一九四五年一〇月の報告によれば、ベルリンのレアター駅〔現在の中央駅〕では疲労困憊や栄養失調や病気によって、一日平均一〇人が死んでいた。ベルリンのイギリス占領区域では、一九四五年一二月、一歳未満の子どもの死亡率が四人に一人、同年同月に新規に発生した腸チフスは一〇二三人、ジフテリアは二一九三人だった。

戦争終結から幾週間ものあいだ――つまり一九四五年の夏には、とくにベルリンで、死体の腐敗が原因の深刻な病気の発生が危ぶまれた。ワルシャワでは、五人に一人が結核に罹った。一九四六年一月のチェコスロヴァキア当局の報告によれば、この国の貧しい子どもたち七〇万人のうち半数は病気に罹っていた。ヨーロッパ中の子どもたちが食糧不足が原因の病気に苦しんでいた――とりわけ結核とくる病だったが、ペラグラ病（皮膚病）や赤痢やとびひもあった。病気の子どもには頼れるものがなかった――解放後のワルシャワの子どもたち九万人に対して、五〇床の病院がただ一つあるだけだった。病気でない子どもたちも、ミルク不足で死ぬか（一九四四―四五年の東南ヨーロッパの戦闘で何百万頭もの牛が死んだ）、大半が慢性的な栄養不良だった。一九四五年夏のウィーンにおける幼児死亡率は、一九三八年のほぼ四倍だった。西ヨーロッパの比較的裕福な諸都市の子どもたちも空腹を抱えていて、食糧はきびしい配給制だった。

疲労困憊その極に達していたヨーロッパ一般市民（に加えて何百万もの旧枢軸国軍捕虜たち）に対する、食糧・住宅・衣料・医療の供給問題は、大規模難民の危機と絡み合って困難さを増した。これはヨーロッパにとってまったく新しい経験だった。すべての戦争は非戦闘員の生活を混乱させる――土地や家庭を破壊し、通信・輸送を途絶させ、夫や父や息子たちを徴募して戦死させる。しかし第二次大戦においては、最悪の損害をもたらしたのは武力衝突よりも国家政策であった。

スターリンはすでに戦前から、ソヴィエト帝国内全民族の強制移住を継続的に実施していた。一九三九―四一年に、ゆうに一〇〇万を超す人びとが、ソヴィエト占領のポーランドやウクライナ西部やバルト海沿岸地方から東方へと強制移住

(2) ちなみに比較の数字をあげておこう――一九九〇年フランスにおける一日の平均カロリー消費量は三六一八カロリーである。

させられた。同じ時期にはナチも、ポーランド西部から七五万人のポーランド人農民を東方へと強制退去させ、空いた土地を「在外ドイツ人」、つまり民族としてのドイツ人たちに提供した。彼らは東ヨーロッパの占領地域にいたドイツ人で、新たに拡張されたドイツ帝国への「帰国」となったのである。これによっておよそ一二万人のバルト・ドイツ人のほか、ソヴィエト占領のポーランドから一三万六〇〇〇人、ルーマニアから二〇万人、その他がこの地に移住してきた——数年後には、そのすべてが追い立てられることになるのだが。したがって、ドイツ占領の東方地域における人種の強制移住やジェノサイド（集団殺戮）というヒトラーの政策は、中世以来広範囲に広がっていたドイツ人入植地のすべてをドイツ帝国に帰属させる（さらには新たに犠牲者から奪った土地に住まわせる）という、ナチの計画と直接関連づけて理解しなくてはならない。ドイツ人はスラヴ人を追い払い、ユダヤ人を絶滅させ、西からも東からも奴隷労働者を輸入したのである。

一九三九—四三年に、スターリンとヒトラーの二人だけで、およそ三〇〇〇万の人びとが立ち退かされ、移動させられ、追放され、強制移住させられ、離散させられた。枢軸国軍の退却によって、このプロセスが逆転した。新たに入植し直したドイツ人たちは、赤軍から一目散に逃亡して、東ヨーロッパ中の数百万の既成ドイツ人社会に合流した。ドイツまで安全に逃げおおせた人びとにも、別の強制移住の人びとが合流した。イギリス軍将校のウィリアム・バイフォード＝ジョーンズは、一九四五年の状況をこう述べている。——

漂流貨物のような人びとの群！　夫や子どもを失った女たち、妻を失った男たち、家庭や子どもを失った男や女たち、広大な農場・農園や商店やアルコール蒸留所や工場や製粉所や大邸宅を失った家族の数々。独りぼっちで小さな包みを抱えている幼い子どもたちには、哀れをもよおす名札が貼りつけられていた。彼らは母親とはぐれたか、母親は死んでしまって途中どこかで他の避難者によって埋葬されたのだった。

東からやって来たのは、バルト人、ポーランド人、ウクライナ人、コサック人、ハンガリー人、ルーマニア人などであり、ただただ戦争の恐怖から逃れようとしている者もいれば、共産主義支配下で逮捕されるのを避けるべく西へと逃げている者もいた。『ニューヨーク・タイムズ』のある記者によれば、コサック人の兵士と家族二万四〇〇〇人がオーストリア南部を移動していたが、そのようすは「画家の描いたナポレオン戦争の絵とほとんどちがわなかった。」

バルカン諸国からは民族としてのドイツ人だけでなく、一

○万人を超えるクロアチア人が、アンテ・パヴェリッチの戦時ファシズム政権崩壊後に、チトー派パルチザンの怒りから逃れ出ようとしていた(3)。ドイツとオーストリアには、連合国側に捕まったドイツ国防軍兵士およびドイツの捕虜収容所から解放されたばかりの連合国兵士たち数百万に加えて、ドイツ人とともに、あるいはドイツ軍の指令で、連合国軍と戦った多くの非ドイツ人がいた――すなわち、アンドレイ・ウラソフ将軍率いる反ソヴィエト軍に属するロシア人・ウクライナ人などの兵士たち、ノルウェー、オランダ、ベルギー、フランスから来た「武装親衛隊」志願兵たち、ラトヴィア、ウクライナ、クロアチアその他で大量に補充されたドイツ軍補充兵や強制収容所職員など、である。これらすべてに、ソヴィエトの報復を逃れようとする十分な理由があった。

さらに加えて、ナチに徴用されてドイツで働き、今や解放された男たち女たちがいた。ドイツの農場や工場へと、ヨーロッパ大陸のいたるところから連れてこられた彼らは数百万人にも達し、ドイツ本国およびその併合領土に配置されていて、ナチによって強制移住させられた人びとのうちで一九四五年時点で最大規模の集団を構成していた。こうして多くのヨーロッパ人一般市民にとっては、強制による経済移住こそが第二次大戦における最重要の社会的経験となったのだが、そこには一九四三年九月の連合国への降伏直後に、それまでの同盟国ドイツによって強制的にドイツに移された二八万人のイタリア人も含まれている。

ドイツにおける外国人労働者の大部分は、自らの意に反して連れてこられていた――しかし全部が、というわけではない。一九四五年五月のドイツ敗北に巻き込まれた外国人労働者のなかには、自由意志で来た人びとがいた――たとえば一九三九年以前のナチ・ドイツで仕事をもらい、以後住みつづけていたオランダ人失業者たちである(4)。戦時のドイツ人雇用者から支払われるのがお慰み程度の賃金だったとしても、東ヨーロッパやバルカン諸国やフランスやベネルクス三国（ベルギー・オランダ・ルクセンブルク）からの人たちにとっては、本国にいるよりましな場合が多かった。そしてソヴィエト人労働者（一九四四年九月時点でドイツに二〇〇万人以上いた）にとっては、強制的に連れてこられたにせよ、それが必ずしも不幸というわけではなかった。そうした労働者の一人エレナ・スクリャベナは、戦後の回想でこう語っている

(3) 彼らには恐れる理由が十分あった。後にオーストリアのイギリス軍が彼らをユーゴスラヴィア当局に引き渡し（この種の捕虜はそれが背いた政府に引き渡すという連合国側の合意があった）、その結果彼らの四万人が殺されたのである。

(4) しかし彼らとて、現実には選択の余地などなかったのだ――不況の時代にドイツから提供された仕事を断われば、オランダの失業手当が受けられなくなるおそれがあったのだから。

――「ドイツ軍によってドイツの工場に送られたのを、不満に思っている人はいませんでした。彼らすべてにとって、それはソヴィエト連邦から脱出できる唯一の可能性でしたから。」

強制移住させられた人びとでも別のグループ、あの強制収容所の生存者たちは、いささかちがう感じをもっていた。彼らの「犯罪」はさまざまだった――ナチズムやファシズムに対する政治的・宗教的反抗、レジスタンス武装闘争、ドイツ国防軍の兵士や施設を攻撃したことに対する集団処罰、占領規定違反、現実あるいは架空の犯罪活動、ナチの人種法に対する違反行為。彼らが生き延びた収容所は、最後には死体の山で埋まり、あらゆる種類の病気が蔓延していた――赤痢、結核、ジフテリア、腸チフス、発疹チフス、気管支肺炎、胃腸炎、壊疽、その他もろもろ。しかしこうした生存者たちもユダヤ人よりはましだったというのは、意図的・集団的・計画的な絶滅の対象ではなかったからである。

ユダヤ人はほとんど残っていなかった。解放後も一〇人中四人が、連合軍到着後の数週間で死亡した――彼らの状態は西洋医学の経験を超えていたのだ。それでも生き延びたユダヤ人は、今や家なしの他の数百万のヨーロッパ人と同じく、ドイツへと向かった。ドイツには連合国の諸機関・諸施設が置かれることになっていたからだ。そしてなんといっても、ユダヤ人にとって東ヨーロッパは今も安全ではなかったのだ。ポーランドにおける一連の戦後ポグロムの後、生き残ったユダヤ人は永久にその地を離れた。一九四六年七月から九月のあいだだけで、六万三三八七人のユダヤ人が、ポーランドからドイツへとたどり着いた。

こうして一九四五年に起こっていたこと、そして少なくともその一年前から起こりかけていたことというのは、民族浄化と強制移住の未曾有の実践だった。そのなかには「自発的な」民族分離も含まれていた。安全でもなければ歓迎されてもいないポーランドを離れたユダヤ人生存者や、ユーゴスラヴィアの支配下で暮らすよりはとイストラ半島〔アドリア海北端〕から退去したイタリア人がその例である。占領軍に協力した少数民族の多くはドイツ国防軍といっしょに退却して、その地の多数民族あるいは赤軍からの報復を回避し、その後ももどらなかった――すなわちユーゴスラヴィアにいたイタリア人、ハンガリーに占領されていたが今やルーマニアの支配へと復帰したトランシルヴァニア〔ルーマニア中部・北西部〕の北部にいたハンガリー人、ソヴィエト連邦西部にいたウクライナ人などである。彼らがその地を離れたのは、現地当局から法的に命じられたり強制されたりしたからではなかったが、他の選択肢などほとんどなかった。

とは言うものの他の地域では、終戦のかなり前から国家政策が公式に発動されていた。むろん始めたのはドイツ人で、ユダヤ人に対する強制移住とジェノサイド、ポーランド人その他のスラヴ民族に対する集団殺戮がそれだった。一九三九年から一九四三年にかけて、ルーマニア人とハンガリー人はドイツの護衛の下、問題のトランシルヴァニアの新しい境界線を行ったり来たりした。片やソヴィエト当局は、ウクライナとポーランドのあいだで一連の強制的住民交換を画策した。一九四四年一〇月から一九四六年六月にかけて、今やウクライナ西部となった故郷から一〇〇万のポーランド人が逃亡あるいは退去させられる一方、五〇万のウクライナ人がソヴィエト連邦に向かってポーランドを離れた。さまざまな信仰・言語・地域社会が混在していた地域が、この数カ月のあいだに二つの単一民族領土へと再編されたのである。

ブルガリアはトルコ人一六万人をトルコへ強制移住させ、チェコスロヴァキアは一九四六年二月のハンガリーとの合意にもとづいて、ハンガリー居住のスロヴァキア人一二万人を、スロヴァキアのドナウ川北方の地域社会に住む同数のハンガリー人と交換した。この種の強制移住が他にもポーランドとリトアニア、チェコスロヴァキアとソヴィエト連邦のあいだで行なわれたし、ユーゴスラヴィア南部からは四〇万人が北方へと移されて、退去していった六〇万のドイツ人、イタリア人と入れ替わった。他と同じくこの場合も、住民には何の相談もなかった。最も大きな影響をこうむったのはドイツ人だった。

東ヨーロッパのドイツ人はおそらく、とにかく西へと逃げ延びていただろう。一九四五年時点では、一家が入植して数百年経っている国々でも彼らは嫌われ者だった。戦争と占領がもたらした荒廃のゆえに、地元にいるドイツ人を罰したいという心底からの真正な民衆の欲望と、このムードを利用しようとする各国戦後政府とに挟撃されて、ユーゴスラヴィア、ハンガリー、チェコスロヴァキア、ポーランド、バルト地域、ソヴィエト連邦西部のドイツ語社会は死を宣告されており、彼らはそれを知っていた。

結局のところ、彼らに選択の余地は与えられなかった。一九四二年の初め、イギリスは個別にチェコ側の要求に同意して、戦後にズデーテンのドイツ住民を立ち退かせることとし、翌年にはロシアもアメリカもこれに同調した。一九四五年五月一九日、チェコスロヴァキア大統領エドヴァルド・ベネシュはこう布告した――「われわれは我が共和国から、ドイツ問題を最終的に取り除くことを決断した。(5)」ドイツ人は（ハンガリー人その他の「裏切り者」も同じく）その財産を、国家管理されることになった。一九四五年六月、彼らは土地を没収され、同年八月二日、彼らはチェコスロヴァキアの市民権を失った。大半はチェコのズデーテンラント出身の三〇〇万人近くのドイツ人が、その後の一八カ月間にドイツへと追放された。追放の過程で、およそ二六万七〇〇〇人が死亡した。一九三〇年にはボヘミアとモラヴィアの住民の二九パーセントがドイツ人だったが、一九五〇年の調査ではわずか一・八パーセントとなった。

ハンガリーからさらに六二万三〇〇〇人のドイツ人が、ルーマニアから七八万六〇〇〇人が、ユーゴスラヴィアからおよそ五〇万人が、ポーランドから一万三〇〇〇人が強制退去させられた。しかしなんといっても、ドイツ人難民が大挙して発生したのは、かつてはドイツの東部地方だったシレジア〔シュレジエン＝ポーランド語称シロンスク〕、東プロイセン〔ロシア語称カリーニングラード〕、ポメラニア〔ポメルン＝ポーランド語称ポモジェ〕の東部、ブランデンブルク東部からだった。アメリカ・イギリス・ソ連によるポツダム会談（一九四五年七月一七日―八月二日）で、これら三国の政府は、後に結ばれた協定第一三条の文言によれば「ポーランド、チェコスロヴァキア、ハンガリーに残存するドイツ人住民もしくはその分団の、ドイツへの強制移住を実施すべき点を認識」した。これにはすでに起こっていたことの単なる追認という面があったが、ポーランドの境界を西へ移動させるという含意が正式に承認されたことの表明でもあった。およそ七〇〇万人のドイツ人が、今自分たちはポーランドにいるのだということになり、そこでポーランド当局（およびソヴィエト占領軍）は彼らの立ち退きを求めた――こうすれば、今やソ連に併合された東部諸地域で土地を奪われたポーランド人その他の人びとが、代わりに新たな西方の地へと再移住できるのだ。

この結末は新たな現実に対する「法的」認知だった。東ヨーロッパはそのドイツ人住民をむりやり追い払った。一九四一年九月の約束通りに、スターリンは「東プロイセンを本来のスラブ世界へ」と奪還した。ポツダム宣言の合意によれば、「移住は整然かつ人道的に実施されなければならな」かったが、当時の状況ではそれは不可能だった。西側の観察者の一部は、現地のドイツ人社会がこうむったあつかいにショックを受けた。『ニューヨーク・タイムズ』記者アン・オヘア・マコーミックは、一九四六年一〇月二三日の印象をこう記した――「この再移民の規模とそれが実施される状況は、歴史に前例がない。その恐怖を目の当たりにする者なら、これこそ人道に対する罪であり、恐ろしい歴史の報いが必ず来ると確信するだろう。」

歴史はそんな報復を求めなかった。実際のところ、強制的に追い立てられた一三〇〇万人は実にうまく西ドイツ社会へと移住し、統合された――記憶は残っており、多数が移住してきたバヴァリア〔バイエルン州〕ではこの話題が強烈な感情を呼び起こすことは否めないが。現代のわれわれにとっては、同じドイツ人の名においてまったく異なる規模で行なわれていた犯罪が暴露された数カ月後に、ドイツ人の追放が「人道に対する罪」と表現されていたのはいささか耳ざわりであろう。しかし当時ドイツ人は生存して現にそこにいたのに対し、彼らの犠牲者――とりわけユダヤ人――は大半がすでに死んでいた。ナチの指導者を裁いたニュルンベルク裁判のアメリカ合衆国検事テルフォード・テイラーが数十年後に書いた言葉によれば、戦後に行なわれた追放と戦時中の住民排除とのあいだには決定的なちがいがあり、後者では「追放する者が追放される者をゲットーまで送りとどけた上で、殺すか強制労働させるかを決めたのである。」

　第一次大戦の決着においては、新たに設けられたり変更されたりしたのは国境線のほうで、住民は全体としてはその場に留まった。[6] 一九四五年の後で起こったのはその反対のことで、大きな例外を一つ除き国境線は概して元のまま、その代わり人びとが移住させられた。西側の政策立案者のあいだには、ヴェルサイユ条約の少数民族条項は失敗であり、それを蒸し返そうとするのは誤りだという気持ちがあった。こうした理由から、彼らは唯々諾々と強制移住に同意したのである。中東ヨーロッパの生き残り少数民族が実効ある国際的保護を受けられない場合には、もっとゆとりある場所に彼らを送りこんだらよかろう、というわけだ。「民族浄化」という言葉はまだなかったが、現実は確実に存在した――そしてそれが大きな非難や困惑を呼び覚ますにはほど遠い状況だった。

　例外は、いつもながらポーランドだった。ポーランドの地理的再整理とは、その東部国境地帯の六万九〇〇〇平方マイルをソヴィエト連邦に取られる代償として、オーデル・ナイセ両川の東側のドイツ領から地味のよい四万平方マイルを受け取るという劇的なもので、その影響をこうむる土地に住むポーランド人、ウクライナ人、ドイツ人にとって重大問題だった。しかし一九四五年の諸事情の下ではこれは異常なことであり、むしろスターリンが自分の帝国の西辺でもくろんだ全般的な領土再編の一環として理解すべきだろう。つまりスターリンは、ルーマニアからベッサラビア〔現在のモルドヴァとウクライナの一部にわたる地域〕を取りもどし、ルーマニアとチェコスロヴァキアからそれぞれブコヴィナ〔ルーマ

(5) ベネシュはブラチスラヴァでの一九四五年五月九日の演説で、チェコ人とスロヴァキア人はハンガリー人やドイツ人とこれ以上いっしょに住むことを望まない、と宣言した。こうした心情とその後の行動とが、それ以降のチェコ－ドイツ関係、スロヴァキア－ハンガリー関係に大きな影を落としている。

(6) 一九二三年のローザンヌ条約によって、ギリシアとトルコだけは例外だった。

ニア北東部〕とサブ・カルパティア〔カルパティア山麓〕のルテニア〔ポーランド南東部とウクライナ西部にまたがる地域の歴史的呼称〕を奪い取り、バルト諸国をソヴィエト連邦に併合し、戦争中にフィンランドから奪ったカレリア地方を保持したのである。

新しいソヴィエト国境の西側では、変化はほとんどなかった。ブルガリアはルーマニアからドブルジャ地域の狭隘な土地を取りもどし、チェコスロヴァキアは（敗北した枢軸国側として反対不可能だった）ハンガリーから、ブラチスラヴァの向かい側のドナウ川右岸の三つの村を手に入れ、チトーはトリエステ周辺および戦争終結時に彼の軍隊が占領したフリウリ＝ヴェネチアジュリア〔イタリア北部〕の、かつてのイタリア領の一部に固執することができた。これら以外では、一九三八年から一九四五年までに力ずくで取られた土地は返還され、「ステータス・クォ・アンテ（以前の状態）」が回復された。

いくつかの例外はあるが、こうした成り行きからかつてない民族的均質性をもつ国民国家のヨーロッパが生まれた。もちろんソヴィエト連邦は多民族帝国のままだった。ユーゴスラヴィアは戦時中に見られた地域社会同士の血みどろの戦いにもかかわらず、その民族的複雑性を少しも失わなかった。ルーマニアはトランシルヴァニアにかなりの規模のハンガリー少数民族と、無数——数百万——のロマ（ジプシー）とを抱えていた。しかしポーランドでは、一九三八年のポーランド人住民はわずか六八パーセントだったのに、一九四六年にはポーランド人が圧倒的となった。ドイツは（一時的な難民や強制移住民を除くと）ほとんどすべてドイツ人となり、チェコスロヴァキアでは、ミュンヘン会談〔一九三八年〕以前はドイツ人二二パーセント、ハンガリー人五パーセント、カルパティア・ウクライナ人三パーセント、ユダヤ人一・五パーセントだったものが、今やほぼチェコ人とスロヴァキア人だけとなり、戦争を生き延びたチェコスロヴァキア・ユダヤ人五万五〇〇〇人のうち、一万六〇〇〇人を除くすべては一九五〇年までに国外に出ることとなった。ヨーロッパにおける昔ながらのディアスポラ（民族離散）——南バルカンや黒海周辺地域のギリシア人やトルコ人、ダルマチア〔クロアチア南部のアドリア海沿岸都市〕のイタリア人、トランシルヴァニアや北バルカンのハンガリー人、ヴォルヒニア〔ウクライナ西部〕・リトアニア・ブコヴィナのポーランド人、バルト海から黒海まで・ライン川からヴォルガ川までのドイツ人、いたるところのユダヤ人——今やこうした民族移住状態が減少し、姿を消した。新たな、「すっきりとした」ヨーロッパが誕生しつつあったのだ。

強制移住民や難民を集め、収容所を設け、食糧・衣類・医療援助を供給するなど、最初の措置の大半を行なったのはドイツ占領の連合軍であり、とりわけアメリカ軍だった。ドイツはもとより、難民が集まったオーストリアや北イタリアなど他の地域でも、これ以外の権力などなかった。人口としてはゆうに中規模国に匹敵する人間集団を管理する資源と組織力とをもっていたのは、軍隊だけだった。数週間前まで一心不乱にドイツ国防軍との戦いに明け暮れていた巨大軍事マシーンにとって、これは未曾有の任務だった。ドワイト・Ｄ・アイゼンハワー将軍（連合軍最高司令官）は、難民や強制収容所生存者に対する軍のあつかいに向けられた批判に答えて、一九四五年一〇月八日、ハリー・トルーマン大統領にこう報告した――「いくつかの事例でわれわれに行き届かぬ点がありましたが、これまで全軍が直面してきたのは、戦闘から大規模な本国送還業務へ、さらには特別の福祉問題など当面の静的局面への転換という複雑な課題だったということを、わたしは指摘したいのであります。」

　とは言うものの、収容施設が整備された後では、幾百万の強制移住民の世話と本国送還ないし再移住の責任は、しだいに国連救済復興機関（ＵＮＲＲＡ）へと移った。ＵＮＲＲＡが設立されたのは一九四三年一一月九日、こうした戦後の必要性を予期した未来の国連加盟国四四カ国の代表がワシントンに会合してのことだったが、以後は戦後の緊急事態への対応で重要な役割を果たしつづけた。この機関は一九四五年七月から一九四七年六月までに一〇〇億ドルを使ったが、その大部分を供与したのはアメリカ政府、カナダ政府、イギリス政府だった。こうした援助の多くが直接贈られたのは、東ヨーロッパのかつての連合国――ポーランド、ユーゴスラヴィア、チェコスロヴァキア――とソヴィエト連邦であり、さらにドイツその他における強制移住民の保護管理にも使われた。旧枢軸国ではハンガリーだけがＵＮＲＲＡの援助を受けたが、多い額ではなかった。

　一九四五年末の時点で、ＵＮＲＲＡはドイツにおいて強制移住民と難民の収容施設や救援センターを二二七カ所運営しており、さらに隣国のオーストリアには二五カ所、フランスとベネルクス三国にも若干の施設があった。一九四七年時点になると、西ヨーロッパの施設数は七六二カ所となり、その圧倒的多数がドイツの西側占領地域にあった。一九四五年九月のピーク時では、ＵＮＲＲＡなどの連合国側諸機関によって保護あるいは本国送還された国連諸国の一般市民（つまり旧枢軸国市民を含まない）の数は、六七九万五〇〇〇人に達した――さらにこれにソヴィエト管理下の七〇〇万人と、数百万のドイツ人強制移住民とを加えなくてはならない。国籍で見ると、最大規模の集団はソヴィエト連邦出身者で、解放された囚人やかつての強制労働従事者だった。次いで二〇〇万人のフランス人(捕虜、強制労働従事者、強制移住民)、一六〇万人のポーランド人、七〇万人のイタリア人、三五万人のチェコ人、三〇万人以上のオランダ人、三〇万人のベルギー人、他にも数えきれない人びと。

UNRRAからの食糧供給は、とくにユーゴスラヴィアで決定的な役割を果たした。この機関の助力がなかったら、一九四五—四七年にはもっと多くの死者が出ていただろう。UNRRAの支援によって、ポーランドでは食糧消費量が戦前レベルの六〇パーセントに維持され、チェコスロヴァキアではそれが八〇パーセントだった。ドイツとオーストリアで、UNRRAは強制移住民や難民の救済の責任を「国際難民救済機関(IRO)」と分担したが、後者の定款は一九四六年一二月の国連総会で承認されたのだった。

このIROの資金も、大半が西側連合諸国の負担だった。最初の予算(一九四七年)では、アメリカの分担は四六パーセントだったが、一九四九年までに六〇パーセントに上昇する。初年度のイギリスの負担は一五パーセント、フランスは四パーセントだった。強制的な本国送還の問題をめぐる西側連合諸国とソヴィエト連邦との対立のおかげで、IROはソ連から(後にはソヴィエト・ブロックから)常に西側の手先と目されており、ためにその業務は西側占領軍の管理地域に限られてしまった。さらにそれは難民救済の機関だったから、ドイツ人の強制移住民たちもその恩恵から外されてしまった。

強制移住民(帰るべき家がどこかにある)と難民(分類上は家なし)とのこうした区別は、当時導入された数多くの差異づけのほんの一例にすぎない。戦時の連合国民(チェコスロヴァキア人、ポーランド人、ベルギー人など)か、かつての敵国民(ドイツ人、ルーマニア人、ハンガリー人、ブルガリア人など)かによって、人びとのあつかわれ方が異なった。この区別は難民の本国送還の優先順位を決める際にも持ち出された。最初に手続きや送還が行なわれたのは強制収容所から解放された国連加盟国民であり、ついでその戦争捕虜、次にその強制移住民(多くの場合かつての強制労働従事者)、そして次がイタリアからの強制移住民、最後がかつての敵国民の順だった。ドイツ人は待機させられ、その場その場で受け入れられた。

フランス、ベルギー、オランダ、イギリス、イタリアの市民をその出身国に帰還させるのは比較的簡単で、障害は輸送手段だけだった。誰がどこに帰る権利があるのかを決め、彼らを運ぶ列車を手配すればよかった。一九四五年六月一八日時点で、一カ月前の降伏時にドイツにいたフランス国民一二〇万人のうち、四万五五〇人を除く全員がフランスにもどった。イタリア人は旧敵国民だったのと、イタリア政府に自国市民の帰国に協力する計画がなかったために、長いあいだ待たねばならなかった。そんな彼らも一九四七年までには帰国した。ところが東部では二つの大きな難題があった。東ヨーロッパから強制移住させられた人びとの一部は手続き的に無国籍で、帰国すべき国がなかった。しかも彼らの多くは帰国を望まなかった。まずこの点が西側の当局者を悩ませた。一九四五年五月にドイツのハレで調印された合意によって、かつての捕虜全員および他のソヴィエト連邦市民は帰国すべき者とされ、彼らもそれを望むはずだった。一つだけ例外があった。西側連合諸国はスターリンが戦時中に行なったバルト三国のソ連への併合を承認せず、したがってドイツとオーストリアの西側占領地域にある強制移住の人びとの収容施設にいるエストニア人、ラトヴィア人、リトアニア人は、東へ帰るか西側に新たな棲家を探すか、選択権を与えられることになっていた。

　ところが帰国を望まなかったのはバルト三国の人びとだけではなかった。かつてソヴィエト、ルーマニア、ユーゴスラヴィアの市民だった人びとも、その多くは自国へ帰るよりもドイツの臨時収容施設に残ることを望んだ。ソヴィエト市民の場合、こうした逡巡は、誰であれ戦時中を西側で過した者は――たとえそれが捕虜収容所だったとしても――報復されるという十分根拠のある恐怖にもとづくことが多かった。バルト人、ウクライナ人、クロアチア人などの場合、名目上はともかく事実上は今や共産主義の支配下にある国への帰国が嫌がられたのであり、多くの場合この嫌気をつのらせたのは実際の、あるいはいわれのない戦争犯罪に対する報復への恐怖だったが、要するに西へ逃げて良い生活がしたいという単純な欲望に促されてもいた。

　一九四五年から一九四六年を通じて、西側当局はそうした心情を全体的に無視することとし、ソヴィエトその他の東ヨーロッパ市民に帰国を義務づけ、場合によってはそれを強制した。ソヴィエトの当局者が躍起になってドイツの収容施設から自国民を駆り集める一方、東から来た難民たちは困惑するフランス、アメリカ、イギリスの当局者に対して、自分たちは「帰国」など望んでおらず、他のどこよりもドイツに留まりたいのだと必死で談判した。彼らは常に成功したわけではなかった。一九四五年から一九四七年までに、二二七万二〇〇〇人のソ連市民が西側連合国によって帰国させられた。

　ことに終戦後すぐの数カ月のあいだには、恐ろしくも絶望的な戦いの光景が繰りひろげられた。ソヴィエト市民になったことなどないロシア人亡命者や、ウクライナ人の（対ソ連）パルチザンや、その他大勢の人びとがイギリス軍・アメリカ軍によって駆り集められ、待機中のＮＫＶＤ（内務人民委員部）へと、時には国境から文字通り押し出されたのである。[7] ソヴィエトに引き渡された後、彼らは他の幾十万人ものソヴィエト国籍帰国者と合流し、ハンガリー人、ドイツ人、その他旧敵国人と同じく、赤軍によって東方へと連行された。一九五三年までに、総数五五〇万人がソ連国民として強制帰国させられた。そのうち五人に一人が、銃殺かグラーグ（強制収容所）送りとなった。さらに多くの人びとがシベリア追放となるか、さもなければ強制労働部隊配属となった。

強制帰国が中止になったのはようやく一九四七年なってからで、この時期には「冷たい戦争」が始まり、ソヴィエト・ブロックからの移住者を新たに政治難民としてあつかう気運が生まれたのである（プラハにおける一九四八年二月の政変――共産党独裁――当時に、ドイツとオーストリアにいた五万人のチェコ国籍者に対して、ただちにこの身分が与えられた）。総計一五〇万人にのぼるポーランド人、ハンガリー人、ブルガリア人、ルーマニア人、ユーゴスラヴィア人、ソヴィエト国籍者、ユダヤ人が、これによってうまく強制帰国をしのいだ。これらにバルト人を加えたものが、ドイツ、オーストリア、イタリアの西側地域に残留した強制移住民の圧倒的多数を構成していた。やがて一九五一年には、「人権問題ヨーロッパ会議」が移住外国人に与えられる保護規定を成文化し、迫害されることが目に見えている帰国を強制されないよう、最終的な保証が行なわれるようになる。

しかし問題は残った――いったい彼らはどうなるのだ？　難民やＤＰ（強制移住民）自身には、疑問の余地などなかった。一九四八年一〇月の『ニューヨーカー』誌のジェネ（ジャネット・フラナー）の記事によれば、「（強制移住民は）故郷以外ならどこへでも喜んで行くつもり」だったのだ。しかし、いったい誰が受け入れるだろう？　労働力不足に悩みつつ、経済的・物質的再建の真っ最中だった西側ヨーロッパ諸国は、当初からしかるべきカテゴリーの無国籍者を移入することに大いに積極的だった。ことにベルギーとフランスとイギリスは、炭鉱労働者、建設労働者、農業労働者を必要としていた。ベルギーは一九四六―四七年に、南部のワロン地域の鉱山で働く二万二〇〇〇人のＤＰ（とその家族）を受け入れた。フランスはさまざまな肉体労働に三万八〇〇〇人を雇用した。イギリスも同じように八万六〇〇〇人を受け入れたが、そのなかには「武装親衛隊ハリクニア師団」[8]で戦ったポーランド軍古参兵とウクライナ人が数多く含まれていた。

受け入れ規準は単純だった――西側ヨーロッパ諸国家は強力な（男性）肉体労働者を求めており、戦時の記録がどうであれ、バルト人、ポーランド人、ウクライナ人でも躊躇なく好んで雇用した。独身女性も肉体労働者ないし家事労働者として歓迎だった――しかしカナダ労働省は一九四八年、中等以上の学校教育を受けた形跡がある場合には、家事労働の仕事を求めてカナダ移住を希望する女性の受け入れを拒否した。

そして年配者や孤児や子どもをもつ独身女性を求めるところはなかった。したがって難民は大歓迎というわけではなかった――アメリカと西ヨーロッパで行われた戦後の世論調査では、彼らの窮状に対する同情などほとんど見られなかった。大部分の人びとは、移住民の増加よりは減少を望んでいると答えた。

ユダヤ人の問題は特別だった。西側当局は当初、ユダヤ人DPを他の人びとと同列にあつかい、彼らをかつての迫害者といっしょにドイツの収容施設に入れたのである。ところが一九四五年八月、トルーマン大統領は、ドイツのアメリカ占領地域ですべてのユダヤ人DPを他とは別の施設に収容すると発表した。大統領が委嘱した調査報告の言葉によれば、従来の統合的な施設やセンターは、「問題解決のためにはきわめて非現実的な取り組みであった。ユダヤ人をユダヤ人として認めるのを拒絶することは、……彼らに対するかつての、より野蛮な迫害に目をつぶらせるという効果をもたらしている。」一九四五年九月末までに、アメリカ占領地域のユダヤ人全員が別管理を受けるようになった。

ユダヤ人を東へと送り還すことなど問題外だった――ソヴィエト連邦、ポーランド、その他どこであれ、ユダヤ人の再受け入れには毛筋ほどの興味も示さなかった。ユダヤ人は西でもとくに歓迎されていたわけではない。教育のある者、肉体労働でない専門職の者はなおさらだった。そこで皮肉にも、彼らはドイツに留まることになった。ヨーロッパのユダヤ人に「居場所を与える」ことの困難さが解決されたのは、ようやくイスラエル国家の創設を待ってのことだった。一九四八年から一九五一年までに、三三万二〇〇〇人のヨーロッパ・ユダヤ人がドイツのＩＲＯ施設から、あるいは今なお残留していたルーマニア、ポーランドその他の国々から直接に、イスラエルへと向かった。さらに最終的には、フランス、イギリス、オーストリア、南北アメリカへと向かって行った。

それらの国々で、彼らは第二次大戦の強制移住民や難民の残留部分と合流し、一九四七―四九年には、中東ヨーロッパ諸国で発生した新たな政治難民がこれに加わることになる。アメリカはこの間に総計四〇万人を受け入れ、一九五三―五

（7）一九四五年五月末、イギリス軍は、オーストリアへと逃亡したスロヴェニア人の兵士および市民一万人をユーゴ当局へと引き渡した。その大半は南方コチェーヴィエの森へとトラック輸送され、即座に銃殺された。

（8）ハリクニア（別称ガリツィア）はポーランド南部とウクライナ西部にまたがり、ほぼルテニア〔前出38頁〕と重なる地域。この師団は、両大戦間のポーランド市民で、戦後ソ連に統合された地域を出身地とするウクライナ人で構成されていた。したがって彼らは、ドイツ国防軍とともにソヴィエト連邦と戦ったにもかかわらずソヴィエトに強制帰国させられることはなく、西側当局から無国籍者としてあつかわれた。

七年にはさらに一八万五〇〇〇人が到着した。カナダが受け入れた難民・DPは合計一五万七〇〇〇人、オーストラリアが一八万二〇〇〇人だった（そのうちポーランド人は六万人、バルト人は三万六〇〇〇人である）。

こうした達成規模の大きさは特筆されてよい。一部の人びと、とりわけユーゴスラヴィアやルーマニア出身の「在外ドイツ人」（民族としてのドイツ人）に属する人びとは、ポツダム協定に盛り込まれなかったために忘れられてしまった。しかし六年間の恐ろしい戦争で傷つき、悲しみ、衰弱しきっていたこの大陸——そして冷戦による分裂をすでに予見しつつあったこの大陸で、連合軍政府と国連民間諸機関とは戦後六年ほどのあいだに、大陸全土にわたって幾十にものぼるさまざまな民族、さまざまな地域社会出身の無慮数百万の絶望に暮れる人びとの再帰国、再統合、再移住を成しとげたのである。UNRRAとIROとが新設の「国連難民高等弁務官事務所（UNHCR）」に引きつがれた一九五一年末の時点で、ヨーロッパの強制移住民施設に残っていた人びとはわずか一七万七〇〇〇人だった——大半が高齢者と虚弱者で、引き取り手がなかったのである。ドイツ最後のDP施設はバヴァリアのフェーレンヴァルトにあったが、一九五七年に閉鎖された。

ヨーロッパの強制移住民や難民は、全面戦争を生き延びただけでなく、一連の局地戦争や内戦をも生き抜いてきたのだった。実際のところ、一九三四年から一九四九年までのヨーロッパでは、既存国家の境界の内側で未曾有の残忍な内部紛争が延々と繰りひろげられたのだ。多くの場合、その後には外国人——ドイツ人であれイタリア人であれロシア人であれ——による占領がつづき、その下で戦前からの政治課題や敵対政策を新たな暴力的手段で追求することが可能になり、それが正当化されるようになった。当然ながら、占領者は中立的ではなかった。彼らは被占領国内の反対分子と結託して、共通の敵と戦った。こうしたやり方で、平時の政治において不利な立場にあった反対勢力や少数民族が、事情変更につけこんでその地で特定の恨みを晴らすことが可能になった。とりわけドイツ軍は、そうした心情を煽り立てて利用するのが好きだったが、その目的は単に分断政策で征服を容易にするだけではなく、征服した領域での管理上・治安上の苦労やコストを減らすことだった。現地の協力者には事欠かなかった。

一九四五年以降、「コラボ（対独協力者）」という言葉には、特定の侮蔑的な道徳的含意がつきまとうようになった。しかしながら、戦時中の分裂関係や友好関係には、「コラボ」とか「レジスタンス」といった戦後の単純な区分けよりもはるかに複雑かつ曖昧な、その地その地の意味が含まれている場合が多かった。したがってベルギーの被占領地域では、フラマン語（オランダ語）を話す人びとが第一次世界大戦で犯した過ちをまたぞろ繰りかえし、自治の約束とフランス語をしゃべるエリートの国家支配を打倒する好機とに誘われて、ドイツの支配を歓迎した。ここでも別のところでも、ナチは自分の目的にかなう限り、進んで共同体の心情を切り札に使った——フラマン語を話すベルギー人捕虜は一九四〇年の交戦終了とともに釈放されたが、フランス語を話すワロン人は戦争中ずっと捕虜収容所に入れられたままだった。

フランスとベルギー、そしてノルウェーでも、ドイツ軍に対するレジスタンスが実戦として戦われ、とりわけ占領最後の二年間にそれが熾烈だったのは、強制徴募した若者をドイツで強制労働につかせようというナチのもくろみに反抗した彼ら若者たちの多くが、「マキ（森）」に身を潜めるレジスタンスのほうが危険が少ない、と考えたからだった。しかしながら、信条的・金銭的・利己的理由からナチに協力した者の数を、レジスタンス活動家の数が上回ったのは、戦争も末期になってからだった——フランスでは、全身全霊で活動した男・女の概算はレジスタンス側とコラボ側ほぼ同数で、多くても一六—一七万人と推定されている。しかも彼らの主たる敵というのはしばしばお互い同士であり、ドイツ軍はそこにはおおむね不在だった。

イタリアでの事情は、もっと込み入っていた。一九四三年七月の側近クーデターでムッソリーニが失脚したとき、「ファシスト党〔国家ファシスタ党〕」はすでに二二年間政権についていた。おそらくこの理由から、体制への局地的レジスタンスはほとんどなく、活動的な反ファシスト派は亡命中だった。一九四三年九月、バドリオ元帥の新政府が連合国に無条件降伏して以後、この国は公式には連合国側の「共戦国」となり、北部のドイツ占領地域は傀儡政権——ムッソリーニの「サロ共和国」〔ガルダ湖畔の町サロに置かれた「イタリア社会共和国」〕——と、少数ながら勇敢なパルチザンによるレジスタンスとで股裂き状態だったが、後者と協同し、時に後者を支援したのは進攻してきた連合国軍だった。

しかしここでもまた、それぞれに自分を正しい多数派イタリア人だと言い、外国の軍隊と連携する一部凶悪テロリスト集団との戦いに明け暮れせざるを得ないのだと言っていた両陣営の人びとが行なっていたのは、一九四三—四五年時点では本格的な内戦なのであって、双方に相当数のイタリア人が加わっていたのである。サロのファシスト党員は実のところ、野蛮な占領者ドイツの補完的協力者にすぎなかったのだが、当時彼らが当てにできた国内での支援はなかなかのもので、その最も攻撃的な敵対者である共産党指導下のパルチザンより明らかに劣勢だったわけでは決してない。反ファシズム・レジスタンスとは、実はイタリア人同士の戦いの一方の当事者なのであり、その記憶は戦後数十年のあいだに都合よく閉ざされたのである。

東ヨーロッパでは、ことはなおいっそう複雑だった。スロヴァキア人とクロアチア人は、戦前からの分離独立主義諸党派が抱きつづけた計画に合わせて、名目的であれ独立国家を樹立しようと、ドイツ軍の駐留を利用した。ポーランドでは、ドイツ軍は協力者を必要としていなかったが、その北方では——バルト三国やフィンランドにおいてでさえ——ドイツ国防軍はソヴィエト連邦による占領や併合への防御壁として、当初は歓迎されたのだった。ことにウクライナ人は長いあいだ求めていた独立を確保しようと、一九四一年以降のドイツ軍による占領につけ込むことに全力を傾注した。ガリツィア〔前出43頁注（8）〕の東部とウクライナ西部の各地では、反ナチと反ソヴィエトの両パルチザン戦争を盾に、ウクライナ人パルチザンとポーランド人パルチザンのあいだで残忍な内戦が繰りひろげられた。こうした状況では、イデオロギー戦争と、地域共同体間の紛争と、政治的独立を目ざす戦いとのあいだの細かい区別など、意味がなくなってしまった——いずれの場合にも最大の犠牲者となる現地住民にとっては、とくにそうだった。

ポーランド人とウクライナ人は時と場所いかんによって、ドイツ国防軍と、赤軍と、さらにお互い同士で、同盟あるいは対抗して戦った。ポーランドでは一九四四年以後、この紛争が共産主義国家に対するゲリラ戦へと変化し、一九四五—四八年におよそ三万のポーランド人の命が失われた。ソヴィエト軍に占領されたウクライナでは、一九五〇年、最後のパルチザン指揮官ロマン・シュヘーヴィチがリビフの近くで殺されたが、その後もさらに数年間はウクライナと、そしてとくにエストニアで、散発的な反ソヴィエト活動が続行された。

しかしながら、第二次大戦をなによりも内戦として、しかもとりわけ凄惨な内戦として経験したのはバルカン諸国だった。ユーゴスラヴィアでは、コラボ側かレジスタンス側かという従来のレッテルの意味がことに不透明だった。「チェトニク」パルチザン[9]のセルビア人指導者ドラジャ・ミハイロヴィチとは何者か？　愛国者か？　レジスタンス側か？　コラボ側か？　彼らを戦いに駆り立てたのは何だったのか？（ドイツあるいはイタリアの）占領軍に対するレジスタンスなのか？　両大戦間ユーゴスラヴィア国家以来の国内政敵に対する復讐なのか？　セルビア人、クロアチア人、ムスリムのあいだの地域共同体紛争なのか？　共産主義の目標に賛成してか、反対してか？　多くの人びとにとっては、一つ以上の動機が働いていたのである。

こうして、クロアチアのかいらい国家のアンテ・パヴェリッチによる「ウスタシャ」政権は、セルビア人（二〇万人以上）とムスリムを殺害した。しかしミハイロヴィチの（大半がセルビア人の）王政主義パルチザンも、ムスリムを殺した。これが理由で、ボスニアのムスリムは自衛のために、他に誰もいなければドイツ軍と協同した時もあったのだ。チトーの共産主義パルチザンは、ユーゴスラヴィアからドイツ軍とイタリア軍を追い払うという戦略目標があったにもかかわらず、まずはミハイロヴィチのチェトニクを撲滅しようと時間と資源を費やした――とくにこれは、彼らにとって達成可能な目標だったから。一〇年という歳月が過ぎ、ミロヴァン・ジラスは自分が英雄的な役割を果たしたパルチザンとチェトニクとの闘争の成り行きにすっかり幻滅させられた後で、占領されたユーゴスラヴィアでの戦争とレジスタンスの実体験を証言してこう書いた――「両軍は飢餓と流血と捕囚の地で、全滅を逃れようと、あるいは少人数の同国人――しばしば自分の隣人たち――を全滅させようと、高度六〇〇〇フィートの頂上めざして岩だらけの山峡を幾時間も攀じ登った。そのとき心をよぎったのは、ブルジョアジーに対する労働者闘争や農民闘争の諸理論・諸ヴィジョンの、これがその帰結だったのか、という想いだった。」

もっと南方のギリシアも、ユーゴスラヴィアと同様、第二次大戦を侵略・占領・レジスタンス・報復・内戦という循環として体験したが、それが最高潮に達したのは一九四四年一二月のアテネにおける、共産党と王政主義者を支援するイギリス軍との五週間にわたる軍事衝突であり、その後一九四五年二月に停戦協定が結ばれた。しかし一九四六年には戦闘が再発して三年間つづいたが、共産側の北部山岳地帯拠点からの壊滅的敗走でけりがついた。イタリア軍やドイツ軍に対するギリシアのレジスタンスが、フランスやイタリアにおけるよく知られたレジスタンス運動よりも有効な成果を上げた――一九四三―四四年だけで六〇〇〇人以上のドイツ兵を殺傷した――ことは疑いないのだが、ギリシア人自身にもたらしたその害悪ははるかに大きなものだった。ＫＫＥ（共産党）ゲリラと、アテネを拠点として西側に支援された国王政府とが、村々を恐怖に陥れ、通信・輸送を破壊し、その後幾十年にもわたって国を分裂させた。一九四九年九月に戦闘が終了するまでに、人口の一〇パーセントが住む家を失った。ギリシアの内戦には、ユーゴスラヴィアやウクライナでの戦闘に見られた民族的な複雑さはさほどなかったのだが、人的な面でのそのコストは甚大だった。[10]

これら数々のヨーロッパ内戦が戦後にもたらしたインパク

（9）戦時中の「チェトニク」パルチザンは、一八世紀にセルビアのオスマン帝国支配者と戦った高地ゲリラに因んで名づけられた。

トには、計り知れぬものがあった。単純な意味で、ヨーロッパの戦争は一九四五年のドイツ軍撤退では終わらなかったのだ。打倒したはずの敵がそのまま残っており、その敵とともに戦いの記憶も消えずにいるというのが、内戦のもつトラウマ的特徴の一つだ。しかし内輪同士で殺し合ったこの間の闘争は、もっと別の結果をもたらした。ナチの、そしてその後のソヴィエトの占領が行なった未曾有の野蛮行為に加えて、この内戦によってヨーロッパ国家の構造そのものが蝕まれた。占領と内戦の後では、変わらぬものなど一つもなかろう。第二次大戦を、ヒトラーの戦争を、社会革命へと変えたのだ──濫用されるこの言葉の真の意味において。

まず第一に、外国軍隊の立てつづけの占領は必然的にその地の支配者の権威と正当性を侵食した。名目上自律を謳ってはいても、フランスのヴィシー政権は──ヨゼフ・ティソ神父のスロヴァキア国家や、ザグレブに置かれたパヴェリッチのウスタシャ政権と同じく──、ヒトラーを頼りとするその手先であり、大半の人びとがそれを知っていた。オランダやボヘミアでナチに協力した現地当局は、地方都市レベルでは一定の指導性を保持したものの、それはご主人様であるドイツ軍の意向に抵触しない限りでのことだった。もっと東のほうでは、ナチそして後にソヴィエトは既存の制度機構に替えて自分たちの人員や組織を据えたのだが、その地における分裂や野心を一時《いっとき》でもうまく利用したほうがいい場合は別だった。皮肉なことだが、少なくとも一九四四年までその地で一定の実質的独立を確保したのは、ナチと同盟した結果自治を任された国々──すなわちフィンランド、ブルガリア、ルーマニア、ハンガリー──だけであった。

ドイツとソヴィエト連邦の中心地域とを除くと、第二次大戦に巻き込まれた大陸ヨーロッパの国家すべては、少なくとも二度占領された──初めは敵軍によって、次は解放軍によって。国によっては──ポーランド、バルト諸国、ギリシア、ユーゴスラビアのことだが──、占領は五年で三回に及んだ。次の軍隊が入ってくるたびに、以前の政治体制は壊され、その権威は取り除かれ、そのエリートの力は弱められた。その結果、旧来のヒエラルキーの権威が失墜し、それを代表していた人びとが弱体化して、タブラ・ラサ（白紙状態）となってしまったところもある。たとえばギリシアでは、戦前の独裁者メタクサスは旧来の議会政治階級を排除した。ドイツ軍はそのメタクサスを解任した。次にはドイツ軍も追い出され、その協力者たちが危険な立場となり、面目失墜となった。

旧来の社会的・経済的エリート層の一掃こそ、おそらく劇的変化の最たるものだった。ナチによるヨーロッパ・ユダヤ人の殲滅は、そのこと自体が破壊的だったというだけではない。それによって、ユダヤ人が医師や弁護士や実業家や大学教授という専門職を務めていた中央ヨーロッパの数多くの町や都市が、甚大な社会的影響をこうむったのである。しばらくすると、すでに見た通り、多くの場合同じ町で、その地のブルジョアジーの重要な部分――つまりドイツ人――も排除された。その結果は社会的風景の根底的な変容だった――そしてポーランド人、バルト人、ウクライナ人、スロヴァキア人、ハンガリー人その他の人びとが、退去していった人びとの仕事（と家）を踏襲した。

中東ヨーロッパにおいて、その地の住民が追放された少数者に取って代わったというこの水平化プロセスこそ、ヒトラーがヨーロッパ社会史にもたらした永続的な貢献である。ドイツの計画は、ポーランドおよびソヴィエト連邦西部のユダヤ人とその地の教育あるインテリ層を殲滅し、それ以外のスラヴ人を新たな農奴の地位へと陥れ、土地と統治権とを再移住したドイツ人の手に収めることだった。しかし赤軍が到着しドイツ軍が追い払われたことで、その新状況はソヴィエト軍による真に急進的な計画に特段の適合性をもっていることが明らかとなった。

こうなったのは、占領期間中に起こったのが暴力で強制された急速かつ上方向の社会流動現象だったというだけではなく、法治国家における法と生活慣習の完全な崩壊でもあったからである。ドイツによる大陸ヨーロッパの占領を、全能かつ遍在的な力の監視下での平和と秩序の到来と考えては誤解を招きやすい。すべての被占領地域のなかで最も広汎に治安と抑圧が行きとどいていたポーランドにおいてさえ、社会は新たな支配者を無視して機能しつづけていた。ポーランド人は地上と並行的な地下世界を自力でつくり上げ、新聞、学校、文化活動、福祉活動、経済交換、さらには軍隊さえあった――すべてはドイツ軍によって禁じられた活動であり、違法で身に大きな危険を招く行為だった。

しかし、まさにそこがポイントであった。ヨーロッパの被占領地域で正常に暮らすということは法を犯すことである。まずは占領軍の法（外出禁止令、旅行制限、人種法など）を犯すことだが、それればかりか慣習的な法や規範をも犯すことだった。たとえば農産物を手に入れることができないふつうの人びとは、家族を養うためには闇市か違法な物々交換に頼らざるを得なかった。物を盗むことは、国家からであれ仲間の市民からであれユダヤ人の店からであれ、あまりに頻繁に行なわれたので、多くの人の目には犯罪とは映らなくなった。実を言えば、憲兵や警官やその地の市長といった連中が占領

(10)　しかし皆無だったのではない――ギリシア北部のスラヴ民族地域を共産主義のブルガリアに併合しようとして、ギリシアの共産党が行なった日和見的な支援は、彼らスラヴ人の運動を少しも前進させなかった。

軍の代理を務めるなかでは、さらに占領軍自体が選別された一般住民を犠牲にして組織的な犯罪行為に走るなかでは、放火や殺人といった一般の重罪がレジスタンス行為へと変身したのだった（とは言え、解放後の思い出話のなかでだが）。

わけても暴力が、日常生活の一部となってしまった。近代国家の究極の権威は、最後の最後には暴力の独占と、必要ならば力の行使に踏み切る構えとに依拠してきた。しかし占領されたヨーロッパでは、権威とは単に力の作用のことであり、それは抑制なく行使された。まったく奇妙なことだが、国家がその暴力独占権を失ったのは、まさにこうした状況の下でであった。パルチザン集団と軍隊とが正当性を競い合ったが、それを決めたのは、所与の領域でどちらが令状を執行できるか、であった。この点が最も明快な真実となったのはギリシア、モンテネグロ、ポーランド東部の沼沢地帯といった遠隔の地であり、そもそも近代国家の権威など少しも固まっていなかった地域においてだった。しかし第二次大戦末の時点では、フランスやイタリアの一部もそうなっていた。

暴力はシニシズムを醸成した。ナチ軍とソヴィエト軍とはともに占領軍として、万人の万人に対する戦争を引き起こした。前政権ないし前国家の、もはや存在しなくなった権威への忠誠だけではなく、個人間の礼節や絆までも彼らは破壊しようとし、全体的には成功を収めた。支配権力があなたの隣人に対して野蛮で無法なふるまいをしたとして、その理由は彼がユダヤ人だから、教育あるエリートだから、少数民族だから、あるいは体制側の目に不興を買ったから、あるいははっきりした理由などないのだとして、あなた自身はその男にことさら敬意を払う必要があるだろうか？　隣人をおとしれて一歩先回りして当局の覚えめでたくしておくのが、実際は賢明というものだった。

ドイツ占領下の全ヨーロッパで（そして占領などなかったところでも）、その末期にいたるまで、匿名報告書や個人的中傷や口さがない噂といった小事件の発生が急激に増えた。一九四〇年から一九四四年のあいだには、ハンガリーやノルウェーやオランダやフランスのＳＳ〔ヒトラー親衛隊〕・ゲシュタポ〔ナチの秘密国家警察〕・その地の警察に対して、膨大な数の告発が寄せられた。その多くは報酬や金銭目当てではなかった。ソヴィエトの支配下でも――顕著だったのは一九三九―四一年にソヴィエトが占領していたポーランド東部だったが――ジャコバン流の密告奨励と、他人の忠誠心を疑う（フランス）革命の慣習とが野放図に蔓延した。

要するに、各人が各人に対して恐れを抱く、十分な理由があったのだ。個人個人が他人の動機に猜疑心をもち、何らかの逸脱とか不当利得の廉《かど》で、たちどころに他人を告発した。上からの保護は、当てにできなかった。実際のところ、権力をもつ者ほど無法なふるまいが多かった。一九三九—四五年の期間、大半のヨーロッパ人にとっては権利など——市民的権利、法的権利、政治的権利のいずれも——もはや存在しなかった。国家は法と正義の保管所であることをやめてしまったどころか、ヒトラーの「新秩序」政府は、それ自体が最悪の略奪者となった。生命・身体に対するナチの態度がひどいものであることはまちがいないが、財産に対する彼らのあつかいこそ、戦後世界のあり方を決めた最重要の現実的な遺産なのである。

　ドイツの占領下では、財産権などあっても偶然的なものだった。ヨーロッパのユダヤ人は金銭、商品、家屋、店舗、事業などをいとも簡単に剥ぎ取られた。彼らの財産はナチ党員、その協力者、その友人のあいだで山分けされ、残りはそれぞれの地域社会での略奪や窃盗の対象とされた。しかし押収や没収はユダヤ人に限られなかった。所有の「権利」など頼りないもの、しばしば無意味なものであり、権力者の善意か利害か気まぐれだけに依拠していることが見せつけられたのである。

　こうした急進的・強制的な財産処理がつづくなかで、負け組のみならず勝ち組も生まれていた。ユダヤ人その他の民族的犠牲者が追い払われた後、その店舗やアパートメントには現地の人びとが住みつき、その道具類、家具類、衣類は新しい持ち主に没収されるか盗み取られた。このプロセスが最も進んだのがオデッサからバルト海までの「キリング・ゾーン」だったが、しかしどこででも起こった——一九四五年、強制収容所の生存者たちがパリやプラハに帰還すると、自分の家には戦時中の「不法占拠者」が住みついていることが多く、彼らは断固自分の権利を主張して立ち退きを拒んだ。こうして何十万ものふつうのハンガリー人、ポーランド人、チェコ人、オランダ人、フランス人などが、ナチが行なったジェノサイドの受益者となったばかりか、共謀者となったのだ。

　あらゆる被占領国で、工場、車両、土地、機械、完成した商品が無償で没収され、新しい支配者の便益に供されたが、それは事実上の全面国有化と言っていいものだった。とりわけ中西ヨーロッパでは、巨額の個人資産や数多くの金融機関が、戦時経済用としてナチに接収された。これは必ずしも急進的な前例破りではなかった。一九三一年以後この地域で行なわれた経済自立政策への不幸な転換には、高レベルの国家介入や市場操作が含まれており、またポーランド、ハンガリー、ルーマニアでは、戦争直前および戦時初期に国有事業セクターがかなり拡大されていたが、これはドイツの経済介入に対する先制防御だった。東ヨーロッパにおける経済の国家管理は、一九四五年に始まったのではなかった。

　ポーランドからユーゴスラヴィアまでのドイツ人住民に対

して行なわれた戦後の立ち退きによって、ドイツ人自身がユダヤ人排除で始めた急進的な変革が完成を見た。ズデーテン地方、シレジア、トランシルヴァニア、ユーゴスラヴィア北部では、多くの「在外ドイツ人」（民族としてのドイツ人）がかなりの土地を所有していた。これらが再分配のために国家の手に収められたとき、その影響は直接的だった。チェコスロヴァキアでは、ドイツ人およびその協力者から押収した商品や財産が国富の四分の一に達し、農地の再分配だけでも三〇万人以上の農民、農業労働者、その家族を直接的に益した。これほどの規模の変化は、革命的としか言いようがない。戦争自体がそうであったように、こうした変化も一種過激な中断、過去とのきっぱりとした断絶であり、やがて到来する大変化への準備だった。

解放後の西ヨーロッパでは、再分配すべきドイツの財産などほとんどなく、戦争が東方での大変動のような経験にはならなかった。しかしこちらでもまた、既成のさまざまな権威の正当性が問われた。フランス、ノルウェー、ベネルクス諸国におけるそれぞれの行政機関は、栄光を身にまとってなどいなかった。それどころか、概して彼らは占領軍の命令を敏速に実行していたのである。一九四一年には、ドイツ軍はわずか八〇六人の行政職員でノルウェーの占領行政を運営することができた。ナチはわずか一五〇〇人の自国人でフランスの行政を監督した。彼らはフランスの警官や民兵を信頼し切っていたので、（行政職員に加えて）わずか六〇〇〇人のドイツ人警察官と憲兵を任命するだけで、三五〇〇万人の国民の服従を確保することができた。オランダでも同じだった。戦後の証言のなかで、アムステルダムのドイツ治安当局の責任者はこう断言した——「治安部門その他において、ドイツ軍の主たる支えとなったのはオランダ警察だった。それなしでは、ドイツの占領業務の一〇パーセントも遂行できなかっただろう。」武装パルチザンを封じ込めるためだけに、ドイツ軍全師団の弛まぬ緊張が必要だったユーゴスラヴィアとのちがいは明らかだ。(11)

これは西ヨーロッパと東ヨーロッパのちがいの一つだった。もう一つちがっていたのは、被占領国に対するナチのあつかい方だ。ノルウェー人、デンマーク人、オランダ人、ベルギー人、フランス人、さらに一九四三年以後のイタリア人は確かに侮辱され、搾取された。しかしユダヤ人、共産党員あるいはなんらかの組織に属する抵抗者でなければ、ナチは概して無干渉だった。その結果、解放後の西ヨーロッパの人びとは、過去と似ている何ものかへの回帰を思い描くことができた。実際のところ、合い間にナチが割り込んだおかげで、両大戦間時代の議会制民主主義もいささかそのみすぼらしさを割り引かれた——ヒトラーは政治的多元主義や法の支配に替わる急進的な代案の、少なくとも一つに関して悪評をつのらせることに成功したのである。ヨーロッパ大陸西側の憔悴し切った住民たちが望んだのは、正しい規律ある国家での正常な生活の、なんとかうわべだけでも取りもどすことだった。

新たに解放された西ヨーロッパ諸国家の状況は、当時、最悪だった。アメリカ合衆国ドイツ管理委員会のジョン・J・マクロイの言葉によれば、中央ヨーロッパで起こったのは「経済、社会、政治の完全な崩壊であって……ローマ帝国の崩壊を別にすれば、その規模たるや歴史的前例のないこと」だった。マクロイが語っていたのはドイツのことで、そこでは連合国軍政府が、法や秩序や公益業務や通信・輸送や行政など、すべてを無からつくり上げなくてはならなかった。しかし少なくとも、彼らにはその資源があった。東のほうでは、事情はもっと悪かったのである。

こうして、この大陸にくさびを打ちこんで二つに割ったのはヒトラーだった――少なくともスターリンと同程度に、それはヒトラーの仕業だった。中央ヨーロッパの歴史――すなわちドイツ帝国やハプスブルク帝国、オスマン帝国の北部、さらにはロシア皇帝の最西端の領土の歴史は、西欧の国民国家の歴史とその程度において常に隔たりがあった。しかし必ずしもその質にちがいはなかった。一九三九年以前ならハンガリー人、ルーマニア人、チェコ人、ポーランド人、クロアチア人、バルト人は、フランスや低地三国（ベルギー・ルクセンブルク・オランダ）の幸運な住人たちを羨ましげに眺めただろう。しかし自分たちなりに同様の繁栄と安定を希求しない理由などなかった。ルーマニア人はパリを夢見た。一九三七年のチェコ経済は隣国オーストリアをしのぎ、ベルギーと競い合っていた。

戦争がすべてを変えた。エルベ川の東では、ソヴィエト政府および現地の代表者たちが、過去との急進的決別がすでに始まっていた亜大陸を継承した。これまで完全な権威失墜とはなっていなかったものまでが、今や回復不能な損傷をこうむった。オスロやブリュッセルやハーグからの亡命政府は、亡命先のロンドンから自国へと帰還して、一九四〇年に放棄せざるを得なかった正当的権威の回復を望むことができた。ところがブカレストやソフィア、ワルシャワ、ブダペスト、またプラハでさえも、旧支配者たちに未来はなかった。彼らの世界はナチによる現状変革の暴力によって掃討されていた。回復不能の過去に取って代わるべき新たな秩序の、政治形態の決定だけが残っていた。

(11)　しかし保護領となったボヘミアは、一九四二年にはわずか一九〇〇人のドイツ人官僚で運営されていたことに注意。この点および他の点から見て、チェコスロヴァキアは、少なくとも部分的には、西側だったのである。

Ⅱ　報復

「戦争のなかで、ベルギー人もフランス人もオランダ人も、騙すこと、嘘をつくこと、闇市で売り買いすること、人を疑うこと、人をたぶらかすことが、自分たちの愛国的義務だと信じるようになってしまった。五年のあいだに、これがすっかり習慣化していた」

——ポール＝アンリ・スパーク（ベルギー外相）

「復讐は無意味だけれども、ある種の人間は、わたしたちが建設しようとしていた世界に居場所のない連中だった」

——シモーヌ・ド・ボーヴォワール

「国民の名誉が要求し、そしてその最大の裏切り者にふさわしいような、厳格・厳正な判決が下され、執行されなければならない」

——ヨゼフ・ティソ神父の厳罰を求めるチェコスロヴァキア・レジスタンス組織の決議文、一九四六年一一月

解放されたヨーロッパの各国政府が自らの正当性を確立し、適正につくられた国家としての権威をもっていると自ら主張するためには、まず何よりも戦時政権の権威失墜の名残りを払拭しなければならなかった。ナチとその協力者は打倒されたが、彼らの犯罪の規模からすると、それだけでは不十分なことは明らかだった。戦後政府の正当性がファシズムに対する軍事的勝利だけに依拠するのなら、戦時中のファシズム政権となんら変わりがないではないか？　後者の諸活動を犯罪と定義し、その定義にもとづいて処罰することが重要だった。この背後には十分な法的・政治的な道理が控えていた。しかし報復欲のほうにも深い根があった。大方のヨーロッパ人にとって、第二次大戦は政治運動や実際の戦闘としてよりも、日常生活の荒廃として体験されていた——誰も彼もが裏切られ、侮辱され、日ごとにちょっとした犯罪行為や堕落行為に手を染め、その過程で誰もが何かを失い、多くの人びとがすべてを失う羽目になった。

もっと言えば、そして数多くの場所で今なお消えずに残るあの「大戦争」〔第一次世界大戦〕の記憶とは対照的に、一九四五年時点で誇れるものはほとんどなく、困惑や、いささかのうしろめたさを感じさせられるものはたくさんあった。これまで見てきたように、大半のヨーロッパ人にとって戦争は受け身の体験だった――一組の外国人によって打ち負かされ占領され、次に別の一組によって解放されたのだ。集合体としての国民の誇りの唯一の源泉は、侵略者と戦った武装パルチザンのレジスタンス運動だった――実体のあるレジスタンスが実際に戦った証拠がきわめて乏しい西ヨーロッパにおいて、レジスタンス神話が大いにものを言った理由がここにある。ギリシア、ユーゴスラヴィア、ポーランド、ウクライナなど、数多くの現実のパルチザンが占領軍と交戦し、かつ互い同士で大っぴらに戦ったところでは、いつもながらことははるかに複雑だった。

たとえば解放後のポーランドで、ソヴィエト当局は、反ナチと同程度に反共の心情を抱いていた武装パルチザンへの公的賞賛を歓迎しなかった。すでに見たように戦後のユーゴスラヴィアでは、一部のレジスタンスは同志だったが、他はそうではなかった――少なくともチトー元帥や勝ち組の共産党闘士の目にはそう映った。ウクライナと同じくギリシアでも、現地当局は一九四五年に、見つけ出せる限りの武装パルチザンをすべて検挙し、投獄し、銃殺していた。

要するに「レジスタンス」とは、変幻自在ではっきりしないカテゴリーであり、ところによってはでっち上げだった。しかし「協力」となると別問題だ。協力者はくまなく特定され、罵られた。それは占領者といっしょに働いたり寝たりした男たち女たちであり、ナチ党やファシスト党に一口乗った連中であり、戦争にまぎれて政治的・経済的利益を追求した日和見主義の連中だった。場合によっては、彼らは宗教的ないし民族的ないし言語的な少数派であり、したがってもともと別の理由で侮蔑され、恐れられていた。そして「協力」は法的定義や成文化された罰則のある既定の犯罪ではなかったにもかかわらず、協力者はもっともらしく反逆者として訴追され、実体的犯罪として申し分なく厳しい処罰の対象とされたのだ。

「協力」が実体的であれ想像されたものであれ、協力者に対する処罰は終戦以前から始まった。実際のところ、それは戦争中ずっと行なわれていたのであり、個人ベースのものと地下のレジスタンス組織の指令にもとづくものとがあった。しかしドイツ軍の撤退と連合国政府による実効的支配の確立との合い間には、民衆の不満や個人的怨念が、多くの場合政治的日和見主義や経済的利益にゆがめられた形で、短期的ではあっても一連の血なまぐさい恨み晴らしへとつながった。

フランスではおよそ一万人が「司法外」手続きで殺害されたが、その多くを実行したのは「愛国民兵」と呼ばれる、自立的な武装レジスタンス・グループの一団だった。彼らは協力者と疑われた人びとを逮捕し、その財産を差し押さえ、多くの場合即座に銃殺した。

こうして略式で処刑された人びとのおよそ三分の一は、一九四四年六月六日のノルマンディー上陸以前に片づけられたのであり、他の大部分も、それにつづくフランス国内での四カ月の戦闘のあいだに犠牲となった。いずれにせよ、占領とペタン元帥率いるヴィシー政府の下での四年間の後で、フランス全土に広がっていた憎悪と猜疑心のレベルの高さを考えると、こうした数字はいささか低めである。仕返しが行なわれたことに誰もおどろかなかった――元フランス首相で長老のエドゥアール・エリオの言によれば、「共和派がふたたび権力の手綱を取る前に、フランスはどうしても血の粛清を通らねばならないのだろう。」

こうした心情はイタリアでも同じで、ことにエミリア＝ロマーニャとロンバルディア〔ともに北部の州〕での仕返しや非公式報復による死者の数は、戦争の最後の数カ月間に一万五〇〇〇人にのぼった――そしてさらに散発的には、少なくとも三年以上はつづいたのである。西ヨーロッパの他の地域では、流血の程度はもっと低かった――ベルギーでは男女合わせて約二六五人がこうしたリンチないし処刑を受け、オランダでは一〇〇人以下だった。とは言っても、別の形の復讐は広く行なわれた。フランス語圏の皮肉屋たちが「コラボラシオン・オリゾンタル（水平的対独協力）」と呼んでいた行為で、女性がしばしば糾弾を受けた。オランダの「モッフェンメイデン（ドイツ野郎の情婦）」はタールと羽毛を塗りたくられたし、フランス全土にわたって、占領軍からの解放の当日あるいはその直後に、女性が広場で裸にされ丸坊主にされる光景が繰りひろげられた。

ドイツ人と付き合ったことで、女性が――多くの場合他の女性から――告発される頻度が多いことから、分かってくることがある。たくさんの糾弾事例には共通の真実があった――食糧や衣類や何らかの個人的助力と引き換えに性的サービスを提供するというのが、どうしようもなく追いつめられた女性と家族に残された一つの手段、たいていは唯一の手段だった。しかしこうした告発が流行ったことや、その処罰で復讐の快楽が満喫されたことを考え合わせると、占領は男にとっても女にとっても、何よりもまず屈辱として体験されていた。ジャン＝ポール・サルトルは後に対独協力のことを、占領者の力によって「押さえ込まれること」だと、明らかに性的ニュアンスをもつ言葉で述べているし、一九四〇年代の少なからぬフランス小説で、協力者はゲルマン人支配者の男

一九四六年六月、軍事法廷で裁かれるドラジャ・ミハイロヴィチ。彼はユーゴスラヴィアの民族主義レジスタンス組織「チェトニク」の指導者だった。共産党パルチザンにとって、この「チェトニク」は外国の占領軍に勝るとも劣らぬ脅威で、戦争終了後、チトーは彼らを情け容赦なく鎮圧した。ミハイロヴィッチが銃殺刑に処されたのは、一九四六年七月一八日。

1944年８月、アメリカ軍による解放から数時間後のラヴァル（フランス中西部）で、ドイツ占領軍に「水平的対独協力」をしたとして頭髪を刈られ、町を引き回されるフランス人女性。この種の報復を受けた女性はフランス、ベルギー、オランダで数千人に上った。

性的魅力にそそのかされた女性か、さもなければ弱い（「女々しい」）男性として描かれている。堕ちた女に復讐をぶちまけるというのが、個人としてまた集団としての無力感という不愉快な記憶に打ち克つための、唯一の方法だった。

アナーキーな報復暴力は解放後の東ヨーロッパでもはびこったが、その形態はちがっていた。西欧のドイツ軍は積極的に協力者を探し求めたが、スラヴの占領地域では直接的に力で支配した。彼らが一貫して奨励した唯一の協力とは、各地の分離独立主義者からの協力であり、その場合でも、それがドイツの目的に沿う限りでのことだった。その結果、ドイツ軍が撤退した後の東欧における、自然発生的報復行為の最初の犠牲者となったのは少数民族だった。ソヴィエト軍とその各地の連合軍とは、決してこれを止めさせようとしなかった。それどころか、この自然発生的な恨み晴らし（なかには完全な即興とは言いがたいものもあったが）のおかげで、戦後の共産党の野望実現にとって障害となるやもしれぬその地のエリートや政治家の除去が促進された。たとえばブルガリアでは、新たに編成された「祖国戦線」が、あらゆる皮膚の色の戦時協力者に対する非公式報復を奨励し、「ファシスト支持者」の大規模な告発を呼びかけ、親西欧的心情をもつと疑われる人びとの弾劾を勧奨した。

ポーランドでは、民衆による復讐行為の主たる標的は多くの場合ユダヤ人だった——一九四五年の初めの四カ月の解放ポーランドで、一五〇人のユダヤ人が殺された。一九四六年四月時点で、その数は一二〇〇人近くとなった。小規模な攻撃が起こったのがスロヴァキア（一九四五年にヴェルケー・トポルチャニィで）と、一九四六年五月にクンマダラス（ハンガリー）においてだったが、最悪のポグロムが発生したのはキエルツェ（ポーランド）で、一九四六年七月四日だった。ここでは四二人のユダヤ人が殺され、多数が負傷したが、それはその地の子どもが誘拐されて「儀礼殺人」が行なわれるという噂からだった。これらの事例もある意味で協力に対する仕返しだったというのは、多くのポーランド人（かつての反ナチ・パルチザンを含めて）から見れば、ユダヤ人はソヴィエト占領軍の支持者かもしれないと疑われていたからだ。

ソヴィエトが占領した東ヨーロッパで、あるいはユーゴスラヴィアで、「非公認」の追放や殺害が行なわれた最初の数カ月間に殺された人びとの、正確な数は分かっていない。しかし野放図な恨み晴らしは、どこでも長くはつづかなかった。武装集団が各地を歩き回って意のままに逮捕や拷問や殺人を行なうのを放っておくことは、明らかに一時しのぎ的存在で全面的な承認を受けているわけではない、脆弱な新政府の利益とはならなかった。新しい権力が最初になすべき課題は、武力と合法性と司法制度の独占権を主張することだった。占領期間中に行なわれた犯罪に関して誰かを逮捕し告発するのであれば、それはしかるべき当局者の責務だった。裁判を行なうのであれば、法の支配の下でなされなければならなかった。血を流さねばならぬとしたら、それは国家の専権事項だった。こうした移行が起こったのは、新しい政治権力がその力を自覚してかつてのパルチザンを武装解除し、自らの警察力の権威を確立し、過酷な刑罰や集団的処罰を求める民衆の力を弱めて間もなくのことだった。

レジスタンス運動の武装解除は、少なくとも西ヨーロッパと中央ヨーロッパでは、おどろくほど粛々と行なわれた。解放直後の狂乱の数カ月に行なわれていた殺人その他の犯罪には、目をつぶることになった――ベルギーの臨時政府は、解放の正式の日付後四一日間にレジスタンスが行なった、あるいはレジスタンスの名において行なわれたすべての違法行為に対して特赦を与えた。しかし罪ある者を処罰する責任は新たに再編成された統治機構自身が負うべきだというのが、すべての人びとの暗黙の諒解だった。

ここでさまざまの問題が起こった。「協力者」とは何か？ 彼らは誰に、何の目的で協力したのか？ 殺人や窃盗といった簡単なケースでない場合、「協力者たち」が犯した罪とは何だったのか？ 国民が嘗めた辛酸に対して誰かが償わなくてはならないが、その辛酸をどう定義し、その責任を誰に帰すればいいのか？ こうした難問には国によってさまざまな形があったが、共通のジレンマはただ一つ――この六年間にヨーロッパが経験したことには前例がない、ということだった。

まず第一に、ドイツ軍に協力した者の行為をあつかう法律は、どうしても「遡及効」〔その法の施行以前の事項にまで及ぶ効力〕をもたねばなるまい――一九三九年には「占領軍との協力」の罪など聞いたこともなかったのだ。占領した軍隊がその地の人びとに協力と支援を仰いだことは、かつての戦争にもあった。しかしながらそれは特殊な事例――たとえば一九一四―一八年のドイツ占領下ベルギーにおけるフラマン人〔北部地域のフラマン語を話す人びと〕の民族主義者の場合――であって、これは犯罪への勧誘ではなく、単に戦争の付随的被害の一部と見なされた。

すでに指摘したことだが、協力の罪が既成の法に触れると言って意味があるのは、それが叛逆になる場合だけだった。代表的な実例をあげれば、フランスの対独協力者の多くは――その行動の詳細が何であれ――一九三九年の刑法第七五条「敵軍への情報提供」で起訴され、有罪となった。ところがフランスの法廷に引き出された男たち女たちは、多くの場合、ナチのために活動したのではなくヴィシー政府と協同したのであり、それを導き監督したのはフランス人であり、彼らは表面上は戦前のフランス国家を合法的に継承していたのだった。スロヴァキアや、クロアチアや、ボヘミア保護領や、ムッソリーニのサロ社会共和国や、イオン・アントネスク元帥のルーマニアや、戦時中のハンガリーと同じように、ここフランスにおいても協力者たちは自分自身の国家当局のために、あるいはそれと協同して活動したのだと抗弁することが可能だったし、実際にそうしたのである。

かいらい政府から雇われたことでナチの利益に奉仕した罪がはっきりしている上級警察官や政府高官の場合なら、こうした抗弁はどう考えても不誠実だった。しかしもっと下位の人びととなると、そしてこれらの政府や代理機関や企業から雇用されて働いたことで告発された幾万もの人びととなると、ことは紛糾を免れなかった。たとえば戦前議会の合法政党で占領中ドイツ軍に協力した政党の、一九四〇年五月以降の党員歴をもつ者を告発するのは正しいだろうか?

フランス、ベルギー、ノルウェーの亡命政府はこうしたジレンマに先手を打とうとして、戦後にはきびしい報復が待っていることを警告する戦時布告を発令した。しかしこれらの布告の意図はナチへの協力を阻止することであって、法理公正の広範な問題に応え得るものではなかった。とりわけ個人責任と集団責任の秤量という問題を、あらかじめ解決しておくことなど不可能だった。一九四四―四五年時点で政治的利益のバランスを考えると、戦争犯罪および対独協力犯罪に関しては一切合財の包括的責任を、あらかじめ決められたカテゴリーの人びとに求めることになった――一定の政党、軍事組織、政府機関に所属していた人びとである。しかしそうした手続きによっては、広範な人びとが処罰を求めている多数の個人を見すごすことになるし、主たる罪状が無気力や臆病という人を含めてしまうことになるし、とりわけ集団的起訴という形をともなうこととなり、これはほとんどのヨーロッパ人法律家にとって嫌忌事項だった。

その代わりに法廷に引き出されたのは個々の人びとだった。結果は時と場所で大いに変化した。多くの男女が、不公正に選び出されて処罰された。さらに多くの人びとが、まったく報復を逃れた。さまざまな手続き上の不整合や予期せぬ結果が頻発し、政府や検察官や陪審員の思惑はとても清廉とは言えなかった――個人の利益、政治的思惑、感情が絡んだのだ。しかしヨーロッパにおける戦争から平和への移行を画した犯罪処理と、それに関連する公的カタルシスの問題を判断するに際して、われわれは起こった事態が劇的なものだったということを絶えず心に留めておかなくてはならない。一九四五年の状況では、ともかくも法の支配が再確立されたということが注目に値する――かくも大規模に行なわれた一連の新しい犯罪に定義を下し、その犯人をともかくも裁判らしきものにかけようと一つの大陸全体で模索したというのは、結局これまでになかったことなのだ。

処罰された人数および処罰の範囲は、国によって大きくちがっていた。人口わずか三〇〇万のノルウェーでは、親ナチ協力者の主要組織「国民連合」の全メンバー五万五〇〇〇人の全員が、その他の四万人とともに裁判にかけられ、男女合わせて一万七〇〇〇人が禁固刑、死刑判決が下った三〇人のうち二五人が執行された。

これほど高い比率は、他にはなかった。オランダでは二〇万人が取り調べを受け、およそその半分が投獄されたが、そのうちの幾人かはナチ式の敬礼をした罪だった。一万七五〇〇人の公務員が解雇され（企業、教職、専門職ではほぼ皆無）一五四人が死刑判決を受け、四〇人が執行された。隣のベルギーでは死刑判決がもっと多かったが（二九四〇人）、執行された割合は少なかった（わずかに二四二人）。おおざっぱに言ってほぼ同数の協力者が投獄されたが、オランダでは有罪判決を受けた者の大半がはやばやと特赦されたのと比べ、ベルギーは投獄年数が長く、重大犯罪と宣告されたかつての協力者には完全市民権の回復はなかった。戦後長年つづいていた神話とは反対に、フランデレンの住民が狙い撃ちとなって高比率で処罰されたという事実はなく、カトリック教徒・社会党員・自由党員といった戦前からのエリートが戦時中の「新秩序」支持者（大半がフランデレン人）を効果的に弾圧することで、フランデレンとワロン両地域の支配を再確立したのだった。

正当性をもつ政府が亡命していたノルウェー、ベルギー、オランダ（およびデンマーク）と、ヴィシー政府が多くの人びとにとって正当な政府であったフランスとが示すちがいは、なかなか示唆に富む。デンマークでは協力の罪など、実質的には知られていなかった。ところが戦後の裁判では、デンマーク人一〇万人当たり三四七人もが投獄を宣告された。戦時中の協力が知れわたっていたフランスでは、まさにその理由で、処罰が軽いものになった。国家自身が主たる協力者だったから、同罪で下級市民を告発することは過酷かつ分裂の種となるようにも思われたのだ。フランスで協力者裁判にたずさわった判事たち自身、その四人に三人は協力主義をとった政府に雇われていたのだから、なおさらである。最終的には一〇万人当たり九四人――人口の〇・一パーセントにも満たない――が、戦時中の罪で投獄された。投獄された三万八〇〇〇人の大半は、一九四七年の一部特赦で釈放され、一九五一年の特赦では一五〇〇人を残して全員が釈放となった。

一九四四―五一年の期間に、フランスの正式な裁判で六七六三人に、叛逆およびその関連罪で死刑判決が下された（三九一〇人は不在のまま）。そのうち執行されたのは、わずか七九一人だった。フランスの協力者に宣告された主な処罰は、「国民としての降格」だった。これはパリ解放直後の一九四四年八月二六日に導入されたもので、ジャネット・フラナーの嘲弄的な言い種によれば、「国民としての降格とは、フランス人が素晴らしいと考えることのほぼすべてを奪われることで成り立つ罰なのだろう――つまり戦功勲章をつける権利、弁護士・公証人・公立学校教師・判事さらには証人などになる権利、出版社・放送局あるいは映画会社を経営する権利、そしてとりわけ保険会社や銀行の重役になる権利が奪われる、ということなのだ。」

四万九七二三人の男女が、この罰を受けた。一万一〇〇〇人の公務員（国家雇用者の一・三パーセントに当たるが、ヴィシー政府の下で失職した三万五〇〇〇人よりはるかに少ない）が免職その他の制裁を受けたが、その大半は六年以内に復職した。全体でおよそ三五万人が「エピュラシオン（粛清）」されたことになるのだが、彼らの生活や職歴が劇的な影響をこうむったわけではなかった。今日われわれが言う、「人道に対する罪」で罰せられた者などいなかった。こうした責任は、他の戦争犯罪と同じく、ドイツ軍だけに負わされたのである。

イタリアが経験したことは、幾つかの理由で特別のものだった。イタリアはかつての枢軸国ではあったが、自分で裁判し処罰することを連合国政府によって認められた――結局一九四三年九月の降伏で立場が変わっていたのだ。しかし誰を何の廉《かど》で起訴するかについては、かなりあいまいだった。ヨーロッパの他の国々では、協力者の大部分が「ファシズム」という定義で汚名を着せられたのだが、イタリアでこの言葉が包含したファシズム支持者層というのは、あまりに広範かつあいまいだった。この国は一九二二―四三年のあいだ自国のファシスト党の支配を受けてきて、ムッソリーニの下で元帥だったピエトロ・バドリオによって初めてムッソリーニから解放されたのであり、バドリオによる最初の反ファシスト党政府自体が、おおむねかつてのファシスト党員で構成されていたのである。

明らかに起訴が可能なファシスト党員の罪とはただ一つ、一九四三年九月八日（にドイツ軍が侵攻してきて）以後の、敵との協力だった。その結果、告発を受けた人びとの大半は北部のドイツ軍占領地域にいて、ガルダ湖に面したサロに置かれたかいらい政府の関係者だった。一九四四年に配られ、さんざんこき下ろされた「あなたはファシストでしたか？」というアンケート（例の「個人票」）が焦点を絞ったのは、サロ・ファシストと非サロ・ファシストのちがいという一点だった。前者に対する制裁は、一九四四年七月に暫定立法議会を通過した法令第一五九にもとづくもので、これが規定した「特別重大な諸行為」とは「犯罪のらち外とは言うものの、節度の規範と政治的品格にもとると考えられるもの」であった。

こうしたぼやけた法令の意図とは、国家当局と認定されるものの下で犯された諸行為に関して、当該の男たち女たちを起訴することにまつわる困難を回避することだった。しかし重大犯を裁くために一九四四年九月に設けられた最高裁判所の判事たち弁護士たちは、その大半が元ファシスト党員であり、協力者政府の下で働いた下級職員を処罰するための臨時巡回裁判所の職員とて同じだった。こうした事情の下での訴訟手続きが、一般住民の信認を獲得するとは考えにくかった。

案の定、結果には誰も満足しなかった。一九四六年二月までに、政府職員三九万四〇〇〇人が取り調べを受け、そのうち解雇されたのはわずか一五八〇人だった。尋問された者の大半が自分は「ガットパルディスモ」――「ガット」（猫）「パルド」（豹）主義つまり「豹変主義」――だったと陳べ、ファシスト党の圧力の前で手の込んだ二重ゲームをやっていたのだと主張した――結局のところ、公務員はファシスト党員であることを義務づけられていたのだ。尋問者の多くはひょっとして自分もテーブルの向こう側にいたかもしれないと思っていたから、こうした抗弁にはまったく同情的だった。少数の大物ファシスト党員や元帥に対する鳴り物入りの裁判の後、政府や行政に対する粛清の約束は沙汰やみとなってしまった。

公職追放の指揮を任された高等弁務官事務所は一九四六年三月に閉鎖され、その三カ月後には最初の特赦が行なわれて、五年以下の禁固刑はすべて取り消しとなった。一九四四―四五年に追放された知事・市長・中級官僚の実質的には全員が復職するか、罰金の支払いを免れ、ファシスト党活動の廉で投獄されたイタリア人およそ五万人の大部分には獄中生活がほとんどなかった。(1) その罪を裁かれて処刑されたのはせいぜい五〇人で、この数字には一九四五年七月一七日にスキオ刑務所でパルチザンに虐殺されたファシスト党員五五人は含まれていない。

枢軸国側から民主的連合国側へと何の痛みもなく移行したと疑われるイタリアは、東西冷戦がつづくなかで、外国（アメリカ）の圧力とヴァチカンの政治的影響力とを受けているとしばしば非難された。実際には、ことはもっと複雑だった。ピウス一二世〔在位一九三九―五八年〕とファシズムとの親密な関係や、彼がイタリアその他におけるナチの犯罪に対して予め目をつぶっていたことを考えると、カトリック教会が

(1) 一九六〇年になっても、イタリアの地方自治に責任のある知事六四人のうち六二人はファシズム政権下で役職にあった人びとであり、一三五人の警察署長すべてもそうだった。

実に穏便に済ませたことは確かだった。教会からの圧力はかかっていた。さらに英米の軍当局は、イタリア半島全体に正常な生活を再確立しようとしているさなか、すでに折り合いのついている行政官たちを除去することに気乗り薄だった。そして全体的に見て、ファシスト党員の追放が実効的に行なわれたのが、左翼レジスタンスとその政治的代表者が支配していた地域だったことは確かだ。

しかしながら、戦後の連立政府の司法大臣として一九四六年六月の特赦令を起草したのは、五一歳のイタリア共産党党首パルミーロ・トリアッティだった。二〇年間の亡命生活と長年にわたって共産主義インターナショナル（コミンテルン）の執行委員を務めた後のトリアッティは、ヨーロッパ戦争の直後では何が可能で何が不可能かについて、いささかも幻想をもたなかった。一九四四年三月にモスクワから帰国すると、彼はサレルノで、国民的統一と議会制民主主義への党としての参加を宣言した――彼を信奉する者の多くにとって、これは混乱とおどろきをもたらした。

すべてが決して政治的に右派だったわけでもない幾百万の人びとが、ファシズムとのつながりによって体面を傷つけられていた国で、トリアッティは国民を内戦の瀬戸際まで追い込むことに――というより、すでに始まっていた内戦を長引かせることに――なんの利点も見出さなかった。それより、秩序と正常な生活の再確立のために努力したほうが、ファシズム時代におさらばしたほうが、投票箱のなかに権力を求めたほうが、よっぽどいいではないか。さらには、イタリアの海岸線をはるかに越える戦略的展望をもっていた国際共産主義運動の大物としてのトリアッティの特権的見地からすれば、ギリシアの状況が要注意の警告として気にかかっていたのである。

ギリシアでは、官僚および実業エリートたちの戦時協力がかなりのレベルだったにもかかわらず、戦後の粛清は右派ではなく左派に向けられた。これは特異なケースだが、なかなかに蒙を啓いてくれる。一九四四―四五年の内戦でイギリスが確信したのは、アテネに強固で保守的な政権を再確立することによってしか、小なりといえども戦略的にきわめて重要なこの国を安定させる道はない、ということだった。イタリア人あるいはドイツ人に協力した実業家や政治家を追放したり脅したりすることは、革命的左翼が今にも権力を掌握しようと待ちかまえている国では、そこに過激な意味が生じるだろう。

エーゲ海および南部バルカン諸国の安定に対する脅威の源泉は、当時、退却したドイツ軍から短期間のうちに切り換わって、足場を固めていたギリシア共産党とその同盟者たる山岳パルチザンになっていた。枢軸国側との戦時協力で厳罰に処せられた者はほとんどなく、戦時中おびただしく死刑宣告が下されたのは左派に対してだった。ヒトラーと戦った左翼パルチザンと、戦後のギリシア国家の打倒を目ざした共産ゲリラとのあいだに明確な区別などなかったから（そして実際問題として彼らはしばしば同一人物だった）、将来裁判にかけられて投獄の憂き目にあう可能性が高かったのは——さらにその後数十年にわたって市民生活から追放される恐れがあったのは、戦時のレジスタンス参加者たちのほうであって、その敵である協力者たちではなかった。彼らレジスタンス派は子や孫の世代までつけを払わされる——一九七〇年代にいたってもなお、彼らは膨れ上がった国家セクターのなかで雇用を拒まれることが多かったのである。

ギリシアにおける追放や裁判は、かくも露骨に政治的だった。しかし西ヨーロッパにおける従来型の訴訟とて、ある意味では同じだった。戦争ないし政治闘争の直接的な結果として行なわれる司法手続きは、どれも政治的なのだ。フランスでのピエール・ラヴァルやフィリップ・ペタンの裁判、イタリアでのローマ警察署長ピエトロ・カルーソーに対する裁判など、その雰囲気は従来の司法手続きとかけ離れたものだった。これらの、そして他の多くの戦後裁判や戦後追放では、恨み晴らし、血のおとしまえ、復讐、さらには政治的思惑といったものが重要な役割を演じた。中東ヨーロッパにおける公式の戦後報復に目を向けるに当たって、われわれは以上のような考察を心に留めておかなくてはならない。

スターリンや、赤軍支配下の全領土にわたるソヴィエト占領当局者の立場から見れば、対独協力者・ファシスト・ドイツ人に対する裁判その他の処罰とは常に、そして何を措いても、その地で共産党支配の障害物となる政治的・社会的風景を取り除くための方途だった。チトーのユーゴスラヴィアにとっても、同じだった。好ましからざる民族集団や社会集団に所属していたこと、望ましからざる宗教組織や政党とのつながりがあったこと、あるいは単にその地域社会で妙に目立つ存在だったことや人気者だったこと——こうしたことを主たる罪状とされた数多くの男たち女たちが、ファシストの重罪で告発された。罪を負わせて政敵一掃をもくろむこうした粛清、土地の没収、追放、投獄、処刑が、これから見ていくように、来るべき社会的・政治的な変化過程の重要な集結地点となった。しかし本物のファシストや戦争犯罪者も狙われ、処罰された。

かくてチトーは、クロアチアのカトリック教会を攻めつつ、悪名高きザグレブの枢機卿アロイジエ・ステピナツをも起訴した。彼はクロアチアの「ウスタシャ」政権が行なった最悪犯罪の一部を弁護した人物で、一九六〇年にベッドの上で死ぬまでの一四年間を自宅監禁で済んだ自分を幸運と考えてよかったのだ。「チェトニク」の指導者ドラジャ・ミハイロヴィチは、一九四六年七月に裁判にかけられた上処刑された。彼の後につづいて、ユーゴスラヴィア解放後の二年間に他の幾万もの非共産党員が殺された。彼らはすべて政治的動機にもとづく復讐政策の犠牲者だった。しかしながら「チェトニク」や、「ウスタシャ」や、「スロヴェニア白衛軍」や、武装「ドモブラン」(2) などの戦時中の諸行動を考えると、彼らはいかなる法制度の下でも重罪を宣告されていただろう。ユーゴスラヴィア人は、一九四二年一月に起こったヴォイヴォディナ〔現セルビア・モンテネグロ北部の自治州〕でのハンガリー軍による虐殺に加担した民族としてのハンガリー人を多数処刑し追放し、その土地を新政権支持の非ハンガリー人に譲渡した。これは政治的もくろみにもとづく処置だったが、多くの場合、犠牲者たちが告発された通りの罪を犯していたのは確かだ。

ユーゴスラヴィアは特別に込みいったケースだった。北方のハンガリーでは戦後の「人民裁判所」が実際の戦争犯罪人たち、すなわち一九四四年のストーヤイ・デメとサーラシ・フェレンツによる親ドイツ政権の活動家たちを裁くことから始まった。ハンガリーで断罪されたファシストと協力者の割合は、戦後のベルギーやオランダで有罪とされた数を上回ることはなかった——そして彼らが重大な犯罪者だったことには疑いがない。その罪には、幾十万ものハンガリー・ユダヤ人を逮捕して死地へ移送するというドイツの計画を先取りし、かつ熱心に実行したことが含まれている。ハンガリー当局が「サボタージュ罪」とか「共謀罪」といったカテゴリーを付け加えたのは後になってからのことで、その目的は明白、共産党の政権奪取に抵抗しそうな広範囲の敵どもを一網打尽にすることだった。

チェコスロヴァキアでは、一九四五年五月一九日の大統領令で設立された「臨時人民裁判所」が、「叛逆者、協力者、さらにチェコおよびスロヴァキア国民内部のファシスト分子」に対して七一三人の死刑、七一四人の終身刑、一万九八八八人の有期刑を言い渡した。この言葉づかいはソヴィエトの法律言語を彷彿とさせ、チェコスロヴァキアの陰鬱な未来を確実に予想させる。しかし占領下のチェコスロヴァキアに叛逆者、協力者、ファシスト党員がいたことも事実であり、その一人、ティソ神父は一九四五年四月一八日に絞首刑となった。ティソその他の人びとが公正な裁判を受けたかどうか——当時の雰囲気のなかで公正な裁判を受けることが果たして可能だったかどうか——、これは正当な問いである。しかし彼らが受けたあつかいが、たとえばフランスでピエール・ラヴァル〔ヴィシー政府首席〕が受けたあつかい以下だったわけではない。戦後チェコの司法は、ズデーテンのドイツ人を集団的に罰するため特別に考案された「国民に対する犯罪」というやっかいであいまいなカテゴリーに専心集中していた。しかしこの時期にはフランスの司法とて同じことで、その大義名分にいささか遜色があった、というだけだろう。

かつてのヨーロッパ被占領地域で行なわれた戦後の裁判やファシスト党員に対する追放が、果たして成功だったのかどうか、判断はむずかしい。判決のパターンは当時から批判の的だった――戦争続行中に、あるいは解放直後に裁かれた人びとは、後に起訴された人びとよりもきつい刑罰を受けやすかった。結果として、一九四五年春に裁かれた微罪犯は一年かそこら経ってから審理に回された重罪協力犯よりも刑期が長かった。ボヘミアとモラヴィアでは、死刑判決のうち実際に執行されたパーセンテージが高い（九五パーセント）のだが、刑の執行は判決後二時間以内という規則があったためである。他の国では、直後の執行さえ免れれば減刑を期待することができた。

当時は死刑判決が頻繁に出され、反対の声などほとんど聞かれなかった。戦時中の生命無視のおかげで、死刑は正常な状況の下でよりもその過激さがかすんで見え、しっかりした根拠をもつもののように思えた。大いなるさし障りとなったのは、そして幾つかの国々における手続き全体の価値を最終的に損なったかもしれないのは、判決を下した判事や陪審員の多くが、その戦時中の記録に汚点があるか、汚点どころではなかった連中だったのみならず、彼らが下した処罰に明白な一貫性などなかったことだった。作家やジャーナリストは戦時中自らの立場について記録を書き残していたから、ひどいことになった。著名なインテリたちの広く喧伝された裁判――たとえば一九四五年一月パリにおけるロベール・ブラジヤック〔反ユダヤ主義・親ナチの雑誌を主宰していた作家〕の裁判では、アルベール・カミュのような誠実なレジスタンス派から抗議が起こった。カミュの考えによれば、どれほど恐ろしい意見であろうと、人をその意見のゆえに断罪し処罰するのは、不当かつ無分別というものだった。

対照的に、占領から利益を得ていた実業家や政府高官は、少なくとも西ヨーロッパではほとんど痛手なしで済んだ。イタリアでは連合国側の主張で、フィアット社のヴィットリオ・ヴァレッタのような人物はファシスト党当局との悪名高き関わりがあったにもかかわらず、その地位に留まることになった。イタリアの他の会社重役たちは、かつてムッソリーニのサロ社会共和党政府に反対したと述べて生き延びた――彼らはしばしば反対していたのだが、その正確な理由はサロ

(2)「ドモブラン」は戦時の「クロアチア祖国防衛軍」だった。もちろんチトーの共産党パルチザンとて、しばしば同じふるまいをしたのだが、彼らは勝ったのだ。

の政権があまりに「社会主義的」だったからだ。フランスでは経済面での協力者に対する訴追は、選択的国有化によって予め回避されてしまった――たとえばルノー工場の国有化は、ドイツの戦争遂行に対するルイ・ルノーの並々ならぬ貢献への報復だった。そして占領政府の行政に力を貸したり、フランスへの侵攻を阻止する「大西洋の壁」の構築を助けたり、ドイツ軍の物資補給を支援したりした小実業家、銀行家、役人たちは、どこの国でもその任に留まって後継の民主主義国のために同じ業務を遂行し、連続性と安定性の維持に努めたのである。

こうした妥協はやむを得なかっただろう。一九四五年の破壊と道徳的荒廃はあまりにも大規模だったから、ともかくも残っていたものが、未来のための建築用レンガとして必要だっただろう。解放後数カ月間の臨時政府は、ほとんど無力状態だった。無力で飢えかかっている人びとに食糧や衣類や燃料を供給しようとすれば、経済・金融・産業のエリートたちの無条件の（そして進んでの）協力が絶対必要と思われた。経済面での粛清は反生産的だったばかりか、有害でさえあったろう。

しかしこうした対価の支払いは、政治的なシニシズムや、解放がもたらした幻想や希望からの急速な離反現象という形をとった。早くも一九四四年一二月二七日には、ナポリの作家グリエルモ・ジャンニーニが『ルオーモ・クアルンクエ（平凡人）』という新聞に寄稿して次のように書いたが、そもそもこれは同名のイタリアの新政党が発行する新聞で、まさにこの通りの嘲笑的幻滅の心情に訴えるものだった――「おれは元お頭《かしら》に会ったから聞いてやったさ、おめえはどうやって追放する側に回ったのかって。……おれは周りを見回して言ってやるさ、これはみなファシストのやり口、ファシストの手じゃねえかって。……おれはもう何も、誰も信じねえ。」

すでに見た通り、イタリアはむずかしいケースだった。しかしジャンニーニのような心情は一九四五年末の時点でヨーロッパ中に広がっており、全体ムードの急速な転換への道を開いた。最近までドイツ軍に占領されていた地域の人びとは、少し前の過去を断罪し、最悪の、あるいは心理的に満足感を与えてくれるような事例を処罰し終わると、不安感や不快感をもたらす記憶とはさっさとおさらばし、ひびの入った生活ながらなんとかやっていこうと心を砕き始めていた。いずれにせよ、当時の人びとは男も女も最悪の犯罪の廉で同国人を責める気はなかった。そうした犯罪の責任はあげてドイツ人にある、というのが万人の合意だった。

実を言うと、第二次大戦のあまたの悲惨さの究極の責任はドイツ人の肩に負わせるべきだという見方が広く行きわたっていたので、オーストリアでさえ免除対象となっていた。一九四三年の連合国合意で、オーストリアはヒトラーの「最初の犠牲者」だったと公式に宣言され、戦争終結に当たってはドイツと異なるあつかいを受けることが保証された。これはナチズムの起源はプロイセンにあるというウィンストン・チャーチルの主張に沿ったもので、一九世紀後半三分の一のあいだにヨーロッパの安定を脅かしたのはプロイセン国家だという、チャーチル世代の思い込みから生まれた見解である。しかしこれは他の連合国にも気に入られた――オーストリアが地理的にかなめの位置にあることと、中央ヨーロッパの政治的将来をめぐる不安定さとから、オーストリアの運命をドイツのそれから切り離しておくのが賢明と思われたのである。

そうは言っても、オーストリアを単にナチに占領されたもう一つの国としてあつかい、各地のナチ党員や協力者を処罰した上で正常な生活を再開すればいい、というわけにはいかなかった。人口七〇〇万人に満たない国で、七〇万人のNSDAP〔国家社会主義ドイツ労働者党＝ナチ党〕メンバーがおり、終戦時でも五三万六〇〇〇人がオーストリアのナチ党に登録されており、戦時中は一二〇万人のオーストリア人がドイツ軍部隊に所属していた。SS〔親衛隊〕に所属したり強制収容所の管理に当たったりしていたオーストリア人の比率は、不均衡に高かった。オーストリアの政財界や学術文化界にはナチの共鳴者がいっぱいいた――ウィーン・フィルハーモニー管弦楽団の団員一一七人中四五人がナチ党員だった（一方ベルリン・フィルのほうは、楽員一一〇人中ナチ党員はわずか八人だった）。

こうした状況のなかで、オーストリアが軽やかにことを済ませたのは真におどろくべきことだ。一三万人のオーストリア人が戦争犯罪で取り調べを受け、そのうち二万三〇〇〇人が裁判に付され、一万三六〇〇人に有罪判決、四三人に死刑判決が下され、執行されたのはわずか三〇人だった。およそ七万人の公務員が解雇された。一九四六年秋には占領中の連合側四カ国が合意して、この先はオーストリアに自国の犯罪人の処置や「非ナチ化」を任せることとなった。とくに汚染されていたのが教育制度だったが、これはしかるべく非ナチ化された。解雇された小学校教師は二九四三人、中学校教師は四七七人、しかし大学教授はわずかに二七人だった――多くの年長の学者がナチのシンパとして悪名とどろいていたにもかかわらず、である。

一九四七年、オーストリア当局はナチ党員有罪者の罪の「重」と「軽」を区別する法律を通過させた。後者「軽」とされた者五〇万人は翌年に特赦を受け、投票権を回復した。前者「重」とされた者――全部でおよそ四万二〇〇〇人――は、やがて一九五六年に特赦となった。その後オーストリア人は、ヒトラーとの関わり合いをすっかり忘れ去ったのである。オーストリアがナチズムとの戯れからやすやすと立ち直った一つの理由は、直近の過去を有利な形に整え直すことが各方面の利益にかなったからである。戦前の「キリスト教社会党」の後継である保守派の「人民党」は、一九三四年に自分たちがむりやり押しつけたコーポラティズム〔政府・労組・経営協調体制〕政権から注意を逸らすべく、自分たちとオーストリアの「非ドイツ性」の証明にどうしても箔を付けたかったのだ。「オーストリア社会民主党」は議論の余地なく反ナチだったにもかかわらず、一九三三年以前にドイツとの「アンシュルス（併合）」を呼びかけた記録を克服しなければならなかった。もう一つの理由は、元ナチの人びとを懐柔しその票を確保しておくことがすべての政党にとって利益だったからだ——彼らはこの国の政治的未来を決めるはずの有力な有権者層をなしていた。さらには、これから見ていくように、東西冷戦の開始によって形づくられる新たな政治情勢があったのだ。

こうした思惑は当然ドイツにもあった。しかしこちらでは、現地の住民に自分の運命についての発言権が与えられなかった。ナチに忠誠を捧げたことについてオーストリアを免責した一九四三年一〇月三〇日の同じ「モスクワ宣言」で、連合国側はドイツ人に対しては戦争犯罪の責任を追及すると警告したのだ。そして実際そうなった。一九四五年から一九四七年にかけて行なわれた一連の裁判において、連合国のドイツ占領軍はナチおよびその協力者を、戦争犯罪、人道に対する罪、その他ナチの目標追求において犯された一般重罪で告発した。

こうした裁判で最もよく知られているのが、一九四五年一〇月から一九四六年一〇月にかけてナチの主要な指導者たちを裁いた「ニュルンベルク国際軍事裁判」だが、他にも多くの裁判が行なわれた。アメリカ、イギリス、フランスの軍事裁判は、ドイツにおけるそれぞれの占領区域で下級のナチ党員を裁き、またソヴィエト連邦と協同してナチ党員を他の国々——とくにポーランドとフランス——に配分し、犯罪が行なわれたそれぞれの場所で裁判を実施した。こうした戦争犯罪裁判プログラムは、ドイツの連合国占領地域全域でつづけられた。西側地域で五〇〇〇人以上が戦争犯罪および人道に対する罪で有罪宣告を受け、そのうち死刑宣告はわずか八〇〇人未満、最終的に執行されたのは四八六人だった。最後の死刑は、声高に宥恕を求めるドイツ側の訴えに抗して一九五一年六月、ランツベルク刑務所で執行された。

ニュルンベルク裁判によってナチ党が犯罪組織だったことが明らかになったとはいえ、単にナチ党員であるというだけでドイツ人を罰するわけにはいかなかった。数字は膨大、集

ドイツとオーストリア—連合国占領区域

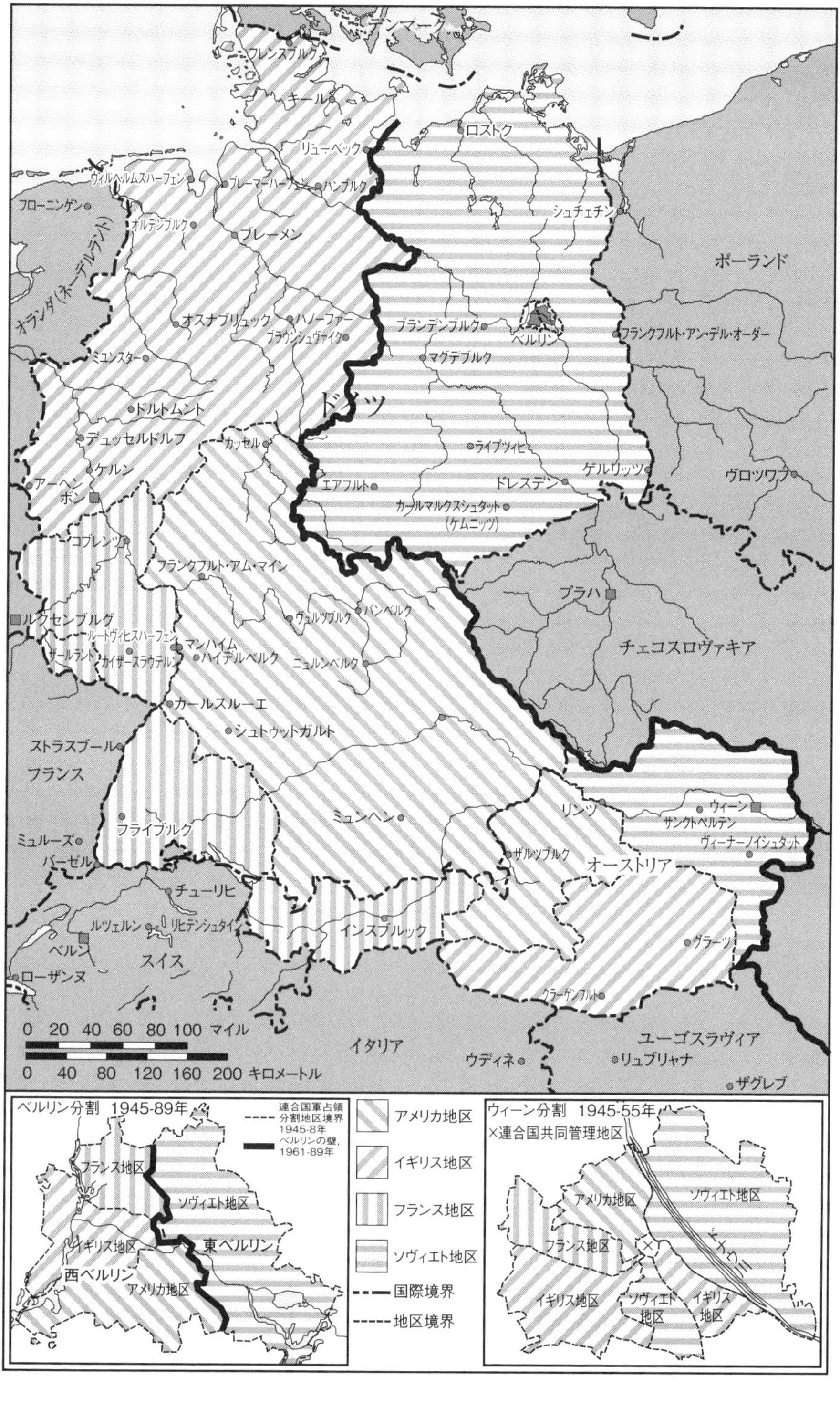

団犯罪が行なわれたことの論証はきわめて説得的だった。それはともかく、こうして数百万もの人びとの有罪が明らかになると、いったいどういう事態に立ちいたるのか、はっきりしなかった。しかしナチ党指導者たちの責任は明白で、彼らにふさわしい運命についても異論の余地はなかった。ニュルンベルクのアメリカ側検事の一人で、その後の裁判でも首席検事を務めたテルフォード・テイラーの言葉によれば、「まことに多くの人びとが、第三帝国の指導者から不当に傷つけられたと信じており、そのことへの審判を求めていた。」

　その発端から、「ドイツ戦争犯罪裁判」は裁判であると同時に教育過程だった。その中心となるニュルンベルク裁判は日に二回ドイツのラジオで放送され、そこに集められた証拠品は全国の学校、映画館、再教育センターで展示された。しかしながら、裁判がもたらす見せしめの利益は必ずしも自明ではなかった。強制収容所の司令官や看守に対して行なわれた初期の裁判では、多くの被告がまったくの無罪となった。弁護人たちは英米流の当事者主義〔立証は当事者の責任〕を最大限に活用し、証人や収容所生存者に対して反対尋問を行なって恥をかかせたのである。ベルゲン＝ベルゼン強制収容所の職員に対するリューネブルク裁判（一九四五年九月一七日―一一月一七日）で、被告は（ナチの）法律に従っただけと弁じて幾分かの成功を収めたのは、イギリスの弁護人だった――四五人の被告のうち一五人が無罪となった。

　したがってドイツおよびドイツ人の政治的・道徳的再教育にとって、ナチ裁判がどの程度役立ったかは計りがたい。この裁判は「勝者の正義」として確かに多くの人びとの反撥を買ったし、事実その通りであった。しかしそれはまた犯罪的行動を行なったことが明白な、実体的犯罪者に対する実体的裁判でもあって、その後数十年にわたって国際司法の重要な前例となった。一九四五―四八年（この年に国連戦争犯罪委員会は解散）に行なわれたこれらの裁判や取調べによって、膨大な量の文書や証言記録（とくにドイツにおけるヨーロッパ・ユダヤ人絶滅計画に関するもの）が残されたのだが、それはまさにドイツ人その他が一刻も早く忘れたいと思っていた時期だった。イデオロギー的な、あるいは国家的な理由で個人によって行なわれた犯罪の責任は個人にもあり、法による処罰が可能なことが明らかとなった。命令の遵守では弁護できなかった。

　とは言っても、ドイツの戦争犯罪人に対する連合国側の処罰には、避けがたい欠陥が二つあった。ソヴィエトの検事とソヴィエトの判事が列席したことが、ドイツおよび東ヨーロッパの多くの論評者からは偽善の証拠とみなされた。赤軍がとった行動や「解放」した地域でソ連が行なったことは秘密どころではなかった――実際には後年よりも当時のほうが、よく知られ広く喧伝されていただろう。しかも一九三〇年代の粛清や虐殺は、多くの人びとの記憶に今なお新しかった。ナチに対する裁判にソヴィエトが――同じ罪を再々にわたって自ら犯していたソヴィエトが判事として席を連ねていることで、ニュルンベルクその他の裁判の値打ちが低下し、おかげでそれらの裁判が反ドイツの特定復讐行為と見えてしまった。ジョージ・ケナンの言葉を借りれば、「戦争犯罪を裁くこの訴訟手続きによって伝え得た意味とは、結局のところ、そうした犯罪はある政府の指導者がある状況の下で行なえば合法的で許されるが、別の政府が別の状況で行なえば非合法で容赦のならぬ、死罪に処せられるほどのこととなってしまう、という点にある。」

　ニュルンベルクにソヴィエトが列席したのは、戦時の同盟およびヒトラー打倒で赤軍が果たした特段の役割への対価だった。しかしこれらの裁判の第二の欠陥は、司法過程の本質そのものに内在していた。ヒトラー自身をはじめとするナチ党指導者たちの個人的な罪状があまりにも十全かつ周到に証明されたため、多くのドイツ人は、彼らナチ指導者以外の国民は無罪であり、集合体としてのドイツ人も他国民と同じくナチズムの受動的な犠牲者だったと信じてもいいのだ、と感じてしまった。ナチ党の犯罪は（ドイツの前首相ヘルムート・コールがおよそ半世紀後に語った言葉を引用すれば）「ドイツの名の下に」行なわれたとは言えたのだが、ドイツ人によって行なわれたという心底からの認識はほとんどなかったのである。

　とくにアメリカ軍はこの点をよく認識し、占領した地域で直ちに再教育と非ナチ化のプログラムを開始したが、その目的はナチ党を根こそぎ解体してドイツの公的生活に民主主義と自由の種を植え付けることだった。ドイツのアメリカ軍には一群の心理学者その他の専門家が付き随っていて、いったいなぜドイツ人はこれほど血迷ったのか、その理由を突きとめる仕事が彼らに託されていた。イギリスも同じようなプロジェクトにとりかかったが、アメリカよりは懐疑的で手立てにも乏しかった。フランスはこの件について、なんの関心も示さなかった。一方ソヴィエトは当初は大いに賛成だったので、非ナチ化を積極的に推進する対策に関する合意だけが、しばしのあいだ連合国占領当局における数少ない合意事項の一つだった。

　ドイツの生活からナチズムを根絶することを目ざす、首尾整ったプログラムがもっていた問題点はただ一つ、それは一九四五年の状況では実施不可能なことだった。アメリカ軍司令官ルーシャス・クレイ将軍の言葉によれば、「われわれにとって行政上大問題だったのは、ナチ政権と何かの形でつながったり結びついたりしたことなどない、しかるべく有能なドイツ人を見つけ出すことだった。あたりまえと言えばそれまでだが……そういう資格をもつ連中は煎じ詰めればキャリアの公務員であり、……彼らの十中八九はナチ党の諸活動の（われわれの定義からすれば）名目だけとは言いがたい参加者だったのだ。」

クレイは誇張していたのではない。ヨーロッパで戦争が終わった一九四五年五月八日、ドイツには八〇〇万人のナチ党員がいた。ボンでは医師一一二人中一〇二人が現に党員であるか、過去に党員であった。爆撃で破壊されたケルンでは市の水道局の専門家二一人中一八人がナチ党員だった——上下水道の復旧と防疫には彼らの技術が不可欠だった。戦後ドイツにおける一般行政、公衆衛生、都市再建、私企業再生は、連合国監督下とはいえ、どうしてもこうした連中の力を俟たねばならなかった。ドイツが抱える諸課題から彼らを抹消してしまうことなど、まったく問題外だった。

とは言うものの、努力はつづけられた。ドイツの西側三つの占領区域——大部分はアメリカの管轄区域——で、一六〇〇万枚の「フラーゲボーゲン（質問票）」が回収された。アメリカ当局はそこで、「起訴すべきケース」として三五〇万人（アメリカ管轄区域の全人口のおよそ四分の一）をリストアップしたが、彼らの大多数は、連合国監視の下にドイツの責任で一九四六年三月に設けられた各地の非ナチ化裁判に引き出されることなどなかったのである。ドイツの一般市民は義務として強制収容所の見学を課せられ、ナチの残虐行為のドキュメント・フィルムを見せられた。ナチ党員の教員は排除され、図書館の蔵書は入れ替えられ、新聞用紙・印刷用紙の供給は連合国の直接監督下に置かれ、真正の反ナチ人物証明をもつ新たな企業主や編集人へと割り当てられた。

こうした対策に対しても、かなりの抵抗があった。一九四六年五月五日、未来の西ドイツ首相コンラート・アデナウアーは、ブッパータールでの公開演説で非ナチ化対策に反対を表明し、「ナチの同伴者たち」を不問に付すよう求めた。二カ月後、新たに立ち上げた「キリスト教民主同盟」に向けての演説で、彼は同じ主張を述べた——非ナチ化は長きに失して何の益もなし、と。アデナウアーの懸念にうそいつわりはなかった。彼の見解によれば、正規の裁判であれ臨時的法廷であれ再教育プログラムであれ、ドイツ人にナチ党の犯罪を突きつけることは、悔い改めを促すよりも民族主義の反撥を引き起こす可能性のほうが大きかった。ナチズムが自国に深い根を下ろしていると知っていたからこそ、未来の首相はこの問題には言及しないでおく、むしろ沈黙を奨励するのが賢明と考えたのだ。

彼はまったくまちがっていた、というわけではない。一九四〇年代のドイツ人は他の世界が自分たちをどう見ているかについて、ほとんど分かっていなかった。彼らは自分および自分たちの指導者が何をしでかしたのか把握していなかったし、自分たちが抱えた戦後の困難――食糧不足や住宅不足など――のほうに心奪われていて、ヨーロッパ中の占領地域で自分たちの犠牲となった人びとの苦しみには思い至らなかったのだ。実のところ、彼らは自分たちこそ犠牲者側だと思いがちだったので、裁判その他を通じてナチの犯罪を突きつけられることを、勝者としての連合国側の、今は無き政権に対する復讐と見なしていた(3)。いくつかの立派な例外は別として、ドイツの戦後における政治的・宗教的な権威組織がこうした見方に反論したことはほとんどなく、なかでもこの国が生んだ指導層――専門自由業や、司法官や、官僚層――は、最も不明確な態度をとっていた。

したがって、例の質問票は嘲笑を以て取りあつかわれた。役に立ったとすれば、主として疑惑のありそうな人物の潔白を取りつくろうためで、おかげで彼らは善人であることの証明を手に入れることができた（いわゆる「ペルズィール」証明で、同名の洗濯石鹸からこう呼ばれた）。再教育の影響力には、決定的な限界があった。ドイツ人に義務としてドキュメンタリー映画を見に行かせても、その画面を注視させることはできず、ましてやそこで見たことについて考えさせることなど不可能だった。シュテファン・ヘルムリーンは、配給カードを受け取る前にダッハウ・ブーヘンヴァルト両強制収容所のドキュメンタリー映画を見せられたドイツ人たちのフランクフルトの映画館での光景を、後年こう描写している――「映写機が放つ半光線のなかで見えたのだが、映画が始まると大半の人びとは顔を背けてしまい、映画が終わるまでずっとそのままだった。今日にして思うのだが、あの背けた顔こそが実は数百万の人びととの態度だったのだ。……わたしもその一員だった不運な人びととは、多感であると同時に冷淡だった。こうした催しごとで心乱されること、いかなる「汝自身を知れ」にも興味がなかったのである(4)。」

西側連合諸国が「冷戦」の到来とともに非ナチ化の努力をやめてしまうまでに、その影響力が非常に限定的だということが明白になっていた。バイエルンでは、一九四六年までに中学校教員のおよそ半数が解雇されていたが、わずか二年後には復職していた。一九四九年、新生「ドイツ連邦共和国」

(3) 一九四六年、西ドイツの州評議会は連合国当局に対して、ドイツにおける当面の食糧不足にかんがみ、強制移住民への配給を削減すべしと勧告した。ルーシャス・クレイ将軍はこれに答えて、問題の食糧はドイツの攻撃の犠牲となった他のヨーロッパ諸国民から供給されたものだ、と指摘するにとどめた。

(4) シュテファン・ヘルムリーン『行き着く所』（ベルリン・一九八五年）四六頁。この引用は、フランク・スターン『黄色いバッジを純白に』（一九九二年）の前付け一四頁から。

〔西ドイツの正式国名〕は、公務員および陸軍将校の過去の行動調査すべてに終止符を打った。バイエルンでは一九五一年、判事・検事の九四パーセント、大蔵省職員の七七パーセント、州農業省公務員の六〇パーセントが元ナチ党員だった。一九五二年時点で、ボンの外務省職員の三人に一人がかつてナチ党所属だった。新編成の西ドイツ外交団では四三パーセントが元SS、さらに一七パーセントがかつてSD〔親衛隊情報部〕あるいはゲシュタポ〔国家秘密警察〕に務めていた。一九五〇年代を通じてアデナウアー首相の主任補佐官を務めたハンス・グロプケは、ヒトラーが一九三五年に制定した「ニュルンベルク法」〔ユダヤ人の市民権を剝奪した「ドイツ人の血と尊厳の保護のための法律」〕の公式コンメンタールの責任者だった人物である。ラインラント＝ファルツ州の警察長官ヴィルヘルム・ハウザーは、戦時中にはベラルーシでの虐殺に責任を負う突撃隊長であった。

行政機関以外でも同じパターンが見られた。大学および法律専門家はヒトラー政権への悪名高き同調者だったが、非ナチ化が及ぶこと最も少なかった。実業家たちも軽く切り抜けた。フリードリヒ・フリックは一九四七年に戦争犯罪人と宣告されたが、三年後にはボン当局によって釈放され、ダイムラー＝ベンツの筆頭株主としてかつての盛名を回復した。有罪とされたI・G・ファルベンとクルップの企業連合の重役たちは全員が早いうちに釈放され、少しのやつれも見せずに公的生活に返り咲いた。フォード・モーター会社ドイツ支社であるフォードヴェルケは、一九五二年までにナチ時代の重役全員を復帰させた。アメリカの司法権の下で有罪となったナチ党員判事や強制収容所医師たちにも、刑罰の軽減あるいは変更が行なわれた（アメリカの行政官ジョン・J・マクロイによる）。

終戦直後からの世論調査データを見ると、連合国側の努力の限界がはっきりする。ニュルンベルク裁判が終了した一九四六年一〇月では、裁判は「不公正」だと思ったと答えたのはドイツ人のわずか六パーセントだったが、その四年後には三人に一人がこの意見を表明した。彼らがそう感じてもおどろくに当たらなかったと言うのは、一九四五―四九年の全期間を通じてドイツ人の多数は一貫して「ナチズムのアイデアは善かったが、方法が悪かった」と信じていたからだ。一九四六年一一月にアメリカ占領地区で行なわれた調査によると、三七パーセントのドイツ人はこう考えていた――「ユダヤ人、ポーランド人、その他の非アーリア人の絶滅は、ドイツ人の安全にとって必要なことだった。」

一九四六年一一月の同じ調査では、ドイツ人の三人に一人が「ユダヤ人はアーリア人種に属する人びとと同じ権利をもつべきではない」という説に同意している。こうした考え方を大方針としていた独裁政府のもとで一二年間を過ごしてきた回答者たちであれば、これはとりわけおどろくほどのことではない。真におどろくべきは六年後に行なわれた調査で、やや高いパーセンテージの西ドイツ人――三七パーセント――が、ドイツにとっては領土内にユダヤ人などいないほうがいい、と認めたことだ。しかも同じ年（一九五二年）には、西ドイツ人の二五パーセントがヒトラーについて「好意的見解」をもっていると答えた。

　ソヴィエトの占領地区では、ナチの遺産はやや異なったあつかいを受けた。ニュルンベルク裁判にはソヴィエトの判事や弁護人も加わったが、東欧での非ナチ化の重点はナチ党員の集団処罰および全生活領域からのナチズムの根絶に置かれた。各地の共産党指導部は、事実として起こったことに何の幻想も抱いていなかった。後に「ドイツ民主共和国」〔東ドイツ〕の指導者となるヴァルター・ウルブリヒトが、ドイツ敗戦のちょうど六週間後にベルリンの共産党代表者会議の演説で述べたのだが、「ドイツ人民の悲劇とは、犯罪者の一団に付き随ったことにある。……ドイツの労働者階級および人民の生産的部分は、歴史と直面して挫折してしまったのだ。」

　この演説は、少なくとも公式には、アデナウアーあるいは大半の西ドイツ政治家が認めようとしたことを超えている。しかしウルブリヒトの関心は彼が応答していたソヴィエト当局と同じく、そこからナチの犯罪に対する報復を引き出すのではなく、ドイツにおける共産党権力を確保して資本主義を取り除くことにあった。その結果、ソヴィエト地区における非ナチ化は、西側よりも事実上はるかに進んだ例があるにもかかわらず、ナチズムについての二つの誤った理解にもとづいて行なわれることとなった――一つは共産党理論と直結したもの、もう一つはご都合主義的な思惑によるもの、である。

　マルクス主義の決まり文句にしてソヴィエトの公式ドクトリンによれば、ナチズムとは単にファシズムのことであり、そのファシズムとは危機に臨んでの資本家の私利私欲の産物に他ならなかった。したがってソヴィエト当局は、ナチズムの特徴である人種主義的側面とその結果としてのジェノサイドにはほとんど注意を払わず、その代わりに逮捕や没収の対象を実業家、腐敗官僚、教員など、ヒトラーを背後から操っているとされる社会階級の利益増進に責任ある人びとに定めた。こうしてドイツにおけるナチズム遺産のソヴィエトによる解体作業は、中東ヨーロッパの他の地域でスターリンが実現しようとしていた社会変革と基本的に異なるものではなかった。

　かつてのナチ党員に対してソヴィエトが取った政策のご都合主義的な面は、弱さのなせるわざだった。占領下ドイツの共産党は強力な運動ではなかった――そして赤軍の荷物運搬部隊とともに到着した彼らが選挙民に好かれる見込みなどほとんどなかった。野蛮な武力と不正な選挙を別にすると、彼らの唯一の政治的可能性は私利私欲の思惑に訴えることだった。共産党は東方と南方でこれを行なったのだが、そのやり口は民族としてのドイツ人の追放を促進し、そのドイツ人なき後の農場や企業やアパートを新たに占有することになったポーランド人ないしスロヴァキア人ないしセルビア人たちの、保証人・保護者の役を引き受けるというものだった。これがドイツ自体で取れる方策でないことは明らかだった。一九四五年末に行なわれたオーストリアの選挙で、現地の共産党は少数派ナチの党員および前党員のきわめて大事な支持を拒絶するというミスを犯した。そのことで戦後オーストリアの共産主義は可能性を殺がれてしまった。この教訓はベルリンでは生かされた。「ドイツ共産党（KPD）」が、幾百万の前ナチ党員に奉仕と保護を提供する決定を下したのである。

ドクトリン（教義）と思惑という、これら二つの観点は必ずしも矛盾しなかった。ウルブリヒトとその同僚たちは、ドイツからナチズムを根絶する道は社会経済的な変革を成しとげることで拓けると確信していた。彼らは個人の責任や道徳的再教育に特別の関心などなかった。しかし彼らはまた、ナチズムとは無邪気なドイツのプロレタリアートに仕掛けられた単なるトリックなどではないことも理解していた。ドイツの労働者階級は、ドイツのブルジョアジーと同様に、その責任を全うすることができなかったのだ。しかしまさにその理由から、ムチとニンジンを正しく組み合わせさえすれば、彼らは共産主義の目標達成へと自己改造をとげる可能性が少なからずあるだろう。しかしいずれにせよ、東ドイツ当局には西側当局と同じく、選択肢などほとんどなかった——元ナチ以外のいったい誰と手を組んで国を運営したらいいのか？

こうして一方ではソヴィエト占領軍が、膨大な数の元ナチ——一九四八年時点で五二万人——を解雇して仕事を取り上げ、占領地区の行政ポストには「反ファシスト」を任命した。もう一方ではドイツ共産党の指導部が、公的にさし障りが生じるほどの汚点のない経歴の元ナチ党員を積極的に登用した。案の定、それは大成功だった。元ナチの連中は、勝者側に一口乗って過去を清算できるので大満足だった。彼らは党員、地方行政官、密告者、警察官として、共産主義国家の必要を満たすための特別十分の能力をもっていた。

新しい体制は、結局のところ、以前彼らが経験したものとよく似ていた。共産党は「ドイツ労働戦線」〔御用組織〕とか居住ブロック委員といったナチの組織・制度をそのまま引き継ぎ、新しい名称をつけて新しい責任者を任命した。しかし元ナチの連中が示した適応能力は、彼らが恐喝されやすいということをも示していた。ソヴィエト当局は決然としてかつての敵と共謀し、東ドイツにおけるナチズムの本質と広がりに関して嘘を撒き散らした――ドイツの資本主義およびナチズムの遺制は西側地域に限られており、未来のドイツ民主共和国は労働者、農民、反ファシズム英雄の国である、と。しかし当局のほうが一枚上手で、必要となればいつでも取り出せるよう、ナチの記録を押さえていた。闇屋や、戦争成金や、さまざまな元ナチ連中がこうして優秀な共産党員となったのも、彼らにそうさせる理由があったからだった。

一九五〇年代初めには、東ドイツの高等教育機関の校長の半数以上をかつてのナチ党員が占め、さらに一〇年後には、国会議員の一〇パーセント以上がそうなった。新設された「シュタージ（国家公安局）」はナチのゲシュタポの役割や活動だけではなく、その幾千もの職員と密告者を引き継いだ。来るべき共産主義政権の政治的犠牲者たちは十把ひとからげに「ナチ犯罪者」として告発されることが多かったが、彼らを逮捕したのは元ナチの警察官、裁いたのは元ナチの判事、そして看守となったのは、新しい占領当局が一括で接収したナチ時代の刑務所や強制収容所にいた元ナチの看守たちだった。

個人や組織がナチズムないしファシズムからやすやすと鞍替えしたのは東ドイツ特有のことではなかったが、他とちがっていたのはおそらくその規模だったろう。イタリアにおける戦時中のレジスタンスは多種多様な元ファシスト党員をかなりの数抱えこんでおり、イタリア共産党が見せた戦後の穏健さは、その潜在的支持者の多くがファシズムに染まっていたという事実に起因していたのかもしれない。戦後のハンガリーでは、共産党はかつての「矢十字党」メンバーに公然と呼びかけ、財産の返還を求めるユダヤ人への反対を支持するまでになった。戦時のロンドンでは、スロヴァキア共産党のヴラド〔ウラジーミル〕・クレメンティスとオイゲン・レーブルが、戦前のチェコのファシスト党員上がりのソ連スパイにつけ狙われ、そのスパイの証言が一〇年後に、二人に対する見せしめ裁判で悪用されることになる。

戦後に果たす政治的おつとめの見返りにナチ党員あるいはファシスト党員としての過去に目をつぶろうとしたのは、共産党だけではなかった。オーストリアでは、かつてのファシスト党員がしばしば西側当局に気に入られて、ジャーナリズムその他微妙な立場の職業につくことを認められた。戦前オーストリアのコーポラティズム独裁政権との彼らのつながりを中和したのが、ナチの侵攻と、彼らが抱く信実で使い勝手のよい反左翼感情だった。北東部イタリア前線地帯の連合軍政府は、ユーゴスラヴィア軍が捜索していたかつてのファシスト党員と協力者を多数保護した。一方で西側の諜報機関はいたるところで、将来に備えて経験豊富・情報豊富な元ナチ党員――そこには「リヨンの殺し屋」ことゲシュタポ将校のクラウス・バルビーが含まれていた――を採用したが、それはソ連側についた元ナチと対抗するためで、彼らなら相手の正体を突きとめやすかったのである。

一九四九年九月二〇日、ドイツ連邦共和国議会への最初の公式演説で、コンラート・アデナウアーは非ナチ化とナチの遺産に関してこう述べた――「連邦共和国政府は、多くの人びとがさして重くはない罪の償いを主観的に済ませたとの確信の下、容認可能と思われる場合には過去と決別しようと決意している。」多くのドイツ人が、この主張を心から支持したことは疑いない。非ナチ化が流産だったとしても、それはドイツ人が一九四五年五月八日の敗戦の日に、政治的な目的で自ら「非ナチ化」を完了していたからだ。

そしてそれはドイツ人だけのことではなかった。イタリアでは新しい「キリスト教民主党」の日刊紙が、ヒトラーの死んだ日に同じような忘却を呼びかけてこう主張した――「われわれには忘れる強さがある！　できる限り早く忘れようではないか！」東側における共産党の最強の呼びかけは、自分がされたこと、あるいは自分がしたことに関して誰もが忘れ去りたい何かをもっている国々で、革命的な新出発をすると約束したことだった。ヨーロッパ中を覆っていたのは過去と別れて新たにスタートしたいという強い気持ち、ペロポネソス戦争の終結に当たってイソクラテスがアテネの人びとに向かって勧告した言葉によれば、「悪いことは何も起こらなかったことにして、一致団結していこうではないか」という気持ちだった。

短期的記憶へのこうした否認、使いやすい反ファシズム神話――ドイツにとっては反ナチ神話、フランスにとってはレジスタンス神話、ポーランドにとっては犠牲者神話――の探求こそ、ヨーロッパにおける第二次世界大戦が遺した最重要の不可視の遺産だった。それは肯定的な形では、チトー元帥やシャルル・ド・ゴールやコンラート・アデナウアーのような人びとが自国民に向かってこれぞ真実と思える誇り高い国民像を提示するのを可能にし、国家の復旧を促進した。東ドイツまでが伝統をこしらえ上げて、高貴なる出自を主張した――一九四五年四月のブーヘンヴァルトにおける共産党の、伝説的かつ大方は捏造された「蜂起」というのがそれだ。そうした話によって、たとえばオランダのように戦争を受け身で耐え忍んだ国は妥協の記録を棚上げできるようになり、クロアチアのように行動主義が裏目に出た国は、競い合う英雄たちの判然としない物語でそれを隠すことが可能になった。

こうした集団的記憶喪失がなかったとしたら、ヨーロッパの驚嘆すべき戦後復興など不可能だったろう。後になって不愉快な形でよみがえりそうな多くのことが、心の外へと放り出された。しかしずっと後になってようやく明らかになるのだが、戦後ヨーロッパの大部分は、その後年とともに壊れては変転してゆく創設神話の上に築かれた。一九四五年の状況下で瓦礫に覆われていた大陸においては、あたかも過去は死んで葬られてまさに新しい時代が始まるかのようにふるまうことで、多くのものが得られた。とくにドイツではそうであった。そのために支払われた代償は、ある程度の選択的忘却であり、集団的忘却である。しかし当時は、とりわけドイツでは、忘れるべきことがたくさんあったのだ。

Ⅲ　リハビリテーション

「今われわれの誰もが分かっているのは、この戦争以後レッセフェールの社会秩序にはもどれなくなったということ、戦争はこうして、新しいタイプの計画された秩序へと向かう道を拓くことで静かな革命を創りだしている、ということである」

——カール・マンハイム

「世論を除くすべての意見によれば、再建の仕事は資本主義的方法では無理とのことだ」

——ヨーゼフ・シュンペーター

「イギリスに帰ってきて、わたしたちは本当にがっかりしました……わたしたちが望んだイギリスに一夜にして変えることなど、誰にもできなかったからです」

——ウィニー・ホワイトハウス夫人（ポール・アディソン『戦争は終わったのに』）

「この悪循環を打ち破って、自国およびヨーロッパ全体の経済の未来に対するヨーロッパ人の信頼を回復すること——救いはこの点にかかっている」

——ジョージ・C・マーシャル

　ヨーロッパがこうむった災厄があまりにも大きかったことから、新たなチャンスが生まれていた。戦争がすべてを変えていた。一九三九年以前の状態にもどることは、ほとんどの国で問題外だった。若者や急進派がそう考えたのはもっともだが、旧世代の明敏な観察者にとってもそれは明白だった。シャルル・ド・ゴールは北部フランスの保守的なブルジョア・カトリックの生まれで、フランス解放の時すでに五四歳だったが、彼ならではの明確さで問題をこう捉えている——「カタストロフ（破局）のさなか、敗北の重荷の下で、人びとの精神に大きな変化が起こっていたのです。一九四〇年の大災難〔フランスの降伏〕は多くの人びとにとって、支配階級の、そして全領域における制度そのものの挫折と考えられたのです。」

　しかしフランスにせよ他の国々にせよ、問題が起こったのは一九四〇年ではなかった。反ファシズム・レジスタンス派はどの国でも、戦時中の占領軍や地元でのその手先連中とだけ戦っていたのではなく、自分の国を見舞った災難に直接の責任があるとにらんだ政治的・経済的制度の全体と戦っていたのだ。彼らの国にカタストロフィーをもたらしたのは、第一次世界大戦の犠牲者を裏切って第二次世界大戦の地ならしをしたのは、両大戦間時代の政治家たち、銀行家たち、実業家たち、軍人たちだった。一九四〇年以前に宥和政策を唱えていた保守派を非難する、イギリスで発行されたパンフレットの言葉によれば、こうした人びとこそ「罪人」だった。彼らと彼らの制度こそ、戦後変革を目ざして戦時中につくられた諸計画の攻撃目標だった。

　したがってどの国のレジスタンスも、暗黙のうちに革命を志向していた。そういう論理を内在させていた。ファシズムを生みだした社会を否定すれば、自ずと「タブラ・ラサ（白紙）から出発する革命を夢見る」（イタロ・カルヴィーノ）こととなった。東ヨーロッパの大部分で旧体制がすっかり破壊されていたことは、すでに述べた。しかし西ヨーロッパにおいても、劇的かつ急速な社会変革への期待が広まっていた――その方向を目ざしていたのは、果たして誰なのか？

　戦時中のレジスタンス運動の観点からすると、戦後政治は戦時中の闘争の継続、つまり自らの不法な存在をそのまま投射・延長してゆくことに他ならない。戦時中地下運動の最前線にいた人たちの多くは、それ以外に公的生活の形態など知らなかった。イタリアでは一九二四年以来、ドイツ、オーストリア、大半の東ヨーロッパでは一九三〇年代初期以来、そして占領下の大陸ヨーロッパ全域で一九四〇年以来、正常な政治は姿を消していた。政党は禁止され、選挙は干渉を受けるか廃止となった。当局に歯向かうこと、社会改革や単に政治改革を唱えることさえも、法の外に身を置くことだった。

　したがって、こうした新しい世代にとって、政治とはレジスト（抵抗）することだった――権威へのレジスト、慣例となっている社会的・経済的諸取り決めへのレジスト、過去へのレジスト、である。フランス・レジスタンスの活動家で戦後の著名な左翼雑誌の編集者・作家だったクロード・ブールデは、彼の回想録『不確かな冒険』で、その雰囲気をこう捉えている――「レジスタンスはわれわれのすべてを、人間に対しても社会制度に対しても、言葉のあらゆる意味での反体制派へと変えた。」ファシズムに対するレジストに始まり、一九三〇年代の過ちへの戦後的後退に対するレジストへと向かうのは、自然な歩みと考えられた。ここから妙に楽観的な気分が生まれたことを、「解放」直後に多くの観察者が指摘していた。どこもかしこも欠乏状態だったにもかかわらず――実はそれゆえに――、新しい何かが、より善い何かが出現するはずだった。イタリアの雑誌『ソチエタ（社会）』一九四五年一一月号で編集部はこう書いていた――「われわれの誰一人として、自分の過去が分からなくなっている。それは理解不能に思える。……われわれの今日の生活を支配しているのは自失の感覚と、一つの方向を本能的に求めることだ。われわれはさまざまな事実によって武装解除されたままだ。」

ヒトラー敗北直後の急進的社会改革にとって主な障害となったのは、反動派やファシストではなかった――彼らは独裁者に一口乗った後でいっしょに葬られていた。障害は亡命していた正当政府で、その多くは戦闘圏外のロンドンにあって帰国を企図していた。彼らにとって、自国でがんばったレジスタンス現地組織は同盟者ではなく問題分子なのだった。こうした向こう見ずな若者連中はその武装を解いて市民生活に復帰させ、公共の問題はコラボや裏切り者をしかるべく取り除いた後の政治階級の手に任せるのがよかろう。そうしなければアナーキーに陥る――あるいは連合軍による無期限の占領がつづく。

戦時のレジスタンス・グループは、一九四四―四五年時点でさまざまな政治運動へと組織されていたが、こちらも疑心暗鬼だった。彼らにとって、ナチの占領を逃れていた政治家や官僚や廷臣は二重に信用の置けない連中だった――戦前には過誤を犯し、その後は不在を決め込んだのだ。フランスとノルウェーでは、一九三六年に選出された立法議員たちは一九四〇年にとった行動によって資格を剝奪された。ベルギーとオランダの帰国政府は、戦中五年間の不在によって、本国が味わった苦しみとナチ占領下で起こった社会全体のムードの変化とから断絶していた。中東ヨーロッパでは、チェコスロヴァキアを重要な例外として、赤軍の到着とともにかつての政府は失効となった（往々にしてそれに気づくのは遅かったが）。

帰国する政府当局は政策の問題では積極的に妥協した――後で見るように、とくに社会的・経済的な改革に関しては。しかし彼らは、ド・ゴールその他のいわゆる「秩序正しい政権委譲」には固執した。この点は連合国側占領軍も望むところだったから、西欧でも東欧でもレジスタンス派が抱いていた幻想はすぐにも打ち砕かれてしまった。東ヨーロッパでは（ユーゴスラヴィアを例外として）、戦後政府の形態を決定してその行動を指導したのはソヴィエト政府だった。西ヨーロッパでは、臨時の政府当局が新たな選挙を一時さし止めて政権についた。そしてどの国の場合でも、レジスタンス運動は武器を引き渡して組織を解散するよう督励され、最終的には強要された。

振り返って考えると、こうした制度面での現体制の復活にほとんど抵抗がなかったのは注目に値する。ポーランドおよびソヴィエト連邦西部の数カ所では、武装パルチザンが数年間生き延びたが、彼らの場合は特別に民族的かつ反共産主義的な闘争だった。ノルウェー、ベルギー、フランス、イタリアでは、若干の抵抗はあったものの、レジスタンス組織は戦後の諸政党・諸組合へとおとなしく合流していった。ベルギーでは一九四四年一一月、戦中レジスタンスの武装メンバーの武器の引き渡し期限を二週間と限られた。これがブリュッセルでの一一月二五日の大抗議集会へと発展したが、警察はこれに発砲して四五人が負傷した。しかしこうした事件はめずらしかった。[1] もっと一般的なケースをあげれば、フランス・レジスタンスの闘士二〇万人は、その組織である「フランス国内軍（ＦＦＩ）」が何の反対もなしに解散されて、首尾よく正規軍へと統合されたのである。

　レジスタンス軍の解体を大いに促進したのはソヴィエトの戦略で、これが西ヨーロッパにおける（名目的には東ヨーロッパにおいても）議会政治体制の復活に肩入れしていたのだ。フランスのモーリス・トレーズやイタリアのパルミーロ・トリアッティといった共産党指導者は、（時に呆然としている）自分の信奉者たちを平和的な協同者として確保するのに大きな役割を演じた。しかし、レジスタンスのエネルギーと大望とは今や民族復活の政治プロジェクトに向けられるのだ、と信じている人びとは大勢いた。時にはレジスタンス運動で生まれた接触が戦後まで生き延びたこともあった——たとえばオランダ社会の「脱柱状化」、すなわち幾世紀もつづいたカトリックとプロテスタントの宗派的分裂で生じた「柱状社会」からの脱却は、戦時中に築かれた個人的つながりによって始まった。ところが戦後の「レジスタンス党」設立計画は、どこの国でも挫折した。実現に最も近づいたのがイタリアで、一九四五年六月に首相になったフェルッチョ・パッリは、自分が率いる「行動党」はレジスタンス運動の精神と目標を追求すると公約した。しかしパッリにさほどの政治手腕はなく、彼が六カ月後に倒れたときには、政治権力は伝統的な諸政党の手中にしっかりと握られていた。フランスのド・ゴールはもっとましな政治戦略家だったが、彼もまた戦時中に抱いていた大望を議会制のルーチンに適合させることなく（パッリの一カ月後に）辞任してしまった——ところがこれが、フランス共和国継続を図る上での彼自身の成功にとっては意図せざる貢献となったのである。

　したがって終戦直後のヨーロッパ人のほとんどは、レジスタンス派の新たな同志的共同体によって統治されるのではなく、一九三〇年代の「人民戦線」に似通った左派および中道

（1）最後の武装イタリア・パルチザンは、一九四八年秋、ボローニャ周辺での一連の軍事作戦で検挙された。

左派の政治家たちの連合政権によって統治されることとなった。これはもっともなことだった。当時正常に活動できた戦前政党は、反ファシズムの証明書付きのものに限られていた——あるいは、ソヴィエト占領下の東ヨーロッパでは、新しい占領当局が少なくとも当面そうした資格証明を付与してもよいと考えた政党に限られていた。実際問題として、これは共産党、社会党、そして一握りの自由主義的ないし急進的グループを意味していた。これら諸政党に新たに進出してきた「キリスト教民主党」が加わって戦後最初期の政党政治が構成され、これら諸政党とともに、人民戦線時代の政策と人材が数多く取り入れられたのだった。

既成の左翼政党は、戦時中レジスタンスと関わったことから多大の利益を引き出した。とりわけフランスで、共産党は戦時中の（時に誇張された）手柄話をうまく政治的資本へと転換し、冷めた観察者にもその類いまれな道徳的優位性を確信させた——あのジャネット・フラナーが一九四四年一二月に、彼らのことを「レジスタンスの偉大なヒーローたち」と書いたのだ。こうして戦後のヨーロッパ諸政府の改革プログラムが、一九三〇年代に未完だった事業の繰り返し蒸し返しだったとしても、べつに不思議ではないのである。

経験豊かな政党政治家が一九四五年以後、戦時中の活動家をわけなく排除することができた理由は、彼ら活動家たちは反ファシズムの精神と変革への幅広い希求を共有していたとはいえ、レジスタンス運動およびその後継者たちは具体政策の面でやや漠然としていたからだ。イタリアの行動党は君主制の廃止と、大資本および産業の国有化と、農業改革を目ざしていた。フランスの「全国レジスタンス評議会（ＣＮＲ）」の「行動綱領」では廃絶すべき国王などいなかったが、その大志といえども同様に漠然としていた。レジスタンスの各組織は闘争に、あるいはともかくも生き抜くことに没頭してきたので、戦後の立法活動に向けての詳細なプラン作成のいとまなどなかったのである。

しかし何よりも、レジスタンス側には経験不足というハンディキャップがあった。非合法組織のなかで実用的な政治知識をもっていたのは共産党だけであり、フランスの場合を除けば、それとてたいしたものではなかった。ところがその共産党はとくに、将来の戦術的な同盟者を遠ざけてしまうことを恐れて、詳細な綱領提示で自分の手を縛るのを嫌がった。こうしてレジスタンス運動は、戦後の政治プロジェクトの面では、意図と一般論の格調高い宣言以上のものはほとんど遺さなかった——そしてこれらの諸宣言も、他面では彼らの共鳴者であったフランソワ・モーリアックが一九四四年八月に記したように、「おおあわてでタイプされた幻想のプログラム」だった。

とは言うものの、レジスタンス派も政治家も斉しく一つの点では同意見だった——「計画化」である。二つの世界大戦のあいだの数十年間に起こった大災難——一九一八年以後取り逃がした何回かのチャンス、一九二九年の株式市場暴落につづいて起こった大恐慌、失業がもたらす損耗、多くの人びとを独裁主義へと誘ったレッセフェール資本主義の不平等・不公正・非効率、傲慢きわまる支配層エリートたちの鉄面皮な冷淡さ、不適格な政治家階級の無能さ——これらすべては、社会をうまく組織できなかった大失敗に起因しているように思われた。民主主義を機能させようとするなら、その魅力を取りもどそうとするなら、計画化が必要だろう。

戦後ヨーロッパの政治的宗教である計画へのこうした信仰は、ソヴィエト連邦という手本から引き出されたとする説がよく聞かれる。一連の詳細な「五カ年計画」のおかげで、資本主義ヨーロッパが負ったさまざまなトラウマを表向きは回避し、ナチからの攻撃に耐え、第二次世界大戦に勝利したソ連の計画経済……しかしこの説は完全にまちがっている。戦後の中西ヨーロッパで、ソヴィエト・スタイルの「計画」を信じていたのは共産党員だけであり（しかも彼らはほとんど何も知らなかった）、彼らとてそうした「計画」が各地の実情に適合するものかどうか、さっぱり分からなかった。数値目標や生産割当てや中央からの指示に妄執するソヴィエト・スタイルは、当時の西側の計画提唱者のごく少数を別にすれば、誰もなじみ薄だった。西側の計画提唱者たち——そこにはさまざまな人びとが加わっていた——が参照していたよりどころは、実に多種多様だった。

計画や計画化の流行が始まったのは、一九四五年のはるか前からだった。両大戦間の不況期を通じ、ハンガリーからイギリスまで、何らかの形での計画経済を支持する声が処々方々であがった。提案された考え方のいくつかは、とくにオーストリアやイギリス・フェビアン派のそれは旧来の社会主義伝統を踏まえるものだったが、それ以上に、一九一四年以前の自由主義改革を原点とするものが多かったのである。一九世紀の「管理人」国家、安全保障と警察業務だけに集中する国家ではもう時代遅れだ、というのがその議論だった。政治の激動を未然に防ぐという慎重さの理由のみを考えても、今や国家は経済問題に介入して不均衡を是正し、非効率を除去し、市場がもたらす不平等・不公正の補償を行なう必要があるだろう。

一九一四年以前では、こうした改革プロジェクトの重点は累進課税、労働者保護、そして時として、限られた数の自然独占の国家所有〔たとえば水道、電力など〕に限られていた。しかし国際経済の崩壊とその後の戦争勃発とともに、計画は緊急性と野心性とを増した。国家が積極的に介入して主要な経済部門を支援し、減速させ、促進し、必要とあれば直接規制するという国家経済計画の提案競争が、フランスとドイツの若きエンジニア、エコノミスト、官僚のあいだに広く浸透していたのである。

計画立案志願者とその応援者たちは、戦間期の大半を政治の片隅に追いやられて不満を高めていた。旧世代の政治家は彼らの訴えに聞く耳をもたず、保守的な右翼および中道派の多くにとっては経済への国家介入など今なお嫌悪の的であり、社会主義的な左翼においては、経済問題を理性的に計画できるのは革命後の社会だけだと一般に信じられていたのである。それまで、資本主義は苦しんだあげくにそれ自体の矛盾から崩壊の道をたどるのが宿命とされていた。資本主義経済を「計画する」などという考えは、左右両陣営にとってナンセンスだった。そこで失意の経済計画提唱者たちは、しばしば急進右翼の独裁主義諸政党に引き寄せられていたのだが、それはこちらのほうが彼らの方法にはっきりと親近感をもっていたからである。

したがってオズワルド・モーズリーその他のイギリス労働党員が、世界大恐慌に対する自分たちの党の不十分な対応ぶりへの失望からファシズムへと転向したのは、偶然ではなかった。ベルギーでも、同じくヘンドリク・デ・マンが仲間の社会党員に彼の「計画」の重要性を得心させることができず、より独裁主義的な解決法を提起し始めた。フランスでは社会党の若き優秀な指導者の多くが新たな運動を結成すべく離党したが、経済危機に対して党が想像力豊かに対処できないことに彼らは失望していたのである。

一九四〇年以前、フランスおよびイギリスのムッソリーニ応援団員たちは、イタリアが国家主導の計画と全経済部門を監督する包括機関の設立とを通して経済不況の乗り越えに成功を収めたと、羨望の眼で眺めていた。ヒトラーの「新秩序」の総監督アルベルト・シュペーアは、経済面での指導と規制のプログラム作成者として国外で大きな賞賛を博していた。一九四三年九月、シュペーアとヴィシー政府の工業生産大臣ジャン・ビシュロンヌとは、戦間期の「プラニスト」の考え方にもとづいた関税削減システムを立ち上げたが、これは後年のヨーロッパの通商関係や仏独の経済協力を完全に先どりするものだった。「若きヨーロッパ」は、政策立案に新しい方向性を与えようと腐心していた若い思想家や政治家のために一九三三年に設立されたクラブだが、未来のベルギーの政治家でユーロフィル（欧州好き）のポール＝アンリ・スパークはそのクラブで、志を同じくして大陸中から集まった同時代の人びとと国家の役割の増大に関して意見を交していたが、そのなかには将来ナチの行政官として戦時中のパリを治めることになるオットー・アベッツ〔ヴィシー政府への駐仏ドイツ大使」が含まれていた。

要するに、「計画化」には込み入った歴史があったのだ。その提唱者の多くが初めて経験をつんだのは、戦時占領体制の官僚や企業経営者としてだった――すなわちドイツやイタリアは言うに及ばず、フランス、ベルギー、チェコスロヴァキアでのことである。イギリスには占領はなかったが、そこでも政府による「計画化」という、それまでのやや抽象的な概念を導入するきっかけとなったのは戦争だった。実を言えばとりわけイギリスにおいては、政府を経済生活の中心に据えたのが戦争だった。一九四〇年五月の「非常権限法」によって、政府は国益に適うよう誰に何をさせてもよく、政府が選択した国家目的に沿って、資産管理や工業プラントの割り振りなどを自由に行なうことができるようになった。イギリスの戦後労働党党首クレメント・アトリーの伝記を書いたケネス・ハリスの言葉によれば、「国家による計画化や国有化は、一九四五―五一年の時期には労働党政府による社会主義原理の現実化の結果と思われていたが、実はかなりの程度まで、総力戦向けに組織された国家の遺産であった。」

こうして異端的で、周辺的で、しばしば論争を呼んだ経済の計画化という概念を、戦後経済政策の主流にリンクする架け橋となったのはファシズムと戦争だった。しかしこうした不面目な遺産も、計画の要請には何の影響も及ぼさなかった――極右や極左や占領や戦争とどう関連していたにせよ、計画化は戦間期のぶざまな政治とは関連していなかったことがはっきりしており、この点が支持を得た理由である。計画化で真に重要なのは国家への信頼だった。これは多くの国々において、戦争体験を通じて強められ強固になった認識を反映していた――規制や分配を行なうべき他の諸機関が不在の今、個人と欠乏状態とのあいだに立ってそれを治めるのは国家のみだ、という認識である。しかし介入主義の国家を求める当時の熱狂は、自暴自棄や私利私欲を超えていた。一九四五年の選挙の劇的な勝利でチャーチルの保守党を破った、イギリス労働党指導者クレメント・アトリーが掲げたビジョンは、当時の雰囲気をうまく捉えていた――今こそ必要なのは、「良い計画にもとづいて良く建設された都市、公園、遊び場、住宅や学校、工場や商店である。」

人びとや資源を有用な集団的目的のために動員し指令することで、政府には大規模な問題を解決する（義務だけではなく）能力がある、という大いなる信頼があった。こうした考え方がとりわけ社会主義者にとって魅力的だったことは明らかだが、より良く計画された経済がより豊かで、より公正で、より良く調整された社会を生みだす、という考えが広範な有権者に支持されることとなり、そのなかには当時西ヨーロッパ中でめざましい進出をとげていた各国の「キリスト教民主党」が含まれていた。イギリスの歴史家A・J・P・テイラーが一九四五年一一月のBBC放送で語ったように、「アメリカ流の生活の信奉者など、ヨーロッパには一人もおりません——つまり私企業のことですが、それを信じている人というのは、言ってみれば、一六八八年の名誉革命後もイングランドでスチュアート王家の復活をもくろんでいるジャコバイトみたいなもので、そんな負け組には未来はありません。」例によってテイラーは誇張しており、長い目で見て彼はまちがっていたのだが（しかしまちがわない人なんているだろうか?）、その彼も、当時ドイツのアメリカ合衆国行政機関で目立つ存在となっていた多数の「ニューー・ディーラー」たちが抱いていた計画への熱情を知れば、大いにおどろいたことだろう。しかし当時としては、テイラーは大筋で正しかったのである。

「計画化」とはいったい何のことだったのか？　この言葉は誤解を招きやすい。計画立案者すべてに共通する信条とは、社会的・経済的問題において国家が果たすべき役割の強化だった。これから先は多くの変種があり、通常その国独自の政治伝統から来ていた。イギリスでは実際に計画が行なわれたことなどほとんどなかったのだが、問題の核心はそれ自体が目的である国有化を通しての統制——産業や社会的・経済的サービスの——であった。したがって国有化——とくに鉱山、鉄道、貨物輸送、水道・電気・ガスなど公益事業の——および医療サービスの供給が、一九四五年以後の労働党プログラムの核心だった。要するに経済の「管制高地」が国家に接収されたのだ。しかし、それだけのことだった。

イタリアではファシストの制度的遺産——これによって経済の広大な領域が国家の監督下に置かれていた——が、戦後におおむね手つかずのまま残されていた。変わったのは、持株会社や国営機関がもたらす産業的・金融的な権力基盤を利用する諸政党の、政治的色合いであった。西ドイツでは一九四八年以後、経済は大筋で私企業の手に委ねられてはいたが、工場経営や雇用者‐被雇用者関係や雇用と分配をめぐる諸条件については、細部にわたって公的に承認された取り決めがあった。オランダでは、中央が行なう計画とは私企業が準用すべきさまざまな警告的・規範的な布告のことだった。

政府支出あるいは公共部門の雇用者数で測ってみると、西ヨーロッパの大半の国で公共部門の急速な伸びが見られた。しかし国家による計画への熱情がレトリックに終わらず実体へと転化したのは、フランスだけだった。イギリスと同じく、戦後のフランス政府は国有化を行なった——対象となったのは航空輸送、銀行、三二社に上る保険会社、公益事業、鉱山、軍需産業、航空機製造、巨大企業ルノー（そのオーナーがドイツの戦争遂行に助力した罰として）。フランスにおける全産業能力の五分の一が、一九四六年五月までに国有化されたのである。

一方一九四五年一二月四日には、ジャン・モネがド・ゴール大統領に対して「近代化設備拡充計画」を提示した。一カ月後には「計画庁」が設置され、モネがその長に就任した。その後の数カ月のあいだに、モネはさまざまな産業のための近代化委員会を立ち上げた（鉱業、電力、運輸、建材、鉄鋼および農業機械などで、後に精油、化学、肥料、船舶および化繊が加えられた）。そしてこれらの委員会から、さまざまな提言や部門別計画が生まれた。その創設からちょうど一年後の一九四七年一月、計画庁は最初の国家計画をフランス内閣で承認された——議論なしに。

「モネ・プラン」は他に類を見ないものだった。それは非凡な人の仕事だった。(2) しかし特筆すべきは、それが政府指令による権威主義的な意思決定やコンセンサスづくりに夙《つと》に好意的に従おうとしていた、一つの政治文化の産物だったことである。この文化を追い風として、フランスは公的政策としての経済成長と近代化とに全身全霊で取り組む最初の西側国家となった。「モネ・プラン」が依拠していた重要な前提は、フランスがドイツの原料と市場にアクセスできるということであり、したがってその成功物語は、フランスとドイツおよび他のヨーロッパ諸国との、戦後一〇年間の諸関係の物語——多くのまちがった出発と、制約と、失望の物語——の一部なのである。

最初の「モネ・プラン」は、主としてフランスの戦後危機に対処するための緊急策だった。それが「マーシャル援助」の諸条件に適応するよう拡大されたのは、後年になってからである。しかし戦後フランスの経済戦略の基本的アウトラインは、当初から盛り込まれていた。フランスの計画とは「指示的」以上のものではなかった——それはともかくも目標を設定するだけであって、生産割り当てではなかった。この点ではソヴィエトの計画とまったく異なっており、後者の特徴は（そして主たる欠陥は）部門ごと、商品ごとに恣意的かつ硬直的な生産額が強制されたことだった。「モネ・プラン」では政府に対して、いくつかの優先すべき目標を積極的に推

(2) ジャン・モネは一八八八年、フランス南西部コニャック市のブランデー商人の息子として生まれた。学業を終えてからは長年にわたって海外、とくにロンドンで生活し、第一次世界大戦後には、新しい国際連盟の事務総長に指名された。彼は第二次世界大戦中の大半をアメリカで過ごしたが、イギリス政府とド・ゴールの「自由フランス」のために武器供給の交渉をするのがその仕事だった。したがって、経済計画への彼の傾倒ぶりと、後年のヨーロッパ経済協力のための「シューマン・プラン」への彼の貢献とは、彼が大規模組織と国家間協力に習熟していたことから可能になったのであり、これこそ彼の出身階級とその時代のフランス人にとっては、まったく非凡なる経歴だった。

進するための戦略と必要手段とを供給するにとどまった。当時としては、これは際立って独創的な企てだった。

チェコスロヴァキアでは一九四六年に、モネのそれに似た特徴や目的をもつ「中央計画委員会」というものが設立され、ベネシュ大統領が一九四五年に国有化してかなり大きくなった公共部門の指導・調整に当たった。一九四八年二月のプラハの政変（共産党独裁）以前に、輸送業の全雇用者の九三パーセント、工業では七八パーセントが国家に雇われるようになっていた。銀行、鉱山、保険会社、主要公益事業、鉄鋼および化学、食品加工、そして大企業のすべてが国に接収された——全製造業生産の七五パーセントを占めていた二一一九社である。

こうしてチェコスロヴァキアのケースでは、国有化と経済の国家計画が共産党の政権掌握以前から始まっており、選挙民の真の多数派がどんな政策を選好していたかを示していた——共産党の政権掌握後ようやく一年を経た一九四九年二月になると、中央計画委員会は粛清され、まったく異なる権限をもつ「国家計画局」と改称された。この地域の他の諸国では、たとえばポーランドにおける一九四六年一月の「国有化法」の下で実施されたような大規模な国有化は、共産党主導の連合政権の仕事だった。しかしここでも共産党以前にそのルーツがあった——かつて一九三六年に戦前のポーランド共和国の独裁政府が「四カ年投資計画」なるものを始めており、これには初歩的な中央指令計画のシステムが加わっていた。

戦後の大陸ヨーロッパにおける計画の主要目的は公共投資だった。深刻な資本不足と、あらゆる部門からの投資需要が巨大化していた時期に、政府による計画は困難な選択を迫られた——限りある国家資源をどこに、誰の負担で投下すべきか。東ヨーロッパでは、重点は不可避的に基本支出に置かれた——道路、鉄道、工場、公益事業である。しかしこれでは食糧や住宅にはほとんど回らず、医療・教育・その他の社会的サービスは後回し、不要不急の消費財はまったく無視、ということになった。これでは、とりわけ年来の物資不足に悩まされてきた国々では、選挙民に歓迎される支出パターンとはなりにくく、ひどい欠乏という条件の下でのこの種の計画が、遅かれ早かれ、ほぼ確実に独裁支配と警察国家を招来したとしても、おどろくには当たらない。

しかし西欧の状況もあまりちがわなかった。これから見てゆくように、イギリスは経済復興の代償として、長年にわたる「耐乏生活」を受け入れるよう強いられていた。フランスあるいはイタリアでは、長期的な民間資本市場がほとんど存在しなかったので、重要投資のすべては公的資金でまかなわねばならなかった。最初の「モネ・プラン」が家庭消費や住宅やサービスを犠牲にして、主要産業への資本投資へと傾斜していた理由がここにあったのだ。ここから生じる政治的結果は予測可能だった。フランスはイタリアと同じく、一九四七年までにストライキ、暴力的なデモ、共産党およびその傘下の労働組合への支持率の着実な上昇に脅かされるようになった。消費財部門を意図的に無視し、乏しい国家資源を一握りの中核産業部門へと振り向けることは、経済の長期的観点から見れば道理にかなっていた。しかしそれはリスクの高い戦略だった。

「計画化」の経済学が直接依拠していたのは、一九三〇年代の教訓だった――戦後復興をうまくやりとげる戦略とは、経済の停滞、不況、保護主義、そしてとりわけ失業を、なんとしても未然に防ぐものでなくてはならない。近代ヨーロッパの福祉国家創出の背景にも、これと同じ顧慮があった。一九四〇年代の常識的な知恵では、過去一〇年間の戦間期における政治的両極化現象は経済不況とその社会的コストから直接生まれたのだった。ファシズムと共産主義とはともに社会的絶望から、金持ちと貧乏人とを分ける巨大な深淵から成長したのだ。民主主義を取りもどそうとするなら、「人びとが置かれている状況」の問題に対処しなければならない。一〇〇年前のトマス・カーライルの言葉を引けば、「何もしないでおくと、ある日何かがひとりでに動き始め、しかも誰にとっても不愉快な仕儀となるだろう。」

しかし「福祉国家」――社会の計画化――は、単に政治の激動を予防するためだけのものではなかった。人種、優生学、「退化」といった概念に対して今日われわれが抱いている不快感のために、これらの諸概念が二〇世紀前半のヨーロッパの一般的思考のなかで果たした重要な役割が見えにくくなっている。こうした問題を重視したのは、ナチだけではなかったのだ。一九四五年まで、二世代にわたるヨーロッパの医師、人類学者、公衆衛生の役人、政治評論家の面々は、改善と安定をめざして「人種衛生」、人口増加、環境面・職業面での福利、公共政策などについて広範な議論・論争を繰りひろげていた。一般市民層の肉体的・精神的状態は共通の利害に関わる問題であり、したがって国家が負うべき責任の一部だというのが、幅広いコンセンサスになっていた。

その結果、何らかの初期段階的な福祉対策はすでに一九四五年以前から広く行なわれていたが、その質や範囲には大きな変異があった。ドイツは例によって最も先進的で、一八八三年から一八八九年のあいだにビスマルクの下で、年金と労働災害および医療保険制度の法制化をし終えていた。しかし他の国々が追いつき始めたのは、第一次大戦の直前・直後の時期だった。初期段階的な国民保険・国民年金制度を導入したのはアスキス率いるイギリスの自由党政府で、二〇世紀の最初の一〇年間のことであり、イギリス、フランス両国が保健省を設置したのは「大戦争」の終了直後、それぞれ一九一九年と一九二〇年のことだった。

一九一一年にイギリスで初めて導入された強制加入の失業保険が制度化された国々は、イタリア（一九一九年）、オーストリア（一九二〇年）、アイルランド（一九二三年）、ポーランド（一九二四年）、ブルガリア（一九二五年）、ドイツおよびユーゴスラヴィア（一九二七年）、ノルウェー（一九三八年）だった。ルーマニアとハンガリーでは、すでに第一次大戦以前に傷害保険、健康保険が整っており、東ヨーロッパのすべての国々は戦間期に国民年金制度を導入していた。出生率を上げる計画——戦時中に人口激減した諸国で一九一八年以後とくに固執された——で重要な要素となったのが家族手当てで、その導入は最初がベルギー（一九三〇年）、次にフランス（一九三二年）、ハンガリーとオランダでは戦争勃発の直前だった。

しかしながら、こうした諸施策はどれ一つとして、ナチ党が行なったものでさえ、包括的な福祉制度とは言えなかった。それらはアドホックに積み上げた改革であって、それぞれが個別的に特定の社会問題に対応するか、それ以前のスキームで明らかになった欠陥を補うだけのものだった。たとえばイギリスで導入されたさまざまな年金や医療保険制度はその給付にきびしい制限があり、勤労者だけに適用された。妻その他の被扶養者は除外されていたのである。戦間期イギリスの失業保険金の受給資格は「資力調査」にもとづいて決められた。これは一九世紀の「救貧法」の「最劣等処遇」原理に依拠していたのであり、公的援助の申請者が受給資格を得るためには実質上の欠乏状態にあることを証明しなければならなかった。男女を問わず、雇われていようが失業中だろうが、老若すべての市民に一定のサービスを保証するのが国家の義務であるという認識は、まだどの国にもなかった。

このすべてを変えたのが、戦争だった。第一次大戦の結果として福祉立法と社会的給付が早められた——その対象は戦後すぐの時期の寡婦、孤児、戦傷者、失業者だけだった——のだが、第二次世界大戦は近代国家の役割とそれへの期待とを、ともにさまがわりさせた。最もいちじるしく変化したのがイギリスで、この国の戦後ではメイナード・ケインズの予想通りに「社会的・個人的な保障が求められ」た。しかしどの国においても（歴史家のマイケル・ハワードの言葉を使うなら）、「戦争と福祉は手をたずさえて進んだ」のである。戦争を通じて栄養と医療供給とが実際に改善された国もあった。総力戦に向けて男たち女たちを動員するには、彼らが置かれている条件をよく把握することと、彼らの生産性を維持することが必要だった。

一九四五年以後のヨーロッパの福祉国家は、提供する手段とその資金調達法とにかなりのちがいがあった。しかしいくつかの共通点も指摘できる。社会的サービスの給付としては主に教育、住宅、医療のほか、都市のリクリエーション空間、公共交通への援助、芸術・文化のための公的基金、その他介入的国家が行なうさまざまな間接的給付があった。社会的保障としては主に国家による保険給付――疾病、失業、傷害、老齢リスクに対処するものだった。戦後ヨーロッパではいずれの国も、程度の差こそあれ、これらの手段の大方を提供し、その資金を工面した。

　重要なちがいが生まれたのは、さまざまな新しい公的給付に対する支払い制度だった。一部の国々は課税して歳入を集め、無料あるいは高額援助の保護とサービスを供給した――この制度を選択したのがイギリスで、それは当時この国が国家による独占を選好していたことの反映だった。他の国々では社会的に決められた受給資格規準に則って市民に対して現金給付が行なわれ、受給者はサービスの購入を自分の選択に任された。フランスやもっと小さな国々では、市民はたとえばその一定のカテゴリーの医療供給に対しては自分で支払いを済ませ、その後国からの払いもどしを受け取れた。

　こうしたちがいは国家ごとの財政・会計の制度的なちがいの反映だったが、基本的な戦略選択上のちがいをも示していた。社会保険というものは、それ自体として見ればどれほど気前のいいものでも、政治原理的に急進的とは言えない――すでに見たように、それは最も保守的な政治体制においても比較的早くに導入されたのだから。ところが包括的な福祉制度となれば、これは本来再分配的なものである。全員を対象とするというその特徴と規模の大きさとから、そこでは特権的階級から貧困層への――通常は課税を通しての――資源の移転が必要になる。したがって福祉国家はそれ自体として急進的な企てなのであり、一九四五年以降のヨーロッパの福祉国家に見られるさまざまな変異は、制度面での手続き的なちがいだけではなく、政治的思惑のちがいでもあった。

　たとえば東ヨーロッパの一九四八年以降の共産党政権の多くは通常、全国民を対象とする福祉制度など推進しなかった――彼らは公共サービスに国家財源など使わず、権力で自由に資源の再分配ができたのだから、そんな必要はなかったのだ。たとえば農民たちは、政治的な理由で社会保険や年金から除外されることが多々あった。一九四五年以降の西ヨーロッパで強制的・全国民的な失業保険を導入した国は六つだけだった――ベルギー、イタリア、ノルウェー、オーストリア、ドイツ連邦共和国（西ドイツ）、イギリスである。国庫補助のある任意保険制度はオランダで一九四九年まで、フランスで一九六七年だけ、スイスでは一九七〇年代半ばまで実施された。カトリックのヨーロッパでは地域共同体による昔からの失業対策が確立していて、おそらくはそのために全国民対象の社会保険制度の必要性が減っていたので、発展が遅れたのだろう。戦間期の失業が大きなトラウマとなっていた国々――イギリスやベルギー――では、完全雇用ないしはそれに近い状態を維持したいという願いも手伝って、福祉への支出が推進された。失業がさほど大問題ではなかったところ――たとえばフランスやイタリア――では、それがバランス上もっと別の優先順位として現われていたのである。

スウェーデンとノルウェーは（デンマークはちがう）、広範な社会的サービスでの給付金制度で先頭を切り、西ドイツは過去の政治体制から承継した（高い出産率をめざすナチ時代のプログラムを含む）福祉の供給を保持したが、本格的な「福祉国家」をゼロから立ち上げようという、きわめて野心的な努力が行なわれたのはイギリスだった。これにはイギリス労働党が置かれた特異な立場という面もあった――一九四五年七月の選挙で圧勝した労働党は、他の大方のヨーロッパ諸国の政府とちがって、連立相手のことなど配慮する必要がなく、選挙公約の全プログラムを自由に法制化することができた。しかしそこにはイギリス改革主義という、特別な源泉もあったのだ。

戦後イギリスにおける社会立法の土台となったのは、ウィリアム・ベヴァリッジ卿が戦時中に作成した有名な報告で、これは一九四二年一一月の刊行直後からベストセラーとなった。ベヴァリッジは一八七九年、インド帝国のイギリス人判事の息子として生まれ、その感性や野心は、二〇世紀初頭エドワード時代の大いなる自由党改革派のそれだった。彼の『社会保険および関連サービス（ベヴァリッジ報告）』は一九三九年以前のイギリス社会の社会的不公正に対する告発であると同時に、戦後に行なわれるべき徹底的改革の政策のひな型でもあった。保守党でさえその中核的提言に反対するわけにはいかず、労働党の戦後プログラムにおいて、最も好評かつ長もちする諸要素の道徳的基礎となったのである。

ベヴァリッジは戦後の福祉給付に関して四つの前提を置き、そのすべてを次世代のイギリス政治に組み入れるべきだとした――すなわち全国民対象の健康サービス、十分な国民年金、家族手当て、完全雇用に近い状態、の四つがそろわなくてはならないのである。これらのうちの最後は、それ自体は福祉給付ではないが、健康な成人はフルタイムの有給労働に就いているのが正常状態であるという前提に立つのだから、他のすべての下支えであった。この前提によって失業保険、年金、家族手当て、医療その他のサービスに対して気前のよい給付が可能になる――雇用されていれば給料袋からの賦課金徴収ができ、労働人口全体を対象とする累進課税も実施できるからである。

こうしたことがもつ意味合いは実に大きかった。自分自身の私的な健康保険をもたない非勤労者女性が、初めて保護を受けられるようになった。旧来の「救貧法」・「資力調査」制度がもつ屈辱と社会的依存性が払拭された――福祉国家の市民が公的援助を必要とする、めったにない（はずの）時には、誰もがそれを権利として受け取れるようになったのだ。医療および歯科のサービスはそれを受けた時点で無料となり、年金支給は全国民が対象となり、家族手当て（第二子以下一人当たり週五シリング、つまり四分の一ポンド）が導入された。これらの給付を法制化した主たる議会法案は一九四六年一一月に勅裁を受け、「国民健康保険（ＮＨＳ）法」――福祉制度の中核――が法制化されたのは一九四八年七月五日だった。

イギリスの福祉国家は、一九世紀半ばの「工場法」にその起源をもつ以前からの一連の諸改革の完成であると同時に、真に急進的な出発でもあった。ジョージ・オーウェルの『ウィガン波止場への道』（刊行は一九三七年）〔土屋宏之／上野勇訳・ちくま学芸文庫〕のイギリスと、二〇年後に保守党首相ハロルド・マクミランが野次る聴衆に浴びせた有名なやり返し（「今ほどいい暮らしはなかったろう！」）のイギリスとのちがいこそ、国民健康保険がもたらしたのであり、それに付随していた保障、収入維持、雇用のさまざまな給付のおかげなのである。戦後の初期の改革者たちが犯した思惑ちがいを今日から振り返って、彼らが達成したことを見くびったり、場合によって否定したりするのは実に簡単だ。数年も経つと、普遍的給付のＮＨＳは維持しがたいほど費用が嵩み、供給されるサービスの質を毎年維持することはできず、時とともに明らかになったのは、保険数理上の基本的前提の一部――完全雇用が永続するという楽観的な予測もそこに含まれる――が近視眼的、あるいはそれ以上にまちがっていたということだった。しかし（今これを書いているわたしのように）戦後のイギリスで育った者なら誰でも、福祉国家をありがたく思う理由が十分にあるのだ。

ヨーロッパ大陸中の戦後世代にとっても同じことが言えるのだが、イギリス以外の国でこれほど気前のいいスケールで、しかも一気に包括的な社会的保護を試みた国はなかった。来るべき福祉国家のおかげで、ヨーロッパ人はかつてなくたくさん食べ、（大方は）よいものを食べ、健康で長生きし、よい家に住み、よい服装をした。何よりも、彼らはより安心して暮らせるようになった。公共サービスについて聞かれれば、大半のヨーロッパ人はほぼまちがいなく、戦後国家が提供した保険や年金給付のセイフティー・ネットのことを話すのは偶然ではない。スイスはヨーロッパの福祉規準に照らせば明らかに給付が低いのだが、そのスイスにおいてさえ、一九四八年一二月の「高齢者遺族連邦保険法」は多くの市民から、自分たちの国のみごとな達成物の一つと考えられているのである。

福祉国家は安価ではなかった。三〇年代の不況と戦争による破壊からいまだ回復していない国々にとって、そのコストは相当なものだった。フランスが社会的サービスに費やしていたのは、一九三八年にはその国内総生産（ＧＤＰ）のわずか五パーセントだったが、一九四九年には八・二パーセントを支出した――実に六四パーセント増である。イギリスでは一九四九年時点で、社会保障だけで（つまりこの項目以外のサービスや便益に対する社会的給付は除いて）全公共支出の一七パーセント近くになり、財政逼迫の時期だというのに一九三八年レベルの五〇パーセント増であった。貧しい国だったイタリアでは、政府がさまざまなサービスや給付を私企業部門や職場へと回して社会保障コストの負担を回避しようとしたのだが、それでも社会的サービスの政府支出のＧＤＰ比は、一九三八年の三・三パーセントから一九四九年の五・二パーセントへと上昇した。

今なお生活がたいへん苦しく物資不足に悩まされているというのに、保険その他長期の福祉給付のためにヨーロッパの人びとが進んでこれほど支出したのは、いったいなぜなのだろうか？　第一の理由として、まさに苦しい時代だったからこそ、戦後の福祉制度が最小限度の正義あるいは公正さの保証になったのだ。これは戦時中に多くのレジスタンス派が夢見た精神革命・社会革命ではなく、戦前期の絶望やシニシズムからの脱出の第一歩だった。

第二の理由として、西ヨーロッパの福祉国家は政治的分裂国家ではなかった。それらの国々では（強弱の差はあっても）一般的に社会的再分配が志向されており、決して革命的ではなかった――「金持ちをやっつけろ！」ではなかったのだ。結果はむしろ逆だった――直接的に大きな利益を感じたのは貧困者層だったが、真に長期的な受益者は専門職や商業にたずさわる中産階級だった。彼らは多くの場合、これまで職能関連の健保や失業給付や退職給付の受給資格がなく、戦前にはそうしたサービスや給付を私企業部門から購入していた。ところが今や完全な権利者となって、無料あるいは廉価で利用できるようになったのである。彼らの子どもたちが国家給付による無料あるいは補助金付きの中等・高等教育を受けることと合わせ考えると、サラリーを受け取る専門職やホワイトカラー階級の生活の質と可処分所得とはこれによって大いに改善された。ヨーロッパの福祉国家は社会階級を互いに分裂させるどころかかつてないほど緊密に一体化させ、その維持と防衛が共通利益となったのである。

しかしながら国家支弁の福祉や社会的サービスの給付が支

持される主な基盤は、これらは政府が行なうにふさわしい仕事なのだ、という一般国民の感覚だった。ヨーロッパ中の戦後国家は「社会的」国家であり、その市民たちの福利に対して暗黙の（そして多くの場合憲法に明示された）責任があった。規律の行きとどいた、安全で豊かな国土にするために必要な制度とサービスの供給のみならず、広範囲に増加してゆく指標で計られる住民の生活条件を改善することが、国家の義務となったのである。実際にこうした諸要求のすべてに対応できるかどうかは、また別問題であった。

「揺り籃から墓場まで」という社会的国家の理想を実現するには、スウェーデンのような少人口で裕福で同質的な国のほうが、イタリアのような国よりも容易であることは明白だろう。しかし国家への信頼は、貧乏国でも、最低限度裕福国並みに顕著だった——おそらくは貧乏国のほうが期待が大きかったというのは、そうした国々で住民大衆に希望と救済を提供できるのは国家だけだったから。そして不況と占領と内戦の直後に、国家は福祉と保障と公正の主体として、共同体や社会的結束の最重要な源泉となったのである。今日では多くの評論家が国家所有や国家依存をヨーロッパ問題として捉え、上からの救済を時代の幻想と見なす傾向にある。しかし一九四五年世代にとっては、政治的自由の諸権利と行政国家が発揮する合理的で公平な再分配機能とのあいだの実行可能なバランスこそ、奈落からの唯一賢明な脱出路と思われたのだった。

一九四五年以後、変化への欲求は福祉給付の埒をはるかに超えていった。第二次世界大戦後の時期は「改革の時代」の縮小版のようなものであり、多くの長期的な懸案がこの時期に遅ればせながら取り上げられたのである。そうした懸案の最重要なものの一つが土地改革の問題で、当時の有識者の多くがこれをヨーロッパで最も差し迫ったジレンマと考えていた。過去の重荷が、この大陸の農民層に今なお重くのしかかっていた。裕福で自立的な農民階級というものを語り得るのは、イギリス、低地三国（ベルギー・ルクセンブルク・オランダ）、デンマーク、アルプス地方、フランスの一部だけだった。ヨーロッパにおいて主として農村に居住する人びとの圧倒的多数は、宿痾ともいうべき貧窮状態で暮らしていた。

こうなった理由の一つは、最良の農耕地と、とくに牧草地の広大な部分が今なお比較的少数の裕福な土地所有者の手にあって、彼らの多くは不在地主として、自分の土地や小作人あるいは農場労働者の状態を改善することに頑なに反対していたからだった。もう一つの要因として、工業品価格と比較した場合の農産物価格の長期低落があり、このプロセスは南北両アメリカとイギリス自治領（カナダ、ニュージーランド、オーストラリアなど）からの安価な穀物と、さらに後には食肉の輸入によって、一八七〇年代以後悪化していたのである。一九三〇年代まで、ヨーロッパ農民はほぼ三世代にわたってこうしたきびしい状況下で暮らしていた。多くの農民が移住していった——ギリシアから、イタリア南部から、バルカン諸国から、中東ヨーロッパから、アメリカへ、アルゼンチンその他の国へと。自国に留まった人びとは多くの場合、民族主義やファシズムを鼓吹するデマゴーグたちの、もってこいの餌食となってしまった。したがって戦争が終わってから広く信じられたのは、とりわけ左翼に信じられたのは、ファシズムは絶望した農民に対してとくに訴求力があり、ヨーロッパでファシズムが復活するとすれば田舎からだろう、ということだった。したがって農業には二つの問題が重なっていた——農民の経済的な見通しをいかにして改善するか、それによって彼らを独裁の誘惑からいかにして引き離すか。

第一の目的はすでに第一次大戦後に一連の土地改革を通して試みられていた。とくにルーマニアとイタリアで、実質的にはある程度どの国でも目標としたのは、大規模小作地を再分配して「ミクロフンディア」（非効率的な細分地）の数を減らし、農民に市場向けの効率的生産を行なうチャンスを与えることだった。ところがこうした改革も、その目標地点で挫折してしまった。その理由の一端は両大戦間時代の破滅的な経済情勢にあった——一九一四年以前にも増して価格が急激に下降してゆき、新たに生まれた「自立的」小作農民は事実上以前よりはるかに弱い存在となってしまったのである。

第二次大戦が終わると、ふたたび農業改革が試みられた。一九四五年三月のルーマニアの土地改革では、一〇〇万ヘクタールの土地が「クラーク」（富農）や「戦争犯罪人」から取り上げられ、それまで貧農あるいは土地なし農民だった六〇万人以上の人びとに分配された。ハンガリーでは、両大戦間期のホルティ提督政権が目ぼしい土地改革を妨げていたので、戦後の臨時連立内閣による一九四四年一二月の「セゲド・プログラム」（セゲドは南部の都市）通り、それまでの所有者から国土の三分の一を没収した。戦時中の「チェコスロヴァキア国民戦線」政府は同じ年に同じようなプログラムを起草し、それに則って終戦直後の数カ月間に相当広大な土地——とくにズデーテンのドイツ人・ハンガリー人から取り上げた農場——を再分配した。一九四四年から一九四七年にかけて、東ヨーロッパの田園地方では、新しい政権のおかげで土地を手にした多くの小規模自作農階級の出現が見られた。数年後には今度は、この同じ小規模自作農が集団化を推進する共産党政権によって土地を奪われることになる。しかしこの間に、ポーランド、東プロイセン、ハンガリー、ルーマニア、ユーゴスラヴィアにおける土地所有ジェントリ層や大規模農民層は姿を消していったのである。

西ヨーロッパでは、はるか東方で起こった劇的な変化に比すべきことが見られたのはイタリア南部だけだった。一九五〇年制定のひとからげの改革諸法によって、シチリア島およびメッツォジョルノ（南イタリア）の大農地再分配が宣言されたが、これに先立ったのがバジリカータ、アブルッツィ、シチリアでの土地没収や占領だった。しかし大騒ぎのわりにはほとんど何も変わらなかった――旧来の「ラティフンディア（大土地所有）」から再分配された土地の多くには、水や道路や住宅がなかったのだ。第二次大戦後にシチリアで再分配された七万四〇〇〇ヘクタールのうち、九五パーセントは「限界地」ないし不良地で、耕作に不向きだった。それを提供された貧農層には資金もなければ借りる算段もつかず、新しい占有地を持て余したのである。イタリアの土地改革は失敗した。掲げられたその目標――「南部問題」の解決――への取り組みはようやく一〇年後に行なわれるが、その時も部分的解決であって、南部の過剰農民が土地を放棄し、イタリアの「奇蹟」で繁栄中の北部の諸都市に職を求めたのである。

しかしイタリア南部はきびしかったケースだ。フランスその他の国で小作農民に与えられた新しい法的権利は、彼らにその小規模自作農地に投資するインセンチヴを与え、あわせて新機軸の貸付制度と農村銀行とによって、その実現が可能になった。国家の補助金による農産物価格維持制度のおかげで農産物買い取り価格の下限が固定され、数十年来の価格下落傾向が逆転し、農民は思う存分生産することを奨励された。他方、戦後の諸都市における未曾有の労働力需要によって、貧しい農村地方から余剰労働者の流出が起こり、扶養人口の減少によって効率的になった農民が残ることになった。

農業問題の政治的諸次元は、戦後初期に導入された政治改革の広範なパッケージのなかで間接的に提示されていた。それらの多くは本質的に国家の基本制度と関わるもので、これもまた一九一八年の未完の仕事の仕上げであった。イタリア、フランス、ベルギーでは最終的に女性が選挙権を獲得した。一九四六年六月、イタリア人は投票によって共和国となったが、票差はわずか（君主政廃止の賛成票が一二七〇万、維持が一〇七〇万）であり、この国に歴史的な分裂があるとするなら、それはこの結果によって悪化した――南部はバジリカータを除いて、圧倒的に王政に投票した（ナポリと比べて四対一）。

これと対照的だったのがギリシアで、一九四六年九月、投票によって君主政を保持した。ベルギーも王政を護ったが、在位していたレオポルド三世はナチと協力した罰として退位させた。この決定は世論の圧力の下で一九五〇年、僅差で住民の多数派だった人びとの願いに逆らって行なわれたので、この国を地域的・言語的な境界線に沿って鋭く分裂させた——フランス語を話すワロン人はレオポルド追放に投票し、オランダ語を話すフラマン人の七二パーセントは在位継続を選ぶ意思を表明した。フランス人は戦時中の屈辱の記憶をぶちまける対象としての君主をもたなかったので、一九四六年の投票では恥ずべき第三共和政の数字だけを取り替えた。その第四共和政憲法では、一九四九年の「ドイツ基本法」と同じように、独裁主義の、あるいは帝王主義の誘惑に屈する危険を能う限り除去する意図が表明された——成功おぼつかぬことこの上なしの願望にすぎなかったのだが。

こうした戦後憲法を公布し、論争のあるテーマに関して国民投票を提起し、主要な制度改革を議決した暫定議会ないし憲法制定議会の大半は、左翼に傾斜していた。イタリア、フランス、チェコスロヴァキアでは、戦後は共産党が善戦した。一九四六年イタリアの選挙では、「イタリア共産党（ＰＣＩ）」が投票数の一九パーセントを獲得し、同年に行なわれたフランス第二回目の選挙では、「フランス共産党（ＰＣＦ）」が二八・六パーセントを勝ち取り、これが今までの最高記録である。チェコスロヴァキアは一九四六年五月の自由選挙で、全国民投票数の三八パーセントを確保した（チェコ人地域では四〇パーセント）。他の国々の自由選挙では共産党もさほどうまくはいかなかったのだが、それでもベルギーでの一三パーセントからイギリスでのわずか〇・四パーセントという範囲は、以後二度とかなわぬ数字であった。

西ヨーロッパにおける共産党の、こうした初期の政治攻勢は社会主義諸政党との連携から来ていた。一九四七年以前の社会主義政党の大半は、レジスタンス運動で再形成された人民戦線スタイルの協調を破棄したくなかったのだ。フランスとイタリアの社会主義政党は戦後初めての選挙における共産党と同じ程度に善戦したし、ベルギーではさらにうまくやっていた。スカンジナヴィアでは「社会民主党」が他党を圧倒的に凌駕し、デンマーク、ノルウェー、スウェーデンで一九四五年から一九四八年までに行なわれた選挙で、投票数の三八から四一パーセントを獲得したのである。

にもかかわらずイギリスと北欧諸国以外では、共産党・社会党の「旧左翼」が単独で権力を握ることはできなかった。西ヨーロッパでは常にバランスが保たれ、多くの場合それを牛耳ったのが新種の政治動物、各国の「キリスト教民主党」だった。大陸ヨーロッパではカトリック政党がよく知られた存在になっていた——オランダとベルギーで成功していた。ヴィルヘルム二世時代・ワイマール時代のドイツでは「カトリック中央党」が生まれ、オーストリア政界の保守派は長期にわたって「（カトリック）人民党」と緊密に結びついている。「キリスト教民主主義」という考え方自体もまったく新規というわけではなかった。その起源は二〇世紀初期のカトリック改革および中道派のカトリック運動にあったが、第一次大戦後の激動の時代にはそれが通用しなかった。ところが一九四五年以後、状況はがらりと変わって、彼らにとって大いに有利になったのである。

まず第一に、これらの諸政党――西ドイツの「キリスト教民主同盟（CDU）」、イタリアの「キリスト教民主党（DC）」、フランスの「人民共和運動（MRP）」――は、今やカトリックの票をほぼ独占することができた。一九四五年のヨーロッパでは、これが大いにものを言った。カトリック票は、ことに社会問題に関してや、カトリック信仰の強固な地域においては、今なおきわめて保守的だった。イタリア、フランス、ベルギー、オランダ、西南ドイツにおける伝統的なカトリック票が社会党に集まることはめったになく、共産党はほぼ皆無だった。しかし、これが戦後期のおもしろいところだが、多くの国々の保守的なカトリック教徒は、キリスト教民主党の政治家および政策がもつ改革的傾向にもかかわらず、彼らに投票するほかなかった――従来の右翼的諸政党は尾羽打ち枯らしていたか、禁止の憂き目に遭っていたのだから。非カトリックの保守派でさえ、「マルクス主義」左翼に対する防壁として、ますますキリスト教民主党を支持するようになったのである。

二番目の、そして先の理由に関連して挙げられるのは、キリスト教民主党が女性票の主たる受け取り人だったことである――一九五二年には、フランスの篤信カトリック女性のおよそ三分の二がMRPに投票した。説教壇の影響力が一役演じたことは疑いない。しかしキリスト教民主党が女性にとって魅力的だったのは、そのプログラムだった。すっかり飼い馴らされた社会党・共産党のレトリックにさえ今なお尾を引いている、暴動を好む基調とは対照的に、キリスト教民主党のすぐれた指導者たち――フランスのモーリス・シューマンやジョルジュ・ビドー、イタリアのアルチーデ・デ・ガスペリ、連邦共和国（西ドイツ）のコンラート・アデナウアー――がいつも強調したのは、和解と安定だった。

キリスト教民主主義は階級を基盤とする訴えは避けて、代わりに社会的・道徳的改革を強調した。とくに重点を置いたのが家族の大切さで、これは独り身の親やホームレスや困窮家庭がかつてなく増大した時期に重大な政策的意味合いをもつ、恰好のキリスト教的なテーマだった。したがってキリスト教民主党としては、戦後状況の実質上あらゆる側面につけ込める申し分のない位置にいた。すなわち安定や保障への願望、再生への期待、伝統的な右翼的代替案の不在、そして国家にかける期待があった。前世代の従来型カトリック政治家とはちがい、キリスト教民主党の指導者およびその若き急進的信奉者たちは、自分たちの目標追求のなかで国家権力を引き入れることに何の抑制感も抱いていなかった。強いて言うなら、戦後初期のキリスト教民主党は左翼集産主義者よりも自由市場主義リベラルのほうを主要な敵と見なしており、近代国家を善意の非社会主義的介入者となし得ることを示そうと、躍起になっていたのである。

結果としてイタリアと西ドイツでは、キリスト教民主党が（一部アメリカの支援もあって）以後長年にわたってほぼ独占的に政治権力を握った。フランスでは――一九五八年に政権復帰したド・ゴールが引き継いだ二つの植民地戦争のもたらす腐食効果のおかげで――ＭＲＰはそれほどうまくやり遂げたわけではなかった。それでも五〇年代半ばまで権力の元締めの位置にとどまり、一部の主要閣僚（とくに外務関係）の椅子を文句なく押さえていた。キリスト教民主党的な傾向をもつカトリック諸政党は、ベネルクス諸国では一世代以上にわたって、オーストリアでは一九七〇年代を通じて、ゆるぎない権力を行使した。

キリスト教民主党の指導者たちは、イギリスのウィンストン・チャーチルと同じく、一時代前の政治家だった。コンラート・アデナウアーは一八七六年生まれ、アルチーデ・デ・ガスペリはその五年後、チャーチル自身は一八七四年である。これは単なる偶然ではなく、伝記上のおもしろ現象でもない。一九四五年時点までに、大陸ヨーロッパ諸国の多くは二世代にわたる潜在的指導者層を失っていた――一代目は「大戦争」での死傷で、二代目はファシズムの誘惑でなければナチとその味方に殺されて。こうした欠損は当時の若手政治家たちの、概して凡庸な資質にはっきりと現われていた――パルミーロ・トリアッティは例外だが（彼は前半生の二〇年間、モスクワで政治工作員だった）。レオン・ブルムはヴィシー政権による投獄や、ダッハウおよびブーヘンヴァルト両強制収容所での監禁の後にフランスでの公的生活に復帰したのだが、その特別な人気の理由はヒロイズムだけではなく、年齢にもあったのだ（彼は一八七二年生まれだった）。

戦後ヨーロッパのリハビリテーション（機能回復訓練）のかなりの部分が、数十年前に壮年に達して政界入りしていた人びとの仕事だというのは、一見奇妙に見えるかもしれない。チャーチルが初めて議会入りしたのは一九〇一年だったが、彼はいつも自分を「ヴィクトリア時代の子」だと言っていた。クレメント・アトリーもヴィクトリア時代人で、一八八三年生まれだった。しかし結局のところ、これはさほどおどろくべきことではなかろう。まず第一に、こうした比較的高齢の人士たちは激動の三〇年を政治的にまた倫理的に無傷で生き延びてきた、例外的というべき人びとだった――彼らの政治的な威信は、言うなればその希少価値によっていや増したのである。第二に、彼らはすべて一八八〇—一九一〇年のあいだに壮年に達した、特筆すべきヨーロッパの社会改革世代に属していた——そこには社会主義者（ブルム、アトリー）もいれば、リベラル（ベヴァリッジ、あるいは一八七四年生まれで未来のイタリア大統領ルイジ・エイナウディ）もいれば、進歩的カトリック（デ・ガスペリ、アデナウアー）もいたのだ。彼らの天性と関心とは戦後のムードに実にぴたりとはまっていた。

しかし第三点として、そしておそらくこれが最も重要なのだが、西ヨーロッパを再建した老人たちは連続性を表象していた。二つの大戦のあいだの流行は、新しがりでモダンだった。議会や民主政治は多くの人びとから——ファシストや共産主義者だけではなく——退廃的・停滞的・腐敗的と見られ、いずれにせよ近代国家がこなすべき課題に不適格と見なされていた。戦争と占領は、知識人層はさておき一般選挙民にとっては、こうした幻想を一気に吹き飛ばすものだった。平和という冷たい光のなかで、立憲民主主義の切れ味悪い妥協が新たな魅力をもち始めた。人びとが一九四五年に渇望していたのは社会の進歩と再生だったことは確かだが、それは安定的で慣れ親しんだ政治形態の再確認と結びついていた。第一次大戦が政治化・急進化という結果をもたらしたのに対し、その後継者たる第二次大戦は反対の成り行きを生み出した——それは正常というものへの深い希求だった。

騒然たる戦間期の数十年を飛びこえて、一九一四年以前の比較的落ち着いていた、比較的自信に満ちていた時代の経験をもつ政治家たちが、こうして特別の魅力を発揮した。直近の過去の加熱した政治から来るべき急速な社会的変容の時代への困難な移り行きを、彼らはその一身の連続性を通して促進することができた。政党の「レッテル」が何であれ、これらヨーロッパの年配政治家たちはすべて、一九四五年の時点において、政治という「可能性の技術」の懐疑的かつ実利的な実践者になっていた。戦間期の過剰なドグマ信仰から距離を置いていたという彼らの個人的履歴は、彼らを支持した人びとの気分を忠実に反映するものだった。脱「イデオロギー」の時代が始まっていたのである。

第二次大戦後のヨーロッパで、政治の安定と社会の改良が実現できるかどうかは、なによりもまず第一に、この大陸の経済回復にかかっていた。国家による計画や政治的リーダーシップをいくら唱えても、一九四五年のヨーロッパ人が直面していた至難の課題を乗り越えることはできなかった。戦争による経済的打撃の最たるものは住宅不足だった。首都圏三五〇万戸が破壊されたロンドンの損害は、一六六六年大火のそれをはるかにしのいでいた。ワルシャワの全住居の九〇パーセントが破壊されていた。ブダペストの居住用建物で一九四五年に使用可能だったのは、わずか二七パーセントだった。ドイツでは住宅の四〇パーセント、イギリスでは三〇パーセント、フランスでは二〇パーセントが消失した。イタリアでは一二〇万戸が破壊されたが、その大半は住民五万人以上の都市部でのことだった。すでに見た通り、家を失った人びとの問題こそ、戦争直後において誰の目にも明らかな戦禍だったろう――西ドイツとイギリスでは、住宅不足が一九五〇年代半ばまでもつづくのである。ロンドンで行なわれた「戦後住宅展示会」を見てきたあるミドルクラス女性はこう話した――「とにかく家がなくてどうしようもないから、何でもいいわ。四方の壁と屋根があれば最高ね。[3]」

被害甚大領域の第二は輸送だった――商船、鉄道線路、機関車・客車・貨車、橋、道路、運河、市街電車である。セーヌ川はパリから河口まで橋は一つもなく、ライン川で無傷だったのはただ一つだけだった。その結果、たとえ鉱山や工場で必需品の生産が可能だとしても、運ぶことができなかった。一九四五年一二月時点で、ヨーロッパの炭鉱の多くは操業を再開していたが、ウィーン市には依然として石炭がなかった。

視覚がもたらすインパクトは最悪だった。多くの国々が見るも無残にやられて、回復などおぼつかないようすだった。そして第二次世界大戦に巻き込まれたほとんどすべての国の国民経済は、両大戦間期中のパッとしない実績と比べても停滞ないし縮小の状態だった。しかし戦争というものが常に経済的な災厄であるとは限らない――それどころか、分野によっては急速な成長を促す強力な刺激となり得るのだ。第二次大戦のおかげでアメリカは、かつてイギリスがナポレオン戦争〔一八〇〇―一四年〕中に成しとげたような、不動不落の商業的・テクノロジー的主導者の地位へと伸し上がったのである。

そして実際のところ、連合国側の調査でやがて分かってきたのだが、ヒトラーに対する戦争がもたらした経済上の破壊的インパクトは、ドイツ自体においても当初考えられたほど全面的なものではなかった。空爆作戦は人的被害こそ甚大だったが、その提唱者が期待したほどの経済的損害にはならなかった。一九四五年五月時点において、ドイツの工業プラントの破壊は二〇パーセント未満だった。連合国側の空爆が集中したルール鉄鉱業地帯でさえ、全プラントおよび機械設備の三分の二は無傷のままで済んだ。他の地域、たとえばチェコ地方では、工業と農業がドイツ占領中に成長をとげ、実質

(3) モーリーン・ウォーラー『ロンドン一九四五年』(二〇〇四年)、一五〇頁。

1947年２月の真冬のロンドンで、石炭を求めて行列する主婦たち。燃料不足は最悪の状態だったので、彼女らは週ごとの配給を受け取るのに一日中待たなくてはならなかった。乳母車は石炭を運ぶためのもので、赤ん坊用ではない。

1946年８月６日、ロンドン東部のストラトフォードで一家の配給物資を受け取る母と子どもたち――この日が配給制の初日だった。ヨーロッパの戦後福祉国家が成しとげた社会革命は本物で、中産者・労働者両階級のライフ・チャンス（生活機会）を劇的に改善した。

的な損害などないままに戦後へと抜け出た——ハンガリーの一部もそうだったが、スロヴァキアでは戦争中に工業化が加速され、実際に以前に増した発展ぶりを示したのである。

大方の損失に見られる大がかりな偏《かたよ》り——つまりひどい苦しみを受けたのは人間や場所であって、工場や商品は相対的に難を免れたという偏りのおかげで、中核的な経済部門での一九四五年以後の意外にスピーディーな回復が実現したのである。機械産業は戦争中ずっと繁盛していた。イギリス、ソ連、フランス、イタリア、ドイツ（そして日本もアメリカもそうだったが）、すべての国で戦前より戦後のほうが工作機械の在庫が増していた。イタリアでは、航空機産業と造船業だけが甚大な損害をこうむった。機械製造業は北部に位置していたのでイタリア作戦中も激しい戦闘は行なわれず、（第一次大戦のときと同じように）比較的うまく操業され、戦時中の生産高と投資高は損害高を補塡してなお余りあるほどだった。やがて西ドイツとなる地域における工作機械産業について言えば、戦争による設備の損害はわずかに六・五パーセントだった。

当然ながら、戦争の被害をまったく受けなかった国があった。アイルランド、スペイン、ポルトガル、スイス、スウェーデンはずっと中立を保っていた。と言っても、これらの諸国に戦争の影響が及ばなかったという意味ではない。それどころか、ヨーロッパの中立国の大半が、間接的にではあるがナチの戦争遂行と密接に関わっていた。ドイツに戦時中多量のマンガンを供給していたのは、フランコのスペインだった。タングステンはポルトガルの植民地からリスボン経由でドイツに届いた。ドイツの戦時中の鉄鉱石必要量の四〇パーセントをまかなったのは、スウェーデンだった（スウェーデンの船でドイツの港へと運ばれた）。これらに対する支払いのすべては金《きん》で行なわれたが、その多くはドイツの犠牲となった人びとのもので、スイス経由の送金だったのである。

スイスの役割はドイツ資金のマネーローンダラー（資金清浄役）や仲介者に止まらなかったのだが、これだけでもヒトラーの戦争への実質的な貢献である。一九四一—四二年で見ると、スイスの軍需産業の六〇パーセント、光学機器産業の五〇パーセント、機械生産の四〇パーセントはドイツ向けで、支払いは金《きん》だった。ビューレ＝エリコン小型武器会社は、一九四五年四月時点でもなおドイツ国防軍に速射銃を売っていた。総計してみると、「ドイツ帝国銀行（中央銀行）」が第二次世界大戦中にスイスに預託した金は一六億三八〇〇万スイスフランに上った。しかもスイス当局は戦争勃発以前から、招かれざる者の到着を制限しやすいよう、ドイツのパスポートにその保持者がユダヤ人かどうか分かるようにすることを要求していたのだ。

スイス当局としては、自衛上ナチと友好関係を保ってゆくべき十分な理由があった。ドイツ国防軍司令部は、一九四〇年六月のスイス侵攻計画を延期したが、放棄したわけではなかった。ベルギーやオランダの経験から思い起こされるのは、ヒトラーの進路上にある脆弱な中立国家を待つ恐ろしい運命のことだった。同じ理由でスウェーデンもベルリンとの協同関係を保持したが、彼らは歴史的にドイツに石炭を依存していた。ドイツに鉄鉱石を売ることは、スウェーデンが長年にわたってしてきたことだった。戦争以前から、ドイツの鉄鉱石輸入の半分はバルト海を渡って到来し、スウェーデンの全鉄鉱石輸出の四分の三はドイツ向けだったのだ。いずれにせよスウェーデンの中立は、ロシアが抱く野心への恐れから、ドイツへの傾斜を深めていた。したがって、「バルバロッサ作戦」〔一九四一年のドイツの対ソ連奇襲攻撃〕の開始に当たってドイツ国防軍部隊一万四七〇〇人の通過を認めたこと、さらにはノルウェーから休暇で帰国するドイツ軍兵士の通過を認めたこと、あるいはドイツ向けの通常供給を確保すべくスウェーデン人の鉄鉱石鉱山労働者の徴兵を延期したこと――こうしたナチとの協同は、従来の慣行からの逸脱ではなかったのである。

戦争が終わった当初、スイスは（スウェーデンはちがったが）ドイツの戦争遂行の共謀者ではなかったかという、国際的な疑惑と怒りの対象となった。彼らは一九四六年五月の「ワシントン協定」で、ヨーロッパ再建のために二億五〇〇〇万スイスフランを「自発的に」寄付するよう強要されたが、これはスイスの諸銀行を経由したドイツ帝国銀行関係の取引に対するすべての請求権の最終決着としてだった。ところがスイスはすでにその時までに、財務に廉直な繁栄の島として復興をとげていた。その銀行の利益率は高く、その農業や機械産業は欠乏するヨーロッパ市場に食糧と機械を供給できるようになっていた。

スイスもスウェーデンも戦前までは、とりわけ繁栄していた国ではなかった――実際は貧困農業地域をかなり抱え込んでいたのである。しかし彼らが戦争中に確保した優位は永続することが分かった。今や両者ともヨーロッパ諸国のトップに立っており、ここ四〇年間にわたってその位置は不動なのである。他の諸国では、回復への道はやや険しかった。しかし東ヨーロッパにおいてさえ、少なくとも経済のインフラストラクチュアは目ざましいスピードで復旧した。退却するドイツ国防軍と進軍する赤軍の両者がとった最悪の行動にもかかわらず、ハンガリー、ポーランド、ユーゴスラヴィア諸都市の橋、道路、鉄道が再建された。一九四七年までには、中央ヨーロッパにおける輸送網と機関車・客車・貨車の数が戦前レベルにもどるか、あるいはそれをしのいだ。チェコスロヴァキア、ブルガリア、アルバニア、ルーマニアでは戦争関係の破壊が比較的軽少だったので、こうしたインフラ復旧のプロセスはユーゴスラヴィアやポーランドよりも早く進んだ。しかしそのポーランド経済でさえ、きわめて急速に回復した——その理由の一端は、新たにドイツから獲得した西部の領土が実際にかなり肥沃だったこと、そこが工業都市と工場に富んでいたからだった。

西ヨーロッパでも物的損害の復旧スピードは目ざましかった。全体的に最も速かったのがベルギー、やや遅かったのがフランス、イタリア、ノルウェー、最も遅れたのがオランダだが、それはこの国が最悪の損害（農場、堤防、道路、運河、そして人びとがこうむった被害）に見舞われたのが、すべて戦争の最後の数カ月間だったからである。ベルギーが受けた恩恵はアントワープの特権的地位によるもので、ここは戦争末期に比較的無傷だったヨーロッパ唯一の主要港湾都市だったのだ。またベルギーには連合国軍が集中的に駐留し、以前から石炭・セメント・半仕上げ金属類へと特化していた経済に絶え間なく現金を注ぎ込んだのだが、これらはすべて復旧工事の必需品だった。

ノルウェーは対照的に、かなり苦しい状態だった。国の生命線ともいうべき漁業と商船が戦争で失われたのだ。国防軍退却に当たってドイツが行なった周到な破壊行為のおかげで、一九四五年におけるノルウェーの工業生産は一九三八年レベルのわずか五七パーセントへと落ち込み、この国の資本ストックの五分の一近くが消失していた。スウェーデンとのこうしたちがいは、後年になってもノルウェー人の心に深い怨恨の思いを残した。しかしそのノルウェーでさえ、一九四六年末には鉄道網と道路網の大半を復旧することができ、翌年中には他の西ヨーロッパおよび大部分の東ヨーロッパの国々と同じく、石油不足や通信・輸送の不備が経済復興の障害となることはもはやなかった。

しかしながら当時行なわれていた観測としては、最も注目に値するのはドイツの回復能力だった。これはめちゃめちゃになってしまった自分たちの国を再建しようという、ただ一つの目的の下に働いた現地住民の、驚嘆すべき努力のしるしだった。ヒトラーが死んだ日、ドイツの鉄道で運行可能だったのは一〇パーセントで、この国は文字通り運行停止状態だった。一年後の一九四六年六月には、全ドイツの鉄道線路の九三パーセントが再開され、橋梁八〇〇カ所が修復されていた。一九四五年五月のドイツの石炭生産は一九三九年のかろうじて一〇分の一だったのが、一年後には採掘量が五倍になった。一九四五年四月、ドイツ西部を進軍中だったアメリカ軍の添乗偵察員ソール・K・パドーヴァーの目には、木っ端微塵に破壊されたアーヘンの再建は確実に二〇年かかると思われた。ところが数週間も経つと、彼はもうこの町のタイヤ工場、布地工場の再開と、経済生活の開始とを記録していたのである。

ドイツが見せた初発の回復スピードが速かった理由は、労働者の住宅が再建され輸送ネットワークが復旧すると同時に、工業がすぐさまその商品を配送したからだった。フォルクスワーゲンの工場では、機械の九一パーセントが戦時の爆撃と戦後の略奪を免れ、一九四八年時点で西ドイツで生産される自動車の二台に一台を生産できる設備を整えていた。ドイツのフォードも大方は被害を免れていた。戦時に行なわれた投資のおかげで、一九四五年時点でのドイツの工業設備の三分の一は新設後五年以内だったが、一九三九年にはそれがわずかに九パーセントだったのである。しかも戦時中のドイツが最も重点的に投資した工業——光学機器、化学製品、軽機械、輸送機器、非鉄金属——こそ、まさに五〇年代好況の基礎となるものだった。一九四七年の初めの時点で、ドイツ復興の主たる障害はもはや戦争被害ではなく、原材料その他さまざまな物不足だった——そしてとりわけ障害となっていたのは、この国の政治的未来が不確定だったことである。

一九四七年という年は決定的な岐路で、この大陸の命運がかかった転機となった。この時まで、ヨーロッパ人は復旧作業・再建作業で疲れ切っているか、長期的な復興めざして制度的なインフラの整備に忙殺されていた。連合国側の勝利につづく最初の一八カ月のあいだに、大陸全体のムードは平和の到来や新出発がもたらす安堵の気持ちから、前途に横たわる課題の大きさに直面しての茫然自失やつのりゆく幻滅へと振れた。一九四七年年頭の時点で、最も困難な決断がまだ下されておらず、もはや先のばしはできないことが明らかだった。

まず何よりも、食糧供給という基本的な問題が克服されていなかった。食糧不足はスウェーデンとスイスを除く至るところで深刻だった。一九四六年春に設立されたＵＮＲＲＡ〔前出39頁〕からの供給だけが、その後一二カ月間にわたってオーストリア人を飢餓から救った。ドイツのイギリス占領地区でのカロリー供給量は、一九四六年半ばの成人一日当たり一五〇〇から一九四七年年初の一〇五〇へと下がった。一九四五年・四六年と立てつづけの飢餓に苦しんだイタリア人の平均食物レベルは、一九四七年春の時点で西側ヨーロッパ全住民中の最低だった。一九四六年中にフランスで行なわれた世論調査によると、一般大衆の関心事ナンバーワンとして「食糧」「パン」「肉」がいつも他をしのいでいた。

問題の一端は、西ヨーロッパが伝統的に依存していた東ヨーロッパの穀倉を、もはや当てにできなくなったことだった。

と言うのは、そこもまた食糧不足だったのだ。ルーマニアでは一九四五年の収穫が落ち込んだが、その原因は土地改革の失敗と悪天候だった。一九四六年秋には、西はワラキア〔ルーマニア南部〕からモルドヴァを経てウクライナ西部やソ連のヴォルガ川中域までが、不作と旱魃によってほとんど飢饉状態となり、救援機関は一歳児の体重わずか三キログラム、カニバリズム（人肉食）の事例ありと報告していた。アルバニアでの救援活動家は、この状況を「恐るべき苦難」と記述した。

次に襲ってきたのが一九四七年の冬で、これは一八八〇年以来最悪だった。運河は凍結し、道路は何週間も立てつづけに通行不能となり、凍結地点が鉄道網全体を麻痺させてしまったのだ。緒についたばかりの戦後復興に、きついブレーキがかかった。石炭は今なお不足がちで家庭用の需要をまかないきれず、あっても輸送ができなかった。工業生産も落ち込んだ――回復し始めたばかりの鉄鋼生産高は、たちまち前年を四〇パーセント下回った。雪解け期になると、ヨーロッパのそこかしこが洪水に見舞われた。その数カ月後の一九四七年六月、この大陸は記録が始まって以来最も暑く、最も乾燥した夏へと突入した。秋の収穫が減少することは明らかで、しかも足かけ三年立てつづけの地域もあった――農業生産は不作だった前年を三分の一も下回ったのである。石炭不足の一部は、アメリカからの輸入で補われた（一九四七年は三四〇〇万トン）。食糧もアメリカとイギリス自治領から購入することができた。しかしこうした輸入物資は現金払い、通常はドルの現金払いだった。

一九四七年のヨーロッパ危機の背景には、二つの構造的なジレンマがあった。一つは、ヨーロッパ経済からドイツが事実上退場していること。戦争前のドイツはオランダ、ベルギー、地中海地域はもとより、中東ヨーロッパの大半の国々にとって主要市場だった（たとえば一九三九年まで、ドイツはギリシアの輸出の三八パーセントを買い、同国の輸入のおよそ三分の一を供給していた）。ドイツの石炭はフランス鉄鋼産業の最重要資源だった。しかしその政治的未来が決着を見るまでは、ドイツ経済は――その潜在能力がどれほど回復しようと――凍りついたままであり、この大陸の他の国々の経済復興を事実上妨げていたのである。

二つ目の問題はドイツではなくアメリカだが、この両国に関連していた。一九三八年にはイギリスの機械輸入額の四四パーセントがアメリカから、二五パーセントがドイツからだった。一九四七年の数字は、それぞれ六五パーセントと三パーセントになった。この状況は他のヨーロッパ諸国にとっても同じだった。アメリカ商品へのこうした急激な需要増は、皮肉なことにヨーロッパの経済活動の急上昇ぶりを示していた——しかしアメリカの製品や原材料を買うにはアメリカ・ドルが必要だった。ヨーロッパ諸国は世界の他の国々に向けて売るものなどなかった。しかし現金通貨なしでは幾百万の人びとを飢えから救うための食糧を買うことはできず、自分たちの生産活動を前進させるための原材料や機械の輸入もままならなかった。

ドルの危機は深刻だった。一九四七年、イギリスの国家債務は一九三九年以来四倍に膨れ上がっていたが、輸入総額の半分近くをアメリカから買っており、現金不足は急速に進行していた。フランスは世界一の石炭輸入国だったが、対アメリカの支払い不足は年額で二〇億四九〇〇万ドルに上っていた。他のヨーロッパ諸国の大半は、貿易するにも通貨などなかった。ルーマニアのインフレの最悪期は一九四七年八月だった。隣のハンガリーのインフレは記録された限り歴史上最悪で、一九二三年のドイツの記録をはるかに上回り、一ドルは紙幣で五〇〇京（五の三〇乗）「ペンゴ」に達した——つまり一九四六年八月に「ペンゴ」が「フォリント」に代わるまで、ハンガリーで流通していた全紙幣の対ドル価値がわずか一セントの一〇〇〇分の一になってしまったのである。

ドイツでは使える通貨がなかった。闇市が栄え、一般に通用する交換媒体は巻きタバコだった。ＤＰ（強制移住民）収容所の教師たちの給料は週に五箱だった。ベルリンでのアメリカ・タバコ一カートンの相場は六〇—一六五ドルで、アメリカの占領軍兵士にとっては割り当てられたタバコを大層な金額に換える絶好の機会となった。ベルリンの連合国占領軍アメリカ部隊は、最初の四カ月だけで、給料として受け取った額よりも一一〇〇万ドル上回る額を本国に送金した。ブラウンシュヴァイクでは巻きタバコ六〇〇本で自転車が買えた——これがドイツと同じくイタリアでも必需品だったことは、ヴィットリオ・デ・シーカの忘れがたい名画『自転車泥棒』（一九四八年）が描いている通りだ。

ヨーロッパ危機の深刻さはアメリカ側にも及んだ。これから見てゆくが、彼らがソヴィエトと協同するしないにかかわらず、とにかくドイツ問題の解決を急ごうとした主たる理由の一つがこれだったのだ。ジョージ・ケナンのような情報に恵まれた大統領顧問の意見では、一九四七年春のヨーロッパは崖っぷちでよろめいていた。初めのうち急速な復興と正常な経済生活への復帰を期待していた西ヨーロッパの人びとの不満と、ドイツ人その他中央ヨーロッパの人びとの絶望感とが、突然襲ってきた一九四七年の生存危機で合成され、共産主義の魅力を強めるか、さもなければ無秩序状態への陥落の危険を増幅するばかりだったのである。

共産主義には真の牽引力があった。イタリア、フランス、ベルギー（さらにフィンランドやアイスランドも）の共産党は、一九四七年五月まで連合政権に留まっていたのだが、労働組合との提携や街頭デモンストレーションを通じて民衆の怒りを結集し、自分たち自身の政府の失敗につけ込むことができた。各地の共産党の選挙戦での勝利と無敵赤軍のオーラとが相俟って、イタリアの（あるいはフランスの、あるいはチェコの）「社会主義への道」が本物らしく、そして魅力的なものに見えた。一九四七年時点で、九〇万七〇〇〇人の男女がフランス共産党に加わっていた。イタリアの数字は二二五万人で、ポーランドやユーゴスラヴィアさえ大幅にしのいでいた。デンマークやノルウェーでも、投票者八人中一人は共産主義という「もう一つの道」に初めから希望を託していた。ドイツの西側占領地区で連合国側当局が危惧していたのは、良きナチズム時代へのノスタルジアと、非ナチ化プログラムへの反撥や、食糧不足や、小犯罪の多発などが相俟って、ネオ・ナチもしくはソヴィエトに有利な展開になる可能性があることだった。

西側ヨーロッパの諸国家にとって幸運だったと言えるのは、一九四七年春には各国共産党が今なお一九四四年以来の穏健な民主主義路線を追求していたことだった。フランスではモーリス・トレーズが、炭鉱労働者に「生産」を呼びかけていた。イタリアでは労働党内閣のイギリスの大使がトリアッティについて、彼は自分たち社会主義者のもっと「性急な」仲間に対して実に穏やかな影響力を行使している、と述べていた。スターリンは中西ヨーロッパの自分の支持者を督励して民衆の怒りや不満につけ込むことを、彼なりの理由から未だ始めていなかった。しかしそうは言っても、内戦と革命の亡霊は決して遠くにいたのではなかった。ベルギーでは連合国側オブザーバーが地域的・政治的な緊張の深刻さを指摘し、この国をギリシア、イタリアとともに「不安定国」と分類した。

フランスではすでに、一九四七年冬の経済的困窮が戦後の新しい共和制に対する民衆の幻滅とつながり始めていた。一九四七年七月一日に行なわれたフランスの世論調査では、質問された人びとの九二パーセントがフランスの状況を「悪くなっている、どちらかと言えば悪くなっている」と考えていた。イギリスでは労働党内閣大蔵大臣ヒュー・ドールトンが、戦後初期の熱狂に一区切りついたことを振り返って日記にこう書きつけた――「確信に満ちた輝かしい朝は二度と来るまい。」フランスでは社会党国民経済大臣アンドレ・フィリップが、同様のことを一九四七年四月の演説で劇的にこう語った――「今われわれが直面している危機は、経済・金融の総体的カタストロフである。」

こうした絶望感、危機の切迫感が至るところで見られた。ジャネット・フラナーは一九四七年パリからの記事でこう書いていた――「パリで、そしておそらくヨーロッパ中で、悪いことが確実に起こりそうだという風潮が行き渡ってきており、フランス人は、あるいはすべてのヨーロッパ人は何かが起こりそうだと、あるいはもっと悪いことに何も起こらなそうだと思っていた。」彼女はこの数カ月まえに、ヨーロッパ大陸は新氷河期を迎えつつあると書いていた。ジョージ・ケナンも同意見だったろう。彼は六週間後の「国務省政策立案部スタッフ」論文で、真の問題は共産主義ではない、仮にそうだとしても間接的に止まると示唆した。ヨーロッパが襲われた不安感の源は戦争がもたらした諸結果であり、ケナンの診断では「物質的設備と精神的活力との深甚な払底状態」であった。戦後すぐの希望と再建の高揚感が過ぎ去った今、この大陸が乗り越えるべきハードルはあまりにも高いように思われた。アメリカの外交政策指導層に影響力ある専門誌『フォーリン・アフェアーズ』の編集者ハミルトン・フィッシュは、一九四七年七月のヨーロッパの印象をこう記した――

あらゆるものが不足している――休日はともかく、時間通りに働けるよう人びとを輸送する汽車、電車、バス、自動車がほとんどないのだ。混ぜ物なしでパンを作るには粉がなく、たとえ混ぜ物を加えても激しい労働のエネルギーとなる十分なパンは作れない。世界ニュースの少しばかりの報道をしようにも新聞用紙がない。作物を植えるには種子がなく、育てるには肥料がない。住む家もなければ、窓に嵌めるガラスも不足している。靴用の革、セーター用の羊毛、調理用のガス、おむつ用の木綿、ジャム用の砂糖、揚げ物用の油、赤ん坊用のミルク、洗濯用の石鹸――あらゆるものが不足しているのだ。

今日の学者たちが広く信じているところでは、当時のこうした暗鬱さにもかかわらず、一九四五―四七年期における当初の戦後復興や諸改革や計画が、ヨーロッパの未来の福利の下地となった。そして確かに、少なくとも西ヨーロッパにとっては、一九四七年こそ、この大陸の復興への転換点となることだろう。しかし当時としては、こうしたことはまったく分からなかった。その正反対だった。第二次大戦とその直後の不確実さが、ヨーロッパの最終的な衰亡を早めていたかもしれないのだ。他の多くの人びとと同様コンラート・アデナウアーにとっても、ヨーロッパのカオス状態は一九一八年当時よりもひどいように思われた。第一次大戦後に犯された数々の過ちの前例が念頭にあるので、多くの観察者たちは、ヨーロッパ側もアメリカ側も、実のところ最悪の事態を懸念していた。この大陸はよくても数十年間は貧困と闘争がつづくだろう、というのが彼らの推測だった。アメリカ占領地区のドイツ人居住者たちは、自分たちの国の復興には少なくともあと二〇年はかかると踏んでいた。一九四五年一〇月、シャルル・ド・ゴールがフランス国民に傲岸な調子で告知したところでは、フランスが息を吹き返すには二五年のあいだ「しゃにむに働く」必要があるだろうとのことだった。

しかしペシミストの見解では、大陸ヨーロッパはそれよりもっと早く崩壊して、内戦、ファシズム、共産主義になると思われた。アメリカ国務長官ジョージ・C・マーシャルは一九四七年四月二八日、モスクワでの連合国外相会議から帰国したが、彼はドイツ問題を互いに協力して解決することにソヴィエトが気乗り薄であることに失望するとともに、西ヨーロッパの経済的・心理的状況を実地に見て懸念を深めていた。何か思い切った手を打たねばならぬ、しかも早急に、と彼ははっきり思い定めていた。パリ、ローマ、ベルリンその他における陰鬱なあきらめムードから判断すると、主導権を取るべきなのはワシントンだった。

「ヨーロッパ復興援助計画」のための「マーシャル・プラン」は、その後数週間かけて彼の顧問団とともに検討され、一九四七年六月五日、ハーヴァード大学の学位授与式における有名な演説で発表されたが、その内容は劇的かつユニークなものだった。しかし、それは突然降って湧いたのではない。戦争終結からマーシャル・プラン発表までのあいだにも、アメリカ合衆国はヨーロッパに対して、すでに数十億ドルもの供与や借款を注ぎ込んでいた。その主たる受益者はなんといってもイギリスとフランスで、それぞれ四四億ドル、一九億ドルの借款を受け取っていたのだが、締め出された国は一つもなかった。イタリアへの借款は一九四七年半ばで五億一三〇〇万ドルを超え、ポーランド(二億五一〇〇万ドル)、デンマーク(二億七二〇〇万ドル)、ギリシア(一億六一〇〇万ドル)、その他にも多くの国々がやはりアメリカに負債を負っていたのである。

しかしこれらの借款は応急手当てや緊急事態用だった。これまでのアメリカの援助は再建や長期投資にではなく、当面必要不可欠な物資やサービスや復旧のために使われた。さらにこれらの借款は――とりわけ主要西ヨーロッパ諸国へのそれは――ひも付きだった。日本が降伏するやいなや、トルーマン大統領は軽率にも戦時中の「武器貸与」協定(同盟国に対して軍需品・食糧などを援助する取り決め)を破棄してしまい、その結果メイナード・ケインズは一九四五年八月一四日付けメモランダムで、イギリスは今や「経済的なダンケルク(窮状)」に直面しているのだ、と内閣に警告した。その後の数カ月にわたる交渉で、ケインズはうまくアメリカから相当な借款協定を取り付け、今や「武器貸与」協定では得られなくなった物品の購入に必要なドルを供給してもらうこと

マーシャル援助・1　一九四九年二月三日、「マーシャル・プラン」にもとづく援助物資として、砂糖の最初の積荷がカリブ海からロンドン港に到着した。迎える人物の左端はイギリス労働相ジョン・ストレイチー、中央は「マーシャル・プラン」を代表してエルマー・ホルムグリーン。

マーシャル援助・2　一九四九年のアテネのクリスマスには、「マーシャル・プラン小麦粉」でつくられたパンが孤児たちに配られた。窮乏状態のギリシアの経済復興でこの「プラン」が果たした役割は、物質的貢献はもとより、精神的激励の意味も大きかった。

マーシャル援助・3　絵柄の下部に、「世界の人民は二度と戦争の惨禍を望まない」J・スターリン、とある。左手に援助物資の卵をのせた人物の、右手にはライフル銃が握られ、銃には「北大西洋条約」と書かれた包み紙が巻かれている。背景には西側でのソ連邦支持者のデモ隊が描かれているが、彼らが掲げる旗の「ソ連万歳！」の言葉はフランス語である。

になったが、アメリカ側の条件は途方もなくきびしいものだった——アメリカがとくに求めたのは、海外自治領に対するイギリスの帝国特恵の放棄、為替管理の撤廃、ポンドの完全交換性の回復であった。その結果はケインズその他が予言した通り、イギリス・ポンドに対する戦後の数多くの取り付けの始まりであり、イギリスのドル準備の急速な消失であり、翌年に襲ってきたさらに深刻な危機であった。

一九四六年五月にワシントンで交渉されたアメリカ-フランス間の借款条件では、きびしさがほんのわずか軽減された。フランスは戦時借款二二億五〇〇〇万ドルの帳消しのほか、数百万ドルもの信用貸しや今後の低利借款の約束を取り付けた。見返りとして、パリは保護主義的な輸入関税率の撤廃を約束し、アメリカその他の外国製品の輸入自由化を認めることとなった。イギリスの借款の場合と同じく、この取り決めの意図の一端は、国際貿易の自由化、自由で安定的な通貨管理、緊密な国際協力といった米国のアジェンダ（指針）の促進にあった。しかしながら実際上は一年以内に資金が底をつき、中期的に残ったのは、経済的な腕力にものを言わせてのアメリカの搾取に対する、民衆の反感の増大（多くは左翼の扇動）だった。

したがって一九四七年春までには、ヨーロッパの経済混乱に対するワシントンの二国間アプローチの失敗が明らかになっていた。ヨーロッパの対米貿易赤字は四七億四二〇〇万ドルに達したが、この数字は一九四六年の二倍以上だった。これが後には「成長途上のしゃっくり」現象だったと解説されるにしても、当時のヨーロッパは窒息寸前の状態だった。イギリス外務大臣のアーネスト・ベヴィンが、マーシャルの学位授与式での演説を「世界史上の大演説の一つ」と評したのはこうした理由からであり、彼はまちがっていなかったのである。

マーシャルが行なった諸提案は、過去の慣行からのきっぱりとした決別だった。まず第一に、一定の枠組みとなる条件を踏まえれば、アメリカの援助を受けるかどうか、それをどう使うかを決めるのはヨーロッパ諸国に任されていた——と言っても、資金管理に当たっては、アメリカの顧問や専門家が突出した役割を演ずることになるのだが。第二に、援助期間は何年にもわたっており、したがってそれは初めから救難資金というより復興と成長のための戦略的なプログラムであった。

第三に、問題の金額は実際のところきわめて大きな額であった。マーシャル援助が一九五二年に終了するまでに、アメリカはおよそ一三〇億ドルを注ぎ込んだが、これはこれ以前に行なわれたアメリカの海外援助額の総計を上回っていた。このうちイギリスとフランスが絶対額で飛びぬけて大きな額を獲得していたが、イタリアその他小さな受領国に与えた相対的な効果はおそらくもっと大きかっただろう。オーストリアでは「ヨーロッパ経済復興計画（ＥＲＰ）」の初年度、すなわち一九四八年七月から一九四九年六月までのこの国の歳入の一四パーセントがマーシャル援助だった。こうした数字は当時としては巨額だった。現金に換算すると、ＥＲＰは今日（二〇〇四年）のドルでおよそ一〇〇〇億ドルに相当するが、アメリカの国内総生産（ＧＤＰ）に占める割合（一九四八―一九五一年期間でおよそ〇・五パーセント）から計算すると、マーシャル・プランは二一世紀初頭のおよそ二〇一〇億ドル相当となるのだ。

一九四七年六月五日のマーシャルの演説後、ベヴィン提案でイギリス、フランス、ソ連の外相が急遽パリで会談して対応を協議した。ソヴィエト外相のヴャチェスラフ・モロトフは七月二日に退場し、その二日後、イギリスとフランスは提案を討議すべく正式にヨーロッパ二二カ国の代表を招請した（スペインとソヴィエト連邦だけが除外された）。七月一二日、ヨーロッパ一六カ国が討議に参加した。結果的には、それらの国々のすべて――イギリス、フランス、イタリア、ベルギー、ルクセンブルク、オランダ、デンマーク、ノルウェー、スウェーデン、スイス、ギリシア、トルコ、アイルランド、アイスランド、オーストリア、ポルトガル――が、受益国となるであろう。しかしポーランド、チェコスロヴァキア、ハンガリー、ブルガリア、アルバニアが当初は興味を示していたにもかかわらず、未来の共産主義国家はヨーロッパ経済復興計画に参加せず、マーシャル援助は一ドルも受けなかったのである。

この意味をよく考えてみる価値はある。資金供与が西側（ギリシアとトルコは名誉西ヨーロッパ国だ）に限られることで、トルーマンにとっては翌年のＥＲＰ法案の議会通過が容易になったことは疑いない。しかし大きな状況変化はそれまでに起こっており、議会はマーシャル援助がソヴィエトの進出に対する経済的防壁であることを自ら確信するようになっていた。ところが一九四七年六月の、マーシャルの新しい計画による援助の申し入れは、ヨーロッパのどの国に対しても分け隔てなく行なわれた。スターリンとモロトフは当然アメリカの動機に疑いをもった――マーシャルが提案している条件は、ソヴィエトの閉鎖経済とはまったく両立しないものだった。しかしスターリン－モロトフ二人の心情は他の東ヨーロッパ諸国で共有されていなかった――まだ「ブロック（勢力圏）」ではなかったのである。

したがってチェコスロヴァキアの非共産党員外務大臣ヤン・マサリクは、七月四日の英仏からの共同招請を喜び勇んで受け入れた。翌日、チェコ共産党の指導者で首相のクレメント・ゴットワルトはモスクワに呼び出され、初めはパリ会議に出席するよう指示された。しかし彼が受けていた命令ははっきりしていた。彼がパリでなすべきことは、「英仏プランが受け入れがたいこと」を表明し、「満場一致の決議採択を阻止すること、その後は他国の代表をできるだけ多く引き連れて退会すること」だった。

四日後にスターリンは考え直した。ゴットワルトはパリへの招請受諾を取り下げるよう命じられた。マサリクを含むチェコ政府の代表と会見したスターリンは、チェコ側にこう勧告した――「われわれはこの件を、ソ連に対する（チェコの）友好に関わる基本的問題と考える。パリに出かけるなら、あなたがたはソヴィエト連邦を孤立させる行動に協力したがっていることを示すことになるだろう。」当然ながら翌日には、チェコの連立政府はパリには代表を派遣しない旨表明した――「チェコスロヴァキアの参加は、ソヴィエト連邦および他の友好諸国との友好関係に反する行為と誤解されよう。政府はこうした理由から、この会議には出席しないことを全閣僚一致で決定した。」

チェコ側はなぜ譲歩したのだろう？　隣国のポーランドとハンガリーではすでに共産党が政権を握り、傍らには赤軍が控えていたので、ソヴィエトの「指導」に従うほか道はなかっただろう。しかし赤軍がチェコスロヴァキアを撤退してから長い時が過ぎ、共産党もまだ権力を独占してはいなかった。にもかかわらず、マサリクとその同僚たちはスターリンが見せた最初の不興で屈服してしまった。チェコの非共産主義諸政党がマーシャル援助の受け入れを強く主張していたなら、彼らは同胞市民の圧倒的多数（および少なからぬチェコ共産党員）を味方にして、スターリンによる押しつけの正当化をもっと困難にしていただろう。一九三八年ミュンヘン会談以来の国際政治という広いコンテクストで眺めれば、ソヴィエトの抱き込みを受け入れたチェコの決定は理解できるが、七カ月後のプラハにおける共産党による権力奪取への道がこれによってほぼ確実に開かれたのである。

マーシャル援助計画から外れたことが、チェコスロヴァキアの経済的・政治的なカタストロフィーとなった。同じことは「選択」を強いられたこの地域の他の各国について言えるし、そしておそらくはとくにソヴィエト連邦自体について言えるのだ。ヨーロッパ経済復興計画を傍観しようというスターリンの決断は、彼が犯した大きな戦略ミスの一つだった。個別の思惑が何であれ、アメリカ側としては援助をすべての国々に差し出してＥＲＰに東ヨーロッパを含める以外の選択はなかっただろうし、その結果将来どうなるかということは予測不可能だったにちがいない。結局、援助は西側に限られ、大陸の東西両半分の分かれ道となったのである。

マーシャル援助は最初から、自己限定的であることを意図していた。ハーヴァードでの演説でマーシャル自身が述べているように、その目標は「悪循環を断ち切って、ヨーロッパの人びとに自分の国およびヨーロッパ全体の経済的未来に自信をもたせること」だった。単に現金で援助するだけではなく、無償供与の物資をヨーロッパ各国に届けるのだが、そのベースとなるのは受け取る国それぞれの四カ年計画の一環として定められた、年度ごとの要請だった。これらの物資は販売された各国において現地通貨でのいわゆる「見返り資金」を生み出し、これをワシントンと各国政府とのあいだの二国間取り決めにしたがって活用することができた。この資金でさらに輸入品を購入する国もあれば、他の諸国たとえばイタリアなどは、将来の交換性回復のための必要性を見越して外貨へと振り替えたのである。

こうした独特の支援方法には革新的な意味合いがあった。このプログラムのおかげでヨーロッパの各国政府はあらかじめ計画を立て、未来の投資需要を計算しなければならなくなった。これによって彼らはアメリカとだけではなく相互に交渉し、互いに協議する必要が生じた。なぜならこのプログラムによる貿易と為替は、二国間から多国間の関係へと可及的速やかに移行することが意図されていたからである。それは政府、企業、労働組合を制約して、生産性の向上およびそれを促進するような諸条件の計画実施に協力させることになった。さらに特筆すべきは、それによって戦間期の経済を停滞させていたさまざまな悪しき誘惑——過少生産、相互破壊的保護主義、貿易崩壊——への回帰が阻止されることになった。

「プラン」のアメリカ側管理者たちはあけすけに期待を語ったが、援助のレベルやその配分法の決定責任はヨーロッパ側に委ねられた。ヨーロッパの政治家たちはこれまで二国間の借款交渉でアメリカの単刀直入な利己主義に慣れていたので、これにはいささかおどろいた。彼らが混乱したのも無理はない。「プラン」の目標に関して、当のアメリカ人でも意見が割れていたのである。ニュー・ディール型の理想主義者たち——戦後のアメリカの行政官にはこれが多かった——は、ヨーロッパの再建をアメリカのイメージで行なう好機が到来したとばかりに近代化、インフラ投資、工業生産性の向上、経済成長、労資協調を重視した。

こうして「マーシャル・プラン」から資金提供を受けての「生産性ミッション」として、幾千人もの経営者・技術者・労働組合幹部がアメリカ流ビジネスを学ぶためにアメリカへとやってきた——一九四八年から一九五二年のあいだに、フランスだけでも五〇〇〇人（総人数の四人に一人）に達した。一九五一年の三月から七月までに、一四五人の「ヨーロッパ生産性チーム」が合衆国に渡った——多くの場合、そのメンバーはそれまでヨーロッパから一歩も外へ出たことのない男性で、稀には女性も混じっていた。一方で、ERP資金を流すパイプとして一九四八年に設立された「ヨーロッパ経済協力機構（OEEC）」に陣どる熱烈なニュー・ディーラーたちは、ヨーロッパ側の同僚に対して自由貿易、国際協力、国家間統合のうまみを力説したのである。

言っておかなくてはならないが、こうしたアメリカ側の勧奨も、直ちに功を奏したのは限られた部分についてだった。ヨーロッパ側の政治家や計画立案者は、経済の国際的統合という大プロジェクトを構想するにはまだ準備不足だった。この点に関するマーシャル・プラン立案者たちの最大の手柄と言えるのは、一九四九年一二月に提案されて一年後に発足した「ヨーロッパ決済同盟（EPU）」だろう。限定つきのその目的とはヨーロッパ通貨による借入れ・貸出しの、一種の手形交換所のようなものを設立して、ヨーロッパにおける貿易を「多国間化」することだった。その意図するところは、極度のドル不足を避けようとしてヨーロッパ各国が他のヨーロッパ諸国からの輸入制限に踏み切り、結果としてすべての国の不利益になる危険を克服することにあった。

「国際決済銀行（BIS）」をその代理機関として活用して、ヨーロッパ諸国は自己の貿易の必要額に応じた与信枠を確保することができた。そうすることでなけなしのドルを使わずに、ヨーロッパ内での信用の移動によって債務を決済することが可能になった。誰が貿易相手か、ではなく、ヨーロッパ通貨による借入れ・貸出しの総体的バランスはどうか、が問題だった。一九五八年の解散に至るまで、この決済同盟はヨーロッパ内貿易の着実な拡大のみならず、かつてない高度な互恵的協力の実現に静かなる貢献をした——初発の与信源の供給が、巨額のドル注入だったことを銘記しておかなくてはならないが。

とは言うものの、従来のアメリカ的観点からすれば、自由貿易とそこから生まれる利得とはそれ自体がERPプログラムの十分な目的であり、正当な根拠だった。アメリカ合衆国は一九三〇年代の貿易輸出の不振によって特段の打撃をこうむっており、他国に対して戦後の関税自由化体制および交換可能な通貨復活の重要性を力説してきた。一九一四年以前のイギリス自由党の熱烈な自由貿易論と同じく、制限なしの商品移動を求めるそうしたアメリカの立場とて、まったくの非利己主義だったわけではない。

にもかかわらず、この利己主義は確かに開明的要素をもっていた。結局のところ、CIA長官アレン・ダレスが述べた通り、「世界市場でわれわれとともに競い合う能力と意志をもち、そのゆえにわれわれの生産物を大量に買い付けることができるヨーロッパの復興をわれわれは援助したい——それがこのプランの前提なのである。」数少ないケースだが、直接的な利得も生まれた。アメリカ国内では、アメリカからの現物はすべてＡＦＬ－ＣＩＯ（米国労働総同盟産別会議）加盟のアメリカ人沖仲士が積み込んだ米国所有の船舶によって運ばれるという約束で、マーシャル・プランへの組織労働者からの支援が確保された。しかしこれは直接的・即時的利点のまれなケースだった。大筋としてはダレスが正しかった――マーシャル・プランがアメリカの利得になるのは、自分の主たる貿易相手を回復させるからであって、ヨーロッパを帝国の一属国へと降格させるからではない。

しかしさらに、それ以上のものがあった。当時は誰にも分からなかったが、一九四七年のヨーロッパはある選択に直面していた。その選択の一端は復興か崩壊かだったが、もっと深い問題は、ヨーロッパおよびヨーロッパ人が自分の運命を自分で決める力を失ったのかどうか、三〇年にわたる残忍なヨーロッパ内闘争によって、この大陸の命運が合衆国とソヴィエト連邦という二つの大きな周辺強国へと移ってしまわなかったのかどうか、ということだった。ソヴィエト連邦はそうした見通しを期待してじっくりと構えていた――ケナンが回想録で記しているように、一九四七年のヨーロッパに垂れこめていた恐怖のとばりは、この大陸があたかも熟した果物のごとくにスターリンの手に落ちるための下ごしらえとなっていた。しかしアメリカの政策立案者にとってヨーロッパの危なっかしさは問題であって、好機どころではなかった。一九四七年四月のＣＩＡ報告書が述べているように、「合衆国の安全にとって最大の危険とは、西ヨーロッパに経済崩壊の可能性があることと、その結果起こる共産主義分子の権力掌握である。」

国務省・陸軍省・海軍省の調整特別委員会は、一九四七年四月二一日付の報告書で、この点をより詳細にこう説明した――「金属、石油、その他の天然資源の原産国を擁するか保護している地域、戦略的諸目標を擁するか戦略的位置を占めている地域、相当な工業的可能性を擁する地域、相当な数量のマンパワーと組織された軍事力をもつ地域、政治的ないし心理的理由から合衆国をして世界の安定・安全・平和に対してより大きな影響力の行使を可能ならしめる地域、こうした地域との友好的関係を維持することが重要である。」これこそマーシャル・プランが置かれている広範なコンテクストであり、アメリカの利益が脆弱・病弱な亜大陸のそれと解きがたく絡み合う、政治面・安全保障面の雲行きあやしい風景なのである。

マーシャル援助に関してよく事情が分かっているヨーロッパの受け取り人たち、とくにベヴィン〔英外相〕やその相方でケドルセーのフランス外務省に陣どるジョルジュ・ビドー外相は、この点を完全に理解していた。しかし当然ながら、ヨーロッパ経済復興計画自体に関するヨーロッパ内部の利害とその活用方法には、国によってかなりの変異があった。ベルギーではアメリカからの緊急援助の必要性がおそらく最も低かったので、政府は長期コストの計算などなしで伝統的な工業プラントや、たとえば炭鉱のような政治に敏感な産業に投資の重点を置くようになって、マーシャル・プランは長期的にはマイナスの影響さえ及ぼしたのかもしれないのだ。

にもかかわらず多くの場合、マーシャル援助は意図した通りに実施された。計画の初年度、イタリアへの援助の大半は石炭および穀物の緊急輸入と、織物など苦闘中の産業の助成へと回された。しかしその後は、イタリアにおける見返り資金の九〇パーセントは投資へと直接向かった——対象は機械、エネルギー、農業、輸送ネットワークだった。事実を言うなら、四〇年代末におけるイタリアの経済計画はアルチーデ・デ・ガスペリとキリスト教民主党の下で、東ヨーロッパの計画に似て、消費物資は周到に冷遇され、食糧の消費は戦前レベルへと抑え込まれ、資源はインフラ投資へと回されたのである。これではあまりにもやりすぎだ——アメリカ側オブザーバーは不安になり、もっと累進的な課税を導入し、切りつめ政策を緩和し、準備金を取り崩して景気後退を回避するよう政府を督励したが、うまくいかなかった。ここでも西ドイツの場合と同じように、アメリカのマーシャル・プラン立案者たちは社会的・経済的な諸政策がより中道に傾き、伝統的なデフレ主義政策から離脱することを願っていたのだろう。

フランスでは、マーシャル援助は「計画提唱者」たちの目標実現に大いに貢献した。モネ〔前出91頁〕の同僚の一人ピエール・ユーリが後年認めたことだが、彼らは「アメリカ人を利用してフランス政府に必要な課題をつきつけ」、アメリカ側の自由化への願いは無視して投資と近代化への勧奨には熱心に応えたのだった。ERPのドル——一九四八—四九年に一三億ドル、さらに次の三年間に一六億ドル——によって、マーシャル・プラン期間中の「モネ・プラン」にもとづくフランス公共投資のほぼ五〇パーセントがまかなわれ、この国はそれなしではとてもやって行けなかっただろう。したがってマーシャル・プランが世論からの最大の批判にさらされたのがフランスだったというのは、ちょっとした皮肉では済まないのだ。一九五〇年代半ばになると、フランスの成人でマーシャル・プランのことを聞いたことがあると答えたのはわずかに三人に一人、そのうち六四パーセントは、それが自分の国にとって「悪い」ことだったと宣言したのである！

フランスにおけるこの「プラン」の、いささかあわれを誘うイメージは、フランス共産党による偏った広宣活動が成功を収めた結果であり、しかもこれは彼らにとっておそらく最大の成果だった。(4) オーストリアにおいては、現地共産党は今なお東部地域を占領しているソヴィエト軍の庇護の下にあったけれども、アメリカ人およびその援助の評判に傷をつけるようなことは決してせず、援助によって人びとには食糧が支給され、それが何より大事なことだった。ギリシアでは状況はもっとはっきりしていた。悲惨な内戦状態のなか、一九四八年四月にギリシアへと差し伸べられたマーシャル援助は生き残りか極貧かの明暗を分けた。ERPにもとづいてギリシアに対して行なわれた六億四九〇〇万ドルにのぼるアメリカからの援助が難民を支援し、飢えと病気を阻止した。低所得農民へのラバの給付でさえ、幾千もの農民家族にとっては生と死の分かれ目だった。一九五〇年、マーシャル援助はこの国のGNPの半分を生み出すものとなった。

ヨーロッパ経済復興計画はどの程度成功だったのだろうか？　西ヨーロッパの復興ぶりには疑いの余地がなく、それは正確にマーシャル・プランの期間（一九四八―一九五一年）に当たっていた。一九四九年までに、フランスの工業生産・農業生産とも初めて一九三八年レベルを突破した。同じ基準で見た持続的回復が達成されたのは、オランダで一九四八年、オーストリアとイタリアで一九四九年、ギリシアと西ドイツで一九五〇年だった。戦時中占領されていた国々では、ベルギー、デンマーク、ノルウェーだけが比較的早く回復した（一九四七年）。一九四七年から一九五一年のあいだに、西ヨーロッパのGNPの合計は三〇パーセント上昇したのである。

短期的に見て、こうした回復へのこの「プラン」の主たる寄与がドルの信用供与だったことは確かだ。これによって貿易赤字が引き受けられ、緊急に必要な原材料の大規模輸入が促進され、こうして西ヨーロッパは四七年半ばの危機を通りぬけることができた。ヨーロッパの人びとが一九四九―五一年の期間に消費した小麦全量の五分の四は、ドル圏の国々からやって来た。マーシャル援助がなかったとしたら、石油不足、食糧不足、木綿不足、その他の必需品の欠乏を、政治的に容認できる価格では克服できなかっただろう。と言うのも、西ヨーロッパの各国経済がアメリカの助力なしで成長することは確かに可能だったかもしれないが、それは家庭需要の抑制や、新たに導入された社会的サービスの削減や、各国の生活水準のさらなる切り下げによるほかなかったからである。

---

(4) ところが党としての反対にもかかわらず、フランスの共産党員投票者の一〇人中四人はマーシャル援助受け入れに賛成だった。マーシャル・プランに対するフランスの疑念は、政治的というより文化的なものだった。大勢の人びとがとくに憤慨したと思われるのは、アメリカの官僚機構から発せられる「無味乾燥かつ膨大な質問表」と言われるものだった――彼らはこれによって劣等文明への屈服を思い知らされ、大いに苛立ったのである。

これこそは投票で選ばれた大方の政権が冒そうとしたがらないリスクであって、もっともなことだ。一九四七年には西ヨーロッパ各国の連立政府は窮地に立たされており、彼らにはそれが分かっていた。マーシャル援助は「単に」更新需要から発生した資金渋滞を打開しただけ、ワシントンの新しいアプローチはドル不足を「一時的」に克服しただけ――と後知恵で認識するのは、それはそれで結構だ。しかし一九四七年時点で、四六〇万ドルの不均衡が「一時的」だとは誰も思わなかった。さらにその行き詰まりによって、ヨーロッパの脆弱な民主主義諸国が轟音の大瀑布へと押し流されることなどないと、いったい誰が確信していただろうか？　仮にＥＲＰのしたことが単なる時間かせぎだったとしても、時間こそまさにヨーロッパに欠けているように見えたのだから、それは決定的な貢献だった。マーシャル・プランは経済の計画だったけれども、それによって回避されたのは政治的な危機だった。

マーシャル・プランの長期にわたる利得となると、評定はむずかしくなる。ヨーロッパ諸国を説得して当初意図したような計画の統合化に協力させることにアメリカは明らかに失敗したとして、失望する観察者もいた。そしてとにもかくにもヨーロッパ諸国が最終的に身につけた協働の諸慣行・諸制度があったとしても、それがアメリカの努力に負っていたのはきわめて間接的な仕方でだったことは否めない。しかしヨーロッパの近時の過去に照らして見れば、こうした方向へのいかなる移行も進歩の証しであり、少なくともマーシャルの招請のおかげで相互不信で凝り固まったヨーロッパ諸国家が一堂に会し、自分たちの対応を調整し合い、究極的にはその他多くのことで協力し合ったのである。『タイムズ』紙は一九四九年一月三日の社説で以下のように述べたが、さほど的はずれではなかった――「昨年なされた協働への努力を、二つの大戦のあいだの強烈な経済ナショナリズムと対比してみれば、マーシャル・プランこそヨーロッパの歴史に新たな希望の時代を拓くものだと言ってさしつかえなかろう。」

真の利得は心理的なものだった。実際のところ、ヨーロッパ人はマーシャル・プランのおかげで自分を取りもどすことができたと言ってもよかろう。彼らはそのおかげで、ショーヴィニズム（排外的民族主義）や、経済不況や、独裁主義による解決といった遺産ときっぱり決別することができた。それによって、経済政策の連携は異常どころか正常なものと思われるようになった。それによって三〇年代の、近隣国を窮乏化させる貿易や通貨慣行は初めは無分別、次には不必要、終いには不条理と考えられるようになったのだ。

仮にマーシャル・プランがヨーロッパを「アメリカ化」するための青写真として提示されていたなら、こうしたことはいっさい不可能だったろう。それどころか戦後のヨーロッパ人は自分たちがアメリカの援助と保護に依存しているという屈辱を噛みしめていたから、そちらからの無神経な圧力を感じたとなれば政治的に非生産的な結果になったことは確実だ。ヨーロッパの各国政府にそれぞれの国内における妥協や経験にもとづく政策を追求させ、すべてワンサイズ式の復興計画を避けたことで、ワシントンは現実には西ヨーロッパの統合というその願望のなにがしかを、少なくとも短期的には控えざるを得なかったのである。

それと言うのも、ＥＲＰは真空のど真ん中に舞い降りたのではなかった。西ヨーロッパがアメリカの援助から利得を得ることができた理由は、その地域にはすでに長期にわたって私有財産制、市場経済、そして（ごく最近は別として）安定した政治形態が定着していたからだ。しかしまさにこの理由のために、西ヨーロッパは自ら決断せねばならず、最後までそれを貫こうとするのである。イギリスの外交官オリヴァー・フランクスが述べたように、「マーシャル・プランは復興の道具を買わせるために、ヨーロッパ人の手にアメリカのドルを握らせようとしていたのだ。」その他のことは――通貨の交換性の回復や、対労組関係の改善や、均衡予算や、貿易自由化は、ヨーロッパ人自身が決めることだった。

しかし明白な類似が見られるのはアメリカ側のビジョンとヨーロッパ側の慣行とのあいだではなく、一九四五年と一九一八年のあいだである。今思いつく以上のさまざまな点で、二つの戦後期は不思議なほどよく似ていた。すでに一九二〇年代に、アメリカ人はアメリカの生産技術や対労組関係を取り入れるよう、ヨーロッパ人に勧めていた。一九二〇年代から、ヨーロッパの救いは経済統合と資本投資にあるという数多くの観測がアメリカで行なわれていた。そして一九二〇年代には、ヨーロッパ側も自分の将来に関する指針を求めて、そして当面の実利的援助を求めて、大西洋の彼方に目を凝らしていたのである。

しかし大きなちがいとして、第一次大戦後にアメリカが供与したのは援助ではなく借款だけで、しかもほとんどが私的な資本市場を通じてだった。その結果そこには値札が付いており、通常は短期取引だった。「大恐慌」が起こって支払い要求が始まると、結果は悲惨だった。この点のちがいは際立っている――一九四五―四七年の最初のつまずきの後、アメリカの政策立案者たちは先の戦後期の過ちを正すべく、いくつかの手段を講じた。マーシャル・プランが重要なのは、それが何を成しとげたかではなく、何を避けようと心を砕いたかにあるのだ。

しかしながら、ヨーロッパ経済復興計画によっては解決も回避もできないヨーロッパの問題が一つあり、他のあらゆることがその決着に依存していた。それがドイツ問題だった。ドイツの復興なしには、フランスにおける計画化も無意味だった。フランスとしては見返り資金を、たとえばロレーヌ地方に新たに大製鋼所を建設するのに使いたかったのだが、これはドイツの石炭がなければ無用の長物だった。ドイツの石炭を買うにはマーシャル・クレジットが使える、しかしその石炭がなかった場合どうするのか？　一九四八年春の時点で、ドイツの工業生産高は依然として一九三六年の半分しかなかった。イギリスが北西部ドイツの占領地区で無力な住民を支えるためにかつてない巨額の金（一九四七年だけで三億一七〇〇万ドル）を投じている限り、自国経済の回復などおぼつかないだろう。ドイツが生産物を買ってくれなければ、低地三国およびデンマークの貿易経済は死に体だったのだ。

　マーシャル・プランの論理からすれば、（西）ドイツがふたたびヨーロッパ経済に決定的な貢献をするために必要なことは、ドイツの生産および産出に対するあらゆる規制を除去することだった。実際のところ、国務長官マーシャルは最初から明言していたのだが、彼の「プラン」が意味していたのは、ドイツに戦争の賠償をさせようというフランスの希望に終止符を打つことだった——結局その趣旨とは、ドイツを開発し統合することであって、従属的なパーリア（のけ者）あつかいすることではなかった。しかし一九二〇年代の諸事件の悲劇的な再発を回避しようとしているアメリカやその友好国にとっては、マーシャル・プランが機能するのはフランスとドイツがともに真の恒久的利点を見出すことができるような広範な政治環境の一環としてだけだ、ということが明らかだった——あの二〇年代には、屈服したドイツから賠償を引き出そうという甲斐ない努力が、後で振り返って見るとフランスの不安定、ドイツの反発、さらにはヒトラーの登場へとつながったのだった。ここには何のミステリーもなかった。ドイツにおける戦後問題の決着こそヨーロッパの未来を開く鍵であり、この点はモスクワにおいても、パリ、ロンドン、ワシントンにおいても明白であった。しかしその決着はどんな形でつけたらいいのか——これがどこから見ても、さらなる紛糾を呼び起こす問題であった。

Ⅳ　不可能な決着

「その当時まだ生まれていなかった人びとには、戦後期のヨーロッパの政治を支配していたのがドイツ復活への恐怖であり、二度とそんなことが起こらないよう全力をあげていたのだと言っても、ぴんとこないかもしれない」

——マイケル・ハワード卿

「まちがってはいけない。今やギリシアを除く全バルカン諸国がボリシェヴィキに支配されようとしており、しかもわたしにはそれを防ぐ手立てがない。ポーランドについても、どうしようもない」

——ウィンストン・チャーチル、一九四五年一月

「ルネッサンス時代の暴君を思い出させた——原理を語ることもなければ方法論を説くこともなく、かといって美辞麗句があるわけでもない——答えは常に「イエス」あるいは「ノー」で、信じられるのは「ノー」のときだけだった」

——クレメント・アトリー、スターリンを語る

「五年という歳月のあいだに、われわれは恐るべき劣等感のとりことなっていた」

——ジャン＝ポール・サルトル（一九四五年）

「ヨーロッパの人びとがドイツ人についてどう思っているかは、ベルギー人、フランス人、あるいはロシア人と話してみて初めて分かる。彼らにとって善いドイツ人とは、死んだドイツ人のことなのだ。」こうした言葉を一九四五年の日記に書きつけたのは、第Ⅲ章に登場したアメリカ軍の添乗偵察員、ソール・K・パドーヴァーだった。彼の観察は戦後ヨーロッパの分裂を語るとき、いつも心に留めておかなくてはならない。ヨーロッパにおける第二次世界大戦の主眼はドイツを打ち負かすことだったのであり、戦闘続行中はそれ以外のことなどほとんど考えられなかったのである。

戦争中、連合諸国の主たる関心事は互いに対独戦争状態を保ちつづけることだった。アメリカとイギリスが絶えず心配

していたのは、スターリンが勝手にヒトラーと和睦してしまわないか、ということだった——とりわけ、一九四一年六月の独ソ戦開始以後に失った領土をソヴィエト連邦が取り返してから、その懸念が強まっていた。スターリンはスターリンで、「第二（西部）戦線」の構築が遅れているのは、ロシアが自分が払った犠牲分の利益を求めにくる前にその膏血をとことん絞っておこうという、西側連合諸国の策略だと見なしていた。両当事者とも、戦争前の宥和政策や協定を持ち出して、相手の信頼性欠如の証拠とすることができた。彼らが団結していたのは、単に共通の敵があるからだった。

こうした相互の不安感は、戦時中三つの主要連合国政府によって取り決められた協定や了解事項によく表われている。一九四三年一月、カサブランカでは、ヨーロッパでの戦争終結にはドイツの無条件降伏が必要だと合意された。一一カ月後のテヘランで、「三巨頭」（スターリン、ローズヴェルト、チャーチル）は戦後ドイツの解体に際して、ポーランドとソ連のあいだのいわゆる「カーゾン線」(1)への復帰、ユーゴスラヴィアにおけるチトー政権の承認、かつての東プロイセンの港市ケーニヒスベルク〔カリニングラード〕をソヴィエトのバルト海への出口とすることが、原則合意された。

これらの協定で利益を得たのは明らかにスターリンだが、当時ヒトラーとの戦いで重要な役割を果したのが赤軍だったから筋は通っていた。一九四四年一〇月にモスクワでチャーチルがスターリンと会談して、悪名高き「パーセント合意」に仮調印したときも、チャーチルがソヴィエトの独裁者に譲ったのは、やがて後者が確実に制圧する見込みの土地だけだった。この合意はチャーチルが走り書きしてテーブル越しにスターリンに渡し、スターリンのほうは「青鉛筆を取り出して大きなチェック印を付けた」のだった。イギリスとソ連が戦後のユーゴスラヴィアとハンガリーに対して行使する支配力は五〇対五〇ベースで合意、ルーマニアは九〇パーセントがロシアの支配下でブルガリアは七五パーセント、一方ギリシアは九〇パーセントが「イギリス支配」となる。

この秘密の「配分」については、三点を指摘しておかなくてはなるまい。第一に、ハンガリーとルーマニアに対するパーセント配分は純粋に形だけであって、真の争点はバルカン諸国だった。第二に、これから見てゆくように、この取り決めは双方によって大筋で守られた。しかし第三に、これは関係当事国から見ればまことに心ないことと思われるにちがいないが、取り決めなど実はどうでもいいことだったのだ。同じことは、一九四五年二月のヤルタ会談にも言える。「ヤルタ」は今や中央ヨーロッパの政治についての語彙では西側の裏切りの同意語となっており、このとき西側連合諸国はポーランドその他ロシアとドイツのあいだにある小国家を敵に売り渡したとされる。

しかしヤルタは、実際には重要ではなかった。たしかに連合国のすべては「解放されたヨーロッパに関する共同宣言」に調印した――「解放された諸国民がこれらの（民主主義的）諸権利を行使する諸条件を育成するため、三国の政府はこぞって、ヨーロッパにおけるいかなる解放国家の国民にも、あるいはヨーロッパにおけるかつての枢軸国側衛星国家の国民にも、助力を与えて」代議制にもとづく政府を形成し、自由選挙を促進し、云々。そして東側に捕囚された諸国民の憤懣やる方なき代弁者たちは、この約束をめぐる戦後ソヴィエト連邦の冷淡さを持ち出して西側を非難することになる。しかしテヘランその他ですでに合意されたこと以外のことが、ヤルタで決まったわけではなかった。

ヤルタ会談に関してせいぜい言えるのは、それが誤解というものについての恰好の教訓になるということ――とくにローズヴェルトが自分の幻想の犠牲になったという点だ。と言うのは、スターリンはその時点まで、東ヨーロッパで何をしようと西側の許可などほとんど必要なかったのであり、少なくともイギリスはそれを十分理解していた。一九三九年と一九四〇年に締結されたナチ－ソヴィエト秘密議定書によってスターリンに割譲された東部の領土は、ふたたびしっかりとソヴィエトの手に握られた――戦後のポーランドを管理すべくソヴィエトの手荷物貨車で西方へと連れて来られたポーランド共産党の「ルブリン委員会」は、ヤルタ会談の時点（一九四五年二月四―一一日）ですでにワルシャワで任命されていたのである。[2]

事実として、ヤルタは真に重要な問題――戦後のドイツに関する取り決め――を会談のテーブルから外したままにしてしまったが、その正確な理由は、この問題がそれほど重要かつあつかいにくいものだったからだ。そして西側の指導者たちがたとえその気になったとしても、戦争末期のこの数カ月間に、スターリン相手にもっと有利な取り引きなどできるはずはなかった。ポーランド人その他の国民にとってのせめてもの希望は、西側の好意に対する返礼としてスターリンが彼らに対して寛大になってくれることだった。しかしスターリンはともかくその好意を受け取り、ヒトラー打倒後しばらくしてからスターリンの協力を求めたのは西側の連合諸国であ

(1) 第一次世界大戦後に、イギリス外務大臣によって提案されたポーランドとソヴィエト・ロシアのあいだの国境線。

(2) スターリンは一九四三年、カティン虐殺について国際調査を要求したロンドンの亡命ポーランド政府との関係を断絶した。現地を発掘したドイツ人は、それがソヴィエトによるポーランド人将校大量処刑の現場であると正しい主張を行なった。ソヴィエト当局およびその西側支援者たちは、当時もそしてその後の半世紀のあいだも、激怒してそれを否定した。

って、その逆ではなかった。ソヴィエト連邦をドイツとの（そして当時の考えでは後に日本とも）戦争状態に置いておかなくてはならず、中央ヨーロッパ問題は和平後の話でよかろう。そうでなかったとしたら、一九四四年の八月、ワルシャワで絶望的な蜂起を敢行したポーランド人二〇万人がドイツ軍に殺されたとき、ヴィスワ川の向こう岸でそれを傍観していた赤軍に対して、ローズヴェルトとチャーチルはもっと強く抗議していただろう。

西側の指導者たちは、ポーランド人地下組織の「国内軍」を「権力に飢えた一握りの冒険分子・犯罪分子」とするスターリンの見解を共有してなどいなかっただろうが、ノルマンディーにおける「Dデー上陸作戦」からわずか六週間しか経っていないのに、彼らが主たる同盟軍と敵対するつもりなどなかったことは確かだ。これはポーランド人にとっては、当時もその後も、戦争目的そのものに対する背信行為だった——結局のところ、イギリスとフランスが一九三九年九月にヒトラーに宣戦布告したのは、ヒトラーのポーランド侵略をめぐってだったのだから。しかし西側連合諸国にとって、スターリンに東でフリーハンドを取らせる件は自明のことだった。戦争の主眼はドイツ打倒だったのである。

最後の最後まで、これが基本的な動機として残った。名目以外ではドイツの敗戦が決定的となっていた一九四五年四月に至っても、ローズヴェルトはドイツ自体の戦後処理に関して、「われわれの態度は最終決断の熟考および先送りでなくてはならない」と宣言することができた。こうしたスタンスを取るのも十分な理由あってのことだ——敏感な観察者たちにはすでに分かっていた通り、「ドイツ問題」の決着を求めることは恐ろしく困難であり、戦時中の仲間を結びつけていた反ドイツ同盟をできるだけ長く維持することには意味があったのだ。しかし結果として、まずもって戦後ヨーロッパの形を決めたのは戦時中の取り引きでも協定でもなく、ドイツ軍が降伏したときの各占領軍の位置取りだった。「解放されたヨーロッパに関する共同宣言」に盛られた善意あふれる言葉づかいについてモロトフが疑念を表明したとき、スターリンはこう説明した——「われわれなりのやり方で実行できるさ。問題は軍隊の相互関係だ。」

東南ヨーロッパでは、戦争は一九四四年末までに終わっており、ソヴィエト軍がバルカン北部の国々を完全支配していた。一九四五年五月までに、中東ヨーロッパでは赤軍が、ハンガリーと、ポーランドと、チェコスロヴァキアの大半とを解放し、再占領していた。ソ連軍はプロイセンを通ってザクセンへと進入した。西欧ではイギリス軍とアメリカ軍とが、それぞれドイツの北西部および南西部で実質的に別の戦いを行なっており、アイゼンハワーはロシア軍より先にベルリン到達が可能だったのだが、ワシントンの意向でそれを控えていた。チャーチルは西側の軍をベルリンに先乗りさせたがっていたのだが、ローズヴェルトは人命損耗を気づかう将軍たちと（第二次大戦におけるアメリカ軍の死者の五分の一が出たのはベルギー領アルデンヌでの前年冬の「バルジの戦い」においてだった）と、ドイツの首都に対するスターリンの関心とを意識していたのである。

その結果、ドイツとチェコスロヴァキア――ここでアメリカ軍は初めプラハまで一八マイルの地点へと進出し、ボヘミア西部のピルゼン（チェコ語称プルゼニ）地域を解放したのだが、すぐ後それを赤軍に引き渡していた――では、将来の「東欧」と「西欧」の境界線が、戦闘の成り行きが決めるはずのものより少し西側に移った。しかしそれはほんの少しであって、パットン（アメリカ）やモンゴメリー（イギリス）といった将軍たちがいかに頑張ったところで、最終的な結果に大きな変更はなかっただろう。一方もっと南方で、一九四五年五月二日、ユーゴスラヴィア人民（民族）解放軍とイギリス第八軍とがトリエステで相対面し、中央ヨーロッパ都市のなかでも最もコスモポリタンなこの町に、「米ソ冷戦」初の本格的な前線となる境界線を引いたのだった。

もちろん「正式の」冷戦は、まだ先のことだった。しかしそれはある意味で、一九四五年五月よりずっと以前から始まっていたのだ。ドイツという敵がいる限り、ソヴィエト連邦とその戦時同盟国とを分ける深い対立や紛争を簡単に忘れることができた。しかし対立や紛争は実在していた。共通の敵との生きるか死ぬかの戦いを通じての四年にわたる慎重な協力も、三〇年近い相互不信を拭い去ることはできなかった。それと言うのも、事実上ヨーロッパで冷戦が始まったのは第二次世界大戦後ではなく、第一次大戦の終結後だったからである。

この点はポーランドではきわめてはっきりしていた――この国は一九二〇年、新生ソヴィエト連邦と絶望的に戦ったのである。イギリスでは、チャーチルが大戦間時代にその名声を確立した理由の一端が二〇年代初期の「アカの脅威」論と反ボリシェヴィズムの主張だった。フランスでは、一九二一年から一九四〇年五月にドイツが侵入してくるまで、国内問題では反共主義が右翼の最強のアピールだった。スペインでは、内戦で共産主義の重要性を強調するのが、スターリンとフランコ両者にとって好都合だった。そして当然ながらとりわけソヴィエト連邦自体において、スターリンによる権力独占と党内批判分子に対する血の粛清の根拠となったのが、西側とその各地の連携国がソヴィエト連邦を陥れ、共産主義の実験を破壊しようと企んでいるという非難だった。一九四一―四五年の時期は、西側民主主義諸国とソヴィエト全体主義との国際闘争の幕間《まくあい》にすぎず、この間に大陸中心部で勃興したファシズムとナチズムが両陣営にとっての脅威となったために闘争の形はぼやけたものの、根本的に変わったわけではなかったのである。

一九四一年にロシアと西欧をうまく結びつけたのはドイツだったが、この点は一九一四年以前もそうだった。しかしこの同盟は壊れる運命にあった。一九一八—三四年の時期から、中西ヨーロッパにおけるソヴィエトの戦略——左翼を分裂させて破壊や暴力的抗議運動をそそのかす——のおかげで、「ボリシェヴィズム」は基本的に異質的・敵対的だというイメージが出来上がった。当時ソヴィエト連邦自体の内部では裁判や大量殺人が行なわれていたのだが、紛争や論争に明け暮れた「人民戦線」への結集の四年間がこの印象をいくらか弱めた。ところが一九三九年八月のモロトフ‐リッベントロップの「独ソ不可侵条約」と、翌年にスターリンがヒトラーと協働して行なった共通の隣国ポーランドに対する分割とで、人民戦線時代のプロパガンダで獲得した利得はかなり失われてしまった。一九四一—四五年の時期に示された赤軍および ソヴィエト市民の英雄的行動と、ナチ党による未曾有の犯罪だけが、こうした以前の記憶を振り払うよすがだった。

ソヴィエト国民に関して言えば、彼らが西側に対する不信感を捨てたことなどなかった——この不信感の根は当然一九一七年以前にさかのぼるのだが、それを活気づかせたのは、一九一七—二一年の内戦期には西側の軍事介入であり、次の一五年間にはソヴィエト連邦の国際機関や国際問題への不参加であり、西側の指導者は強いて選ぶとなれば共産主義者よりもファシストを選好するのではないかという十分根拠のある彼らの疑念であり、とりわけイギリスとフランスはソヴィエト連邦とナチ・ドイツとが互いの不利益となるような破壊的闘争に突入しても困りはしないだろう、という彼らの直感だった。戦時同盟がなんとか成立し、ドイツ打倒が共通利益であることがはっきりした後でさえ、相互不信の強さは際立っている——戦時でも、西と東のあいだには微妙な情報の交換などほとんどなかったという事実が、その実情をよく暴露している。

したがって戦時同盟の瓦解とその後のヨーロッパの分裂の原因は、過ちでも剝きだしの利己主義でも悪意でもなく、歴史に根づいたものだった。第二次世界大戦以前にも、片やアメリカとイギリスの関係、片やアメリカとソ連の関係は常に緊張していた。違いと言えば、これら三国のいずれもがヨーロッパ大陸という広大な地域の責任など負ってはいなかったことだ。さらにこの三国は、何と言ってもフランスとドイツの存在によって互いに切り離されていたのである。ところが一九四〇年のフランスの屈辱と五年後のドイツの敗北とによって、すべてが一変した。ヨーロッパにおける冷戦の更新はいつでも起こり得たのだが、不可避ではなかった。それをもたらしたのは多種多様な利害当事者間の、究極的には両立不可能な諸目標と必要性だった。

ドイツの侵略行為のおかげで、アメリカ合衆国は今や初めてヨーロッパにおける強国となった。アメリカが圧倒的な強さをもつことは、赤軍の偉業に魅惑された人びとにとっても自明のことだった。アメリカのGNPは戦争の過程で倍増し、一九四五年春までには世界の工業生産能力の半分、余剰食糧の大半、国際金融準備の実質的にすべてを擁していたのである。アメリカはドイツおよびその同盟諸国との戦いに一二〇〇万人を武装させ、アメリカの艦隊は日本降伏の時点までに世界中の他国の艦隊を合わせたよりも大規模になっていた。アメリカはその力で何をするのだろう？　第一次世界大戦の後、ワシントンはその力を行使しないことを選択したが、第二次世界大戦後の状況はどう変わっているだろう？　アメリカは何を望んでいたのか？

ドイツに関する限り——そしてアメリカの戦争努力の八五パーセントは対ドイツ戦争に費やされていた——アメリカの当初の意図はきわめてきびしいものだった。ローズヴェルトの死から二週間後の一九四五年四月二六日、統合参謀本部（JCS）からの指令「JCS一〇六七」がトルーマン大統領に提出された。とくに財務長官ヘンリー・モーゲンソーの見解を反映していたその指令は、こう勧告していた——

「ドイツ人によくよく理解させなければならないのは、ドイツの無慈悲な武力行使や狂信的ナチの抵抗によって、ドイツ経済は破壊され、混沌へと陥れられ、避けがたい苦しみがもたらされたということ、そして彼らは自ら招いたことの責任を回避できないということである。ドイツの占領は解放が目的ではなく、打倒した敵国として行なうのである。」あるいはモーゲンソー自身の言葉によれば、「ドイツのあらゆる人びとが、このたびドイツは敗戦国なのだ、ということを肝に銘じることが最も重要である。」

要するにここでの主眼点は、一九四五年の政策立案者が振り返ってみて、ヴェルサイユ条約が犯した大きな過ちと考えられるものを避けることだった——ドイツ人にその罪の大きさや彼らに降る天罰を理解させることにしくじった、というのがその過ちだった。したがってドイツ問題に対して当初アメリカがとったこの対応の論理は、非武装化、非ナチ化、非工業化だった——ドイツの軍事的・経済的資源を剝ぎ取って、その住民を再教育しようというのだ。この政策は、少なくともその一部は額面通り実施された。ドイツ国防軍は正式に解体され（一九四六年八月二〇日）、第Ⅱ章で見たように、非ナチ化プログラムがとくにアメリカ占領地区で策定され、ドイツの工業能力と産出高に対しては厳格な制限が課せられた。とりわけ鉄鋼生産は一九四六年三月の「戦後（ドイツ）経済の水準に関する計画」の下、きびしく制限されたのである。

しかしこの「モーゲンソー戦略」は、その発端からアメリカ政府自体の内部で激しい批判を浴びた。（アメリカが支配する）ドイツを実質的に工業化以前の状態へと追い込んで、いったい何の得があるのか？　戦前ドイツの最良の耕地の大半は、今やソヴィエトの支配下にあるか、ポーランドへと移っていた。一方西側のドイツは、都市あるいは土地も食糧も手に入らない難民で溢れんばかりだった。ドイツの工業の産出に対する制約はドイツを屈服状態に置くかもしれないが、それではドイツは食べていけず再建もできない。その重荷を勝利者たる占領国が担うとなれば、相当なものになる。この責任は遅かれ早かれドイツ人自身に肩代わりさせる必要があり、その時点でドイツ人は自国の経済再建を許されてしかるべきだ。

こうした懸念に加えて、当初のアメリカの「強硬」路線に対するアメリカ国内の批判派にはもう一つの気がかりがあった。ドイツ人に自分の敗北を意識させるのはまことに結構だが、より良き未来への展望が与えられなければ、結果はかつてと同じになるだろう――怒りと屈辱にまみれ、右翼あるいは左翼のデマゴギーに冒されやすい国民が生まれるのである。

元大統領のハーバート・フーヴァーが一九四六年にトルーマンに直接語った通り、「復讐か平和かのいずれかは可能だが、両方は無理だ。」ドイツに対するアメリカの処遇において、優勢バランスがだんだん「平和」のほうに振れていったとすれば、それは主に米ソ関係の雲行きが悪化したことに起因していた。

ワシントンの消息筋の限られたメンバーのあいだで当初から明らかだったのは、ソヴィエトと西側の利害対立が紛争を引き起こすこと、戦後問題の賢明な解決策は互いの勢力圏を明確に定めること、の二点だった。これはジョージ・ケナンの見解だった。一九四五年一月二六日に、彼はこう書いた――いったいなぜ「われわれは（ソ連と）きちんとした明確な妥協を行ない、われわれはロシア圏の外、ロシア人はこちらの圏域の外と、ヨーロッパをあからさまに勢力圏に分割することができないのか？……そうすれば、われわれにどんな活動圏が与えられようと、われわれは少なくとも……戦争の惨禍の後で、品位と安定性のある基盤の上に生活を取りもどす企てに着手できるのだ。」

この六週間後、モスクワ駐在のアメリカ大使アヴァレル・ハリマンはローズヴェルト大統領に覚え書きを送り、東ヨーロッパにおけるソヴィエトの行動に対して、より悲観主義的で対決的な対応を取るよう進言した――「もしわれわれが二〇世紀において野蛮人のヨーロッパ侵攻を許すまいとするなら、東欧での抑圧がますます拡大するなか、われわれはソヴィエトの強圧政策を阻止する方途を見出さなければならない。……われわれがこの問題に正面から対処しないなら、歴史は次の一世代をソヴィエト時代として記録するだろう。」

ハリマンとケナンは、ソヴィエトの行動にどう対応すべきかでは前提のちがいがあったが、スターリンが何をしていたかに関する判断の不一致はなかった。しかし他のアメリカの指導者たちははるかに楽天的で、それは一九四五年春だけのことではなかった。これもアメリカの外交官で、先に引用したケナンの手紙を受け取ったチャールズ・ボーレンは、民族自決と「大国」の協力という大原則にもとづく戦後決着の可能性を信じていた。ドイツ自体における解決を図るためにはソヴィエトの協力を保持することが必要だという認識から、ボーレンその他の人びと――たとえば戦後の国務長官ジェイムズ・バーンズ――は、かつての枢軸国およびその衛星国に対する連合軍による占領と、ヤルタ会談で示唆された線での自由選挙とに確信をもっていた。彼らはようやく後になって、ルーマニアそしてとくにブルガリアにおいて「連合国管理理事会」を背景にしたソヴィエト権力の動き方を観察した後で、こうした目標が両立不可能なことを認め、ケナンとともに勢力圏分割という「レアールポリティーク（現実政策）」を選好するようになったのである。

当初の楽観主義の一つの根拠として、スターリンには対決や戦争を引き起こす気はないという、広く支持された見解があった。アイゼンハワー元帥自ら一九四六年六月、トルーマン大統領と統合参謀会議に対してこう述べた――「アカが戦争をしたがっているとは思えません。今さら武力闘争をして何が得られるでしょう？　彼らは同化できるものはすべて手に入れたのですから。」アイゼンハワーは限られた意味では正しかった――スターリンはアメリカと戦争しようなどとは思っていなかったのだ（しかしここから導かれる合理的な結論――したがってソヴィエト連邦は昔の同盟国との十全な協力に関心があった、という結論は、事実としては生まれなかったが）。そしてその場合、原子力兵器を独占している合衆国にとっては、ソヴィエト連邦と自由な意思疎通を保ちつつ共通問題に関して相互に両立し得る解決を探っても、リスクはほとんどなかったのである。

もう一つ、戦後初期にアメリカが取った政策要素として新たな国際的制度機構があり、これらはアメリカ人の助力によってつくられ、彼らはその成功を心から願っていた。なかでも「国際連合」が最も有名で、その「憲章」が採択されたのは一九四五年一〇月二四日、第一回「総会」が開かれたのは一九四六年一月だが、当時の政策立案者たちにとってより重要だったのは、おそらく「ブレトンウッズ」関連の金融・経済の諸機関・諸協定だったろう。

両大戦間時代の経済崩壊こそ、とくにアメリカ人にとってはヨーロッパの（そして世界の）危機の根源だと考えられた。各国通貨が交換性をもち、各国が貿易の増大によって相互利益を得ようとするのでなければ、第一次大戦後の金融制度が崩壊した一九三一年九月の悪夢の日々の再来を防ぐ手立ては何もなかったのだ。メイナード・ケインズ――一九四四年七月ニューハンプシャー州ブレトンウッズで開かれた会議の立役者――に導かれて、エコノミストと政治家たちは戦前の国際金融体制に代わる制度を模索した。金本位制より少しゆるやかで収縮的でなく、しかし変動相場制より信頼性があって相互維持機能をもつものが求められていた。ケインズの主張によれば、この新体制がどんなものになるにせよ、その運営に必要なのは、国内経済における中央銀行のような機能を有して固定レートを維持すると同時に外国為替取引を促進・円滑化する、一種の国際銀行のようなものだった。

要約すれば、以上がブレトンウッズで合意されたことだった。「国際貿易の拡大および均衡のとれた成長を促進すべく」（第一条）、「国際通貨基金（ＩＭＦ）」が（ドル資金で）設立された。初発の理事会は国連の安全保障理事会をモデルにして、アメリカ、イギリス、フランス、中国、ソ連の代表で構成された。「国際貿易機関（ＩＴＯ）」の設立が提起され、結局は一九四七年の「関税貿易に関する一般協定（ＧＡＴＴ）」にという形をとった（後に、一九九五年には「世界貿易機関（ＷＴＯ）」に改組）。加盟各国は取引相手に対する関税その他の引き下げとともに、さまざまな不履行や紛争の処理のための貿易慣行や手続き規約の制定に合意した。こうしたことすべては、それ自体が以前の「重商主義的」貿易手法からの劇的な離脱であり、いずれは自由貿易の新時代が到来することを期していた。

新たな「世界銀行」をも含むブレトンウッズの目標や制度が暗黙の前提としていたのは、各国の慣行に対して外部から行なわれる、いまだかつてない規模の干渉だった。さらに通貨が交換性をもたねばならないということが、米ドルとの関係を基盤とする持続可能で予測可能な国際貿易のための必要条件だった。実際にはこの点が問題を孕んでいた――イギリスとフランスの両国とも交換性の回復に抵抗したが、その理由はイギリスは保護すべき「スターリング地域」(3)と弱含みの戦後経済を抱えており、フランスには「強いフラン」というものへの長期にわたる執念と、部門ごと・製品ごとに異なる複数の交換レートを保持したいという願いがあり、これは過ぎ去った時代から引き継がれたネオ・コルベルティスム（新重商主義）だった。完全な交換性の回復には一〇年かかり、フランとポンドが最終的にブレトンウッズ体制に加わったのは、それぞれ一九五八年と一九五九年であった（つづいて一九五九年五月にはドイツマルクが、一九六〇年一月にはイタリアのリラが加わった）。

したがって、戦後のブレトンウッズ体制は突然出来上がったのではなかった。ブレトンウッズ会議の参加者たちは、一九四〇年代末までに普遍的な国際交換性が実現すると予期していたが、彼らの思惑には来るべき「冷戦」が（あるいは実際にはマーシャル・プランが）もたらす政治的・経済的諸結果が勘案されていなかった。別の言い方をすれば、より良き国際体制を目ざしてこれらの諸計画・諸制度を設立する人びとの高邁な理想は、そこに参加する全員に利益をもたらすような国際協力を可能にする、安定した時代というものを前提としていた。もともとはソヴィエト連邦も、ブレトンウッズで提起された金融体制には欠かせぬ存在だった——国際通貨基金の割り当てでは第三位の拠出国となるはずだった。こうした提案がロシア人の——実際にはフランス人もだが——政策立案者にとって受諾可能だと想像したアメリカ人（そして一部のイギリス人）は、いささか無邪気すぎたのかもしれない——いずれにせよ彼らが取った障害回避策とは、ロシア人にもフランス人にも、あるいは他の誰にも相談せずに計画を策定するという、単純な便法だった。

とは言うものの、彼らが真摯に期待していたのは、国際的な通商および金融安定性の増大から得られる相互利益が、結果として国民伝統や政治不信を克服することだった。したがってソヴィエト連邦が一九四六年の初めに、突如ブレトンウッズの諸制度・諸機構に参加しないと宣言したとき、アメリカ財務省の困惑はたいへんなものだった。そして一九四六年二月二二日の夜分、ジョージ・ケナンはモスクワから有名な「長文電報」を発して、スターリンが打つ手の背景にある考え方を説明したのだが、これが来るべき対決に関するアメリカ側の認識の最初の重要な一手となった。

このように書くと、アメリカの外交政策の立案者たちを、ケナンは別として、きわめて無邪気な人びととして描いている印象を与える。そしておそらく実際にそうだった——しかもそれは、東ヨーロッパその他でのソヴィエトのふるまいについて語られたことを信ずるのを拒んだ、エスティズ・キー

（3）インドおよび海外のイギリス自治領の一部は、かなりの額のポンド資金を有しており、これはとくに戦時中の債権として増えたものだった。ポンドが終戦直後に自由にドルと交換されていたら、こうしたポンド資金の多くは減価してしまい、すでに弱まっていたイギリスの外貨ストックをさらに弱めただろう。こうした理由からイギリスは、アメリカの借款を得る条件として当初ワシントンから押し付けられた破滅的な交換性の実験が済むと、一九四七年にはポンド・スターリングの管理を再開したのである。

フォーヴァー上院議員やウォルター・リップマンのような人びとに限られていたのではなかった。少なくとも一九四六年の半ばを通じて、アメリカの数多くの指導者たちの言動はスターリンとの戦争中の協調の継続を本当に信じているかのごとくだった。ルーマニア共産党指導部の幹部（そして後には自国の見せしめ裁判の犠牲となった）ルクレツィウ・パトラシュカヌでさえ、一九四六年夏の「パリ平和条約」交渉の際にこんなコメントを出す気になったのである――「アメリカ人はどうかしている。彼らは自分が頼んだり望んだりする以上のものを、ロシア人に与えようとしている。」(4)

しかしアメリカの政策には、無邪気以上のものがあった。一九四五年、およびそれからしばらくのあいだのアメリカは、できるだけ早くヨーロッパから身を引くことを真剣に望んでおり、したがって当然ながら、アメリカの存在や監督を必要としない、実行可能な決着のつけ方というものに熱心に取り組んでいた。アメリカの戦後思考のこうした側面は、今日ではあまり想起されないし理解もされないが、当時のアメリカの思惑では最重要事項だった――ヤルタでローズヴェルトが説明した通り、アメリカはドイツの（そしてヨーロッパの）占領を最長でも二年以上つづける気はなかったのである。

この企ての実行を迫る強い圧力が、トルーマンにかかっていた。「武器貸与」協定の突然の終了〔前出116頁〕は、ヨーロッパへの経済的・軍事的関与の全般的削減の一部だった。アメリカの防衛予算は、一九四五年から一九四七年にかけて六分の五が削られた。ヨーロッパでの戦争終結時に、アメリカは戦闘体制にある地上軍を九七師団配備していたが、一九四七年半ばにはわずか一二師団となり、その大半が定員割れで行政業務に就いていた。その他の軍勢は帰国して動員解除になっていた。これはアメリカの選挙民の期待に応えたもので、一九四五年一〇月時点で国内的関心より外交問題を優先していた有権者は、わずかに七パーセントだった。しかしそれはヨーロッパにおけるアメリカの同盟諸国に大恐慌を来たすもので、彼らは両大戦間時代の孤立主義の再来を真剣に危惧し始めた。彼らは半分まちがっていたにすぎない――イギリス人は知っていたが、一九四五年以後ソヴィエトによる西ヨーロッパ侵攻が起こった場合のアメリカの戦略は、イギリス、スペイン、中東など周辺部基地への即時退却であった。

しかしヨーロッパへの軍事的関与を減らしつつあったとはいえ、アメリカの外交官たちは急上昇の学習曲線をたどりつつあった。当初は戦時中の協約やソヴィエトの善意を信頼していた同じバーンズ長官が、一九四六年九月六日にシュトゥットガルトで演説して、ドイツの聴衆を安心させようとしてこう言った――「ドイツで占領軍が必要とされる限り、アメリカ軍はその占領軍の一部でありつづけるだろう。」これはヨーロッパ防衛に関する断固たる約束とは言いがたいが、おそらくは六月にトルーマンから届いた手紙（「ロシア人を甘やかすのはもう飽きた」）に触発されて、ソヴィエト連邦との協働のむずかしさに対するアメリカ側のつのる不満を反映していたのである。

安心を求めていたのはドイツ人だけではなかった——とりわけイギリス人は、足手まといのヨーロッパから逃げ出したいという、アメリカ人のあからさまな欲望を心配していた。イギリスは、ワシントンで全面的に好かれていたのではなかった。一九四六年四月一二日の演説で、副大統領のヘンリー・ウォレスは聴衆にこう言った——「言語の共通性、文芸伝統の共通性を別にすれば、われわれと帝国主義のイギリスとのあいだには、共産主義のロシアほどの共通性もないのです。」もちろんウォレスは共産主義に「柔軟」なことで悪名高かったのだが、アメリカがイギリスやヨーロッパに巻き込まれることを嫌う彼の気持ちは、政治スペクトルの全域にわたって広く共有されていた。ウィンストン・チャーチルが例の有名な「鉄のカーテン」演説を行なったのは一九四六年三月、ミズーリ州フルトンにおいてだったが、『ウォールストリート・ジャーナル』紙は辛口にこう論評した——「チャーチル氏のフルトン演説に対するこの国の反応は、アメリカはいかなる国とも同盟を欲せず、同盟らしきものをも欲していないことの、確証となるにちがいない。」

とりわけチャーチルのことだから、ウォレスにも『ウォールストリート・ジャーナル』の論説にもおどろきはしなかっただろう。彼は疾うに一九四三年から、イギリス帝国を瓦解させたいというローズヴェルトの欲望を十分に見ぬいていた——実際にローズヴェルトが、ソヴィエト・ロシアの封じ込めとともに戦後イギリスの弱体化に腐心しているようにも見えた時があったのだ。一九四四—四七年期におけるアメリカの一貫した戦略を語ることが可能だとすれば、それはこうなるだろう——大陸ヨーロッパとスターリンとのあいだの決着をつけること、イギリスに圧力をかけてその海外帝国の放棄と自由貿易およびスターリングの交換性を認めるよう迫ること、そして適正な早さでヨーロッパから撤収すること。これらのうち、二番目の目標だけが達成された——一番目が不可能だったために、三番目がその犠牲となった。

イギリス側の展望はまるでちがっていた。一九四四年の内閣小委員会の一つは、ソヴィエト連邦との交渉に当たって留意しておくべき基本的問題の四領域を挙げた——①中東の石

（4）ケナンによれば、「ワシントンにいる我が国の指導者たちには、シベリア時代のロシア秘密警察を背後に控えたソヴィエトの占領が、その支配下に置かれた人びとにとってどんなことを意味したのかまるで分からず、想像さえつかなかっただろう。」

油、②地中海全域、③「死活的な海上輸送網」、④イギリス工業力の維持と保護。注目すべきことに、これらのうちどれ一つとしてヨーロッパ本体との直接の関係はなかった――②は例外で、これはギリシアにおけるイギリスの関わりを説明している。東ヨーロッパへの言及などなかった。イギリスの指導者たちがスターリンとの取引きに慎重だったとすれば、それは中央ヨーロッパにおける彼の企図に不安がってのことではなく、中央アジアおよび近東における彼の将来の動きを予期してのことだった。

これはイギリスの優先事項の一貫性に照らせば筋が通っていた――東アジア、インド、アフリカ、カリブ海。しかしこうした相も変わらぬ「帝国」幻想（ワシントンに限らず、すでにこう呼ぶ人もいた）によって、イギリスの戦略家たちは、ことヨーロッパに関してはアメリカの友人たちより現実主義だった。ロンドンの視点から見れば、戦争はドイツ打倒のために行なわれたのであり、その代償が東ヨーロッパにおけるソヴィエトの支配権ならば、それはそれでよかろう。イギリスはヨーロッパ問題を、力の均衡の観点から見つづけていた――外務省のウィリアム・ストラング卿の言葉によれば、「ドイツが西ヨーロッパを支配するよりは、ロシアが東ヨーロッパを支配するほうが好ましいのである。」

ストラングが書いていたのは一九四三年だった。ロシアの支配領域が明確になった一九四五年までには、イギリス指導層はアメリカの同僚たちと比べて楽観主義的ではなくなった。一九四五年二月、ブカレストでロシアが仕掛けた政変と、それにつづくルーマニア・ブルガリア両国へのロシアの手荒な圧力の後では、ソヴィエトの覇権確立で支払われる現地の犠牲は高くつくことが判明した。しかしイギリスは、当該地域の状況改善へのあだな希望は抱いていなかった――外務大臣アーネスト・ベヴィンがアメリカの同輩バーンズに言ったように、「これらの国々に関しては、一組の泥棒連中をもう一組の泥棒と取り替える覚悟で臨まねばならない。」

ヨーロッパにおけるイギリスの心配事というのは、ソ連が東ヨーロッパを支配するかもしれないということではなく――一九四四年末時点でそれは既成事実だった――、ソ連が汚辱と怒りに満ちたドイツをも自分の勢力圏に引き込んで、大陸全体の支配権を確立してしまうことだった。これを阻止するためには、イギリス参謀本部が一九四四年秋に下した結論のように、ドイツを分割してその西半分を占領する必要があるだろう。その場合には、一九四五年三月のイギリス大蔵省秘密文書の結論のように、ドイツ問題への一つの回答は、全ドイツ的解決は断念する代わりに、こうした西側ドイツ地域を完全に西ヨーロッパ経済へと取り込んでしまうことだった。帝国参謀総長アラン・ブルック元帥が一九四四年七月二七日の日記に書き付けていたように、「ドイツはもはやヨーロッパの支配強国ではない。ロシアこそそれで……ロシアは……今後一五年間のうちに必ず最大の脅威国となるだろう。したがってドイツを育め。ドイツを徐々に育て上げて西ヨーロッパ連合へと取り込め。不幸なことに、こうしたことすべてをロシア、イギリス、アメリカ三国の神聖なる同盟を隠れ蓑としてやりとげなくてはならないのだ。」

もちろんこれは、多かれ少なかれ四年後に起こったことである。最終的に生起した決着の、ほとんどそのままを予期し、模索してもいたのは、連合国側列強のなかではイギリスだった。しかしイギリスはそうした成り行きを強要する立場にはなく、単独でやりとげる立場でもなかった。戦争終結までに、ロンドンはもはやワシントンやモスクワに敵わない、ということが明白になっていた。イギリスはドイツとの勇壮な戦いで消耗しつくしており、もはや大国としてのうわべの装いも保てなくなっていた。一九四五年の「ヨーロッパ戦勝記念日」から一九四七年春までに、イギリス軍の男女兵員は最高五五〇万人からわずか一一〇万人へと激減した。一九四七年秋、この国は燃料石油節約のため海軍演習を取り止めざるを得なかった。とても冷淡な観察者ではいられないアメリカ大使ウィリアム・クレイトンの言葉によれば、「今やイギリス人は風前の灯《ともしび》状態で、アメリカの援助でなんとしてでもイギリス帝国とその主導権を保持しようという希望に、必死でしがみついている。」

こうした実情の下で、もっともながらイギリスが懸念したのはロシアからの攻撃ではなく——ロシアからの攻撃があるとしてもそれは戦争以外の形をとるだろう、というのがイギリスの政策の前提だった——アメリカ軍が撤退してしまうことだった。政権を担っているイギリス労働党内の少数派は、中立的傾向のヨーロッパ防衛同盟に、彼らが戦後抱いた確信をもっていたから、アメリカの撤退を歓迎しただろう。しかしクレメント・アトリー首相にはそうした妄想はなく、その理由を労働党の同僚で反戦派のフェナー・ブロックウェイへの手紙でこう説明した——

「(労働党の)諸君のなかには、われわれの努力をヨーロッパにおける第三勢力の建設に集中すべきだと考える人もいます。もちろん、たいへん良いことです。しかし当時としては、精神的にも物質的にも、その基盤はなかったのです。ヨーロッパに残されたものは、自力でロシアに対抗できるほど強くはなかったのです。世界的武力に立ち向かうのなら、世界的武力を持たなくてはならない……アメリカ軍の抑止力がなかったら、ロシア軍は安んじて破竹の勢いで前進を試みていたでしょう。本当にそうなったかどうかは分かりませんが、可能性として無視はできませんでした。」

しかしアメリカ人は当てにできただろうか？　イギリスの外交官は、一九三七年の「中立法」のことを忘れていなかった。そして彼らは当然ながら、対外関係についてのアメリカの相反する感情を十分に理解していた――と言うのも、それはずっと以前から、彼ら自身のスタンスとさほどちがわなかったのだから。一八世紀半ばから一九一四年にフランスに赴いた「英国海外派遣軍」までのあいだ、イギリスは代理に戦わせることを選好し、常備軍はもたず、大陸での長引く交戦を避け、ヨーロッパの土地に永続的な武力を保持したことはなかった。昔ならば、ヨーロッパの戦争をどこか他国の兵士に戦わせようとするこの海洋強国が頼った同盟国は、スペイン、オランダ、スイス、スウェーデン、プロイセン、そしてもちろんロシアだった。しかし時代は変わった。

そこで一九四七年一月の、イギリス独自の原子力兵器プログラムの決断となった。しかしながらこの選択の重要性は未来にあった。戦後期初期の状況の下でのイギリスにとって最善の希望は、ヨーロッパにおけるアメリカの関わりを継続してもらうこと（それは交渉の決着に際してアメリカの信念を支持することだった）と、今なおそれが現実的と言える限りソヴィエトと協働することにあった。ドイツの報復への懸念がすべてに先行する限り、この政策が維持できそうだった。

しかしながら一九四七年の早い時点で、それは明らかに崩壊に瀕していた。ソヴィエト連邦が真の当面の危険かどうかは不明だった（一九四七年一二月に至るまで、ベヴィンでさえも、未来の再生ドイツほどにはロシアを脅威とは考えなかった）。しかしひどくはっきりしていたのは、ドイツというリンボ（不確定状態）を長くはつづけられないということだった――ここドイツの経済は決着のつかない政治議論の人質となったまま、イギリスは自分の占領地区で巨額の請求書を溜め込んだままだった。ソヴィエトが合意しようがしまいが、ドイツ経済を甦らせる必要があった。したがってこの章を早く終わらせ、大陸問題に何らかのモードゥス・ヴィヴェンディ（暫定協定）を講じて先へ進みたかったのはイギリスだった――イギリスはドイツとの長期にわたる二つの戦争を初めから終わりまで戦いぬき、辛くも得た勝利のおかげで低迷の憂き目に遭っていたのだから。

もっといい時代だったら、イギリス人はブリテンの島々へと退いていただろう、アメリカ人は自分の大陸へと退きたがっているのでは、と疑ったぐらいだから。そして西ヨーロッパの安全はその伝統的守護神たるフランス人に任せていただろう。つい一九三八年までは、これがイギリスの戦略的計算の基盤だった――大陸きっての軍事強国であるフランスは、中央ヨーロッパにおけるドイツの野望のみならず、もっと東方でのソヴィエトの未来の脅威に対するカウンターウエイト

（平衡力）として当てにできるだろう。ヨーロッパの——唯一の——大強国としてのフランスというこのイメージはミュンヘンで揺らいでしまったけれども、東ヨーロッパの大使館執務室の外でなら、いまだに壊れていなかった。したがって偉大なるフランス陸軍が、ムーズ川を越えピカルディー〔パリ盆地北部地方〕を抜けて進撃してきたドイツ機甲師団の猛攻の前にあえなく崩壊して散り散りになった一九四〇年の五月と六月の、ヨーロッパ中を襲った驚天動地のショックは、予想もしなかったことだけに、あまりにも大きかったのだ。

傷心の六週間が過ぎて、ヨーロッパの国家間関係の評価の基本は永久に変わってしまった。フランスは大強国どころか強国でさえなくなってしまい、その後数十年にわたるド・ゴールの懸命の努力にもかかわらず、決して元にはもどらなかった。と言うのも一九四〇年六月のぶざまな敗北の後の占領は、屈辱と汚名と盲従の四年間であり、この間ペタン元帥のヴィシー政府は、ディケンズの小説世界の人物になぞらえれば、ドイツというビル・サイクス〔『オリバー・ツイスト』〕に対してユーライア・ヒープ〔『デヴィッド・カパーフィールド』〕の役割を演じつづけたのだった。フランスの指導層と政策立案者たちは、公的に何を語ろうと、自分の国に何が起こったかを思い知らされていた。一九四四年の「パリ解放」の一週間後、フランスの内部政策文書の一通にはこう書かれていた——「仮にフランスが今後一世代のうちに第三の攻撃に屈してしまえば、……その屈服は永遠につづくものと懸念される。」

これは内輪の話だった。戦後フランスのさまざまな政治家たちが一様に公的に主張したのは、勝ち組である連合国側の一員、仲間の国々と同じ立場の世界強国としての自国の認知だった。この幻想がある程度支持されたのは、そういうふりをしているほうが他の列強諸国にとっても好都合だったからだ。ソヴィエト連邦としては、西欧で「アングロ‐アメリカン（英米人）」をうさんくさく思う戦術的な同盟国が欲しかったし、イギリスとしては、フランスが復活してヨーロッパ問題の処理にしかるべき役割を果たし、大陸の義務から大ブリテン島を解放して欲しかった。アメリカ人でさえ、パリは上位のテーブルに着かせておいたほうがいいかもしれないと思ったのだ。したがってフランス人には、新設の国際連合安全保障理事会で常任理事国の席が与えられ、ウィーンとベルリンの各合同軍事管理機構で果たすべき役割が提供され、（イギリスの主張で）南西ドイツのアメリカ占領地区の一画を切り取って彼らに任せることになったのだが、この地域はフランス国境に接していて、ソヴィエトの前線のはるか西側にあったのである。

しかしこうした激励の数々も、すでに卑屈になっている国に対して実質的にはさらなる屈辱感を注ぎかける結果となった。そして予想通り、フランスの最初の反応はカリカリしたものだった。ドイツの連合国管理理事会で、フランスは自分が当事国ではなかったという理由でポツダム三国首脳会談における諸決定の実行を徹頭徹尾阻んだり、拒否権を行使したりした。フランス臨時政府の当局者たちは、強制移住させられた人びと（DP）のあつかいについて当初はUNRRAや、連合国軍政府との協力も拒否したのだが、その根拠はフランス人難民やフランス人DPは、独立的でもっぱらフランス的な実施方式の一環として特定して管理すべきだ、というのだった。

特筆すべきはフランスの戦後政府がもっていた、連合国側の最高意思決定機関から排除されたという強烈な疎外感だった。彼らの考えでは、イギリス人もアメリカ人も個別的に信頼できない相手だった（アメリカが一九二〇年以後ヨーロッパから撤退したことや、イギリスが一九四〇年七月にメル・エル・ケビールで〔ヴィシー政権下の〕フランス艦隊を空爆したことを想起していたのだ）。しかし米英二国そろったときこそ、いちばん信頼が置けなかった——これはとくにド・ゴールが痛切に感じていたことで、彼には戦時中のロンドンにおける屈辱的な身分と、FDR（フランクリン・デラノ・ローズヴェルト）から見ての自分の低い立場が想起されたのである。直接自分たちに関わることでありながら自分たちはどうにもできない諸決定がワシントンとロンドンで行なわれている——フランス人はそう信じるようになったのだ。

イギリスと同じくフランスも、少なくとも文書上では「帝国」だった。しかしパリはドイツに占領されていたあいだに、その植民地の所有財産から疎遠になっていた。いずれにせよ、そしてアフリカや東南アジアにおける相当な所有物にもかかわらず、フランスは最初から常に一貫して大陸国家だった。アジアにおけるソヴィエトの進出、あるいは来るべき中東の危機は、イギリスとちがって、それまでのフランスが間接的にしか関わらなかった問題だった。フランスが陥没した今こそ、その視野にヨーロッパが大きく立ち現われたのだ。さらにパリには、ヨーロッパで心配の種があった。東ヨーロッパは両大戦間中のフランス外交が最も活発に動いたアリーナ（闘技場）だったが、そこでのフランスの影響力はもう失われていた——一九三八年一〇月、シェル・ショック（戦争後遺症）にかかったチェコスロヴァキア大統領エドヴァルド・ベネシュが洩らしたのは、自分が犯した「歴史に照らしての大まちがいとは……フランスを信じつづけたことだろう」という有名な告白だったが、彼の幻滅はこの地域全体に広がったのである。

フランスの関心、というより執着の対象は、今やドイツだった。これは無理からぬことだった。一八一四年から一九四〇年までに、フランスの国土はドイツ人によって五回ほども侵攻され占領されたが、そのうちの三回はまだ記憶に残っていた。この国は領土的にも物質的にも、人命や苦しみの点でも、計りがたい代価を支払っていた。一九一八年以降、復讐に燃える再生ドイツを抑えられる管理と同盟のシステムづくりに失敗したという思いが、フランス外務省の本拠地ケドルセーを悩ませた。ヒトラー打倒後のこの国の最優先事項は、この過ちを絶対繰り返さぬようにすることだった。

したがってドイツ問題に関するフランスの当初の立場はきわめて明確で、一九一八―二四年の教訓に依拠していた。実のところそれが極端だったので、よそ目には第一次大戦後の時期の脚本の再演かと思われるほどだったが、今度は他人の軍隊を当てにしていることだけがちがっていた。フランスの政策立案者が求めたのは、ドイツの完全な武装解除と経済的解体だった。兵器および兵器関連の生産は禁じられ、賠償金が課せられ（ドイツ人労働者に対するフランスでの義務労役を含む）、農産物・木材・石炭・機械類が徴発されて持ち去られることになる。ルール、ザールラント、ラインラントの一部といった鉱業地域はドイツ国家から切り離し、その資源や産出物の処分権はフランスに帰属させるというのである。

そんな計画が押しつけられれば、以後多年にわたってドイツ経済は破壊されていただろう――それが半ば公然の目的だった（と同時に、フランスにおいては魅力的な政治プログラムだった）。しかしそれはまた、ドイツの巨大な基本資源をフランス自体の復興プランに役立てるという目的に適うものだっただろう――実際のところ、「モネ・プラン」の前提となっていたのは、とくにドイツからの石炭の入手可能性であり、それがなければフランスの鉄鋼産業は絶望的だった。一九三八年においてさえフランスは世界最大の石炭輸入国で、石炭およびコークスの必要量の約四〇パーセントを外国から買っていた。一九四四年時点で、フランス国内の石炭産出高は一九三八年の半分以下に落ち込んでいた。この国は外国産の石炭への依存をますます深めていた。しかし一九四六年、国内の石炭生産が一九三八年レベルを回復しても、フランスの石炭輸入量――一〇〇〇万トン――は必要量と比べてなお絶望的に不足だった。ドイツの石炭とコークスなしでは、戦後フランスの復興は陽の目を見ずに終わるだろう。

ところがフランスの計算には多くの欠陥があった。まず何と言っても、それは四半世紀前にケインズによってフランスの政策に向けられたのと同じ異議に遭遇した。ドイツの資源がフランス自身の復興にとって決定的に重要なら、それを破壊するというのはおかしいし、自国で改善の見込みもないままに低い生活水準を強いられているドイツ人を、フランスのために労働させるのは無理というものだ。戦後の国外からの抑圧に対抗しての、ドイツの民族主義の逆襲を招く危険は、一九四〇年代においても、少なくとも二〇年前と同じ程度に大きいと思われた。

しかし戦後ドイツをめぐるフランスの計画に対する最も重大な異議は、それがフランスの西側同盟諸国の利害や計画を頭から無視していたことであり、フランスがこれらの同盟諸国に安全のみならず生活の糧まで完全に依存していた時だけに、それは軽率なミスであった。二次的な問題についてなら、西側同盟国はフランスの要求を受け入れることができた――たとえばザールラントとの関税・通貨同盟で、これは一九四七年にフランスの言う通りになった。しかしドイツの将来という中心問題について「アングロ＝アメリカン」を思い通りに従わせるほどの力は、パリにはなかったのである。

フランスとソヴィエト連邦の関係は、少しちがっていた。フランスとロシアは過去半世紀にわたって同盟関係を繰り返してきており、ロシアは今なおフランスの世論で特別の好感をもたれていた。戦後フランスではいつの世論調査でも、ソヴィエト連邦に対して相当な共感の念が存在することが示された。(5) したがってフランスの外交官たちは、ドイツ敗北の結果として、ドイツに対する共通の恐れや「アングロ＝アメリカン」に対する疑念など自然な利害の一致から、フランスの外交目標についてソヴィエトからの安定した支持が得られると望んでいたのである。チャーチルと同じくド・ゴールも、ソ連を「ロシア」と考えかつ呼び、壮大な歴史のアナロジーを持ち出して論じた。一九四四年一二月、ドイツからの再度の攻撃に対抗すべく、あまり意味のない仏露条約交渉でモスクワへと向かう道すがら、このフランスの指導者は側近に向かって、自分とスターリンとの取り引きを四世紀前のフランソワ一世とスレイマン大王とのそれになぞらえ、そのちがいは「一六世紀のフランスにはイスラム教徒の政党などなかったこと」だと述べた。

とは言うもののスターリンのほうは、フランスの幻想の共有者ではなかった。彼にはカウンターウエイト（平衡力）としてフランスを支援し、ロンドンとワシントンの外交政策がかけてくる重圧の相殺役になろうという気はさらさらなく、しかもこのことが最終的に明確にされたのは一九四七年四月になってからモスクワの連合国外相会議でのことで、そこでモロトフはラインラントの分離とルール工業地帯の外国管理という、ジョルジュ・ビドーの提案を支持することを拒んだのだった。しかしフランスは独自の政策を確保しようと、さまざまな案を打ち出して見果てぬ夢を追いつづけた。石炭の確保と、フランスの鉄鋼と農産物のための市場確保とをねらって、チェコスロヴァキアやポーランドと交渉が行なわれたが、陽の目を見ずに終わった。しかもフランス国防省は一九四七年になってからも、フランスは国際的中立のスタンスを取ってアメリカおよびソ連と予防的な協約ないし同盟を結び、この二国のいずれにせよ最初にフランスに攻撃を仕掛けた国に対抗してもう一方と共同戦線を張るなどと、秘かに提案する始末だった。

フランスが最終的にこうした夢から覚めて、一九四七年に西側の一員という立場に復帰したのは、三つの理由からだった。まず第一に、フランスの対ドイツ戦略が失敗していた。ドイツ経済の解体もダメなら、賠償もムリだった。フランスはドイツに対して独自の解決策を迫る立場にはなく、他のどの国もフランスの提案を受け入れなかった。フランスが当初の位置から後退した第二の理由は、一九四七年半ばの絶望的経済状態だった。他のヨーロッパ諸国同様、フランスが緊急に必要としていたのは（これまで見てきたように）アメリカの援助だけではなく、ドイツの復興だった。前者が実現するかどうかは間接的に、しかしはっきりと、後者のための戦略にフランスが同意するかどうか、にかかっていたのである。

しかし決定的な第三点として、フランスの政治家と国民のムードが一九四七年後半にがらりと変わったのだ。ソヴィエトがマーシャル援助を拒否したことと、「コミンフォルム（共産党および労働者党情報局）」の創立（次章で検討する）とが、強力なフランス共産党を政権内のぎごちない連立与党から、国内外のフランスの全政策に対する歯に衣着せぬ批判者へと変身させた。それはあまりに激烈だったので、一九四七年の後半から一九四八年の大半、フランスは多くの人びとの目に、まるで内戦に突入したかと映った。それと同時にパリでは、ドイツの報復に関する絶えざる心配と、ソヴィエトからの新たな侵攻が迫っているという噂とが合体して、戦争への不安が兆していた。

こうした諸事情と、自分たちがモロトフから撥ねつけられたこととで、フランスは不承不承西側へと転向した。一九四七年四月、アメリカ国務長官ジョージ・マーシャルから、アメリカは「フランスを当てにしていいか」とたずねられた外務大臣ビドーの答えは「イエス」だった――しばしの時間をもらってフランスが内戦を回避できるなら。マーシャルが得心できなかったのももっともで、その一一カ月後に彼がビドーについて「神経症」の気味があると述べたときも同じだった。マーシャルには、ドイツの脅威についてのフランスの先入観は「時代遅れで非現実的」だと映った。(6)ドイツをめぐるフランスの恐怖心に関してマーシャルが述

(5) 一九四五年二月、フランスの復興援助に最も貢献するのは誰かという問いに対して、二五パーセントがソ連と答え、アメリカは二四パーセントだった。

べたことは疑いもなく正しいのだが、そこにはフランスの近時の過去への共感の欠如がうかがわれる。したがってフランス議会が一九四八年に、きわめて僅差ながらも二九七対二八九で西ドイツに対するアングロ－アメリカンの諸計画を承認した意義は決して小さなものではなかった。フランスには選択の余地などなく、彼らもそれを知っていた。経済復興に加えて、ドイツの復活やソヴィエトの進出に対してアメリカ・イギリスにある程度の安全保障を求めるのなら、彼らは同調しなければならなかった――とくにフランスは今やアメリカの緊急援助が是が非でも必要な、インドシナでの費用の嵩む植民地戦争に巻き込まれていたのだから。

　アメリカとイギリスはフランスに、ドイツからの軍事的脅威の再来に対する保障を与えることができ、アメリカの政策はドイツにおける経済復興の約束を履行することができた。しかしこれでフランスの長年のジレンマ――そこにある原材料や資源を入手するフランスの特権をどう確保するか――が解決したわけではなかった。これらの諸目的が力や併合で獲得できないのなら、別の手段を見つけなければならなかった。

　数カ月間のうちにフランスの思考のなかで生起した解決策というのは、ドイツ問題を「ヨーロッパ化」することだった――一九四八年一月に再度ビドーが表明した通り、「経済の面においても同じく政治の面においても、同盟諸国およびドイツ人自身にとっての目的としてわれわれが……提起しなくてはならないのは、ドイツをヨーロッパに統合すること……それこそが……政治的に分権化されながら、経済的に繁栄するドイツに生命と一貫性とを与える唯一の手段である。」

　要するに、ドイツを破壊できないなら、軍事的には無害で経済的には大いに有用な国となるよう、ヨーロッパという枠組みに押し込んでしまえというわけである。このアイデアが一九四八年以前にフランスの指導層になかったとすれば、それは想像力不足からではなく、明らかにフランス語の「オピザレ」つまりやむを得ぬ次善の策と認識されていたからだ。フランスにとってのドイツ問題の「ヨーロッパ型」解決とは、本来の「フランス型」が破棄された場合にのみ採用されるのであって、フランス指導層がこれを受け入れるのに三年かかったのである。この三年間でフランスは、三〇〇年の歴史の突然の否定を事実上容認するようになった。こうした事情を勘案すれば、ここで成就されたことは決して小さなものではなかったのである。

　一九四五年のソヴィエト連邦の状況は、フランスのそれとは正反対だった。ヨーロッパ問題から実質的に排除されていた二〇年が過ぎて、ロシアは再浮上した。ソヴィエト国民の活力と、赤軍が挙げた数々の勝利と、そしてこれは言っておかねばならないが、反ソヴィエトの点で最も共感的だった諸国民にも背を向けさせるナチの能力とによって、スターリンは政府内でも街頭においても、信望と影響力を獲得していたのである。

　こうした新生ボリシェヴィキの訴求力の背景は、軍事力だった。ソ連は事実上、たいへん強力だった。ドイツ軍が侵攻してきた最初の六カ月間の彼らの損害は甚大なもの――赤軍が失った兵士四〇〇万人、航空機八〇〇〇機、戦車一万七〇〇〇台――だったが、ソヴィエト軍は盛り返し、一九四五年にはヨーロッパ始まって以来最大の軍事力へとのし上がっていた。ハンガリーとルーマニアだけでも、一九四六年にはおよそ一六〇万人の軍事的プレゼンスを維持していた。スターリンは中東ヨーロッパの広大な地域に対して、直接的あるいは（ユーゴスラヴィアの場合のように）間接的な支配力を行使した。彼の軍隊が北ドイツからデンマーク国境までも進軍しようとするのをきわどく阻止したのは、モンゴメリー元帥指揮下のイギリス軍だった。

　西側の将軍たちにはよく分かっていたことだが、スターリンの命令さえ下れば赤軍が大西洋までやって来るのを止めることは絶対に不可能だった。たしかにアメリカ軍とイギリス軍は戦略爆撃能力で明らかに優っていたし、アメリカが原子爆弾をもっていたことは、一九四五年七月のポツダム会談でトルーマンから告げられる以前にスターリンも知っていた。スターリンがソヴィエトにも原子爆弾を欲しがっていたことは疑いない――彼がドイツの東部地域と、とくにウラン鉱のあるチェコスロヴァキアへのソヴィエトの支配権にこだわった理由の一つはそれなのだ。数年も経たぬうちに、二〇万の東ヨーロッパ人がソヴィエトの原子力計画の一部としてこれらの鉱山で働くことになる(7)。

　しかし原子爆弾はソヴィエト指導層を悩ませ、アメリカの動機についてスターリンをそれまで以上に疑り深くしたが、ソヴィエトの軍事的計算を変えるには至らなかった。こうした計算はスターリンの政治目標から直接来ているのだが、それは逆にソヴィエトおよびロシアの長期的な達成目標に依拠していたのである。その第一は領土に関することだった。スターリンは一九一八年のブレスト－リトフスク条約と、その二年後のポーランドとの戦争の過程で、ボリシェヴィキが失った土地を取りもどしたかった。この目標は一九三九年と一九四〇年に彼がヒトラーと締結した「独ソ不可侵条約」の秘

(6) マーシャルはビドーから、ドイツの脅威をかくも公然と強調するのはまったく国内消費向けなのだと聞かされても、おそらく納得できなかったろう。

(7) 一九四五年三月のチェコ－ソヴィエト秘密合意によって、ソ連は西ボヘミアのヤキモフ鉱床からのウラニウムの採掘と抽出の権利を獲得した。

密条項によって、部分的に実現していた。残りは一九四一年六月にヒトラーがソヴィエト連邦侵略の決断をし、それに反撃する赤軍がベルリン進攻の途上で問題の領土を再占領することで取りもどせた。ソヴィエトによるこうした占領と併合――ベッサラビアはルーマニアから、ブコヴィナ地方もルーマニアから、サブ・カルパティアのルテニアはチェコスロヴァキアから、ウクライナ西部はポーランドから、さらにはフィンランド東部、バルトの三つの独立国、東プロイセンのケーニヒスベルク（カリニングラード）――これらすべてはファシズムの敵国との好ましからぬ取り引きで得たというより、戦利品と考えることができよう。

　ソヴィエト連邦にとって、こうした領土拡大の利点は二つあった。それによってまともに相手にされぬこれまでの身分に終止符が打たれた。これがスターリンにとってかなりの重要問題だったのは、今や彼は巨大なユーラシア圏の指導者であり、その新生権力を象徴したのがソヴィエト連邦による新国連安保理事会の拒否権制度への固執だった。しかし領土によって生まれたのは威信だけではなくて安全保障のすべて、とりわけそちらのほうだった。ソヴィエトから見れば西側の緩衝地帯、つまりロシアを攻撃しようとするドイツ軍なら必ず通過しなければならないはずの広大な地域こそ、安全上重要な関心の的だった。ヤルタでも、そして再度ポツダムでもスターリンがはっきり主張したのは、これらロシアとドイツのあいだの領土が仮にソ連邦自体に全部併合されないのなら、「ファシストや反動分子から自由な」友好的政権の管理に委ねなければならない、ということだった。

　引用した文言の解釈は、控え目に言っても問題含みであった。しかし一九四五年にはアメリカもイギリスも、この問題でスターリンと議論する気はなかった。ソヴィエトも彼らの安全を彼らなりに定義する基本的権利を獲得したのだ、と感じられた。当初合意されたように、モスクワもかつての枢軸国（ドイツ、オーストリア、ハンガリー、ルーマニア、ブルガリア、フィンランド）から賠償金と、戦利品と、労役と、そして資材を徴集する権利をもっていた。今振り返って見ると、こうした領土の強奪や経済的な略奪は、ヨーロッパ東半分のボリシェヴィキ化の初期段階だったと考えたい気がするし、当然その通りになったのだ。ところがその当時は、この点が誰の目にも明らかだったわけではない。西側の観測では、モスクワが取った当初の戦後スタンスには何か見覚えのある、伝統的で安心な気配があった。[8] そして前例があったのだ。

　全般的に見て、ロシアの共産党政権を理解するには、そのイデオロギー的な主張や野心を真摯に受け止めなければならない。しかしボリシェヴィキの教義を知らなくても、往年のロシア皇帝たちの政策に注目するだけでソヴィエトの対外政策の筋道がよく分かる時期があり、一九四五―四七年がそれに当たる。煎じ詰めると、ロシアが隣国を「保護」することを通じて支配するという戦略を導入したのはピョートル大帝（在位一六八二―一七二五年）だった。帝国を南方や西南方へと進出させたのはエカテリーナ大帝（在位一七六二―九六年）だった。そして特筆すべきは、ロシアのヨーロッパにおける帝国としての関わり方のひな型を確立したのが、皇帝アレクサンドル一世（在位一八〇一―二五年）だったのである。

一八一五年のウィーン会議には――一九四五年と同じように――勝ち組で互いに猜疑心をもつ連合諸国が、暴君〔ナポレオン〕敗北の後の大陸内均衡を再確立すべく参集したが、ここでアレクサンドルの意図はきわめてはっきりしていた。小国の関心事は海外にあり、他の大陸国家はロシアに敵わなかったの利害は列強大国のそれに従属させられた。イギリスから、ロシア皇帝は戦後の大陸問題解決の裁定者の役割を果たすことになる。各国からの異議は全体的解決を脅かすものとしてあつかわれ、しかるべく精力的に抑えつけられた。ロシアの安全保障を決めるのは皇帝が支配する領土であり――西側の軍隊がやすやすとモスクワまでやって来るようなことが二度とあってはならない――、成功の鍵は領域内に住む人びとをこの新システムにむりやり馴染ませることだった。

こうして見ると、一九四五年におけるソヴィエトの計算に応用できないものは一つもない。実際問題として、一九四四年一一月に外相代理イヴァン・マイスキーが作成した政策覚え書きには、アレクサンドルとその大臣たちが見ても難点など一つもなかっただろう――「われわれにとって最も有利なのは、戦争後のヨーロッパにただ一つの強力な大陸国家・ソ連が存在し、ただ一つの強力な海洋国家・イギリスが存在するという状況である。」もちろん一三〇年も経っているのだから、何もかもが同じというわけではない。一九四五年のスターリンは中央アジアや近東に腐心していた点でアレクサンドルとちがっていたし（と言ってもアレクサンドルのすぐ後の皇帝たちはこの方面でもかなり活発だった）、逆にソヴィエトの戦略家たちは、コンスタンティノープルやボスポラス海峡やバルカン諸国に対する皇帝の執心を十全には共有していなかった。しかしそうしたちがいよりも、政策の連続性のほうがはるかに勝っている。それらを連結していると言っていいのが、一九一四年第一次世界大戦勃発時のロシア外相サゾーノフの計算で、彼は当時すでに東ヨーロッパの未来を弱小国家の一団と予見し、名目的には独立国家でも実質的には大国ロシアの属国群になると見ていたのである。

（8）当然ながらポーランドでは、安心どころではなかった――まさに見覚えのあることだったから。

ヨーロッパにおけるロシア皇帝のこうした永続的な対外政策に、スターリンは彼独自の計算を付け加えた。彼は西側の経済崩壊が必ず起こると予期しており——戦間期の前例およびマルクス主義ドグマからの推定だ——、縮小してゆく世界市場を競い合うイギリス・アメリカ両国の覇権争いの「不可避性」を誇大視していた。この点から彼が演繹したのは大動乱時代の到来——したがってソヴィエト連邦が自分の獲物をしっかり確保しておく必要——のみならず、西側連合諸国間の「分裂」の可能性だった——とくに中東をめぐってだが、おそらくドイツもその原因となるはずだった。彼がドイツ問題の決着を急ごうとしない理由の一つがこれだった——時間は自分に味方している、とスターリンは信じていた。

しかし彼がこれで安心できたわけではない。それどころか、ソヴィエトの対外政策を全面的に特徴づけていたのは防御性と用心深い猜疑心だった——ジョージ・ケナンは一九四六年、これを「クレムリンの神経症的な世界観」と呼んだ。したがってスターリンは、一九四六年二月九日のボリショイ劇場での有名な演説で、ソヴィエト連邦は戦前と同じく工業化や、臨戦態勢や、資本主義‐共産主義間闘争の不可避性の重視へと立ちもどると宣言し、以後ソヴィエト連邦は自分の利益と合致するときだけ西側と協力するのだと、自明のことをはっきりと表明したのだった。

この演説に新味はなかった。スターリンはかつて一九二一年以前に、さらに一九二七年から「人民戦線」の始まりにかけて再度、ボリシェヴィキが取った「強硬」路線へと立ちもどりつつあったのだ。ボリシェヴィキ政権は常に不安定で——結局それが誕生したのは不利な状況と高度に敵対的な環境のなかでの少数派の権力奪取によってだったから——、スターリンはすべての暴君と同じく、国内であれ国外であれ、脅威や強敵を呼び起こすことが必要だった。さらにスターリンは第二次大戦がきわどい勝利だったことを誰よりもよく知っていた。一九四一年のドイツ軍の侵入が(ヒトラーのもとものスケジュール通り)一カ月早ければ、ソヴィエト連邦は参っていただろう。「パール・ハーバー」後のアメリカと同じように、しかしもっと正当な理由があって、ソヴィエトの指導層は新たに勝ち取った地位に対する「奇襲攻撃」や挑戦を、パラノイアと思われるほど心配していた。しかもロシア人は(フランス人にも増して)幾十年にもわたってドイツを主たる脅威と見なしつづけていたのである(9)。

ではスターリンは何を望んでいたのか? 彼が来るべき西側との関係の冷え込みを予期していたこと、そして自分の資産を最大限に活用して西側の弱点につけ込もうと躍起になっていたことは確かである。しかしスターリンにそれ以上の明確な戦略があったかどうか、定かではない。戦後における東ドイツ占領の歴史を書いたノーマン・ネイマークの結論にある通り、「ソヴィエト軍はこの地区に生じた具体的な諸事件によって駆り立てられたのであって、あらかじめ思い描かれた計画やイデオロギー的な至上命令によってではなかった。」これはよく知られているスターリンの一般的手法によく符合するのであって、東ドイツの場合以外にも当てはまる。

ソヴィエトが近い将来に、第三次大戦を計画していたのではなかったことは確かだ。一九四五年六月から一九四七年末までのあいだに、赤軍の総人員は一一三六万五〇〇〇人から二八七万四〇〇〇人へと縮減していた——削減割合はアメリカ・イギリス両軍に匹敵していた（両軍よりもはるかに大規模な派遣軍団が実動中で、そこには多数の重武装機甲化師団が含まれていたが）。当然ながらソヴィエト側の計算は、西側同時代人には決して自明ではなく、スターリンのことを用心深いプラグマティストと読んでいた人びとにも、確かなことは分からなかった。しかしモロトフがその回想録のなかで、ソヴィエト連邦は状況が有利なら利用したかったが、状況を動かすためにリスクを冒すつもりはなかったと言うとき、彼は真実を語っている——「われわれのイデオロギーは、可能な場合には攻勢に出るが、そうでなければ待機主義である。」

スターリン自身はリスクぎらいで有名だった。西側がもっと早くからの、そしてもっと大胆な「封じ込め」の実施に踏み切らなかったことを、当時の、そしてそれ以後の時論家たちが悔やむ理由がそこにある。しかし当時もう一度戦争を望む者などおらず、スターリンもパリやローマを不安定化させることは安んじて思い止まっただろうから（彼の軍隊はそこにはいなかった）、東方におけるソヴィエト軍の駐在は誰が考えても交渉へと上《のぼ》すべき事柄ではなかった。ブルガリアあるいはルーマニアにおける連合国管理理事会で、ソヴィエトはイギリスやアメリカの意向に留意する素振りさえ見せず、まして現地の意向など完全に無視していた。赤軍が早くから撤退していたチェコスロヴァキアでだけ、ある程度のあいまいさが見られた。

スターリンの立場からすれば、彼はモスクワにおいて信義で通っていたものに則して行動した。彼と彼の同僚たちの想定では、ソヴィエト軍が占領し管理しようとしているのがヨーロッパのなかの「彼らの」半分であることを、そして自分の地域での行動に対する西側からの抗議を彼らソヴィエト側は「形式上のこと」、くだらぬ民主的説教にすぎないとしてあつかう意向であることを、西側連合諸国は理解しているは

（9）一九九〇年にソヴィエト外相エドゥアルド・シェワルナゼが述べたと伝えられるのだが、アメリカとの四〇年間の冷戦にもかかわらず、彼の孫たちの戦争ごっこでは、敵は今なおドイツだった。

ずだった。西側が東ヨーロッパにおける自由と自律をそのレトリックのまま真正面から要求したと思えたときには、ソヴィエト指導層は心底からの怒りで対応した。ポーランドの未来に関する西側の干渉について見解を述べるモロトフの、一九四五年二月の覚え書きがその調子を伝えている――「ベルギーやフランスやギリシア等々で政権づくりがどう進行しているのか、われわれはいっさい知らない。われわれにはご下問などなかったけれども、それらの諸政権のどれを好むかについてわれわれは何も言わない。それはアングロ・アメリカンの軍事行動地域だから、われわれは干渉しなかったのだ。」

誰もが望んでいたのは、第二次大戦が先の戦争と同じく全体包括的な平和条約で終結することだったが、一九四六年パリで実際に調印されたのは五つの個別条約だった。これらの条約によってルーマニア、ブルガリア、ハンガリー、フィンランド、イタリアに関して、領土その他の問題に決着がつけられたが、ノルウェーは別で、正式には一九五一年までドイツとの戦争状態がつづいた(10)。こうした進展は関係諸国民にとっての重大問題だった（そしてルーマニア、ブルガリア、ハンガリーの場合には、それがソヴィエト支配権への決定的な委譲を意味した）のだが、にもかかわらずこうした取り決めへとたどり着くことができたのは、列強諸国のどれとして、それらをめぐって最終的には対決のリスクを冒そうとしていなかったからだった。

しかしドイツの件となると、まったく別だった。とりわけロシア人にとっては、ドイツはきわめて重大な問題だった。戦争はドイツ問題だったのだから平和もそうだし、ソヴィエトの思惑のことごとくにドイツによる報復の幻が影を落としていたこと、フランスの場合と同様だった。スターリン、トルーマン、チャーチルがポツダムで会談した際（一九四五年七月一七日から八月二日まで、途中イギリス総選挙の労働党の勝利によってアトリーがチャーチルと交替した）、東ヨーロッパからのドイツ人追放や、占領目的のためのドイツの行政的分割や、「民主化」「非ナチ化」「カルテル解体」といった諸目標について合意達成が可能であることが分かった。しかしながら、こうした一般的な共通意思のレベルを超えると、さまざまな困難が待ちかまえていたのである。

こうしてドイツ経済を一つの単位としてあつかうことは合意されたが、ソヴィエト軍は自分の占領地区から物資やサービスや金融資産を徴集し、移動する権利を認められたのである。彼らはさらに東ドイツから供給される食糧や原材料と引き換えに、西側占領地区からの賠償の一〇パーセントを与えられた。しかしこうした協定は東と西の経済資源を分離して別個のものとしてあつかうことで、矛盾を抱えることになった。こうして賠償問題は最初から争いの種となり（第一次世界大戦のときもそうだった）、ロシア（とフランス）がこれを要求し、ソヴィエト当局は初めから友邦占領軍の同意があろうとなかろうと躊躇なく、ドイツのプラントや設備を解体して持ち去ったのである。

ドイツとポーランドの新しい国境線についての最終的な合意はなく、民主化という共通基盤でさえその実施には実際的な困難が持ち上がった。したがって連合国側の指導者たちはこぞって同意も実施も取りやめ、それぞれの外務大臣に後日の会談で協議を継続するよう指示した。こうして二年間におよぶ連合国外相会議が始まった――ソヴィエト、アメリカ、イギリス、末期にはフランスが代表を派遣した。最初の会合はポツダム会談から二カ月後にロンドンで行なわれ、最後は一九四七年一二月にこれもロンドンだった。原則としてこの会議の目標は、戦後ドイツに関する最終的な取り決めを作成し、連合諸国とドイツ、オーストリア間の平和条約を準備することだった。しかしドイツ問題に対するソヴィエトと西側の対応のギャップが鮮明になったのは、この会合の過程を通してだった――とくに目立ったのが一九四七年三・四月のモスクワでの会議である。

イギリス－アメリカ側の戦略を部分的に主導していたのは、政治的分別から来るさまざまな計算だった。仮に西側占領地区のドイツ人が打ちのめされて貧困のままだったら、しかも状況改善の見込みを与えられないままだったら、彼らが遅かれ早かれ赴くのはナチズム――さもなければ共産主義だろう。そこでアメリカとイギリスの軍政府が占領する地域では主眼点が疾うに切り換えられて、市民的・政治的諸制度を再構築すること、そして国内問題に関してはドイツ人に責任を持たせること、に置かれていた。これからを目ざすドイツの政治家にとって、これは戦争終結時に彼らが期待したよりもはるかに有利な力を与えられることとなり、彼らはそれにつけこむことすらためらわなかった――状況が改善されず、占領軍がわれわれの忠告に従わないようであれば、われわれはドイツ国民の将来の政治的忠誠に応えられない、とほのめかすことによってである。

西側同盟諸国にとって幸運なことに、ベルリンや東ドイツのソヴィエト占領地域における共産党の占領政策は、不満を抱くドイツ人の信条と投票を引き寄せるようなものではなかった。憤懣やるかたないドイツ人から見て、アメリカ軍やイギリス軍やフランス軍がいかに不人気であれ、それに替るべ

(10)　イタリアは全植民地を失い、ソ連、ユーゴスラヴィア、ギリシア、アルバニア、エチオピアに対して三億六〇〇〇万ドルの賠償を支払い、イストラ半島をユーゴスラヴィアに割譲した。国境都市トリエステの処理はさらに八年間の係争事項となった。

きものはもっとひどかった。スターリンは戦後初期にドイツ共産党に対してドイツの統一を要求するよう指示を下していたのだが、もし彼が真剣にそう望んでいたのなら、ソヴィエトが取った戦術は、悲しいかな、まちがっていた。ソヴィエトは発端から、連合諸国の同意のないまま自分の占領地区に事実上の共産党主導政権をつくり上げ、そこにあったものを手当たり次第容赦なく徴集し解体して、ポツダムでの合意事項を骨抜きにし始めたのだ。

スターリンに多くの選択肢があったわけではない。力による以外、共産党がこの国、あるいはせめてソヴィエト地区の支配権を掌握できる見込みなどまったくなかった。一九四六年一〇月二〇日のベルリン市選挙で、共産党候補は社会民主党にもキリスト教民主党にも大幅な遅れをとっていた。それをうけて、ソヴィエトの政策はみるみる硬化した。しかしこの時点では、西側占領軍は彼らなりの困難を抱えていた。一九四六年七月までに、イギリスは自分の地区（ドイツ北西部の都市・工業地帯）の住民に供給する小麦一一万二〇〇〇トンとジャガイモ五万トンを輸入しなければならなかったが、その支払いはアメリカからの借款によった。

イギリスがドイツからの賠償金として徴集できたのはせいぜい二九〇〇万ドルだが、ロンドンの占領費負担は年間八〇〇〇万ドルで、イギリス政府は本国で（戦時中でさえ避けてきた）パンの配給制に踏み切らねばならぬ事態なのに、その差額のつけはイギリスの納税者へと回されたのである。イギリスの大蔵大臣ヒュー・ドルトンの意見では、イギリス人こそ「ドイツ人に賠償金を支払って」いたのだった。アメリカは同じ経済的苦境にあったわけではなく、その占領地区の戦争被害もさほどではなかったが、状況は彼らにとっても馬鹿げたものに思われた――とくにアメリカ軍が不愉快だったのは、幾百万の飢えたドイツ人を養う費用が軍自体の予算とされたからである。ジョージ・ケナンはこう述べた――「ドイツの無条件降伏によって……われわれはドイツの一地域に関して単独で責任を負うことになったのだが、この地区は近代において経済的に自立した験《ためし》がないばかりか、その自立能力は戦争とドイツ敗北という事情の下で壊滅的な打撃を受けていた。その責任を引き受けたとき、われわれは自分の担当地区の経済回復に何のプログラムももっておらず、すべてを後日の国際的合意にもとづく決着に委ねたいと思っていた。」

こうしたジレンマや、東に向けて積み出されるプラントや諸設備の解体作業に対するドイツ人側の反撥の高まりに直面したアメリカの軍政長官クレイ将軍は、ソヴィエト当局がポツダム合意を遵守しなかったとして、一九四六年五月、アメリカ地区からソヴィエト連邦（ないしその他の国）への賠償物品の輸送を一方的に中止した。二カ月後にはイギリスがこれに倣った。これが分かれ道の発端だったが、この時点ではそれ以上のことではなかった。ソ連と同じくフランスも賠償を欲しがっており、連合四カ国のすべては今なお公式には一九四六年の「工業水準」協定に加わっていたので、これにもとづいてドイツを（イギリスとソヴィエト連邦を除く）ヨーロッパの平均以下の生活水準へと押さえこまねばならなかった。さらに一九四六年五月のイギリスの閣議は、ヨーロッパの安全保障へのさまざまな影響を顧慮して、ドイツの占領を正式に東西へと二分割する案の受け入れには難色を示していた。

しかし占領四カ国が合意に達する気配などないことが、次第に明らかになっていた。一九四六年一〇月にニュルンベルク裁判の主要部分が終わり、翌月にパリ平和条約の締結が済むと、戦時中の連合国を結びつけるものはドイツに対する共同責任だけとなり、その矛盾がこうして徐々に前面に出てきたのだった。アメリカとイギリスは一九四六年末に、自分たち二つの占領地区の経済をいわゆる「統合地区」へと融合することに合意した。しかしこれでもドイツの分割が確定したわけではなく、ましてやこの統合地区の「西」への合体が定まったわけでもなかった。それどころか、三カ月後の一九四七年二月には、フランスとイギリスはこれ見よがしに「ダンケルク条約」に調印し、ドイツからの将来の攻撃に対して相互に支援し合うことを取り決めた。しかもアメリカ国務長官マーシャルは一九四七年の初めにおいてもなお楽観的で、ドイツ経済という難題を解くために結ばれる取り決めは必ずドイツの分割に帰着するわけではないと考えていた。少なくともこの点では、「東」と「西」は今なお正式に意思一致していたのである。

決裂が現実のものとなったのは一九四七年春、三月一〇日―四月二四日にモスクワで開かれたアメリカ・イギリス・フランス・ソヴィエト連邦の外相会議席上でのことだったが、この会議はドイツおよびオーストリアと平和条約を締結すべく再度開催されたのだった。この時までに問題点ははっきりしていた。イギリスとアメリカは西ドイツ経済建設の決意を固めていたが、その目的はドイツ人の自立を支援するとともに、それによってヨーロッパ経済全般の復興を図ることだった。ソヴィエト代表団はドイツの西側占領地区からの賠償の復活と、この目的遂行のために、初めポツダムで（漠然とながらも）思い描かれていたようなドイツの行政・経済の統一とを求めた。しかしこの時点で、西側連合諸国はもはやドイツの単一的な行政を求めてはいなかった。なぜならそれではドイツの西側占領地区の住民を見捨てることになる――この時点では純粋な政治的思いやりだった――ばかりか、当時の軍事的不均衡状態を考えれば、この国を実質的にソヴィエトの支配圏へと引き渡すことになってしまうからである。

ドイツのアメリカ軍政府政治顧問ロバート・D・マーフィが認めたように、「鉄のカーテンを実際に閉め降ろしたのは……一九四七年のモスクワ外相会議だった。」アーネスト・ベヴィンはモスクワ到着以前からドイツに関する合意の希望に見切りをつけていたが、マーシャル（とビドー）にとっては決定的な瞬間だった。もちろん、モロトフとスターリンにとっても。マーシャルが提起した劇的な新プランを討議すべく、六月二七日―七月二日にパリで四カ国外相が次の会談を行なうまでに、アメリカとイギリスは新たな「統合地区経済評議会」にドイツ代表を招じ入れることで合意していた（五月二三日）。

この時点から、事態は急速に進展した。両陣営ともにさらなる譲歩など行ないも求めもしなかった。アメリカとイギリスはこれまでずっと、ロシア－ドイツ間平和条約が別途に締結されることを危惧し、それを防ぐために先送りや妥協を重ねてきたのだが、今や無用の可能性は考慮から外すことにした。両国は八月には、一方的に統合地区の産出高を増やした（ソヴィエトおよびフランスが声をそろえてこれを非難した）。統合参謀本部指令JCS一〇六七（例の「モーゲンソー・プラン」）はJCS一七七九と差し替えられたが、こちらはアメリカの新たな目標を正式にこう定めていた――ドイツ西側地区の経済的統一とドイツの自己統治の支援。とくにアメリカ人にとって、ドイツ人は急速に敵ではなくなりつつあったのだ。[11]

外務大臣たち――モロトフ、ベヴィン、マーシャル、ビドーの四人は、一九四七年一一月二五日から一二月一六日まで、ロンドンで最後の会談を行なった。彼らの関係は事実上すでに壊れていたので、それは奇妙な会合だった。西側同盟諸国は独自の西ヨーロッパ復興計画を推し進めようとしており、一方スターリンはすでに二カ月前にコミンフォルムを立ち上げ、フランスおよびイタリアの共産党に対して国内問題で非妥協的な路線を取るよう指令するとともに、今やソヴィエト・ブロックとなった共産党支配の国々を容赦なく弾圧した。外相たちはこれまでと変わらず、最終的な平和条約のために、連合国管理下の全ドイツ政府樹立の見通しとその他の条件について検討した。しかしドイツの共同行政あるいは未来計画に関する合意に進展は見られず、将来の会合スケジュールも決まらぬまま会談は解散してしまった。

代わりにイギリス、フランス、アメリカは会合を延長し、ドイツの未来に関して三者協議を開始したが、場所はやはりロンドンで一九四八年二月二三日から始まった。同じ週にはチェコスロヴァキアで共産党がクーデターを成功させたが、これはスターリンがそれまでの戦略を最終的に放棄したことと、そして西側との合意よりも対決の不可避性を認めたことを示すものだった。このプラハ・クーデターの余波で、フランスとイギリスはダンケルク条約を拡大して五月一七日に「ブリュッセル条約」を締結し、これによってイギリス、フランス、ベネルクス三国は相互防衛同盟で結ばれることになった。

西側の指導者を抑制するものは今やなくなり、ロンドンの三国会議はただちにマーシャル・プランの西ドイツへの拡張に合意するとともに、西ドイツ国家創設に必要な統治機構のスキームを策定した（フランス代表団がこの取り決めに合意したのは、ザール地方をドイツから——一時的に——分離することと、ルール地方の工業を監督する独立機関設置構想という交換条件の下でだった）。こうした計画がポツダム協定の精神からの逸脱であることは明白で、ベルリンの連合国管理理事会（ＡＣＣ）のソヴィエト代表ワシリー・ソコロフスキー元帥は正当な抗議を行なった（しかしソヴィエト連邦自身による同種の協定の度重なる違反行為にはほおかぶりだった）。

三月一〇日、ソコロフスキーは西ドイツに関する諸計画を、ドイツ国民に対して資本主義的利益を押しつけ、社会主義への願望表明の機会を否定するものだと非難し、西側列強は（彼の主張によればソヴィエト占領地区の一画である）ベルリンへの駐留を悪用して東ドイツの問題に干渉しているという、ソヴィエト側の主張を繰り返した。一〇日後、三月二〇日のベルリンでのＡＣＣ会合で、ソコロフスキーは西側連合諸国による「一方的行為の数々」を非難してこう発言した——「西側のドイツで行なわれたこうした諸行為は、平和愛好諸国ならびに、平和的統一と祖国の民主化を求める平和愛好的ドイツ人の利益に反するものである。」ここで彼はさっさと部屋を出て行き、残りのソヴィエト代表団メンバーもその後を追った。その後の会合の日取りは設定されなかった。ドイツの連合国共同占領は終わりを告げた。二週間も経たぬ四月一日、ベルリンのソヴィエト軍当局は、西ドイツとベルリンの西側連合軍占領地区とのあいだの陸上交通に対する干渉を開始した。ヨーロッパにおける真の「冷たい戦争」が始まったのである。

これまでの話から、「誰が「冷たい戦争」を始めたのか？」と問うても、ほとんど意味がないことは明らかだろう。ドイ

(11) 気安い受け入れの原因はこれだった。解放軍であるはずの自分たちに冷たい反応を示したフランス人の後で、ドイツ人の応対にびっくりして喜んだアメリカＧＩの言葉によれば、「この連中はフランス人よりよっぽど上品でいいやつだよ。おれたちの同類さ。」アール・ジームキー『ドイツ占領中のアメリカ陸軍・一九四四—四六年』（ワシントンＤＣ・一九八五年）一四二頁の引用。

ツ問題との関連で冷戦を見れば、最終的な成り行き——国の分割——は、すべての意思に反して行なわれるドイツの統一よりは、当事者にとっておそらく好ましいものだった。一九四五年五月にはこれを計画した者などいなかったのだが、この成り行きに深い不満を抱いた者もなかった。ドイツの政治家の一部、とくにコンラート・アデナウアーなどは、この国の分割のおかげで自分のキャリアを築き上げた。仮にドイツが四つの占領地区のまま統一されていたとすれば、最西端のカトリック地域であるラインラントのぱっとしない地方政治家がトップにまで登りつめることはほぼ不可能だったのはまちがいない。

しかしアデナウアーが個人としていかに大歓迎だったとしても、ドイツの分裂を目標として掲げることはできなかった。連邦共和国の初期において、彼の主たる対抗者だった社会民主党クルト・シューマッハーは西プロイセン出身のプロテスタントで、精力的なドイツ統一論者だった。アデナウアーとは対照的に、彼シューマッハーは単一ドイツ国家のためならドイツの中立化を受け入れていただろう——中立化はスターリンが提案しそうだったのである。しかも当時のドイツではおそらくシューマッハーの立場のほうが評判がよかったので、アデナウアーは注意深く歩を進めて、ドイツ分裂の全責任は占領軍にあると確言しなくてはならなかった。

一九四八年時点で、アメリカ合衆国はイギリスと同じく、分裂ドイツが出現して大きいほうの西側部分でアメリカの支配力が優勢になっている結果に悪い気はしていなかった。しかしジョージ・ケナンのように、こうした成り行きを鋭敏に予測していた人もいたけれども、彼らは少数派だった。(ケナンは早くも一九四五年に、アメリカは「ドイツにおける自分の占領地域を導いて……東からの脅威など受けつけないほど豊かで、安全で、卓越した独立国の形をつくってゆく以外に選択肢はない」と結論づけていたのである。)この時期のアメリカ人はスターリンと同様に、出たとこ勝負でやっていた。アメリカが行なった重要な決定や宣言の幾つかが、とりわけ一九四七年三月の「トルーマン・ドクトリン」などが、妥協から態度硬化へというスターリンの転進を早めてしまった、その意味でヨーロッパ分裂の責任はワシントンの鈍感さ、どころか計算ずくの非妥協性にこそあるのだ、という意見が時たまある。しかし、この場合はそうではない。

それと言うのも、この例を取り上げるなら、トルーマン・ドクトリンはソヴィエト側の計算にまったく何の影響も与えなかった。トルーマン大統領の一九四七年三月一二日の議会あて政策表明——「武装した少数者による、あるいは外部からの圧力による意図的な隷従に抵抗している自由な人びとを援助することこそ、合衆国の政策でなければならない」という表明は、一九四七年二月に起こったイギリスの経済危機の後、ギリシアとトルコへの援助続行が不可能になったロンドンへの直接の対応だったのだ。アメリカはイギリスの役割を引き継がなくてはならないだろう。したがってトルーマンは、海外援助予算の四億ドル増を議会に求めた。その資金を確保するため、彼は共産主義暴動の危機が迫っているというコンテクストのなかでこの要求を提示したのだった。

議会は彼が述べたことを真剣に受けとめたが、モスクワはそうではなかった。スターリンは（この一括援助の主たる受益者である）トルコにもギリシアにもさほど関心がなく、彼自身が関心をもつ圏域はトルーマンのスタンドプレーの影響など受けそうもないことを十分に心得ていた。それどころか、スターリンが前提としつづけていたのは西側陣営が分裂する見込みが十分にあるということで、東地中海においてかつてイギリスが担っていた責任をアメリカが引き受けようとしているのが、その兆しなのだった。スターリンに東ヨーロッパにおける計算を調整させたのが何であれ、それは断じてアメリカの国内政治向けのレトリックなどではなかった[12]。

ドイツおよびヨーロッパの分裂の直接の原因は、この時期にスターリン自身が犯した過ちにあると言えよう。中央ヨーロッパにおいて、彼は弱体化され中立化された統一ドイツを望んでいたのだが、一九四五年およびその後の時期に取った非妥協的な硬直性と対決主義戦術とで、自分の優位を取り崩してしまった。ドイツ人の憤慨や絶望という果実が熟しきり、やがて自分の膝へと落ちてくるようにもっていくのがスターリンの希望だったとすれば、彼は重大な計算ちがいを仕出かしたのだ――西側ドイツの連合軍当局としては、彼が成功するかもしれないと思う瞬間もあったのだが。その意味では、ヨーロッパの冷戦はソヴィエトの独裁者の個性と彼が支配する体制とが生み出した、避けがたい成り行きだった。

しかしながら事実として、彼の敵方がよく知っていたように、ドイツは彼の足下にあった――「やっかいなことに、われわれは消す術《すべ》のない火を相手にしている」とは、一九四八年二月一三日の国家安全保障会議でのマーシャルの言葉である。ソヴィエト連邦としてはマーシャル・プランを受け入れた上で、大多数のドイツ人に対して中立的な独立ドイツを求めるモスクワの善意を納得させるだけでよかったのだ。一九四七年時点では、これがヨーロッパの優勢バランスを根本的に変えていたかもしれなかった。マーシャルやベヴィンや彼

(12) 一九四七年九月、アンドレイ・ジダーノフはコミンフォルムの創立会議で例の通り主人スターリンに代わって演説し、代表者たちにこう告知した――トルーマン・ドクトリンがソ連のみならず少なくともイギリスにも向けられているというのは、「それが地中海および近東における勢力圏からの、イギリスの排除を意味しているからである。」

らの助言者たちが、そうした術策についてどう思っていたにせよ、彼らにはそれを防ぐ術はなかっただろう。そうした戦術的計算はスターリンの能力を超えていたと言っても、西側は信じられないだろう。ディーン・アチソンが別の機会に言った通り、「われわれは敵に恵まれていたのだ。」

振り返って見ると、ヨーロッパ大陸中心部のドイツという大強国の権勢を殺ぐべく戦われた残忍な戦争の後で、勝利者側にはドイツという巨人を抑えつける戦後の取り決めができないことが分かり、やむなくそれを分割してその回復を待って個別に利益を得ることになったのは、皮肉なことではある。ドイツが問題化するのを回避する唯一の道は、議論の条件を変えて解決だと宣言してしまうことだということが明らかになった——まずはイギリスにとって、次にアメリカ、やや遅れてフランス、最後にソヴィエトにとって。これは居心地悪い決着だが、とにかく事は運ぶようになった。占領下ドイツの情報将校だったノエル・アナンの言葉によれば、「共産主義を寄せつけぬためにヒトラーと組もうとした連中と同盟していると思うと、胸くそ悪かった。」しかし西側が望みうる最善のことは、ドイツ人を励まして西側の民主国家を創設させることだった。

V　冷戦到来

「オーストリア帝国がばらばらになって、大小多数の共和国が生まれたと想像してみよう。ロシアの君主政が広まる格好の基盤となるではないか」

——フランティシェク・パラツキー（一八四八年四月）

「ユーゴスラヴィア人はギリシア領マケドニアを欲しがっている。彼らはアルバニアも、オーストリアやハンガリーの一部まで欲しいのだ。これは法外なことだ。やつらのやり方は気に食わない」

——イオシフ・スターリン、一九四五年

「北海まで到達するのに赤軍に必要なものといえば、ブーツだけだった」

——デニス・ヒーリー

「ヨーロッパの秩序という理念はドイツがこしらえた人工的創造物ではなく、一つの必要性なのだ」

——ポール＝アンリ・スパーク（一九四二年四月）

「これは自分たちにはできないことだと、われわれには骨の髄まで分かっているのです」

——アントニー・イーデン（一九五二年一月）

「この戦争は、過去になかったものだ。ある土地を占領したら、占領側はかならず自分の社会体制を押しつける。その軍隊が強制する力を持つかぎり、かならず自分の社会体制を押しつけるのだ。それ以外の方策は考えられない。」イオシフ・スターリンのこの有名なアフォリズムは、ミロヴァン・ジラスがその『スターリンとの対話』（新庄哲夫訳・雪華社、引用は一七〇頁）で伝えたのだが、見かけほどの創見ではなかった。第二次大戦は決して、軍事的な成り行きが社会制度まで規定した最初のヨーロッパ戦争ではなかった。一六世紀の数々の宗教戦争は一五五五年のアウクスブルク宗教和議で収束したが、その「クーユス・レギオー、エーユス・レリギオー（領邦ごとの宗教）」という原理によって、支配者は自分の領地内では自分の選んだ宗教を公認する権限を与えられたのだし、一九世紀初めのヨーロッパではナポレオン遠征の初期段階で、軍事的成功はフランス・モデルによる社会的・制度的革命へと迅速に変換されたのであった。

とは言うものの、スターリンが捉えたポイントは明確で、共産党が東ヨーロッパを乗っ取るはるか以前にジラスに語られていたわけである。ソヴィエト側からすれば、戦争はドイツの打倒と、西方国境地帯におけるロシアの支配権と、安全保障の回復とのために戦われたのだった。ドイツ自体がどうなろうとも、ドイツとロシアとを分けている地域が不安定であってはならなかった。フィンランドからユーゴスラヴィアまで、北から南に弧をなして連なる地域は、戦間期の政権がそろってソヴィエト連邦に敵対的だった弱小国家群で占められていた（チェコスロヴァキアだけは部分的に例外だったが）。とりわけポーランド、ハンガリー、ルーマニアはモスクワに対して一貫して非友好的で、自分たちに向けられるソヴィエトの魂胆に疑念をもっていた。スターリンにとって容認可能な唯一の成り行きとは、ソヴィエトの安全保障にとって脅威にはならないと安心できる政権を——機先を制してソ連自体に併合されてはいないこれらの地域にも——つくり上げることだった。

しかしこうした成り行きを確実なものにするただ一つの方法は、東ヨーロッパ諸国の政治体制をソヴィエト連邦のそれにそろえることであり、これこそスターリンが当初から望み、意図していたことだった。この目標は一面ではきわめて単純明快と考えられる——ルーマニアあるいはハンガリーといった国々の旧エリート層はすでに権威を失墜しており、彼らを排除しての新規まき直しは困難ではなかったろう。ソヴィエト占領軍は多くの地域でまずは解放者として、変革と改革の先ぶれとして迎えられたのである。

ところが他の面で見ると、ソヴィエト連邦はこれら西隣りの国々の国内問題に関して、圧倒的な軍隊の存在が示す威力以上の介入手段をもっていなかった。この地域の共産党員の多くは、この四半世紀のほとんどを公職や合法的政治活動から追放されていたのである。共産党が合法政党だったところでも、一九二七年以来のほぼ全期間にわたるロシア一辺倒やモスクワ発の硬直的・党派的戦術のおかげで、彼らは東ヨーロッパの政治舞台では取るに足らぬ存在へと落ちぶれてしまった。彼らの衰弱に輪をかけたのは、モスクワに避難していたポーランド、ハンガリー、ユーゴスラヴィアその他の共産党員の多数がソヴィエト連邦によって投獄・粛清されたことだった。ポーランドの場合では、戦間期のポーランド共産党指導層がほぼ完全に消し去られたのである。

一九四五年二月、ハンガリー共産党の指導者ラーコシ・マーチャーシュがモスクワからブダペストにもどったとき、彼がハンガリーで当てにすることができた共産党員はおそらく四〇〇〇人だった。ルーマニアでは、ルーマニア共産党指導者アナ・パウケル自身によれば、人口ほぼ二〇〇〇万のうち党員は一〇〇〇人にも満たなかった。ブルガリアの状況も大いに良好というのではなかった――一九四四年九月、共産党員の数はおよそ八〇〇〇人だった。ボヘミアの工業地帯とユーゴスラヴィアだけは、勝ち組パルチザンのレジスタンスと党とが同一視されていた地域だったから、共産主義に大衆的基盤らしきものが認められた。

したがってスターリンは当初から彼特有の用心深さで、いかなる場合でも西側列強との有用な関係は維持しつつ、三〇年代の「人民戦線」期および「スペイン内戦」時の共産党のやり方を通じてすでにおなじみになっていた戦術を取った。「戦線（フロント）」政権、すなわち共産党・社会党・その他「反ファシズム」政党の連立政権の形成を支援したが、それらは旧体制とその支持者を排除し処罰する一方で、慎重かつ「民主的」、革命的というより改革的な政権を目ざしていた。大戦終結時あるいはその直後には、東ヨーロッパのすべての国にそうした連立政権が生まれていた。

ヨーロッパ分裂の責任をめぐって今なお学問的見解の不一致があることを考えると、スターリンも彼の各地の代表者も、自分たちの長期的到達目標について少しの疑念ももっていなかった点を強調しておくべきかもしれない。連立政権とは共産党が歴史的に弱体だった地域で彼らが権力にたどり着くルートであり、この目的達成の手段に他ならなかった。東ドイツ共産党指導者ヴァルター・ウルブリヒトは、一九四五年の党の政策に困惑を表明した部下たちに向かって密かにこう説明した――「明々白々なことさ。民主的に見せかけるのはいいが、すべてを支配しなくてはならん。」

実のところ、政策よりも支配が重要だった。東ヨーロッパのすべての連立政権――「祖国戦線」「統一政府」「反ファシズム政党ブロック」――のなかで、共産党が特定の重要省庁の支配権を掌握しようとしたのは偶然ではなかった。すなわち警察や治安部隊の監督権のみならず、新聞の発行を認めたり禁じたりする権限を党指導部に付与する内務省や、粛清や裁判や判事たちを監督する司法省や、土地の改革や再分配を管理することで幾百万の小農民を厚遇しその忠誠を買い取る農業省などである。共産党はさらに「非ナチ化」委員会や、地域行政機関や、労働組合でも重要な地歩を占めていった。

逆に東ヨーロッパの共産党は大統領、首相、外務大臣などの地位を急いで求めることはせず、これらの役職は社会主義や、農民や、リベラル派の連立諸政党へと一任することが多かった。これは戦後当初の支配権力の配置に見られた傾向——共産党は少数派——を反映しており、西側の観察者たちを安心させた。各国の国民はだまされずに予防策を講じたが——ルーマニアの共産党員数は一九四五年末に八〇万人へと膨れ上がっていた——、それでも共産党の戦略は現実に多くの点で穏健かつ安心できるものであった。土地の集産化どころか、党が推進したのは土地なし農民への土地分配だった。「ファシスト」財産の没収は別として、党が国営化や国有化に躍起となることなどなかった——たしかに一部の連立相手以上に熱を入れることはなく、通常は彼ら以下だった。しかも「社会主義」が目標として語られることなど、めったになかったのである。

一九四五年と一九四六年に表明された共産党の目的とは、一八四八年の未完のブルジョア革命を「成しとげる」こと、すなわち財産の再分配と、平等の保障と、民主的諸権利の確立とを、これら三つが常に不足していたヨーロッパの一部地域で実現することだった。これらは少なくとも表面上は妥当な目標であって、当該地域の多数の人びとと、スターリンおよび彼の意図するところに好意的だった西ヨーロッパの人びとに対してもアピールする力があった。しかしながら、その魅力は共産党員自身にとっては、東ドイツやオーストリアやハンガリーでの一連の地方選挙や全国選挙を通じて急激にしぼんでしまった。ごく早い時期に（ハンガリーの場合であれば一九四五年一一月のブダペスト市の選挙で）明白になったのは、彼ら共産党がどれほどうまくその地で影響力ある立場に食い込もうとも、投票箱を通じてでは決して公的権力を奪い取れそうもないということだった。軍事占領や経済支援の有利さがどれほどでも、共産党の候補者は旧来の自由党や社会民主党や、農業・小農民諸政党の代表にどうしても負けてしまうのだった。

その結果、代わりに共産党が取った戦略は密かに圧力をかけた後、公然とテロと弾圧を行なうというものだった。一九四六年と一九四七年にかけて、選挙を競う対抗者は中傷され、脅迫され、ぶちのめされ、逮捕され、「ファシスト」あるいは「コラボ（対独協力）」として裁判にかけられ、投獄され、銃殺されることさえあった。「民衆組織」の兵士が手を貸して恐怖と不安を醸成し、共産党のスポークスマンがそれを政治的批判勢力の仕業だと非難した。共産党以外から出ているひよわな、あるいは不人気な政治家が公然と非難の標的とされ、その仲間たちは同じ憂き目に遭わぬよう、こうした不当なあつかいを黙認した。こうしてブルガリアでは早くも一九四六年の夏、「農民同盟」の「最高会議常任幹部会」メンバー一二二人中の七人と、その行政理事会メンバー八〇人中の三五人が投獄された。典型的な罪状は農民同盟ジャーナリストのクネフに向けられたそれで、彼が記事のなかで「ブルガリア政府のことを政治的・経済的な夢想者だと呼んだのは真に犯罪的だ」という告発だった。

農民派、自由主義派、その他主流派の諸政党が標的にされやすいことが明らかとなり、彼らはファシズムなど反国民的心情の持ち主に仕立てられてじわじわと攻撃された。共産党の野心にとってもっとやっかいな障害だったのが各国の社会党・社会民主党で、彼らは共産党とその改革の抱負を共有していた。中東ヨーロッパの社会民主党を「ファシスト」とか「コラボ」とかいって非難するのは困難だった――通常彼らは共産党と同じ程度に弾圧の犠牲者だったからである。しかも大部分が農村地帯の東ヨーロッパでは、ありったけの工業労働者の選挙民の忠誠が向けられたのは伝統的に社会党であって、共産党ではなかった。こうして社会党を叩くのは容易なことではなかったので、その分共産党は彼らとの提携を選択したのだった。

と言うより、社会党が自分たちと提携するよう仕向けたのだ。これこそ共産党のあっぱれな策略だった。一九一八年から一九二一年までのレーニンの当初の戦術は、ヨーロッパの社会民主党を分裂させ、急進的左派分子は新たに形成した共産主義運動へと結集させ、残りの連中は反動分子ないし歴史の敗残者として糾弾することだった。ところがその後の二〇年間で自分たち共産党が少数派にすぎないことを悟ると、モスクワはアプローチを転換し、今度は共産党のほうから（たいていは大人数の）社会主義政党に向かって左翼「統一」の展望――と言っても共産党主導の下で――を提示したのだった。解放後の東ヨーロッパの状況では、これは多くの社会主義者にとってけっこうな提言と思われた。

西ヨーロッパにおいてさえ、フランスおよびイタリアの社会党の一部左傾していた連中は、共産党の誘いに応じて単一の政治勢力へと合流した。東ヨーロッパでは、この圧力は文字通り抵抗不可能だった。一連のプロセスが始まったのはドイツのソヴィエト占領地区であり、ここで共産党は自分よりはるかに大きな社会党「同盟軍」との合同を（一九四六年二月のモスクワでの秘密会合で）決定したのである。この合同は二カ月後に、「社会主義統一党」の誕生を以て完成した（こうした合同に特徴的だったのは、新生統一政党が「共産主義」という言葉を周到に避けていたことである）。東ドイツ社会民主党の前指導層のかなりの部分がこの合同を受け入れ、新党およびその後の東ドイツ政府で名誉職を与えられた。新党結成に抗議あるいは反対した社会主義者は非難され、除名され、さもなくば公的生活から締め出されるか国外追放の憂き目に遭った。

他のソヴィエト・ブロックの国々では、同じ構造による共産主義と社会主義の「統一」は少し遅れて、一九四八年のうちに実現した。ルーマニアでは一九四八年二月、ハンガリーとチェコスロヴァキアでは六月、ブルガリアでは八月、ポーランドでは一二月だった。社会主義諸政党はそれまでに、この融合問題をめぐって分裂に分裂を重ねており、彼らは姿を消すはるか以前から、自分の国で影響力を発揮できる政治勢力であることを止めてしまっていた。そしてここでもドイツの場合と同じように、共産党と運命を共にしたかつての社会民主党員はしかるべき閑職で報いられた――共産主義国ハンガリーの国家元首には前社会党のサカシッチ・アールパードが指名された（一九四八年七月三〇日）。

東ヨーロッパの社会民主党員たちは、むずかしい立場に置かれた。西側の社会主義者はしばしば彼らに共産党との合併を勧めたが、誰にとってもそれが得になると無邪気に信じてのことか、共産党の行動がそれで和らぐだろうと望んでのことか、どちらかだった。一九四七年ともなると、東ヨーロッパの自立した社会党――つまり共産党員の同志諸君と共闘することを肯わなかった社会党員は、「進歩的」勢力の協調を妨害する者だという理由から、国際的な社会主義組織への加盟を阻止された。その間彼らは自分の国で、屈辱と暴力とに見舞われた。共産党の抱擁を受け入れて後も、状況はほとんど改善されなかった。一九四八年二月のルーマニアにおける両党「融合」会議で、共産党の指導者アナ・パウケルはかつて同輩だった社会党員を、意図的サボタージュ、反動的政府への隷従、反ソヴィエト的「中傷行為」で告発したのである。

主だった対抗者を殺害、投獄、吸収してしまった後、共産党は一九四七年およびそれ以後の選挙でかなり善戦したが、それらの選挙戦を援護したのは残存する対抗勢力への暴力攻撃であり、投票所での恫喝であり、露骨な開票操作だった。しかる後に型通りに政権づくりが行なわれるのだが、そこでは今や共産党、あるいは「労働者」とか「統一」とか銘打った新結成の政党が露骨に優位を占め、連立の場合でもその相手党は名目的あるいは中身なしの役割へと押し込められた。連合統一戦線から共産党の権力独占へのこうした移行と歩調を合わせて、一九四八年から一九四九年のあいだにソヴィエトの戦略が転換し、国家管理、集産化、中産階級の撲滅、現実および想像上の敵対勢力の粛清と追放といった急進的政策へと立ちもどったのである。

ソヴィエトによる当初の東ヨーロッパ乗っ取りのこうした説明には、この地域のすべての国々に共通のプロセスの特徴が示されている。スターリンの計算は、国情のちがいというものには概して無頓着だった。共産党が合法的あるいは表面上合法的な手段で権力掌握を望み得るしかるべき理由がある場合には、少なくとも一九四七年秋までは合法性がスターリンの好むところだったと思われる。しかし主眼は権力であって合法性ではなく、だからこそ選挙の勝利が望めないことがはっきりすると、外国からの共感を犠牲にしても、共産党の戦術は対決性を増し、司法的・政治的な顧慮はそっちのけになっていった。

とは言うものの、地域ごとに大きなちがいがあった。ソヴィエトの支配権はブルガリアとルーマニアで最大だった――両国ともソ連と戦争状態にあったこと、それぞれ現地の共産党が弱体だったことがその理由の一端だが、当初からの最大の理由は、両国の地理上の位置が明らかにソヴィエト圏内だったからである。ブルガリアでは共産党指導者（で前コミンテルン書記長の）ゲオルギ・ディミトロフが、早くも一九四六年一〇月に露骨な宣言を発して、反共産主義を掲げる反対党に投票した者は誰であれ叛逆者と見なされた。それでもその後の総選挙で、共産党の反対勢力は四六五の議会議席のうち一〇一議席を獲得した。しかし反対派の運命はすでに決まっていた。占領軍である赤軍とその現地同盟軍とが、反対派を直ちに公然と撲滅しにかかるのを辛うじて思い止まらせたのは、ブルガリアとの平和条約締結のために西側連合諸国と協調する必要があったのと、共産党主導の政府がブルガリアの正統政権だと英米に認めさせる必要があったからだった。

平和条約の調印さえ済んでしまえば、共産党にとって待つことは時間のむだであり、したがってその後の事件年表がことの次第を明かしてくれる。一九四七年六月五日、アメリカ上院はソフィアとブカレストに駐在するアメリカ外交団の懸念にもかかわらず、ブルガリア、ルーマニア、ハンガリー、フィンランド、イタリアとの平和条約を批准した。まさにその翌日、ブルガリアにおける主導的な反共産党政治家で「農民同盟」指導者のニコラ・ペトコフが逮捕された（彼は順応的な農民同盟員が共産党の「祖国戦線」に追随するのを拒んだのだった）。彼に対する裁判は八月五日から一五日までつづいた。九月一五日には「ブルガリア平和条約」が正式に発効し、その四日後にアメリカはソフィア政権を外交的に認知する旨を申し出た。ペトコフが処刑されたのは九六時間以内だったが、判決の申し渡しはアメリカ側の公式声明まで引き延ばされた。ペトコフの司法殺人が済めば、ブルガリア共産党の行く手には何の障害物もない。ソヴィエトのビリューゾフ将軍は回想のなかで、「ブルジョア的」諸政党と対決するブルガリア共産党を支援した赤軍についてこう述べた――「こうした爬虫類どもを撃滅しようというブルガリア人民の努力に対して、我が軍には掩護を差し控える権限などなかったのである。」

ルーマニアにおける共産党の立場はブルガリアよりはるかに弱かった、と言うのも、ブルガリアには歴史的に最小限度のロシアびいき心情があって、党はそれに依拠することもできたからである。[1] ソヴィエト政府はそのルーマニアに対して(一九四〇年に強制的にハンガリーに割譲されていた)北部トランシルヴァニアの返還を保障したが、スターリンにはソ連に統合されたベッサラビアやブコヴィナ、あるいは今やブルガリアのものとなったルーマニア南東部の南ドブルジアを返還する意志などさらさらなかった。その結果、ルーマニア共産党は莫大な領土的損失を正当化しなければならなくなったのだが、それは大戦間時代に、ソヴィエトから当時ルーマニア領だったベッサラビアの領有を主張されて右往左往したのとまったく同じだった。

もっと悪いことに、ルーマニア共産党の指導者たちは、少なくとも伝統的なルーマニアの規準に照らせば、ルーマニア人ではないことがしばしばだった。アナ・パウケルはユダヤ人、エミール・ボドナラシュはウクライナ人、ヴァシレ・ルカの出自はトランシルヴァニア・ドイツ人だった。その他はハンガリー人かブルガリア人だった。ルーマニア共産党は異国的存在と目されていたので、極度にソヴィエト軍に依存していた。彼らが国内で生き延びることができるか否かは、一般民衆の投票を獲得できるか否かではなく(これが現実の目標と考えられたことなどなかった)、国家を占拠してリベラル中道派の「歴史的」諸政党に陣どる対抗者たちを分断・殲滅するそのスピードと能率に依拠しており、この仕事に関して彼らは決定的に有能なことが明らかになった――早くも一九四八年三月には、全国選挙で四一四議席のうち政府候補が四〇五議席を勝ち取ったのだ。ルーマニアでもブルガリアと同じく、領導と暴力は他にもある選択肢の一つではなかった――それこそが権力への道だったのである(アルバニアも同じで、ここではエンヴェル・ホッジャが南部のトスク族を動員して北部のゲグ族のレジスタンスと対抗させた)。

ポーランドもまた、第二次大戦後はソヴィエト圏に入る定めとなった。これは彼らがベルリンからモスクワへのルート上に位置したがゆえであり、彼らの歴史が西へと向かうロシアの帝国的野心にとって長期的な障害物だったがためであり、ここポーランドにおいても、民衆の自由な選択によって親ソヴィエトが出現する見込みがごく少なかったからである。しかしポーランドとバルカン諸国家とのちがいは、ポーランドはヒトラーの犠牲者であって同盟者ではなかった点だ。何十万人ものポーランド兵士が、東部戦線、西部戦線で連合国軍とともに戦った。そしてポーランド人は、戦後の自分たちの将来への期待を育んだのである。

知られている限り、その将来はさほど悪いものではなかった。いわゆる「ルブリン委員会」――ワルシャワ到着と同時に機能できる既成政府機関として一九四四年七月にソヴィエト当局が設立した――のなかのポーランド人共産党員は、大衆的基盤の存在は主張できなかったが、とくに青年層に一定の支持者がおり、ソヴィエトとの「友好関係」がもたらす実際的な利点を数え挙げることができた。その利点とは、ドイツの領土奪回報復（当時はこれが真の心配事だった）阻止できる効果的な保証であり、残留ウクライナ人少数派を「浄化」し、東から帰還した民族としてのポーランド人を新たな国境の内部で再入植させた民族交換のことだった。こうしたことを勘案して、ポーランド人共産党員もその傍流性（その多くがこれまたユダヤ人だった）にもかかわらず、ポーランドの国民的伝統、あるいは民族主義的政治伝統の一画を占めると主張できたのだった。

　とは言うものの、ポーランドの共産党も、選挙戦では常に微々たる少数派であっただろう。スタニスワフ・ミコワイチクの「ポーランド農民党」の党員は一九四五年一二月でおよそ六〇万人を数えたが、これは共産党の「ポーランド労働者党」（一九四八年一二月に社会党を吸収して後は「ポーランド統一労働者党」）の活動家数の一〇倍であった。しかし戦時亡命政府の首相だったミコワイチクにとって、反ナチであると同時に反ソヴィエトでもあるというポーランド特有の自分の党の主張が、致命的な足かせとなったのである。

　スターリンがポーランドにおける「社会主義」の成功にほとんど無関心だったことは、その後の諸事件が示す通りだ。しかし彼はポーランドの政策、とりわけポーランドの対外政策がもつ全般的な傾向には無関心どころではなかった。実のところ、ドイツの孤立化という成り行きともども、それは彼にとって、少なくともヨーロッパにおいては他の何よりも重要な問題だった。したがって農民党はだんだん脇へと追いやられ、その支持者は脅迫され、その指導者は襲撃され、その信頼性を傷つけられていった。一九四七年一月のポーランド議会選挙では露骨な不正操作が行なわれ、共産党主導の「民主ブロック」の得票は八〇パーセント、農民党はわずか一〇パーセントだった。(2) その九カ月後、身の危険を感知したミコワイチクは国外へと逃げた。戦時中の「国内軍」の残党が、

(1) 実のところ、ブルガリア人は長年にわたって、熱狂的親ドイツ感情と超ロシアびいき的心情とのあいだを大きく揺れ動いてきた。どちらも、彼らのためにはならなかった。当時の現地解説者の言では、「ブルガリアはいつもまちがったカードを引き、……それをテーブルに叩きつける！」

(2) ポーランドの大事な選挙で、武装したロシア人が監視に立ったのはこれが初めてではない。一七七二年の地方議会選挙で、ポーランド人は国の分割に賛成する議員を選ぶよう要請され、思い通りの結果が出るよう外国の軍隊が威嚇に立った。

さらに数年間にわたって共産党当局とのゲリラ戦を続行したけれども、彼らにも勝ち目はなかった。

　ソヴィエト連邦はポーランドで、この国の政治情勢にあからさまな関心を示したので、ポーランド人が戦争中――ヤルタ会談の前と後――に抱いたさまざまな幻想はまるで空想的なものと映る。しかしハンガリーでは、「社会主義へのハンガリー独自の道」という考えがまったく幻想だったわけではない。モスクワにとってハンガリー占領後の主たる関心とは、赤軍部隊がオーストリアへと（あるいは――後に――南方のユーゴスラヴィアへと）進む必要が生じた場合の、安全な通路としてであった。仮に現地の共産党に対して一般民衆の広範な支持があったのなら、ソヴィエトの顧問団は「民主的」戦術をもっと続行する気になっていただろう。

　ところがハンガリーでも、首都ブダペストでさえ共産党は一貫して不人気だった。反動そしてファシストとさえ呼ばれたにもかかわらず、「小農業者党」（他国のさまざまな農民政党に相当する）は一九四五年一一月の全国選挙で絶対多数を確保した。社会民主党の掩護を受けて（党首のケーティ・アンナは共産党ともあろうものが選挙操作に身を堕すとは信じなかった）、共産党は一部の小農業者党代表を議会から追放することに成功し、一九四七年二月には彼らを共謀罪で告発したが、指導者であるコヴァーチ・ベーラの罪状は赤軍に対するスパイ活動だった（コヴァーチはシベリアに送られたが一九五六年に帰還した）。一九四七年八月の新しい選挙では、共産党の内務大臣ライク・ラースローによって恥知らずな不正が行なわれたが、それでも共産党の得票はわずか二二パーセント、しかし小農業者党も当然減少して一五パーセントとなった。こうした状況の下で社会主義へのハンガリー独自の道も、東側の隣国のそれへと急速に収束していった。一九四九年に行なわれた次の選挙の時点で、「人民戦線」は九五・六パーセントを獲得したのであった。

　今から振り返ってみて、民主制の東ヨーロッパという希望は一九四五年以後いつもはかないものだった、と悟るのは簡単なことだ。中東ヨーロッパには、現地自前の民主的ないし自由主義的伝統というものがほとんどなかった。ヨーロッパのこの地域における戦間期の諸政権は腐敗していて、権威主義的で、残忍な場合さえあった。旧来の支配階級は金で動くことしばしばだった。戦間期東ヨーロッパの真の支配階級は官僚だったが、彼らは共産主義国家行政の中堅幹部となる連中と同じ社会集団の出身だった。「社会主義」のレトリックにもかかわらず、権威主義的後進性から共産主義的「人民民主主義」への移行は短くて容易な移動だった。そうした歴史の転換は、おどろくほどのことではない。

　さらには一九三九年以前のルーマニア、あるいはポーランド、あるいはハンガリーの政治家や政策に立ちもどるという選択肢は、少なくとも一九四九年以後にソヴィエトの恐怖が全面化するまでは、反共産党の立場を大いに弱めることになった。結局のところ、フランス共産党の指導者ジャック・デュクロが一九四八年七月一日の共産党日刊紙『ユマニテ』で悪がしこく問うたように、これらの国々にとってソヴィエト連邦とは、悪しき古き時代への回帰阻止のみならずまさに民族独立の保証となるものではなかったのか？　当時の多くの人びとには、実際にそう思われていたのである。チャーチルは述べていた――「ドイツ人はいつの日か領土の奪回を図るだろうし、ポーランド人にはそれを阻止できないだろう。」今やソヴィエト連邦こそが、この地域を追われたドイツ人その他から取り上げて再分配した土地はもとより、ルーマニアやポーランドの新国境に関しても、その保護者を自ら買って出ていたのである。

これにはあたかも必要とされたかのごとく、あらゆるところで赤軍の駐留がともなっていた。第三ウクライナ戦線の第三七軍は一九四四年九月、ルーマニア占領軍から分離してブルガリアに配備され、一九四七年の平和条約調印までそこに駐留した。ソヴィエト軍は五〇年代半ばまで（そしてふたたび一九五六年以後も）ハンガリーに留まり、一九五八年までルーマニアに駐留した。ドイツ民主共和国はその四七年間の全期間をソヴィエトの軍事占領下で過ごし、ポーランドはソヴィエト軍部隊が定期的に通過する国となった。ソヴィエト連邦がヨーロッパのこの部分から立ち去る気配はなく、その後の諸事件が示すように、その未来はこの巨大な隣国の運命と緊密に結ばれたのであった。

当然ながら、明らかな例外がチェコスロヴァキアだった。多くのチェコ人がロシア軍を解放者として迎えた。ミュンヘン会談のおかげで、彼らは西側列強に幻想を抱くことはなく、ロンドンを拠点とするエドヴァルト・ベネシュの亡命政府は一九四五年のはるか以前からモスクワと二心なき予備折衝を行なった唯一の政権だった。一九四三年一二月、ベネシュ自身がモロトフに自分の立場をこう表明した――「われわれは重要問題に関して、……常にソヴィエト政府代表団の意に適うような言動をなすであろう。」ベネシュはロシアあるいはソヴィエトを受け入れる危険性について、彼が師と仰ぐ先の大統領トマーシュ・マサリクほどには用心深くなかったかもしれないが、ばか者というわけでもなかった。プラハは一九三八年以前にパリとの密接なつながりを求めたと同じ理由から、モスクワと友好関係を築こうとしていた。チェコスロヴァキアは中央ヨーロッパの小規模弱体国家であり、保護者を必要としていた。

こうしてチェコスロヴァキアは多くの意味で「東欧」諸国

のなかで最も西寄り――歴史的に多元的な政治文化、都市・工業部門の発展、戦前における資本主義経済の繁栄、その後に見られた西欧起源の社会民主主義政策――の国であるにもかかわらず、同時に一九四五年以後はソヴィエトの領土「調整」のおかげでサブ・カルパティアのルテニアという最東部を失ったにもかかわらず、この地域におけるソヴィエト連邦の最も緊密な同盟国となった。だからこそベネシュは東および東南ヨーロッパの戦時亡命政権の首相のなかでただ一人、その政府を故国に持ち帰ることができたのであり、彼は一九四五年四月、その政府の閣僚を七名の共産党員と、一一名の他の四つの政党出身者で再構成したのである。

チェコ共産党は指導者クレメント・ゴットヴァルトの下で、自分たちが選挙を通じて政権獲得するチャンスは十分にあると本気で信じていた。彼らは戦前のチェコスロヴァキアで行なわれた最後の選挙でりっぱな見本を示していた――一九三五年に八四万九〇〇〇票（全体の一〇パーセント）を獲得していたのである。彼らは赤軍に頼ってはおらず、赤軍は一九四五年一一月にチェコスロヴァキアから撤退していた（と言っても他の国の場合と同じく、ソヴィエト連邦は外交機関を通じて首都プラハにかなりの諜報機関と秘密警察とを駐在させていた）。本格的に自由な、しかし心理的には緊張感に満ちた一九四六年五月のチェコスロヴァキアの選挙で、共産党はボヘミアとモラヴィアのチェコ人地域で四〇・二パーセント、農村の大部分とカトリックのスロヴァキアで三一パーセントの票を獲得した。それ以上の得票率を示したのは「スロヴァキア民主党」だが、その影響力は定義上人口の三分の一のスロヴァキア人に限られていた。[3]

チェコ共産党は成功がつづくと予期しており、そのため当初はマーシャル援助獲得の見通しを歓迎し、将来の選挙での勝算を強めるべく党員増強を図った。一九四五年五月の党員数およそ五万人が一九四六年四月には一一二万人へと上昇し、一九四八年一月には一三一万人に達した（国民人口はわずか一二〇〇万人だった）。共産党が支持者を確保するのに、保護も圧力も不要というわけでなかったことは確かだ。そして他の国の場合と同じように、彼らは周到に重要閣僚ポストを手に入れるとともに、警察その他の機関の重要ポジションに仲間を配置した。しかし一九四八年の選挙に向けて、チェコスロヴァキア自生の共産党は「チェコの道」を通っての全権掌握に備えており、この点は東側にある他国の共産党とは大いに異なっていたのである。

チェコスロヴァキア共産党は支援なしでも勝てるというゴットヴァルトの確言を、ソヴィエトの指導層が信じたのかどうか、明らかではない。しかし少なくとも一九四七年秋までは、スターリンはチェコスロヴァキアに干渉しなかった。チェコ人はズデーテン地方のドイツ人を追い出し（そのために彼らはドイツの敵意をこうむることになり、そのことがソヴィエトの保護へのこの国の依存を高めた）、ベネシュの戦後政府が経済計画や国有化や刻苦勉励を重視したことで、一九四七年五月時点で少なくとも一人のフランス人ジャーナリストが初期ソヴィエト時代の「スタハーノフ運動」のレトリックやムードを思い起こしたのだった。プラハの掲示板にはベネシュ大統領自身と並んでスターリンの肖像が掲げられたが、これは共産党が自前の政権をつくる以前のこと、ましてや権力を独占する以前のことだった。すでに見たように、外務大臣ヤン・マサリクとその同僚たちは一九四七年の夏、モスクワからの命令で躊躇なくマーシャル援助を拒否した。〔前出120頁〕要するにスターリンとしては、チェコスロヴァキアの行動で文句をつけるべきことは何もなかったのである。

にもかかわらず一九四八年二月、共産党はこの国の支配権掌握のため、非共産党員閣僚の軽率な辞任（警察機関に共産党員が浸透したという重要だが不透明な問題をめぐって）に乗じて、プラハで政治クーデターを仕掛けたのである。このプラハ・クーデターが重要な意味をもつ正確な理由とは、モスクワときわめて友好的と思われていた、ある程度民主的な国でそれが起こったからだ。それが西側連合諸国に衝撃を与えたのは、彼らはそこから共産主義が西への進撃を開始したと推測したからである。[4] それはおそらく、フィンランド人には救いとなった。チェコのクーデターがドイツその他で引き起こした諸問題のおかげで、スターリンは一九四八年四月、やむを得ずヘルシンキと妥協し、友好条約に調印したのだった（当初のねらいはフィンランドに対しても東ヨーロッパ型の解決を押しつけ、社会民主党を分裂させて共産党と合同で「フィンランド人民民主同盟〔ＳＫＤＬ〕」をつくり、かくして後者に権力を握らせる算段だった）。

西側では、プラハの事態が各国社会党をして東ヨーロッパの政治生活の諸現実に目覚めさせた。一九四八年二月二九日、高齢のレオン・ブルムはフランス共産党機関紙『ル・ポピュレール』に大きな影響力をもった論文を発表し、東ヨーロッパの同志たちを襲った運命について声をあげられなかった西側社会党を批判した。プラハのおかげで、フランス、イタリアその他の非共産主義左翼のかなりの部分が今や自分を確固として西側陣営に位置づけるようになるのだが、これはソヴィエトの手のとどかぬ国々の共産党を、孤立とつのりゆく無

（3）チェコ人地域の「農業党」と、その友党である「スロヴァキア人民党」とは、ナチの政策を黙認したとして戦後は禁止となっていた。

（4）西側の世論は一九四八年五月一〇日のマサリクの死からも影響を受けた――彼は外務省の中庭に窓から「落ちた」と報ぜられた。その死の正確な事情はまだ解明されてはいない。

力感へと委ねる展開をもたらした。

もしスターリンがこうした結果を十分に予期せぬままプラハのクーデターを仕掛けたのだとしたら、その理由は、彼が常にブロック全域に自分の令状を実施しようと企てていたからだけではなかった。あるいは、大いなる事業計画のなかでチェコスロヴァキアが最重要だったからでもなかった。プラハで起こったことは——そしてソヴィエトの政策がかつての同盟諸国に対する妨害や不同意から公然たる対決へと急速に移行しつつあったドイツにおいて同時に起こりつつあったことは、ひとむかし前のスタイルと戦略への、スターリンによる回帰だった。この転換を推進したのは、一般論で言えばヨーロッパ問題とドイツ問題を思い通りに動かせないことに対するスターリンの不安なのだが、それのみならず、あるいはそれ以上に、ユーゴスラヴィアに関する彼の苛立ちが嵩じたからだった。

＊　＊　＊

一九四七年、ヨシプ・ブロズ・チトーが率いるユーゴスラヴィアの共産党政権は特異な立場を保持していた。ヨーロッパの共産党のなかでただ一つ、ユーゴスラヴィアは現地の味方にも外国の支援にも頼らず、自らの努力で権力を握っていた。たしかに一九四三年一二月には、イギリスが民族派武装組織「チェトニク」のパルチザンへの援助を中止してチトーの背後支援へと転換し、終戦直後の時期には、国連救済復興機関（UNRRA）がヨーロッパのどの国よりも多くの援助資金（四億一五〇〇万ドル）をユーゴスラヴィアに送り、その七二パーセントはアメリカ合衆国が出したのだった。しかし当時の人びとにとって重要だったのは、ドイツおよびイタリアの占領軍に対するレジスタンスを勝ち抜いたのがユーゴ共産党のパルチザンだけだったことだ。

勝利に意気揚がったチトーの共産党は、解放後の他の東ヨーロッパ諸国で行なわれていた類いの提携などまったくおかまいなく、直ちに対抗者のすべてを滅ぼしにかかった。一九四五年一一月に行なわれた戦後初の選挙で、投票者に示されたのはあけすけな選択だった——チトーの「人民戦線」か……それともおおっぴらに「反対党」というラベルの貼られた壺のほうか。一九四六年一月、ユーゴスラヴィアの共産党はソ連憲法を直接のモデルにした憲法を導入した。チトーはさらに反対勢力の大量逮捕、投獄、処刑へと進む一方、隣国のハンガリーやルーマニアの共産党が比較的柔軟なイメージを慎重に模索していたこの時期に、強制的な土地の集産化へと乗り出した。ユーゴスラヴィアはヨーロッパ共産主義の強硬で鋭利な最先端と見受けられたのである。

ユーゴスラヴィアの急進性と、戦略的に重要な地域を支配

一九四八年二月二五日、クレメント・ゴットヴァルトの新政府樹立宣言を聞こうと、プラハのヴェンツェラス広場に集まったチェコの人びと。彼らの顔が表わしている相反する感情に注目――共産党の政権掌握に、誰も彼もが落胆していたわけではなかった。

一九四八年七月、ベオグラードの建物に飾りつけられたヨシプ・ブロズ・チトーの肖像。この年の春にソ連が共産主義国ユーゴスラヴィアと絶縁したのは、その政策の故にではなく、チトーが示した不服従の態度や、その個人崇拝や、モスクワが共産主義の権威を独占することに対する彼の挑戦ぶりに、スターリンが腹を立てたからだった。

下に収めたユーゴスラヴィア共産党の成功とは、表面的にはソヴィエトの利点と考えられ、モスクワとベオグラードとの関係は良好だった。モスクワはチトーとその党に惜しみない賞賛を浴びせかけ、彼らが挙げた革命的諸成果を熱烈称揚し、ユーゴスラヴィアこそ他国が目ざすべき手本だと持ち上げたのである。ユーゴスラヴィアの指導者たちはお返しに、あらゆる機会をとらえてソヴィエト連邦への深い敬意を表明し、自分たちはバルカン諸国にボリシェヴィキ・モデルの革命と政府を導き入れているのだと考えた。ミロヴァン・ジラスの回想によれば、「われわれすべては精神面で（ソ連に）傾斜していた。そしてわれわれすべては、大国特有の忠誠基準さえなければ、その献身をつづけていただろう。」

　しかしながらユーゴスラヴィアのボリシェヴィズムへの献身ぶりは、スターリンの視点からすると、いつもやりすぎの気味があった。これまで見てきたように、スターリンの関心は革命よりも権力だった。共産党の戦略を決めるのはモスクワであり、いつ穏健路線で行くのか、いつ急進路線を取るのかを決めるのはモスクワだった。世界革命の大本であり源泉であるソヴィエト連邦は、革命のモデルの一つではなく、革命のモデルそのものだった。適切な状況下では、下位の共産党は先例に従っていればいいのだが、彼らは愚かにもソヴィエトに勝とうとした。そしてこの点が、スターリンから見ればチトーの陥りやすい弱点だった。東南ヨーロッパに共産主義の軍旗を打ち立てようという野心から、かつてのパルチザン司令官はソヴィエトの思惑の一歩先を走っていた。革命の成功が彼を慢心させつつあった——彼は王様をしのぐ王党派になってしまったのだ。

　スターリンは突如としてこうした結論にたどり着いたのではなく、「経験の浅い」チトーに対する彼の不満は早くも一九四五年一月に記録されている。チトーが思い上がり始め、ユーゴスラヴィア人の自前の革命をソ連国民の革命の対抗モデルに仕立てようとしているというモスクワ側の受けとめ方に輪をかけるようにして、具体的な地域政策問題をめぐってスターリンとチトーとのあいだに意見の相違が生じた。チトー支配下のユーゴスラヴィア人が、かつてのバルカンの歴史を根拠にアルバニア、ブルガリア、ギリシアの一部を併合し、「バルカン連邦」という新しい名の下にユーゴスラヴィアを拡大する野心を育んだのだ。こうした考えは、ユーゴスラヴィアの国境を越えたところで一定の訴求力をもった——ソフィアの共産党指導者の一人であるトライチョ・コストフから見れば、それはブルガリアにとって理に適ったことであり、戦前においてこれらの国々の将来展望を遮っていた小規模国家のナショナリズムを打破するものとなるはずだった。

　スターリン自身は初めのうちバルカン連邦の話を嫌ってお

らず、コミンテルンにおけるスターリンの腹心でブルガリア初の共産党員首相となったディミトロフは、一九四八年一月に至るもこの展望についておおっぴらに語っていた。しかし東南ヨーロッパのすべてを共産党支配の下で共通の連邦的取り決めによって包括するという、一見魅力的なこのプランには二つの問題があった。各国共産党間の相互協力の基盤として始まったものが、疑り深きスターリンの目で見るとたちまちのうちに、そのなかの一国が地域のヘゲモニーをねらうたくらみのように思われ出したのだ。おそらくこの点だけからでも、スターリンはやがてチトーの野心を挫くに至っただろう。しかしさらに加えて、しかもゆゆしいことに、チトーはスターリンから見れば、西欧においても問題を起こしていた。

　ユーゴスラヴィアがギリシアの内乱を公然と支援し激励したのは一九四四年と、さらに激しく三年後、ギリシアの内戦が再燃したときだった。この支援はチトー個人のいささかナルシスティックな行動傾向――ギリシア共産党に彼自身の成功ぶりを見習うよう仕向ける――にもとづくと同時に、ギリシア領マケドニアという係争の「スラヴ」地域へのユーゴスラヴィアの関心に彩られてもいた。しかしチャーチルやその後のトルーマンが明確にしていた通り、ギリシアは西欧圏にとっての関心事だった。スターリンはギリシアをめぐって西側と喧嘩する気などなく、彼にとっては二次的問題にすぎなかった。ギリシア共産党が無邪気にも想定していたのは、自分たちの蜂起がソヴィエトの支援、おそらくソヴィエト軍介入の引き金となるだろうということだったが、そんなカードはなかった。それどころか、スターリンは彼らギリシア共産党を、らちもない目標を追ってアメリカの介入を招きかねない未熟な冒険分子と見なしたのだった。

　こうしてギリシアの内乱へのチトーの挑発的な激励がスターリンを悩ませ（彼はユーゴスラヴィアの支援さえなければ、ギリシアのごたごたなどとうの昔に平和裏に解決していたはず[5]と正しい判断を下していた）、彼をこのバルカンの側用人《そばようにん》からますます遠ざけさせた。しかしチトーがスターリンを当惑させるとともにアングロ－アメリカ側の苛立ちを焚きつけていたのは、南バルカン地域だけではなかった。トリエステとイストリア半島におけるユーゴスラヴィアの領土的野心が、イタリアの平和条約をめぐる連合国側の同意の障害となった。同条約が一九四七年九月に最終的に調印された際にも、トリエステ地域の将来は不確定のままで、ユーゴスラヴィアによる接収を阻止すべく連合国軍隊の駐留がつづいた。隣接するケルンテン、つまりオーストリアの最南部地方についても、

（5）チトーがスターリンと決裂した後、一九四九年七月にギリシアとユーゴスラヴィアの国境を閉鎖すると、ギリシア共産党のレジスタンスはたちまち瓦解してしまった。

チトーはユーゴスラヴィアに有利な領土決着を要求しており、一方スターリンは未解決のままのステータス・クオ（現状維持）を望んでいた（これがソヴィエトにとって明らかに有利だったのは東部オーストリア、したがってハンガリーにも軍隊を駐留できたからである）。

ユーゴスラヴィア流イレデンタ（民族統一）主義と、パルチザンの革命的熱情とを絡めたチトーのやり口が、こうしてスターリンの困惑をつのらせた。『第二次世界大戦イギリス公式戦史』によると、一九四五年五月以後西側の軍人仲間で広く信じられていたのは、すぐにも第三次大戦が勃発するとすればトリエステ地域だろうということだった。しかしながらスターリンは第三次大戦を仕掛ける気はなく、北東イタリアのさえない片隅をめぐって戦うなどもっての外だった。彼はまた、イタリア共産党がその隣国共産党の不人気な領土野心に煩わされるのが不愉快だった。

これらすべての理由から、スターリンは一九四七年夏までに、ユーゴスラヴィアに関して個人的に怒り心頭に発していた。彼にとって不愉快なのは、ブルガリアの首都の鉄道駅がスターリンとディミトロフの他にチトーのポスターで覆われたこと、ハンガリー共産党がユーゴスラヴィア・モデルの共産党支配を見習うなどと語り始めたことだった。あの隷従的なラーコシまでが、一九四七年末のモスクワの会合で、スターリンに面と向かってチトーを賞賛したと伝えられるありさまだった。チトーは西側連合諸国との関係でソヴィエト連邦にとって外交上の厄介者であったのみならず、国際共産主義運動の内部でトラブルを引き起こしていたのである。

外部から観察すると、共産主義は単一の政治的存在であり、モスクワという「中心」によって形成され、動かされていた。しかしスターリンの視野からすれば、ことはもっと複雑だった。二〇年代後半から大戦勃発まで、実際にモスクワは中国を除く世界共産主義運動を牛耳ることに成功した。しかし戦争がすべてを変えた。ドイツ軍に対するレジスタンスに際して、ソヴィエト連邦は愛国主義、自由、民主主義、その他数多くの「ブルジョア的」目標を掲げることを余儀なくされた。共産主義はその革命的な切っ先を失い、ゆっくりではあるが確実に広範な反ファシズム連合の一部となっていた。もちろんこれは戦前の「人民戦線」戦術だったが、三〇年代のモスクワは経済援助や個人的介入やテロを通じて、外国の党をしっかり統率することができたのである。

この統率力が戦時中に失われた――その象徴が一九四三年のコミンテルン解散だった。しかもそれが終戦直後の時期に完全に復活することはなかった。ユーゴスラヴィアは実際にソヴィエトの介入なしで政権を取ったヨーロッパ唯一の党であり、イタリアやフランスでは共産党はモスクワへの変わらぬ忠誠を表明しつつも、日常ベースでは外からの助言や指示なしで活動していた。党の指導層はスターリンの意図を関知していなかった。チェコスロヴァキアの場合と同じく、しかしソ連からの指導はさらに少なく、彼らは自分たちがフランス独自の、あるいはイタリア独自の「社会主義への道」と称するものを追求し、連合政権内部で活動しつつ、国民的目標と共産主義の目標とを問題なく両立するものとして取りあつかっていたのである。

すべては一九四七年夏に変わり始めた。一九四七年五月、フランスとイタリアの政府で共産党員の閣僚が罷免された。これは彼らにとっておどろきだったようで、フランス共産党指導者のモーリス・トレーズは自分の党はすぐにも連立政権に復帰できるとの見通しをしばらく持ちつづけ、ストラスブールで行なわれた一九四七年六月の党大会で、全面対決を主張する連中を「冒険主義分子」だと言った。西ヨーロッパの共産党はマーシャル・プランにどう対応すべきか確信がもてず、遅ればせながらスターリンの拒絶反応からヒントを得ただけだった。総じて、モスクワと西側共産党とのコミュニケーションは不足がちだった。フランス共産党の政権離脱の後、アンドレイ・ジダーノフはトレーズに秘密書簡でこう書き送った――「フランス共産党の行動はわれわれとの協調の上でのことと考える者が多い。あなたも知っての通りそれは真実ではなく、あなた方の行動は中央委員会としてまったくおどろきです」（意味深長なことだが、この写しがチェコ共産党指導者ゴットヴァルトに送られていた）。

明らかに、西側共産党は変化に立ち遅れていた。トレーズに書簡が送達されて数週間も経たぬ六月二日、モスクワは東ヨーロッパの近隣諸国・衛星諸国と通商条約を締結しつつあったが、これはマーシャル・プランと、それがこの地域のソヴィエトの支配力への脅威となることへの、示し合わせた対抗措置の一環であった。プラハで、パリで、ローマで遂行され、これまで暗黙のうちにスターリンから是認されていた協力政策が、ジダーノフが広める二つの「陣営」非融和論に代表される対決戦略に急速に取って代わられつつあった。

こうした新方針を実施に移すべく、スターリンはポーランド南部のリゾート地のシュクラルスカ・ポレンバでの、一九四七年九月末の会合を呼びかけた。参加を招請されたのはポーランド、ハンガリー、ルーマニア、ブルガリア、チェコスロヴァキア、ユーゴスラヴィア、フランス、イタリア各国の共産党と、もちろんソヴィエト連邦だった。会合の表向きの目的は「コミンフォルム（共産党・労働者党情報局）」の設立だった――これは「コミンテルン（共産主義インターナショナル）」の後身で、国際共産主義活動を「調整」し、モスクワと各衛星党とのコミュニケーションを改善するというのがその目的だった。しかしこの会合およびコミンフォルム（その後三回しか召集されず一九五六年に解散された）両方の真の目的は、国際運動内部でのソヴィエトの支配権の再確立であった。

二〇年前に自分がボリシェヴィキ党内部で行なったままに、スターリンは「右翼主義的」逸脱分子の非難・追及に取りかかった。シュクラルスカ・ポレンバでは、フランス代表とイタリア代表がユーゴスラヴィア代表のエドヴァルド・カルデリやミロヴァン・ジラスが行なう革命戦略をめぐる尊大な講義を聞かされたが、後者の「左翼主義」こそ模範だと賞賛したのがジダーノフやマレンコフらソヴィエトの代表だった。西側各国の共産党は（明らかに批判が向けられていたチェコとスロヴァキア両共産党の代表ともども）心底仰天してしまった。彼らが国内政治で推進してきた類いの平和的共存は終わりを告げた。「反帝国主義民主陣営」（ジダーノフの言葉）なるものが形成され、新しい路線にしたがうこととなった。これ以後モスクワは、各国共産党がソヴィエトの利害関心にいっそうの注意を払い、彼ら各国の考えをそれに従属させるよう求めたのである。

シュクラルスカ・ポレンバの後、各国の共産党は対決戦術へと転換した。ストライキ、デモ行進、マーシャル・プラン反対運動、そして（東ヨーロッパでは）権力奪取が加速された。フランス共産党の中央委員会は一九四七年一〇月二九―三〇日にパリで会合し、かつて同盟していた社会党に向けての非難攻撃の開始を正式に決定した。イタリアの共産党は転換がいくらか遅れたものの、一九四八年一月の大会でイタリア共産党（ＰＣＩ）として「新方向」を採択し、その焦点を「平和擁護闘争」と定めた。結果的に西ヨーロッパの共産党は苦しくなった。彼らは国内問題で主流から脱落し、イタリアの場合一九四八年四月の総選挙で大敗を喫したわけだが、この選挙ではヴァチカンとアメリカ大使館とが反共サイドで大量介入を行なったのであった。[6] しかし選挙での敗北などたいした問題ではなかった。ジダーノフの「二つの陣営」理論において、西側陣営の共産党は今や二次的・かく乱候補的役割にすぎなかったのである。

スターリン外交にとってこれまで障害物だったユーゴスラヴィアの超革命主義が、今や宝物になったと考えられよう――シュクラルスカ・ポレンバではそう考えられて、ユーゴスラヴィアの党は花形的存在だった。フランス、イタリア、その他の代表は、シュクラルスカ・ポレンバでユーゴスラヴィアが見せた優越的・特権的で横柄な態度のことを決して許さなかった。ソヴィエト―ユーゴスラヴィアの決別の後、あらゆる国の共産党は「チトー主義的偏向」を非難するよりもうれしさいっぱいで、面目を失ったバルカンの同志に対してソヴィエトの後押しなしで中傷と嘲笑を投げつけたのだった。

しかしその代わり、スターリン－チトー間の亀裂は一九四八年二月のバルカン連邦構想に対するスターリンの非難と、ソヴィエト側が通商交渉を打ち切ったこととを皮切りに公然化し、ベオグラードからのソヴィエト軍の引き上げ、翌月には民間人顧問の退去とつづいた。その後も一連の公式の意見交換と非難が繰り返され、そこでは両者とも自分の意図の最善なることを主張したが、最後はチトーが来るべき第二回コミンフォルム会議の出席を拒否する始末となった。分裂の完成は一九四八年六月二八日の会議でのこと、ユーゴスラヴィアの解放と社会主義変革において赤軍とソ連が果たした主導的役割を認めなかったユーゴスラヴィアをこの組織から追放する、という正式決議によってだった。ベオグラードに対する表向きの非難は、民族主義的な外交政策とまちがった国内政策がその対象だった。しかし実際にはユーゴスラヴィアはスターリンの権力独占にとって、国際的な「左翼反対勢力」に相当しており、衝突は避けがたかった――チトーの共産党同志たちに向けてモスクワは反対意見を許容しないことを明確にするため、スターリンはチトーと決別する必要があったのだ。

もちろん、チトーは挫けなかった。彼と彼の国とは当時の外見以上に弱体であり、西側からの支援の増強がなければ、ソヴィエトの経済ボイコットと軍事介入の脅迫とに抗して生き延びることはむずかしかっただろう（一九四八年時点ではユーゴスラヴィア貿易の四八パーセントがソヴィエト・ブロック相手であり、それが一年後には一四パーセントへと減っていた）。ユーゴスラヴィア人は自分の意見にもとづく行動で、レトリック上高価な犠牲を払わされたのは確かだ。その後の二年間というもの、コミンフォルムからの攻撃は次第に際限がなくなっていった。レーニン主義的中傷語彙をたっぷり溜めこんだ用語集では、チトーは「ユダであるチトーと彼を唆す者たち」「全セルビア人およびユーゴスラヴィアの全ブルジョアジーにとっての新たな専制皇帝」などと言われた。彼を信奉する者は「卑しむべき反逆者にして帝国主義の回し者」「戦争と死の陣営から遣わされた不吉な伝令、裏切り者の戦争屋にしてヒトラーのおえらい後継者」だった。ユーゴスラヴィア共産党は「スパイ、挑発者、殺人者の集団」「アメリカの皮ひもにつながれ、帝国主義者が投げ与える骨をかじり、アメリカ資本を代弁して吼えまくる犬ども」と断罪された。

（6）PCIは一九四八年の選挙で、実際には少し票を増やしたのだが、それは大敗北だった社会党を犠牲にしてのことだった。勝利したキリスト教民主党は、左翼の合計得票を四〇〇万票以上も上回った。

チトーおよび彼の信奉者に対する攻撃が、スターリンの個人崇拝や粛清や、それにつづく見せしめ裁判などの全盛期と一致していたことが重要だ。と言うのも、スターリンは正しくもチトーのなかに脅威と挑戦を見て取り、それが他の共産党政権および共産党の忠誠や服従を蝕んでゆくのを恐れたことは疑いないからである。コミンフォルムがその定期刊行物や出版物で主張していた「資本主義から社会主義への移行過程における階級闘争の激化」とか、党の「主導的役割」とかは、これこそまさに一九四五年以来のユーゴスラヴィア共産党の政策だったことを人びとに思い出させる危険があった。したがってソヴィエト連邦およびスターリンへの忠誠や、社会主義への「民族の」あるいは「個有の」道の全否定や、「警戒心の倍増」の必要性の強調などを、同時につけ加えなければならなかった。第二次のスターリン主義氷河期が始まっていたのである。

スターリンが東ヨーロッパで自分の権威をわざわざ繰り返し主張しなければならなかった大きな理由として、彼がドイツで主導権を失いつつあったということがある。(7) 一九四八年六月一日、西側連合諸国がロンドンで会合し、西ドイツ国家を別個に創設するプランを発表した。六月一八日には新たな通貨「ドイツマルク」が公表され、その三日後に流通の運びとなった(銀行券は秘密裏にアメリカで印刷され、アメリカ陸軍に護衛されてフランクフルトへと輸送されていた)。旧通貨の「ライヒスマルク」は回収されるが、ドイツの居住者には四〇マルクに限り新マルクを一対一で交換する権利が与えられ、それ以上は一〇対一の比率となった。初めは不人気だった(預金が減価されて実質価格が上昇し、商品が手に入れにくくなった)のだが、農民や商人が信頼の置ける交換媒体を求めて進んで固定価格で売ろうとしたため店には商品が溢れ、新通貨はたちまち受け入れられたのだった。

六月二三日、ソヴィエト当局は新たな東ドイツのマルクを出し、ベルリンから西ドイツに通じる鉄道を遮断して対応した(三週間後には運河も閉鎖することになる)。翌日、ベルリンの西側軍政府は東側地区の新通貨を西ベルリンまで広げようとするソヴィエトの努力を阻止した——これが原理的に重要だったのは、ベルリン市は四国の管理下にあり、西側地区はこれまで、ソヴィエトが占領する東ドイツの一部としてあつかわれてはいなかったからである。ソヴィエトの軍隊が同市への地上交通に対する管理を強めたので、アメリカ・イギリス両政府は自分たちの地区への空からの補給を決断し、六月二六日、最初の空輸機が(西)ベルリンのテンペルホーフ空港に着陸した。

ベルリン空輸は一九四九年五月一二日までつづいた。この一一カ月間で、西側連合諸国は二七万七五〇〇回の空輸でおよそ二三〇万トンの食糧を輸送し、連合国空軍兵士七三人の命がその犠牲となった。ベルリンを封鎖したスターリンの目的は、西側に対してこの市から撤退するか（ポツダム議定書には連合国の地上アクセスを保証する成文条項がなかった点に付け入ったのだ）、さもなければ西ドイツ分離国家の計画を放棄するかのどちらかを選ばせることだった。後者こそスターリンが真に望んでいたことだった――彼にとってベルリンは常に交渉材料の一つにすぎなかった――が、最終的に彼はどちらの目的も実現できなかった。

　西側連合諸国はベルリンの自分たちの持ち分にこだわりつづけた（これは彼ら自身におどろきだったし、西ベルリン市民にとってはおどろきと感謝だった）。それのみならず、プラハ・クーデター直後のソヴィエトによるこの封鎖は、かえって「西ドイツ」計画推進の彼ら連合国側の決意をいっそう固めさせ、この国の分割をドイツ人自身にとっていっそう受け入れやすいものにした。一九四九年四月には米英統合地区にフランスが加わり、住民四九〇〇万人の「西ドイツ」という単独の経済単位が創出された（これに対しソヴィエト地区はわずか一七〇〇万人だった）。

　スターリンの外交的冒険の大半がそうなのだが、ベルリン封鎖も即興で、計算しつくされた攻撃的企図の一環などではなかった（この点を当時の西側が知らなかったといっても責めるわけにはいくまい）。スターリンはベルリンのために戦争しようとはしていなかった[8]。したがって封鎖が失敗に終わると、ソヴィエトの指導者は方針を変えた。一九四九年一月三一日、彼は「西ドイツ」国家の計画延期と引き換えに封鎖を解除する、との提案を公表した。西側連合諸国にはそうした譲歩の意図はまったくなかったが、この問題を討議する会合を召集することが合意され、五月一二日、ソヴィエト連邦は五月二三日に外相会議を開くというだけの交換条件で封鎖をやめたのである。

　会議は予定通り行なわれて一カ月つづいたが、予期された通り、共通の立場を見出すには至らなかった。実際のところ、この会議が始まると同時にボンで行なわれた西ドイツ議会評議会が西ドイツ政府設立の「基本法」を正式に発効させ[9]、そ

(7)　ソヴィエトの顧問団がユーゴスラヴィアを引き上げたのが一九四八年三月一八日で、これはソコロフスキー元帥がドイツで開かれていた連合国管理理事会を退席するちょうど四八時間前だったことは、偶然の一致ではなかった。

(8)　彼がそうするつもりだったら、現実の障害はほとんどなかった。一九四八年の春、ソヴィエト連邦はベルリンに手の届くところに三〇〇個師団を擁していた。アメリカはヨーロッパ全域で兵士わずか六万人、ベルリン駐在はそのうちの七〇〇〇人以下だった。

の一週間後にはスターリンが対抗的な「東ドイツ」の設立計画を発表して対応し、この国家は一〇月七日に正式発足となった。六月二〇日の会議決裂までに、西ドイツの軍政府はアメリカ、イギリス、フランスの高等弁務官府へと切り換わっていた。「ドイツ連邦共和国」が誕生したのだが、連合諸国は幾ばくかの介入権と、必要と判断すれば直接支配を再開する権利さえ保有していた。一九四九年九月一五日、一カ月前に行なわれた選挙でのキリスト教民主党の勝利を踏まえ、コンラート・アデナウアーが共和国最初の首相となった。

ベルリン危機は三つの重要な結果をもたらした。まず第一に、それが直接に二つのドイツ国家創造へとつながったのだが、これは四年前の終戦時にはどの連合国も追求していなかった成り行きだった。西側列強にとってはこれが魅力的で実現可能な目標であり、それ以後のリップサービスではドイツ統合が望ましいとされてはいたものの、実際に急いで統合を実現したいとは誰も思っていなかったのである。九年後にシャルル・ド・ゴール大統領からドイツ統一についての感想を訊かれたとき、イギリス首相ハロルド・マクミランが答えた通り、「理論上です。理論上、われわれは再統一を支持しなくてはなりません。その限り危険はないのです。」スターリンにとっても、ドイツ人の忠誠をめぐる競争で自分は西側諸国に勝てないし、彼らに計画を放棄させることもできないと分かった以上、別個に東ドイツ共産国家をつくることは悪くない成り行きだったのだ。

第二に、アメリカ合衆国はベルリン危機によって初めて、ヨーロッパの不確定な未来にわたる重要な軍事的プレゼンス（存在）として登場することとなった。これはイギリスの外務大臣アーネスト・ベヴィンの手柄だった――マーシャルとクレイ将軍（ベルリンのアメリカ軍司令官）の二人が危険を冒す値打ちがあるとトルーマンを説得し、アメリカをうまくベルリン空輸へと踏み切らせたのがベヴィンだった。それでもフランスがベルリン危機と関わらなかった理由は、この国が一九四八年六月一八日から九月一〇日まで政治危機のまっただなかにあり、国民議会で統治力をもつ多数派が誰やら、いっこうにはっきりしなかったからである。

しかしながら第三に、そしてこれは前記二つの点とつながっていたが、ベルリン危機はすぐさま西側の軍事的計算の再検討を導き出した。西側がソヴィエトの攻撃からドイツというクライアント（依頼人）を保護しようとするつもりなら、そのための手段を自分で講じなければなるまい。ベルリン危機が始まったとき、アメリカ軍はブリテン島（イギリス）に

---

(9) この基本法は周到にも暫定法だった――「移行期間中の政治的生活に新たな秩序を与える目的で云々」、つまり国が再統一されるまでの法だった。

一九四八年六月、ベルリンのテンペルホーフ空港に着陸するアメリカ軍機。一一カ月にわたる「ベルリン封鎖」は戦略的に見て、スターリンが犯した大誤算となった――ドイツ国内の中立主義幻想を打ち砕き、ベルリン問題への西側連合諸国の関与を強化し、ＮＡＴＯの形成を促進してしまったのだ。

【下の写真】生みの親たち――左から右へ、アメリカの国務長官で「封じ込め」政策の立役者ディーン・アチソン、イギリス外相で最初に「大西洋同盟」を構想したアーネスト・ベヴィン、「ヨーロッパ石炭・鉄鋼共同体」を提起したフランスの政治家ロベール・シューマン。

戦略爆撃機を配備しており、これらは原爆搭載が可能で、当時のアメリカは五六個の原爆を保有していた。しかしワシントンは原子爆弾の使用に関する政策を確立してはおらず（ことにトルーマン自身はその使用を考えることに気乗り薄だった）、ソヴィエトが侵攻してきた際のヨーロッパにおける合衆国の戦略は、大陸からの撤退というのが今なお前提となっていたのである。

軍事的な見直しは、チェコのクーデターとともに始まった。その直後からヨーロッパは高度な不安感の時期となり、戦争の噂がしきりだった。おおげさなことを言うタイプではなかったクレイ将軍でさえ、広がりつつある懸念を共有してこう述べた――「何カ月ものあいだ、わたしは論理的な分析にもとづいて、戦争は少なくとも一〇年間は起こりそうもないと感じ、そう判断してきた。しかしここ数週間、わたしはソヴィエトの態度のなかに説明しがたい微妙な変化を感じ取り、そのためわたしは今、戦争が劇的に突発するかもしれないと感じている。」アメリカ議会がマーシャル・プランの法案を可決し、ヨーロッパの連合諸国が一九四八年三月一七日に「ブリュッセル条約」に調印したのは、こうした雰囲気のなかでのことだった。と言ってもブリュッセル条約は、イギリス、フランス、ベネルクス諸国（オランダ・ベルギー・ルクセンブルク）が「ドイツからの新たな攻撃に備えて相互援助の面で協力するよう」締結された旧来型の五〇年間条約であって、この時ヨーロッパの政治家たちがはっきりと意識しつつあったのは、自分たちはソヴィエトの圧力に無防備のまま曝されているということだったのだ。この点からすると、彼らはかつてなく危ない状態にあった――ドイツの外務大臣ディルク・スティッカーがこう回想している――「われわれヨーロッパにある者がアメリカの支援として持っていたものは、トルーマン大統領の言質だけだった。」

ワシントンに対して新しいアプローチを主導したのはイギリスだった。ベヴィンは一九四八年一月二二日の議会演説で、イギリスは大陸の隣人たちとの共同防衛戦略として「西ヨーロッパ同盟（ＷＥＵ）」の結成に踏み切ることを表明した――イギリスの安全保障の必要性は今や大陸のそれと不可分だという考え方にもとづいてのことだが、これは過去のイギリス的思考との重大な決別だった。この西ヨーロッパ同盟はブリュッセル条約と同時に正式発足となったが、ベヴィンが三月一一日のメッセージでマーシャルに説明したように、こうした取り決めは北大西洋全体の安全保障というコンセプトにまで拡げられなければ不完全だろう――これこそマーシャルが大いに同感した点だったと言うのは、スターリンがまさにこの時ノルウェーにかなりの圧力をかけて、ソヴィエト連邦との「不可侵」条約締結を迫っていたからだった。

第2次大戦後の中東ヨーロッパ

こうしてベヴィンに促されて、イギリス、アメリカ、カナダの代表がワシントンで秘密協議を行ない、大西洋防衛のための条約を起草した。一九四八年七月六日、すなわちベルリン空輸開始から一〇日後、コミンフォルムがユーゴスラヴィアを追放した直後に、この間の協議が他のブリュッセル条約締結国へも知らされたのだが、そのなかでフランスは、またもや「アングロ－アメリカン」たちが自分の目につかぬところで世界を仕切っていることが分かり、愉快ではなかった。「北大西洋条約機構（NATO）」は、こうして翌年の四月までに、アメリカ、イギリス、カナダ、そしてヨーロッパ一〇カ国によって合意・調印されたのである。

NATOは瞠目に値する進展だった。一九四七年段階では、アメリカがヨーロッパにおける軍事同盟と関わることを予測した人はほとんどいなかっただろう。実のところアメリカ議会には、とくにこの条約の第五条（NATO加盟国が攻撃を受ければ相互に援助し合う義務）に賛成したくない人びとが数多くおり、三カ月に及ぶ議論の後で、連邦議会のみの承認で条約は成立した。その理由は、それが欧米同盟というより大西洋の防衛条約として提示されたからだった。たしかに、国務長官ディーン・アチソンが上院に政府案を提出した際に彼が強調したのは、アメリカはヨーロッパには実質的な地上軍を配備しないだろう、ということだった。

そしてこれが、本当にアメリカの意向だった。アメリカ合衆国がヨーロッパとのやっかいな同盟に初めて本格的に関わったとすれば、それはワシントンの多くの人びとがNATOをマーシャル・プランと同じ趣旨のものと見なしていたからだった。すなわち、それはヨーロッパ人が自信を取りもどし、自分の問題――この場合は防衛――を自分で解決するのを助けるためのひと工夫だったのだ。NATO自体としては、ヨーロッパの軍事均衡をまったく変えなかった。西ヨーロッパに配置された一四師団のうち、二師団だけがアメリカ軍だった。西側連合国の地上軍の数は今なお一二対一で劣勢だった。アメリカ参謀本部の一九四九年の推定では、ライン川での効果的な防衛が可能になるのは早くとも一九五七年だろうとのことだった。一九四九年四月九日、ワシントンのコンスティテューショナル・ホールで行なわれたNATO条約調印式でバンドが奏でたのは「おれにはないものばかり」〔『ポーギーとベス』の挿入歌〕だったが、決してそぐわぬ曲ではなかったのだ。

とは言うものの、ヨーロッパ側からすれば状況はいささかちがって見えた。アメリカは軍事同盟を重要視していなかったが、ウォルター・ベデル・スミスが国務省政策策定部スタッフたちに助言した通り、ヨーロッパ側は「支援を約束する紙切れに、われわれが考える以上の重要性を認めて」いたのである。おそらくこれは、まったくおどろくべきことというわけではなかった――彼らは他に何もなかったのだから。少なくともイギリスは今なお離れ島だった。しかしフランスは他の国同様、弱体この上もなかった――ドイツに対して、さらに今やロシアに対して。

したがってNATOは、とりわけパリにとって二重の魅力だった。それによってソヴィエト軍に対する防衛ラインはこれまでよりはるか東に引かれるだろう――チャールズ・ボーレンが条約調印の数カ月前に述べていた通り、「フランスが寄せる微かな信頼は、その数がどうあれ、アメリカ軍が赤軍と自分たちとのあいだに割って入るという事実である。」そしておそらくもっと重要だったのは、それがドイツの復讐を阻む保証の役割を果たすことだった。実際のところ、フランス政府が第一次大戦の結果をしっかり念頭に置いた上で西ドイツ国家の承認へと譲歩したのは、NATOによる保護の約束あってのことだったのである。

フランスはこうして、自分たちがそれまで三年かかっても外交手段では獲得できなかった復活ドイツの危険性に対する保証として、NATOを歓迎した。オランダとベルギーも、NATOを未来のドイツの復讐を防ぐものと見ていた。イタリアを加盟させたのは、国内の批判勢力である共産党に対抗してアルチーデ・デ・ガスペリ支援の防波堤を築くためだった。イギリスはNATO条約を、ヨーロッパ防衛に合衆国を関わらせようという自分たちの努力の、めざましい成果だと考えていた。そしてトルーマン政権はこの条約を、北大西洋におけるソヴィエトからの攻撃に対する防御壁として、議会およびアメリカ国民に売りつけたのであった。一九五二年にNATOの初代事務総長に就任したイズメイ卿の有名な言葉はその機微をよく捉えている――北大西洋条約機構の目的とは、「ロシア人を締め出し、アメリカ人を取り込み、ドイツ人を抑えつけることである。」

NATOははったりだった。後のイギリス国防相デニス・ヒーリーが回想記で述べたように、「大方のヨーロッパ人にとって、戦争を防止できなければNATOは無価値だった。彼らはもう一回戦争する気などなかった。」この条約の独創性は、それが達成できるものよりもできると思わせるものにあった。マーシャル・プランと同様、そしてそこから派生したブリュッセル条約と同様に、NATOは戦争の結果としてヨーロッパ(およびアメリカ)で生じていた最も重要な変化の例証だった――変化とはすなわち、情報を共有して防衛・安全保障・通商・通貨規制・その他多くの面で協力し合おうという、積極的意志が生まれたことである。煎じ詰めると、これは平時における同盟軍統合司令部であって、慣行からの前代未聞の逸脱であった。

NATOはしかし、一九四九年の合意のときから完全な形で生まれていたわけではない。一九五〇年春の時点で、ワシントンは西ヨーロッパ防衛の唯一現実味ある希望とはドイツの再軍備であることを、フランス人その他ヨーロッパ諸国民にどう説明すべきか迷っていた。これこそ誰をも不安に陥れ、スターリンからの不測の対応を招きかねないと考えられていたテーマだった。いずれにせよ、貴重な資源を再軍備に費やそうと望む者はいなかった。ドイツでもフランスでも、防衛力なしでの対決への対案として、中立をアピールする声が高まった。朝鮮戦争勃発がまさにこの瞬間でなかったとしたら（この事実に反する仮定も無理からぬのは、戦争の可能性はほとんどなかったから）、近来のヨーロッパの歴史は大いにさまがわりしていただろう。

一九五〇年六月二五日の金日成の韓国侵攻を支援したことは、スターリンが犯した誤算のうち最も深刻なものだった。アメリカも西ヨーロッパ諸国もすぐさま（誤った）結論を下し、朝鮮は陽動作戦ないし前哨戦に過ぎず次はドイツに向かう、と考えた。この推論に拍車をかけたのが、次に陥落するのは連邦共和国（西ドイツ）だという、ヴァルター・ウルブリヒトの軽率な大言壮語だった。ソヴィエト連邦が原子爆弾の実験に成功したのがわずか八カ月前であり、アメリカの軍事専門家はソヴィエトの戦争準備体制を誇大視するようになっていた。にもかかわらず、国家安全保障会議第六八文書（一九五〇年四月七日提出）で要請された予算の増額は、朝鮮戦争が起こらなければ承認されなかっただろうことはほぼ間違いない。

ヨーロッパ戦争が起こるリスクは多分に誇張されていたが、まったくないわけではなかった。スターリンは——西ドイツでなくユーゴスラヴィアへの——攻撃可能性を熟慮していたが、西側の再武装に直面してその考えは放棄した。そして西側が朝鮮におけるソヴィエトの目的を読みまちがえたのと正に同じように、スターリンも——その後のアメリカ軍の急速な増強ぶりについて自分の情報機関から正確な助言を受けていたが——、東ヨーロッパの彼の支配圏に対してアメリカが攻撃的な意図をもっていると、まちがった仮定をしたのだ。当時はこうした双方の仮定や誤算のどれとして明らかなものなどなく、政治家も将軍たちも限りある情報と過去の先例を頼りに、最善をつくしていたのだ。

西側の再武装の規模はまさしく劇的だった。合衆国の防衛予算は一九五〇年八月の一五〇億五〇〇〇万ドルから翌年一二月の七〇〇億ドルへと上昇したが、これはトルーマン大統領が発した国家非常事態宣言によるものである。一九五二—五三年期の防衛支出は合衆国GNPの一七・八パーセントだが、一九四九年にはそれがわずか四・七パーセントだったのだ。ワシントンの要請に応えて、ＮＡＴＯのアメリカの同盟諸国も防衛支出を増額した。一九四六年以降着実に下降していたイギリスの防衛費が、一九五一―五二年期にはＧＮＰの一〇パーセント近くへと上昇したが、これは戦争直前期のおあわての再武装時より迅速な成長ぶりである。フランスも、防衛出費をほぼ同じレベルで増やした。ＮＡＴＯ加盟諸国のいずれも、その防衛費は一九五一―五三年期に戦後のピークに達した。

軍事投資のこうした急上昇がもたらす経済的なインパクトも、同じく未曾有のものだった。とくにドイツは機械設備、工作機械、輸送機器、その他連邦共和国のみが供給において優位性をもつものに対する注文で溢れ返ったが、それは西ドイツが武器の生産を禁じられ、そのため武器以外のあらゆるものに集中することができたからだった。西ドイツの鉄鋼生産高だけでも、一九四六年の二五〇万トンや一九四九年の九〇〇万トンが、一九五三年までにほぼ一五〇〇万トンへと伸びた。ヨーロッパおよび世界の他の地域のドル不足は一年間で六五パーセントも減ったが、これはアメリカが武器、備品補充、軍事設営、部隊配置に巨額の出費を行なったからだった。トリノのフィアット社は、地上軍支援ジェット戦闘機でアメリカから最初の契約を取った（ローマのアメリカ大使館が、政治的な理由でワシントンをせっついて成立させた契約だった）。

しかしながら経済ニュースは結構ずくめというわけではなかった。イギリス政府は防衛体制整備のために福祉サービスへの公共支出を削減せざるを得ず、この選択によって労働党政権は分裂し、一九五一年選挙で敗北を喫することとなった。政府支出がインフレを助長したので、西側ヨーロッパでは生計費が高くなった――フランスでは朝鮮戦争勃発後の二年間で、消費者物価が四〇パーセント上昇した。西側のヨーロッパ人はマーシャル援助のありがたみを収穫し始めた直後だったから、戦争経済に等しいものを長期にわたって支えるのが無理なことは明らかで、一九五一年アメリカの「相互安全保障法（ＭＳＡ）」はこの点を認識し、マーシャル・プランを事実上終結しつつ、それを軍事援助計画へと転換していった。一九五一年末の時点で、アメリカはほぼ五〇億ドルに達する軍事援助を西ヨーロッパへと振り向けていた。

ヨーロッパの自信回復への心理的な高揚から、ＮＡＴＯはこうして一大軍事コミットメント（意欲）となり、アメリカの無限とも見える経済資源に依拠しつつ、アメリカとその同盟諸国とを平時においては前例のない兵士および物資の備蓄へと向かわせたのだった。アイゼンハワー元帥がヨーロッパにもどって連合軍最高司令官となり、連合軍総司令部とその行政機構がベルギーとフランスに設置された。北大西洋条約機構は今やまぎれもなく一つの同盟であった。その最重要の仕事は、軍事立案者がヨーロッパの「前方防衛」と呼んだものだった――すなわち、ドイツのど真ん中での赤軍との対峙である。この役割を果たすため、一九五二年二月にリスボンで行なわれたＮＡＴＯ理事会では、同盟諸国は二年以内に、少なくとも九六個師団を新たに増強する必要があるとの合意がなされた。

しかしこうしてアメリカの軍事的プレゼンスの重要性が増してはいても、ＮＡＴＯがその目標に応える道はただ一つ、西ドイツの再軍備だった。朝鮮のせいで、アメリカはこの微妙な問題を取り上げなければならぬと感じたのだが（ディーン・アチソンがある外相会議で初めてこれを持ち出したのは一九五〇年九月だった）、トルーマン大統領自身は当初は気乗り薄だった。ヨーロッパ解放からわずか五年、ドイツ人の手に武器を握らせたいと望む者はいなかった。他方わずか三年前の米英統合占領地区における経済苦境を考えれば、西ドイツ国民自身の貢献を求めぬまま、彼らをロシアの攻撃から護るのに何十億ドルも使うというのは、いささか道理に反することだった。しかも仮にドイツが一部の予測通りに一種の緩衝地帯や将来の戦場になるのだとするなら、ドイツ人の共感を敵に回して中立主義的心情へと走らせてしまう危険を看過するわけにはいかなかった。

モスクワは当然ながら、西ドイツの再軍備を快く思わなかった。しかし一九五〇年六月以降、ソヴィエトの受けとめ方などもはや主たる懸念材料ではなくなった。イギリスはいやいやながらも、ドイツを武装させつつしっかりと同盟国の管理下に置くよう何らかの工夫をする以外に選択肢はないと分かっていた。ドイツ人の手に武器を握らせることに常に断固として反対してきたのはフランス人であり、ＮＡＴＯがドイツ再軍国化のかくれみのとなるぐらいなら、加盟などしなかったにちがいない。フランスは一九五四年に至るまで、ドイツの再軍備を阻止し延期しようと努めた。しかしフランスの政策にはかなり以前から注目すべき変化が生じており、パリは少しは落ち着いてドイツの制限つき復活を受け入れるようになっていた。列強諸国のなかでは最小国へと陥没する不愉快と失意のなかにあって、フランスは新生ヨーロッパの首唱者という斬新な役どころへ乗り出していたのである。

どのような形態であれ、ヨーロッパの連合という考え方は新しいものではなかった。一九世紀の中西ヨーロッパでは、多かれ少なかれ不成功に終わったさまざまな関税同盟が生まれたが、第一次大戦前でさえ、ヨーロッパの未来はばらばらな各部分の一体化にかかっているという考え方にもとづいて、時折理想主義的な話し合いが行なわれていた。第一次大戦自体は、そうした楽観的なビジョンを吹き散らすどころか、さらに強力な掩護となったように思われる。アリスティド・ブリアン――フランスの政治家で彼自身がさまざまなヨーロッパに関する条約や計画の熱烈な起草者だった――が主張したように、過去の敵対関係を克服し、ヨーロッパ人として思考し、ヨーロッパ人として語り、ヨーロッパ人として感じる時が来たのだった。一九二四年、フランスの経済学者シャルル・ジードは「ヨーロッパ関税同盟のための国際委員会」なるものを立ち上げるべく、ヨーロッパ中から調印者を糾合した。それから三年後、イギリス外務省のある若手公使は、大陸における「汎ヨーロッパ」理念への関心の広がりに「驚嘆した」と告白するようになる。

より散文的に言うなら、「大戦争」が奇妙な仕方でフランス人とドイツ人とを、両者の相互依存性の認識へと導いたのだ。戦後の混乱が収まり、ドイツからむりやり賠償を取ろうという無駄な努力をパリが放棄してしまうと、一九二六年九月には国際的な「鉄鋼協定」が調印され、フランス、ドイツ、ルクセンブルク、ベルギー、そして（当時は自治地区だった）ザールが鉄鋼生産を規制して、過剰生産能力に対する先手を打ったのである。翌年この協定にチェコスロヴァキア、オーストリア、ハンガリーが加わったのだが、結局は従来型のカルテルにすぎなかった。しかしドイツの首相グスタフ・シュトレーゼマンが、将来の国家横断的協定の萌芽形態をそのなかに見て取ったことは確かだった。それは彼だけではなかった。

一九二〇年代の他の野心的プロジェクトと同様、鉄鋼協定は一九二九年危機とその後の不況を生き延びるのがやっとだった。しかしそれは、フランスの製鉄業者にとって一九一九年にすでに明らかだったことを改めて認知するものとなった。フランスの鉄鋼産業はアルザス＝ロレーヌが返還された結果その規模が倍増したのだが、そうなるとコークスと石炭はまったくドイツに依存することとなり、したがって長期的協力の基盤づくりが必要なのである。状況はドイツ側にとっても等しくはっきりしていて、一九四〇年にナチがフランスを占領し、ドイツの戦争遂行にフランスの資源をむりやり回すための支払いおよび引き渡し方法をペタンと合意するに当たって、こうした直近の仏独「協力」のなかに新たな「ヨーロッパ」経済秩序の萌芽を見て取った人びとが、両サイドに数多くいたのだった。

こうして、後に「自由フランス」側に処刑されたヴィシー政府の高官ピエール・ピュシューは、関税障壁が取り除かれて大陸全体が単一通貨を有する単一のヨーロッパ経済圏となる、戦後ヨーロッパ秩序を想い描いていた。ピュシューのビジョン――それはアルベルト・シュペーアほか多くの人びとに共有されていた――は、ヒトラー主催の下で行なわれるナポレオンの「大陸システム」〔関税障壁によるイギリス締め出し〕現代版だったのだが、それは一九三〇年代における経済政策立案の挫折を体験した若い世代の大陸ヨーロッパの官僚や専門家にとっては魅力的なものだった。

こうしたプロジェクトがとりわけ人を惹きつけたのは、それらが各国ばらばらの方針で利己的に企図されたものではなく、汎ヨーロッパ的な利害関心を共有する言葉で提示されるという特徴をもっていたからである。それはドイツ的とかフランス的とかいうより「ヨーロッパ的」であり、戦時中それを大いに賞賛したのは、ナチの占領から何か善いものが生まれると必死で信じようとした人びとだった。ナチ党自体が技術的な意味で、ヨーロッパの多くの部分を外見的に統合した――国境線を取り除き、財産を没収し、通信・輸送ネットワークを一体化し、云々――という事実によって、この理念はますます真実味を帯びたのである。しかもその過去・その相互対立から解放されたヨーロッパというものの魅力は、海外でも失われていなかった。ナチズム敗北から四年後の一九四九年一〇月、ジョージ・ケナンがディーン・アチソンに告白したところでは、西ヨーロッパ問題でドイツの重要性が高まることに対する懸念は理解できても、「ドイツで暮らしていた戦争中にしばしば思ったのは、ヒトラーの新秩序に難点ありとすれば、それはヒトラーが進めたという一点だった。」

ケナンの意見は私的に述べられたものだ。公的には一九四五年以後は、戦時中の「新秩序」について進んで褒め言葉を語る人などいなかった――ケナンは「新秩序」の非能率や信頼性欠如をいささか過小評価していた。ヨーロッパ内での経済協力を主張する声は、当然ながら少しも衰えなかった――たとえばジャン・モネだが、彼が戦後も一九四三年と同じく信じつづけたのは、「繁栄と社会的進歩とを享受するために……ヨーロッパの諸国家は「ヨーロッパ統一体」というものを……形成しなくてはならない。それによってヨーロッパは単一体となるだろう。」さらにはチャーチルの教唆で一九四七年一月に始められた「ヨーロッパ統一運動」の、熱烈な推進者たちがいた。

ウィンストン・チャーチルは何らかの形でのヨーロッパ会議というものの、早くからの有力な唱道者だった。一九四二年一〇月二一日、彼はアントニー・イーデンにこう書き送っていた――「正直に申しますが、わたしの思考が第一に向かうのはヨーロッパ、ヨーロッパの栄光の復活です……ロシアのボリシェヴィズムが古くからあるヨーロッパ諸国家の文化や独立を圧伏するとなれば、たいへん忌々しきことです。今これを言うのはむずかしいことですが、ヨーロッパという家族がヨーロッパ会議といったものに集まってひとまとまりで行動するといい、とわたしは信じています。」しかし戦後の政治状況は、こうした理想に好都合とは言えなかった。期待できる最善はヨーロッパの対話のためのフォーラムのようなものを創ることで、これを提案したのが一九四八年五月にハーグで開かれた「ヨーロッパ統一運動会議」だった。その示唆を受けて一九四九年五月に「ヨーロッパ評議会」がストラスブールで発足し、同年八月に同地で最初の会合を開いた。代表を派遣した参加国はイギリス、アイルランド、フランス、ベネルクス諸国、イタリア、スウェーデン、デンマーク、ノルウェーだった。

この評議会には権力も権威もなく、司法的・立法的・行政的に何の地位ももっていなかった。その「代表」は誰の代表でもなかった。それが有する最も重要な資産とは、それが存在するという事実だけだったのだが、一九五〇年九月には「ヨーロッパ人権条約」を結び、これが来るべき数十年間に大きな意義をもつようになる。チャーチル自身が一九四六年九月一九日のチューリヒでの演説で認めていたように、「ヨーロッパ家族の再形成への第一歩は、フランス・ドイツ間の提携でなければならない。」しかし戦後間もなくの当時では、これまでに見た通り、フランス側はとてもそうした提携を思いめぐらすムードではなかったのである。

とは言うものの、北側の小さな隣国たちはすばやく動いていた。戦争終結以前から、ベルギー、ルクセンブルク、オランダの亡命政府は「ベネルクス協定」に調印して、関税障壁を取り除くとともに、その結果としての各国間の労働・資本・サービスの自由な移動を目ざしていた。「ベネルクス関税同盟」が発効したのは一九四八年一月一日、それにつづいてベネルクス諸国、フランス、イタリアのあいだで、そうした協力をもっと広い範囲に拡大しようという計画をめぐって漠然とした対話が起こってきた。しかしこうした「小さなヨーロッパ」を目ざして道半ばの諸計画すべてが乗り上げる浅瀬が、他ならぬドイツ問題だった。

一九四七年七月のパリでマーシャル・プランの交渉者たちが出した結論にある通り、「ドイツ経済は、生活水準の全般的向上に役立つ仕方でヨーロッパの経済に統合されなければならない」というのが全員の合意だった。問題は「いかにして？」だった。西ドイツは一九四九年に国家となってからも、マーシャル・プランと連合軍の占領という二つのメカニズムを通す以外、他の大陸諸国との有機的つながりはなかった——二つとも期限つきのものである。西ヨーロッパ人の大半が今なおドイツを脅威と考え、パートナーとは思っていなかった。オランダ人はこれまで経済的には常にドイツに依存してきた——一九三九年以前のオランダの「貿易外」所得の四八パーセントはネーデルラント地方の港や運河を通過するドイツの貿易から来ていた——ので、ドイツの経済復興は彼らにとって死活問題だった。ところが一九四七年時点で、オランダ国民でドイツ人に「友好的な」見方をしていた者はわずか二九パーセントであり、オランダにとって重要なのは、経済的に復興したドイツが政治的・軍事的には弱体であることだった。この見解はベルギーでは心の底から支持された。オランダもベルギーも、イギリスの関与による保証という重石《おもし》がなければ、ドイツとの和解を考える気にはなれなかったのである。

行き詰まりを打開したのは、一九四八—四九年に起こった国際的な諸事件だった。プラハのクーデターや、西ドイツ国家に関する合意や、ベルリン封鎖や、NATO計画などがつづくうち、ジョルジュ・ビドーやロベール・シューマンなどのフランスの政治家たちには、ドイツに対するフランスのアプローチを再考しなくてはならぬことがはっきりした。今やルールやラインラントを含む「西ドイツ」という政治的実在が生まれようとしていた——ちっぽけなザールラントだけが一時的にドイツ本体から切り離されており、ザール地方の石炭はコークスには不向きだった。この新しい連邦共和国の資源を、封じ込めつつもフランスの利益になるように活用するには、いったいどうすればいいのか?

一九四九年一〇月三〇日、ディーン・アチソンはシューマンに対して、フランスは率先して新しい西ドイツ国家をヨーロッパ問題に組み入れるよう訴えた。フランス側も何かをする必要があることを十分に承知していた——ジャン・モネの指摘で後にジョルジュ・ビドーが思い至ったのは、合衆国は必ずや新独立国である西ドイツに鉄鋼生産の増強を奨励するにちがいなく、そうすれば市場は生産過剰となってフランスは自分の鉄鋼業を保護せざるを得ず、かくして貿易戦争が誘発されよう。第Ⅲ章で見た通り、モネ自身の計画——とともにフランスの復興——は、こうしたジレンマをうまく解決できるか否かにかかっていた。

ジャン・モネがフランスの外務大臣に対して、歴史上「シューマン・プラン」として知られるようになったものを提案したのは、こうした事情の下においてだった。作成に五年もかかっていたが、その内容は真の外交革命をもたらした。要約すれば、それはきわめて単純だった。シューマンの言葉によれば、「フランス政府が提案するのは、仏独の石炭および鉄鋼生産の全体を合同の「高等機関」の管理下に置き、この機構の組織的枠組みにはヨーロッパの他の国々にも門戸を開くようにする」ことだった。石炭と鉄鋼のカルテル以上のものとはいえ、ヨーロッパ統合の青写真には及びもつかぬこのシューマンの提案が、一九四五年以来フランスを悩ませてきた問題の現実的な解決策となった。シューマンの計画によれば、「高等機関」は競争を奨励し、価格政策を設定し、投資を指導し、参加諸国の売買を代行する権限を有する。しかしとりわけ重要なのは、それがルール地方その他のドイツの重要資源を、単にドイツだけの管理から取り上げることだった。これが――ほかでもない――フランス問題のヨーロッパ的解決策だった。

ロベール・シューマンがこのプランを発表したのは一九五〇年五月九日で、ディーン・アチソンには前日に通告済みだった。イギリスには事前の通告がなかった。ケドルセーのフランス外務省はこの点である種の快感を味わった――パリとの相談なしで行なわれるアングロ－アメリカ間の諸決定に対する数多くの小さな仕返しの、これは嚆矢だった。そうした諸決定の最近のものはわずか八カ月前の、イギリスの一方的な三〇パーセントのポンド引き下げであり、このときはアメリカだけが事前に知らされ、ヨーロッパの他の諸国は後手に回らされたのだった。(10) 皮肉なことだが、モネその他の人びとが目下今提案中の解決策を模索するようになったのは、ヨーロッパ諸国家間で繰り返される経済的利己主義とコミュニケーション不足との危険性を顧慮してのことだったのである。

ドイツ政府は当然ながら、シューマンの提案を直ちに歓迎した。シューマンに送った喜びの返事のなかで、コンラート・アデナウアーはこう宣言した――「フランス政府のこの計画は、これまで不信と抑制で麻痺してしまう恐れのあった二国間関係に、建設的な協力へと向かう新鮮な起動力を与えてくれました。」あるいは、彼が側近に洩らしたそっけない言い方によれば、Das ist unser Durchbruch ――これこそわれわれの突破口だ。ドイツ連邦共和国はこのとき初めて、他の独立諸国家と対等の関係で国際組織へと加盟することになった――しかもアデナウアーの望み通り、今や西側と同盟で結ばれるのである。

シューマン・プランを最初に批准したのはドイツだった。イタリアとベネルクス諸国がつづいたが、オランダは初めイギリスぬきで参加することに気乗り薄だった。しかしイギリスはシューマンからの招請を断わり、イギリスぬきではスカンジナヴィア諸国の調印は問題外だった。したがって「ヨーロッパ石炭鉄鋼共同体（ＥＣＳＣ）」を創設した一九五一年四月のパリ条約に調印した西ヨーロッパ国家は、わずか六カ国であった。

ここでちょっと中断して、当時も注目の的となったこの「共同体」の特徴について言及しておいてもよかろう。一九五一年の条約に調印した六人の外務大臣すべてが、それぞれ

(10) フランス大蔵大臣アンリ・クイユは駐仏アメリカ大使に対して、イギリスのこうした「誠実さの完全な欠如」に関する不満を述べた。

の国のキリスト教民主党に所属していた。主要加盟国の三人の有力政治家――アルチーデ・デ・ガスペーリ、コンラート・アデナウアー、ロベール・シューマン――の三人とも、それぞれの国の辺地の出身だった。デ・ガスペーリは北東イタリアのトレンティーノ、アデナウアーはラインラント、シューマンはロレーヌが出身地だった。デ・ガスペーリが生まれたとき――そして成人するまで――、トレンティーノ地方はオーストリア＝ハンガリー帝国の一部であり、彼が勉強したのはウィーンでだった。シューマンが育ったのはドイツ帝国に編入されていたロレーヌだった。彼は若かりし頃、アデナウアーと同じくカトリックの結社に加わった――実を言えば、ラインラント人アデナウアーが一〇年前に所属したのと同じ組織だったのだ。この三人が出会うと、彼らは自分たちの共通言語であるドイツ語で会話をした。

これら三人のすべてにとっては、バイリンガルのルクセンブルクや、バイリンガルでバイカルチャーのベルギー、ネーデルラント（オランダ）などを出身地とするキリスト教民主党の同僚たちにとってと同じく、ヨーロッパが協力し合うというプロジェクトには経済的な意味と同時に文化的な意味があったのだ。彼らはそれを、自分の青春時代のコスモポリタンなヨーロッパを打ち砕いてしまった文明の危機を克服するための努力だと捉えていた。シューマンと彼の同僚たちは、すでに長らくアイデンティティーが複合的で境界線が変わりやすい辺境地域の出身だったから、国民主権がある程度融合してしまう可能性などあまり意に介さなかった。新しいECSCの加盟国である六カ国すべては、ごく最近戦争や占領によって自分たちの主権が無視され蹂躙されたばかりであり、失うほどの主権などほとんど残っていなかった。加えて、彼らの共通基盤であるキリスト教民主党が掲げる社会的結束と集団的責任という目標によって、彼らのすべてに、国民横断的な「高等機関」が共通利益のために執行権力を行使するという考え方を快く受け入れる傾向があった。

しかしもっと北のほうでは、展望はいささかちがっていた。スカンジナヴィアやブリテンのプロテスタント地域では（あるいはシューマッハーのような北ドイツ人のプロテスタント的見地からすると）、ヨーロッパ石炭鉄鋼共同体には権威主義のにおいが感じられたのだ。一九四八―六八年のスウェーデンの社会民主党首相ターゲ・エルランデルは、加盟をめぐって彼自身が感じたアンビヴァレンス（相反的感情）の真因を、新共同体ではカトリックが圧倒的多数を占めていることに帰した。ベヴィンの首席顧問だったケネス・ヤンガーが、一九五〇年五月一四日――シューマン・プランの話を聞いて五日後――の日記に書いたのは、自分は一般論としてはヨーロッパの経済統合に賛成だが、今回の新提案は「カトリックの「黒いインター」結成への第一歩……という側面があるやもしれず、これまでのわたしの考えでは、それがヨーロッパ評議会を陰で動かす大きな力なのだ。」当時としてこれは極端な見解ではなく、めずらしい見方でもなかった。

ＥＣＳＣは「黒いインター」ではなかった。実際問題として、それがとりわけ実効性ある経済の梃子とはならなかったのは、「高等機関」がモネの意図したような権限をふるったことなど決してなかったからである。その代わりに、この時期の他の数多の国際制度上の新機軸とたがわず、それはヨーロッパが自信を新たにして前進するための心理的空間を提供したのだった。アデナウアーがマクミランに向かって一〇年後に説明したように、ＥＣＳＣは実際には経済組織でさえなかった（したがってマクミランの見解では、イギリスがそれと距離を置いていたのは正しかった）。それはモネの天翔る夢想とは程遠く、ヨーロッパ統合のプロジェクトというより、調印当時における西ヨーロッパの相互利益の最低限共通分母だった。それは経済を装った政治手段であり、仏独間の敵意を克服するためのひと工夫だったのである。

この間、ヨーロッパ石炭鉄鋼共同体が取り組もうとしていた諸問題は、自ずと解決し始めていた。一九四九年の第四・四半期に、ドイツ連邦共和国の工業産出高は一九三六年レベルを回復し、一九五〇年末までにはそれを三分の一上回った。一九四九年、西ドイツの対ヨーロッパの貿易収支は原料（とくに石炭）の輸出に基礎を置いていた。一年後の一九五〇年には、ドイツが自国の地元産業に燃料を供給するために原料を消費したので、その貿易収支はマイナスであった。一九五一年にはふたたびプラスに転じ、以後は製造品の輸出のおかげで長期にわたってプラスを維持することになる。一九五一年末までに、ドイツの輸出は一九四八年レベルの六倍強に伸びており、ドイツの石炭と完成品と貿易とが、ヨーロッパの経済ルネッサンスの原動力となっていた――実は五〇年代末までに、西ヨーロッパは石炭の供給過剰がもたらす影響に悩んでいたのだ。こうしたことがどれほどＥＣＳＣに起因しているのか、いささか疑わしい面はある――西ドイツの工業マシンをトップ・ギアまでもっていったのは朝鮮であって、シューマンではなかった。しかしながら最終的には、それは大した問題ではなかった。

もしもヨーロッパ石炭鉄鋼共同体が言われるほどのものではなかったのなら――超国家的な組織体へのフランスの傾倒が、彼らが不信の対象としつづけてきたドイツというものを支配するための工夫にすぎなかったのなら、そしてヨーロッパ経済の急発展の原因が競争・雇用・価格の面で最小限のインパクトしかなかった「高等機関」の諸活動と無関係だったのなら、いったいなぜイギリスは参加を拒んだのだろうか？

さらにイギリスが距離を置いたことが、なぜそれほどの問題のように思われたのだろうか？

イギリスはヨーロッパの関税同盟については、何の反対もなかった。彼らは少なくとも他のヨーロッパ国民のためには、それに賛成だった。彼らがむずかっていたのは、たとえ石炭と鉄鋼という二つの商品の生産と価格とが対象なのだとしても、「高等機関」の設置に含意される国家超越的な執行権という考え方だった。この点に関してロンドンの立場はしばらくのあいだは明確だった――一九四八年、将来の「ヨーロッパ経済協力機構」についてのアメリカの提案を労働党内閣と検討した際、ベヴィンの主要な懸念は「実効的な管理は各国代表の手で行なわれるべきもので……事務局（あるいは「独立の」議長）がそれ独自の行動に走ることがあってはならない。……個々の加盟国に対してその組織から命令が下されるなどもっての外だ」というものだった。

国家の支配権の放棄を嫌うこうしたイギリスの立場が、モネのＥＣＳＣ設立趣意と両立しないことは明らかだった。しかしイギリス側から見れば、ＥＣＳＣはイギリスの問題に対して大陸から打ち込まれるくさびの先端であり、それが何を意味するかが不明瞭なだけに危険なものだったのだ。ベヴィンがイギリスの加盟拒否を弁明してアチソンに説明したように、「かくも決定的に重大な問題が賭けられているのですから、われわれはおいそれと手を出すわけにはいきません。アメリカ人が同じ立場になったら、きっと同じように考えたと思います。」さらには、ヨーロッパ評議会をめぐる懸念を側近に向かって語った際の、ベヴィンのみごとな（？）比喩によれば、「パンドラの箱を開ければ、どんなトロイの馬が飛び出してくることやら。」

イギリスの言い分の一部は経済的なものだった。イギリス経済は――とくに貿易に依存していた部分では――大陸の近隣諸国よりもはるかに健全な状態にあると思われた。一九四七年、イギリスの輸出は価格ベースで、フランス・イタリア・西ドイツ・ベネルクス諸国・ノルウェー・デンマークの輸出合計に匹敵した。当時の西ヨーロッパ諸国の輸出が主として自分たち相互間で行なわれていたのに対し、イギリスは全世界相手に広く通商していた――実際のところ、一九五〇年におけるイギリスの対ヨーロッパ貿易は、一九一三年よりはるかに少なかったのだ。

したがってイギリスの役人たちには、見通しのはっきりしない国々との拘束力ある取り決めに参加しても、この国にとっては得るものは少なく、失うものこそ多いと考えられた。シューマンの提案に先立つこと一年、連合王国イギリスの立場は、政府高官の私的発言ではこう語られていた――「ヨーロッパとの長期的経済協力など、われわれには何の魅力もない。せいぜいうまくいったところで、われわれにとっては資源の流出、最悪の場合、我が経済は重大な損害をこうむるだろう。」さらにこれに加えて労働党にとっては、こうした類いの大陸の取り決めに加わることで、国内での「社会主義的」政策の追求の自由が制約されるかもしれないという懸念があった。こうした国内政策こそ、五〇年前に労働党を創設した旧来の産業別労働組合の組織的利害と密接に結びついており、首相代理ハーバート・モリソンは一九五〇年、シューマンからの招請を（さっと）考えてみた後で閣議にこう説明したのである――「これはダメだ、われわれにはできない、ダラム炭鉱労働者組合が黙っちゃいまい。」

そしてさらには「連邦」があった。一九五〇年時点で、イギリス連邦はアフリカ、南アジア、オーストラレーシア〔オーストラリアとその周辺の島嶼〕、南北アメリカなど広大な地域にまたがっており、その多くは今もイギリスの支配下にあった。マラヤから黄金海岸（ガーナ）までの植民地領土は純国際収支でドルの稼ぎ手となり、ロンドンに巨額の準備があった――悪名高き「ポンド・スターリング残高」である。連邦は原材料と食糧の主要供給地であり、連邦（あるいは大方の人びとの呼び方では「帝国」）こそ、イギリスの国民アイデンティティーにとってなくてはならぬもの、少なくとも当時はそう思われていたのだった。ほとんどの政策立案者にとって、その存在そのものに備わる別次元からイギリスを切り離して、この国を大陸ヨーロッパのシステムの一部にしてしまうことなど明らかに無分別であり、実際には不可能であった。

当時の連合王国イギリスはヨーロッパの一部であるとともに、世界中に広がる英語圏帝国共同体の一部でもあった。しかもアメリカ合衆国とは特別の関係があった。イギリス人はアメリカに関してアンビヴァレントになりがちだった――自分たちの抑制した暮らし方と対照的な「豪華な消費のパラダイス」（マルカム・ブラッドベリー）として遠目に見やりながら、まさにその理由で反撥していたのだ。しかしながら彼らイギリス人の政府は、後には両国間の「特別な関係」と呼ばれるようになるものへの信頼を表明しつづけた。これはある程度まで、戦時中はヤルタやポツダムで三大強国の一つだったことでイギリスが占めていた「最上席」の存在感や、一九五二年のイギリスが原爆実験に成功して第三の核強国になったことから来ていた。それはまた戦争それ自体を通じての、両国の緊密な関係にも依拠していた。さらにそれはいくらか、帝国の絶頂期に自分たちから離反した国に対するイギリス人特有の優越感にもとづいていた[11]。

アメリカ国民はイギリスがヨーロッパとの運命の融合を渋

っていることに不満を感じ、帝国の立場の保持にこだわっていることに苛立っていた。しかしながら一九五〇年時点でのロンドンのスタンスには、帝国的な自己欺瞞ないしへそまがり以上のものがあった。ジャン・モネが後日その回想録で認めているのだが、イギリスは侵略も占領も経験していなかった――「あの国は歴史を払い清める必要など感じていなかった。」イギリスは第二次大戦を国民的融和と大同団結との契機として経験したのであって、国家と国民の骨格を蝕む亀裂としてではなかった――英仏海峡の向こう側で想起される戦争とは、まさしく後者のことだった。フランスでは戦争が国民の政治文化の欠点をすべて暴き出したのに対し、イギリスでは、国民的諸制度・諸慣習がもつ正しくかつ良い面を、戦争が隈なく確認したように思われたのである。大方のブリトン人にとって、第二次大戦はドイツと大ブリテン王国との戦いであり、イギリス側が勝利してその正しさを立証したのだった。(12)

自分たちの国は苦しんでも耐え抜き、最後には勝利する力があるのだという、こうした静かな矜持の感覚こそ、イギリスを大陸から際立たせていた。それはまた戦後期の政治文化を形づくってもいた。一九四五年の選挙では、すでに見た通り、労働党が史上初めて議会の完全多数派となり、広範な国有化や社会改革に取り組んだ結果、世界最初の普遍的福祉国家の創出というかたちで結実した。政府が行なった諸改革はおおむね好評だった――ただし国民の深層にある習慣や好みには、まったくと言っていいほど手を付けなかったのだが。一九四九年七月の『ニュー・ステイツマン』誌に書いているJ・P・プリーストリーの言葉によれば、「われわれは社会主義君主国であって、これこそ自由主義最後の記念碑なのである。」

戦後イギリスの国内政治では、社会正義と、それに必要な制度改革が課題だった。これはかなりの程度まで、社会的不平等問題に取り組まなかった先行諸政府の失敗が累積した結果だった。緊急を要する公共支出問題――保健・教育・交通・住宅・年金その他――へと、遅ればせながらも論議を集中したことは、多くの人びとにとって、この国が最近支払った犠牲に対する正当な見返りになると思われたのである。しかしそれが意味していた別の面とは、イギリス選挙民の大半は（さらにイギリス国会議員の多くは）自分の国がどれほど貧しいか、ドイツとの英雄的な戦いの勝利でどれほど出費が嵩んだかについて、完全に無知だったということでもある。

一九四五年、イギリスは破産状態だった。イギリスが行なった戦時動員は完璧なもので、他のどの国よりも長期にわたっていた。一九四五年、成人の被雇用者人口二一五〇万人のうち一〇〇〇万人の男女は武器を執るか武器を作っていた。

イギリスの戦争努力を国の限られた資産に合わせて行なうのではなく、ウィンストン・チャーチルは有り金をはたいてしまった。資金と資材を涸らさぬよう、アメリカ人から借り入れを行ない、イギリスの海外資産を売却した。戦時中のある大蔵大臣の言によれば、この時期に「イギリスは世界最大の債権国から世界最大の債務国へと移行」したのであった。イギリスにとって第二次大戦の失費は第一次大戦のそれの二倍だった。この国は国富の四分の一を失ったのである。

戦後のイギリスが再々にわたって通貨危機に見舞われた理由がこれであり、この国は劇的に減少した収入のなかから、巨額のドル建て負債を支払おうと苦闘した。イギリスではマーシャル・プランが投資や産業近代化に何のインパクトももたらさなかった理由の一つがこれである——（他のいかなる財源にも増して）見返り資金（前出122頁）の九七パーセントが、この国の莫大な負債弁済に使われたのだ。戦後のイギリスのようなきびしい状況に置かれれば、ヨーロッパの中規模国家にとってこうした問題は致命的だっただろう。このケースでは、イギリスが抱えていた地球規模の帝国としての責任によって問題がさらに悪化したのだった。

イギリスが大国でありつづけるための費用は、一九三九年以来大幅に増大していた。この国の一九三四—三八年期の軍事ならびに外交活動に要した全支出額は、年額で六〇〇万ポンドだった。一九四七年の政府予算は、軍事支出だけで二億九〇〇〇万となった。一九五〇年七月、朝鮮戦争の直前には——つまり戦争勃発による防衛出費の増額以前のことだが——、イギリスが擁していた海軍の完全艦隊は大西洋に一つ、地中海に一つ、インド洋に一つあり、他に永続的な「中国配備艦隊」があった。この国は世界中で一二〇中隊から成る英国空軍を維持し、陸軍ないし陸軍の一部が永続的に駐留する基地が香港、マラヤ、ペルシア湾および北アフリカ、トリエステおよびオーストリア、西ドイツ、イギリス自体にあった。加えて世界中に広がる大規模で費用の嵩む外交官の、領事館の、諜報機関の施設があり、その上さらに植民地の行政サービスがあったが、これはそれ自体官僚や行政という顕著な負担を強いるものであり、イギリスがインドから離脱したこと

(11) イギリスの戦後の借款交渉のさなかにものされた匿名の詩が、この観点を絶妙に捉えている——
ハリファックス卿がワシントンで
ケインズ卿にそっと耳うち
「やつらが持つのは大巾着
わしらにあるのは明晰頭脳」

(12) もっともなことだが、ドイツ人が戦争をこういうふうに思い出すことはなく、数十年後になって、イギリスのサッカー・サポーターが発するシュプレヒコールやイギリス大衆紙の見出しなどで「フン族野郎」とか「塩漬けキャベツ人間」とかやられると、ドイツ人はわけが分からず当惑してしまうのだ。

で幾分か削減されていただけだった。
　こうした過剰拡大状況に置かれた国がなんとかやりくりしてゆく唯一の方法は、イギリス人が束縛と自発的耐乏という未曾有の生活条件を自らに課すことであり、それはこの時期の特徴としてしばしば語り草となっている。あの尊大に勝ち誇っていた大英帝国が、かつて海峡の向こう側で打ち負かされ占領され蹂躙されたどの国にも増して、どこか窮屈げ、貧しげ、憂鬱げ、険しげに見えたのだ。あらゆるものが配給となり、禁止となり、統制となった。編集者でエッセイストのシリル・コノリーと言えば、どんな時でもペシミスティックな御仁なのだが、一九四七年四月のアメリカとイギリスを比較して、当時の雰囲気を余すところなく捉えている——

　この国では、エゴは半ば強制のうちにある。われわれの大半は生身の男や女ではなく、膨大で貧弱で働き過ぎで過度に法規制された中性階級の一員であり、くすんだ色の服をまとい、配給手帳と殺人事件記事の新聞を小脇に、妬み深くて融通のきかない旧世界的無感動のなかにいる——苦労やつれの国民なのだ。そしてこのムードの象徴こそロンドン——今や大都市中最も大規模で、最も悲惨で、最も汚い都、ペンキも塗られていない住みかけの住宅、チョップなしのチョップハウス、ビールなしのパブ、かつては活気に満ちていた界隈に名士の姿は見えず、広場にはエレガンスの影さえなく、……みすぼらしいレインコートに身を包んだ群集が、カフェテリアの汚れたグリーンの枝編み椅子の周りをうろつくその上を、永久にどんよりとした空が金属製の皿蓋さながらに低く覆っている。

　これは耐乏生活の時代だった。この国の輸出を増やすために（それによって生命線である外貨を稼ぐために）、ほとんどあらゆるものが配給となるか、とても入手不可能だった——肉、砂糖、衣服、自動車、ガソリン、外国旅行、キャンディーさえも。戦争中でも行なわれなかったパンの配給が一九四六年に実施され、一九四八年七月まで廃止されなかった。一九四九年一一月五日、政府は表面的には「統制の終焉」を宣言したが、同じ統制の多くが朝鮮戦争によるベルトの締め直しで復活してしまい、イギリスにおける基本食糧の配給が終わったのは一九五四年になってから——他の西ヨーロッパ諸国のずっと後だった。戦後のイギリスの街頭風景は、ソヴィエト・ブロックの市民にとってなじみのものだったはずだ。この時期のことを振りかえって、イギリスの主婦はこう語る——「何もかも行列したのよ、何の行列だか分からなくても。……とにかく並んでいれば、列の先には何かがあるというわけ。」

イギリス人は自分たちがこうむった損害に対して、特段の抵抗力を示した。その理由の一端は、こうした損害は少なくとも社会全体で公平に分担されていると信じられていたからだ。とは言うものの、配給や規制に関して積もりに積もった不満に加え、労働党の一部閣僚（とくに大蔵大臣スタッフォード・クリップス卿）に染みついているある種ピューリタン的な家父長主義が嫌がられて、一九五〇年代の選挙では保守党の復活となった。他に選択の余地はなく政府は最善の策を講じているという感覚は、戦後イギリスの第一世代を「用心深く、控え目で、わずかの思いやりにもありがたがり、慎ましやかな望みを抱く世代」（小説家デイヴィッド・ロッジが自らの青春時代を回顧した言葉）に育て上げたが、後続世代とはあざやかな対照を示している。しかも「思いやり」はとても「わずか」とは思えなかった。ダラム炭鉱労働者組合のベテラン指導者サム・ワトソンは、一九五〇年の労働党年次大会を回顧してこう語っている――「貧困は止んだ。飢餓など見当たらない。病人は看護されている。老人は大切にされ、子どもたちはこのチャンス多き国で育っている。」

イギリスは礼譲尊重の階級分化社会のままだった――そしてこれまで見てきた通り、福祉国家の恩恵はとりわけ「中間層」に厚かった。しかし収入と富とは、戦後の立法の結果として実際に再分配されたのである――国富の取り分は、人口の一パーセントを占める最富裕層が一九三八年には五六パーセントだったのが、一九五四年には四三パーセントへと下がり、失業の消滅が生んだ効果は戦前の暗い一〇年間との明るい対照を示した。一九四六年から一九四八年にかけて、一五万人のブリトン人がカナダ、オーストラリア、ニュージーランドへと移民し、さらに多くの人びとが後につづこうと目論んでいた。ところが一九五一年になると、最悪の耐乏生活時代が終わったかに見え、国自体もアルバート公が開催した一八五一年のロンドン大博覧会の百周年を機に、楽天的な「イギリス・フェスティバル」を催すに至った。

その時の雰囲気は、ハンフリー・ジェニングズが当時つくった一九五一年イングランドのドキュメンタリー・フィルム『家族の肖像』がうまく捉えている。このタイトル自体が、この国にまつわる何か独特のものを表わしている――フランスであれイタリアであれドイツであれベルギーであれ、こんなタイトルを使うドキュメンタリー・フィルム作家はいなかっただろう。この作品は「イギリスらしさ」を称揚するもので、近時の戦争の苦難と栄光という共通の思い出に彩られ、イギリスという特殊な国柄に対する、ほとんど無自覚な誇りでいっぱいなのである。科学や進歩、意図や仕事が強調されている。しかもイングランドの隣国や同盟国への言及はひと言もない。一九五一年のこの国は、一九四〇年の現実と同じ姿で表現されている――つまり、一国独尊なのだ。

一八二八年、ドイツの詩人ハインリヒ・ハイネはすでによく知られているこんな言葉を述べた――「イギリス人は議会における論戦でも、原理を表明することが苦手なようだ。彼らは何かが有用か無用かだけを議論し、事実を引き合いに出して賛成、反対を述べる。」イギリス人が一九五〇年にシューマンの招請を拒んだのは、ヨーロッパの経済プロジェクトに加わるのが無用と判断したからであり、大陸ともつれ合うことに対する長年の不快感からだった。しかしECSCから距離を置くというイギリスの決断は、とりわけ本能的、心理的、情緒的でさえあって、近年におけるイギリスの経験の特殊性から生まれた産物だった。イギリスの決断を総括して、一九五二年一月にニューヨークの聴衆に向かって語られたアントニー・イーデンの言葉を借りれば、「これは自分たちにはできないことだと、われわれには骨の髄まで分かっているのです。」

この決断は最終的なものではなかったが、その当時としては重大だった。イギリスの不参加（イギリスにつづいてスカンジナヴィア諸国も）によって、西側の「小さなヨーロッパ」内の支配権はフランスの不戦勝となった。フランスは別の状況だったらイギリスが行なったであろうことをしかるべく行ない、「ヨーロッパ」を自分のイメージ通りにし、最終的にはその機構や政策をフランスの先例になじんだ形にこしらえ上げていった。こうした事の成り行きに、当時遺憾の意を表明したのはイギリス側ではなく、大陸ヨーロッパ側だった。ヨーロッパの傑出した指導者の多くは、イギリスの参加を心底望んだ。ベルギーの、そしてヨーロッパのステイツマンであるポール＝アンリ・スパークは、その回想のなかでこう悔やんでいる――「この精神的な指導力――求められていたのはあなた方のそれだ。」モネも後日振りかえって、イギリスの権威に並ぶものがなかったときに主導権を執る決断が下されていたら、状況はちがっていたはずと語る。一〇年経って、イギリスが考え直したことは確かだ。しかし戦後のヨーロッパで一〇年は長い時間であり、それまでに賽は投げられたのである。

Ⅵ　粛清旋風のなかへ

「誰がなんと言おうと、共産党員はたいへん聡明な連中だった。彼らには壮大なプログラム、誰もが居場所を持てるような真新しい世界のプランがあった。……そもそもの初めから、自分は牧歌向きではないと自覚して田園を離れようとした人びとがいた。ところが牧歌というものは定義上、万人のための世界だから、そこを出て行こうと望む人は暗黙のうちにその正当性を否定していたのである。外へ出てゆく代わりに、彼らは裁判にかけられた」

——ミラン・クンデラ

「そこで、……あらゆる恐怖手段を動員して、判断し、考える力を人びとから奪い去ることが、実際にはありもしないものを現実に見たもののようにむりやり錯覚させることが、だれの目にもはっきりしているのとは逆のことを証明していくことが必要になったんだ」〔江川卓訳〕

——ボリス・パステルナーク『ドクトル・ジバゴ』

「わたしが収容所で出会った多くの人びとは、この国のいたるところで起こっていることに対する鋭敏な感覚と、スターリンへの宗教的崇拝とを、なんとかして両立させようとしていた」

——エヴゲニア・ギンズブルグ『旋風のなかへの旅』

「スターリニズムとは、内なる人間を殺すことだ。そしてソフィストたちがどう言おうと、共産主義のインテリどもがどんな嘘をつこうと、詰まるところはこの点だ。共産主義の「十戒」を魂に植えつけるためには、内なる人間を殺さねばならないのだ」

——アレクサンデル・ヴァット

「ここではまず縛り首にして、それから裁くのです」

——モリエール『プルソニャック氏』

一九四五年から数年間の西側観察者にとって、ソヴィエト連邦の眺めは人をたじろがせるものだった。赤軍は徒歩で行軍し、武器や補給物資を載せた荷車を牛馬に引かせていた。兵士たちは休暇などもらえず、ひるんだ場合には情け容赦なく罰せられた——一九四一年と一九四二年だけで、一五万七五九三人の兵士が「臆病」のゆえに処刑された。しかしスタートに出遅れはあったものの、ソ連はナチ党という巨人を生産でしのぎ、戦いでしのぎ、堂々たるドイツの軍事マシーンから心臓を切り取ったのである。友軍にとっても敵軍にとっても、第二次大戦におけるソヴィエトの勝利はボリシェヴィキの偉業を立証していた。スターリンの政策は正当化され、彼が犯した戦前の罪は大方忘れ去られた。スターリンはよくよく分かっていたようだが、成功こそ勝利の方程式である。

ところがソヴィエトの勝利は特別な高価で買い取られたものだった。第二次大戦の全戦勝国のなかで——実際には戦勝国・敗戦国の別なく全参戦国のなかで——ソ連は永続的な経済損害をこうむった唯一の国だった。人命と諸資源の測定可能な損害は莫大で、以後数十年は尾を引くはずだ。一九五〇年にモスクワ留学中のチェコの共産党員ズデニェク・ムリナーシの思い出によれば、この首都はぬかるみだらけで「貧困と後進性そのもの……木造小屋の巨大な村落にすぎなかった。」都市を離れれば状況はさらに悪かった。ベラルーシ、ウクライナ、ロシア西部にかけて、道路や橋や鉄道が意図的に破壊されていた。五〇年代初期の穀物収穫は一九二九年より少なく、しかもこの一九二九年はロシア皇帝支配下の最後の平時の収穫高よりはるかに少なかったのである。戦闘が行なわれたのはソヴィエト連邦中の最良の耕作地の部分であり、何十万頭もの馬、牛、豚、その他の家畜が死んだ。ウクライナは、三〇年代に意図的に行なわれた懲罰的飢餓から回復していなかったのだが、一九四六—四七年の冬から春にかけてふたたび——今度は計画したものではない——飢餓と直面することになった。

しかし戦時中には、ソヴィエトの生活の永続的な準軍事体制化とも言うべきものの形成が見られた。中央からの指導と戦車・銃砲・航空機生産へのおかまいなしの集中によって、戦時のソ連は驚嘆すべき性能の戦争マシーンへと一変し、人間生活や福祉には無頓着で他の面は総力戦遂行にもってこいの国となった。戦争のさなかに形成された党官僚の一群——ブレジネフ世代——は、国力や国運を防衛産業の大規模生産高と同一視し、この連中はその後も四〇年間にわたり常にこのモデルを念頭においてこの国を運営してゆくこととなった。階級闘争・階級対決というレーニン主義積年のメタファーが、今や現実の戦争の勝利の記憶と結びつけられたのである。ソヴィエトの「党‐国家」は、新たな建国神話をもつようになった——「大祖国戦争」である。

侵攻した土地や住民に対するナチのあつかいのおかげで、一九四一—四五年のロシアでの戦争はまさに大祖国戦争であった。スターリンはロシア人の民族的・宗教的心情の自律的発露を奨励し、党とその目標とを一時的に引っ込め、侵略者ドイツに対する壮大な戦いという共通目的のオーラを持ち出した。しかもソヴィエト連邦のルーツがロシアの帝国としての過去にあることを強調する同じ考え方が、中央ヨーロッパに対するスターリンの戦後進出の目的に役立ったのである。

ヨーロッパにおいてスターリンがとりわけ欲しがったものとは、これまで見てきたように、安全保障だった。しかし彼はまた西欧での勝利で得られる経済的な利益にも関心があった。ポーランドからブルガリアまで、中央ヨーロッパの小国は第二次大戦のはるか以前からドイツ支配の影の下で生きてきた。とくに一九三〇年代には、ナチ・ドイツこそ主な貿易相手であり、外国資本の源泉だった。戦時中はこの関係が主人と奴隷の関係へと単純化され、ドイツはその戦争遂行のために土地と住民から取れる最大限をしぼり上げたのである。一九四五年以後に起きたのは、ドイツ人が去ったところそのままをソヴィエト連邦が引き継ぎ、資源として自由に搾取できるよう自分の経済圏に付け加えたということだった。

ソヴィエト連邦はハンガリーとルーマニアから、かつてのヒトラー同盟国としての賠償を取った。これらの賠償は、ドイツにおけるソヴィエト占領地区から実物で取り上げたものと同じく、ロシアの損害を償うほどにはならなかったのだが、取られる国々にとっては相当な犠牲だった。一九四八年時点で、ルーマニアからソ連への賠償はこの国の国民所得の一五パーセント、ハンガリーの数字は一七パーセントだった。スターリンはかつて自分に歯向かわなかった国々に対しても同じようにきびしかったが、その場合は懲罰的というより「同志的」関係に立ってのことだった。

概算によると、ソヴィエト連邦が一九五〇年代末までに東ドイツ、ルーマニア、ハンガリーから取り上げた分は、これらの国々に対する支配に要した費用をかなり上回っていた。ブルガリアとチェコスロヴァキアに関しては損得なしだった。ポーランドとくにポーランドに関しては、一九四五年から一九六〇年までは、貿易その他の供給物で両国が提供したよりもモスクワが援助で費やした額のほうがたぶん多かっただろう。本国と植民地の経済的関係における入り混じった経済的利得パターンは、植民政策の歴史研究者にはおなじみのもので、この観点からすると、ソ連とその西方地域との関係は慣例的に言えば「帝国的」であった（ソヴィエトの場合ちがう点と言えば、支配されている周辺部よりも帝国の中心部のほうが、実際には貧困で後進的だったことである）。

スターリンが他の帝国建設者たちと、あるいはロシア皇帝たちとさえちがっていたのは、彼は自分の支配する領域でソヴィエト連邦と同一の統治形態・社会形態を複製しようとしたことだった。一九三九年から一九四一年にかけてポーランド東部で行なったように、またバルト諸国で一九四〇年と一九四五年に再度（ナチからの再征服の後で）行なったように、スターリンはソヴィエトのイメージに合わせて東ヨーロッパのつくり直しに着手した。今や共産党の支配下にある小国のそれぞれで、ソヴィエトの歴史、諸制度、諸慣行を複製しようとした。

アルバニア、ブルガリア、ルーマニア、ハンガリー、チェコスロヴァキア、ポーランド、ドイツ民主共和国は、ある学者の至言によれば「地理的に連続したレプリカ国家」となったのである。(1) 各国ともソヴィエト・モデルの憲法をもつこととなった（最初は一九四七年一二月にブルガリアで採択され、最後は一九五二年七月のポーランドだった）。各国とも経済の「改革」を断行し、その制度と慣行をソヴィエト連邦のそれと一致させるために「五カ年計画」を採用することとなった。各国ともソヴィエトをひな型とする警察国家を目ざした。そして各国ともに、モスクワで支配権をふるっている共産党に（名目ではなく事実として）盲従する、共産党と称する機械装置によって統治されることとなったのである。(2)

衛星諸国家にソヴィエト社会の複製をつくろうとするスターリンの動機は、これまたきわめて単純だった。戦後の東ヨーロッパで広まっていた平和、土地、食糧、そして新たな出発への希求は、共産党による権力掌握への道を滑らかにしていたかもしれないが、だからと言って、各地でソヴィエトの政策が支持される保証などなかった。ファシズムよりは共産党、ないし何らかの形の民主的社会主義を選ぶとしても、それが共産主義支配の実際経験の後までつづくかどうかは当てにできなかった。ドイツに報復させないというソヴィエトの保証の魅力も、時とともに褪めていくだろう。

スターリンには隣接衛星諸国家のゆるぎない忠誠を確保することが必要であり、そのための唯一の方法を彼は知っていた。まず第一に、共産党が権力を独占しなければならなかった。一九四九年八月のハンガリー憲法の文言によれば、共産党が「指導的役割」を奪取して維持し、他の政党すべてを消滅させるか吸収してしまう。党は社会的流動性の唯一の媒体、庇護のただ一つの源泉、そして——司法の支配を通じて——正義の分配者となった。国家の制度・機構を自ら独占することで国家と不可分になり、モスクワから直接指示を仰ぐことによって、各国の共産党とその公安機関とはソヴィエトの支配権の最も直接的な梃子となったのである。

二番目に、この「党‐国家」が経済的な諸決定に独占的な権限を行使する。これは簡単なことではなかった。東ヨーロッパ諸国家の経済は大いに異なっていた。近代化し、都市化し、工業化してかなり多数の労働者階級を擁する国もあるが、他の大部分は農業国で貧困だった。ポーランドやハンガリーなどは、ドイツの経済進出に対する戦前からの保護戦略に起因する、かなり大きな国家セクターをもっていた。他の国々、たとえばチェコスロヴァキアでは、所有と事業とは戦前その多くが私的に運営されていた。一部の国々や地域では商業セクターが繁栄し、ソヴィエト連邦自体と似た部分を有する国もあった。東ヨーロッパ地域の大部分は世界大恐慌の影響と、それに打ち勝つためのアウタルキー（自給自足）型保護主義政策とから、重大な損害をこうむっていた。しかしながらすでに見てきたように、戦時中は一部の工業セクターが――ハンガリーや、とくにスロヴァキアで――軍需生産へのドイツからの投資によって利益を得たという事実もある。

こうした多様性にもかかわらず、共産党による権力掌握後直ちに、この地域一帯に経済的画一性が押しつけられた。第一に、「社会主義」を社会的諸関係の問題ではなく所有権の問題とするレーニン主義的再定義に則りつつ、未だ公的所有になっていない国では、サービス・商業・工業の大規模な会社を国家が接収した。次に国家は、五〇人以上を雇用する全会社を接収するか、課税するか、廃業へと追い込んだ。チェコスロヴァキアでは一九四八年一二月までに、二〇人以上を雇用する私企業はほとんど姿を消してしまった。同じ時期までに国家所有となったのは、ハンガリー工業の八三パーセント、ポーランド工業の八四パーセント、ルーマニア工業の八五パーセント、ブルガリア工業では実に九八パーセントだった。

東ヨーロッパにおける、財産を持つ中産階級を除去する手ごろな方法の一つが、通貨改革だった。これは農民や経営者が貯め込んだ現金を破壊するのに効果のある仕掛けで、強制的資本課税のような旧式の取り立て法を最新化したものだった。ルーマニアでこれが行なわれたのは一九四七年八月（このときはハイパーインフレを終息させるという正当な目的があった）と一九五二年一月の二回で、後者の場合、農民は過去四年間のたくわえ（金を使うにも買う物などなかった）があっという間に消え失せたのである。

ソヴィエト連邦における農民の運命が、ソヴィエト支配の東ヨーロッパの農民をも見舞うこととなった。戦後当初の農村改革によって、こまぎれの土地が大人数の農民に配分されていた。しかし政治的にどれほど好評だったにせよ、こうした改革はこの地域の長年の農業危機を悪化させただけだった――機械化や肥料への投資の過小、不完全雇用労働者数の過

(1) カリフォルニア大学バークレー校のケネス・ジャウェット教授。

(2) ドイツ民主共和国の諸制度には、ソヴィエトから見ての臨時政権的立場を反映して、いくらか独自な面もあった。しかしその法律や慣行の精神は申し分なく正統派だった。

大、五〇年間にわたって止むことのない農産物価格の下落。東ヨーロッパの共産党は、権力の座におさまるまでは、効果のない土地分配を精力的に奨励しつづけた。しかし一九四九年からは緊急性と攻撃性に輪をかけつつ、「ネップマン」〔個人営農者〕や「クラーク」〔富農〕の撲滅に取りかかったのである。

農業集団化の初期段階において、小土地所有農民——この時期には大土地所有者はもういなかった——に対して、懲罰的な課税（収入金額を超える）、新しい集団農場・国営農場に有利なように差別化された価格や割り当て量、配給手帳の不交付、初等教育以後の進学を拒むといった子女への差別、などが行なわれた。こうした条件の下でさえ、おどろくほどの数の自立農民が持ちこたえていたが、その多くは二ヘクタールかそれ以下の、経済的には零細な「ミクロフンディア」〔小土地所有〕だった。

ルーマニアでは一九五〇年秋に何万人もの農民の集団農場への強制的登録が行なわれ、政権はおかまいなしに強制執行を行なったのだが、未来の大統領ニコラエ・チャウシェスクが農業集団化の「計画より三年早い」完了を高らかに宣言したのは、ようやく一九六二年になってからだった。ブルガリアでは一九四九年に始まる最初二回の「五カ年計画」の過程で、優良農耕地はことごとく私的所有から取り上げられた。チェコ地方では集団化の開始がかなり遅れた（一九五六年でも耕地の大半は私的農場だった）が、その後の一〇年間に農地の九五パーセントが接収され、後進的で近づきにくいスロヴァキア地方ではそれが八五パーセントとやや少なかった。しかしここでもハンガリーやこの地域全体と同じく、自立農民は名目的に生き延びただけだった。彼らに対して取られたさまざまな手段と、市場および流通システムの破壊とによって、彼らは確実に貧窮と滅亡へと追い込まれたのである。

ソヴィエトによる経済的実践の不合理な、時として超現実的な性格は、ブロック全体で忠実に再現された。一九四八年九月三〇日の、ルーマニア共産党ゲオルゲ・ゲオルギウ＝デジの宣言によれば、「われわれは農村部の資本主義分子を犠牲にして社会主義を積み上げげたいと望んでいる」——農業経済の「資本主義分子」などいないことが明白な国なのに。スロヴァキアでは一九五一年に、都市の職員や政府の役人を農村へと派遣する努力さえ行なわれた。それは「七万人を生産的人間に改造する作戦」と呼ばれたが、みごと大失敗で速やかに中止となった。しかしウィーンからわずか五〇マイルのところで行なわれた、この先駆的な毛沢東主義の訓練は、この時代のムードをよく伝えている。一方、新たにソヴィエト化されたバルト地方で共産党の土地改革がもたらした結果は、それまでは食糧が豊富で安価な国々だったにもかかわらず、長期にわたる欠乏の制度化だった(3)。

こうした明白な政策の失敗に対処すべく、当局はソヴィエト流の法律を施行して「寄生」と「投機」と「サボタージュ」を処罰した。判事でチェコスロヴァキア国民議会議員のズデンカ・パチョヴァ博士は、一九五二年三月二七日の同僚議員向けの演説でこう述べた――「村の金持ちどもの仮面を剝ぎ取って真の顔をあらわにすることこそ、犯罪訴訟手続きの主要な仕事である。……（農業）生産計画の未達成や不実行は、サボタージュとして厳罰に処せられるべきである。」一九三〇年代ソヴィエトのレトリックからのこうした忠実な反響が示す通り、小農民に対する反感と農業集団化の実現とは、スターリン主義オーソドキシーに合致するか否かを測る基準の一つとなった。

短期的に見れば、工業中心でソヴィエト主導の経済計画の実施が、はっきりと失敗だったわけではない――命令経済がうまくやってのけるものもあるのだ。土地の集団化と小規模企業の破壊とが、鉱山や工場向けの男女労働者の豊富な供給をもたらし、消費物資やサービスを犠牲にした重工業生産投資一辺倒の共産党の政策が、未曾有の生産増を実現した。どの国でも五カ年計画が実施され、大胆な野心的目標が掲げられた。総生産高の数字からすれば、この工業化第一世代の成長率は大したもので、実質的に無から出発したブルガリアやルーマニアといった国々ではとくにそうだった。

東ヨーロッパ地域で最も都市化が進んでいたチェコスロヴァキアにおいてさえ、農業に雇用されていた人びとの数は、一九四八年から一九五二年にかけて一八パーセント低下した。ドイツのソヴィエト占領地区では、粗鋼の生産高が一九四六年の一二万トンから、一九五三年までに二〇〇万トン超へと上昇した。東ヨーロッパのそこここ（南西ポーランド、ブカレスト北西の工業ベルト地帯）は、ほぼ一夜にして大変貌をとげた。たとえばクラクフ近郊のノヴァフタのような完全な新都市が建設され、鉄鋼や工作機械を生産する幾千人もの労働者の居住地となった。両大戦間時代のソヴィエト連邦で行なわれた準軍事的・一枚岩的・第一世代的工業化が、しかるべく小規模な形でソヴィエト・ブロックの全域にわたって再促進された。かつてロシアがそうしたように、東ヨーロッパの共産党も、西ヨーロッパ一九世紀の産業革命を短縮的かつ加速的に再現しようとしていた。

---

(3) バルト諸国はソヴィエト連邦自体に完全に統合されていたが、経済は他の東ヨーロッパよりも悪かった。一九四九年、北部エストニアのコルホーズ（集団農場）は、四〇〇キロメートル南方のラトヴィアと歩調を合わせるため、穀物を収穫開始期以前に引き渡すよう求められた。一九五三年までには、それまで裕福だったエストニアの農村の状態が極端に悪化し、風に吹き倒された牛が自力では立ち上がれないほど衰弱していた。

こうした観点で見ると、一九四五年以後の東ヨーロッパ経済の歴史は、同時期の西ヨーロッパの回復パターンと東の間の類似性を示している。西ヨーロッパにおいても、生産性と成長への投資が、消費物資やサービスの供給より優先された——マーシャル・プランのおかげで、この戦略の痛みが和らげられはしたが。西ヨーロッパでも一部の工業セクターと地域は低い出発点から離陸し、一九五〇年代を通じてイタリアととくにフランスで、農村から都市への劇的な移行が起こった。しかし類似性はここまでだ。共産主義の東ヨーロッパにおける経済の歴史の特徴は、石炭・鉄鋼・工場・アパート住宅もさることながら、ソヴィエトの第一世代工業化がグロテスクなゆがみと矛盾とを生み出したことであり、それはソ連自体におけるよりもひどかったのである。

一九四九年一月の「コメコン（経済相互援助会議）[4]」の設立につづいて、共産主義国家間の通商ルールが決められた。各国の貿易はソヴィエト連邦との二国間通商として行なわれ（これまたナチ支配地域で行なわれたことの反復で、モスクワがベルリンの代役を務めた）、ソ連は共産主義国際経済において交渉の余地なき絶対的役柄を割り振られた。こうして東ドイツ、チェコスロヴァキア、ハンガリーは（モスクワが決める価格で）完成した工業製品をソ連に供給し、ポーランドとルーマニアは食糧と第一次工業製品の生産と輸出に特化することとなった。代わりにソ連側としては、原材料と石油を交換したのである。

これまで見てきたような奇妙な倒錯——帝国的な強国が原材料を提供し、植民地国側が完成品を輸出するという——を別にすれば、この構造にはヨーロッパにおける海外植民地体制を想起させる点がある。しかも非ヨーロッパの植民地で起こったことが、東ヨーロッパで起こった。各国の現地経済は変形と低成長を余儀なくされたのである。一部の国々は完成品をつくることを妨げられ、他の国々は特定の産品を大量につくって（チェコスロヴァキアでは靴を、ハンガリーではトラックを）、それをソ連に売るよう指導された。比較優位の経済学など、顧慮の外だった。

三〇年代のソヴィエト・モデルというのは広大な地域、豊富な原材料、無尽蔵で安価な未熟練労働者というソヴィエトならではの諸条件に対応すべく即席に考案されたものだったので、ハンガリーやチェコスロヴァキアのような小さな国々にはまったく通用しなかった。ハンガリーやチェコスロヴァキアは原材料を欠く代わりに、熟練した工業労働力と、高付加価値製品向けの疾うに確立した国際市場とを持っていた。チェコのケースはとりわけおどろくべきものである。第二次大戦以前に、ボヘミアとモラヴィアというチェコの両地域は（すでに一九一四年以前からオーストリア＝ハンガリー帝国の工業中心地になっていて）、皮革製品・自動車・ハイテク武器産業・多種多様な贅沢品に特化して、一人当たり生産高はフランスよりも高かった。工業技術の水準、生産性、生活水準、国外市場で占めるシェアで測ると、一九三八年以前のチェコスロヴァキアはベルギーに匹敵し、オーストリアやイタリアのはるか先を行っていたのである。

一九五六年時点で、共産主義チェコスロヴァキアはオーストリア、ベルギー、その他西ヨーロッパ諸国に遅れをとっていたのみならず、二〇年前よりもはるかに非能率で大いに貧しくなっていた。一九三八年には一人当たりの自動車保有数がチェコスロヴァキアとオーストリアで同レベルだったが、一九六〇年までにその比率は一対三になった。この国が今なお競争力をもっていた製品——とくに小型武器の産業——も、もはやチェコの利得とならなかったのは、それをソヴィエトという御主人様だけに輸出するよう束縛されていたからだ。

オストラヴァのゴットヴァルト製鋼所のようなマンモス製造工場の設立は、ポーランド・ドイツ民主共和国・ハンガリー・ルーマニア・ブルガリア・ソ連における製鋼所建設と同じだったが、チェコにとっては急速な近代化どころか後進性の強要に他ならなかった（鉄鋼の製造を基盤とする近代化のどたばたプログラムが、鉄鉱石資源に限りがあるチェコスロヴァキアの事情を無視して推進された）。基幹産業における未曾有の成長がもたらす一回こっきりの創業者利得を追う点で、他のすべての衛星諸国家についても同じことが言えた。五〇年代半ばまでに、ソヴィエト支配の東ヨーロッパは「計画」の陳腐化という衰退への道を着実に歩み始めていたのである。

ソヴィエト・ブロックの各国経済をめぐるこの短い説明にも、部分的に二つの例外がある。他国と同じくポーランドにおいても原始的工業化が熱心に進められていたのだが、土地の集団化はそうならなかった。スターリンはポーランドの農民に集団農場を強制することの実行不可能性を熟知していたようだが、この点だけで彼がためらうということはなかっただろう。ポーランドをあつかう際のソヴィエトの用心は（われわれは本書でもう一度それに出会う機会があるのだが）、きわめて周到なものだった。東ヨーロッパの他の臣民たちとはっきりちがって、多くのポーランド人がその能力・傾向において ロシアへの隷従に叛旗をひるがえすことは、幾世代も

(4) 当初のコメコン加盟国はブルガリア、チェコスロヴァキア、ハンガリー、ポーランド、ルーマニア、ソ連だったが、すぐ後にアルバニアと東ドイツが加わった。さらに後になってユーゴスラヴィア、モンゴル、中国、北朝鮮、北ヴェトナムなども加わった。一九六三年におけるコメコン加盟国の国際貿易でのシェアは一二パーセントだったが、一九七九年には九パーセントとなって下がりつづけた。

のロシアの将校や官僚たちに知れわたっており、ソヴィエトによる支配は他のどの国よりも、明らかにポーランドで嫌われていたのである。

ソヴィエトの観点からすれば、ポーランドの抵抗は悩みの種であり——ポーランドの戦時地下組織の残党は少なくとも一九四〇年代末に至るまで、共産党政権に対するゲリラ戦争を続行した——、それは見かけは不当なものだった。ポーランド人は戦後、ソ連に引き渡した東部の沼沢地六万九〇〇〇平方マイルと引き換えに、良質の農地四万平方マイルを手に入れたではないか？　しかも必ず甦ると誰もが予想しているドイツに対して、モスクワこそが（唯一の）保証となっているではないか？　さらに言えば、ポーランドは今や戦前の少数民族から解放された——ユダヤ人はドイツ人に殺され、ドイツ人とウクライナ人はソ連人によって追放されたのである。ポーランドがその複雑な歴史のなかで、今こそ初めて「純粋ポーランド」になっているとすれば、モスクワに感謝すべきであった。

しかし国家間関係というものは、とりわけソヴィエト・ブロックにおいては、感謝の念のあるなしとは無関係だった。モスクワにとってのポーランドの格段の使用価値とは、ドイツあるいは西側からの攻撃に対する緩衝装置としてだった。ポーランドが社会主義化するのは望ましいことではあったが、至上命令は安定性と信頼性の継続だった。ポーランド国内が平静に治まることと引き換えに、スターリンはそれがいかに非効率でイデオロギー的に不整合でも、自立農民階級の存在とカトリック教会の公然たる活動とを喜んで容認した。これはもっと南方あるいは東方の国では想像すらできぬことだったろう。ポーランドの大学も、隣国チェコスロヴァキアその他の国々で高等教育機関の教職員たちを締め出したさまざまなパージと比べれば、実質的には手つかずのままだった。

もう一つの例外は、もちろんユーゴスラヴィアだった。これまで見てきたように、スターリンとチトーの分裂が起こるまで、ユーゴスラヴィアは社会主義への道を歩む全東ヨーロッパ国家中の最「先進国」だった。チトーの最初の五カ年計画は、ソヴィエト・ブロックの他のどの国よりも高率の工業投資を目ざして、スターリンを出し抜いた。他の衛星諸国家では集団化が始まってもいないうちに、七〇〇〇もの集団農場が設立された。そして戦後のユーゴスラヴィアは、弾圧機関の高能率や遍在性においてもモスクワを凌駕する勢いだった。戦時中のパルチザンの秘密警備隊がそのまま発展的に警察ネットワークを形成し、その仕事はチトーの言によれば、「こうした類いのユーゴスラヴィアを嫌っている連中の心臓に恐怖をぶち込むこと」だった。

スターリンと決別した当時のユーゴスラヴィアの一人当た

り所得は、隣国アルバニアを除いてヨーロッパで最低で、すでに貧しかった国が四年間の戦争と内戦の過程でさらなる貧窮へと叩き込まれていた。ユーゴスラヴィアの戦争体験が生んだ苦い遺産をさらに複雑にしたのが民族構成で、この国はヨーロッパ最後の本格的多民族国家であった。一九四六年の調査では、ユーゴスラヴィア国民一五七〇万人のうち、セルビア人六五〇万人、クロアチア人三八〇万人、スロヴェニア人一四〇万人、ムスリム（イスラム教徒）八〇万人（大半がボスニアに居住）、マケドニア人八〇万人、アルバニア人七五万人、ハンガリー人四九万六〇〇〇人、モンテネグロ人四〇万人、ヴラック人（ワラキア人）一〇万人、そして人数不詳のブルガリア人、チェコ人、ドイツ人、イタリア人、ルーマニア人、ギリシア人、トルコ人、ユダヤ人、ロマ（ジプシー）がいた。

これらのうち、一九四六年憲法でその存在を個別的に認められていたのはセルビア人、クロアチア人、スロヴェニア人、モンテネグロ人、マケドニア人だけであり、彼らとても他の諸民族と同じく自分を「ユーゴスラヴィア人」と見なすよう奨励されていた。(5) ユーゴスラヴィア人としての彼らの可能性は暗澹たるものだった。一九四〇年代の末、ローレンス・ダレルはベオグラードからギリシアの友人に宛て、この国についてこう書き送った——「こちらの状況はかなり暗鬱です——ほとんどが戦争真っ最中と同じで、人混みと貧乏です。共産主義について言えば——親愛なるテオドロス様、当地をちょっと訪れれば、資本主義のために戦う決心がつきます。資本主義が暗黒で血塗られているといっても、この陰気で身の毛のよだつ警察国家とくらべれば、陰惨・不毛・絶望ははるかに少ないのです。」

スターリンと決別した後の最初の数カ月、チトーは自分の主張の正当性と、自分に対するソヴィエト側批判者のうそっぱちを証明しようとしてか、実はいっそうラジカルに、ますます「ボリシェヴィキ的」になった。しかしこうしたポーズはとても長くつづけられるものではない。外部援助なしでソヴィエトからの侵攻の現実性と直面した彼は、西側に援助を求めた。一九四九年九月、アメリカ輸出入銀行はベオグラードに二〇〇〇万ドルを貸し付けた。翌月、ユーゴスラヴィアは国際通貨基金から三〇〇〇万ドルを借り入れ、同年一二月にはイギリスとの貿易協定に調印して、八〇〇〇万ドルの信用供与を受けた。

ソヴィエトの脅威によって、チトーは（ユーゴスラヴィア

(5)　一九四六年憲法では、ユーゴスラヴィア連邦共和国を構成する各共和国——セルビア、クロアチア、スロヴェニア、ボスニア、マケドニア、モンテネグロ——は、連邦離脱の自由をもっていたが、この権利は七年後には奪われた。

の乏しい国民所得からの分担として）その防衛出費を一九四八年の九・四パーセントから一九五〇年の一六・七パーセントへと引き上げざるを得ず、この国の軍需産業は安全確保のためにボスニアの山地へと移された（これが一九九〇年代の戦争に幾らかの影響をもたらした）。一九五〇年、アメリカ議会は地球規模の「冷戦」で今やユーゴスラヴィアがもつ重要性を確信していたので、一九五〇年「ユーゴスラヴィア緊急援助法」による五〇〇〇万ドルの援助を提供し、つづいて一九五一年一一月には、ユーゴスラヴィアが「相互安全保障法（ＭＳＡ）」にもとづく軍事援助を受けられるよう協定を結んだ。一九五三年までに、現金勘定でのユーゴスラヴィアの国庫赤字はアメリカからの援助で完全に埋められ、一九四九―一九五五年期を通じて、西側からのチトーに対する全援助額は一二億ドルに昇り、そのうち返済されたのはわずか五五〇〇万ドルだった。トリエステをめぐる行き詰まりは、一九四五年以来ユーゴスラヴィアとイタリア・西側諸国との関係を緊張させていたが、これも一九五四年一〇月五日にユーゴスラヴィア、イタリア、イギリス、アメリカのあいだで調印された合意文書によって解消されたのである。

西側からの援助のおかげで、ユーゴスラヴィア政権は一九四八年のソ連との決裂以前からの重工業と防衛重視の政策を継続することができた。しかし「ユーゴスラヴィア共産主義者同盟」（共産党）が全権を掌握しているあいだに、戦後期のウルトラ・ボリシェヴィズムは断念された。一九五一年春までには、鉄道・空路・河川の輸送とともに郵便サービスだけが連邦（すなわち中央政府）の管理となった。その他のサービス事業、すべての経済企業は各共和国の手に委ねられた。一九五四年までには農地の八〇パーセントが私有へともどされたが、これは一九五三年三月三〇日付の布告によって、農民が集団農場から自分自身と土地とを引き上げられるようになったからである。集団農場七〇〇〇のうち、残ったのはわずかに一〇〇〇農場であった。

スターリンはヒトラーに勝利したことで以前に増して大いに強くなり、国内外で「彼の」赤軍の栄光を身にまとうこととなった。このソヴィエトの独裁者をめぐる個人崇拝はすでに戦前から見られたものだが、今やその絶頂に達した。第二次大戦に関する大衆向けソヴィエト・ドキュメンタリー映画で、彼はこの戦争を実質的に一人で勝利し、辺りに一人の将軍もなく戦略を練り、戦闘を指揮したように映し出した。弁証法から植物学まで、ほとんどすべての生活圏においてスターリンは最高にしてゆるぎなき権威であると宣言された。ソヴィエトの生物学者はペテン師ルイセンコの理論を採用するよう指示され、ルイセンコはルイセンコで、後天形質の遺伝をめぐる自分の理論が公式に採用されてソヴィエト農業に応用されれば夢も及ばぬ農業改善が実現できるとスターリンに約束した――その通り行なわれたが、結果はさんざんだった。(6) 一九四九年一二月の七〇歳の誕生日には、気球から吊り下げられたサーチライトで照らし出されたスターリン像が、クレムリン宮殿の夜空に輝いた。詩人たちはこの指導者を褒め称える歌で競い合った――ラトヴィアの詩人ヴァルディス・ルクスの一九五一年の二行連句がその代表例である――

美しい赤い糸さながらに、われらは心のなかに織り込む
われらの兄であり父であるスターリン、あなたの尊名を

しだいに暗黒化する暴虐と恐怖を背景に、こうした卑屈な新ビザンチン様式による専制君主の神聖化、彼に魔術的な力が備わるとする偶像化が進行した。戦争の後期にはロシアの民族主義を隠れ蓑として、スターリンは西部および南西部国境地域とくにカフカス地方から、東方のシベリアや中央アジアへとさまざまな小規模民族を追放した。チェチェン人、イングーシ人、カラチャイ人、ナルカル人、カルムイク人、クリミア・タタール人その他が、一九四一年に強制移住させられたヴォルガ・ドイツ人の例に倣ったのだ。小規模民族に対するこうした野蛮なあつかいは、少しも新しいものではなかった。ポーランド人やバルト人は一九三九年から一九四一年にかけて、何十万人もが東方へと追いやられたし、一九三〇年代にはウクライナ人が、それ以前には一九二一年にまで遡って他の人びとが同じ運命に遭遇していた。

東ヨーロッパ全域における戦後すぐの「協力者」や「裏切り者」の裁判でも、民族主義的心情がこだましていた。ポーランド、ハンガリー、ブルガリアでは農民政党の指導者が逮捕され、ファシズムへの同調や戦時中の協力や西側のスパイといった、さまざまな現実の・あるいは想像上の罪を着せられ、一九四五年から一九四七年にかけて裁かれ、銃殺された。しかしどのケースでも、検察側がとくに腐心したのはブルガリアなりハンガリーなりポーランドなりの「人民」の代表としての被告人の、愛国心や信頼性に疑問を呈することだった。共産党に帰依することを拒否した社会主義者、たとえばブルガリア人クラスチン・パルタコフ（一九四六年に裁判にかけられ、禁固刑を宣告されて三年後に獄中で死亡）なども、人民の敵と特定されて処罰されたのだった。

こうした初期の公開裁判の犠牲となった非共産党員――実

(6) スターリンは核物理学者には自由にやらせ、彼らの計算にあと知恵でけちをつけることなど決してなかった点は重要である。スターリンは気が狂っていたかもしれないが、馬鹿ではなかったのだ。

際にドイツ人と運命を共にしようと決断し、したがってその活動が知れわたっていた者の場合は別として——について瞠目すべき点は、彼らが一様にはっきりと有罪を否定するか、「反民族的」とされている罪状を認めなかったことだ。「農民同盟」指導者ニコラ・ペトコフとその「共謀者たち」に対する明らかにでっちあげの、一九四七年八月にソフィアで行なわれた見せしめ裁判でも、五人の被告のうちの四人は拷問と偽証にもめげず無罪を主張したのである。(7)

一九四八年のユーゴスラヴィアをめぐる危機を契機に、スターリンの態度が変わった。モスクワに代わるものとして、ベオグラードは多くの人びとに一定の魅力をもつようになった。スターリンとちがって、チトーは帝国的な脅しは行なわなかった(バルカン内部での局地的コンテクストは除いてだが)。そして自国を解放するとともにモスクワからの援助なしに共産主義へと導いたことで、それぞれの国の革命を民族主義的心情で根拠づけたいと願っていた東ヨーロッパの共産主義者すべてにとって、このユーゴスラヴィアの指導者は魅力的な先例となっていた。スターリンは自分の権力独占を脅かすものに対して病的な執念をもつことで有名だが、だからと言って、彼がチトーや「チトー主義」のなかに真の危険を読み取ったことが完全にまちがいだったわけではない。したがってこれ以後、民族主義(「小規模国家民族主義」や「ブルジョア民族主義」)はそれぞれ現地の資産とは評価されなくなり、代わって主要な敵となってしまった。「民族主義者」という言葉が、ユーゴスラヴィアの「偏向」を非難するために共産主義レトリックのなかの非難語として初めて用いられたのは、一九四八年六月のコミンフォルム会議でのことだった。

しかし国内における非共産党員の対抗者が今や死んだり、投獄されたり、亡命したりしてしまっているのに、ソヴィエトの権力独占体制が曝されていた真の危険とは何だったのか? 知識人は買収するか脅迫すればよかった。軍部は占領中のソヴィエト軍がしっかり押さえつけていた。大衆のプロテストだけが共産党政権にとって唯一重大な脅威だったのは、それが「労働者と農民」の国家の信憑性を掘りくずしてしまうからである。しかし「人民民主主義国家」もその初期においては、自らその代表を任じているプロレタリア階級から常に不興を買っていたわけではない。それどころか、中産階級の破壊と少数民族の追放とによって、農村居住の農民、工業労働者、そしてその子どもたちに上昇移動の可能性が開かれたのである。

とくに出世ばしごの下段部分と政府雇用において、機会がふんだんに恵まれた——仕事があり、補助金つき家賃でアパートを借りることができ、労働者の子どもには学校が確保され、「ブルジョアジー」の子どもたちには道が閉ざされた。能力よりは政治的信頼性がものを言い、雇用は保障され、急に幅を利かせ始めた共産党員官僚が、地区オルグから警察の尋問者まで、あらゆる部署に頼れる男女を探し出した。(8) ソヴィエトの東ヨーロッパ住民の大半は、とりわけ後進地域であればあるほど、少なくともこうした初期においてはプロテストなどなしで、自分の運命を受け入れていた。

以上のような一般論に対する二つの有名な例外が起こったのは、ともにソヴィエト・ブロック中最も都市的な先進地区においてだった——工業化されていたボヘミアと、ソヴィエト占領下のベルリンである。一九五三年五月三一日のチェコスロヴァキアにおける「通貨改革」は、表向きには「かつての資本家どもへの壊滅的打撃」だったが、産業労働者の賃金を一二パーセント切り下げる結果となった（その後に起こった物価上昇のためである）。かつては高額報酬の熟練労働を基盤とする先進的な工業化経済だったのに、労働条件の確実な悪化が重なって引き金となり、西ボヘミアの主要工業センターであるプルゼニのシュコダ工場で二万人の労働者によるデモが起こり、つづいては一九五三年六月一日、ベネシュおよび戦前の大統領トマーシュ・マサリクの肖像を掲げる数千人の労働者による市庁舎への行進が起こった。

プルゼニのデモは、一地方都市に閉じこめられたまま立ち消えていった。しかし数日後、数十マイル北方でもっと大がかりなプロテストが発生したが、その原因はドイツ民主共和国における公式労働ノルマの実質的な（つまり無報酬の）増加だった。これを強制したのは人気のなかった政権で、すでに（そしてこれが最後ではなく）モスクワにおけるソヴィエトの主人たちよりはるかに硬直的になっており、この東ドイツ共産党指導部へのモスクワからの忠告は改革と妥協を受け入れて熟練労働者の西側への流出を防げということだったにもかかわらず、それが無視されたのだった。六月一六日、およそ四〇万人の労働者が東ドイツ全土でストライキに突入し、ベルリン自体でも最大規模のデモンストレーションとなったのである。

プルゼニの抗議者たちの場合と同じく、ドイツ人労働者も「人民警察」によって簡単に鎮圧されたが、犠牲者なしでは

(7) にもかかわらず、彼らは処刑されてしまった。ペトコフの死後三週間経って、政権は彼の「告白」を死後公表した。しかしこれは誰が見てもそれと分かるにせものて、共産主義国ブルガリアでもたちまち困惑の種となってしまった。当局はそれについての言及を止め、無分別にもそんなものを公開したブルガリア秘密警察の長官は、しかるべく銃殺されてしまった。

(8) 一九六六年になってもなお、ポーランドの国家公務員の五分の四は初等教育を受けただけだった。この国は教育レベルがおどろくほど低い行政民によって運営されていたのだ。

済まなかった。赤軍の戦車が投入されたときに三〇〇人近くが殺され、さらに数千人が逮捕されたが、そのうち一四〇〇人が長期の禁固刑となった。二〇〇人の「首謀者」が銃殺された。この「ベルリン蜂起」は、それまでは共産党政権に――ややあいまいな形で――加担していたベルトルト・ブレヒトが、公然と文学的異議を唱えた唯一の機会であった。――

六月一七日蜂起のあと
作家同盟書記長の命令で
スターリン通りでビラが配られた。
読んでみれば、われら人民が
政府から信任されなくなったと、
その回復の道筋はわれらの倍旧の努力だと。
そういうことならいっそのこと
政府のほうで人民を解散し、
別の人民を選び直すのが早道では？

ソヴィエト帝国の工業化された西部最前線の、怒りと不満でいっぱいの労働者たちは、共産主義にとってはみすぼらしい広告看板となったが、彼らはソヴィエト権力にとっては何の脅威でもなかった――そしてプルゼニとベルリンの蜂起が、ともにスターリンの死後に起こったのは偶然ではない。スターリン在世中に、真に脅威となる挑戦が共産党機関それ自体の内部から生まれてきたかに見えた。これがユーゴスラヴィア離間の本当の意味であり、したがってスターリンが昔の方法論へと立ちもどり、それを当時の実情に合わせて駆使したのは「チトー主義」への直接対応としてだった。一九四八年から一九五四年にかけて、共産主義世界は逮捕、粛清、とりわけ政治的「見せしめ裁判」の第二世代を目のあたりにしたのである。

この時期の粛清や裁判の主たる先例となったのは、もちろん一九三〇年代の「ソヴィエト恐怖政治」だった。したがって主にその犠牲となったのも共産党員自身であり、その目標は党から「裏切り者」を粛清して、「総書記」の政策および人身への攻撃を取り除くことだった。一九三〇年代における仮想首謀者はレオン・トロツキーだった――チトーと同じく、スターリンに借りなどない真の共産主義ヒーローであり、共産主義の戦略と実践について自分なりの見解をもっていた。三〇年代の恐怖政治はスターリンの無制限な権力と権威とが確立したことを例証し、戦後の粛清は東ヨーロッパでの同種の目的に役立ったのである。

しかし一九三〇年代のモスクワ裁判、とりわけ一九三八年のニコライ・ブハーリンの裁判は特異なもので、その芝居がかりの新機軸と言えば「革命」がその子どもたちのみならず

【上の写真】人間の顔をした社会主義――一九四九年モスクワの式典壇上における「ジョーおじちゃん〔スターリンのこと〕」。「ルネッサンス時代の暴君を思い出させた――原理を語ることもなければ方法論を説くこともなく、かといって美辞麗句があるわけでもない――答えは常に「イエス」あるいは「ノー」で、信じられるのは「ノー」のときだけだった。」（イギリス首相クレメント・アトリー）

一九五三年六月一七日の東ベルリンにおける蜂起は、「人民が政府から信任されなくなる」という、ソヴィエト・ブロック内最初の兆候だった。しかしブレヒトが揶揄したように、それなら政府が「人民を解散し、別の人民を選び直す」などという倒立した選択など、とてもできるものではない。

建設者自身をも飲み尽くしてゆくおぞましい光景のショック作用であったのに対し、後の数十年間にわたる裁判や粛清は過去のソヴィエトの実践をモデルにしての恥知らずなそのコピーであるにすぎず、衛星国家の諸政権が行なった努力は何の迫真性も生まなかったようだった。そして結局のところ、それらの裁判は司法による粛清という、長い連鎖の最終場面で行なわれたのである。

裏切り者に対する戦後の裁判と、反共産主義者に対する政治裁判とに加えて、東ヨーロッパの共産党政権は、教会を処罰し閉鎖するのに法廷を活用した。ただしポーランドだけは例外で、ここでカトリック教会とおおっぴらに対立するのは危険が大きすぎたのである。一九四九年、ブルガリアの「統一プロテスタント教会」の指導者たちは「資本主義復活」を謀議したとして裁判に付された。この前年、ルーマニアの「ユニアト教会」は新しい共産党政権によって比較的柔軟なルーマニア正教会と強制的に合併させられたが、これは一八世紀のロシア皇帝にまで遡る長い迫害の伝統に合わせてのことだった。プラハでは選ばれたカトリック司祭が二手に分けられて、ヴァチカン（とアメリカ）のためにスパイを働いた廉で裁判にかけられ、一〇年から終身刑までの禁固という判決を受けた。一九五〇年代初期、チェコスロヴァキアの牢獄には八〇〇〇人の僧・尼僧がいた。ハンガリー・カトリック教会の首座大司教として一九四九年一月に投獄されたミンゼンティ枢機卿を継いだグロース猊下は、ハプスブルク家再興工作およびハンガリーのファシストに武器を与えるべくチトー派と共謀したとして、有罪判決を下された。

共産党員自体に対する裁判は、二つのグループに分かれていた。最初のほうは一九四八年に始まって一九五〇年いっぱいつづいたが、チトー＝スターリン間亀裂に対する直接の反応だった。アルバニアでは共産党員の内務大臣コチ・ホーへが一九四九年五―六月に裁かれ、有罪となって翌月絞首刑を執行された。チトー主義で告発されたのだが、ホーへの場合は実際にチトーの支持者であったことと、バルカン諸国のために彼が立てた計画とが区別されたが、このとき後者についてはモスクワが後援していたのである。この点で彼は、秘密裏に処理されたという事実とともに、幾分めずらしいケースであった。

アルバニアでの裁判につづいたのがブルガリアでの、ブルガリア共産党の創設者の一人であるトライチョ・コストフの逮捕、裁判、そして処刑だった。コストフはブルガリアの大戦間支配者の手にかかって受けた苦難で肢体不自由だったが、(9)どちらかといえばチトーの反対者として知られ、ブルガリアを「バルカン連邦」に吸収しようというチトーの計画の批判者であった（チトーはコストフを嫌っており、その感情は相互的だった）。しかし何はともあれスターリンは彼を信じておらず——コストフは軽率にもソヴィエト－ブルガリア間の経済協定を自国に不利と批判したことがあったのだ——、民族主義の罪を例証しようという裁判に、彼はうってつけだったのである。

彼と彼の「グループ」（「トライチョ・コストフの「裏切りスパイ活動および破壊工作」のグループ」）は一九四九年一二月、戦前のブルガリア・ファシストとの協力、イギリス情報機関のためのスパイ活動、チトーとの共謀の廉で告発された。打ちつづく拷問に最終的に屈して罪の「自白」に署名した後、コストフは法廷では前もって認《したた》められた調書通りの発言を拒否し、尋問者への陳述を公然と撤回し、無罪を叫びつつ法廷から連れ出された。二日後の一九四九年一二月一六日、コストフは絞首刑を執行され、彼の「共謀者」たちは長期の禁固刑に処せられたが、これはスターリンと彼の秘密警察の長官ラヴレンチー・ベリヤによる裁判開始以前の決定にもとづいていた。コストフのケースがめずらしいのは、彼は公判で自白を取り消し、無実を主張した唯一の東ヨーロッパ共産党員だったという点にある。これが政権にとって小さな困惑の種となり（コストフ裁判はラジオで放送され、西側でも広く報道された）、二度とこういうことが起こらぬよう指令が出された。二度と起こらなかった。

コストフの処刑の直前、ハンガリー共産党は自分たちなりの「チトー」として共産党員内務大臣ライク・ラースローの見せしめ裁判を舞台に乗せた。テキストはブルガリアの場合と同じだった——一言一句同じで人名だけが替えてあった。起訴理由、起訴事実、罪状告白がすべて同一だったが、両裁判ともモスクワで筋書きが作成されたのだから、おどろくには当たらない。ライク自身は無実ではなかった——共産党員内務大臣として、彼は多くの人びとを牢獄へ、もっと悪いところへと送っていた。しかし彼のケースで起訴状がとくに意を用いたのは、「外国勢力から金銭で雇われたエージェント」としてその「裏切りの罪状」を強調することだった。ソヴィエトの占領はハンガリーではとくに評判が悪く、モスクワとしてはライクを「民族的共産主義」のヒーローに祭り上げる危険を冒したくなかったのである。

この事件にはそうした危険はなかった。ライクはしかるべく自分の台詞をしゃべり、ハンガリーの共産主義に対して破壊工作を行なうアングロ・サクソン側エージェントであることを認め、自分の本名がライヒ（したがってハンガリー人で

（9）一九二四年、二七歳のコストフはブルガリアの警察に捕らえられ、拷問を受けた。自分が（地下の）共産党員の名を明かしてしまうのではと危惧した彼は、ソフィアの警察本部の四階の窓から飛び降り、両脚を骨折したのである。

はなくドイツ人）であることを法廷で申述し、さらに自分が一九四六年にユーゴスラヴィア情報機関の所属となったのは、「すべて彼らの言う通りにしなければ」戦時中ハンガリー・ナチ党の協力者だったことをばらすぞ、と脅迫されたからだと語った。ライクとその一味の「共謀者」たちを裁く臨時法廷のようすは、一九四九年九月一六日のライク自身の自白も含めて、ラジオ・ブダペストで放送された。前もって決定済みの判決は、九月二四日に下された――ライクの他に二名が死刑宣告を受けた。絞首刑が執行されたのは、一〇月一五日だった。

ライクとコストフの公開裁判は、東ヨーロッパ地域の共産党および政府のなかのチトー主義者狩りのために始められた秘密の法廷・臨時法廷という氷山の、ほんの一角にすぎなかった。最悪の影響を被ったのは、共産主義国家の「南側の列」としてユーゴスラヴィアに近接する国々――ブルガリア、ルーマニア、アルバニア、ハンガリー――だった。ハンガリーだけでも――ここはユーゴスラヴィアに最も近接していたこと、セルビアのヴォイヴォディナ地方にハンガリーの少数民族が存在したこと、一九四七年を通じてハンガリーとユーゴスラヴィアとが対外政策で緊密に提携したことなどから、忍び寄るチトー主義に対するスターリンの恐怖が真実性を増していた地域だったので――総計およそ二〇〇〇人の共産党中堅幹部が処刑され、一五万人が禁固刑、およそ三五万人が党を追われた（すなわち多くの場合、仕事やアパートやさまざまな特権や、高等教育を受ける権利などを剝奪されたのである）。

ポーランドと東ドイツにおける迫害は幾千人もの男女を牢獄に閉じ込めはしたが、大がかりな公開裁判には至らなかった。チトー＝コストフ＝ライクの役柄の候補者がポーランドにも確かにいた。ヴワディスワフ・ゴムウカで、彼はポーランド「統一労働者党」総書記、ポーランド閣僚会議（内閣）副議長だった。ゴムウカはポーランドにおける土地集団化計画をおおっぴらに批判し、社会主義へと向かうポーランドの「民族的な道のり」の話題とは周知の結びつきがあった。実のところ、彼はこの点に関してポーランドの党の忠実なスターリン主義者たちから批判を受けており、一九四八年八月には総書記の地位をボレスワフ・ビエルートに取って代わられた。五カ月後、彼は閣僚を辞任し、一九四九年一一月には党から追放され、同一二月、ビエルートはゴムウカと彼の「グループ」を民族主義とチトー主義で公式に告発した。

ワルシャワの社会保険行政官の地位へと降格されたゴムウカは、一九五一年七月にはついに逮捕され、釈放されたのはようやく一九五四年九月だった。しかし彼は痛めつけられることはなく、ワルシャワではチトー主義者裁判は行なわれなかった。ポーランドでも裁判は確かにあった――その一つは、一群の将校たちが反国家陰謀で告発されたのだが、一九五一年のゴムウカ逮捕の日に始まった。しかもモスクワの秘密警察が考えた筋書きでは、ゴムウカもライクやチトーやその他の連中と連座するはずだった――そのつながりはこみいっていて、戦後ヨーロッパにおけるユニテリアン教会の救援活動の責任者を務めていたノエル・フィールドというアメリカ人を中心とする、さまざまな現実あるいはでっちあげの連絡網だった。ブダペストを根城に、フィールドがつくりあげた親分スパイとチトー主義者の想像上のネットワークは、ライクその他に対する告発でもすでに出てきており、ゴムウカに対する主たる証拠となるはずだった。

しかしポーランド人は、ハンガリー・モデルの大規模公開魔女狩りを行なえという、ソヴィエトからの圧力に抵抗することができた。一〇年前のモスクワでスターリンの手によって行なわれた亡命ポーランド共産党殲滅の記憶は、ポーランドが逮捕・粛清・裁判という旋風に突入していった際に起こり得る自分の運命をビエルートにも予感させていた。ポーランド人は時機の点でも幸運だった。ゴムウカに関する関係書類の作成が遅延したために――彼は尋問に屈せず、あるいはでっちあげの自白に署名しなかった――スターリンは死亡し、ベリヤはポーランドでの裁判開始に先立って殺されてしまったのである。最終的には、こうした早い時期のソヴィエト指導層の一部が、ポーランド共産党の指導部を衆人環視の下で破壊してしまうのは無分別だと判断したことは疑いない。

しかしながら、そうした抑制はチェコスロヴァキアには適用されず、見せしめ裁判中最大の出し物は、一九五二年一一月のプラハで上演されることになった。チェコの見せしめ裁判は一九五〇年から、ライクとコストフの粛清につづいて計画されていた。しかしそれが最終的に実施されたときには主眼点が変わっていた。起訴状のなかでチトーは今なお敵であり、西側のスパイ活動に対する告発も重要な部分を占めていた。しかし「反国家陰謀本部指導者裁判」の被告一四人のうち、一一人がユダヤ人だった。告発文書の第一頁目から、これが偶然ではないことが雄弁に明言されていた。「トロツキー－チトー的ブルジョア民族主義者で、チェコスロヴァキア人民の裏切り者にして敵」であるこの連中は、とりわけ「シオニスト」なのであった。

スターリンはユダヤ人排斥主義者であり、かねてからずっとそうだった。しかし第二次世界大戦まで、彼のユダヤ人ぎらいは彼が行なった他のカテゴリーによる人身攻撃――「老いぼれボリシェヴィキ」とか「トロツキスト」とか「左右の偏向主義者」とか「インテリ」とか「ブルジョア」とか――

のなかにすっぽりと埋め込まれていたので、こうした攻撃を受けていた人びとがユダヤ人だということは、彼らの運命にとってほんの偶然のことのように考えられていた。それはともかく、共産主義が人種的あるいは宗教的な偏見と無関係だということはドグマ（教義）の問題であり、ソヴィエトの大義が「反ファシズム」の旗を掲げた以上——一九三五年から一九三九年八月までと、二度目は一九四一年六月からがそうだった——、ヨーロッパのユダヤ人にとってイオシフ・スターリンその人を超える偉大な友人などいなかったのである。

この最後の断言が反語的なのは部分的にすぎない。ヨーロッパの共産党、とりわけ中東ヨーロッパの共産党は、その党員中に相当数のユダヤ人を数えた。両大戦間中のポーランド、チェコスロヴァキア、ハンガリー、ルーマニアのユダヤ人は、抑圧され嫌われていた少数派だった。若くて無宗教のユダヤ人には政治的選択肢がほとんどなかった——シオニズムか、「ブント」主義[10]か、社会民主主義（合法化されていればの話）か、共産主義だった。これらのうちで最も非妥協的に反民族主義的で最も野心的となれば、共産主義の魅力に優るものはなかった。中東ヨーロッパが過去の権威主義と未来のファシズムのどちらを選ぶかを迫られていたときに、それが一時《いっとき》どんな欠陥を見せたにせよ、革命的な代替案を提示したのはソヴィエト連邦だった。

ソ連がもつ訴求力は戦争中の経験で増幅された。一九三九年ドイツ軍による攻撃の後のソヴィエト占領下のポーランドにいたユダヤ人は、しばしば東方へと強制移住させられ、病気と困窮で多数が死亡した。しかし彼らは意図的に絶滅させられたのではなかった。ウクライナとベラルーシを経てバルト諸国、ルーマニア、ハンガリー、チェコスロヴァキア、ポーランド、ドイツへと侵攻した赤軍は、これらの地方に生き残っていたユダヤ人を救済した。アウシュヴィッツを解放したのは赤軍だった。スターリンは第二次世界大戦をユダヤ人のために戦ったのではなかったことは、ほぼ確実である。しかし仮にヒトラーが勝利していたら、ドイツ軍とその協力者たちがその占領地域をスターリングラードの戦闘まで支配しつづけていたら、さらに何百万ものユダヤ人が殲滅されていただろう。

東ヨーロッパで共産党が政権を掌握したとき、その指導的な幹部の多くはユダヤ系だった。これはトップのすぐ下のレベルで顕著に見られた。ポーランドとハンガリーの共産党員である警察長官はユダヤ人だったし、経済計画の立案者、行政府の長官、著名なジャーナリスト、党の理論家たちもそうだった。ハンガリーでは党指導者（ラーコシ・マーチャーシュ）がユダヤ人、ルーマニアとチェコスロヴァキアとポーランドでは、党指導者はユダヤ人ではなかったが、中核的指導者グループの大半はユダヤ人だった。ソヴィエト・ブロックの中のユダヤ人共産党員は、あらゆることでスターリンのおかげをこうむっていた。彼らは長い国外生活の果てに帰りついた国々で大いに歓迎されたわけではない――共産党員としても、ユダヤ人としても。戦争と占領の経験は、各地の住民たちのユダヤ人に対する反撥をこれまで以上に増幅させた(「おまえはなぜ帰ってきた?」――アウシュヴィッツの死の行進から逃亡し、戦争末期にプラハへとたどりついたヘダ・マルゴリウスに向かって、隣人はこう訊いたのだった)[11]。東ヨーロッパのユダヤ人共産党員は、スターリンの命令の実行にかけては、おそらくは他の誰よりも信頼が置けたのである。

戦後初期において、スターリンはユダヤ人の部下への敵意など微塵も見せなかった。国際連合でのソヴィエト連邦はシオニズムの企ての熱心な支援者で、イギリスの帝国的野心への防波堤として中東におけるユダヤ人国家の創設を支持していた。国内でのスターリンは「反ファシズム・ユダヤ人委員会」の活動に好意を寄せたが、これはソヴィエトの反ナチ闘争の背後でソ連および(とりわけ)国外でのユダヤ人の世論を結集しようとして、戦時中につくられた組織だった。モスクワ支配下の他の多くのユダヤ人と同じく、ソヴィエトのユダヤ人たちが愚かにも推測していたのは、スターリンがありとあらゆる方面に助力を求めてそれを受け入れた戦時中の全般的ムードが、勝利の後にはもっと安楽な時代へと転換するだろうということだった。

実際には正反対のことが起こった。戦争が終わらぬうちから、すでに見てきた通り、スターリンは全民族の東への追放を企て、ユダヤ人に対しても明らかに同じ計画を抱いた。中央ヨーロッパと同じことが、ソヴィエト連邦の各地で起こった。ユダヤ人がこうむった損害は他の誰よりも多かったのだが、他のすべての人びとの苦難をまさにそのユダヤ人のせいにすることが容易で無難だった。戦時中にロシア民族主義の旗を掲げたことによって、ソヴィエトのレトリックは往時のロシアにおける反ユダヤ主義の、スラヴ排外主義の言語へと近づいたのである。これが体制にとって不利にならなかったのは確かだ。それはスターリン自身にとっては住みなれた領地への帰還なのであって、民衆の反ユダヤ人感情をうまく利用したヒトラーを観察したことで、彼自身の反ユダヤ的本能がはっきりした形をとったのである。

(10)「ブント」とはユダヤ人の労働運動で、そのルーツは戦前のツァー時代のロシアに遡り、両大戦間中の活動はポーランドに限られていた。

(11)ヘダ・マルゴリウス・コヴァーリ『残酷な星の下に』(一九八六年)。第二次大戦終了後の一八カ月間に、ポーランド、ハンガリー、チェコスロヴァキアで殺されたユダヤ人の数は、戦争に先立つ一〇年間よりも多かった。

ナチの残虐行為がもつ明白な人種差別的性格を控え目にあつかうことが、さまざまな理由からソヴィエトの目的に常に適ってきた――バービイ・ヤール〔キエフ郊外〕でのウクライナ・ユダヤ人虐殺は、公式には「平和的ソヴィエト市民の殺害」として追悼されたが、アウシュヴィッツの戦後記念碑が「ファシズムの犠牲者」という一般的な言及にとどまっていたことと、それは同じである。「人種差別」という言葉はマルクス主義の辞書にはなかったが、死せるユダヤ人は生前彼らを嫌っていたその地域社会に、死後になってから同化されたのだ。しかし今やユダヤ人がもつとされるコスモポリタン的諸特質――ドイツ軍の攻撃後の暗黒の数カ月間にスターリンが恩恵を受けたいと望んだ国際的な結びつき――が、今度は「冷戦」の戦線としてもう一度彼らに突きつけられ始め、戦時中の国際的な接触や通信の事実が、スターリンの目には遡って追及すべきことと映るようになったのである。

最初の犠牲者は、他ならぬ戦時中の反ファシズム委員会のユダヤ人指導者たちだった。ソロモン・ミホエリスはその筆頭発起人で、ロシアの「イディッシュ劇場」運動の大者だったが、一九四八年一月一二日に殺害された。一九四八年五月一四日の「イスラエル共和国」独立宣言を経て、一九四八年九月一一日のイスラエル大使ゴルダ・メイルのモスクワ着任は、ユダヤ人熱狂の自然爆発のきっかけとなり、「ロシュ・ハシャナ」〔ユダヤ教新年祭〕や「ヨム・キプール」〔ユダヤ教贖罪の日〕の街頭デモ、イスラエル公使館の外での「来年こそエルサレムで」のシュプレヒコールとなった。これはいかなる時でもスターリンにとっては挑発的で、とても容認できないことだったろう。しかも彼はイスラエルの新国家への情熱を急速に失いつつあった。そのぼんやりとした社会主義的傾向がどうあれ、それがソヴィエトの同盟国になる意図などないことは明らかだったし、もっと悪いことには、このユダヤ人国家は微妙な時機に、警戒すべき親アメリカ感情を顕わにしつつあった。ベルリン封鎖が始まったばかりだったし、ソヴィエトとチトーとの離反は深刻な局面を迎えつつあった。

一九四八年九月二一日の『プラウダ』紙はイリヤ・エレンブルクの論評を掲載し、シオニズムに関する路線転換をはっきりと打ち出した。一九四九年一月からの『プラウダ』の論評ではこんな攻撃が始まった――「祖国をもたぬコスモポリタン」「愛国心なき劇評家グループ」「根無し草のコスモポリタン」「アイデンティティーのない連中」「パスポートのない放浪者ども」。イディッシュ語〔東欧ユダヤ人の言語〕の学校や劇場が閉鎖され、イディッシュ語の新聞が発禁になり、図書館も閉鎖された。「反ファシズム・ユダヤ人委員会」自体も、すでに一九四八年一一月二〇日に禁止となっていた。その指導者を始め、芸術家、作家、政府職員が翌月逮捕され、三年間獄につながれた。「反ソヴィエト」陰謀の存在を自白するよう拷問されたことで、彼らに対する見せしめ裁判が準備されていたことは明らかである。

尋問を行なった治安部隊大佐ウラジーミル・コマロフは、告発内容をワシントンとテルアヴィヴの指令による、ソ連に対する大規模なユダヤ人陰謀へと拡大しようと図った。彼は囚人の一人ソロモン・ロゾフスキーにこう語った――「ユダヤ人は下劣で汚いやつらだ、ユダヤ人はどいつもこいつもむかつく、党に反対の連中は皆ユダヤ人だ、ソヴィエト連邦中のユダヤ人が反ソヴィエト風評ばらまき運動をやってやがる。ユダヤ人はロシア人を全滅したいのだ。(12)」しかしながら、これほどの反ユダヤ主義はスターリンにとってさえ迷惑だっただろう。最終的には一五人の被告（すべてユダヤ人）が、一九五二年夏に行なわれた軍事法廷で秘密裁判にかけられた。一人を除いて全員が処刑された。唯一生き残ったリーナ・シュテルンは一〇年の禁固刑だった。

他方で反ユダヤ主義の潮流は、衛星諸国でも強まりつつあった。ルーマニアではユダヤ人住民のかなりの部分が戦争を生き延びていたが、一九四八年秋には反シオニズム運動が開始され、勢いの強弱はあったものの以後六年間にわたってつづけられた。しかしルーマニア・ユダヤ人社会の規模の大きさと、それがアメリカ合衆国とつながっていたことから、直接の攻撃は抑止された。実はルーマニア人は一時《いっとき》、自分の国のユダヤ人を自由に出国させようかと考えたこともあった――一九五〇年春からビザの申請が認められるようになり、一九五二年四月までつづき、それまでにイスラエル行きだけでも九万人のルーマニア・ユダヤ人が出国した。

ルーマニアでの見せしめ裁判計画は、（非ユダヤ人の）ルーマニア共産党指導者ルクレツィウ・パトラシュカヌがその中心だった。パトラシュカヌは農業集団化に対する疑念を公言していたことから、親チトー主義の罪状にもとづくルーマニア版「ライク裁判」の当然の被告人候補とされ、彼は一九四八年四月に逮捕された。しかし尋問者の法廷準備が調わぬうちにゴールポストが動いてしまい、パトラシュカヌの事件はアナ・パウケルのそれといっしょくたになってしまった。パウケルは確かにユダヤ人だった。モルダヴィア出身のユダヤ人「ショーヒト」〔ユダヤ教の食肉動物屠殺有資格者〕の娘だったパウケルは、ルーマニア史上初のユダヤ人閣僚（そして世界で初の女性外務大臣）であった。彼女はまた主義・

(12)『スターリンの秘密ポグロム―反ファシズム・ユダヤ人委員会に対する戦後の取り調べ』（イェール大学出版・二〇〇一年）、ジョシュア・ルービンスタイン、ウラジーミル・ナウモフ共編、五二頁。おなじみのパターン通りに、コマロフ自身が後に投獄されて処刑された――最後まで自分の反ユダヤ信念を貫いて。

政策に関しては名うての強硬派であり、そのことで彼女は、現地住民に取り入ろうと画策しているルーマニア指導部の恰好の標的となったのだった。

スターリンの死によって、パウケルその他を見せしめ裁判にかけようというルーマニア共産党指導者ゲオルゲ・ゲオルギウ＝デジの計画は陽の目を見ずに終わった。その代わり一九五三年から五四年初頭にかけて、ルーマニア共産党は「帝国の手先」から報酬を受けたシオニストのスパイとして告発した小者たちに対する、一連の秘密裁判を行なった。犠牲となった（右翼の）「修正主義者シオニスト」集団の正式メンバーから、シオニストの汚名を着せられたユダヤ人共産党員まで、いずれもイスラエルとの非合法の関係や戦時中のナチへの協力を告発された。彼らは禁固刑を言い渡されたが、その範囲は一〇年から終身刑までだった。最後にはパトラシュカヌ自身も、六年の獄中生活で憔悴しきった後、一九五四年四月に裁判にかけられた。容疑はイギリスのスパイで、有罪と認められて処刑されたのである。

パウケルは比較的幸運だった。モスクワの（初めはスターリン、次にモロトフの）庇護を受けていたので、彼女は「シオニスト」として直接的な標的とされることは決してなく、一九五二年九月の粛清は生き延びたが、以後一九六〇年の死に至るまでの彼女の詳細は分からない。ルーマニア共産党は他の東ヨーロッパの共産党と比べ規模が小さく孤立していたため絶えず内紛で分裂していたが、「右派」のパトラシュカヌと「左派」のパウケルの両方が敗北したことで悪しき実力派の独裁者ゲオルギウ＝デジが勝ち残り、その統治スタイルは（彼の後継者ニコラエ・チャウシェスクと同じく）、バルカン諸国往年の権威主義支配のスタイルを想起させる恐ろしいものとなった。

この当時ユダヤ人はルーマニアの党および政府の地位から追われていたが、東ドイツとポーランドでもそれは同じで、これら二つの国では党の一方の分派が自党の「コスモポリタン」に対して、民衆の反ユダヤ人感情を結集することが可能だった。東ドイツはこの点でとくに肥沃な土壌だった。一九五三年一月、モスクワで「医師団の陰謀」が発覚しつつあったとき、東ドイツの著名ユダヤ人とユダヤ人共産党員とが西側へ逃亡した。東ドイツ中央委員会メンバーのハンス・イェンデレツキーは、ユダヤ人――「国家の敵」――は公的生活から追放すべきだと主張した。幸運のおかげか、タイミングのせいか、あるいは思慮深かったからか、これら三つの国々は以下に述べる、モスクワで計画されプラハで実行された類いの、大規模な反ユダヤ主義見せしめ裁判は回避したのだった。

「スラーンスキー裁判」として知られているのが、共産党見せしめ裁判の古典である。それは三年かけてきわめて周到に準備された。最初に「取り調べ」を受けたのはスロヴァキア共産党の指導者の一群で、とくにチェコスロヴァキア外務大臣ウラジーミル・クレメンティスは一九五〇年に逮捕され、「ブルジョア民族主義」で告発された。彼らに追加されたのがさまざまな中間レベルのチェコ人共産党員で、スロヴァキア人とともにチトー主義者－トロツキスト陰謀に加わったとされたが、これはライク事件でおなじみの路線である。しかしながら、こうして連座して一九五〇年から一九五一年にかけて投獄された人びとのうちの誰ひとり、スターリンが所望する大公開裁判のかしらや首謀者が務まるほどの長老はいなかった。

一九五一年の春、ソヴィエト秘密警察の長官ベリヤはチェコ側に指令を発して、調査の主眼をチトー主義者の陰謀からシオニストの陰謀へと変えさせた。これから先のすべての企てはソヴィエト秘密情報機関の手で行なわれた。コマロフ大佐ともう一人の将校がプラハへ派遣されて調査を担当し、チェコの治安警察と共産党指導部は彼らから命令を受けた。著名ないけにえが必要だったので、ソヴィエトの注目はチェコのヒエラルキーでは大統領クレメント・ゴットワルトに次ぐ第二の人物、党総書記のルドルフ・スラーンスキーへと絞られた。役に立つかしらで党の言いなりのゴットワルトとはちがって、スラーンスキーは（その前のライクと同じく）筋金入りのスターリン主義者だったが、ユダヤ人であった。

ゴットワルトは最初はスラーンスキーの逮捕に消極的だった——この二人は過去三年にわたって同僚たちの粛清で緊密に協力し合っており、総書記が連座するとなれば次はゴットワルト自身かもしれなかった。しかしソヴィエト側は固執し、スラーンスキーとＣＩＡとを結びつける捏造証拠を持ち出し、ゴットワルトは譲歩した。一九五一年一一月二三日、スラーンスキーは逮捕された。以後数日のあいだに、自由の身だった著名なユダヤ人共産党員も彼につづいて逮捕された。治安機関は今や、スラーンスキーとその協力者に対する主要証拠をでっちあげるべく、多くの囚人から自白や「証拠」を絞り上げる仕事に取りかかった。野蛮な拷問にもひるまぬ犠牲者たちの（とくに前総書記自身の）かなりの抵抗のおかげで、彼らはこの仕事にゆうに一年を費やすこととなった。

最終的には一九五二年九月までに、起訴状が完成した。自白調書、起訴状、前もって決められた判決、裁判進行のスクリプトがモスクワに送られて、スターリンじきじきの裁可となった。プラハにもどって全裁判を通しての「本げいこ」が挙行された——そのテープ録音も行なわれた。これはコストフの場合のように、被告の一人が公判廷で自白を翻すような事態に備えて、「実況中継」用の代わりのテキストをつくっておいたのである。それは使わずに済んだ。

裁判は一九五二年の一一月二〇日から一一月二七日までつづいた。それはよく仕上がった前例通りに行なわれた。被告人は言いも行ないもしなかったことを、言いかつ行なったと非難された（その根拠は、仲間の被告人たちを含む他の証人たちからむりやり引き出された自白だった）。彼らはまた実際に行なったことを責められたのだが、それには新たな意味が付与されていた（被告人のうちの三人は貿易取引でイスラエルに有利に計らったと非難されたが、それは当時のソヴィエトの政策だった）。検事はクレメンティスがチトー（「ユーゴスラヴィア人民の処刑人にして帝国主義の下僕であるチトー」）と会談したと攻撃した――当時のクレメンティスはチェコスロヴァキアの外務副大臣であり、チトーはまだソヴィエトのおぼえめでたかった頃なのに。

この裁判を先行の諸裁判から区別した特徴が二つあった。検察側と証人たちは、大半の被告人のユダヤ人性を繰り返し強調した――「コスモポリタンのルドルフ・マルゴリウス」「スラーンスキー……共産党全ユダヤ人の希望の星」「国際シオニズムの代表者たち」、等々。「ユダヤ人の生まれ」（「シオニストの生まれ」とも）が有罪、反共産主義、反チェコ的意図の推定根拠とされた。そしてチェコスロヴァキアのラジオで放送された検察側の言葉は、モスクワ裁判でのヴィシンスキー検事の口汚いののしりを真似て、さらにそれに輪をかけたものだった――「胸糞悪い裏切り者」「犬ども」「オオカミ連中」「ヒトラーを継ぐならず者たち」、その他同じ調子である。それはまたチェコの新聞でも繰り返された。

裁判の四日目、プラハの共産党日刊紙『ルデ・プラーヴォ（赤い正義）』はこんな論説を掲載した――「こうした冷徹で血も涙もない連中を目の当たりにして、われわれは嫌悪と反撥の念に打ち震える。裏切り者スラーンスキーは」と論説はつづく、「これらの異国分子、うさん臭い過去をもつくずども」に賭けようとしていたのだ。チェコ人ならそんな犯罪に手を染めることはできぬはずだと、論説の筆者は説明した――「祖国をもたぬ利己的なシオニスト……ドルに魂を売り渡した悪賢いコスモポリタンのみがそれをやってのける。彼らをこの犯罪行為へと導いたのはシオニズム、ブルジョア・ユダヤ人民族主義、人種差別的ショーヴィニズムだった。」

一四人の被告のうち一一人が死刑を宣告されて処刑され、三人は終身禁固刑だった。一カ月後のチェコスロヴァキア共産党全国会議で挨拶したゴットワルトは、かつての自分の同志たちについてこんなことを述べた――「通常ならば銀行家や、実業家や、かつてのクラーク（富農）どもが我が党に入り込むことはない。ところがユダヤ人の生まれでシオニズム的傾向を有する場合、われわれはその階級的出自にまで注意を払わなかった。こうした状況が生まれたのは、反ユダヤ主義に対するわれわれの反撥と、ユダヤ人の苦難に対するわれわれの敬意からであった。」

スラーンスキー裁判は見世物芝居としての犯罪仮面舞踏会であり、司法殺人であった[13]。その前にモスクワで行なわれた「反ファシズム委員会」裁判と同じく、プラハでの裁判の進行はソヴィエトにおけるユダヤ人医師たちの逮捕の序曲として意図されたものでもあり、こちらの「陰謀」事件は一九五三年一月一三日の『プラウダ』で報じられた。これらユダヤ人内科医——すなわち「シオニストのテロリスト・ギャング」に対する告発は、アンドレイ・ジダーノフの殺害、「アングロ－アメリカン・ブルジョアジー」との陰謀、「アメリカ人・ユダヤ人合同流通委員会」（および「ブルジョア・ユダヤ人民族主義者」ソロモン・ミホエリス）と共謀しての「ユダヤ民族主義」思想の広宣活動であり、スラーンスキー事件の評決後三カ月以内に裁判が行なわれることになっていた。

いくつかの証拠からすると、クレムリンは今度のこの裁判を、ソヴィエト・ユダヤ人を大量にかり集めてビロビジャン（東部でユダヤ人にあてがわれた「故国」）とソヴィエトの中央アジアとに追放するための前置きと言い訳のために仕組んだと考えられる——多くのポーランド・ユダヤ人がすでに一九三九年から一九四一年にかけて彼の地へと送られていたのだ。ＭＶＤ〔ソ連内務省〕の出版部は、『この国の工業地域からユダヤ人を移住させなければならないのはなぜか？』というパンフレット一〇〇万部を印刷し、配布準備を完了していた。しかしさすがにスターリンも躊躇したようだ（イリヤ・エレンブルクはスターリンに対して、ユダヤ人医師の見せしめ裁判が西側の世論に与えた壊滅的なインパクトについて警告していた）。いずれにせよ、決断する前の一九五三年三月五日に彼は死んでしまった。

スターリンがもっていた偏見については説明を要しない——ロシアと東ヨーロッパでは、反ユダヤ主義そのものに見返りがあった。追放、告発、自白、裁判といったジェスチャー・ゲームを上演するスターリンの意図のほうが、われわれの関心をそそる。結局のところ、ソヴィエトの独裁者はなぜ裁判を必要としたのか？　モスクワは「行政手続き」を通じれば誰でも、ソヴィエト・ブロックのどこからでも、思うままに除去できる立場だった。裁判など非生産的と思われよう——でっちあげとはっきり分かる証言や自白、特定の個人や

（13）生存者は後年釈放されたが、彼らおよび彼らの仲間の犠牲者たちは一九六八年に至るまで、十分な社会復帰・名誉回復は行なわれなかった。

社会的カテゴリーの人びとを臆面もなく標的にすることが、外国の観察者に対してソヴィエトの司法手続きの誠実さを納得させることになるとは、とうてい考えられなかった。

しかし共産主義ブロックにおける見せしめ裁判は、正義のために行なわれたのではなかった。それは言うなれば一種の公開の実地教育であり、ソヴィエト体制における権威の構造を説明して実見させる目的をもつ、共産主義の聖なる制度であった（ソ連におけるこうした裁判の最初は一九二八年に遡る）。裁判が人びとに告げたのは誰が正しく、誰がまちがっているかということであり、裁判が政策の失敗を非難し、裁判が忠誠や追従を褒めたたえ、裁判自らその筋書きまでつくり上げて、公けの問題を議論する際に使用する公認用語範囲を決めたのだった。逮捕された後のルドルフ・スラーンスキーへの言及は必ず「スパイのスラーンスキー」であって、こうした命名儀礼が、一種の政治的悪魔祓いの効果を発揮したのだ。(14)

見せしめ裁判――ヴィシンスキー検事総長の一九三六年「ソヴィエト犯罪取り調べマニュアル」の言葉では「臨時法廷」――が行なわれたのは、明らかに「プロレタリア世論の結集」のためだった。一九五三年一月のチェコスロヴァキアの「法廷組織法」が大胆に要約していたように、法廷の機能とは「チェコスロヴァキア共和国に対する献身と忠誠の面で市民を教育すること、云々」だった。一九四八年のブダペスト裁判の一被告ロバート・フォーゲラー〔スパイ容疑で起訴された電信電話会社重役のアメリカ人〕は、当時こう書きとめた――「裁判の筋書きのつくられ方から判断すると、「有罪」を確定することよりも、われわれに寓意的な正体を認めさせることのほうが重要だった。われわれ各人は証言において、『コミンフォルム新聞』とラジオの便宜のために自分の「仮面を剥ぐ」よう強制されたのだ。」

被告人は政治的な批判者ないし敵対者と目されていた立場から、原理原則をもたぬ、金銭目当て・権力目当ての烏合の陰謀者へと貶められた。不器用なソヴィエト帝国スタイルが時にこの目的を覆い隠す――「反クラーク（富農）闘争」に反対した人びとの誤りを繰り返し論《あげつら》ったとて、首都のブダペストで世論を結集するためのレトリックにはならないではないか？　しかし「一般民衆」は耳にしたことを信じるよう求められていたのではなく、単にそれを繰り返す訓練を受けていたのである。

公開裁判の効用の一つは、スケープゴートの特定だった。共産党の経済政策が所期の成功に至らない場合、ソヴィエトの対外政策が暗礁に乗り上げるか妥協を余儀なくされた場合、誰かがその責めを負わなければならない。それ以外に、無謬の指導者が犯した踏み誤りの説明はつかないではないか？

恰好の人物はいっぱいいた。スラーンスキーはチェコスロヴァキア共産党の内外で広く嫌われていた。ライクは冷酷なスターリン主義者の内相だった。そして共産党の指導者や大臣ならば誰であれ全員が、まさに彼らこそ今は失敗したかに見える不人気な政策の執行者だったという理由で潜在的な犠牲者となるよう待機中の身だった。フランス革命戦争における敗軍の将たちがしばしば反逆罪に問われたと同じく、共産党の閣僚たちは自分が実施した政策の成果が上がらなかった――文字通りそういう場合が多々あった――のは自分のサボタージュのため、と白状したのである。

　自白がもたらす利点は、罪悪感を転移してしまうというシンボリックな効用に加えて、共産主義の教義の正しさを確証することだった。スターリンの宇宙には意見の相違などなく異端邪説があるだけ、批判者は存在せず敵がいるだけ、誤りはなく犯罪あるのみ、だった。裁判はスターリンの徳を明らかにするのと、その敵方の犯罪を突きとめるのと、両方に役立った。裁判はさらにスターリンの被害妄想が及ぶ範囲と、彼を取り巻く疑心暗鬼の文化を照らし出している。その一端はロシアの、そしてもっと一般的には「東の」劣等性に深く根ざす不安心理、西側の影響力や西側の豊かさがもつ誘惑に対する恐れだった。「ブルガリアにおけるアメリカのスパイ」をめぐる、ソフィアで行なわれた一九五〇年の裁判で、被告たちが罪に問われたのは「地理的にはすべて東から始まったのに、選ばれた人種が住んでいるのは西欧だけだ」という見解を宣伝したためだった。この起訴状はさらに、被告人たちは西側のスパイが巧妙につけ込んだ「卑屈な劣等価値感情」を披瀝したと述べている。

　こうなると、西欧とは繰り返し祓い清めるべき脅威のことだった。当然ながら西側のスパイはいた――本物のスパイたちである。一九五〇年代の初期には朝鮮での戦争勃発をうけて、ワシントンは東ヨーロッパを不安定化する可能性を検討し、アメリカ諜報機関は何度かソヴィエト・ブロックへの浸透を企てて失敗し、ＣＩＡに協力したとかイギリス秘密機関のスパイだとか噂される共産党員の自白に表面的な真実味を与えていた。さらにはスターリンがその晩年、本気で戦争を覚悟していた気配がある――彼が一九五一年二月の『プラウダ』の「インタビュー」で説明しているのだが、資本主義と

(14)　筋書きはきわめて厳密に作成されていた。一九五二年一二月にアンドレ・マルティがフランス共産党中央委員会の非公式「裁判」を受けた際、彼の「検事」だったレオン・モーヴェが告発したのは、彼がトロツキストについて言及するのに共産党にとって「自然かつ慣用的な」用語である「トロツキストくず」とか「トロツキスト警察スパイグループ」などと言わずに「トロツキスト・インターナショナル」と言ったことだった。こうした言語的なずれだけで、マルティは重大な嫌疑を受けたのである。

共産主義の対決は不可避で、今やその可能性がますます高まっているというのだ。一九四七年から一九五二年を通じて、ソヴィエト・ブロックは恒常的な戦時体制にあった。チェコスロヴァキアの武器生産は一九四八年から一九五三年で七倍となり、ソヴィエト軍がＤＤＲ（東独）へと増派され、戦略爆撃部隊構想が策定されたのである。

こうして逮捕や追放や裁判は、やがて決戦があり得ることを一般民衆に思い起こさせるものだった。ソヴィエトの戦争不安の正当化であるとともに、レーニン主義政党のスリム化を敢行して戦闘に備えるという（初期の数十年間にも行なわれてすでにおなじみの）戦略であった。ライクがアメリカやイギリスと共謀して共産党転覆を図ったとする一九四九年の告発は、西側の多くの共産主義者とそのシンパサイザーにとって信じ得ることだった。スラーンスキーその他に対する、他の場合なら常軌を逸したとされるべき告発でさえ、チェコスロヴァキアはブロック内の他の諸国と比較して西側とのつながりが多かったという、広く認められた真実に依拠していた。しかしなぜライクなのか？　なぜスラーンスキーなのか？　これらのスケープゴートはどう選び出されたのか？

スターリンの目からすると、ソヴィエトの手の届かない西側で過ごしたことのある共産党員なら誰であれ、彼または彼女がそこで何をしていたのであろうと、疑いの念で見なければならなかった。三〇年代の内戦期にスペインで活動していた共産党員——しかも多数は東ヨーロッパやドイツから来ていた——は、最初に疑ってかかるべき連中だった。かくてライク・ラースローはスペインで活動していたし（「ラーコシ大隊」の政治委員だった）、スラーンスキーの共同被告人オットー・スリングもそうだった。フランコの勝利の後、スペインの古参兵の多くはフランスへと逃亡し、フランスの収容所へとたどり着いた。そこから相当な数がフランス・レジスタンスに参加し、そこでフランスに避難していたドイツその他の外国人共産党員と合流した。フランス共産党はこうした男女の多くを組織して、地下共産党の小区分として「移民労働者（ＭＯＩ）」を編成した。アルトゥール・ロンドン（やはりスラーンスキー裁判の被告の一人）のような戦後の卓越した共産党員は、このＭＯＩでの戦時中の仕事を通じて西側と多くの接触を行なっており、これがまたスターリンの疑念を呼び起こして、後には攻撃材料とされたのだった。

戦時中のソ連における「反ファシズム・ユダヤ人委員会」は、西側と接触してナチの暴虐を記録するよう指示されていた——まさにこの活動が、後には彼らに対する犯罪告発の基盤とされたのだ。戦時中をメキシコで過ごしたパウル・メルケルのようなドイツ人共産党員、ロンドンで活動した将来の外務大臣クレメンティスのようなスロヴァキア人共産党員、誰であれナチ占領下のヨーロッパに残った人びと——彼らのすべては西側エージェントと接触したとか、非共産党員のレジスタンス参加者と緊密な活動を行なったとかの非難によって傷つけられる可能性があった。ブーヘンヴァルト強制収容所を生き延びたチェコ人共産党員ヨセフ・フランクがスラーンスキー裁判で責められたのは、彼が収容所で「階級の敵」との疑わしい面識を得ることに時間を用いたからだった。

スターリンがはっきりと懸念を抱く対象ではなかった唯一の共産党員とは、クレムリン監視の下、モスクワで長い時間を過ごした連中だった。こうした連中は二重の意味で信頼が置けた。ソヴィエト当局の完全監視下で長年を過ごしたのだから、外国との接触はほとんどないと言ってよかったし、三〇年代の粛清（その際ポーランド、ユーゴスラヴィア、その他の国の亡命共産党幹部の大半が除名された）を生き延びたほどの人びとなら、まちがいなくソヴィエトの独裁者に従うはずであった。これに対して「民族派」共産党員たち、生まれ故郷に居残りつづけた者たちは、信頼しがたいと考えられた。通常彼らは国内のレジスタンス活動で、赤軍のおかげで戦後になってもどってきたモスクワの仲間たちよりもヒロイックな実績を残しており、したがって現地で高い人気があった。彼らには各国なりの、あるいは民族なりの「社会主義への道」という考え方を形成する傾向が強かったのだ。

こうした理由から、「民族派」共産党員は、ほとんどいつも戦後の見せしめ裁判の主たる犠牲者となった。かくてライクは「民族派」共産党員であり、一方ラーコシとゲレー——ともにハンガリーの党幹部でライクの裁判の舞台監督だった——は「モスクワ人」だった（ゲレーはスペインで活動したことがあった）。他に彼らを識別するよすがなどなかった。チェコスロヴァキアでは、ナチに対してスロヴァキア人の民族蜂起を組織した男たち（スラーンスキーを含む）はソヴィエトから嫌疑を受けやすいレディーメードの犠牲者であって、スターリンはチェコスロヴァキア解放の功績を彼らと分かち合うことなど少しも喜ばなかった。クレムリンが好んだのは信頼できる、非英雄的な、想像力の乏しい、熟知の間柄の「モスクワ人」たち——クレメント・ゴットワルトのような連中だった。

トライチョ・コストフは戦時中、ブルガリア共産党パルチザンを率いて捕らえられ、戦後は新たにモスクワから帰ってきたゲオルギ・ディミトロフに次ぐナンバーツーとなったが、一九四九年には戦時中の記録を突きつけられる羽目となった。通常ポーランドではゴムウカがマリアン・スピチャルスキとともにナチ占領下で武装レジスタンスを組織したが、戦後のスターリンはビエルートその他モスクワを基盤とするポーランド人をひいきにした。スピチャルスキとゴムウカはともに後に逮捕され、すでに見たように、自分たちの見せしめ裁判の主演となることを辛うじて免れたのだった。

例外もあった。ルーマニアでは、「民族派」共産党員のデジが、もう一人の「民族派」共産党員パトラシュカヌの失脚工作を行なうとともに、申し分のないモスクワ人でスターリン主義者のアナ・パウケルの失墜を図った。それにコストフでさえ、三〇年代初期はモスクワで過ごし、コミンテルンのバルカン部局にいたのだ。彼はまた筋金入りのチトー批判者でもあった（と言ってもそれは彼なりの理由からだった――コストフはチトーのなかにブルガリアを犠牲にしての、セルビア人の領土的野心の継承者を見て取っていた）。ところがそれが彼を救うどころか、その犯罪をいっそう悪いものとしてしまった――スターリンの関心は合意とか承諾とかではなく、ゆるぎない服従だったのである。

最後の点として、裁判犠牲者および彼らに対する罪状の選択には、個人的な恨み晴らしや冷徹な手段主義の要素がかなり含まれていた。カロル・バツィーレクが一九五二年一二月一七日のチェコ共産党全国会議で説明した通り、「誰が有罪で誰が無罪かという問題は、最終的には全国治安機関の補佐を受けて党が決定する。」補佐を行なう機関が、偶然や空想をもとに事件をでっちあげた場合もあれば、自分たちが知っているのと逆のことを故意に主張した場合もあった。こうしてスラーンスキー裁判の二人の被告は、チェコの産品についてモスクワに水増し請求をしたと告発された。一般的に言って、衛星諸国で生産された商品はソヴィエトに有利なように意識的に低価格に抑えられており、例外を裁可できるのはモスクワだけだった。しかしながらチェコの場合の「水増し請求」はソヴィエト側の慣行として確立しており、そのことを検事側は熟知していたのだ――プラハ経由で西側へ現金を流し込み、諜報活動に使うのである。

同じように冷徹に――しかも個人的な中傷活動の一環として――行なわれたのがアナ・パウケルに対する告発で、彼女は右翼的と左翼的の両方への「偏向」を同時に非難されたのだった。まず彼女は農村の集団化に「批判的」だったと言われ、次には農民の意思に反して集団化を強要したとされたのである。ライクは一九四七年、ハンガリー警察内部の共産党ネットワークを解体したと追及されたが、実際に彼がこれを行なったのははるかに強力だった社会民主党ネットワークの解体をカモフラージュするためだった（一九四七年の選挙の直前で、しかも党からの正式な是認の下で行なわれたのだ）。彼は後に共産党ネットワークを秘かに再組織するとともに、他党に対する禁止は維持したのである。それなのに彼の行動は、当時としては完全に正統派だったにもかかわらず、いざ彼を排斥するとなるとソヴィエトという粉挽き器の恰好の材

1949年9月23日、裁判最終日のライク・ラースロー（中央）。共産主義政権の内相だったライクには、無実の人びと多数を処刑した責任があったのだが、自らが受けた裁判とその後の処刑によって、彼は後続世代から殉教者と仰がれるようになった。

1952年頃、ソヴィエトのグラーグにおける強制労働。第二次スターリン恐怖政治はこの年最高潮に達し、170万人がソヴィエトの労働キャンプに、さらに80万人が労働居留地に、275万3000人が「特別施設」に抑留された。グラーグ送りの判決は、「標準」が25年だった。

料とされてしまうのである。

主な見せしめ裁判の被告はすべて共産党員だった。他の党員たちは公けの裁判なしで、あるいはいかなる司法手続きもないまま粛清されていった。しかしソヴィエト連邦においても衛星諸国においても、スターリンの犠牲者の圧倒的多数は、当然ながら、共産党員ではなかった。チェコスロヴァキアでは一九四八―五四年期に、共産党員は禁固刑ないし強制労働の判決を受けた人びとのわずか一パーセントの一〇分の一であり、死刑になった人びとの二〇人に一人にすぎなかった。東ドイツでは一九五〇年二月八日「シュタージ（国家公安局）」が創設され、共産党員のみならず社会全体を監視・監督するようになった。スターリンが日常的な疑いを抱いていた対象は西側での接触や経験のある共産党員だけではなく、誰であれソヴィエト・ブロックの外で暮らしたことのある人びとだった。

したがって言うまでもないことだったが、この時期の東ヨーロッパでは実質的に全住民がクレムリンから疑いをかけられていた。ソヴィエト連邦内部での戦後抑圧の全面的包括性は減るどころか、ロシアが一八一三―一五年期に西ヨーロッパからの影響にさらされたことが一八二五年のデカブリストの乱への道を開いたと信じられていたのと同じ伝で、スターリンは自分の時代に起こった戦争による外部との接触の結果生じた汚染とプロテストとを恐れたのである。したがってナチによる占領や投獄を生き延びた市民や兵士なら、誰でもが疑惑の対象となった。ソヴィエト最高会議幹部会は一九四九年に法を制定して、兵士の強姦罪の刑罰を一〇年から一五年の強制労働としたが、東部ドイツやオーストリアにおける赤軍の狼藉を非難することなどまったく関心の外であった。真の動機は、帰国してくる兵士たちを思いのままに罰し得る方策を創り出すことだったのだ。

第二次大戦後の一〇年間に、ソ連および東ヨーロッパの一般市民に科せられた刑罰の規模は、途方もないものだった――しかもソヴィエト連邦の外部において、それはまったく未曾有のものだった。裁判などは投獄、追放、強制労働部隊といった抑圧群島の、目に見えるほんの先端部分にすぎなかった。一九五二年は第二次スターリン恐怖政治が最高潮に達したときだが、一七〇万人がソヴィエトの強制労働収容所に入れられ、さらに八〇万人が労働植民地に、二七五万三〇〇〇人が「特別入植地」に送られていた。「通常」のグラーグ送り判決は二五年で、その後も（もし生きていれば）シベリアかソヴィエト中央アジアへと送られるのが普通だった。ブルガリアでは、わずか五〇万人に満たない工業労働者の、九人中二人は強制された労働者だった。

チェコスロヴァキアでは一九五〇年代初期、人口一三〇〇万人で政治犯が一〇万人と推定されているが、この数字にはこの国各地の鉱山で実質的強制労働に従事していた幾万もの人びとが含まれていない。「行政的除去」というもう一つの処罰形態では、人知れず投獄された男女が公表されることも裁判を受けることもなく秘かに銃殺された。犠牲者の家族は、彼ないし彼女が「失踪」したことを知らされるまで一年以上も待つことになる。その後三カ月が過ぎると法的に死亡したものと推定され、それ以上の正式な認知や確認は行なわれない。チェコスロヴァキアの恐怖政治が最高潮だった時期には、各地の新聞には毎日三〇人から四〇人ほどのそうした告知が掲載された。こうして数万人が姿を消した。さらに数十万人が特権を剝奪され、居住アパートや仕事を奪われたのである。

ハンガリーでは一九四八—五三年期に、およそ一〇〇万の人びと（総人口は一〇〇〇万以下だった）が逮捕、訴追、投獄、強制移住などの目に遭ったと推定される。ハンガリーの家族の三つに一つが直接的な影響をこうむったのだ。相応じて親族も巻き込まれた。スラーンスキーの「共同共謀者」の一人の妻だったフリッツィ・レプルは、プラハ郊外ルジネに一年間投獄され、ロシア人から尋問を受け、「臭いユダヤ売女《ばいた》」と罵られた。釈放されても、彼女は北ボヘミアの工場へと追放された。囚人や強制移住させられた人びとの妻たちも、職やアパートや個人資産を奪われた。せいぜい幸運な場合でも、たとえばヨセフィネ・ランゲルのように世間からは忘れられた——彼女の夫オスカル・ランゲルはスラーンスキー裁判の証人で、後に秘密裁判で二二年の禁固刑を宣告され、彼女と娘たちも六年間地下倉庫で暮らしたのである。

ルーマニアで行なわれた迫害がおそらくは最悪で、最も過酷だったことは確かだ。監獄や強制労働収容所やドナウ川—黒海運河での強制労働に拘束された人びとはゆうに一〇〇万を超え、そのうちの何万人もが死亡し、またこの数字にはソヴィエト連邦に強制移住させられた人びとが含まれていないのだが、ルーマニアが注目すべきなのはその監獄環境のきびしさや、さまざまな「実験的」監獄のゆえだった。とりわけピテシュティのそれでは、一九四九年一二月から一九五二年末にかけて、囚人たち同士が肉体的・心理的な拷問をかけ合って互いに「再教育」し合うよう仕向けられた。犠牲者の大半が学生、「シオニスト」、非共産党員政治犯だった。

共産主義国家は自国の一般市民に対して、布告なしの永久的戦争状態にあったのだ。レーニンと同じくスターリンも敵の存在の必要性を理解しており、スターリン主義国家の論理にしたがって外部の、しかしとりわけ国内の敵対者に対して、絶えざる動員を行なったのである。チェコスロヴァキア司法大臣ステファン・ライスが一九五二年六月一一日のチェコスロヴァキア弁護人会議で述べた言葉によれば——

（弁護人が）依拠すべきは……世界中で最も成熟し、唯一正確で、事実に即したソヴィエト法学であり、ソヴィエトの法律実践の諸経験を完全に活用しなければならない。……われわれの時代の不可避の必然性とは、絶えず増大する階級闘争である。

共産主義のレトリックが好む勇ましいボキャブラリーで、こうした闘争指向の状況が繰り返し語られた。軍事的な比喩が溢れ返った。階級闘争に要請されたのは同盟軍であり、大衆との連絡であり、機動性であり、正面攻撃であった。社会主義が近づくにつれて階級間戦争が激化するというスターリンの主張は、あらゆる選挙で党への支持が九九パーセントもあるのに敵の勢力は増えつづけ、さらに決意を固めて戦わなくてはならず、ソ連国内の歴史を何としてもソヴィエト・ブロック全体で再現しなければならぬ、という奇妙な事実の説明に引用された。

主たる敵とは、表面的には農民とブルジョアだった。しかし実際に最もねらいやすい標的がしばしば知識人だったことは、ナチ党の場合と同じだった。詩人アンナ・アフマートヴァに対するアンドレイ・ジダーノフの悪辣な攻撃――「尼か売女《ばいた》か、というより、尼兼売女として売春と祈りを結びつけている。アフマートヴァの詩は人民から最もかけ離れている[15]」という攻撃は、宗教・売春・大衆からの疎外という、スターリニズムお定まりの反知識人テーマの大部分を反響している。仮にアフマートヴァが中央ヨーロッパのインテリゲンチアの大半と同じくユダヤ人だったとしたら、そのカリカチュアは完璧だったろう。

政治弾圧、検閲、さらには独裁政治でさえ、スターリニズム到来以前のヨーロッパの東半分で未知のものだったわけでは決してない。しかし比較できる立場の人びと全員の一致した見解としては、戦間期のハンガリー、ポーランド、ルーマニアの尋問官や監獄のほうが、「人民民主主義諸国」のそれらよりはるかに好ましいものではあった。一九四七年以後の共産主義が国家運営のために用いた統制と恐怖の諸手段を完成させたのはスターリンの手下《てか》たちだったが、わざわざ東のソ連からそれを輸入する必要はなく、すべて既成のもので間にあった。ピテシュティ監獄を共産主義国家のために設立し運営したのがエウゲン・トゥルカヌという人物だったことは偶然ではない――この男の初期の姿はヤーシ大学「鉄衛団」の学生活動家で、ルーマニアの戦間期ファシズム運動に関わっていたのである。

とは言っても、共産党による「党－国家」をそれ以前の権威主義国家と区別するのは抑圧手段の完璧な効率性というよりも、今や権力と諸資源が独占され、それがもっぱら外国の利益のために乱用されるという点だった。ソヴィエトによる占領は移行の混乱を最小限に抑えつつナチの占領を引き継ぎ、ヨーロッパの東半分をソヴィエトの軌道へと深く着実に引き込んでいった（一二年間に及ぶナチ独裁から抜け出した東ドイツ市民にとって、移行は円滑なものだった）。こうしたプロセスおよびそれが生んだ諸結果——製造方式から学者の肩書きに至るまで、東ヨーロッパのあらゆるものの「ソヴィエト化」と「ロシア化」——は遅かれ早かれ、頑固一徹なスターリン主義者を除くすべての人びとの忠誠心とはそぐわぬものになってゆくだろう。

しかもそこには、共産主義による変革と直面した際に多くの人びとが抱いた当初のアンビヴァレンスの思い出をぼやかしていくという、副次的な効果がともなっていた。後年になってみれば、スターリン主義の公的言語がもつ反ユダヤ主義的、そして多くの場合ゼノフォビック（外国人嫌い）的トーンが、ソヴィエト連邦自体のみならず東ヨーロッパの多くの国々でそれに共感する聴衆を見出していたことなど、忘れてしまうのは容易だった。経済上の民族主義も各国の民衆に根を張っていたから、私有財産没収や国有化や統制や国家規制も、決してなじめないことではなかった。たとえばチェコスロヴァキアでは、一九四六年に始まった二カ年計画の下、反抗的労働者は強制労働収容所送りとすることが可能だった（とは言うものの、一九四六—四八年期のチェコの判事の大半はこの刑罰の適用を拒否したことも事実である）。

したがってソヴィエトによる東ヨーロッパの奪取は、その最初の局面においては、振り返ってみてそう見えるほど一方的で野蛮な移行では決してなかったのだ——ワルシャワやプラハで少数派の若者たちが抱いていた、共産主義の将来に対する高邁な希望は割り引いて考えるとしても。ナチ党の暴虐が、一九四一—四二年に彼らがソ連から解放した各地域における潜在的な友好感情を遠ざけてしまったように、スターリンは衛星諸国家が抱いた幻想や期待をまもなく雲散霧消させてしまったのである。

ソヴィエト連邦自体の経済のみじめな歴史の描速版を、その西方の比較的先進的な地域に押しつけたことについてはすでに指摘しておいた。共産党員の経営者たちが一貫して頼ることのできる唯一の資源とは、極点にまで圧搾しての労働集約生産だった。東ヨーロッパにおける一九四八—五三年期のスターリン恐怖政治が、その二〇年前のソヴィエトのそれと

(15) キャサリン・メリデール『石の夜——二〇世紀ロシアにおける死と記憶』（二〇〇〇年）二四九頁。

酷似していた理由はここにあった。両者とも強制的工業化政策と結びついていたのだ。中央で計画された経済は、鉱夫や工場労働者からむりやり剰余価値を引き出す点では実際にきわめて有効だったが、彼らにできたのはここまでだった。ソヴィエト・ブロックにおける農業は後退に後退を重ね、それがたまたま陥った超現実的な非効率の見本といえばソ連のフルンゼ（今はキルギス共和国のビシュケク）の官僚が一九六〇年、農民たちにバターの供出割り当て量（恣意的で達成不可能）を地元の店で買って果たすよう奨励したことだった……。

裁判と粛清、それにともなう嘘っぱち論評の大コーラスが、わずかに残っていた東ヨーロッパの公共圏の瓦解を促進した。政治と統治機構は腐敗と恣意的抑圧の同義語となり、金銭目当ての派閥の利益で動かされ、猜疑心と恐怖心で引き裂かれた。もちろんこれはこの地域においては新しい経験ではなかった。しかし共産党の失政には他には見られぬシニカルな特質があった。旧態の悪弊が今や平等と社会進歩というレトリックで飾られた御託のなかに入念に埋め込まれ、戦間期の寡頭政独裁者もその後の占領者ナチもその必要性を感じなかった偽善を生み出したのである。そして繰り返しになるが、もっぱら国外の権力が独占することになる利益に適合するような類いの失政が、ソヴィエトの支配を、ソヴィエト連邦の国境の外でこよなく嫌われるようにしてしまったのである。

東ヨーロッパのソヴィエト化の効果とは、大陸の西半分からそれを徐々に引き離したことだった。西ヨーロッパが劇的な変革と未曾有の繁栄の時代に入ろうとしているまさにそのとき、東ヨーロッパは昏睡状態へと陥っていった。無力とあきらめの冬、時を区切るものはプロテストと忍従の循環、という状態がほぼ四〇年間つづくのだ。マーシャル・プランが西ヨーロッパの経済復興に向けておよそ一四〇億ドルを注入した正にこの時期に、スターリンは——賠償や強制供出やひどい不利益をもたらす不平等貿易条件の押しつけを通じて——ほぼ同額を東ヨーロッパから引き出したのだった。

東ヨーロッパは、それまで常に西ヨーロッパとはちがっていた。しかし東西ヨーロッパのちがいはこの大陸の自己認識の唯一のよすがではなかったし、最重要のよすがでさえなかった。地中海ヨーロッパは北西ヨーロッパとは明らかにちがっていた。国家の内部や国家間を区切る歴史的境界では、政治よりも宗教のほうが顕著な存在だった。第二次大戦以前のヨーロッパでは東と西のちがいよりも、北と南、金持ちと貧乏人、都市と農村のちがいのほうが、はるかに重要だったのだ。

したがってウィーン以東の地域に対するソヴィエト支配のインパクトは、ある意味でロシア自体に与えたインパクトよりも顕著だった。ロシア帝国は結局のところ部分的にヨーロッパであったにすぎず、ピョートル大帝後のロシアのヨーロッパとしてのアイデンティティーは、それ自体がレーニン・クーデターに先立つ一世紀間の大いなる論争の的だったのである。ソヴィエト連邦をヨーロッパの歴史と文化の絆から乱暴に切り離すことで、ボリシェヴィキはロシアに対して、甚大かつ永続的な暴力を行使した。しかし彼らが抱いた西側への猜疑心、西側からの影響力への恐怖は初めてのものではなかった。それは一九一七年のはるか以前から、自覚的なスラヴ派の著作や活動に深い根を張っていたのである。

　中東ヨーロッパではこうした先例はなかった。ポーランド人やルーマニア人やクロアチア人などが自分たちのことを、ヨーロッパ文明のはるかな辺境を守る騎馬従者ではなく、実際にはむしろヨーロッパの中核的な遺産の報われぬ擁護者だと考えていたのは、彼らの不安定な小規模国家的民族主義の一端であった。それはまさにチェコ人やハンガリー人が自分たちのことを大陸の心臓部に住んでいると考えるのと同じで、実にもっともなことなのだ。ルーマニアやポーランドの知識人たちが最新の思想・芸術を求めてパリのほうに向いていたのと同じく、サブ・カルパティアのルテニアからトリエステまでの、ハプスブルク帝国末期のドイツ語を話すインテリゲンチアは常にウィーンのほうを向いていたのである。

そのすべてを統合したとしても、コスモポリタンなヨーロッパは当然ながら、少数者にとってしか存在しなかった――しかもそれは一九一八年に死んだのである。しかしヴェルサイユで孵化した新しい国家は脆弱で、当初から幾分かのはかなさをもっていた。したがって両大戦間時代とは一種の空白期間で、平和でもなく戦争でもなく、帝国後の中東ヨーロッパの命運がどうにも定まりにくい時代であった。可能性が最も高かった成り行き――再生ドイツがシュテッティンからイスタンブールまで広がる旧帝国の領域の事実上の後継者となること――が辛くも避けられたのは、ひとえにヒトラー自身の過誤によるものだった。

　その代わりに、ドイツではなくロシアによる解決が押しつけられて、ヨーロッパの弱体な東半分が大陸から切り取られてしまった。当時このことは、西ヨーロッパの人びとの大きな関心事ではなかった。ヨーロッパ分割によって直接の影響をこうむり、それに対して不満を口に出しにくい立場に置かれた民族であるドイツ人を除けば、西ヨーロッパの人びとは東ヨーロッパが消え失せたことについて、おおむね無関心だった。実際のところ彼らはすぐにこの状態に慣れてしまい、それよりも自分たちの国々で起こっている目立った変化に没頭していたので、バルト海からアドリア海へと達する不可侵の武装境界線が出来上がっても当然としか思えなかった。しかしこの境界線の東側にいる人びとにとっては、自分たちの大陸の汚らしく忘れられたように見える片隅へと押し込められ、自分たちよりも貧しくて自分たちの先細りゆく資源に寄生している半エイリアンとも言うべき大国の意のままにされることで、歴史そのものがゆっくりと軋みながら止まってしまったのである。

Ⅶ　文化戦争

「われわれの誰もが前の時代を否定した。主として書かれたものを通してしか知らなかったが、暗愚で野蛮な時代としか思えなかった」

――ミラン・シメチカ

「二〇世紀半ばになされるあらゆる行動の前提となってそれを左右するのは、ソヴィエトの企図に関していかなる態度をとるか、ということである」

――レーモン・アロン

「おまえはまちがっている、と言われた僕が正しく、おれたちは正しい、と言っていた君や君のご同類がまちがっていた」

――ピエール・クールタード（エドガール・モランへ）

「好むと好まざるとにかかわらず、社会主義というものはその運動を支持し、その目標に同意しなければ理解できないような、特権的構造をもっている」

――ジャン＝ポール・サルトル

「人がまちがった根拠で正しいことを言うのは、始末におえません。……自分が悪い側に分類されるのを恐れるのは、政治的純粋さの表われではありません。それは自信のなさの表われなのです」

――アーサー・ケストラー

ヨーロッパにおける「ファシズム」と「民主主義」の闘争がまだ終わらぬというのに、未来の世代が困惑するほどの敏速さで新たな対立が始まった。共産主義者と反共産主義者の分裂である。ソヴィエト連邦に賛成か反対かという政治的・思想的立場の主張は、第二次大戦後のヨーロッパ分割とともに始まったわけではない。しかし東と西、左と右を分ける線がヨーロッパの文化的・思想的生活に深く刻み込まれたのは、一九四七年から一九五三年にかけての戦後の時期だった。

状況はいつになく好転していた。二つの戦争のあいだでは大半の人びとが思い出すのもはばかられるほど、極右が支持された。一九三〇年代のポレミックなジャーナリズムや文学は、ブリュッセルからブカレストまで、人種差別主義、反ユダヤ主義、超国家主義、聖職権至上主義、政治的反動で溢れ返っていた。戦前・戦中にファシズムや超反動的な心情を抱いた知識人、ジャーナリスト、教師たちは、一九四五年以後になると今度は進歩派ないし急進派としての、しかるべき新たな自己証明を声高に主張した（さもなければ一時的ないし永続的な隠遁状態に入っていった）。ファシズムや超保守的な信念をもつ政党や新聞雑誌の大半はともかくも禁止されていたから（イベリア半島だけは別で、ここではその逆が真実だった）、政治的立場を公的に表明できるスペクトルは中道と左派に限られていた。ヨーロッパにおける右翼の思想や意見は、すっかりかすんでしまったのである。

しかし公的な著述や活動の中身は、ヒトラー、ムッソリーニ、およびその信奉者たちの没落で大いなる変貌をとげたのだが、その語調となるとほぼ同じだった。ファシストたちの黙示録的な切迫感、本物の変革は必然的に抜本的な破壊によってしかもたらされないとでもいうように、暴力的で「決定的」な解決策への希求、自由民主主義の妥協と「偽善」への嫌悪と、マニ教的二者択一への熱狂（オール・オア・ナッシング、革命か退廃か）――こういった衝動は極左にも同じように作用するのだが、一九四五年以後はその通りになった。

民族や、堕落や、犠牲や、死への思い入れで、両大戦間期のファシスト作家たちが依拠したのは第一次世界大戦だった。一九四五年以後の知的左翼も戦争体験によって形成されたのだが、このたびは両立不可能な道徳的選択が激突していて、そこには妥協の可能性などなかった――「善」対「悪」、「自由」か「隷属」か、「レジスタンス」か「コラボ（対独協力）」か。ナチあるいはファシストによる占領からの解放は、急進的な政治改革・社会改革のチャンスとして広く歓迎された。戦争がもたらした荒廃を革命的な結果へと転換させ、新たな出発を開始する絶好の機会と捉えたのだ。そしてすでに見たように、この機会が見かけ上挫折して要するに「正常」な生活がもどってきたとき、裏切られた期待は容易にシニシズムへと転化していった――あるいは他方で、妥協不可能な政治陣営へと再度両極化した世界のなかで、極左へと転化していったのである。

戦後ヨーロッパの知識人たちは息せき切っていて、妥協には我慢がならなかった。彼らは若かった。第一次大戦では一世代分の若者が殺された。しかし第二次世界大戦後は、退場したのはおおむね年老いた、面目を失なった連中だった。代わって登場した作家、芸術家、ジャーナリスト、政治活動家たちは、若いために一九一四―一八年の戦争のことは知らなかったが、その後の戦争で失われた歳月を取りもどそうと必死だった。彼らの政治教育は人民戦線と反ファシズム運動の時代のものであり、彼らが公的な賞賛や影響力を獲得したのは、多くの場合その戦時中の活動の結果としてであり、したがって伝統的なヨーロッパの基準からすれば常になく若い年齢でのことだったのである。

フランスでは戦争が終わったとき、ジャン＝ポール・サルトルは四〇歳、シモーヌ・ド・ボーヴォワールは三七歳、アルベール・カミュは影響力抜群だったがわずか三二歳だった。旧世代で彼らに対抗できる影響力をもっていたのはフランソワ・モーリアック（一八八五年生まれ）だけで、その正確な理由は彼の過去にはヴィシー政府とのつながりが皆無だったからである。イタリアではナポリの哲学者ベネデット・クローチェ（一八六六年生まれ）が、前世代のイタリア著名人から生き残った。ファシズム後のイタリアでは、一九〇〇年生まれのイグナツィオ・シローネが影響力ある有名知識人の年長組に属しており、小説家で政治評論家のアルベルト・モラヴィアは三八歳、共産党員で編集者・作家のエリオ・ヴィットリーニはその一歳年下だった。ナチへの共感と戦争とが著名な知識人や作家たちに重大な犠牲者を生み出したドイツでは、ハインリヒ・ベル――ヒトラー敗北の二年後に「グルッペ47」へと結集した新世代を自覚する作家たちのなかで最も才能豊かだった――は、戦争が終わったときわずか二八歳であった。

東ヨーロッパでは、戦前の知的エリートが超保守主義や神秘的民族主義、あるいはもっと悪いものに染まっていたので、若者の社会的進出はいっそう顕著だった。大きな影響力をもったチュスワフ・ミウォシュの『囚われの魂』〔工藤幸雄訳・共同通信社〕の刊行は一九五一年、彼はその時わずか四〇歳ですでに政治亡命の身だったが、例外的存在ではなかった。イェジ・アンジェイエフスキ（彼はミウォシュの本のなかにちらりと登場する）が、戦後ポーランドを描いて評判を取った小説『灰とダイヤモンド』〔川上洸訳・岩波書店〕を出したのは、彼がまだ三〇歳台のときだった。一九二二年生まれのタデウシュ・ボロフスキがアウシュヴィッツの回想記『ようこそ、ガス室へ』を刊行したのは、二〇歳台半ばだった〔中村保男訳・開高健解説で、一九六一年八月号の『文藝春秋』に抄録〕。

東ヨーロッパの共産党の指導者たちは一般的にはやや年上の世代で、両大戦間時代を政治犯かモスクワへの亡命か、あるいはその両方で生き延びてきた。しかしそのすぐ下に一群の若き男たち女たちがいて、ソヴィエトに援護された政権奪取への彼らの理想主義的献身が、指導者たちの成功に大きな役割を果たした。ハンガリーでは、一九五六年ハンガリー動乱以後のソヴィエトの弾圧の犠牲者となるゲーザ・ロションツィがまだ二〇歳台で、ハンガリー共産党は彼や何百人もの彼のような若者の画策によって政権の座に着いたのだ。ヘダ・コヴァーリの夫で、一九五二年一二月のスラーンスキー裁判の被告の一人ルドルフ・マルゴリウスがチェコスロヴァキア共産党政府の閣僚に任命されたのは三五歳のときであり、この裁判のもう一人の被告人アルトゥール・ロンドンはさらに若く、共産党政権のとき三三歳だった。ロンドンが政治教育を受けたのはフランスのレジスタンスにおいてであり、共産党地下組織にいた多くの人びとと同じく、彼はまだ若いうちに政治的・軍事的責任の担い方を学んでいたのである。

共産主義の未来に対する若々しい熱狂は、ヨーロッパの東西を問わず中産階級知識人のあいだで広まった。しかもそれにはプロレタリアートやブルーカラー労働者階級に対する独特の劣等意識がともなっていた。戦争直後には、熟練肉体労働者がひっぱりだこだった――これは集合的記憶に今なお新しい「大恐慌時代」とは明らかな対照をなしていた。石炭を掘らねばならず、道路、鉄道、建物、送電線を再建するか取り替えなければならなかった。工作機械を製造し、それを他の商品の製造に当てなくてはならなかった。こうした仕事すべてに熟練労働者が不足していた。すでに見てきたように、強制移住民収容所の若くて身体に恵まれた男性には苦もなく仕事が見つかったが、家族のある女性はそうはいかなかった。それは「インテリたち」すべても同じだった。

この結果の一つが、産業労働および産業労働者に対する世を挙げての称揚だった――彼らの代表を名乗る政党にとって、これは何よりの政治的資産である。自らの社会的出自が悩みの種だった左傾の、教育ある、中産階級の男女は、自分を共産主義に委ねることで不安を鎮めることができた。しかし党員になるところまでは行かなくても、とりわけフランスやイタリアの数多くの芸術家・作家たちは「プロレタリアートの前に身を伏し」（アーサー・ケストラー）、「革命的労働者階級」（典型としては社会主義リアリズムあるいはファシズム的な、いかめしい顔つきの筋肉質の男性像）を、ほぼイコンの地位にまで持ち上げたのであった。

この現象は汎ヨーロッパ的な広がりをもつとともに、共産主義政治のらちを超えていたが（ヨーロッパにおける「労働者主義」を唱えた最も有名な知識人はジャン＝ポール・サルトルだったが、彼はフランス共産党には決して入党しなかった）、そうした心情が現実の結果をもたらしたのは東ヨーロッパにおいてだった。イギリス、フランス、ドイツ、その他の国々の学生、教師、作家、芸術家たちが（分裂前の）ユーゴスラヴィアに群れ集って素手で鉄道再建を手伝ったのだ。

一九四七年八月、イタロ・カルヴィーノは、同じようにしてチェコスロヴァキアに赴いたイタリアからの若いボランティアのことを熱烈に書き記した。新たな始まりへの献身、現実の、あるいは想像上の労働者共同体への崇拝、ソ連の国民と政府（およびその全戦全勝の赤軍）に対する賞賛の念などが、若い戦後世代をその社会的出自と民族的過去から切り離した。

共産党員（つまり「マルクス主義者」なのだが、当時の状況では通常これは共産党員のことだった）になろうという決意は、典型としては若い年齢でなされた。したがってチェコ人のルデク・パフマンの場合はこうだった――「わたしは一九四三年にマルクス主義者になった。わたしは一九歳で、自分が突然すべてを理解しすべてを説明できるようになったという考えで夢中になり、自分が全世界のプロレタリアとともに進軍し、まずはヒトラーと、次には国際ブルジョアジーと戦うという考えに魅了された。」たとえばチェスワフ・ミウォシュのように、そのドグマの魅力に足をすくわれなかった人びとでも、共産主義の社会改革は文句なく歓迎だった――「わたしはポーランドの半封建制構造が最終的に打ち砕かれ、若い労働者や農民に大学が開放され、農業改革が実施され、この国が最終的に近代化への道を踏み出したのを見て、本当にうれしかった。」ミロヴァン・ジラスは、チトーの側近だった自分自身の経験を回想してこう述べた――「全体主義は初めは熱狂であり確信である。しばらくするとそれは組織のことになり、権威のことになり、出世のことになる。」

共産党は当初は知識人たちにいい顔をしたので、彼らにとって共産主義の野望は故国がもつ小規模国家の偏狭さや、ナチのもつ野蛮な反知性主義と鮮やかな対照を示し、共産主義は確信の問題というより信仰の問題となった――アレクサンデル・ヴァット（ポーランド人で後に元共産党員となった一人）が言うように、ポーランドの無宗教インテリゲンチアは「洗練された教理問答」に飢えていたのである。活動的な共産党員となった東ヨーロッパの学生、詩人、劇作家、小説家、ジャーナリスト、大学教授たちは、結局は少数派にすぎなかったのだが、彼らの世代の最も有能な人たちである場合が多かった。

かくてパヴェル・コホウトは、後の何十年にもわたって反体制派でポスト共産主義の評論家・劇作家として国際的な令名を博すのだが、最初に故国チェコスロヴァキアで世に出たのは自分の国の新体制へのとびきりの賛美者としてだった。一九六九年における回顧のなかで彼が書いたのは、一九四八年二月のチェコ・クーデターの日、プラハの旧市街広場の群衆のなかで党指導者クレメント・ゴットワルトを見つめていたとき彼が感じた「確かさの感覚」だった。この場で「正義を求めて立ち上がった人間の集合体のなかに、そして彼らを決戦へと導きつつあるこの男（ゴットワルト）のなかに」二〇歳のコホウトが見出したものこそ、一七世紀チェコの教団指導者「コメニウスさえ見出せなかったケントルム・セクリタティス（確かさの中心）」だった。四年の後、この信仰の安らぎのなかで、コホウトは「われら自身の共産党のためのカンタータ」を書いた――

さあ、党への挨拶を歌おう！
ぼさぼさ髪の労働者こそ党の若さのしるし
党は幾百万の頭の理性をもち
そして幾百万の人間の手の力をもち
そしてその軍勢は
スターリンとゴットワルトが生んだ言葉たち

五月の花の真っ盛り
遠くはるかな境界へ
古城の空で旗はゆらめく
「真理が勝つ！」との言葉とともに
言葉は栄光のうちに現実となった――
働く者の真理が勝った！
我らの国は栄光の未来に向かって立ち上がる
ゴットワルトの党に栄えあれ！
栄えあれ！
栄えあれ！(1)

この種の信仰は、コホウトの世代に広く行き渡っていた。ミウォシュが述べるように、共産主義の原理では作家は考える必要はなく、もっぱら理解すべき者であった。しかも理解は献身以上のものを要請せず、それこそがこの地域の若き知識人たちの求めていたものだった。ズデネク・ムリナーシは一九四六年、一五歳で共産党に入党したが、こう書いている――「われわれは戦争の子だった。まだ積極的に戦争に参加したわけではないにしてもである。だがしかし、われわれは戦争のメンタリティを戦後まで持ちこみ、はじめてある責務を果たすための闘争に加わる機会をつかんだのである。」ムリナーシの世代が知っていたのは戦争とナチによる占領の時期だけで、その間「われわれがまず抱いた世界像は、きびしい矛盾の思想と同じように、硬直した敵味方という図式に基づいていた。「他者」はわれわれにとって原則的に敵であり、かれらとの唯一可能な関係は、勝つか負けるかの戦いであった。この世界像は、「正しい」考え方を貫くためには異なる考え方を粛清し、全面的に抹殺するほかはないという観念を含んでいた。(2)」

東ヨーロッパの一部の若者たちが共産主義へと飛び込んで

いったのが無邪気な熱狂のなせるわざであるにせよ（「ぼくは今、革命のムードなんだ……」と、作家のルドヴィーク・ヴァツリークはチェコ共産党入党に際してガールフレンドに説明した）、それでモスクワが行なったソヴィエトによる最終的な各国乗っ取りの責任が軽減されるわけではない。しかしその後のしらけや幻滅が大きかったことの説明にはなる。ジラス（一九一一年生まれ）のような少し年上の共産党員なら、彼の言う「熱狂の操作が隷従を生む」ということが分かっていただろう。ところが若き改宗者たち、とくに知識人たちは、共産党員の規律のきびしさやスターリン主義権力の実態を目の当たりにして、茫然たるありさまだった。

したがって、一九四八年以降のジダーノフによる「二つの文化」ドグマの押しつけは、植物学から詩までのあらゆる分野に関して「正しい」立場を取れという強要ともども、東ヨーロッパの人民民主主義諸国では格別の衝撃だった。党の路線に対する知識層の隷従的な固守というのは、ともかくソヴィエト以前からも弾圧や正統を引き継いだソヴィエト連邦において長いあいだに出来上がったもので、どちらかと言えば鷹揚だったハプスブルク王家の統治から抜け出たばかりの諸国にとっては、かなりきついものだった。一九世紀の中央ヨーロッパでは、知識人や詩人は民族（国民）に代わって語る慣習と責任とを獲得していた。共産主義の下で、彼らの役割は変化した。抽象的な「人民」の代表者となってしまった後、彼らは今や（現実の）暴君どもの文化的マウスピースにすぎない存在となった。事態はもっと悪かった、というのは、同じ暴君たちが自らの過誤を糊塗すべくスケープゴート探しを始めると、彼ら知識人や詩人たちはコスモポリタンか「寄生虫」かユダヤ人かといった、選択の犠牲者とされたからである。

こうして共産主義に対する東ヨーロッパ知識層の熱狂の大部分は、それが最も強烈だったチェコスロヴァキアにおいてさえ、スターリンの死とともに雲散霧消してしまった――それは「修正」あるいは「改革共産主義」の企てという形で、もうしばらくは生き延びるであろうが。共産主義諸国家内部の分裂とは、もはや共産主義とその反対者との分裂ではなかった。またもや重要な区別が生じたのは権威ある者――党―国家、その警察、その官僚、その家令たるインテリゲンチア――と、その他大勢とのあいだであった。

この意味では「冷戦」の断層線が走っていたのは、東欧と

（1）　翻訳英文はインディアナ大学マーシー・ショア教授によるものに、わたしが少し手を加えている。前出ルデク・パフマンからの引用も、ショア教授に負っている。

（2）　ズデネク・ムリナーシ『プラハの夜の霜』（ロンドン・一九八〇年）、二頁。〔三浦健次訳・邦題『夜寒――プラハの春の悲劇』・新地書房・一―二頁〕

西欧のあいだというより、東西ヨーロッパともそれぞれの内部においてだった。東ヨーロッパでは、すでに見てきた通り、共産党とその機構組織とが、他の社会全体を向こうに回して宣戦布告なしの戦争状態へと突入しており、共産主義と親密であるか否かで新たな戦線が引かれていた——共産主義のおかげで実際上なんらかの形で社会的利益を得ていた人びとと、それが差別や失望や抑圧でしかなかった人びととのあいだに引かれた戦線である。西ヨーロッパにおいても、同じ断層線の両側に多くの知識人がいた。しかし共産主義に対する理論上の熱中は、実際上の直接経験と逆比例していたのがその特徴だった。

同時代の東ヨーロッパの命運に対するこうした無知の広がりは、西側における無関心の拡大と相俟って、東側の多くの人びとにとって当惑と不満の源となった。東ヨーロッパの知識人その他の人びとの問題とは、彼らが周縁的状況に置かれていたことではなかった——それならとうの昔から甘受していた命運であった。一九四八年以後彼らを最も苦しませたのは、彼らが受けた二重の疎外だった——ソヴィエトの駐留のおかげで自分自身の歴史から切り離されたのに加え、西欧の意識・関心からも除外されたというのは、西欧の著名な知識人たちが東ヨーロッパの経験や事例などまったく無視したからである。西ヨーロッパに関して五〇年代初期に東ヨーロッパで書かれたもののなかには、傷つけられた感情と、途方にくれたおどろきの思いとが繰り返し現われる——ミウォシュが『囚われの魂』のなかで「失われた愛」と呼んだものだ。亡命ルーマニア人であるミルチャ・エリアーデは一九五二年四月、ヨーロッパは自分の肉体の一部が切断されたのが分からないのだろうか、と書いた。「なぜなら……これらの国々すべてはヨーロッパのなかにあり、これらの人びとすべてはヨーロッパという共同体に属しているからである。」

しかし彼らはもはやそこには属してはおらず、それこそが問題だった。スターリンが自分の防御線をヨーロッパの中央部深くに掘り込むことに成功したため、東ヨーロッパは方程式の一辺から取り除かれてしまった。第二次世界大戦後のヨーロッパの知的・文化的生活は極端に縮小された舞台で営まれ、そこからは要するにポーランド人、チェコ人、その他の人びとが除外されていた。しかも西ヨーロッパにおける討論・論争の中核を占めていたのが共産主義という挑戦課題だったにもかかわらず、数十マイル東方の「現実に存在する共産主義」の実際経験にはほとんど注意が払われなかった——それも共産主義の熱烈な賛美者が、何の関心も抱かなかったのである。

戦後西ヨーロッパの知的状況は、直近の過去からやってきた訪問者にもわけの分からぬものだったろう。中央ヨーロッパのドイツ語圏——二〇世紀の最初の三分の一はヨーロッパ文化の機関室だった——は、もはや存在していなかった。ウィーンは一九一八年のハプスブルク崩壊以後、すでにかつての姿の形骸を残すのみだったが、今はベルリン同様四つの連合国に分割されていた。市民に衣食を与えることもままならず、大陸の知的生活への貢献などとても無理だった。オーストリアの哲学者、経済学者、数学者、科学者たちは、ハンガリーその他かつての二重帝国における同時代人と同様に亡命したか（行先はフランス、イギリス、イギリス自治領、アメリカ）、当局に協力したか、さもなければ殺されていた。

ドイツ自体が破滅していた。一九三三年以降のドイツ知識人の国外移住によって、体制側との関わりで妥協を拒んだ立派な人びとは誰もいなくなってしまった。マルティン・ハイデガーのナチとの悪名高き戯れ合いが特別なのは、大きな影響力をもつ彼の哲学的著作にとってそれがどんな意味合いを有するかが問題となったからであって、学校・大学・地方および国の官僚機構・新聞・文化団体に属する何万人もの小ハイデガーたちは、自分の著述や活動をナチの求めに熱情こめて順応させることで、同じように折り合いをつけたのである。

戦後ドイツの情景は、二つのドイツの存在によってさらに複雑さを増したが、その一つはドイツの「善き」過去を独占的に受け継いでいると主張していた——反ファシズム、進歩主義、啓蒙主義である。多くの知識人や芸術家は、ソヴィエト地区とその後継者ドイツ民主共和国に運命を託す誘惑に駆られた。非ナチ化が不十分で近来のドイツの過去をまともに見据えるのに不熱心だったボンの連邦共和国とちがい、東ドイツはその反ナチ資格証明を誇らかに主張した。共産党の当局者は、「別の」ドイツが行なった犯罪を聴衆に思い起こさせたいと望む歴史家、劇作家、映画作家を歓迎した——タブーに触れぬ限りでのことだったが。ワイマール共和国時代から生き延びた有能な人びとの一部が、東へと移住した。

こうしたことが起こった理由の一つは、ソヴィエト占領下の東ドイツは東側ブロック中で西側のドッペルゲンガー（分身）を有する唯一の国家だったから、そこの知識人はルーマニアやポーランドの作家には不可能なやり方で西側の読者を獲得することができたからだった。しかも検閲や弾圧が耐えがたいものになったら、少なくとも一九六一年の「壁」の構築まではベルリン経由で西にもどるという選択が残されていた。かくしてベルトルト・ブレヒトは東独で暮らすことを選び、クリスタ・ヴォルフなどの若い作家がそこに留まることを選択し、もっと若い作家たち、たとえば未来の反体制作家ヴォルフ・ビーアマンは勉学と著述のために実際に東へと移り住んだのである（ビーアマンの場合は一七歳、一九五三年のことだった(3)。

「物質主義」の西側からやってきた急進的知識人にとって魅力だったのは、進歩的で平等主義的で反ナチ的という東独の自己提示ぶり、連邦共和国とは対照的な謹厳実直なそのイメージだった。後者のほうは議論したくもない歴史を重く引きずり、同時にその存在感に奇妙な軽さがあったのは政治的に浮き草的存在だったことと、文化的には西側連合諸国、とりわけ自分の産みの親であるアメリカに依存していたからだった。初期の連邦共和国における知的生活には政治的方向性が欠けていた。政治の両極での急進的な選択は、公的生活から明らかに排除されていて、ハインリヒ・ベルのような若い作家たちは政党政治に関わることに消極的だった（この後に来る世代とはっきりしたコントラストを見せている）。

文化のはけ口がなかったのではないことは確かだ。紙不足・新聞用紙不足が解消して流通網が再建されると、一九四八年時点で二〇〇種類以上の文芸関係・政治関係の定期刊行物がドイツの西側占領地区で出現したし（しかしこのうちの多くはその後の通貨改革で姿を消してしまった）、新生の連邦共和国は類い稀なる一群の高級紙の発刊を寿ぐことができて、なかでも有名なのがハンブルクで刊行された新週刊紙『ツァイト』だった。にもかかわらず西ドイツはヨーロッパの知的生活の主流に対して周縁的な位置にあり、その後も多年にわたってそうだった。ベルリンを根城にしていた西側のジャーナリストで編集者のメルヴィン・ラスキーは、一九五〇年におけるドイツの知的・思想的状況についてこう書いた――「わたしが思うに、これほど消耗し切って、インスピレーションどころか才能の一かけらも失くしてしまった民族・国民のありさまは、近代史上初めてのことである。」

ドイツのかつての文化的卓越性とのコントラストが、国内外の多くの観察者が新しい共和国のことを考えるときに感じる幻滅の一端を説明する。以前には今世紀はドイツの世紀だとされていたことを想起したのは、レーモン・アロン一人ではなかった。ドイツの文化的遺産のあまりに多くのものがナチの目的に利用されたことで汚され、信用失墜してしまったので、ドイツはヨーロッパに対して今やどんな貢献ができるのかがはっきりしなくなった。ドイツの作家や思想家たちは、たいへんもっともなことに、特殊ドイツ的なジレンマに取り憑かれていた。ナチ以前の思想界の大物では、一九四五年以後の論争でも積極的な役割を演じたカール・ヤスパースだけが、その一九四六年の評論『戦争の罪を問う』〔橋本文夫訳・平凡社ライブラリー〕によってドイツにおける国内の論争に貢献した唯一の人物だったという点が重要である。しかし西ヨーロッパにおける公的会話が強烈で党派的な政治論でもち切りだった戦後の一〇年間に、西ドイツ知識人が周縁へと追いやられてしまったのは、彼ら自身がイデオロギー的政治論を慎重に回避したからなのである。

この時期にはイギリスもまた、ヨーロッパの知的生活に対しておおむね周縁的存在だったが、理由はまったくちがっていた。ヨーロッパを分裂させている政治論議は、イギリスでも知られていなかったわけではない。平和主義、大恐慌、スペイン内戦をめぐる両大戦間時代の対決は、労働党と左翼知識人を分裂させ、この亀裂は後年になっても忘れられはしなかった。しかし戦間期のイギリスでは、ファシストも共産主義者もともに、社会的な不一致を政治革命へと転換することには成功しなかった。ファシストたちの大部分はロンドンの貧困地域に閉じ込められたままで、彼らは一九三〇年代に一時そこで民衆の反ユダヤ主義に乗じることができただけだった。「イギリス共産党（CPGB）」はスコットランドの造船業や一部の鉱山地域やウェストミッドランドの一握りの工場など初期の拠点の外側では、多くの支持は得られなかった。一九四五年の束の間の選挙ピーク時でも、党の得票数はわずか一〇万二〇〇〇票（全国票の〇・四パーセント）で、議会に送ったのは二人だった――その二人とも、一九五〇年の選挙では議席を失ったのである。一九五一年の選挙でCPGBが獲得したのは、約四九〇〇万の人口のうちの、わずか二万一〇〇〇票だった。

したがって英国における共産主義とは、一つの政治的抽象だった。だからと言ってロンドンのインテリゲンチアの内部や大学での、マルクス主義に対する知的共感が妨げられることはなかった。ボリシェヴィズムは当初から、H・G・ウェルズのようなイギリスのフェビアン社会主義者には一定の魅力があったので、彼はレーニンはもとよりスターリンの諸政策にも親近感と共鳴を抱いていた――最善を知る人びとによる上からの社会工学という発想である。さらにイギリスの政府高官左翼は、外務省にたむろする同時代人たち同様、ドイツとロシアのあいだの小国群にかかずらういとまなどなく、それらの国々を何か煩わしいものと見なしつづけてきたのだった。

こうした問題が海峡の向こう側の大陸では熱い論争を呼び起こすのに対して、共産主義がイギリスの知識層をそれと同じ程度に結集したり分断したりすることはなかった。ジョージ・オーウェルが一九四七年に述べたように、「イギリス人は知的問題について、不寛容になるほどの関心はないのである。」その代わりにイングランドにおける知的・文化的論争は（イギリスのその他の地域でもほぼ同じだが）、国内問題

(3)　ブレヒトが特徴的なのは、オーストリアのパスポートを取って万一に備えていたことである。

に焦点が絞られていた。国民的「衰退」をめぐる、幾十年もの長きにわたる不安の最初の兆しである。それはこの国が手ごわい敵と六年間もの戦争を戦って勝利を収めたあげく福祉資本主義という未曾有の実験に乗り出したという、戦後イングランドの二律背反的なムードを示す症状なのだ——しかし文化評論は挫折と衰微の兆しに心奪われていた。

かくてT・S・エリオットは、『文化の定義のための覚書』(一九四八年)のなかでこう述べた——「われわれ自身の時代が衰頽の時代であるということ、また、文化の水準が五十年前よりは下っているということを或る程度の自信を以て主張することができます。またこの衰頽の徴候が人間活動のあらゆる分野に見えていることを断言し得るのであります。」〔深瀬基寛訳・「エリオット全集」5・中央公論社・二二三六頁〕同じ類いの関心が起因となって、英国放送協会(BBC)は一九四七年、ラジオの「第三放送」を開始した。それは明らかに「平等」の促進・普及を意図した高潔な高級文化番組であり、大陸ヨーロッパでなら「インテリゲンチア」と目される人びと向けのものだった。しかしクラシック音楽・時事解説・本格討論というその取り合わせは、分裂を引き起こしそうな話題や政治的に微妙な話題を用心深く回避していた点で、まちがいなくイギリス的だった。

イギリス人はヨーロッパ問題に無関心だったのではない。ヨーロッパの政治や学芸は週刊その他の定期刊行物でいつも報じられており、イギリスの読者は、求めさえすれば、情報には事欠かなかったはずだ。またヨーロッパが経験したトラウマの大きさを、イギリス人が知らなかったわけでもない。シリル・コノリーは一九四五年九月、彼自身が創刊し編集する『ホライズン』誌に書いて、同時代のヨーロッパが置かれた状況に関してこう言った——「道徳的にも経済的にも、ヨーロッパの負け戦《いくさ》だった。われわれのすべてはヨーロッパ文明という大天幕の黄色い光のなかで育ち、読み、書き、愛し、旅行したのだが、その天幕が倒壊してしまったのだ。横に張ったロープは擦り切れ、センターポールは折れ、椅子やテーブルは目茶目茶になり、テントのなかに人影は見当たらず、棚に飾られたバラは枯れ萎み、……。」

しかし大陸の状態に対してこうした関心があるにもかかわらず、イギリス人(とりわけイングランド人)の時評家は一歩距離を置いていた——ヨーロッパの問題とイギリスの問題とが関連し合っていることは分かるが、決定的な面ではちがっていると言わんばかりに。特定著名人の例外はあるにせよ、(4)イギリスの知識人が大陸ヨーロッパの大論争で有力な役割を演ずることはなく、サイドラインの外で観察していただけだった。おおまかに言って、イギリスでは知的関心を引くだけであり、ヨーロッパの緊急的な政治問題は、大陸での知的話題は、英国で実際に注目を引くとしても、通常はアカデミックな仲間内だけでのこととなってしまったのである。

イタリアの状況となると、まるでその正反対だった。西ヨーロッパのすべての国々のなかで、当代の災厄を最も直接的に体験させられたのがイタリアだった。この国は一二年間、世界初のファシズム政権によって統治された。ドイツ軍の占領を受け、次に西側連合軍によって解放され、その間ほぼ二年間にわたって蝸牛の歩みの戦火による消耗と破壊が国内の四分の三を覆い、国土・国民の大部分をほとんど全滅させたのだった。さらに一九四三年九月から一九四五年四月まで、イタリア北部は実質的には全面的な内戦状態に陥った。

かつての枢軸国として、イタリアは西側からも東側からもうさん臭く思われていた。チトーがスターリンと決別するまでは、イタリア・ユーゴスラヴィア間の国境問題の未決着が最も不安定で一触即発の危険を孕んだ冷戦の最前線となり、隣りの共産主義国とのこうした不安定な関係は、イタリア国内にソヴィエト・ブロック外で最大の共産党が存在したことでいっそう複雑になった。一九四六年には四三五万票（全投票数の一九パーセント）を獲得し、一九五三年にはそれが六一二万二〇〇〇票（全投票数の二三パーセント）へと上昇したのだ。この同じ年、「イタリア共産党（ＰＣＩ）」は党費納入済みの党員数二一四万五〇〇〇人を誇った。地方での党の影響力は特定地域における権力独占に近い状態でますます強まり（ボローニャ市を州都とするエミリア＝ロマーニャ州が顕著だった）、ピエトロ・ネンニが率いる「イタリア社会党（ＰＳＩ）」からの支援を当てにすることができ、俊敏で思慮深い指導者パルミーロ・トリアッティには広範な人気があった。(5)

これらすべての理由によって、戦後イタリアにおける知的生活は高度に政治的となり、共産主義の問題と密接に結びつくこととなった。ファシズムに惹かれた者も含めて、イタリアの若い知識人の圧倒的多数派はベネデット・クローチェの影響下で形成された。哲学におけるヘーゲル的観念論と政治における一九世紀自由主義とのクローチェ独自の調合によって、当代反ファシズム知識人のための倫理的な典拠が与えられた。しかし戦後の状況の下では、それでは不十分であることは明白だった。イタリア人が直面した真の選択はきつい二者択一として立ち現われた。保守的なヴァチカン（教皇ピウス一二世）とアメリカから支援を受けているキリスト教民主

（4）最も著名な人物は、言うまでもなくアーサー・ケストラーだった——しかし彼はハンガリー人とも、オーストリア人とも、フランス人とも、ユダヤ人とも呼べる人である。

（5）この頃のＰＳＩは、共産党に対する親近性や従属性で西ヨーロッパ社会主義政党ではユニークな存在だった——これは東ヨーロッパでよく見られたパターンだった。

党との連携、すなわち政治的教権主義につくか、さもなくば政治的マルクス主義につくか。

ＰＣＩは他の東西両ヨーロッパ諸国の共産党とは異なる特質を具えていた。それは初めから知識層が主導していたのだ。トリアッティは、アントニオ・グラムシその他二〇年前の若き党創設者たちと同じく、ヨーロッパの他の共産党の大半の指導者たちよりは特段に知力優れた――そして知性を尊重する――人物だった。さらには第二次大戦終了後の一〇年間に、この党は知識層を――党員としても支援者としても――素直に歓迎し、党のレトリックのうち彼らを排除しかねない部分をトーンダウンするという配慮を示したのである。実際のところ、トリアッティは共産主義の魅力をイタリアの知識層を意識して仕立て直したのだが、その際に彼が考え出した公式とは「半分クローチェ、半分スターリン」だった。

この公式はユニークな成功を収めた。クローチェの反ファシズム自由主義から政治的マルクス主義への道程を歩んだのは、イタリア共産党で最高の才能に恵まれた幾人かの若き指導者たちだった――ジョルジオ・アメンドラ、ルーチョ・ロンバルド・ラディーチェ、ピエトロ・イングラオ、カルロ・カッソーラ、エミリオ・セレーニといった面々は、すべてが哲学・文学の世界から共産党の政治世界へとやって来たのだった。一九四六年以後に彼らに加わったのが、戦時レジスタンスが抱いた大志を実現できなかった「行動党」に幻滅した男たち女たちで、これはイタリアの公的生活における無宗教で急進的で非マルクス主義という選択の希望が費えたことの現われだった。「面目を失ったクローチェ主義者たち」――彼らのことを、当時のある作家はこう呼んだ。

沈滞した土地における進歩と近代性の叫び声として、さらには現実的な社会改革・政治改革の希望として、ＰＣＩは自分の周囲に志を同じくする一群の学者たち作家たちを結集し、彼らは党および党の諸政策に品格と、知性と、さらには全世界的普遍性のオーラさえ付与したのだった。しかしヨーロッパの東西分裂によって、トリアッティの戦略に対する重圧が増した。一九四七年九月に行なわれた最初のコミンフォルム会議でソヴィエトからＰＣＩに浴びせられた批判によって、イタリアの共産党を（フランス共産党同様に）強く締めつけようというスターリンの決意が顕わになり、彼らの政治戦術はモスクワといっそう緊密に同調されることとなり、文化問題に関する彼らの自由主義的アプローチはジダーノフの非妥協的な「二つの文化」理論に取って代わられてしまった。一方、一九四八年選挙に際してキリスト教民主党に与したアメリカの、鉄面皮ではあっても成功した介入によって、自由民主主義的諸制度の枠内で活動しようというトリアッティの戦後の方策が、単純幼稚なものに見え始めた。

となればどんな疑問を抱こうが、トリアッティとしては統制を強めてスターリン主義的規範を課す以外の選択は取れなかった。これが党の一部の知識人の公然たる異論を引き起こしたのは、彼らはそれまで党の政治的権威と「文化」の地勢とを弁別する自由を享受していて、前者を疑問に付すことはしなかったが、後者においては自分たちの自律性を何よりも尊んでいたからである。共産党の文化雑誌『ポリテクニコ』の編集者ヴィットリーニがかつて一九四七年一月の公開書簡でトリアッティに指摘していたように、「文化」を政治に従属させれば、自らを犠牲にし真実を犠牲にしないでは済まないのだ。

トリアッティは一九三〇年代をモスクワで過ごし、一九三七―三八年にはコミンテルンのスペイン工作で主導的役割を果たした人物だから、別の考え方をもっていた。共産党の内部では誰もが上部からの指示を仰ぎ、すべては政治に従属していた。「文化」はソヴィエトの指令が届かなくてもよい保護地域などではなかった。ヴィットリーニとその仲間たちは文学・芸術・思想に関する党の方針を受け入れるか、さもなければ離党すべきなのだ。以後五年間のあいだに、イタリアの党はソヴィエトの権威寄りにいっそう突き進み、ヴィットリーニその他の多くの知識人は当然離党していった。しかしトリアッティのモスクワへの弛まぬ忠誠ぶりにもかかわらず、PCIは知的異論と思想の自律性とに寛容どころか、それを取り込むことのできる唯一のメジャーな共産党として、ある種の非ドグマ的「オーラ」を完全に失うことがなかった。この評判がその後数十年にわたって役に立つことになる。

実のところ、非共産党左翼に対するトリアッティの批判は、PCIは他の共産党とはちがうのだという、国内と（とりわけ）国外で広まっていた認識によって、いつも不利な立場に追い込まれた。イグナツィオ・シローネが後に認めているのだが、イタリアの社会主義者も他の人びとも責めるべきは自分自身だけだったのだ。イタリアにおける共産主義者と社会主義者の、少なくとも一九四八年までの緊密な関係と、その結果として非共産党マルクス主義者がソヴィエト連邦批判を手控えたこととによって、イタリアの政治に共産主義以外の明確な左派勢力が生まれるのが阻まれてしまったのである。

しかし仮にイタリアがその共産党がもつ比較的に人好きのする特質によって西ヨーロッパで特異な存在だったとしても、イタリアが特異な理由はもちろん別にもあった。一九四三年のムッソリーニ政権転覆も、二〇年に及ぶ彼の支配下での多くのイタリア知識人の共謀関係を覆い隠すことができなかった。ムッソリーニの超民族主義の攻撃目標は、とりわけ外国文化とその影響力であり、ファシズムはごくありふれた外国産品に対してと同様、文学や諸芸術にも保護と国産代用品の自給自足政策を適用して「民族派」知識人に露骨に肩入れしていたのだった。

　仕方のないことだが、たくさんのイタリア知識人（とくに若い世代）はファシズム国家からの支持や助成金を受けていた。そうでなければ追放か沈黙しかなかった。エリオ・ヴィットリーニ自身、ファシスタ党の文学コンペで受賞していた。ヴィットリオ・デ・シーカは、戦後ネオリアリズムの代表者となる以前は、ファシズム期映画の有名俳優だった。彼の仲間のネオリアリズム監督ロベルト・ロッセリーニの場合、戦後作品は政治的共感の点ではっきりと共産主義的だが、その数年前となると、ムッソリーニのイタリアで当局からの支援を仰いでドキュメンタリーや長編をつくっていて、しかもそれは彼だけの限られたケースだったのではない。ものごころついて以来他の平時の政府というものを知らない数百万のイタリア人にとって、一九四三年時点でムッソリーニの支配は正常な秩序そのものだったのである。[6]

　こうして戦後期における大多数のイタリア知識層の精神的立脚点は、この国全体としての、どちらかといえばアンビヴァレントな国際的立場を映し出しており、したがって戦後のヨーロッパ問題で舞台中央に立つには独裁主義的過去とのしがらみが強すぎたのであった。ともかくイタリアは、奇妙なことに、それまでも近代ヨーロッパ文化では周縁的位置に留まりつづけていたのであり、その理由はおそらくこの国自体の遠心的な歴史と空間配列だった――ナポリ、フィレンツェ、ボローニャ、ミラノ、トリノはそれぞれが自分だけの小世界を形成しており、それぞれ自分の大学や新聞やアカデミーやインテリ階層を有していた。ローマは権威の中心、学芸庇護の源泉、権力の根源であった。しかしそれが国民全体の文化生活を独占支配したことなど、決してなかったのである。

　となると最終的に、第二次大戦後のヨーロッパ本来の知の生活が営まれたのは、たった一つの場所しかあり得ない。それは大陸全体の文化状況を反映することも定義づけることも可能な強迫観念なり思考分裂なりを抱えこんだ唯一の都市、一国の首都である。その競争相手の都市は囚われたり、自壊したり、どこかの地方に吸収されていた。すでに一九二〇年代の昔からヨーロッパの国家が次から次へと独裁者の手に落ちてゆくにつれ、政治的難民や知識人亡命者はフランスへとやって来た。彼らの一部は戦争中も踏みとどまってレジスタンスに加わり、その結果多くの人びとがヴィシーやナチの犠牲になった。ロンドンやニューヨークやラテンアメリカへと避難した人びともいたが、解放後はまたもどってくる。他の人びと、たとえばチェスワフ・ミウォシュや、ハンガリーの歴史家・政治ジャーナリストのフェイトー・フランソワなどは、東ヨーロッパでのソヴィエトのクーデターによって逃亡を余儀なくされるまでは国外移住をしなかった――しかしその時点では、まっすぐパリを目ざすことだけが自然だと思われたのであった。

その結果、カール・マルクス、ハインリヒ・ハイネ、アダム・ミツキェヴィチ、ジュゼッペ・マッツィーニ、アレクサンドル・ゲルツェンらがパリの亡命者となって暮らした一八四〇年代以来初めて、パリがふたたび国を追われた知識人たちにとってのヨーロッパの自然な故郷、近代ヨーロッパの思想と政治の情報交換センターとなった。したがって戦後のパリにおける知的生活は二重にコスモポリタンだった――ヨーロッパ中の男たち女たちがそれに参加していたのと、各地の意見や論争が広範な国際的読者へと増幅されて伝達される、ヨーロッパただ一つの舞台だったのである。

そうしたわけで、一九四〇年におけるフランスの壊滅的敗北、ドイツ占領下四年間の屈辱的な忍従、ペタン元帥のヴィシー政権がもつ道義的あいまいさ（そしてそれ以上の悪）、戦後期国際外交におけるアメリカやイギリスへのこの国の呆れ果てた従属ぶり――こうしたことすべてにもかかわらず、フランス文化はふたたび国際的関心の中心となった。フランスの知識人は時代のスポークスマンとして国際的に特別な重要性を獲得し、フランスにおける政治論議の主調が世界一般のイデオロギー的裂け目の縮図となった。もう一度――そしてこれが最後だったが――パリがヨーロッパの首都となった。

こうした成り行きがもつアイロニーは、同時代の人びとにも見逃されてはいなかった。フランスの知識人を当時の脚光を浴びる舞台へと押し出したのが歴史の偶然だったというのは、彼ら自身の関心というのもご多分に漏れず、きわめて偏狭なものでしかなかったからだ。戦後のフランスも他の国同様、恨み晴らしや、物資の欠乏や、政情不安などの諸問題でもちきりだった。フランスの知識人は他の世界の政治を自分たちの強迫観念に照らして再解釈し、フランス国内におけるパリのナルシスティックなうぬぼれぶりが世界一般に向かって自己批評ぬきで投影された。アーサー・ケストラーの印象深い描写の通り、彼ら戦後のフランス知識人（「サン・ジェルマン・デ・プレのかわいい浮かれ者たち」）は、「『歴史』の放蕩ぶりを壁穴から眺めるだけの、のぞき魔連中」だった。しかしその「歴史」は彼らに特権的な座席を提供したのである。

後年のフランス知識人社会を特徴づけるさまざまな分裂は、

（6）デ・シーカの『靴みがき』（一九四六年製作・公開）では、少年刑務所の所長がファシスト式敬礼をする――習慣を変えられない――ばかりか、ノスタルジーを隠すことなく、かつてのムッソリーニ時代の微罪犯たちのことを口にする。

たちどころに現われたわけではない。ジャン＝ポール・サルトルが『レ・タン・モデルヌ』誌を創刊したとき、その編集委員にはシモーヌ・ド・ボーヴォワールやモーリス・メルロ＝ポンティのみならずレーモン・アロンが含まれていて、左翼政治と「実存主義」哲学を中心とする広範なコンセンサスを反映していた。後者の「実存主義」は（本人は不本意だったが）アルベール・カミュをも包含しており、当時彼はサルトルやボーヴォワールの親しい友人で、日刊紙『コンバ』の論説頁に自分のコラムをもち、戦後フランスの最も影響力ある作家だった。彼らすべては「エグジスタンシャリスト（実存主義者）」というより一種の「レジスタンシャリスト（抵抗主義者）」的態度を共有していた（と言っても、レジスタンスそのものに積極的に関わったのはカミュだけだった――アロンは「自由フランス」とともにロンドンにいたし、他の人びとは被占領期を、なんだかんだいっても無事に通り抜けていた）。メルロ＝ポンティの言葉によれば、フランスの知識人は戦時中の闘争によって、「であることとすること」のジレンマを克服した。以後、彼らは「歴史」の「内側」にいて「歴史」ととことん「アンガージュ（関与）」しなくてはならない。彼らの状況は切迫していて、政治的選択に身を挺することを拒否するぜいたくはもはや許されなくなった。真の自由とは、この真理を受け容れることだった。サルトルの言葉によれば、「自由とは、したいことをすることではない。自分にできることを、したいと欲することだ。」

　サルトルと彼の世代が戦争から学んだと主張したもう一つの教訓は、政治的暴力の不可避性――したがって、ある程度までその望ましさ――ということだった。これは決して、最近の経験にフランス独自の解釈を施したもの、ではなかった。一九四五年まで、数多くのヨーロッパ人は三〇年に及ぶ軍事的・政治的暴力のなかで生きてきたのだ。大陸中の若者たちが、言葉にせよ行動にせよ、一九世紀の祖先ならびっくり仰天したにちがいない公然たる野蛮というものに、すっかり慣れてしまっていた。しかも近代の政治レトリックが提供した「弁証法」は、暴力や闘争の必要性を飼い馴らす。『エスプリ』誌の創刊者・編集者でキリスト教左翼の有力者エマニュエル・ムーニエは一九四九年、資本主義の犠牲者に対しては「白い暴力」が日常的に行なわれているというのに、暴力や階級闘争に反対するのは偽善だと主張したが、彼がこのとき多くの人びとの声を代弁していたことは疑いない。

　ところがフランスでは、暴力による解決を求める声は単に最近の経験の投影以上のものだったのだ。それはもっと古くから引き継がれていたものの反響でもあった。協力や裏切りに対する糾弾、処罰と新規まき直しへの要求は、「解放」とともに始まったのではなかった。それらは尊ぶべきフランスの伝統の繰り返しだったのだ。一七九二年以来、フランスの公的生活における「革命」と「反革命」という二つの極は、この国の二極分裂性向を実証し、強化してきた。君主政に賛成か反対か、革命に賛成か反対か、ロベスピエールに賛成か反対か、一八三〇年や一八四八年の憲法に賛成か反対か、コミューンに賛成か反対か。かくも長期にわたって途絶えたことのない二極政治の経験をもつ国は他にないが、これは国民的「革命」神話という型通りの歴史記述によって強調され、数十年間かけてフランスの学校児童に叩き込まれたものだった。

もっと言えば、フランスという国では他のいかなる西欧国民国家にも増して、インテリゲンチアが公的政治の手段としての暴力を肯定し、崇拝してさえいたのである。ジョルジュ・サンドが一八三五年のセーヌ川沿いの、ある友人との散歩のことを記録している。その友人はプロレタリアの血の革命をしつこく擁護した。彼の説明では、セーヌの流れが血に染まり、パリが燃え、貧しい者が正しい地位を手に入れるときにだけ、正義と平和が実現するのである。ほぼ正確に一世紀が過ぎた後、イギリス人エッセイストのピーター・ケネルは『ニュー・ステーツマン』誌で、「多くのフランスの作家を支配していると思われるのが、ほとんど病理的と言っていいほどの暴力崇拝である」と書いた。

したがって「急進社会党」の長老政治家エドゥアール・エリオ——一九五七年八五歳で死去するまでフランス国民議会議長を務めた——が「解放」に際して、「フランスはまず血の戦いを清算するのでなければ」正常な政治生活は回復されないと言明したとき、彼の言葉は政治中枢に陣どる太鼓腹の地方的議会政治家の口から発せられたにもかかわらず、フランス人の耳には異常なものとは聞こえなかった。フランスでは読み手も書き手も、歴史の変革と浄化的流血とは切っても切れないものという考えに長年にわたってなじんでいた。サルトルとその同時代人が、共産主義暴力は「プロレタリア・ヒューマニズム」の一形態であり、「『歴史』の助産婦」だと主張したとき、彼らは自分で分かっている以上に従来型の思考を表明していたのだ。

フランスの「イマジネール（空想）」での革命暴力へのこうした親近感は、かつての仏露同盟のセピア色の記憶とともに、フランスの知識人に前もって影響を及ぼしていて、ソヴィエトが行なった蛮行に対する共産党側の弁明に特別の共感の念で耳を傾けさせた。弁証法も役に立った。サルトルの『レ・タン・モデルヌ』誌でスラーンスキー裁判について論評したマルセル・ペジュは読者に、政敵を殺害するのは悪ではない、と注意を促した。プラハで行なわれたことがまずかったのは、「彼らが殺されるこの儀式（見せしめ裁判のこと）

が、仮にこの暴力を共産主義の観点から正当化するとどういうことになるかをカリカチュアとして見せている点だ。結局のところ、告訴内容に明らかな疑問があるわけではない。」

ソヴィエト・ブロックを訪れたフランスの知識人は、建設中の共産主義を目の当たりにして、ますます夢中になった。かくして詩人でシュールレアリストのポール・エリュアールは一九四八年一〇月、（明らかに押し黙っていた）ブカレストの聴衆に向かってこう呼びかけた——「わたしはもう誰も笑わない国、誰も歌わない国からやって来ました。フランスは暗闇に覆われています。しかしあなた方は「幸福」の陽光を見出したのです。」あるいは同じエリュアールが翌年、ソヴィエト占領下のハンガリーでこうも言ったのである——「人民は自分の国では、主人以外のものであってはなりませんし、数年も経てば、「幸福」が至高の法となり、「喜び」が日ごとに立ち昇るでしょう。」

エリュアールは共産党員だったが、こうした彼の心情は入党しなかった多くの知識人や芸術家にも広まっていた。一九四八年、チェコのクーデターの後に、シモーヌ・ド・ボーヴォワールは共産党がここかしこで勝利への道を進んでいると確信した。彼女の同時代人のポール・ニザンがすでに何年も前に書いたことだが、革命的哲学者が力を発揮し得るのは「革命」を担う階級を選択する場合だけであり、共産党員はその階級の自薦の代表者であった。参加を決めた知識人は、その時どきの道徳がどう移り変わろうと、進歩と「歴史」の側に立つ義務があった。(7)

フランスの知識人にとっての共産党問題の重要性は、「フランス共産党（ＰＣＦ）」の遍在性の結果でもあった。イタリアの党ほど大規模ではなかったが（最盛時の党員数八〇万人）、戦争直後のＰＣＦは選挙でははるかに大きな成功を収め、一九四六年の得票率は二八パーセントだった。しかもイタリアとはちがって、フランス共産党は統一した中道右派の「カトリック党」と対決しなくてもよかった。その反対に「フランス社会党」は、長い両大戦間時代に経験した共産党の戦術のおかげで、「冷戦」の初期段階では共産党とためらいなく連携することはなかった（少数の社会党員のなかには、そうしてほしいと思っていた者もあっただろうが）。したがってＰＣＦは、どの国の共産党よりも強力で、しかも孤立していたのである。

さらにこの党に特有なこととして、知識層に対して共感をもっていなかった。イタリアの場合と明らかな対照をなすのだが、これまで常にＰＣＦを主導してきたのは実務的でぶっきらぼうな党官僚たちで、その典型が一九三二年から一九六四年の死に至るまで党を運営した、鉱夫出身のモーリス・トレーズだった。スターリンにとってトレーズの最も重要な特質とは、チェコスロヴァキアのゴットワルトと同様、言われたことをやりとげて余計な質問をしないという信頼感だった。トレーズが一九三九—四〇年の、どの国も作戦行動に出なかった「奇妙な戦争」のさなかにフランス軍を脱走し、以後の五年間をモスクワで過ごしたのも偶然の一致ではなかった。フランス共産党はこうして、いささか硬直的ではあっても信頼できる衛星党として、スターリン主義路線の広宣と実践に役立つ媒体だったのである。

指導性、方向性、規律、さらには「労働者」との協同行動の可能性を希求する戦後の学生世代にとって、少なくとも数年のあいだはPCFの硬直性そのものに魅力があった。チェコやポーランドの共産党が初めのうち、はるか東方の仲間たちを熱狂に駆り立てたのと同じだった。しかしフランスの既成知識人にとって、PCFの文化統制委員が党の日刊紙『ユマニテ』その他の誇張記事で盛り上げる正統性の押しつけは、彼らの進歩的信条に対する日ごとの挑戦となった。PCFに命運を託した作家や学者は、イタリアのヴィットリーニやロンドンの「共産党歴史家グループ」のようにゆとりを認めてもらうことなど、少しも期待できなかったのである。(8)

こうした理由から、パリのインテリゲンチアの親近関係こそ、「冷戦」時ヨーロッパの信念や意見の断層線を見きわめる確かな標識なのである。他ならぬパリにおいてこそ、知識人のあいだの分裂が国内外の政治的分裂の輪郭をなぞっていた。東ヨーロッパにおける見せしめ裁判がパリで特別熱心に議論された理由は、共産党員の犠牲者の多くがかつてフランスで暮らし、活動したことがあったからだ。ライク・ラースローはスペイン内戦後にフランスで抑留されたし、アルトゥール・ロンドンはフランスのレジスタンスで活動し、著名なフランス人共産党員と結婚し、後にはもう一人の有名共産党員の義父となり、「アンドレ・シモーヌ」ことオットー・カッツ（スラーンスキー裁判のもう一人の犠牲者）は三〇年代における仕事によってパリのジャーナリスト仲間で広く知られていた人物であり、トライチョ・コストフはブルガリア外交官としてパリで過ごしたことでよく知られていた——彼がソフィアで逮捕された際には、カミュの『コンバ』紙の一面にその記事が載ったのである。

---

(7) ソヴィエトの文化政策について懸念を抱いていたにもかかわらず、ポール・エリュアールは党の地方細胞の労働者階級の同志の前ではジダーノフ主義批判をすることを拒んだ。彼がクロード・ロワに説明したところでは、「かわいそうに、そんなことをしたら彼らをがっかりさせるだけだよ。闘争に参加している連中を混乱させてはいけないのだ。彼らは理解しないだろうよ。」

(8) パリに住んでいたフェイトー・フランソワが数年後に記しているのだが、彼が著わした東ヨーロッパ史について、イタリア共産党が用心しながらも温かい歓迎の意を表したのに対し、PCFはもう一人の裏切り者の仕事と切って捨てただけだった。

パリ自体が、二つの大きな政治的見せしめ裁判の舞台でもあった。一九四六年のこと、一九四四年四月にアメリカへと逃亡したソヴィエトの中級官僚ヴィクトル・クラフチェンコが『わたしは自由を選んだ』という回想記を出版した。これが翌年の五月にフランス語の同じタイトルでフランスで刊行されたとき、そこに書かれたソヴィエトでの粛清、虐殺、とりわけソヴィエトの強制労働収容所のシステムである「グラーグ」の記述がセンセーションを巻き起こした。一九四七年一一月、PCFの指導者がソヴィエトの新しい強硬路線に従わなかったことをポーランドでのコミンフォルム会議で繰り返し巻き返し糾弾された二カ月後のことだったが、党の知識人向け定期刊行物『レットル・フランセーズ』は一連の記事を掲載して、クラフチェンコの本はうそのかたまりであり、アメリカ諜報機関の捏造だと主張した。同紙は一九四八年四月に攻撃を繰り返し、かつ強めたので、クラフチェンコは名誉毀損訴訟を起こした。

この裁判は一九四九年一月二四日から四月四日までつづき、クラフチェンコが味方として出廷させたのがやや怪しげな証人たちだったのに対し、被告側はフランスの錚々たる非共産党員知識人たちの宣誓証書の束を持ち出すことができた。レジスタンス作家ヴェルコール、物理学者でノーベル賞受賞者のフレデリック・ジョリオ＝キュリー、美術評論家ジャン・カスーはレジスタンスの英雄でパリの近代美術館長、その他大勢。これらの人びと全員がフランス共産党の申し分なきレジスタンス記録や、ソヴィエト連邦が有する議論の余地なき革命資格証明や、クラフチェンコの主張に宿る——真実であるにもせよ——受け入れがたき意味合いなどについて証言した。判決でクラフチェンコは、象徴的な名誉毀損を受けたとして一フランを裁定された。

「進歩的左翼」側のこうした「道徳的」勝利は、東ヨーロッパにおける主な見せしめ裁判の第一ラウンドの時期と一致しており、ソヴィエト連邦に賛成か反対かという、思想的立場の決め方と一致していた——サルトルが数カ月前から言い出していた通り、「ソ連かアングロサクソン・ブロックか、われわれはどちらかを選ばなくてはならない。」しかしソヴィエト連邦の批判者の多くにとって、クラフチェンコは理想的なスポークスマンとは言いがたかった。長年ソヴィエトの政治局員を務めた揚げ句に米国への亡命を選んだ彼が、ヨーロッパの反共知識人たちの、おそらく大多数に対して何の訴求力ももたなかったのは、彼らはモスクワだけが進歩派の資格を独占するのを拒否すると同時に、ワシントンからも距離を置くことに腐心していたからである。サルトルとメルロ＝ポンティは一九五〇年一月にこう書いた——こういう人物にわれわれは友愛を感じることができない、彼は「ロシア自体におけるマルクス主義的価値観の」衰退の生き証人である、と。

しかしもう一つの裁判を無視するのは、もっと困難だった。一九四九年一一月一二日、ブダペストでライク・ラースロー の処刑が行なわれてから四週間後のこと、『フィガロ・リテレール』紙に、ダヴィド・ルーセがかつてのナチ収容所の入所者たちへのアピールを掲載して、ソヴィエトの強制収容所に関する調査で彼に協力するよう呼びかけた。彼はソヴィエト連邦が作成した「矯正労働規定」自体にもとづきつつ、これらの収容所は役人たちが言うような再教育施設ではなく、ソヴィエトの経済や刑罰体系と直結した一種の強制収容所だと主張したのである。一週間後、今度も『レットル・フランセーズ』紙で、共産党員作家のピエール・デクスとクロード・モルガンが資料捏造とソ連に対する侮辱中傷とで彼を告発した。

この対決の登場人物は、常になく興味深い人びとだった。ルーセはクレムリンからの逃亡者などではなかった。彼はフランス人で、昔からの社会主義者で、一時はトロツキストで、レジスタンスの英雄で、ブーヘンヴァルトとノイエンガンメ（ともに強制収容所）の生き残りだった。サルトルの友人で、一九四八年には彼とともに短命に終わった政治運動「革命的民主連合（ＲＤＲ）」を興した。こういう人物がソヴィエト連邦に対して、強制収容所あるいは強制労働収容所の設置運営を告発したことで、当時の型通りの政治的連携関係に大きな亀裂が生じたのである。デクスもレジスタンス活動で逮捕されたことがあり、彼の場合はマウトハウゼンに送られたのだった。かつてのレジスタンス参加者で収容所の生き残りでもある二人の左翼がこうして激突したことは、過去の政治的同盟関係や忠誠関係が今や共産主義問題ただ一つに従属させられたことを示していた。

ルーセ側の証人リストには、ソヴィエトの監獄制度に関して信頼のおける、直接経験をもつ多彩な人たちが含まれており、その最たるものがマルガレーテ・ブーバー゠ノイマンの劇的な宣誓証言で、彼女はソヴィエトの収容所のみならずラーフェンスブリュック〔バルト海に面したメクレンブルク゠フォアポンメルン州〕での経験を語ったのだが、彼女がそこへ送られたのはスターリンが一九四〇年に彼女をナチへと送還したからであり、これはモロトフ‐リッベントロップ協定〔独ソ不可侵条約〕がもたらしたわずかな変化の一端であった。ルーセは訴訟に勝った。彼は同時代人たちの良心と意識とに少しは衝撃を与えた。一九五〇年一月の評決告示の後、モーリス・メルロ゠ポンティは「ロシアの制度がもつ意味に対して諸事実がこぞって疑問を投げつけた」と告白した。シモーヌ・ド・ボーヴォワールは新作のモデル小説『レ・マンダラン』の登場人物たちに、ソヴィエトの収容所の報道をめぐる苦悩に満ちた一連の議論をさせることを余儀なくされた(とは言え彼女は、サルトルや彼の友人たちが早くも一九四六年からそうした問題を知っていたと思わせるよう年代を調整して、彼らにおもねったのである)。

ルーセとその同類に反撃を加えるとともに、「進歩的」知識人をつなぎとめておくため、共産党は「反ファシズム」という道徳的梃子を活用した。これはおなじみのテーマだった。多くのヨーロッパ人にとって、政治的結集の最初の経験は一九三〇年代の反ファシズム人民戦線連合であった。大方の人びとにとって、第二次世界大戦はファシズムに対する勝利として思い出されたのであり、戦後になると、とりわけフランスやベルギーにおいてはそういう勝利として賛美された。「反ファシズム」こそ、今より単純だった時代との安心できる、普遍的なつなぎめだった。

公式左翼が展開した反ファシズム・レトリックの中核にあったのは、政治的忠誠についての単純二進法の見方だった――われわれは彼らとはちがう、というのだ。彼ら(ファシスト、ナチ、フランコ主義者、民族主義者)は「右」、われわれは「左」である。彼らは「反動」で、われわれは「進歩」である。彼らは「戦争」支持、われわれは「平和」支持である。彼らは「悪」の軍勢であり、われわれは「善」の味方である。一九三五年のパリにおけるクラウス・マンの言葉ではこうなる――ファシズムが何であれ、われわれはそれとはちがうし、それに反対である。反ファシズム主義者に対抗する人びとの大半が、自分の政治的立場をとりわけ反共産主義者と規定したから(戦時中デンマークやルーマニアといった遠隔の国々でナチズムが保守的エリート層にとって魅力的だった理由の一端がここにある)、こうした整然としたシンメトリーは共産党側に有利に働いた。共産主義びいき、あるいは反・反共産主義――これが反ファシズムの論理的エッセンスだった(9)。

当然ながらソヴィエト連邦としては、戦後の時代に自分がもつ反ファシズムの資格証明に注意を向けさせることが利益であり、ドイツに代わってアメリカが敵となった以上、とくにそうだった。反ファシズムのレトリックは今やアメリカに向けられ、まずはファシストの報復を擁護したと非難され、ついでその延長でアメリカ自体が親ファシズムの脅威であるとされた。もちろんこうした共産党の戦術がとりわけ功を奏したのは、ヨーロッパでファシズムそのものが復活するのではないか、あるいは少なくともネオ・ファシズムへの共感の大波が廃墟のなかから沸き起こるのではないかという、広範で真剣な恐怖があったからだった。

「反ファシズム」にはレジスタンスや同盟という言外の意

味があって、戦争中のソヴィエトの好イメージ、すなわち西ヨーロッパの多くの人びとがクルスクやスターリングラード〔ともに独ソの激戦地〕での英雄的勝利に感じた真の共感が長つづきしたこととも関連していた。シモーヌ・ド・ボーヴォワールはその回想記のなかで、まことに徹底した断言を行なっている――「ソ連へのわれわれの友情は無条件なものだった。ロシアの人びとが払った犠牲が示していたのは、その指導者たちが人びとの願いを体現していたということだった。」エドガール・モランによれば、スターリングラードがすべての疑念、すべての批判を拭い去ったのだった。さらにパリの解放は、ソ連の犠牲のおかげで西側連合軍によって行なわれたわけだから、各国の記憶のなかに西側の罪障が大きく浮かび出ることとなった。

　しかし知識人のロシア好きには、これ以上のことがあった。東方わずか数マイルのところで何が起こっていたかを想起することが重要だ。西側知識人たちの共産主義熱が頂点に達したのは、「グーラッシュ（ハンガリー・シチュー）共産主義」や「人間の顔をした社会主義」が唱えられた時期ではなく、むしろ共産主義体制が暴虐の限りをつくした一九三五―三九年と、一九四四―五六年の期間だった。作家や教授や芸術家や教師やジャーナリストがしばしばスターリンを礼賛したのは、彼の悪行にもかかわらずではなく、彼の悪行のゆえにだった。スターリンの手の届かぬところにいた人たちが彼および彼に対する崇拝へと誘われたのは、彼がまさに工業的規模で人びとを殺害し、見せしめ裁判がソヴィエト共産主義をこの上もなく恐ろしいドラマとして上演していた時期だったのだ。「大義」を探求する善意の男たち女たちをその点でかくも無抵抗にしたのは、レトリックとリアリティーとを分断していた、ばかばかしくも大いなるギャップだった。[10]

　共産主義が知識人をどう奮い立たせたかとなると、それはヒトラーも（とりわけ）自由民主主義もとても太刀打ちできないほどのものだった。共産主義はエキゾチックな場面、英雄的なスケールを具えていた。レーモン・アロンは一九五〇年に、「ヨーロッパの左翼がピラミッドの建造者を神と崇めているのは、……おどろくほどばかげたこと」と言った。しかし本当におどろくべきことだったのだろうか？　たとえばジャン＝ポール・サルトルの場合、彼が共産主義に最も惹かれたのは、「ピラミッドの建造者」がその最終の、狂気の企てに乗り出したまさにその時期だった。その欠陥を正当化し

（9）かくしてエマニュエル・ムーニエは一九四六年二月の『エスプリ』誌にこう書いた――「反共産主義とは……ファシズム復活のための必要にして十分な結晶化作用となる。」

（10）同様にして、西欧における毛沢東崇拝が頂点に達したのは「文化大革命」の最盛時で、毛が作家・芸術家・教師たちを迫害していたまさにその時、まさにそのゆえのことだった。

免責するほどの野心的企てを有するソヴィエト連邦が、今や重大なことに取りかかっているという考えは、合理主義の知識人にとって特別に魅力的だった。ファシズムが陥った罪とは、その目標が偏狭だったことだ。しかし共産主義が目ざしていたのは申し分なく全世界的で超越的な諸目標だった。それが犯した罪など「歴史」相手の仕事をする際のいわば必要コストだと、多くの非共産党員観察者によって言い繕われたのである。

しかしたとえそうだったとしても、「冷戦」の時期、政治的な敵対者に対して支援や慰めを与えることになるかもしれぬという懸念から思い止まりさえしなければ、西ヨーロッパにはもっと公然とスターリンやソヴィエト連邦や各国の共産党を批判したはずの多くの人びとがいたのだ。こうなったのもまた「反ファシズム」の遺産、「左翼側には敵などなし」という主張だった(スターリン自身はこの法則をまったく顧慮しなかったということを言っておかなくてはならない)。進歩派のブーリエ神父が、フェイトー・フランソワにライク裁判について書くのをやめさせようとしたときの説明に曰く、共産主義の罪障に注意を向けるのは「帝国主義者のゲームに興じることだ。」(11)

反ソヴィエト側を有利にしてしまうことへの懸念は、新しいものではなかった。しかし五〇年代初期まで、それがヨーロッパとりわけフランスにおける知的・思想的論争の際の主たる計算となっていた。東ヨーロッパの見せしめ裁判がエマニュエル・ムーニエや彼の『エスプリ』グループの人びと多数を最終的に共産党離脱へと導いたときも、彼らは自分たちが「反共」になった——あるいはもっと悪いことに「反米」であることを止めた——と取られぬよう、細心の注意を払った。反・反共主義が、それ自体として政治的・文化的な目的となりつつあったのだ。

ヨーロッパの文化的分水嶺の片側には、したがって、共産主義者とその支持者や弁護者、つまり進歩派や「反ファシストたち」がいた。もう一方の側(ソヴィエト・ブロックの外側)には、はるかに大勢だが、互いにはっきり異質的な反共産主義者たちがいた。反共産主義者にはトロツキストからネオ・ファシストまでの幅があったから、ソ連の批判者たちはしばしば他の点では毛ぎらいしている政治的見解をもつ誰かと綱領や請願を共有する羽目に陥った。こうした不神聖同盟はソヴィエトの恰好の攻撃目標となり、共産主義に対する自由主義的批判者に意見を公けにしてもらうことは反動の烙印

(11) レーモン・アロンの辛らつな指摘によれば、この時期の「進歩主義」は「共産主義の論拠を、個人個人の思索から自発的に生まれ出たもののように提示する」ことで成り立っていた。

1954年6月23日、レニングラードの国立図書館で稀覯本に見入るジャン＝ポール・サルトル。この時期のサルトルが見せた共産主義への大甘ぶりは、イデオロギーというより、ロマンティックな幻想（および反米主義）に由来するものだったが、おかげでその後の10年間に彼の国際的名声は傷つき、戦後の栄光に翳りが生じてしまった。

1952年、ミュンヘンの「ラジオ自由ヨーロッパ（ＲＦＥ）」を訪問したレーモン・アロン（左、右はＲＦＥへの知的協力顧問フランク・ムンク）。アロンは反自由主義の時代の自由主義者だった。彼が行なう政治選択は、仲間の知識人たちから理解されないことが多かった――「政治選択が行なわれるのは善と悪とのあいだではなく、好ましいものと忌まわしいものとのあいだである。」

を恐れるがゆえに時として困難となった。アーサー・ケストラーは一九四八年、ニューヨークのカーネギー・ホールで多数の聴衆に向かってこう説明した――「人がまちがった根拠で正しいことを言うのは、始末におえません。……自分が悪い側に分類されるのを恐れるのは、政治的純粋さの表われではありません。それは自信のなさの表われなのです。」

真に反動的な知識人は、戦後の一〇年間には数が乏しかった。フランスでは、たとえばジャック・ローランやロジェ・ニミエなどが臆せず右翼を以て任じていて、自分たちの大義が望み薄であることを幾分楽しみながら認めつつ、不面目な過去へのネオ・ボヘミアンなノスタルジーをつくり上げるとともに、自分たちの政治的不適応ぶりを名誉の勲章のようにひけらかしていた。左翼が得手に帆を揚げて「歴史」を味方につけるのなら、新世代の右翼文人派は、ドリュ・ラ・ロシエルやエルンスト・ユンガーといった大戦間作家の本領である本格的デカダンスや死を希求する独我論を社会派的スタイルへと仕立て上げて、反抗的負け組であることを誇りにしようとしていた――つまりサッチャー時代のイギリスの「若き守旧」派を先どりしていたわけである。

フランスと、少なくともイギリスには、その共産主義ぎらいが三〇年間少しも変わらなかった保守派知識人の典型がいた。この両国ではイタリアと同様、活動的なカトリック知識人が反共産主義論戦に重要な役割を演じた。イーヴリン・ウォーやグレアム・グリーンがヒレア・ベロックやG・K・チェスタートンを引き継いだのは、有能にして不機嫌なカトリック伝統主義者のためにイギリスの文化生活のなかで特別に設えられた空間のなかでだった。しかしイギリスの保守派が近代生活の空虚さを憤るか、あるいはそこから完全に身を退いてしまうのに対し、フランソワ・モーリアックのようなフランスのカトリックは、政治的左翼との論争のやりとりにきわめて自然に引き込まれていった。

公的な諸問題に関するモーリアックの戦後長期にわたる関与を通じて（彼は八〇歳代まで『フィガロ』に定期的に寄稿し、死去したのは一九七〇年で八五歳だった）、彼の議論にはほぼ常に倫理の血脈が通っていた――最初はカミュとの論争で戦後の粛清の妥当性をめぐって、後には仲間の保守派とアルジェリアでの戦争（彼はこの戦争に反対だった）をめぐって。そして常連の相手は共産主義者たちで、彼らは彼の嫌悪の的だった。一九四九年一〇月二四日の『フィガロ』で彼が読者に説明した通り、フランスの共産党員のブダペスト見せしめ裁判――当時進行中だった――の正当化は、「精神の下劣さ」の証しだった。しかしこの時期、共産主義の犯罪をめぐるモーリヤックの道徳的明晰さは、アメリカ社会の「異質な価値観」に対する同じく道徳的な嫌悪感をともなっていた。ヨーロッパの多くの保守派と同じように、彼は「冷戦」がしからしめたアメリカとの提携に対して、常づね少々不快感をもっていたのだった。

レーモン・アロンのような自由主義の現実主義者には、この点は問題なかった。ヨーロッパの政治中心に陣どる他の多くの「冷戦戦士」同様、アロンはアメリカへの共感に限定をつけていた。彼はこう書いていた――「わたしにとってアメリカ経済は、人間全体にとっても西欧にとってもモデルだとは思えない。」しかしアロンは戦後ヨーロッパの政治をめぐる中心的真実を理解していた――つまり、国内闘争と国外闘争とが絡み合っているということである。一九四七年七月に彼はこう書いた――「我らの時代は、個人にとっても民族にとっても、すべてを決定する選択が地球大のもの、実際には地理的な選択である。自由な国々の宇宙にいるのか、過酷なソヴィエト支配下に置かれた地域にいるのか、どちらかである。これから先はフランスにいる誰も彼もが、自分の選択をはっきり述べなければならなくなるだろう。」あるいは別の機会に彼が言ったのは、「これは善と悪との戦いではなく、好ましいものと忌まわしいものとのあいだの戦いなのだ。」

したがって自由主義の知識人は、アロンやルイジ・エイナウディのような大陸的信念型であれ、アイザイア・バーリンのようなイギリス的感性型であれ、歴史が彼らに押しつけたアメリカとのつながりについては大方の保守派と比べてはるかに気楽なかまえだった。奇妙に思われようが、同じことは社会民主主義者についても言えた。その理由の一端はＦＤＲ（フランクリン・デラノ・ローズヴェルト）の記憶が今なお鮮明だったのと、この時期のヨーロッパ人と関わったアメリカの外交官や政策立案者たちの多くが「ニュー・ディーラー」であり、彼らは経済政策・社会政策における国家の役割の積極的推進者であるとともに、その政治的共感の落ち着く先が中道から左寄りだったからである。

しかしそれはまた、アメリカが行なった政策の結果でもあった。ＡＦＬ－ＣＩＯ（アメリカ労働総同盟産別会議）とアメリカの各種情報機関と国務省の三者は、労働組合を基盤とする穏健な社会民主主義の労働者政党こそ、とくにフランスやベルギーにおいて共産党の進出を阻み得る最善の防壁と見なしていた（イタリアでは政治環境が異なっていたので、彼らが希望と莫大な資金とを投じたのはキリスト教民主主義だった）。一九四七年半ばまでだったら、これは危ない賭けだっただろう。しかしこの春にフランス、ベルギー、イタリアで行なわれた政府機関からの共産党追放の後で、またとくに一九四八年二月のプラハのクーデターの後で、西ヨーロッパの社会主義者と共産主義者とは分かれ分かれになってしまった。共産党系労働組合と社会党系労働組合とのあいだの、共産党主導のストライキ労働者と社会党系閣僚の指示で介入した軍隊とのあいだの、それぞれに激しい衝突が、社会主義者の逮捕・投獄といった東ヨーロッパからのニュースともども、西側の社会民主党員の多くをソヴィエト・ブロックの確固たる敵、そして密かに供給されるアメリカの現金の積極的受領者へと変身させたのだった。

フランスのレオン・ブルムやドイツのクルト・シューマッハーのような社会主義者にとって、「冷戦」によって突きつけられた政治的選択はある面ですでになじみのあるものだった。彼らは昔の共産主義者のことを知っており、「人民戦線」以前の暗黒の時代の激烈な同志間の殺し合いを記憶しているほどの長い付き合いだったのだ。もっと若い世代には、この点の得心が欠けていた。アルベール・カミュ――彼は一九三〇年代にアルジェリアで共産党に短期間入党してすぐ離党していた――は、戦争を経た後には彼の同時代人の多くと同じように、共産主義者、社会主義者、さまざまな立場の急進的改革派によるレジスタンス連合の堅固な信奉者となっていた。彼は一九四四年三月に、アルジェでこう書いている――「反共産主義は独裁の始まりである。」

カミュが最初に疑問を抱いたのはフランスでの戦後の裁判や粛清のさなかのことで、その時の共産党はまさにレジスタンスの党として強硬路線を取り、何千人もの現実の、あるいは想像上の「コラボ」に対して追放や投獄や死刑を要求していた。したがって政治的・思想的な忠誠の動脈が一九四七年から硬化し始めるにつれて、カミュは政治的同盟者が抱く善き信念を次第に疑いがちになっている自分に気がついた――こうした疑いを彼は習慣から、そして統一のために、最初は押しつぶしていたのだった。彼は一九四七年六月には『コンバ』紙の主宰を降りてしまったが、もはやそれまでの三年間のような政治的確信や楽観が不可能になっていたのである。カミュは同年刊行された主要作品『ペスト』〔宮崎嶺雄訳・「カミュ全集」4・新潮社〕のなかで、自分の政治上の同衾者がもつ強硬な政治リアリズムに得心していなかったことは明らかだ。彼は登場人物の一人タルーの口を借りてこう言っている――「僕は、直接にしろ間接にしろ、いい理由からにしろ悪い理由からにしろ、人を死なせたり、死なせることを正当化したりする、いっさいのものを拒否しようと決心したのだ。」〔前掲邦訳書二〇五頁〕

とは言うものの、カミュはそれを告白してそれまでの友人と決別することにはなお消極的だった。公けには、彼はスターリニズムに対する率直な批判と、アメリカの人種差別や資本主義陣営で犯される他の犯罪に対する公正で「客観的」な言及とをバランスさせようと腐心していた。しかしルーセ裁判や東ヨーロッパの見せしめ裁判が彼のあらゆる幻想に終止符を打ってしまった。彼は自分の個人的ノートにこう書き記した――「私が残念に思うことの一つは、あまりにも客観性に頼りすぎてしまったことだ。客観性はときとして自己満足となる。今日では事態ははっきりしている。強制収容所的なものは、たとえ社会主義であろうと、強制収容所的と呼ばなければならない。ある意味では、私はもはや礼儀正しくなくなるだろう。」〔大久保敏彦訳・『カミュの手帖　一九三五―一九五九（全）』。新潮社・三六四―五頁〕

おそらくここには、二年前の一九四七年六月、ペンクラブ国際会議でイグナツィオ・シローネが行なった演説の反響がある。シローネは「知性の尊厳と知識人の不始末」と題して、自分自身および自分の仲間の左翼知識人の沈黙について公けに遺憾の意を表明した――「われわれは万人の自由とか人間の尊厳とかの諸原理を、格納したままの戦車よろしく棚上げしていたのです。」シローネがやがてリチャード・クロスマン編一九五〇年刊行の『神は躓ずく』〔村上芳雄訳・ぺりかん社〕に最上の評論を寄稿するのと同じく、以後はカミュも「進歩主義的」幻想に対する辛口の批判を展開し、一九五一年刊の評論『反抗的人間』〔佐藤朔／白井浩司訳・「カミュ全集」6・新潮社〕で革命の暴力を糾弾するに至って、かつてのパリの左翼知識人仲間との最終的な決別という事態となった。サルトルにとって、急進的知識人の責務は労働者を裏切らないことだった。カミュにとって、シローネも同じだが、最も重要なことは自分自身を裏切らないことだった。「文化の冷戦」の戦線が引かれたのである。

数十年を隔てて振り返ってみて、こうした初めの頃の「冷戦」がもつあからさまなコントラストやレトリックを十全に再現するのは困難だ。スターリンはまだやっかい者などではなかった――その正反対だったのだ。モーリス・トレーズは一九四八年七月にこう表明した――「『スターリン主義者』という言葉を投げつければ、人びとはわれわれ共産党員を侮辱できると思っている。どっこい、そのレッテルはわれわれにとっては最大限の努力で応えなければならない名誉なのである。」そしてこれまで見てきたように、才能ある数多くの非共産党員たちも、ソヴィエトの指導者を糾弾することには同じように消極的で、彼の犯罪を最小限度に見積もるかそれとも言い繕うか、その方途を探していた。ソヴィエト圏に関する希望的幻想には、アメリカをめぐる広範な懸念――およびさらに悪いもの――が付随していたのである。[12]

アメリカ合衆国は新生ドイツ連邦共和国とともに、共産党のレトリック暴力の攻撃を耐え忍んだ。それは抜け目のない戦術だった。アメリカはヨーロッパ経済復興へのその気前のいい援助にもかかわらず、あるいは所によってはそれゆえに、西ヨーロッパで大人気というわけではなかった。一九四七年七月に、マーシャル援助がフランスの独立に重大な脅威とはならないと考えていたのはフランス人成人中わずか三八パーセントだったが、アメリカの動機に対するこうした疑念は、一九四八年の戦争不安とその二年後の朝鮮戦争とによってさらに焚きつけられた。アメリカ軍が朝鮮で生物兵器を使用しているという共産党によるでっちあげの非難は、多くの聴衆に受け入れられた。

文化の問題では、共産党側は主導権を取る必要さえなかった。アメリカの支配に対する恐怖、民族の自律性や主体性を喪失することへの恐怖が、政治的見解のいかんを問わず男たち女たちを「進歩派」の陣営へと引き込んだ。西ヨーロッパの疲弊しきった他者依存性と比べて、アメリカは経済的には弱肉強食、文化的には啓蒙主義以前のように見えた——最悪の組み合わせである。一九四九年一〇月のこと——マーシャル・プランの第二年目でNATOの計画が仕上がりつつあった——フランスの文化評論家ピエール・エマニュエルが『ル・モンド』紙の読者に告げたところでは、戦後ヨーロッパへのアメリカの主な贈り物は……ファルス（男根）だった。ここスタンダールの国でも「今やファルスが神になりかかっている。」その三年後には『エスプリ』のキリスト教徒の編集者たちが読者の注意を喚起して曰く、「われわれが当初から警告してきたのは、アメリカ文化がわれわれ国民の安寧に及ぼすさまざまな危険についてだったが、今やこの文化はヨーロッパ諸国民の精神的・道徳的結束を根底から突き崩そうとしている。」

一方でアメリカ製の人工物が、いつの間にやら大陸中に広まっていた。一九四七年から一九四九年にかけて、コカコーラ会社はオランダ、ベルギー、ルクセンブルク、スイス、イタリアにボトリング・プラントを開設した。建国後の五年以内に、西ドイツはそうしたプラントを九六カ所もつようになり、アメリカの外部としては最大の市場となった。しかしベルギーとイタリアでも抗議の声が上がったものの、コカコーラの計画が大騒動を巻き起こしたのはフランスだった。この会社のフランスでの売り上げ目標は一九五〇年にボトル二億四〇〇〇万本だと『ル・モンド』紙が暴露すると、反対の大合唱が始まった——共産党はけしかけはしたが指揮は執らず、コークの流通サービスにはアメリカのスパイ網という二重の務めがあるという警告を発するだけに止まっていた。一九五〇年三月二九日の『ル・モンド』の論説によれば、「コカコーラはヨーロッパ文化のダンツィヒ（決戦場）」だった。

「コカコロニザシオン（コカコーラ植民地化）」をめぐる熱狂には明るい面（うわさでは会社はエッフェル塔にネオンでロゴを付ける計画だった……）があったが、その底にある心情は深刻だった。映画から飲料までのアメリカ文化のひどさと、ヨーロッパにおけるアメリカ駐留の背後に見え隠れする利己主義的・帝国主義的な野心とは、ヨーロッパの多くの左翼・右翼がともに口にする常套文句だった。ソヴィエト連邦はヨーロッパの差し迫った脅威かもしれないが、それ以上に油断のならない長期的な挑戦として迫ってくるのがアメリカだった。この見方に信頼が集まったのは朝鮮戦争勃発以後だが、アメリカはこのときから西ドイツの再軍備を迫り出していた。今や共産党はボンの「元ナチ」に対する攻撃に付け加えて、アメリカは「報復主義のファシスト」を支援しているという非難を混ぜ合わせることが可能になった。「アングロ－アメリカン」に対する民族主義的敵意は、戦時中の占領によって促進されたものの解放後は休眠していたのだが、それがイタリア、フランス、ベルギーで目を覚まし、活動を開始したのだ。ドイツ自体においても、ブレヒトをはじめ他の東ドイツ作家たちがそれに加わった。

こうした未組織の、しかし広範な戦争恐怖や、ヨーロッパのエリートたちのあいだのアメリカ的文物に対するうさん臭い思いにつけ込もうと、スターリンは国際的な「平和運動」を開始した。一九四九年からスターリンの死まで、「平和」はソヴィエトの文化戦略の目玉だった。「平和運動」の発足は一九四八年八月、ポーランドのブロツワフでの「世界知識人会議」なるもので行なわれた。ブロツワフでの会議につづいて、一九四九年四月にはパリ、プラハ、ニューヨークでほぼ同時的に「平和会議」が開催された。「最前線」組織の原型として、「平和運動」自体は表面上たとえばフレデリック・ジョリオ＝キュリーなど著名な科学者・知識人によって主導されていたが、共産党がコントロールするその多種多様な委員会や活動はコミンフォルムとの緊密な連携の下にあり、コミンフォルムがブカレストで発行した定期刊行物は今やその名も『恒久平和と人民民主主義のために』と改められたのであった。

「平和運動」そのものは大成功だった。一九五〇年三月にストックホルムで「平和の民兵世界会議常任委員会」が出したアピールが西ヨーロッパで獲得した署名は、数百万に達した（それに加えてソヴィエト・ブロックで駆り集められた署名者が数千万人いた）。実のところ、こうした署名集めが運

(12) こうした心情を意図に反して戯画化しているのが一九四八年四月の、プラハにおける共産党員小学校教師の一年生学級からのレポートである――「さあ、みんなよく知っているように、アメリカでは人民が地面に掘った穴のなかで暮らしていて、少数の資本家の奴隷になっています。資本家は利益の全部を取ってしまうのです。けれどもロシアではみんなが幸せで、プラハのわたしたちもたいへん幸せで、これはクレメント・ゴットワルトの政府のおかげです。さあみなさん、先生といっしょにもう一度大きな声で言いましょう――「わたしたちは大喜びでゴットワルト政権を支持します」。」

動の主たる活動で、最も強い支持があったフランスではとくにそうだった。しかし「平和運動」の傘の下、他の最前線組織もこぞってゴリ押ししたメッセージはこうだ——ソヴィエト連邦は平和の味方だが、アメリカ人（およびその仲間たる韓国、ユーゴスラヴィア、西ヨーロッパ各国政府）は戦争を企む一味である。一九五〇年五月、パリから『ニューヨーカー』誌に寄稿したジャネット・フラナーはこんな印象を語っている——「目下のところフランスでは共産党のプロパガンダが、とくに非共産党員のあいだで、かつてない異常な成功を収めている。」

大衆運動に対する共産党の態度は完全な手段化のそれだった——「平和運動」はソヴィエトの政策の伝達手段にすぎなかったからこそ、一九五一年にはスターリンの国際戦略の転換を機に突如「平和的共存」のテーマが採択されたのだ。共産党員は非公式には——とりわけ東側ブロックでは——自分たちの西側同伴者が抱く幻想を嘲弄していた。人民民主主義諸国への組織的訪問のあいだ、「平和運動」支持者たち（圧倒的多数はフランス、イタリア、インドから来ていた）はその支持のゆえに歓迎のもてなしを受け、栄誉を授けられたが、彼らは陰では「間抜け」として、レーニンのいわゆる「役に立つあほうども」の新世代として嘲られていた。

西ヨーロッパの多数の人びとから条件付きにもせよ共感を勝ち得た共産党の成功ぶりと、フランスおよびとくにイタリアでアメリカに対して疑念を抱く文化エリートから支持を取り付ける点で共産党が果たした大きな役割とは、一群の西側知識人からの、遅ればせながらも断固たる反応を促した。文化戦争でスターリンが不戦勝してしまうことを憂慮して、彼らは自分たちなりの文化「最前線」の構築に取りかかった。「文化自由会議（ＣＣＦ）」の設立会は一九五〇年六月、ベルリンで開催された。この会議は前年のモスクワの平和運動への対応として企画されたものだったが、朝鮮戦争勃発とたまたま時期が重なったために別の意味がそこに加わることになった。パリではなくベルリンで会合しようという決断は周到なものだった——この会議は当初からソヴィエトに対する文化闘争を仕掛けようとしていたのだ。

「文化自由会議」はバートランド・ラッセル、ベネデット・クローチェ、ジョン・デューイ、カール・ヤスパース、そしてフランスのカトリック哲学者ジャック・マリタンを正式後援者に仰いで形成された。これらの長老たちはこの新しい企てに尊厳と権威とをもたらしたが、その背後にある政治的推進力や思想的活力は、自由主義的ないし元共産主義者の錚々たる中年世代知識人から来ていた——アーサー・ケストラー、レーモン・アロン、Ａ・Ｊ・エア、マルガレーテ・ブーバー＝ノイマン、イグナツィオ・シローネ、ニコラ・キアロモンテ、シドニー・フックの面々である。さらに彼らに助力した一群の若い人びとの大半はアメリカ人で、ＣＣＦ活動の日常プランや管理運営の責任を担った。

ＣＣＦは最終的に世界三五カ国に事務所を開設したが、その焦点はヨーロッパに、ヨーロッパの内部ではフランス、イタリア、ドイツに絞られていた。目標は共産主義との闘争に知識人や学者を結集し、賦活し、動員することであり、まずは文化的定期刊行物の発行と普及がその手段となった。イギリスの『エンカウンター』、フランスの『プルーヴ』、イタリアの『テンポ・プレゼンテ』、ドイツの『デア・モーナト』である。これらの定期刊行物のどれとして大規模な読者を獲得したわけではなかった——最も成功した『エンカウンター』が一九五八年までに一万六〇〇〇部、同年の『プルーヴ』の予約読者はわずかに三〇〇〇人だった。しかしその内容たるやいずれもきわめて高級、寄稿者たちは戦後数十年間の最高の著者たちで、彼らはすばらしい場を得た——とりわけフランスにおいて『プルーヴ』は、中立主義者の、平和主義者の、共産主義同伴者の、真正共産主義者の定期刊行物が支配していた文化的風景のなかにあって、唯一の自由主義的、反共産主義的フォーラム（言論広場）を提供していた。

この「会議」および活動を公けに支援していたのがフォード財団、密かにバックアップしていたのがＣＩＡ（アメリカ中央情報局）だった——この点についてはずっと後で明らかになるまで、その活動家や寄稿者のほとんどすべてがまったく知らなかった。その意味するところ——アメリカ政府がヨーロッパで反共産主義文化の特約店にこっそり助成金を出していたということ——は、今こうして振り返って考えるほどには深刻なことではなかっただろう。共産党の、さらには「最前線」の定期刊行物やあらゆる種類の文化的生産物がモスクワからの密かな助成を受けていたとき、アメリカのうしろだてがあったからといってＣＣＦの著者たちは当惑などしていなかったにちがいない。アーサー・ケストラーにせよレーモン・アロンにせよイグナツィオ・シローネにせよ、共産主義に対して強硬路線を取るのにアメリカからの正式な激励など必要としていなかったし、彼ら自身のアメリカに対する批判的見解が、ワシントンの会計部長の意向に合うようトーンダウンしたとか、修正・削除されたという証拠はまったくないのである。

アメリカはこの種の文化戦争では新米《しんまい》だった。ソヴィエト連邦は一九二五年に「対外文化関係協会」を設立していたし、フランス、ドイツ、イタリアは一九一四年以来、海外での「文化外交」を活発に助成してきた。アメリカがそうした活動に予算措置を講じ始めたのは第二次大戦の直前からで、彼らがこの領域に真剣に参入したのはようやく一九四六年に

「フルブライト計画」が設立されてからだった。一九四七年秋まで、ヨーロッパにおけるアメリカの文化・教育プロジェクトは「民主主義の普及」に向けられており、反共産主義が戦略目標となったのは、ようやくそれ以後のことである。

一九五〇年までに、アメリカがヨーロッパで行なう文化交流や情報プログラム全般は「合衆国情報庁（USIA）」の管轄となった。このUSIAは西ドイツとオーストリアの合衆国占領軍当局「情報部」（両国のアメリカ占領地区内のすべてのメディアや出先文化組織を完全管理していた）とともに、今や西ヨーロッパにおける文化生活に巨大な影響力を行使できる立場となった。「冷戦」たけなわの一九五三年時点で、合衆国の対外文化プログラムには（秘密の助成金や私的財団の分を除いて）一万三〇〇〇の人員と一億二九〇〇万ドルの費用が投じられ、その大部分が西ヨーロッパの知的エリートの心と精神を奪い合う戦いに費消されたのだった。

共産党の出版物で「平和闘争」と呼ばれるものが遂行されたのは、文化「最前線」の「書物戦争」としてであった（レーニン主義言語の特徴である軍事的用語に注目）。最初の交戦は一九五〇年の早春、フランスとベルギーとイタリアで起こった。著名な共産党員作家——エルサ・トリオレやルイ・アラゴン——がさまざまな地方都市を回って講演し、本にサインし、共産主義世界の文学的資格証明となる作品を展示した。これは実際には、共産主義の促進にはほとんど効果を発揮しなかった。戦後フランスの二大ベストセラーと言えば、アーサー・ケストラーの『真昼の暗黒』（一九四五—五五年の一〇年間で四二万部が売れた）〔日本での刊行は一九五〇年・岡本成蹊訳・筑摩書房〕とヴィクトル・クラフチェンコの『わたしは自由を選んだ』（同じ期間に五〇万三〇〇〇部）だったのだ。しかし主眼点は本を売ることではなく、読者や他の人びとに向かって、共産党員は文化の味方——フランス文化の味方であることを訴えることだった。

アメリカ側の対応は「アメリカ・ハウス」の設立で、ここには図書室や新聞閲覧室があり、講演会やさまざまな会合や英語学習クラスが催された。一九五五年時点で、ヨーロッパにはこうしたアメリカ・ハウスが六九カ所あった。それがかなりのインパクトになった地域もあった。オーストリアでは、マーシャル・プランの期間中全国に配本された英語学習本は一億三四〇〇万部に達したが、ウィーンとザルツブルク（前者は四か国共同管理下、後者は合衆国占領地区にあった）の住民がかなりの割合でそれぞれのアメリカ・ハウスを訪れて本を借り出し、新聞を読んだ。英語学習がオーストリア高校生の第一選択科目として、フランス語と古典語に取って代わったのである。

アメリカから支援を受けたラジオ放送網（「ラジオ自由ヨ

ーロッパ」が開設されたのは朝鮮戦争勃発一カ月後のミュンヘンでだった）と同じく、アメリカ・ハウス計画は時としてワシントンから出される粗っぽいプロパガンダ指令で足をすくわれた。マッカーシー旋風のピーク時には、アメリカ・ハウスの責任者は書棚から本を取り除くのに多くの時間を費やした。不適切とされた作品の著者数十人のなかには、疑いがはっきりしている作家たち——ジョン・ドス・パソス、アーサー・ミラー、ダシール・ハメット、アプトン・シンクレア——のみならず、アルバート・アインシュタイン、トマス・マン、アルベルト・モラヴィア、トム・ペイン、ヘンリー・ソローが含まれていた。少なくともオーストリアでは、多くの観察者にとって「書物戦争」でアメリカにとって最も手ごわい敵は、時としてアメリカ自身だと見て取れたのである。

　西側にとって幸いなことに、アメリカのポピュラー文化にはアメリカが冒す政治的なへまによっては損なわれない魅力があった。共産党にとってきわめて形勢不利だったのは、退廃的なアメリカのジャズやアメリカ映画に対して彼らが行なう公式の非難が、ヨーゼフ・ゲッベルスの見解そっくりになってしまうことだった。東ヨーロッパの共産主義諸国家がジャズを退廃的・異質的として禁止する傍らで、「ラジオ自由ヨーロッパ」は東ヨーロッパに向けて週日の正午ごとに三時間のポピュラー音楽番組を放送し、そこでは一〇分間の毎時ニュースが流された。映画は当時もう一つの全世界的メディアだったが、共産党支配下の国家では統制が可能だった。しかしアメリカ映画の魅力は西ヨーロッパ全体に行き渡っていた。ここではソヴィエトのプロパガンダも太刀打ちするすべがなく、アメリカの音楽と映画に惹かれることしばしばだった西側の進歩派は、党の路線に共感しなかったのである。

　「冷戦」初期の文化競争は非対称的だった。ヨーロッパの文化エリートのあいだでは、自分たちはイデオロギー分裂を越え「鉄のカーテン」に架橋して共通の文化を共有しており、その脅威となっているのがアメリカだ、という心情が広まっていた。とりわけフランス人がこの路線だったが、それはアメリカの支配から独立した国際政策を追求しようという、戦後初期の彼らの外交努力の反映だった。それを示す徴候として、占領下ベルリンの「フランス文化使節」団長フェリクス・リュセは、同市のイギリス・アメリカの代表団よりもソヴィエト側の団長（アレクサンデル・ドイムシツ）と昵懇であり、在パリの親分たちと同じく、パリからベルリンへ、さらにはレニングラードへと達する文化枢軸の復興を夢見ていたのである。

　アメリカはヨーロッパ人の共感を勝ちとろうと何億ドルも費やしたのだが、その結果生まれた出版物や作品の多くはぞんざいかつ逆効果となる代物で、ヨーロッパ・インテリゲンチア生得の疑念に確証を与えただけだった。ドイツでは、共産党の犯罪に対するアメリカの過剰な注目ぶりが、多くの人の目にはナチの犯罪を忘却するか相対化しようとする周到な策略だと映る始末だった。イタリアでは、ヴァチカンによるあくどい反共産党キャンペーンがシローネやヴィットリーニその他の反スターリン主義の議論の効果を殺いでしまった。スターリン主義の文化政策の愚劣さは画家や詩人の領分を直接侵害したので、美術と文学においてだけは西側知識人も一貫してモスクワと距離をとっていた――そしてここでも、アメリカの「プロパガンダ」に抵当を取られることを恐れて、彼らの反対の声は呑みこまれてしまったのである。(13)

その一方、西ヨーロッパの一般大衆の共感を得る戦いにおいて、ソヴィエト側は急速に敗色濃厚となっていった。イタリアを除けば、共産党の得票は一九四〇年代末から徐々に減り始め、しかも――もしも世論調査が信頼できるなら――共産党に投票した人びとも、自分の一票を象徴的なプロテストか、あるいは階級ないし地域の連帯の表明と考えていたのだ。大部分のヨーロッパ知識人の共感がソヴィエト・ブロックからきっぱりと遠のいてゆく一九五六年の激動のずっと以前から、大半の西側ヨーロッパ人の大西洋志向が決定されていたのである。

(13)「われわれは自分が熟知している領域では愚行に対して容赦しなかった」――と書いていたのはフランスの詩人クロード・ロアで、彼は早くには極右のアクシオン・フランセーズとも関係したが、戦争中PCFに入党したのだ――「しかし自分が知らない問題では犯罪にも寛容だった。」

結び　古きヨーロッパの終焉

「戦争の後でも、びっくりするほど生活は変わらなかった」

——デイヴィッド・ロッジ

「わたしは子ども時代を工場のある町やその隣接地区の、煉瓦と煤と煙突と丸石舗装の街路のなかで過ごした。近間《ちかま》に行くには路面電車を使い、遠くの旅行には汽車に乗った。食事のたびごとに生鮮食料品を買ったが、グルメだったからではなく、冷蔵庫がなかったのだ（比較的腐りにくいものは屋根裏に貯蔵した）。母は毎朝冷気のなかで起き上がり、居間のストーブに火を入れた。水道の温度は一種類——冷水だけだった。通信は郵便で、ニュースは主として新聞から仕入れた（けれどもとてもモダンなことに我が家にはラジオがあり、その大きさはざっと書類キャビネットほどだった）。わたしが子どもの頃の教室というと、胴のふくれたストーブ、二人机にはインク壷がついていてそこにペン先を浸した。われわれ男の子は、一二歳の聖体拝領式が済むまでは半ズボンだった。以下は省略。しかしこれはカルパティア山中の未発見集落の話ではなく戦後ヨーロッパのことで、ここで「戦後」とは、二〇年近くもつづいた一つの季節のことだった。(1)」

一九五〇年代の工業化されたワロン地方のこの描写は、ベルギーの作家リュック・サントによるものだが、この時期の西ヨーロッパの大半に当てはまるといってよかろう。筆者のわたしが育ったのは戦後のロンドン中心部パトニー地区だが、今も思い出すのはよくかよった薄汚ない駄菓子屋で、そこの皺くちゃ婆さんはわたしをとがめるかのごとく、「あたしゃ女王様の御即位五〇年記念祭の頃から、あんたみたいな悪ガキにゴブストッパー（砂糖菓子）を売ってきたのさ」と言った——つまり一八八七年以来というわけで、彼女が女王様と言ったのはもちろんヴィクトリアのことである。(2) 同じ街路に地元の食料品店——セインズベリー——があり、その床には

(1) リュック・サント『事実の工場』（一九九八年）、一二七頁。

(2) 語っていたのがヴィクトリア時代のことだったのは、この婆さんだけではない。当時のイギリス首相ウィンストン・チャーチルは聴衆に向かって、自分はイギリス陸軍最後の騎兵隊突撃に加わったとよく言っていたが、それはスーダンのオムドゥルマンを占領したときのことで、一八九八年九月である。

おがくずが敷かれ、縞のシャツのたくましい男たちと、糊のきいたエプロンに帽子をかぶった陽気な娘たちでごったがえしていた。その光景は店の壁に掛けられていた一八七〇年代開店当時のセピア色の写真と、寸分ちがわなかったのである。

第二次大戦後の最初の一〇年間の日常生活は、その本質的様相の多くが、それより五〇年前の人たちにとって完全に馴れ親しんだものだっただろう。この頃石炭でまかなっていたのはイギリスの燃料必要量の一〇分の九、ベルギーその他「ヨーロッパ石炭鉄鋼共同体」諸国の需要の八二パーセントだった。至るところで石炭を焚くおかげで、路面電車とドックの都市ロンドンは、今なお定期的に湿っぽい霧に覆われるのだが、それはヴィクトリア時代末の工業都市のイメージから見なれた光景だった。この時期のイギリス映画には、はっきりとエドワード時代〔一九〇一―一〇年〕の感覚が認められる――社会的背景の点（たとえば『ウィンズロー・ボーイ』一九四八年〔日本未公開〕）でも、あるいは時代トーンの点でも。『白いスーツの男』（一九五一年）〔日本未公開〕では、同時代のマンチェスターが本質的な点すべてにおいて一九世紀的に描かれている（手押し車、住宅、世間付き合い）――雇用主と組合リーダーとはともに生産効率など無視して、起業家のアマチュアリズム（しろうと精神）を道徳的善とする点で一致する。五〇年代初期には毎週三〇〇〇万人の男たち女たちが認可制ダンスホールに通い、ヨークシャーのハダズフィールドという町だけで労働者クラブが七〇もあった（と言っても、こうした類いの社交は若者には魅力が薄れつつあったのだが）。

これと同じ時間の止まった感覚が、大部分の大陸ヨーロッパにも漂っていた。ベルギーの農村生活はミレーが描いたものと同じだっただろう――干草集めは木製のレーキで、わら打ちはからざおで、果実や野菜の摘み取りは手で行なわれ、輸送は馬に引かせた荷車だった。フランスの田舎町ではベレー帽の男たちが町角の「カフェ・ド・ラ・ペ」（「平和カフェ」のほとんどは一九一九年の命名）からバゲット（棒パン）を抱えて家路を急ぎ、フランコの独裁支配でゼリー化してしまったスペインと同じく、ベルギーもイギリスも、すでに冥界となっているエドワード時代を遅ればせにさ迷っていたのだ。戦後ヨーロッパには、ほぼ尽きかけてはいても一九世紀経済革命の残り火のぬくもりがまだあり、航空機や核兵器の新時代に次第にそぐわなくなってゆく文化慣習や社会関係を、あたかも証拠物件のように沈殿させていた。戦争で何か起こったとすれば、物事を逆転させたことだ。一九二〇年代あるいは一九三〇年代の近代化熱はすっかり影をひそめて、旧来の生活秩序が残った。イタリアでは、そしてヨーロッパの農村の大部分でも同じだったが、子どもたちは初等教育の終了と同時に（終了以前のほうが多かったようだが）、就職市場へと入っていった。イタリアでは一九五一年時点で、一三歳を超えた子どもでなお学校に通っていたのはわずか九人に一人だった。

　宗教とりわけカトリックは、短期間ではあったが権威回復の陽光を浴びた。スペインでは、カトリックの聖職ヒエラルキーが反宗教改革を再決行する手段と政治的うしろだてとを有していた。一九五一年の政教条約で、フランコは教会に対して課税とあらゆる国家介入を免除したばかりか、教会を対象とするすべての著述や演説に検閲を求める権利を与えたのである。そのかわりに教会聖職ヒエラルキーは、宗教と民族アイデンティティーとの保守的合一を維持し、強化した。実際のところ、今や教会は民族のアイデンティティーと義務の物語のなかに完全に組み込まれてしまい、小学校用初等歴史教科書の『ヨ・ソイ・エスパニョル』（「私はスペイン人」、初版は一九四三年）は、スペインの歴史を単一の、縫い目なしの物語として教えていた――「エデンの園」に始まって、「総統さま」で終わるのである。(3)

　これに付け加えられたのが死者への新たな崇敬――近年の内戦における勝ち組「殉教者たち」への崇敬だった。反聖職権共和主義の犠牲となった人びとに捧げられた幾千もの記念施設で、スペイン教会は無数の祭典や記念式典を挙行した。宗教と市民的権威と戦勝記念とが思慮深く混ぜ合わされて、聖職ヒエラルキー権力者たちによる精神と記憶の独占権が強化された。教会がフランコを必要とした以上に、フランコが教会を必要としていたから（スペインと国際社会や「西欧」との、戦後の希薄化した結びつきを維持するのに他の方法があるだろうか？）、彼は現代スペインにアンシャン・レジーム（旧体制）の「十字軍」精神を再創造しようと、教会に対して事実上無制限の活動の自由を与えたのだった。

　西ヨーロッパの他の諸国では、カトリック教会は民衆の忠誠を勝ちとるべく、敵対する競合相手と渡り合わねばならなかった。しかしカトリックの聖職ヒエラルキーはオランダにおいてさえ自信満々で、戦後初の選挙で相手側労働党に票を

（3）高等学校用歴史教科書では、フランコが権力へと上昇するメッセージにあいまいさなどなかった――「スペインの未来は三世紀を経て過去の運命と統合される！　……古《いにしえ》の行進はその歩みを止めず……死者も生者もキリストの教えに満ち溢れてその行列に随い、方向を見失い破滅の淵におののく世界も自らを立て直してその行進に加わる……これこそ神が今日のスペインのために取っておかれた大いなる仕事……稀有の運命……我が帝国を通じて神へ！」。原典はフェリシアーノ・セレセダ『イスパニア帝国とイスパニア文化の歴史』（マドリード・一九四三年）、二七三―七四頁。引用文はキャロリン・ボイド『祖国の歴史―スペインにおける政治・歴史・民族アイデンティティー　一八七五―一九七五年』（プリンストン・一九九七年）、二五二頁から。

入れた投票者を破門したのであった。旧秩序の終焉を画するピウス一二世の死に二年先立つ一九五六年に至っても、イタリア人の一〇人中七人は日曜ミサに必ず出席していた。フランデレン地方と同じく、イタリアの教会も君主政支持者、女性、年長者とうまくいっていた――全人口からすれば明らかに多数派である。一九四七年三月に承認されたイタリア憲法第七条は、ムッソリーニが一九二九年に教会と結んだ政教条約の内容を思慮深く確認していた。カトリックの聖職ヒエラルキーが教育への影響力と、婚姻と道徳に関するあらゆる監督権とを保持したのである。トリアッティの強い主張で共産党もやむをえず賛成票を投じたのだが、それでも翌年の選挙でPCI（イタリア共産党）に投票したイタリア人を、ヴァチカンが破門するのを止められなかった。

フランスでは、カトリックの聖職ヒエラルキーとその政治的支持者たちは自信に満ちていて、「学校戦争」では格別の教育特権を要求したが、ここには手短かに言って一八八〇年代の教会‐国家間闘争の反響があった。主戦場となったのは、カトリック系学校への国家援助という古くからの問題だった――伝統的だが精選された要求である。フランスのみならずイタリアやドイツでも同じだったが、一九世紀の反聖職権主義を熾烈なものにしていたエネルギーの大半が雲散霧消するか、最新のイデオロギー闘争へと流れを変えた後では、子どもたちの教育の費用と質の問題が、ほんのたまにしか教会に行かない人びとの動員可能性が期待できる数少ない争点の一つだった。

ヨーロッパの伝統宗教のなかでカトリックだけが、四〇年代と五〇年代に活動的な支持層を増やしていた。その理由の一端は、カトリックだけが直接的な連携関係のある（そして場合によっては教会に支持を仰ぐ）政党を有していたこと――ドイツ、オランダ、ベルギー、イタリア、フランス、オーストリアがそうだった――と、カトリックが伝統的に根づいていたのが、この時期の変化がヨーロッパで最も遅れた地域だったからである。しかし特筆すべきことは、カトリック教会は当時まったく見失われていた何かをその信徒に提供することができた、という点である。連続性の感覚というか、過去一〇年間で暴力的に変えられてしまい、将来にわたって劇的に変革されようとしている世界にあって、安全と安心というものを与えたのである。こうした移行期にカトリック教会が特別な魅力をもったのは、それが古い秩序と結びついており、近代性や変化に対して実際上の堅固な防壁となったからだった。

北西ヨーロッパのさまざまなプロテスタント教会には、そうした魅力はなかった。ドイツでは非カトリック住民の相当部分が今や共産党の支配下にあった。ドイツ福音主義諸教会の立場は、一九四五年にプロテスタント指導者が行なった「罪に関するシュトゥットガルト告白」で半ば認めた通り、ヒトラーと妥協したことでともかく弱まっていた。しかし西ドイツでも他の国々でも、主な問題というのはプロテスタント教会が近代世界に代わる世界を提供せず、むしろそれとの調和的な生き方を説いたことだった。

プロテスタントの牧師や英国国教会の教区司祭の精神的権威は、従来から国家との競争者としてではなく、むしろその下級所属員としてのものだった。中央ヨーロッパのプロテスタント諸教会が、この時期の共産主義国家の圧力に抗し得なかった理由の一つがこれである。しかし西ヨーロッパの国家がその市民に対する精神的・物質的保護者としての役割の強化へと乗り出そうとしていたとき、公的な礼儀や道徳の裁決者としての教会と国家の区別はかなりぼやけてしまった。したがって四〇年代末期から五〇年代初期はその移行期と思われ、社会的礼譲の慣習や位階と権威のたてまえが今なお威力を発揮する一方で、社会に共通のふるまいの裁決者としての近代国家が、教会や階級に取って代わり始めていたのである。

この時代の特徴をうまく要約しているのが、ＢＢＣ（英国放送協会）が一九四八年に内部用につくった手引きである（『ＢＢＣのバラエティー番組―台本作家とプロデューサーのためのポリシー・ガイド』、一九四八年）。公共放送の事業体が自ら進んで引き受けることになった道徳的な責任感が、ここにはっきり表明されている――「（ＢＢＣが）聴取者にふるうことのできる影響力たるや莫大なものがあり、それに応じて、趣味の高い水準を維持する責任も重いのである。」宗教にまつわるジョークが禁じられるとともに、流行遅れの音楽趣味を「Ｂ・Ｃ・」（「キリスト以前」ならぬ「クロスビー[4]以前」）と表現することもご法度になった。「便所」への言及をしてはならず、「男のめめしさ」についてのジョークもだめだった。台本作家たちは、戦時中のくつろいだ雰囲気のなかで人気を博したジョークを用いることや、たとえばWinter draws on.（冬が近づく）はdraw onに「はく」の意味もあって女性の下着を連想させるので、こういう二重の意味にとれる言い回しも禁じられた。性をほのめかす表現はすべて禁句となった――「兎」とかそうした「動物の習性」にも触れてはならなかった。[5]

さらにこんなことも――有名人として「威厳を損なう、もしくは不適切な」ラジオ番組に国会議員は出演してはならず、

（4）ビング・クロスビーは往年のアメリカの人気歌手。
（5）イギリスにおける戦時中のユーモアの典型といえば物資不足、性を諷したもの、特権的なアメリカのＧＩに対する反撥がその中心テーマだった。時にはこの三つを同時にやりとげたものもあった――「新型の実用パンツのことは聞いたかね？　ヤンキー一人で品切れだとさ！」

「ストライキや労働争議、闇市、闇屋、浮浪者」を刺激するようなジョークや言及も禁止された。こうしていかがわしい連中やちんぴら犯罪者を「闇屋」「浮浪者」と呼び、配給その他諸規制の抜け道を行く売り手と買い手をひっくるめて「闇市」と呼んだところからして、イギリスは少なくともしばらくのあいだ戦争の影をひきずって生活していたことが分かる。一九五〇年代に入っても、BBCは人気ラジオ・コメディー「ザ・グーン・ショウ」のプロデューサー、ピーター・イートンを懲戒処分にすることができた――(ピーター・セラーズ演ずる)デニス・ブラドノク少佐に「戦闘の真っ最中にゴミ箱をきれいに掃除した」ことでOBE(大英帝国第四級勲功章)を受章させ、さらに俳優の一人に「トラファルガー広場で懸命に鳩を追い払おうとする女王の声色」をやらせたのを、咎められた。

こうした堅苦しさと、それにともなうエドワード時代風の襟を正した改革主義のトーンとは、たぶんイギリス特有のものだったろう。しかしそうしたトーンは大陸中で普通に見られたのではなかろうか。学校で、教会で、国営ラジオ放送で、大判どころかタブロイド判新聞でさえその自信たっぷりの偉そうな論調で、有名人たちの演説ぶりや服装で、ヨーロッパの人びとは今なお往時の慣習や規制に強く縛られたままだったのである。すでに指摘した通り、政治指導者の多くは別の時代の人たちだった。イギリスのクレメント・アトリーは工業地域スラムへのヴィクトリア女王派遣視察団に加わっていてもおかしくはなかったろうし、イギリスの近代福祉国家への移行を監督したこの首相の経歴の出発が、第一次大戦前ロンドンのイーストエンドでの仕事であってもよかったのだ。

こうした古きヨーロッパのイメージ――昔日のペースで動きつつも、戦争による変化をこうむると同時に戦前の日常と慣習に束縛されているというイメージに、われわれは基本的な娯楽源となっていたまぎれもなく現代的な形態を対比させなければならない。この時代こそ、映画の黄金時代だった。イギリスでは映画観客数が戦争終結直後にピークに達し、一九四六年にこの国の五〇〇〇の映画館の入場者数は一七億人だった。この年、三人に一人は毎週地元の映画館に行っていたのだ。一九五〇年になって入場者は減り始めてはいたが、それでもイギリスの男たち女たちは平均して一年に二八回映画を見ており、この数字は戦争が始まる直前の年の数字をおよそ四〇パーセント上回っていた。

イギリスの映画観客は五〇年代を通じて徐々に減る傾向だったが、大陸ヨーロッパでは増えつづけた。フランスでは一九五〇年代前半を通じて新たに一〇〇〇館が開館したが、西ドイツもほぼ同数だった。イタリアでは三〇〇〇館が新規に開館し、一九五六年までに全国でおよそ一万館を数えた。その前年がイタリアの観客数のピークで、入場者およそ八億人だった（ほぼ同じ人口規模のイギリスの、およそ半分である）。フランスの観客数は一九四〇年代末が最大だが、イギリスあるいはイタリアには到底及ばなかった(6)。西ドイツも両国には及ばず、この連邦共和国の映画観客数がピークに達したのはようやく一九五九年になってからだったのだ。しかしいずれにせよ、観客数は実に膨大だった。スペインでさえ同様で、一九四七年における成人人口一人当たりの映画観客数は、ヨーロッパ中で最高の部類となった。

映画に対するこうした戦後の熱狂ぶりの理由の一端は、とくにアメリカ映画への戦時中の渇望にあった――アメリカ映画の大部分はナチの、ムッソリーニの（一九三八年以後）、フランスではペタン政権の禁止によって、そしてもっと一般的には戦時中の作品不足によってその渇望が嵩じていたのだ。一九四六年、イタリアにおける切符売り場レシートの八七パーセントは外国映画（大部分がアメリカ）であり、一九三九年から一九五〇年代末までにマドリードで上映された約五〇〇〇本の作品のうち、四二〇〇本は外国もの（ここでも大半がアメリカ）だった。一九四七年、フランスの映画産業は四〇本を製作したが、アメリカから輸入した三四〇本とは大きな開きがある。しかもアメリカ映画はその数が圧倒的だっただけではなく、人気もあったのだ。戦後ベルリンで商業的に最も成功したのがチャップリンの『黄金狂時代』と『マルタの鷹』（製作は一九四一年だがヨーロッパには戦争終結まで入らなかった）だった。

しかしながら、アメリカが戦後のヨーロッパ映画界を支配したのは、民衆の嗜好がむら気だったからばかりではない。そこには政治的文脈があった。「前向きな」アメリカ映画がイタリアに流れ込んだのは一九四八年の重要な選挙に間に合わせてだったし、この年パラマウントは反共産主義の票の掘り起こしに協力すべく、国務省に促されて『ニノチカ』（一九三九年）を再配給した。逆のケースでは、ワシントンはジョン・フォードの『怒りの葡萄』（一九四〇年製作）のフランスへの配給を控えさせたが、その大恐慌期アメリカに対する批判的描写がフランス共産党に利用されるのを恐れたからだった。概して言えば、アメリカ映画はアメリカの魅力の一部であり、そういうものとして文化上の「冷戦」の重要な強味となった。知識人だけはセルゲイ・エイゼンシュテイン『戦艦ポチョムキン』のオデッサの描写にいたく心動かされて、自分の美的感受を政治的親近感へと翻訳したりしていたのだが、実は誰もが――インテリも含めて――ハンフリー・

（6）フランスは映画に関する出版物では、他の二国の合計より多かった点に注意。

ボガートに感動していたのだった。

しかしヨーロッパへのアメリカ映画の流入を促進したのは、とりわけ経済上の理由だった。アメリカの映画はこれまでも常にヨーロッパへと輸出され、そこで稼いでいた。しかし第二次大戦後、アメリカの製作者は国内での観客数の減少と映画製作費の増大とに挟撃されて、ヨーロッパ市場への参入をとくに迫られた。それに対して、ヨーロッパの各国政府は、アメリカ製品に自国の市場を開放するのにはかつてなく消極的だった。各国の映画産業——イギリスや、とりわけイタリアでは今もなお重要産業部門だった——は、アメリカの「ダンピング」に対して保護を必要としていたし、アメリカ映画の輸入に使ってしまうには、ドルはあまりにも不足していて貴重だった。

すでに一九二七年の昔に、英国議会は輸入割当て法案を通過させ、一九三六年までにイギリスで公開される全映画の二〇パーセントはイギリス製でなければならなかった。第二次大戦後のイギリス政府の目標は、一九四八年のこの割当て率を三〇パーセントにすることだった。フランスもスペインもイタリアも、すべて同様あるいはもっと高望みの目標を掲げた（ドイツの映画産業は、当然ながら、そうした保護を要求する立場になかった）。しかしハリウッドの激しいロビー活動によって、ヨーロッパ側交渉者に国務省の圧力がかかり、アメリカ映画の輸入を認める協定は、戦後最初の一〇年間にアメリカとそのヨーロッパ同盟国との二国間で結ばれた貿易や借款の主要協定の一部となった。

こうして一九四六年五月の「ブルム－バーンズ協定」にもとづいて、フランス政府はしぶしぶながらも、フランス製映画年間五五パーセントという保護割り当てを三〇パーセントに引き下げた——その結果、国内映画の生産は一年以内に半減してしまったのである。イギリス労働党政府も同様に、アメリカ映画の輸入締め出しに失敗した。アメリカ映画のスペインへの輸入の規制に成功したのはフランコだけで（一九五五年から一九五八年にかけては、アメリカの製作者側からのスペイン市場「ボイコット」の企てもあったが）、それがかなりの規模だったのは、フランコには世論に耳を傾けたり自分の決断がもたらす政治的後遺症を気にしたりする必要などなかったからだ。しかしそのスペインでも、すでに見た通り、アメリカ映画が数において自国作品を大きく凌駕していたのである。

アメリカ側は分かってやっていた。ヨーロッパの政府が一九四九年以降、自国の映画制作の補助金に当てるべく入場料の課税に踏み切ったとき、アメリカの製作者は国外での制作に投資し始め、個別の、あるいは一群の映画をつくるのにヨーロッパの現地を選び、そこでしばしば各国の「国内」向け補助金を利用していたのだ。したがってヨーロッパの各国政府は、やがて気がついてみると、それぞれ各地のさまざまな仲介者を経由してハリウッド自体を間接的に補助していたのだった。一九五二年時点で、アメリカ映画産業の収入の四〇パーセントが海外で発生し、その大半がヨーロッパだった。六年後にはこの数字が五〇パーセントへと上昇する。

　ヨーロッパ市場をアメリカが席巻した結果、この時期のヨーロッパの映画はヨーロッパ人の映画好きの経験や感性を知るガイドとしては必ずしも信頼できない。とりわけイギリスの観客となると、当時のイギリスらしさの感覚を自分自身の直接経験もさることながら、ハリウッドが描くイングランドからつくり上げる傾向が強かった。四〇年代の映画のなかでも『ミニヴァー夫人』（一九四二年）と言えば、これぞまさしくイギリス的物語――持ち前の不屈さと我慢強さ、中産階級の控え目と不抜の精神がダンケルク撤退作戦を中心に描き出され、こうした数々の美質が披露されるのだが、これは純粋のハリウッド作品だった。しかし初めてそれを見たイギリス人の世代には、この映画こそ民族の記憶と自己イメージの最も真実な表現でありつづけるのだ。

　アメリカ映画が、それを見ている人びとをとり巻く灰色の環境へと持ち来った華麗さや輝きを超えた次元でかくも魅力的だった理由は、その「質」にあった。作品は良く出来ており、通常その画面はヨーロッパの製作者に可能なあらゆる作法を凌駕していた。にもかかわらずそれらは、一九三〇年代式「奇人変人」コメディーやロマンティック・ファンタジーなどのような「現実逃避」ではなかった。実際のところ、最も人気を呼んだ四〇年代後半のアメリカ映画の幾つかは、（後代の大陸側賛美者の名づけを借りれば）「フィルム・ノワール」であった。設定が探偵ものであれ社会派ドラマであれ、ムードそのもの――そして映画的な質感――は数十年来のアメリカ映画と比べてはるかに暗く、深刻だった。

　当時「現実逃避」映画をつくりがちだったのは、むしろヨーロッパ側だった。たとえば、シュヴァルツヴァルト（黒い森）やバイエルン・アルプスの神秘的な風景を背景にした五〇年代初期のドイツ製のたわいないロマンスや、いずれもハーバート・ウィルコックス監督の『悲愁』（一九四六年）、『パークレーンの春』（一九四八年）〔日本未公開〕、『メイフェアの五月』（一九四九年）〔同〕など、ロンドンの華やかな（そして戦争被害が比較的軽く済んだ）ウエストエンドが舞台の、アナ・ニーグルやマイケル・ワイルディングやレックス・ハリソンが出演して機知に富む社交界令嬢や気まぐれ貴族が活躍するイギリス製軽量級コメディーなどである。イタリアやフランスの、負けず劣らず忘れられがちな現実逃避ものと言えば、通常は現代版のコスチューム・ドラマで、登場人物が農民や貴族から職工や実業家へとなり代わっていた。

戦後一〇年間のヨーロッパ映画の最高傑作――後代の観客に分かりやすいもの――と言えば、どうしても何らかの意味で戦争ものだった。「解放」のおかげで多くの「レジスタンス」映画が生まれた――フランスでは『処刑小隊』(一九四五年)(日本未公開)、『最後の審判』(一九四六年)(同)、『鉄路の闘い』(一九四六年)、イタリアでは『無防備都市』(一九四五年)、『戦火のかなた』(一九四六年)、『人生の一日』(一九四六年)(日本未公開)――これらの作品すべてにおいて、道徳的な亀裂が英雄的なレジスタンス闘士と、臆病なコラボと、野蛮なドイツ人とを分けていた。これらのすぐ後に現われたのがベルリンという(文字通りの、そして精神的な)瓦礫の世界を背景とした作品群だった――ロベルト・ロッセリーニ監督の『ドイツ零年』(一九四七年)、アメリカ人ではあるがオーストリア移民のビリー・ワイルダー監督の『異国の出来事』(一九四八年)(日本未公開)、そしてヴォルフガング・シュタウテ監督の『われらのなかの殺人者』(一九四六年)(同)は、ナチの残虐行為の道徳的意味を追究し始めた唯一のドイツ映画として、当時の注目の的となった(しかしこの作品のなかで「ユダヤ人」という言葉は決して発せられない)。

こうした作品のうちの三つ、『無防備都市』『戦火のかなた』『ドイツ零年』の監督はロベルト・ロッセリーニだった。『靴みがき』(一九四六年)、『自転車泥棒』(一九四八年)、『ウンベルトD』(一九五二年)の監督ヴィットリオ・デ・シーカと並んで、ロッセリーニはイタリアの映画製作者を国際映画界の第一線へと押し出した、一九四五―五二年のネオリアリズム作品群を生み出した。当時イーリング・スタジオでつくられた一、二のイギリス・コメディー、たとえば『ピムリコへのパスポート』(一九四九年)(日本未公開)などと同じように、ネオリアリズム映画は戦後映画の背景と、ある程度まではその主題とを、主として都市における戦争の被害や荒廃に求めた。しかしイギリス作品の最高傑作といえども、イタリアの名作がもつ暗鬱なヒューマニズムには及びもつかなかった。

これらの作品がもつ単純な「真実」が映し出しているのは、当時ありのままのヨーロッパ世界というよりも、戦時の記憶や神話という格子を通して見た世界である。労働者、戦争の被害を免れた田舎、とりわけ子どもたち(ことに男の子たち)が――都会の破滅や貧窮のなかにあってさえ――善良で、頽廃のない、真実なるものを表象し、階級や富や貪欲や対独協力や「奢侈《おごり》と逸楽」(ボードレール)といった偽りの価値を際立たせている。アメリカ人はほとんど登場してこない(例外は『靴みがき』で表題の主人公に靴をみがかせるGI

たちや、『自転車泥棒』に出てくる何枚ものリタ・ヘイワースのポスターで、これがポスター貼りの男のみすぼらしい姿と対比されている）。これこそヨーロッパ人のヨーロッパであって、彼らが住んでいる半ば再建され半ば破壊されたままの都市周辺がドキュメンタリーに近い形で撮られている（したがってこれは、戦時中の軍隊でのドキュメンタリー映画製作の経験と関係がある）。戦後ヨーロッパ世界そのものと同じように、こうした作品は一九五二年を境に姿を消す——と言っても、ネオリアリズムはスペインで奇妙な後半生を生きながらえ、一九五三年にはルイス・ガルシア・ベルランガ監督の『ようこそミスター・マーシャル』（日本未公開）、その三年後にフアン・アントニオ・バルデム監督『恐怖の逢びき』がつくられた。

この時代の他の娯楽もそうだが、映画見物は集団で行なう楽しみだった。イタリアの小さな町では、週替わりの作品を住民の大半が見かつ批評して、公的娯楽から公的議論が生まれた。イングランドでは土曜日午前中の子ども向け上映で、歌の文句がスクリーンにフラッシュされ、観客は単語から単語へと跳び移る小さな白球に合わせて声を出して歌うよう促された。一九四六年頃のそんな歌の一つが、戦後のサウス・ロンドンでの少年時代の回想のなかでよみがえる——

みんなが集う、土曜の朝に
一人ひとりと笑顔であいさつ
みんなが集う、土曜の朝に
とてもすばらしいひとときだ
オデオン座へと集まるみんな
おとなになれば立派な市民
そしてめざすは自由の戦士(7)

こうした教訓調が典型だったわけではない——少なくとも表面的にはそうではなかったし、それも数年のうちに姿を消してゆく。しかしこの無邪気で古風な調子が、その雰囲気をよく伝えている。労働者に人気のレクリエーションといえば鳩を飼うこと、モーターレース、ドッグレースだが、これらはこの時期最高潮に達し、以後下り坂に転じて一九五〇年代後半からそれが加速した。それがヴィクトリア時代末に始まったことが見て取れるのが観衆の被り物で、ベレー帽（フランス）と平たい労働者帽子（イングランド）とはともに一八九〇年代に流行して、一九五〇年にもなお標準の恰好だった。男の子は自分の祖父と同じ恰好をしていたのであり、ズボン

(7) トレヴァー・グランディー『あるファシスト少年の回想』（一九九八年）、一九頁。

だけがあまねく短くなっていた。

ダンスも流行したが、それにはＧＩたちの影響が大きく、彼らが持ちこんだスイングとビーバップがダンスホールやナイトクラブで盛んに演奏され、ラジオで流行した（一九五〇年代中頃までほとんどの人がレコードプレーヤーを買うゆとりはなく、ジュークボックスはまだ生のダンスバンドを駆逐してはいなかった）。次の一〇年間に現われる世代間ギャップの兆候は、まだほとんどなかった。クリスチャン・ディオールの一九四七年二月の「ニュールック」は、布地不足の戦時中とは対照的にこれ見よがしのゆったりスタイルで、スカートは足首まで、肩先をふくらませたマトンレッグ・スリーブ、さらに蝶結びとプリーツがふんだんに施されていたのだが、これがゆとりある女性には年齢を問わず気に入られた――外見は年齢よりも階級（と収入）の関数であった。

当然ながら、世代間の緊張はあった。戦時中のロンドンのちんぴらとパリの「ジャズ狂」たちは、アメリカの影響で「ズート・スーツ」を着、これが年長者の大いなる顰蹙を買ったのだが、四〇年代末になるとボヘミアンやインテリのあいだではダッフルコート（フード付きの短いコート）がもてはやされた。これはそれまではベルギーの漁師たちの伝統的なアウトウエアだったもので、ドレスアップするよりドレスダウンするという、来るべき若者ファッションのさきがけだった。パリの超ファッショナブルなナイトクラブ「ル・タブー」が開店したのは一九四七年四月だが、ここでは仕立て屋の自由裁量は由々しきこととしてあつかわれ、一方一九四九年のフランス映画『七月のランデブー』〔日本未公開〕は、甘やかされて育った若者世代の謹厳さの欠如を大いに問題視する――昼食のとき、伝統的なブルジョア家庭の旧弊な父親は、ネクタイなしで食べると言い張る末息子のふるまいに仰天するのである。

しかしこれはすべて青春期の反抗に見られるちょっとした変化であって、新しいことではない。戦後のヨーロッパでは、あらゆる年齢の人びとの大半がなんとか暮らしていこうと懸命だった。一九五〇年代の初めには、イタリアの四家族のうち一つが貧困家庭であり、その他も大方は貧乏だった。屋内にトイレがあったのは二軒中一軒未満、浴室付きを誇ったのは八軒中わずか一軒だった。イタリア南東部の極貧地区では、貧困がまるで風土病のようだった――マルケサート・ディ・クロトーネ地方クート村では、九〇〇〇人の住民への飲料水の供給はたった一つの共同井戸で行なわれていた。

イタリア南部は極端なケースだった。しかし一九五〇年の西ドイツでも、四七〇〇万人の居住者のうち一七〇〇万人が今なお「貧困」と分類されたが、主たる理由は住むところがなかったからだ。ロンドンでさえ、住宅やアパートの申込者リストに名前が載っている家族でも、住まいが手に入るまで平均七年も待たなくてはならなかったし、当面は戦後の「プレハブ」に入れられた――これは新住宅の建設が需要に追いつくまでの家のない人びとの避難所として、市の周辺の空き地に設えられた金属製の箱であった。戦後の選挙では「住宅政策」がいつでも関心のトップだった。デ・シーカ監督の『ミラノの奇蹟』（一九五一年）では家なき人びとの群れがこう叫ぶ――「住む家をよこせ、そうすれば子どもとともに明日が信じられる。」

戦後ヨーロッパの消費パターンは、この大陸でつづいていた貧困状態と、大恐慌や戦争がもたらした慢性的な悪影響とを反映していた。配給制が最も長かったのはイギリスで、パンの配給は一九四六年七月から一九四八年七月まで、衣料クーポンが必要だったのは一九四九年まで、衣料・家具の戦時体制が廃止されたのは一九五二年、肉やその他の食品の配給制が最終的に廃されたのはようやく一九五四年夏のことだった――もっとも一九五三年六月にはエリザベス二世の戴冠で一時的に中止となり、このときは一人当たり砂糖一ポンドとマーガリン四オンスが特別加配された[8]。しかし配給制（つまりは闇市場）が比較的早く姿を消したフランスでさえ、食糧供給をめぐる戦時中の強迫観念が和らいだのはようやく一九四九年になってからだった。

ほとんどすべてのものが不足だったか、あるいは小ぶりになっていた（イギリスの労働党政府が建てて誰もが欲しがった新型の家族住宅の推奨サイズは、ベッドルーム三つでわずか九〇〇平方フィート〔八三・六平方メートル〕だった）。ヨーロッパ人で車や冷蔵庫を持っている人はほとんどなかった。イギリスの生活水準は大方の大陸諸国より高かったのだが、労働者階級女性は日に二回、徒歩か公共交通機関で食料を買いに出かけており、これはかつて彼女たちの母や祖母がしていたのと同じだった。遠隔の国々からの商品は希少で高価だった。広範な規制・制限・束縛の感覚を強めたのが国外旅行の制約（貴重な外貨を節約するため）や、外国人労働者その他の移住者を締め出す法律だった（戦後のフランス共和国は外国人労働者およびその他の望ましからざる異国人の入国を阻止する一九三〇年代と被占領時代からの全法律をそのまま維持しており、例外を認めたのは必要に応じての熟練肉体労働者だけだった）。

一九四〇年代末から一九五〇年代初めのヨーロッパは、一

（8）東ヨーロッパにおける配給制の廃止は、チェコスロヴァキア、ハンガリー、ポーランド、ブルガリアが一九五三年、ルーマニアが一九五四年、アルバニアが一九五七年、東ドイツが一九五八年だった。しかし共産主義経済体制は欠乏が常態だったから、西ヨーロッパとの比較にはそぐわない。

九一三年時点よりも多くの点で閉鎖的、非流動的、島国的になっていた。荒廃も進んでいたことは確かで、ベルリンなど、一九五〇年までかかっても戦争の瓦礫の四分の一しか撤去されなかった。イギリスの社会史家ロバート・ヒューイソンが述べているように、この時期のイギリスでは「疲れ切った人びとが、使い古した機械で働いていた。」アメリカでは大部分の工業設備が、一九四〇年代末の時点で五年以内のものだったのに対し、戦後フランスでは機械設備の平均が二〇年を経過していた。フランスの標準的な農夫一人でフランス人五人分の食糧を生産していたが、アメリカではすでにこの三倍の割合で生産が行なわれていた。四〇年に及ぶ戦争と経済不況とは重い損害をもたらしていたのである。

　したがって「戦後」は長いあいだつづいた。歴史家たちはその後に繁栄の数十年間が来るという結構な結果に照らして困難な戦後時代を語るが、その彼らが時たま想定してきた以上に長くつづいたことは確かである。当時のヨーロッパ人は情報通であれ誰であれ、やがて彼らを見舞う変化の規模を予期した人などほとんどいなかった。過去の半世紀にわたる経験が、多くの人びとを懐疑的ペシミズムへと誘った。第一次大戦に先立つ時期、ヨーロッパは政治家も評論家も確かな未来を語るオプティミズムの大陸だった。三〇年経って第二次大戦の後では、人びとの目は恐ろしい過去におののいたまま、そこに釘づけになってしまった。多くの観察者はまた同じことが起こるという見方だった――もう一度戦後不況になり、過激な政治が再来し、第三次大戦が勃発する、という予測である。

　しかしこの世紀の前半にヨーロッパ人同士が自ら招いた集団的悲惨の規模それ自体が、深甚な非政治化という結果をもたらした。第一次大戦後のような仕方で過激な解決へと向かうのではなく、第二次大戦後の陰鬱な時期のヨーロッパの一般の人びとは政治から離れていった。このことの意味合いは、当時としてはぼんやりとしか分からなかった。毎日の生存のおぼつかなさにつけ込もうとしたファシストや共産党が挫折したこと、集団的行動の目標およびその言語としての政治が退いて経済が登場したこと、公的な問題への参加に代わって家庭的なレクリエーション、家庭的な消費が出現したこと――こうしたことに、その意味が現われていたのである。

　そして何か別のことが起こりつつあった。『ニューヨーカー』誌のジャネット・フラナーがすでに一九四六年五月には指摘しているように、戦後フランスで（下着類に次いで）二番目に優遇された「実用」製品は乳母車だった。ヨーロッパ人は長い年月を経てここで初めて、ふたたび子どもを産み始めていたのだ。一九四九年のイギリスの出生率は、一九三七年に対して一一パーセントの上昇であり、フランスではそれが三三パーセントという前例のない高さだった。一九一三年以来その人口統計学的な主要指標が早死だった大陸で、こうした顕著な多産性急上昇がもつ意味合いはきわめて大きかった。当時の大半の人びとの予見をはるかに超える形で、新しいヨーロッパが生まれつつあった。

第二部　繁栄と不満と・一九五三―一九七一年

VIII 安定の政治学

「世界の支配権をめぐってヨーロッパの国民同士が争う時代が過去のものとなったことは、第二次世界大戦でそれがはっきりする以前から、大概の人びとには明らかだったにちがいない。ヨーロッパはこの方面ではもう先がなく、今なお世界覇権にこだわっているようなヨーロッパ人は自分をナポレオンだと思い込んでいるアタマのおかしな連中同様、やがて絶望か嘲笑の餌食となるだろう」

——マックス・フリッシュ（一九四八年七月）

「われわれの軍隊がそこにいたという理由から、ヨーロッパ人は自分の責務を引き受けなかった。自分たちの防衛のために兵士を出すという犠牲を、彼らは払おうとしないのである」

——ドワイト・アイゼンハワー

「フランスが核に関する情報を持つことに反対する議論の主旨は、それがドイツ人に影響して彼らにも同じことをさせるから、というのだ」

——J・F・ケネディ

「条約というものは、乙女や薔薇のようなもの、ある期間が過ぎればそれで終わりだ」

——シャルル・ド・ゴール

「ある国民の性格を形づくることができるのは、政治制度だけである」

——スタール夫人

一八世紀初期のイングランドにおける政治的安定性の進展をめぐる古典的研究で、イギリス史家のJ・H・プラムはこう書いている——「主としてバークや一九世紀の歴史家に由来するのだが、政治的安定性はゆっくりとサンゴのように育つもの、時間や諸事情や分別や経験や叡智が幾世紀にもわたってゆっくりと積み上げるもの、という俗信がある。わたしの考えでは、これはまったく真理からかけ離れている。（中略）ある社会に政治的安定性が実現するとすれば、それはしばしば迅速に、水が氷と化すように突然に起こるのだ。」[(1)]この種のことが、一九五〇年代の前半に、ヨーロッパできわめて唐突に起こった。

すでに見てきたように、一九四五年から一九五三年の初めまで、ヨーロッパ人は第二次世界大戦が落とした影と第三次大戦を予想する不安のなかで暮らしていた。一九一九年の決着が失敗だったことを、政治家も一般国民も今なお鮮明に記憶していた。東ヨーロッパにおける共産主義の押しつけは、第一次大戦につづいて起こった革命という不安定状況を先鋭に想起させた。プラハのクーデター、ベルリンの緊張状態、極東の朝鮮戦争は、三〇年代に打ちつづいた国際危機をいやでも思い出させるものだった。一九五一年七月、西側連合国はドイツとの「戦争状態」の終結を宣言したが、急速に緊張度を増してゆく東西冷戦という事情の下では平和条約締結どころではなく、その見通しさえほとんどつかなかった。未解決のドイツ問題で、あるいはどんな問題にせよ、ファシズムが再度その肥沃な土壌を見出すことはないと確信できる人はいなかったのである。

国際的な同盟や、機関や、協約といったさまざまな連携網の拡大も、国際協調の保証にはならなかった。後知恵で考えれば、それら連携網のなかでは「ヨーロッパ評議会」と「ヨーロッパ石炭鉄鋼共同体」と「ヨーロッパ決済同盟」と、とりわけ「北大西洋条約機構」とが、国家間関係の新たな安定化システムの原基となっていた。ヨーロッパ評議会が一九五〇年に打ち出した「人権保護条約」などの文書は、その後の数十年間に永続的な重要性を獲得していくことになる。しかしそうした文書は当時としては、それを生み出した諸機関ともども、一九二〇年代の善意ではあっても甲斐なく終わった諸協約・諸連盟にきわめて似通っていた。同時代の懐疑派が無関心だったのも、もっともなことだった。

にもかかわらず、スターリンの死や朝鮮戦争の終結とともに、西ヨーロッパは特段の政治的安定の時代へと、知らず知らずのうちに入りこんでいった。この大陸の西半分の諸国家は四〇年間で初めて、少なくとも互い同士では戦争状態にも、差し迫った戦争の脅威の下にもなかった。国内の政治抗争は沈静化した。イタリアを除いてすべての国の共産党は政治の周辺部へと、ゆっくり後退していった。さらにはファシズム復活の脅威も、おそらく共産党政治集会の場以外ではもはや説得力をもたなくなっていた。

西ヨーロッパの人びとが新たに見出したこの安寧は、「冷戦」に起因する不確実性がもたらしたものだった。政治的対決の国際化、その結果としてのアメリカ合衆国の関与のおかげで、国内政治抗争のとげが抜き去られたのだ。以前であればほぼ確実に暴力沙汰や戦争へと発展したにちがいない政治問題――未解決のドイツ問題や、ユーゴスラヴィアとイタリアの領土紛争や、被占領国オーストリアの将来の問題などはすべて封印され、いずれしかるべく「大国」間の対決と折衝というコンテクストのなかで取りあつかわれることになるのだが、ヨーロッパ人はそれに対して口出しする権利などほとんどなかった。

「ドイツ問題」は未決着のままだった。一九五〇年のパニックが収まり、スターリンには中央ヨーロッパで「朝鮮をやってのける」差し迫った計画などないと西側指導者が認識した後でさえ、両陣営に歩み寄る気配はなかった。西側の公式の立場からすれば、一九四九年に出現した二つのドイツは単一の民主政国家として再統一されるべきものだった。しかしすべてのドイツ人が自分たちの政治体制を自分自身で自由に選択できるようになるまで、そうした再統一は不可能だった。一方、「(西)ドイツ共和国連邦」は全ドイツ市民を代表するものとあつかってよかろう。したがって非公式には、アメリカ人も西ヨーロッパ人もともに、ドイツが無期限に分裂状態にあっても少しも不満はなかった。一九五九年二月にジョン・フォスター・ダレスがアイゼンハワー大統領に述べた通り、「現状維持で大いに結構」なのだが、それを「われわれの公けの立場とする」ことはできなかった。

ソヴィエトの立場は、皮肉にもこれとたいへん似通っていた。晩年のスターリンはソヴィエトの公式スタンスを堅持しつづけた――それはつまり、モスクワはドイツの統一を求め、非武装を条件にドイツの中立を進んで受け入れるというものだった。一九五二年春の一連の「覚え書」で、スターリンが提案したのは占領四カ国による平和条約の締結で、中立・非武装の統一ドイツを建国し、すべての占領軍を撤退させて全ドイツ人による自由選挙で政府を選ぶというのがそのねらいだった。こうしたスターリンの提案に応じ損なったワシントンを、歴史家たちは批判してきた――東西冷戦を終わらせるか、少なくとも最も危険な対立点からとげを除去する「機会を逃した」というのである。

西側の指導者がスターリンの覚え書をまともに検討せず、ソヴィエト連邦の提案に応じようとしなかったことは確かにその通りだ。とは言うものの、結果として見れば彼らは正しかった。ソヴィエトの指導者自身自らの提案に重きを置いておらず、アメリカ、イギリス、フランスが占領軍を引き上げて中立化・非武装化したドイツを分裂した大陸のど真ん中で

(1) J・H・プラム『一八世紀初期イングランドにおける政治的安定性の成長　一六七五―一七二五年』(ロンドン・一九六七年)、xvii頁。

漂流させるようなことをするなどと、まともに考えてはいなかった。いずれにせよ、スターリンとその後継者たちはドイツ領内のアメリカの軍事的プレゼンスの存続を我慢できなかったわけではなく、この世代のソヴィエト指導者の観点からすれば、西ドイツにおけるアメリカ軍の駐留はドイツの報復を防ぐための、比較的信頼性の高い保証の一つだった。ソヴィエト影響下の非武装ドイツという目標が実現できるなら、モスクワは「東ドイツ」という保護民やその「民主共和国」など喜んで放棄していたはずだが、それが無理ならせめて引き換えとして、このアメリカ軍の駐留という保証は試してみる値打ちがあった。

ロシア側としてなんとしても絶対に望んでいなかったのは、西ドイツの再軍備だった。ソヴィエトの外交政策のポイントはドイツ統一に関して西側と合意に達することではなく、差し迫ったドイツ再武装の見通しを阻むことだった。アメリカがこの問題を提起したのはヒトラー打倒からわずか五年後、朝鮮戦争の直接の結果としてだった。議会はトルーマン政権の海外軍事費増額要求を承認する代わりに、アメリカの同盟諸国――そこにドイツが含まれる――が大陸防衛のために自ら貢献するのを見せてもらう必要があった。

一九五〇年九月、合衆国国務長官ディーン・アチソンがドイツ再武装についてイギリス、フランスと話し合いを始めたとき、フランスはこの考えに猛反対した。この構想はフランス人がそれまで抱いていた疑念――つまりNATOはフランスの東部側面を護るというアメリカの固い約束の表明どころか、ドイツ再軍備の地ならしにすぎないのでは、という疑念を確証するものだった。ドイツ人もまた、彼らなりの理由で消極的だった。コンラート・アデナウアーはこうした状況の変化が彼にもたらした好機を十分に理解していた――再武装のチャンスに飛びつくのではなく、「連邦共和国」としては一歩踏み止まろう。西側の防衛に寄与する見返りとして、ボンは「ドイツ連邦共和国」の国際的な全面承認と連合国側に拘置されている戦争犯罪人の恩赦とを主張しよう。

背後でこうした取り引きが行なわれることを予期して、フランスは自ら対案を提起してNATOに対するドイツの軍事的貢献の論議に先手を打った。一九五〇年一〇月、フランス首相ルネ・プレヴァンは、シューマン・プランに類した「ヨーロッパ防衛共同体」の設立を提案した。「総会」「閣僚理事会」「裁判所」に加えて、この「共同体」は独自の「ヨーロッパ防衛軍（EDF）」を持つはずである。イギリス同様、アメリカもこの考えには不満だったが、ヨーロッパの防衛問題に対する次善の解決策として支持することに同意した。

そこで一九五二年五月二七日、「ヨーロッパ防衛共同体（EDC）条約」が調印され、同時に調印された付属文書によって、調印国すべてが条約を批准し終わったあかつきにはアメリカとイギリスはEDFと十全に協力し、ドイツの軍事占領を終結させることが確認された。ソヴィエト連邦がドイツ非武装化の平和条約を提案することで阻止しようとして不首尾に終わったのは、この条約だった。一九五三年三月、西ドイツ連邦議会はEDC条約を批准し、ベネルクス諸国も先例に倣った。(2) あとはただフランス国民議会の条約批准さえ済めば、西ヨーロッパはヨーロッパ軍と呼んでもいいような、ドイツも含めての各国派遣軍の混成による統合的軍隊を誕生させたはずだった。

　ところがフランスは、まだ不満だった。一九五三年一一月、ジャネット・フラナーは炯眼にも見抜いていた――「フランス人総体にとってEDC問題とはドイツ問題であり、アメリカ人にとってのようにロシア問題ではない。」フランスの逡巡はアメリカを失望させた――一九五三年一二月のNATO理事会の会合で、アイゼンハワーの新国務長官ジョン・フォスター・ダレスは、万一EDCが挫折するようなことになればアメリカ政策の「苦渋の見直し」を行なうと脅迫した。しかしこの「プレヴァン・プラン」はフランス首相の頭脳の産物だったとはいえ、公けの論争で明らかになったのは、フランスではいかなる条件にせよドイツの再武装にかなりの抵抗があるということだった。それに加えて、ドイツ再武装とヨーロッパ軍創設を提案するには時機が真に最悪だった。フランス軍はヴェトナムでの敗北と屈辱に直面しており、フランスの新首相ピエール・マンデス＝フランスは、国民の敵ドイツを再武装するという悪評嘖々《さくさく》の提案で脆弱な連合政権の未来を危険にさらすのは軽率なことだと、きわめて正しく計算したのである。

　したがってEDC条約が最終的に国民議会の批准にかけられたとき、マンデス＝フランスはこの問題を内閣の信任事項とはせず、一九五四年八月三〇日、三一九対二六四票で条約は否決された。ヨーロッパ防衛共同体と、それにともなうヨーロッパ軍という形のドイツ再武装プランは陽の目を見なかった。落胆したアデナウアーはベルギーの外務大臣ポール＝アンリ・スパークやルクセンブルク首相ジョゼフ・ベックとの内密な会話のなかで、マンデス＝フランスの行動は彼の「ユダヤ人性」がなせるわざだと言った――このドイツ首相によれば、マンデス＝フランスはフランス人のナショナリスティックな心情の側に与することで「ユダヤ人であること」の過剰なつぐないをしたのである。EDCの挫折についてのマンデス自身の説明は比較的もっともらしいものだった――

(2) 一九五一年三月、オランダはアメリカからの圧力の下、国内で有力だった中立主義的心情を抑え込み、防衛予算の倍増と一九五四年までに五個師団を配備することにしぶしぶ同意した。

「EDCは統合の度合いが強い分だけ、イギリスの分が少なかった。」

ヨーロッパ諸国とその同盟国アメリカは、出発点へともどってしまった。しかし今や状況は大きく変わっていた。朝鮮戦争が終わり、スターリンが死んで、NATOは国際的に地歩を固めていた。フランスはヨーロッパ防衛問題の一時的先送りには成功したものの、そう長くは延ばせなかった。EDCに関する国民議会票決から数週間のうちに、西側連合国列強——つまりアメリカ、イギリス、フランス——は、ロンドンとパリで二度にわたって慌しく会合した。イギリス外務大臣アントニー・イーデンの主導で一連の提案が迅速に合意され——いわゆる「ロンドン協定」——、これがその後の「パリ条約」へと仕上げられて、来るべき半世紀のヨーロッパ防衛政策の基盤となった。

「イギリスの分が少ない」という問題を克服すべく、イーデンはイギリスが四個師団を大陸ヨーロッパに常駐させると提案した（これは中世以来初めてのことだった）。一九四八年の「ブリュッセル条約」〔前出190頁〕を「西ヨーロッパ連合（WEU）」へと発展させ、ドイツとイタリアがそれに加わる（すでに見た通り、一九四八年の条約はお互いをドイツから護るという明確な目的で起草されたのだったが）。その代わりにフランスは、ドイツ連邦共和国が五〇万未満の軍隊を持つことに同意し、ドイツは主権国家としてNATOに加盟する。(4)

これらの諸協定が批准され発効したあかつきには、ドイツの占領法制は失効し、西側連合諸国はかつての敵国との正式和平を実質的に達成することになる。連合国軍隊はドイツの持病の再発防止のために連邦共和国に駐留するが、それはヨーロッパへの駐留の一部としてであり、相互の合意にもとづいてのことなのだ。フランスはこれらの新プランを満場一致で歓迎したわけではなかったが、自分たちの提案を自分たちで葬った後だけに、西ドイツがこの一九五四年協定でプレヴァン・プランよりも寛大な条件に浴することになるにもかかわらず、抗議できる立場ではなかった。これが初めてではなかったが、ドイツをめぐる国際的な紛争でフランスの最悪の敵は自分自身だった。もっともなことではあるが、パリ条約に対するフランスの支持には少なからぬアンビヴァレンス感情があった。一九五四年一二月三〇日、国民議会は条約批准の票決を行ない、二八七対二六〇、わずか二七票の差でこれを可決したのだった。

フランス人がためらいを見せたとすれば、ロシア人は不快感を露わにした。西ドイツが正式にNATOに加わり、連邦共和国の連合軍高等弁務官事務所が廃止されて一〇日が過ぎた一九五五年五月一五日、ソヴィエト連邦は「ワルシャワ条約」の成立を宣言した。ポーランド、チェコスロヴァキア、ハンガリー、ルーマニア、ブルガリア、アルバニア、ソヴィエト連邦が、統一司令部の下での「友好・協力・相互援助」の同盟を結成した。モスクワはイギリス・フランス両国との戦時同盟条約を破棄し、やむを得ぬと認めつつ、東ドイツ民主共和国の完全主権を主張してワルシャワ条約へと組み入れた。ドイツ問題が完全に解決したわけではなかったが、両当事国もそれぞれの国際同盟へとしっかり統合されたので一時《いっとき》の棚上げが実現し、それに代わったのがかつての首都ベルリンの分断という未解決ジレンマだった。

　ドイツの直近の未来問題が解決した今、両陣営は二次的な諸紛争・諸緊張への対応を急いだ。クレムリンの新しい顔ぶれ、とりわけニキータ・フルシチョフはヨーロッパにおける「平和共存」という彼ら自身の路線を真剣に考えており、将来の対決の危険性を最小化したいというアメリカ側とその願いを共有していた。ワルシャワ条約の宣言の翌日、占領国である四列強は「オーストリア国家条約」に調印した。オーストリアは独立するとともに中立化し、NATOにもワルシャワ条約にも加盟せず、自由に独自の進路を選ぶこととなった(5)。四カ国すべての占領軍は撤退することになった――ソヴィエト連邦はすでにオーストリア東部の占領地区からおよそ一億ドルを抽き出していたのだが、この国の東部地域のソヴィエトの経済利権をオーストリア側に追加的に一億五〇〇〇万ドルで「買い取らせる」という形で、最後の肉一ポンドを確保したのだった。

　一方ちょうどその南方では、ユーゴスラヴィアとイタリアがトリエステをめぐる対立に終止符を打っていた。一九五四年一〇月、アメリカとイギリスが仲裁した合意によって、トリエステの市部はイタリアに、圧倒的にスロヴェニア人が居住する周辺後背地はユーゴスラヴィアに、それぞれ帰属することとなった。当時結ばれた他の多くの協定同様、この「トリエステ協定」も「暫定的」なものという諒解の下で実現したのだったが、駐米イタリア大使アルベルト・タルキアーニの言葉によれば、トリエステをめぐるこの協定は「単に暫定的を装っているだけで、実際は確定的であった。」

　オーストリア、ユーゴスラヴィア、イタリアに関する諸協定が実現したのは、ヨーロッパ問題における新しい「デタント」ムードのおかげであって、その象徴が一九五五年七月の

(3) イーデンによれば、朝風呂で思いついたアイデアがもとになっているということだ。

(4) ドイツ再武装に課せられる唯一明確な制約は、いかなるものであれドイツの核兵器プログラムを絶対的・永久的に禁止したことだった。

(5) オーストリアの中立化は条約原案にはなかった。国家条約審議の過程でオーストリア議会が挿入したのである。

ジュネーヴ首脳会議（ポツダム以来初めて）と一六カ国の国連新加盟であり、一〇年に及ぶ東西の行き詰まりが打ち破られた。アイゼンハワー、フルシチョフ、イーデン三首脳間に交わされた友好的雰囲気にも増して、ジュネーヴで解決を見た最重要の懸案は、今なおソヴィエトに囚われていたおよそ一万人のドイツ人戦争捕虜の運命だった。一九五五年九月のアデナウアーのモスクワ訪問および外交関係の樹立と引き換えに、ソヴィエトの指導者はこれらの兵士たちの返還に同意し、九六二六人がこの年に、残りは一九五六年一月までに釈放された。この間にドイツの西側の小規模隣国も、ボンとのあいだに一定の決着を達成した。デンマークは一九五五年、ちょっとした国境問題とドイツの戦争犯罪賠償に関する合意に達し、ベルギーはその一年後だった（しかしながらルクセンブルク大公国がドイツとの合意に達したのは一九五九年、オランダはようやく一九六〇年だった）。誰かが実際にそう言ったわけではないのだが、ヨーロッパの戦争とその余波が生んだ罪と罰について、決算がなされようとしていた。

こうした人を安堵させる展開は、国際的な大軍備競争を背景として起こっていた。当代の二大強国が刀の柄いっぱいまで、とことん軍備競争に奔って熱核戦争勃発に備えているときに、ヨーロッパの平和的決着が形を取りつつあるというこのパラドックスは、見かけほど奇怪なことではなかった。アメリカとソヴィエト双方の戦略的思考において核兵器とそれを搭載する大陸間ミサイルの重要性が増したことで、ヨーロッパの諸国家は超大国の軍事資源と対抗しても勝ち目のないアリーナ（闘技場）での競争の必要性から解放された——とは言っても、中央ヨーロッパは依然として将来戦争が最も起こりやすい地勢ではあったのだが。こうした理由から、この時期に西ヨーロッパで経験された「冷戦」というのは、アメリカや現にソ連で感受されていたものと、その様相をまったく異にしていたのである。

アメリカの核保有量は、一九五〇年代を通じて急速に増加した。アメリカ軍の手元にある核兵器保有量は一九四六年の六発、一九四八年の五〇発、五〇年代初めの一七〇発から、一九五二年時点で八四一発に達し、ドイツのNATO加盟時までにおよそ二〇〇〇発へと拡大した（七年後のキューバ危機の直前には二万八〇〇〇発になっているはずだ）。これらの爆弾を投下するため、アメリカ空軍は前方基地にB29を配備したが、その数は一九四八年のベルリン封鎖開始時点での約五〇機から、五年後にはゆうに一〇〇〇機を超え、最初の大陸間爆撃機B52が任務についたのは一九五五年六月だった。ヨーロッパにおける兵員と在来型兵器ではソヴィエト連邦が圧倒的優位に立っていたので、ワシントンの戦略では必然的にこれら空からの核兵器がその中心となったが、水爆開発を早めよという一九五〇年三月一〇日のトルーマン大統領秘密命令以後は、とくにそうなったのである。

トルーマンの決断を促したのは、一九四九年八月にソヴィエト連邦が行なった原爆実験の成功だった。アメリカとソヴィエトの核能力の格差は縮小していった。アメリカ最初の熱核実験が成功したのは一九五二年一一月一日、太平洋環礁エルゲラブでだったが、セミパラチンスクでのソヴィエト初のそうした実験は、わずか一〇カ月後の一九五三年八月一二日に発表された。アメリカの小型核兵器が西ドイツに到着し始めたのはその翌月、翌年一月にはダレスがアイゼンハワーの「ニュー・ルック」政策を発表した。NATOは「核武装化」する――ヨーロッパの戦場で戦術核兵器を使用するという脅しが、同盟の防衛戦略の一環となったのである。西側が本当に核を発射するとソヴィエト連邦に信じさせるためには、核兵器と在来型兵器の区別を廃棄する必要があった。一九五四年四月のNATO理事会でのダレスの説明によれば、「現在当面している脅威の下では、NATO地域の防衛には原子兵器の使用能力が不可欠であるとアメリカは考えている。要するに、今やそうした兵器も事実上在来型化したとしてあつかわなくてはならないのである。」

NATOの核武装化とヨーロッパ大陸の安定化とが同時に起こったのは、偶然ではなかった。ソヴィエト側から見ても、中西ヨーロッパにおける在来型戦争というのは、戦略的関心が薄れつつあった。モスクワも核兵器を貯蔵しつつあった――一九五〇年の五発に始まって、五〇年代末までにおよそ一七〇〇発へと積み上がっていた。しかしソヴィエトの主眼は、それをヨーロッパの戦場ではなく海洋を越えて運搬する手段を開発し、ロシアからわずか数百マイルのドイツに核兵器を配備するというアメリカ側の計画を相殺してしまうことだった。

一九六〇年のアメリカ大統領選挙戦でジョン・F・ケネディが言及した悪名高き「ミサイル・ギャップ」は神話にすぎず、ソヴィエトのプロパガンダの成果の一つである。当時広く語られていた、教育面・技術面でのソヴィエトの優位についても同じだった。ドイツ首相ヘルムート・シュミット〔在任一九七四―八二年〕がそれを述べる二〇年前、フルシチョフとその上司の一部は自分たちが治める帝国も基本的には「ミサイルに関してはアフリカのオートボルタ並み」であることを、すでに直感的に理解していた。しかしソ連が弾道ミサイルの開発に多大の努力を傾注していたことは確かだった。ソヴィエト初の大陸間弾道ミサイル実験の成功は一九五七年八月で、アメリカに五カ月先んじていた。つづいて行なわれた一九五七年一〇月のスプートニクの打ち上げは、ソ連の力を見せつけた（アメリカは恐怖におののいた）[6]。

弾道兵器——ソヴィエトの後背地からアメリカの標的へと核弾頭を打ち込み得る大陸間ミサイル——は、とくにニキータ・フルシチョフにとって大きな魅力があった。それは在来型兵器より安価だった。そのおかげでフルシチョフは、重工業や軍との良好な関係を維持しつつ、諸資源を消費物資の生産へと回すことができた。しかもそこからは本格的戦争が起こる可能性を従来よりも減らすという奇妙な結果が生まれ、この点を両陣営とも評価するに至るのだ。核兵器はモスクワとワシントンの双方を、形式的にはより好戦的にした——準備万端勇んで使うように見せかけることが大事だった——のだが、いざ実行となれば多大の制約があった。

アメリカにとって、核兵器にはさらに別の魅力があった。アメリカはその指導者たちの最善の意図に反してはまり込んだヨーロッパとの関わり合いから抜け出す方途を模索していた。ヨーロッパの核武装化はその一つの道となるだろう。アメリカの巨大な軍事的プレゼンスを無期限にヨーロッパ中心部に配備する構想は、もはや不必要となるだろう——指導的政治家と軍事戦略家の両方が望んでいたのは、ソヴィエトの攻撃を受けた際にはアメリカが大量核報復を行なうという固い約束を背景に、ヨーロッパが実質的に独力で自衛する日が来ることだった。一九五三年にアイゼンハワーが繰り返し述べたように、ヨーロッパにおけるアメリカ軍の駐留は「海の彼方のわれわれの友好諸国に対して信頼と安全を保証するための一時的作戦」と想定されていたにすぎなかった。

アメリカがヨーロッパからの離脱計画を実現できなかった理由は、さまざまある。一九五〇年代末にかけて、アメリカはヨーロッパの集団管理の下での核抑止力の構築を急いだ。しかしイギリスもフランスもこの構想に不満だった。両国の政府が核兵器に原理的に反対だったからではない。イギリスは一九五二年八月、最初のプルトニウム爆弾をオーストラリアの砂漠で爆発させ、その一四カ月後にはイギリス最初の原子爆弾が英国空軍に配備された。軍事的かつ経済的な理由から、当時のイギリス政府は大陸防衛戦略から核抑止戦略への転換にきわめて熱心に取り組んでいた。実のところ、アイゼンハワーが「ニュー・ルック」戦略で行くことを決意したのにはイギリスの説得が大きな役割を果たしており、イギリスは自国領土内に核搭載可能なアメリカの爆撃機を配備することに不服はなかったのである[7]。

フランスでもマンデス＝フランスが一九五四年一二月に決断して、原子兵器プログラムを実施したが、フランス独力での爆弾が成功裏に爆発したのはようやく一九六〇年二月のことだった。ところがイギリスもフランスも、核兵器の管理をヨーロッパの防衛主体へと委ねる気はなく、とくにフランスにいたっては何かにつけて、アメリカがドイツに核の引き金を渡すのではないかという猜疑心でいっぱいだった。アメリカ側は自分たちのヨーロッパ駐留が必要不可欠であることをしぶしぶ認めた――それこそヨーロッパの同盟諸国が聞きたがっていたことだったのである。(8)

アメリカをヨーロッパに縛りつけていた二番目の問題は、ベルリン問題だった。一九四八―四九年の封鎖を打破したおかげで、ドイツのかつての首都は一種の開放都市となり、東西ベルリンは占領地区のあちこちに張りめぐらされた電話回線と輸送網でつながっていた。それはまた東ヨーロッパから西ヨーロッパへの唯一のトランジット・ルートでもあった。西側へと逃亡を企てるドイツ人は、ドイツ民主共和国のどこからでも東ベルリンへとやって来て、ロシアが占領する地区から西側の占領地区へと入り、そこから西ベルリンと連邦共和国をつなぐ道路や鉄道の回廊を伝うことができた。そこまでたどり着けば、自動的に西ドイツ市民権が与えられた。

この旅に危険がないわけではなく、難民たちは着の身着のままだったが、東ドイツの若者はそんなことではひるまなかった。一九四九年春から一九六一年八月までのあいだに二八〇万から三〇〇万の東ドイツ人がベルリン経由で西ドイツへと脱出したが、これはこの国の人口のおよそ一六パーセントに当たる。その多くが教育のある専門職の男女で、東ドイツの未来を担う人材だった。しかしこの数字のなかには、一九五二年の農業集団化を逃れた農民や、一九五三年六月の暴力的弾圧〔前出225―227頁〕の後この体制と決別した労働者が幾千人も含まれていた。

こうしてベルリンがもつ奇妙な位置づけが、東ドイツの共産主義体制にとって始末に悪い当惑の種、大いなるマイナス宣伝となってしまった。東独駐在のソヴィエト大使は、一九五九年一二月、モスクワに向けて如才なくこう勧告した――

(6) ソヴィエトのハードウェアの誇示でパニックに陥ったのは、アメリカ人だけではなかった。一九六〇年、イギリス保守党首相ハロルド・マクミランは密かにこう結論づけていた――「彼ら（ソ連）はもはや攻撃を恐れない。彼らは少なくとも西側と同じ強力な核兵器を持っているのだ。彼らには内部の（通信）ラインがある。彼らの経済は上昇力をもち、物質的豊かさの競争では間もなく資本主義社会を凌駕するだろう。」

(7) イギリスが自分用に使うとすればどの基地を使うのかは、不明確なままだった。当時（一九五二年）のチャーチル‐トルーマン共同コミュニケはこの点をぼやかしていて、「緊急時におけるこれらの基地の使用に関しては、その際に優先すべき諸事情を勘案して……共同で決定するものとする」と宣言していた。

(8) 一九五六年一一月、アメリカがイギリスとフランスに圧力をかけてスエズから撤退させたこと（第Ⅸ章参照）は、いざ戦争となればアメリカはヨーロッパを危険にさらしたまま自分が属する西半球へと退却してしまうのではないか、という懸念をＮＡＴＯ諸国に抱かせた。そこでワシントンとしては、アメリカの脆弱な同盟諸国を安心させるべく「断固たる」態度を取る必要を認識して、まずはベルリン、後にキューバでの行動に出たのである。

「社会主義・資本主義両世界間の開放的な、ずばり言って管理不能な境界がベルリンに存在していることで、住民たちはあさはかにもこの都市の二つの部分を比較するよう促され、不幸なことにその結果は必ずしも民主ベルリンに有利になっているわけではありません。」ベルリンのこうした状態は、当然ながら、他の国々と同様モスクワにとっても利用価値はあった――「冷戦」の主たる情報収集所、スパイ・センターとなっていたのだ。一九六一年までに約七〇のさまざまな機関がそこで活動し、ソヴィエト諜報機関の大成功の仕事の幾つかはこのベルリンで行なわれたのである。

ところが、ソヴィエトの指導者はドイツの分割を受け入れて東側地域を一人前の主権国家へと持ち上げてやった今、その人的資源の絶え間ない流出をいつまでも無視しつづけるわけにはいかなかった。にもかかわらず、モスクワが国際的な注目を再度ベルリンへと引き寄せ、この都市の位置づけをめぐって三年におよぶ国際的な危機をつくり出したときでも、それは東ドイツの支配者たちの傷ついた感情への思いやりから出たことではなかった。一九五八年の時点でソヴィエト連邦がふたたび危惧していたのは、アメリカが西ドイツという従属民の核武装を計画しているのではないか、ということだった。すでに見た通り、これはまったく理由のない恐れではなかった――結局のところ、この恐れは一部の西ヨーロッパ人とも共通していたのだ。そこでフルシチョフは、このベルリンをボンの核武装阻止の梃子として活用しようとした――この都市の運命のことなどロシア人は無関心だったが、核武装には強烈な関心があったのだ。

「ベルリン危機」の最初の一手が打たれたのは一九五八年一一月一〇日で、フルシチョフはモスクワで演説して西側列強にこう呼びかけた――

帝国主義者どもは、ドイツ問題を国際緊張の不断の源泉へと転化してきた。西ドイツを支配する一味は、ドイツ民主共和国に対する軍事的憎悪を掻き立てようと躍起になっている。……アデナウアー首相やシュトラウス国防相の演説、連邦国防軍の核武装化その他さまざまな軍事訓練のすべてが語っているのは、西ドイツの支配者一味の政策に見られる明らかな傾向である。……今やポツダム協定の調印国はベルリンにおける占領体制の残滓を拭い去って、ドイツ民主共和国の首都に正常な状態を創り出せるようにすべき時がやってきた。我がソヴィエト連邦としては、今なおソヴィエトの諸機関によって行使されているベルリンの諸機能を、主権国家であるドイツ民主共和国へと委譲するであろう。

フルシチョフの攻勢は、二週間後にこのソヴィエトの指導者が西側に対して六週間以内にベルリンから撤退するよう要求したことで緊迫の度を増したが、その表向きの目的はアメリカにベルリンを放棄させて、そこを「自由都市」にさせることだった。そうすれば西ヨーロッパ防衛に対するアメリカの全面的な関与に甚大な凹みが生じ、西ドイツその他においておそらく中立的な、反核的な心情が芽生えてくるだろう。しかし仮に西側列強がベルリンから動かないとしても、ソ連はそれを認める交換条件として、ボンに核兵器を渡さないという西側の確たる約束を取りつけられるかもしれない。

西側の指導者たちがベルリンをめぐる譲歩を拒み、最終的な平和条約が締結される以前にポツダムの取り決めを破って東ベルリンを東ドイツの支配や諸制度へと統合したのはソヴィエト連邦自身だと主張したとき、フルシチョフはふたたび攻勢に出た。一九五九年夏のジュネーヴにおける一連の外相会議が不成功に終わったことをうけて、彼はまず一九六〇年に、ついで一九六一年六月にも、同じ要求を繰り返した。西側はベルリンにおける軍事駐留を止めなければならない、さもなければソヴィエト連邦は独自にベルリンから撤収し、東ドイツと個別に平和条約を結び、西側占領地区の運命については西側と独立後の東ドイツ国家との交渉に委ねるであろう——というのが彼の要求だった。一九五八年一一月から一九六一年の夏過ぎまで、ベルリンをめぐる危機がくすぶりつづけ、外交的な気力の消耗がつづき、東ドイツからの脱出は洪水さながらとなった。

フルシチョフの最後通牒は一九六一年六月、ウィーンで行なわれたアメリカ新大統領ジョン・F・ケネディとの頂上会談の場で出された。その前の頂上会談は一九六〇年五月にフルシチョフとアイゼンハワーとのあいだで行なわれたが、以後それが中止になっていたのは、ソヴィエトがアメリカ空軍U2機の操縦士ゲイリー・パワーズを撃ち落とし、アメリカ側は高空からのスパイ活動を行なっていたことを（初めはまったく関知していないと言っていながら）しぶしぶ認めた事態があったからだった。フルシチョフはケネディとの会談で、年末までに決着がつかなければベルリンにおける西側の権益を「整理処分」にすると脅した。

前任のアイゼンハワー同様、ケネディも表向きは強硬路線で、西側は自ら約束したことを絶対に反故にしないと公言した。ワシントンはポツダム協定にもとづく諸権利を護り、とくにドイツにおけるアメリカの軍事プレゼンスを強化するために防衛予算を増額するかまえを見せた。ところが非公式には、アメリカははるかに柔軟だった。アメリカ人は——アメリカの従属民としての西ドイツ国民とはちがって——東ドイツ国家という現実を受け入れており、最近のアデナウアーや、とりわけ国防大臣フランツ・ヨーゼフ・シュトラウスの演説に見られる攻撃的な調子に対するソヴィエトの不安を理解していた。ドイツの状況を打開するために、何か手を打たなくてはならなかった——一九六〇年五月二八日、アイゼンハワーがマクミランに言った通り、西側としても「コインほどの土地でこれから五〇年間がんばるというわけには」いかなかったのだ。同じ気持ちから、ウィーンでのケネディはフルシチョフに対して、アメリカは「ソヴィエト連邦からその東ヨーロッパとの結びつきを奪い取るような行動をするつもり」のないことを確約したのだが、これはロシア人が獲得しているものには手を出さないことを暗に認めたのであり、それにはドイツの東部地域と、今ではポーランド、チェコスロヴァキア、ソヴィエト連邦に属しているかつてのドイツの領土が含まれていた。(9)

ケネディ大統領がワシントンにもどった直後から、東ドイツ当局は移住希望者に対する旅行制限に着手した。ケネディは直ちに対抗措置をとって、西ベルリンに対する西側のコミットメントを公けに再確認した——それによって、この都市の東半分がソヴィエトの勢力圏であることを暗に認めたのである。ベルリン経由の脱出者の割合はかつてなく上昇した——西側へと脱出した人びとは七月には三万四一五人だったが、一九六一年八月の第一週にはさらに二万一八二八人がそれにつづき、その半数が年齢二五歳未満だった。この割合でいけば、ドイツ民主共和国は程なく空っぽになるはずだった。

フルシチョフの対応は、ベルリンというゴルディオスの結び目を一刀両断することだった。八月六日にパリで会談した連合諸国の外相が、もし決着に至らなければ東独との単独平和条約に踏み切るというソヴィエトの再度の脅しを拒否すると、東ドイツはモスクワのお墨付きの下、文字通り二つの地域をきっぱり分割する線を引いた。一九六一年八月一九日、東ベルリン当局は兵士と労働者を使って同市を横断する仕切りの建設に取りかかった。三日間のうちに粗い壁が立ち上がったが、ベルリンの両半分を気ままに行き来するのを防ぐには十分だった。その後数週間をかけて壁は嵩上げされ、強化された。サーチライトと鉄条網と監視所が増設され、壁に隣接する建物の扉や窓はまずは封鎖され、つぎにはレンガで固められた。街路や広場が真っ二つに切断され、この分割都市の通信・輸送はすべてきびしい警戒の下に置かれるか、完全に途絶してしまった。ベルリンに「壁」ができたのである。

公式的には、西側は衝撃を受けた。一九六一年一〇月の三日間、それぞれの占領地区を隔てるチェックポイント——最

---

(9) ケネディの発言は当時内密にされていたばかりか、三〇年後に初めて公刊された頂上会談文書にも入れられなかった。

一九六一年八月一九日、「ベルリンの壁」が築かれた。それに対して行なった抗議とは裏腹に、西側の諸政府があまり困らなかったのは、この被占領都市の両「半分」のあいだに物理的障壁を建てようというソヴィエト連邦の決断のおかげで、ベルリンをめぐる積年の危機が解消されたからである。

「全ドイツ人は首相とともに、首都の成り行きに真剣に注目している。」ラインラント出身のカトリック教徒であるコンラート・アデナウアーは、実のところ、プロイセンのベルリンを心底嫌っていた。しかし彼は西側同盟諸国から譲歩を勝ち取る手段として、臆することなくこの分断都市を活用したのだった。

後に残った連結地点——をはさんで、ソヴィエトとアメリカの戦車が対峙したが、これは東ドイツ当局が西側列強のやる気、つまり「四カ国協定」本来の趣旨に則って東地区へのアクセス権継続の主張をどこまで貫くかを試したのだった。現地のアメリカ軍司令官の非妥協的態度（彼は連合国側の動きを阻もうとする東ドイツの権利を一切認めなかった）に直面して、ソヴィエトはしぶしぶながらこう認めた——今後三〇年間、占領四カ国のすべてはその位置に留まるものの、両陣営はそれぞれの地域の事実上の行政権を現地のドイツ当局へと委譲する。

舞台裏では、西側指導者の多くが「壁」の出現に密かに安堵していた。三年のあいだ、ベルリンはかつて一九四八年にそうであったように、国際対決の発火点となる危惧があった〔前出186頁〕。ケネディその他の西側指導者たちは、ベルリンの壁は戦争よりはましな成り行きだと考える点で密かに一致していた。公式には何が語られようと、自分が兵士たちに向かって「ベルリンのために死んでくれ」と頼むことを本気で考えている西側の政治家など、ほとんどいなかった。ケネディの国務長官ディーン・ラスクが冷静に述べたように、「壁」には効用があった——「現実的な観点で見れば、それによってベルリン問題の決着が容易になる可能性がある。」

ベルリン危機の成り行きが示したのは、二つの大国には両国が時おり認識していた以上の共通点がある、ということだった。もしもモスクワがベルリンにおける連合国側の地位の問題を蒸し返さないならば、ワシントンはそこに東ドイツ政府が存在するという現実を受け入れ、西ドイツからの核武装要請の圧力に逆らうだろう。両陣営ともが中央ヨーロッパの安定に利点を見出していたのだが、もっと重要だったのは、アメリカとソヴィエトの両方ともがそれぞれ自分のドイツ従属民から来る要求や不満への対応にうんざりしていたという点だ。冷戦最初の一〇年間、境界線の両側に陣取るドイツの政治家たちは、それぞれがワシントンとモスクワの保護者に対して比類のない影響力をふるうことができた。「自分の」ドイツから愛想をつかされることを恐れて、両大国はアデナウアーとウルブリヒトがそれぞれ「頑として意見を変えない」と恐喝するのを放任してきたのだった。

これまで見てきた通り、モスクワは占領ドイツの東部地域に従属国家をつくることはしていなかったが次善の策を講じ、ベルリンの弱体で不人気な共産党政権を支えるべく、法外で懸命な努力を重ねていた。東ドイツの共産党はそれに対して、ソヴィエトという保護者にいつ裏切られるのかと常に半信半疑だった。[10] したがって「壁」は彼らに幾分かの安心を与えたのだが、いったん障壁が立ち上がると平和条約に不熱心になったフルシチョフには失望した。ボンにとっての積年の懸念とは、「アメリカ兵」が出て行ってしまうことだった。ワシントンは絶えずボンに対して、アメリカの不動の支援を懸命に確約しつづけてきたのだが、「壁」が築かれてアメリカが明らかにそれを黙認した後では、西ドイツの不安は増すばかりだった。したがってワシントンからは、アメリカはその地域を決して放棄しないという、「壁」後の約束が繰り返し行なわれた——一九六三年六月に行なわれたケネディの有名なドイツ語での宣言「Ich bin ein Berliner（わたしはベルリン市民だ）」の背景がこれだったのである。一九六三年までにヨーロッパに二五万人の軍隊を擁して、アメリカ側もロシア側と同じくそこに留まることが明らかとなった。

世界およびヨーロッパの危険区域としてのベルリンの経歴は「壁」を以て終わりを迎えた。アクセス問題についての正式合意に達するには一〇年かかったが、一九六一年一一月以後ベルリンは問題であることをやめ、西ベルリンは着実に政治的な無意味状態へと降下していった。ロシア側でさえ、ベルリンへの関心をなくしてしまった。奇妙なことだが、この点は西側に直ちに明らかになったのではなかった。翌年にキューバ危機が勃発したとき、ケネディとその顧問たちが確信していたのは、フルシチョフはドイツにおける年来の目的達成のために複雑なマキャヴェリ流の策略を仕掛けてきているということだった。ベルリン封鎖から朝鮮戦争という、一九四八—五〇年の教訓が効きすぎていたのだ。

トルーマンとアチソンが朝鮮侵攻を、ドイツの分断国境を越えようとソヴィエトが探りを入れてきていることの前触れかもしれぬと考えたのと同じように、ケネディとその同僚たちはキューバへのミサイル配備を、やわなアメリカを脅しつけてベルリンで譲歩させようというソヴィエトの策略だと考えた。キューバ危機が起こって最初の一〇日間、アメリカの指導者の話題は一時間もすればたちまち西ベルリンへと立ちもどり、この分断都市へのフルシチョフの逆襲を予想して、それを「相殺」する必要が検討された。一九六二年一〇月二二日、ケネディはイギリス首相ハロルド・マクミランに向かってこう説明した——「わたしからあなたに指摘する必要もないと思いますが、フルシチョフ側の秘密で危険なこの動きはベルリンと関係している可能性があります。」

ケネディが最近のソヴィエトのからいばりやプロパガンダを過剰に深刻に受けとめて、米ソ関係の認識をベルリン問題と絡めて築き上げたところに問題があった。おかげでキューバ危機の外見上の重大さが劇的に増大して後もどりが利かなくなり、一〇月一九日にはケネディが側近の顧問にこう告げ

(10) 一九九〇年になって分かった通り、彼らの懸念には根拠がないわけではなかった。

るようになる――「われわれに満足できる対案があるとは思えない。……こちらの問題はキューバだけではなく、ベルリンにもある。そしてヨーロッパにとってのベルリンの重要性を考え、われわれにとっての同盟国の重要性を考えればこそ、この件でここ数日間ジレンマに陥っているのだ。そうでなければ、われわれの対応はきわめて簡単だ。」三日前にキューバ危機が始まったとき、国務長官ディーン・ラスクはソヴィエトの行動についての彼なりの見解をこうまとめていた――「わたしの考えでは、これには大いにベルリンが絡んでいます。初めてのことですが、わたしは今、果たしてフルシチョフ氏がベルリンに関してしっかりと合理的に考えているのか、たいへん疑問に思い始めています。」

しかしフルシチョフは、漏れ聞くところでは、ベルリンに関してしっかりと合理的だった。ソヴィエト連邦は実のところ、ヨーロッパにおける在来型兵力で大いなる優位を維持しておており、その気になればいつでも西ベルリン（および西ヨーロッパの大部分）を占領することができた。しかしアメリカが西ベルリンの自由をなんとしてでも（つまり核兵器を使ってでも）護りぬくと宣言した以上、ドイツのために核戦争の危険を冒す意図などフルシチョフにはなかった。ワシントン駐在のソヴィエト大使が後日その回想録で述べている通り、「フルシチョフとその同盟者がベルリンで決定的な行動に出る覚悟について、ケネディは過大評価をしていた。最も攻撃的なものが、せいぜいベルリンの壁の構築だった。」(11)

ベルリンとキューバを背景に、二つの超大国はおどろくべき敏速さで第一次「冷戦」の不安定状態の解消へと動いた。一九六三年六月二〇日、ワシントンとモスクワのあいだに「ホットライン」が敷設され、その一カ月後にモスクワで行なわれたアメリカ、ソヴィエト連邦、イギリス三国の話し合いは「部分的核実験停止条約」へと結実した。この条約は一〇月一〇日に発効したが、ヨーロッパにとって大きな意味をもつものとなった――表面的な目的のゆえにではなく、その底にある「サブテキスト（背後の意味）」のゆえにである。

両大国が望んでいたのは核兵器が中国や西ドイツの手に渡らぬことであり、これこそが条約の真の目的だった。ベルリンでの妥協を代償としてモスクワが求めていたのは、ドイツの非核化の約束であり、アメリカがボンでの不評判を進んで買って出たのは、その目的を達成せんがためだった。西ドイツの人びとはドイツの核武装化が拒否されたことをいささか憤慨の念を以て受けとめたが、それはかつてアメリカ軍の駐留継続と引き換えにベルリン分割を受け入れたのと同じだった。一方この条約で明らかになったのは、ソヴィエトの戦略的関心がヨーロッパから他の諸大陸へとはっきり転換したことだった。

ヨーロッパにおいて「冷たい戦争」が安定化したこと、それが「熱く」なる可能性が減少したこと、さらにこうした諸問題の大半に自分たちの手が届かなかったという事実とによって、西ヨーロッパの人びとのあいだには、在来型兵器での戦争はもう時代遅れになったという安堵感のようなものが生まれた。一九五三―一九六三年期の多くの観察者たちには、戦争は少なくともヨーロッパ大陸においてはもはや考えられないことと思われた(他の地域では紛争解決の手段となることを止めはしなかったが)。仮に戦争が起こるとすれば、大国の巨大な核兵器保有状態からして想像を絶する恐ろしい結果となることはまちがいなく、したがって誰か当事者の誤算の結果としか考えられなかった。その場合、そうした結果を軽減することなど、ヨーロッパ人にはほとんど不可能だろう。

誰も彼もがこう考えていたわけではない。少数派のなかでは、同じ論拠から執拗に核軍縮を唱える運動が盛んになった。「イギリス核軍縮運動（CND）」がスタートしたのは一九五八年二月一七日、ロンドンにおいてだった。それは発端から、イギリスの急進的政治にある、大いに異を唱えるという伝統のうちにあった――その支持者の大半は教育があり、左傾していて非暴力主義だったが、彼らの要求が向けられたのはまずは自分たちの政府に対してであって、ロシア人やアメリカ人ではなかった（イギリスの二大政党はともにイギリスは独自に核抑止力を持つ必要があると確信していたが、一九五〇年代末の時点で、アメリカから供給されるミサイルや潜水艦なしでは、イギリスの爆弾は目標まで到達しないことが明らかになった）。

一九六二年の絶頂期、CNDは毎年行なうバークシャー州オルダーマストンの核兵器研究所への抗議行進に一五万人の支持者を結集することができた。ところが西ドイツやベネルクス諸国で同じ気持ちから行なわれていた軍縮運動ともども、イギリスの運動は六〇年代を通じて衰微していった。「実験禁止条約」以後、反核運動家たちの主張はその妥当性を失った。ヨーロッパに全滅の危機が迫っているなどと言っても、その信頼性はだんだん下がってくるし、急進的な政治目標では軍縮に代わって新たな話題が登場していた。ソヴィエト連邦においても、反体制の原子物理学者アンドレイ・サハロフは、核による全滅の差し迫った危険には関心が薄れていた

(11) アナトリー・ドブルイニン『内密で』（タイムズブックス・一九九五年）、四六頁。フルシチョフの戦争ぎらいは本物だった。キューバ危機が最高潮に達していた一〇月二六日、彼はケネディにこう書き送っている――「仮に本当に戦争になるとしたら、われわれの力では止められないでしょう。それが戦争の論理というものです。わたしは二つの戦争に参加して、戦争は町から町、村から村を蹂躙し、いたるところに死と破壊を撒き散らしたあげくにようやく終わるものだ、ということを知っています。」

——彼の言い種によれば、「世界的広がりをもつ問題から各国民の防衛問題へ」と転換したのである。

大方の西ヨーロッパ人が、ともかくも核について考えてみた場合には、核軍縮の賛成者になったことは疑いない。一九六三年の世論調査では、とりわけイタリア人が核兵器の全廃に賛成だった。フランスは圧倒的な廃絶論というほどではなく、ドイツ人やイギリス人のあいだでは意見が分かれていたが、いずれもはっきりと反核派が多数を占めていた。しかし一九二〇年代と三〇年代初期の緊張感に満ちた軍縮論議とは対照的に、ヨーロッパの核問題はさほど人びとを動かさなかった。あまりにも抽象的だったのだ。核兵器を保有していたのはイギリスとフランス（こちらは名目上）だけで、他の国々では西ドイツの政治支配層の少数派が保有したがっていたにすぎない。

イタリア、デンマーク、オランダは、自国内にアメリカの基地があることを時たま心配していた——戦争が起これば、基地のおかげで彼らは危険に曝されるからだ。しかし心配の種である核兵器は超大国が保有しており、ヨーロッパ人の大半は、まことにもっともながら、モスクワやワシントンで下される決定を左右することなど自分たちには不可能だと考えていた。実を言えば、西ヨーロッパの多くの人びとは当面の核戦争の危機が過ぎてしまうと、自分たちはアメリカ合衆国にヨーロッパを防衛させてやることで実はアメリカに貸しをつくっているのだと考えて自ら納得していたのだが、彼らにそうさせたのはアメリカの冷戦レトリックがもつ強硬なイデオロギー的迫力だった。そこで彼らヨーロッパ人は、軍縮問題の論争にあれこれかかずらうよりも、自分の家の庭づくりに精を出したのである。

一九五〇年代のヨーロッパの政治シーンで最も注目すべき特徴は、そこで見られた変化にあるのではなく、そこに見られなかった変化にあった。戦後ヨーロッパにおける自立的民主政諸国家の再出現は、幾分かおどろきの念を以って迎えられた——戦争への手段も欲望ももたず、長老的なその指導者に共通するのは（はっきりとは述べられずとも）「実験無用」の政治信条だった。それとは正反対の期待が広がっていたにもかかわらず、西ヨーロッパの政治的温度は過去四〇年間の高温状態から下降していた。直近の過去の災厄の記憶が今なお社会全体に消えやらぬなかで、ヨーロッパ人の大半は大衆動員の政治に背を向けてほっとしていた。革命の希望と経済の絶望に取って代わって、行政とさまざまなサービスの提供が投票者の主たる関心となった（数多くの国で女性が初めて投票者に加わった）——政府も政党も、それに対応したのである。

イタリアでの変化は特に目をみはるものだった。ヨーロッパの他の地中海諸国——ポルトガル、スペイン、ギリシア——とはちがってイタリアは民主政となり、不完全とは言いながらも戦後の数十年を民主政で通したのである。これは小さなことではなかった。イタリアは深い分裂を抱え込んだ国だった。実を言えば、一つの国として存在すること自体が長年にわたる論議の的だった——そしてそれが後年ふたたび蒸し返されるのだ。一九五〇年代初期からの研究によると、イタリア語だけを話しているのはイタリア人成人五人のうち一人未満であり、多くのイタリア人はまずは自分のアイデンティティーを地方性、地域性と結びつけて、日常会話のほとんどを方言ないしその地域の言語で行なっていた。この点は中学校教育を受けなかった人びと——当時としては住民の圧倒的多数——について、とくに言えることだった。

南部イタリア——「メッツォジョルノ」の後進性は夙《つと》に有名だった。戦時中の一時《いっとき》ナポリに配属されたノーマン・ルイスというイギリス陸軍の将校がとりわけ強い印象を受けたのは、至るところに見受けられたナポリ人の水運び屋たちで、そのありさまは「ポンペイのフレスコ画に描かれたものとほとんど変わっていなかった。」ピエモンテの出身でレジスタンス活動でムッソリーニに追放されたカルロ・レーヴィという医者は、南部イタリアの不毛な台地の僻村の生活を描いた古典的作品『キリストはエボリに止りぬ』（一九四五年初版）〔清水三郎治訳・岩波現代叢書〕で、同じような観察を記録した。しかし南部は変化がなかっただけではなく、貧困だった。一九五四年に議会が行なった調査で明らかになったところでは、イタリアの極貧層家族の八五パーセントがローマ以南に住んでいた。南東部イタリアのプーリアの農業労働者に期待できる賃金は、北部のロンバルディア州の同業のせいぜい半分だった。この年のイタリアの一人当たり平均収入を一〇〇とすれば、イタリアの裕福な北西部のピエモンテの数字は一七四、最南端のカラブリアではわずかに五二だった。

イタリアの歴史的分裂をさらに悪化させたのが戦争だった。一九四三年九月に始まって、「北」は二年近くドイツによる支配と政治的レジスタンスとを経験し、その後も急進化した諸都市の連合軍による占領がつづいたのだが、イタリアの「南」は西側連合軍の到着によって実質的に戦争の圏外に置かれていた。メッツォジョルノでは、ファシスト党から受け継がれた社会的・行政的な構造が、ムッソリーニが部下の将軍によって追放された無血クーデターを、無傷のままで生き延びたのである。イタリアの南北を分けていた積年の政治的・経済的コントラストに、今やはっきりと相異なる戦争の記憶がつけ加わったのだ。

戦後農業改革の失敗から、イタリアの諸政権はこの国の悩み深き「南部問題」に新しいアプローチを行なうようになった。一九五〇年八月、イタリア議会は「カッサ・ペル・イル・メッツォジョルノ」つまり「南部開発公庫」を創設して、国富を貧困な南部へと導入した。これ自体は新しいアイデアではなかった――南部の貧困と絶望に対処しようというローマ政府の努力が始まったのは、少なくとも二〇世紀初期のジョバンニ・ジョリッティの改革志向政権まで遡る。しかしこれまでの努力は実り少なく、イタリア南部の人びとの苦難への唯一実効的な解決というのは依然として移住であって、近代イタリア誕生以来同じ状態がつづいていたのである。しかしこの「公庫」はそれ以前のプランと比べてはるかに大規模な資源の投入であり、成功の見込みが高かった――なぜなら、それは新生イタリア共和国の政治メカニズムの核心部分にしっかり根を下ろしていたからである。

「共和国」の機能はその前のファシスト国家とあまりちがわなかった――ほとんどの官僚を引き継いだのである。[12] ローマ政府の役割は、それだけが頼みのイタリア市民に対して雇用と公共サービスと福祉を供給することだった。イタリア国家はさまざまな中間機構や持株機関――そのうちＩＲＩ（産業復興公社）やＩＮＰＳ（全国社会保障公社）などはムッソリーニが創設したもの、他のＥＮＩ（炭化水素公社）などは一九五〇年代の設立――を通じてイタリア経済の大きな部門、とりわけエネルギー、輸送、工学、化学、食糧生産を所有するか、支配していたのである。

こうした戦略（そのルーツの一部は経済の自立をめざす大戦間期ファシスト党の政策だった）を批判するあれこれの経済的議論はともかくとして、それがもたらす社会的・政治的利点は明白だった。一九五〇年代の初頭、ＩＲＩは二一万六〇〇〇人を雇用し、他にも全国の官僚機構の多数の支所を含む機関が、さらに何十万人もの雇用を生み出した。「公庫」の融資を受けた公共事業――道路建設、都市の住宅供給、農業灌漑プロジェクト――と、新しい工場やサービス業への国庫補助とが、国家自体による雇用とはまた別の、集権化された資金供給の実質的源泉となった。五〇年代半ばには公務員のほぼ五人に三人が「南部」出身者となったが、この地域の人口比率は全国の三分の一を超えていなかったのである。

こうした施策が数知れぬ腐敗と犯罪の温床となった。共和国はこの面でも、統一国家初期からの伝統を直接受け継いでいた。イタリア国家を支配する者は誰であれ、直接・間接に愛顧・情実を割り振る立場に置かれた。したがって戦後のイタリア政治は、その宗教的・イデオロギー的熱情がもつ風情とは無関係に、基本的には国家を占有してその特権や保護という手段を手に入れる闘争だった。そしてこれらの手段を確保し操作する段になると、アルチーデ・デ・ガスペリ率いる

「キリスト教民主党（ＤＣ）」とその後継者たちは、比類なき手腕とやる気とを発揮した。

一九五三年と、二度目は一九五八年に、ＤＣは投票数の四〇パーセント以上を獲得した（一九七〇年代末まで、その率が三八パーセントを切ることはなかった）。彼らは中道派の小政党と連立を組んで切れ目なく政権運営に当たったが、一九六三年には非共産党左翼の少数派諸政党との連携に切り換えた。ヴェネチアやヴェネト州の伝統的なカトリック票以外では、彼らに対する強力な支持票は「南部」から来た――バジリカータ、モリーゼ、カラブリア、そしてサルデーニャとシチリアの島々である。この地方の小さな町の投票者をキリスト教民主党へと引き寄せ、幾世代にもわたって忠誠を捧げさせたのは、信仰ではなくさまざまなサービスだった。南部の町役場のキリスト教民主党員町長も全国議会の議員も、電気や水道の屋内配管や農業ローンや道路や学校や工場や仕事の口を約束することで当選し、再当選していた――そして党が権力を独占していたおかげで、当選者はその約束を果たすことができたのである。

イタリアのキリスト教民主党は、多くの点で西ドイツ、オランダ、ベルギーの同党と似通っていた。この党にはイデオロギーというお荷物がなかった。デ・ガスペリとその継承者たちはヴァチカンの当局者と定期的に会合し、ヴァチカンが否とする法律は提案もしなければ支持もせず、戦後のイタリアはある意味で一八六一年以後の新イタリア国家の激しい反教権的世俗主義に対する教会からの復讐の時期であったことは確かである。しかしながらイタリアの政治でカトリック教会が果たしていた積極的な役割というのは、その擁護者と批判者の双方が主張したがるよりも小さなものだった。社会支配の主たる手段は強力な中央官庁だった――デ・ガスペリは戦後すぐの時期の東ヨーロッパ共産党さながら、ＤＣが内務省を完全に牛耳るよう腐心した点が重要なのである。

キリスト教民主党が整備した愛顧・情実の保護－被保護システムは、ほどなくイタリアの国政を総体として特徴づけるようになった。他の諸政党もやむなく「右へならえ」を余儀なくされた。ＰＣＩ（イタリア共産党）が支配する都市や地域、とりわけ「赤い」ボローニャとその周辺のエミリア地域において、共産党はポー川下流域の都市労働者や小規模農民など自分たちの仲間を支援し、自分たちの依頼人に有利に取り計らった。ちがいがあったとすれば、南部のＤＣ自治体における周知の腐敗やマフィアとのつながりの噂とは対照的に、共産党側が彼らの自治体行政の品位と廉直を強調した点だっ

(12) 一九七一年時点でも、イタリアの上級公務員の九五パーセントはファシズムの転覆以前にその経歴を開始していた。

た。一九五〇年代には、大規模な腐敗はキリスト教民主党のお家芸だったが、その後の数十年間には、北部の大都市行政で社会党がＤＣと腐敗ぶりを競い合って、かなりの勝利を収めたのである。政治において、腐敗とはアクセスの機会が生み出す副産物である。

「イタリア式」政治はとくに格調高いわけではなかったが、十分に機能した。時がたつと公的・市民的活動の全領域が事実上幾つかの政治的な「族」へと切り分けられた。工業全体はキリスト教民主党の「植民地」となった。新聞とラジオ——後にテレビ——の支配と雇用はキリスト教民主党、社会党、共産党で分割され、時たまそのお余りが、いささか萎んでしまった反教権的オールドリベラル派にも回された。仕事の口や引き立てが各地、各地域、さらには全国的な政治の「縁故」に比例する形で創出され、配分された。労働組合からスポーツクラブまで、あらゆる社会的器官がキリスト教民主党、社会党、共産党、共和派、リベラル諸派へと分かれた。ホモ・エコノミクスの観点からするとこのシステムは相当にむだが多く、私的企業活動や財政効率の面では有害だった。いわゆるイタリアの「経済奇蹟」は（後で見てゆくが）、このシステムのゆえにと言うより、このシステムにもかかわらず起こったのである。

そしてさらには、イタリアの戦後の安定性こそ、この国の経済運営とその後の社会変革にとって決定的に有利な条件となった。この安定性は、逆説的に聞こえるかもしれないが、上述したような、どちらかと言えばイタリアに特有の制度的仕組みに依拠していたのである。この国には一つの党派やプログラムに肩入れする安定的な多数派というものがなく、比例代表制の複雑な選挙制度が生み出す議会は分裂状態で、重大な、あるいは問題含みの立法は合意に達しなかった。戦後の共和政憲法では一九五六年まで法律を判断する憲法裁判所がなく、大いに論じられた地方自治の必要性も、一四年ものあいだ議会の票決には付されなかった。

したがって第四共和政のフランスと同じく、そしてほぼ同じ理由から、イタリアを実際に運営していたのは中央政府や多くの準国家機関のどれかで働く、選挙されたのではない行政官たちだった。こうしたいちじるしく非民主主義的な成り行きから、歴史家たちはイタリアの政治制度をある程度の侮蔑感をもって論じるようになっている。収賄、贈賄、汚職、政治的情実、あからさまな強奪などが確かに蔓延しており、それらはとりわけキリスト教民主党の実質的な一党独裁にとって有利になるように機能していた[13]。ところがイタリアの国家と社会は、こうした仕組みに護られる形で、過去から受け継いだ課題と未来の新しい課題に真っ向から挑戦し、瞠目すべき対応力を発揮した。カナダやデンマークの基準で計れば、一九五〇年代のイタリアは公的誠実さや制度的透明性に欠けていると思われよう。しかし紛争に明け暮れたイタリア国民の過去の基準に照らせば、あるいはこの国が伝統的に比較されている地中海ヨーロッパの他の諸国で盛んに用いられる基準に照らせば、イタリアは大いなる前進をとげたのである。

幾つかの重要な点で戦争後のイタリアの状態と類似していたのが、オーストリアである。両国ともドイツ側で戦い、そのため戦後には苦難に見舞われた（イタリアはソヴィエト連邦、ギリシア、ユーゴスラヴィア、アルバニア、エチオピアに総額三億六〇〇〇万ドルの賠償金を支払った）。イタリアと同じくオーストリアも貧困かつ国情不安定で、戦後の再生を近時の過去から予測することは不可能だった。この国の二大政治グループは両大戦間期を激烈な闘争に明け暮れた。オーストリアの「社会民主党」党員の大方は、ハプスブルク帝国の廃墟から一九一八年に頭なしで出現したオーストリア国家を経済的・政治的に無意味なものと見なしていた。彼らの見解によれば、旧二重帝国のうちのドイツ語圏は論理的にはドイツ人同胞に「アンシュルス（併合）」されるべきだったし、ヴェルサイユ条約の民族自決条項がきちんと適用されていれば、当然そうなったはずだった。

オーストリアの左翼を常日頃から最も強力に支えてきたのは、労働者階級のウィーンと東部オーストリアの諸都市だった。「第一次オーストリア共和国」の両大戦間期には、この国の他の地域の大半——農村でアルプス山地で敬虔なカトリック——は「キリスト教社会党」に投票したが、これは変化とよそ者に対して懐疑的な地方的・保守的な政党だった。社会民主党とはちがい、キリスト教社会党には都市的で主としてプロテスタントのドイツと合併したいという汎ドイツ的衝動などなかった。しかし彼らにはウィーンの労働運動を背景とする社会民主党の政策への共感がなく、一九三四年には右翼が仕掛けたクーデターが「赤い」ウィーンの社会民主党の拠点を破壊し、それとともにオーストリアの民主主義も潰《つい》えたのだった。一九三四年からナチの侵入まで、オーストリアを支配したのは独裁的教権主義政権だったが、そのなかではカトリック政党が独占的権力を行使した。

オーストリア初の、こうした不幸なデモクラシー経験は、戦後の共和国に重くのしかかった。キリスト教社会党は「オーストリア国民党」へと生まれ変わり、一九三八年のドイツ

(13) しかしイタリアのかつての歴史に照らしてみれば、この国の制度的な腐敗の責任をアメリカの対外政策に帰するのは公平ではない。エリック・J・ホブズボーム『極端な時代』（ニューヨーク・一九九四年）、二三八—二三九頁を参照。〔前掲邦訳書・上巻三五八頁〕

による併合に反対したことを大いに誇っていたが、わずか四年前には自分たちがオーストリア民主主義の破壊に特段に手を貸したことについては、だんまりを決めこんでいた。社会民主党は今や「社会党」と呼ばれるようになり、自分たちはかつて二度も犠牲になったと主張しても当然だった——初めは一九三四年の内戦の犠牲者、次いでナチの犠牲者である。ところがこれでぼやけてしまったのが、彼らがかつて抱いていた「アンシュルス」への熱意である。戦前共和国の初代首相であり、社会党指導者であり、一九五五年の「オーストリア国家条約」で生まれた独立共和国初代大統領のカール・レンナー博士は、一九三八年まではオーストリアとドイツの合併への原則的主張を熱心に唱えていたのだった。

こうして両党とも、過去を清算してしまうほうが得だった——そのため戦後のオーストリアで行なわれた非ナチ化の試みがどうなったかは、すでに見た通りだ。社会党はウィーンで多数党となり（ウィーンはこの国の全人口の四分の一を占めていた）、一方の国民党は農村とアルプス山間の小さな町々で有権者の忠誠を固めていた。政治的見地からすると、この国はほぼ真っ二つに割れていた。一九四九年の選挙では、国民党が社会党をわずか一二万三〇〇〇票上回り、一九五三年には社会党が三万七〇〇〇票でリード、一九五六年には国民党がふたたび一二万六〇〇〇票の差で勝利し、一九五九年の結果は社会党が二万五〇〇〇票差で優位を占め、一九六二年には総計四五〇万票のうち、国民党が六万四〇〇〇票の僅差でふたたび抜き返したのである。

こうしたあまり類例のない僅差は、大戦間期の共和国における、同じく接戦だった選挙を想起させた。かくてカトリックのオーストリアと社会主義のオーストリアとが直面したのは、またぞろ文化的な内戦へと落ち込んでゆきそうな議会政治の将来だった。第三政党の支援を受けるとしても——「自由党」への投票者には当惑するほど元ナチが多かったが、いずれにせよその票数は選挙ごとに着実に減少していった——、どちらの党も安定政権をつくることは望み薄で、問題含みの立法には辛い記憶を呼びさます危険があった。オーストリアの民主主義の予後は、芳しいものではなかった。

ところがオーストリアは歴史の蒸し返しを回避することに成功したのみならず、わずかの期間に中立・繁栄・安定というアルプス・デモクラシーの見本へと自らを仕立て直してしまったのだ。こうなった原因の一端は、一九五五年まで低オーストリア（ニーダーエースターライヒ）を占領し以後も数キロメートル東に撤退しただけという、赤軍の間近な存在がもたらす不安感だった——オーストリアの隣国には今や三つの共産主義国家があり（ユーゴスラヴィア、ハンガリー、チェコスロヴァキア）、この国が置かれた地理上の危うさからすれば、国内外で融和的・非闘争的政策を取るのが賢明だと考えられたのだ。それに加えて、オーストリアは東西冷戦のおかげで西側・自由・民主主義という連想のアイデンティティーを割り振られていたが、これは内側からつくり出すのはなかなかむずかしかっただろう。

しかしオーストリアが戦後政治の安定化に成功した主たる淵源は、戦争前にこの国を分裂させた類いのイデオロギー的対立を回避する必要性が広く認識されたことだった。オーストリアは存在しなければならなかった――一九四五年以後は隣国ドイツに編入することなどあり得なかった――から、その政治社会は共存への道を探らねばならなかった。この国の指導者が定めた解決策とは、この国を永続的に二頭立てで運営することで対立の可能性そのものを除去してしまうことだった。政治においては、二大政党は政権党として協力することで合意した――一九四七年から一九六六年まで、オーストリアは社会党と国民党の「大連立」政権で治められた。閣僚ポストは周到に振り分けられ、概して国民党が首相を、社会党が外相を出すといった具合だった。

公的行政――戦後ヨーロッパでは公共サービスのすべてと、メディアの大部分と、銀行から伐木搬出まで経済の多くがここに含まれていた――においても、同様の責任分担が行なわれ、これは「プロポルツ」（得票数による官職比例配分）と呼ばれていた。ほとんどあらゆるレベルの仕事口が、協定によって、二大政党推薦の候補者へと割り振られた。時を経てこうした「仕事振り分け」制度はオーストリアの生活に深く浸透し、あらゆる問題を談合によってか、あるいは情誼や約束の交換を通じて実質的に決着してしまう保護‐被保護関係の網の目を形成した。労働争議は対決よりも調停で処理されたが、二つ頭のこの国家は相争う当事者たちを互恵的システムへと統合することで、決定的対立を阻止しようとしたのだった。この時期の未曾有の繁栄のおかげで、「大連立」体制は利害の対立や不一致を取りつくろい、事実上この国全体の均衡を支えるコンセンサスを買い取ることができたのである。

オーストリア社会で取り残されるグループが出ることは避けられなかった――小規模店主、独立職人、孤立してしまった農民、仕事ぶりや変わった意見のために決められた恩恵や地位の枠外に置かれた人びと。さらには、どちらか一方が圧倒的に有利な地域では、そちら側のメンバーのポストや情実が優先されて、比例配分が無視されることも時に起こった。しかし通常は、対決回避の圧力が局地的な利己主義を圧伏した。オーストリアにとって新発見の中立主義が国のアイデンティティーを示すしるしとして熱烈に採用され、「ハプスブルク」や「ドイツ」や「社会主義」や「キリスト教」など、過去の問題含みのアイデンティティーにまつわる具合の悪い記憶に取って代わったのと同じ伝で、連立政権と「プロポルツ」行政とがもつポスト・イデオロギー（実際にはポスト政治主義）の意味内容が、オーストリアの公的生活の定義となったのである。

一見したところではこの点が、政治的不安定に対するオーストリア的解決策とイタリアにおけるその変種とのちがいのように思われるかもしれない。イタリアでは主たる政治的亀裂が最終的に共産党とカトリックとに分かれ、それは「ポスト・イデオロギー」などとはとても言えない並列状態だった。[14]しかし二つのケースは事実上きわめて似通っていた。トリアッティと彼の党のまれに見る特色は、戦後の数十年を通じて彼らが政治の安定を大事にしたことだった。彼らは革命的前衛としての共産党自体の威信を犠牲にしてでも、民主的な公的生活の諸制度の保全と強化を重要視したのである。さらにはイタリアの行政も、片側の利益に大きく傾いていたとは言え、「プロポルツ」に似たところのある情実や仕事の割り振り制度を通じて行なわれていた。

政治的安定の代償としてイタリアが支払ったのが、許容しがたいほどの究極的なレベルに達した公的腐敗だったとすれば、オーストリアの代償は目には映らぬものの、同じように有害だった。西側のある外交官が戦後オーストリアについて「代役が歌うオペラ」と言ったことがあったが、ポイントを衝いている。第一次世界大戦の結果、ウィーンは帝国首都としての存在理由を失ってしまい、ナチによる占領期間と第二次世界大戦を通じてこの都市からユダヤ人がいなくなったが、彼らは高等教育を受けたコスモポリタン市民の主要部分だった。[15]一九五五年にロシア人が撤退すると、ウィーンには分断されたベルリンのような怪しげな魅力さえなくなってしまった。実を言えば、オーストリアがやっかいな過去の克服にめざましい成功をとげたその分だけ、多くの訪問者の目に映るこの都市の特色とは、心やすらぐ単調さのことになったのだ。

しかしながら、ますます繁栄してゆく「アルプス共和国」の静かな魅力の陰で、オーストリアにもそれなりの腐敗があった。イタリアと同じく、オーストリアが新たに見出した安全は全国民的な忘却という代償で勝ち取られたのだった。しかし他のヨーロッパ諸国のほとんどが――とりわけイタリアが――、少なくともドイツ占領軍に対する国民的レジスタンスの神話を誇ることができたのに対し、オーストリア人はその戦時の経験をもっともらしく役立てることなどできなかった。しかも西ドイツの人びととちがって、彼らは少なくとも公けには、自ら犯したか、あるいは容認してしまった犯罪についての告白を強制されはしなかった。オーストリアは奇妙な形で東ドイツと似通っており、それはその公的機関がもつ単調な官僚的特質の面だけではなかった。両国とも、その戦後の公的生活が国民共用の聞こえのいい新たなアイデンティティーの捏造という暗黙の合意に依拠していた、地理上の任意の二点だった——この課題でかなりの成功を収めたのはオーストリアのほうだけだった、という点がちがっていた。

改革志向のキリスト教民主党、議会勢力としての左翼、過去の遺産であるイデオロギー的・文化的分裂を政治的分極化や不安定化までもっていかぬようにするという広範なコンセンサス、非政治化した一般市民——こうしたことが西ヨーロッパにおける第二次大戦の戦後決着に見られる特徴だった。イタリアやオーストリアのパターンは、さまざまな形でほとんどすべての国に見てとることができる。スカンジナヴィアにおいてさえ、一九三〇年代半ばに達した政治動員の頂点から順次下降線をたどった——スウェーデンにおけるメーデー着用バッジの年間売上高は、一九三九年から一九六二年まで一様に下がりつづけ（戦争終結時に一気に落ち込んだ）、やがて新世代の熱気でよみがえるまでつづいたのである。

ベネルクス諸国では、これまでの長いあいだ、国を構成する共同体（オランダならカトリック信徒とプロテスタント信徒、ベルギーならワロンとフランデレン）は、地域を基盤とする別々の柱状の構造体——オランダ語でゾイレン（つまり柱）——へと組織され、それが人間活動の大半を包摂していた。プロテスタントが優勢なオランダで、カトリックはプロテスタントの同胞と別の祈りを唱え、別の教会に通っただけではない。別の候補者に投票し、別の新聞を読み、彼らだけのラジオ番組を聴いていた（後には別のチャンネルのテレビを視聴した）。一九五九年、オランダのカトリックの子どもたちの九〇パーセントはカトリックの小学校に通い、同年のオランダのカトリック農民の九五パーセントはカトリックの農民組合に加入していた。カトリックはカトリック系の諸組織で旅行や水泳やサイクリングやフットボールをし、カトリック系の保険に入り、時至れば当然ながら別に埋葬されたのである。

同じような生涯つづく区別が北部ベルギーのオランダ語住民の日常を形づくり、南部のワロン地域のフランス語住民とはっきりしたちがいを示しているが、このケースでは両共同社会とも圧倒的にカトリックなのである。しかしベルギーでは、「柱状社会」は言語の共同社会だけでなく、政治の共同社会をも意味していた——カトリック党の組合と社会党の組

(14) オーストリア共産党の得票は、一九四五年の選挙ではわずか一七万四〇〇〇票——五パーセント——で、議会に四人の代議士を選出した。彼らはその後オーストリアの政治でいかなる役割も果たさなかった。

(15) 一九三八年のナチによる「アンシュルス」の直前、ウィーンには一八万九〇〇〇人のユダヤ人がいた。一九四五年の解放時に残っていたのは一〇〇〇人以下だった。

合があり、カトリック党の新聞と社会党の新聞があり、カトリック党のラジオ・チャンネルと社会党のラジオ・チャンネルがあり、それぞれがさらにフランデレン語（＝フラマン語、オランダ語）住民向けとフランス語住民向けとに分かれていた。まことにもっともなことだが、両国におけるリベラル系小政党の共同社会志向はさほど強くはなかった。

戦争や占領の経験と、過去数十年にわたる市民同士の闘争や分裂の記憶とが、これらの共同社会間の境界を乗り越えて協同へと向かう傾向を増大させた。もっと過激な運動、たとえばフランデレン民族主義運動はナチ党との日和見的な連携を行なって面目を失う結果となり、概して戦争のおかげで人びとと既成政党との一体化は衰えたが、政党と連繫していた共同社会の諸サービスとの一体化は衰えなかった。ベルギーとオランダ両国では、一九四〇年代後半から六〇年代後半とそれ以後まで、カトリック政党――ベルギーの「キリスト教社会党」とオランダの「カトリック人民党」――が政権の固定位置を占めつづけたのである。(16)

ベネルクス諸国のカトリック政党は、レトリックにおいては穏健改革派、機能においては他の国々のキリスト教民主党の役割を果たした――すなわち、カトリック社会の利益を護り、国家から地方自治体まであらゆるレベルの統治機構を支配し、国家を通じて広範な社会的支持層の必要を満たしたのである。宗教との関連を除けば、この記述は主な反対党――オランダの「労働党」とベルギーの「労働者党」（後には「社会党」）――にも当てはまる。この両党とも、急進主義の遺産と豊富な反教権主義レトリックとを具えた地中海型社会党というより、北部ヨーロッパ型の労組基盤の労働運動モデルのほうにはるかに近く、カトリック信徒と政権を競い合って利権を分かち合うことに対する不快感の表出は、ごく限定的なものだった。

低地三国（ベルギー・オランダ・ルクセンブルク）における政治の均衡が確立したのは、自立的な文化共同社会と左右の中道派改革主義諸政党との、こうした独特の戦後的混合からだった。ずっとこうだったわけではない。とくにベルギーでは一九三〇年代に深刻な政治的暴力が発生し、フランデレン分離独立主義者とレオン・デグレル率いるファシズムの「レクシスト」とが議会政治体制を挟撃したし、一九六〇年代以後にも共同社会同士の新たな、そしてより破壊的な紛争の激発を経験することになる。しかし旧来の政治的・行政的エリート層（および各地のカトリック聖職ヒエラルキー）は、一九四五年にその支配が束の間の脅威に晒されはしたものの、すぐに復権して福祉その他の改革を大幅に取り入れたのだった。かくて「柱状社会」は一九六〇年代へと生き延びた――てんやわんやの経済変革時代を通じて文化的・制度的な安定装置の役割を務めるべく存続してきた、前－政治時代の時代錯誤的な残響というべきか。

戦後ヨーロッパにおける政治的安定化の最も劇的な、しかも明らかに最も重要な実例も、今になって回顧してみればいささかもおどろくべきものではない。（西）ドイツ連邦共和国は、一九五五年のＮＡＴＯ加盟時点までに「ヴィルトシャフツヴンダー」つまり経済奇蹟への軌道に乗っており、それを誇りにしていた。しかしボンの共和国がもっと注目を集めたのは、最悪の事態を予期していた両陣営の観察者たちの意表をつくことに成功したからだった。コンラート・アデナウアーの領導の下、西ドイツはネオ・ナチズムという魔の岩礁と、親ソヴィエト中立主義という大渦巻の中間を安全に航行し、国内外の批判勢力の心配をよそに西側同盟関係のなかにしっかりと錨を下ろしたのである。

戦後ドイツの諸制度は、ワイマールの二の舞いになる危険を最小化すべく周到につくられていた。政府は分権化され、行政・管理とサービス供給の本来的責任は州へと委譲されたが、これは国を分割した地域的単位である。こうした州の幾つか、たとえばバイエルンやシュレースヴィヒ＝ホルシュタインは、一九世紀を通じて帝国ドイツへと吸収されていった かつての独立的なドイツ領邦諸国家と符合していた。その他の州、たとえば北西部のラインラント＝ヴェストファーレンは、行政上の便宜から旧来の領域的単位を結合あるいは切断してつくられたものだった。

西ベルリンは一九五五年に一つの州となり、しかるべき代表を「ブンデスラート（連邦参議院）」すなわち各州から任命された代表が集う上院へと送った（しかしこの代表は、直接選挙で選出される下院の「ブンデスターク（連邦議会）」の総会では議決権がなかった）。中央政府がもつ権力は、一方では、以前と比べると大幅に制限された——西側連合諸国はヒトラーの出現の原因をプロイセンの権威主義的統治の伝統にありとし、その再発を防ごうとした。他方で首相とその政府は、いったん選ばれた以上連邦議会といえども簡単に交替させることはできず、そうするためには連邦議会は、後継者候補を予め十分な票数で選出して用意し、その成功を保証しなくてはならなかった。こうした制約を設けた趣旨は、ワイマール共和国末期の特徴となった、あの一連の政治的不安定や弱体政府の出現を防ぐことだったが、この制度はコンラ

(16) ベルギーでは永い歴史をもつカトリック党が名称を変えてキリスト教党となったが、これは宗派を越える訴求力と、より近代的・改革的な志向とを強調するためだった。オランダではキリスト教内の差異が重要だったので、カトリック党は旧来の名称のままだった。

ート・アデナウアーやその後のヘルムート・シュミット、ヘルムート・コールなど、実力ある首相の長期在任と権威確立にも貢献したのである。

抗争を回避、あるいは封じ込めようとするこの配慮は、ボン共和国の公的文化の全体に及んでいた。「社会的市場」立法のねらいは、労働争議や経済紛争の政治化にまつわるリスクの軽減だった。一九五一年の「共同決定法」の下で、石炭・鉄鋼の重工業部門の大企業はその最高経営会議に被雇用者の代表を参加させなくてはならなかったが、この慣行は後に他の部門や小規模企業にも広がった。連邦政府と州は多くの経済部門に進出し、キリスト教民主党が主導した五〇年代国家は、原理としては国有化による独占に反対しつつも、石炭と鉄の生産量の四〇パーセント、発電所の三分の二、アルミニウム生産の四分の三、そして決定的だったのは大多数のドイツ銀行を所有、あるいは管理したのである。

言い換えると、ここで分権化とは政府の不介入を意味するのではなかった。西ドイツの州政府と連邦政府はともに直接的にせよ、（持株会社を通じて）間接的にせよ、経済的な影響力を積極的に発揮することで、私的利益はもとより社会秩序の維持につながるような諸政策・諸慣行を促進する権能を有していた。銀行は大方の場合、企業の経営に参画して企業と政府との仲介役を務めることで、重要な役割を演じた。とくに価格の設定と合意的な市場分割という、ドイツにおける旧来型の経済慣行が復活した。とりわけ地方レベルでは、ナチ時代の官僚や企業経営者や銀行家の排除などほとんど行なわれず、一九五〇年代後半には、ドイツ経済の大部分が数十年以前の巨大なトラストやカルテルさながらのやり方で運営されたのである。

こうした事実上のコーポラティズム〔政府・労組・経営協調体制〕は、後見人たるアメリカが新生ドイツ共和国にふさわしいものとして想い描いていたものではなかったにちがいない――トラストとその影響力がヒトラーの勃興に手を貸したのであり、いずれにしてもそれは自由市場とは相容れないものと広く信じられていたからだ。経済学者としてのルートヴィヒ・エアハルト――アデナウアーの下で長らく経済相を務めた――が我が道を往っていたら、西ドイツ経済と、それにともなう西ドイツの社会的諸関係とはまったく別の様相を呈していたにちがいない。しかし市場の規制と政府－企業間の密接な関係とは、一般的社会原理と実利的計算の両面で、キリスト教民主党の図式のなかにみごとに収まったのだった。労働組合と企業グループとはほぼ全面的な協力関係にあった――この時期、経済のパイの成長ぶりはめざましく、大方の要求は闘争なしで叶えられたのである。

「キリスト教民主同盟（ＣＤＵ）」の支配は、一九四九年の

第一回選挙から一九六六年まで途切れることなくつづき、コンラート・アデナウアーは一九六三年齢《よわい》八七歳で辞するまで、ボン共和国の首相の任務を全うした。ＣＤＵと首相アデナウアーとが、これほど長期にわたって権力を掌握できた理由はさまざまだった。その一つとして、戦後西ドイツにおけるカトリック教会の強固な立場がある――ブランデンブルク、プロイセン、ザクセンといったプロテスタント優勢地域が今や東ドイツ共産党支配下となっていたので、カトリック信徒が西ドイツ住民の過半数を占めた。保守系カトリック信徒が選挙民の圧倒的多数を構成していたバイエルンでは、現地の「キリスト教社会同盟（ＣＳＵ）」が堅固な権力基盤を有しており、彼らはその基盤を活用してアデナウアー政権における下位の連立パートナーとして永続的な地位を確保した。

アデナウアー自身は世代的に、ビスマルクの「文化闘争」がカトリック教会を標的としたヴィルヘルム帝国初期の時代を記憶していて、ナチ支配下におけるドイツ諸教会のことさらに非英雄的な記録が残った直後だけに、この新しい勢力バランスを過度に利用して教会－国家間関係をめぐる紛争を蒸し返す危険を警戒していた。したがって彼は当初から、自分の党を特定カトリック的というよりも全国的なキリスト教的選挙手段にしようとして、キリスト教民主主義の魅力の社会的普遍性を強調したのである。この点で彼はめざましい成功を収めた。一九四九年の第一回選挙でＣＤＵ・ＣＳＵ連合は社会民主党をわずかに凌いだだけだったが、一九五七年までにその得票数は倍増し、勝利者側の得票率は五〇パーセントを上回ったのである。

ＣＤＵ・ＣＳＵ連合が勝利した（以後この二党で全国投票数の四四パーセントないしそれ以上を獲得しつづけた）理由の一端は、イタリアのキリスト教民主党の場合と同じように、広範な選挙民に訴えた点にあった。「バイエルン・キリスト教社会党」は低地三国の同族党と同じように、選挙公約を限定することで単一地域の保守的な、教会通いを欠かさぬ信徒の票を集めた。しかしアデナウアーのＣＤＵは文化の問題では伝統的に保守的で、たとえばたくさんの小さな町や農村地域のＣＤＵ活動家は映画番組を規制し検閲しようとカトリック教会その他のキリスト教グループと連携していたのだが、他の面ではきわめて普遍的、とくに社会政策の面で普遍的広がりをもっていた。

こうしてドイツのキリスト教民主党は、ドイツの政治のなかに地域横断的・宗派超越的な基盤を確立した。彼らは田舎と町の両方からの、雇用者と労働者の両方からの票を当てにすることが可能になった。イタリアのキリスト教民主党が国家を乗っ取ったのに対し、ドイツではＣＤＵが政治の争点を乗っ取ってしまった。経済政策について、社会的サービスや福祉について、とりわけ東西分裂や多数のドイツ人被追放者の運命といった今なお微妙な話題について、アデナウアー率いるCDUは中道多数派を包括する磐石の党となった——ドイツの政治文化における新機軸の出現である。

CDU成功の主たる犠牲となったのは「社会民主党」、SPDだった。表面的に見れば、伝統的に社会党に投票していた北部・東部のドイツが東西分裂によって失われてしまったことを勘案しても、SPDのほうが有利な立場のはずだった。アデナウアーの反ナチ記録は飛び飛びだった。一九三二年頃までの彼は、ヒトラーに信頼できる行動をとらせることが可能だと信じており、一九三三年にナチから嫌疑を受けた（このときケルン市長の職を追われた）ことと、二度目は体制に背いたとして戦争末期に短期間投獄されたこととが、おそらく彼にとっては幸運だった。彼の名誉となるこの二点がなかったら、西側連合諸国が彼の出世の後押しをしたかどうか、疑わしいのである。

一方社会党指導者クルト・シューマッハーは、初めから筋金入りの反ナチだった。彼は一九三二年二月二三日の有名な議会演説で、「国家社会主義」を「人間内部に潜むブタに向かって絶えず呼びかけているもの」と非難し、「人間の愚劣さを止むことなく動員する」ことに成功した、ドイツ史上稀有の現象だとこき下ろしたのである。一九三三年七月に逮捕された彼は、以後の一二年間の大半を強制収容所で過ごすこととなり、彼の健康は慢性的に蝕まれ、命を縮める結果となった。痩せさらばえて前かがみのシューマッハーこそ、彼個人の英雄的行為と、ドイツには自分の罪を認めるべき義務があるというその弛まぬ主張とによって、社会党指導者はもちろんのこと、戦後ドイツの同胞たちに明確な道徳的羅針盤を与え得た唯一の国民的政治家であった。

しかし多くの長所美点にもかかわらず、シューマッハーはヨーロッパにおける新国際体制の把握が不思議と遅かった。プロイセンのクライスシュタット〔東ドイツ〕生まれだった彼は、統一した中立ドイツという展望を捨てられなかった。彼は共産党に対しては嫌悪と不信を抱いていて何の幻想ももっていなかったが、非武装ドイツが平和裏に自らの命運を決めることができれば、その状況は社会党に有利に作用すると真面目に信じていた節がある。かくして彼はアデナウアーの西側志向や、ドイツの無期限分裂をも進んで黙認しようとする明白な態度に猛烈に反対した。社会党にとっては、主権を有し、統一され、政治的に中立化したドイツこそ、錯綜する国際情勢のすべてに優先して実現されるべきだと考えられたのだ。

シューマッハーがとりわけ敵愾心を燃やしたのは、アデナウアーが西ヨーロッパ統合のプロジェクトに熱心なことだった。シューマッハーの見るところ、一九五〇年のシューマン・プランが意図していたのは「保守主義、資本主義、教権主義でカルテル支配」のヨーロッパをつくり出すことだった。ここでの問題は彼が完全にまちがっていたかどうかではない。難点は、シューマッハーの社会民主党に現実的な対案がなかったことだ。国有化と社会保障という伝統的社会主義プログラムと、統一と中立化の要求とを組み合わせることで、彼らは第一回の西独選挙では立派にやってのけ、投票数の二九・二パーセント、六九三万五〇〇〇票の支持者を獲得した（CDU・CSU連合より四二万四〇〇〇票少なかった）。ところが五〇年代半ばになると、西ドイツは西側同盟やヨーロッパ連合の初期構想と緊密につながってゆくとともに、社会党の悲観的経済予測のまちがいが明白になって、SPDは行き詰まった。一九五三年と一九五七年の選挙では、社会党の得票数はほんのわずか伸びただけ、支持者の割合は停滞した。

ようやく一九五九年、シューマッハーの早すぎる死から七年後に、ドイツ社会党の新世代は七〇年間にわたるこの党のマルクス主義信奉を公式に放棄し（バートゴーデスベルク綱領の採択）、西ドイツが置かれた現実といさぎよく妥協した。戦後ドイツの社会主義でマルクス主義が果たした機能とは、単なるレトリックにすぎなかった――SPDの革命への大望は、仮にそれが本物だったことがあったとしても、すでに一九一四年の時点で終わっていたのだ。しかし社会主義の非妥協的最大限要求主義という年代物の公式を断念したことで、ドイツの社会党員はその思考の実質を改変することも可能になった。新たに生まれた「ヨーロッパ経済共同体（EEC）」のなかでドイツが果たす役割に多くの連中は不満を抱いていたが、アデナウアーによる政権独占に本気で挑戦するつもりなら、西側同盟へのドイツの参加と階級横断的な――中核としての労働者階級に依存しない――国民政党になる必要性とは、甘んじて受け入れなければならなかったのである。

やがてSPDの改革派は成功を収めた。一九六一年と一九六五年の選挙で党の選挙のやり方が改善され、その結果一九六六年には、ウィリー・ブラント率いる社会民主党が「大」連立に加わることとなり、ワイマール時代以後初めての政権参加が実現した。しかしこうして政権への見通しが良くなった代わりに、彼らは皮肉な代償を支払うこととなった。アデナウアー政策の大半に原則的な反対を唱えている限り、彼らドイツ社会民主党は、うかつにも西ドイツ共和国の政治的安定に貢献していたのだった。共産党は西独では不振だった（一九四七年選挙での得票率はわずかに五・七パーセント、一九五三年は二・二パーセント、そして一九五六年には西ドイツ憲法裁判所によって非合法化されてしまった）。したがってSPDは政治的左翼を独り占めし、当時のありとあらゆる若者と急進派の反体制勢力を抱え込んでいた。ところがキリスト教民主党と政権を共にし、穏健な改革路線を取った以上、ＳＰＤは極左からの忠誠を失った。今や議会政治の外側で、政治的急進派新世代による攪乱的活動の空間が生まれるのである。

西ドイツの政治指導者は、直接ナチ党を継承する連中の出現は心配しなくてもよかった——そのような政党は共和国「基本法」によって明確に禁じられていたから。しかしながら、かつてはナチに投票していた幾百万の人びとがおり、その大半は主流の諸政党へと分散されていた。そして今ではそこに新たな選挙民が加わった——東プロイセンや、ポーランドや、チェコスロヴァキアその他から追い立てられた「フォルトリーベネ」（帰国難民）、かつての「在外」ドイツ人たちである〔前出32頁〕。追放されてドイツに帰ってきたおよそ一三〇〇万人のうち、九〇〇万近くが当初から西側地域に住みついており、それに加えて一九六〇年代半ばまでにベルリン経由で絶えず難民が流入したので、東方地域を追われて西ドイツにやって来た人びとの数は一五〇〇万人も増加していた。

主として小農民、商店主、実業家だった帰国難民は、無視するにはその数膨大であった——「民族としてのドイツ人」として、市民および難民としての彼らの権利は一九四九年の基本法で保障されていた。共和国の初期時代、彼らは他のドイツ人と比べて住宅や雇用面で恵まれぬことが多く、選挙があれば必ず投票に行く強い動機があって、その政治選択は他ならぬ一つの問題で決められていた——ソヴィエト圏諸国にある彼らの土地や財産へと復帰する権利、それが駄目なら、その損失を補償せよという要求である。

こうした帰国難民に加えて、幾百万もの復員軍人がいた——フルシチョフが一九五五年に残留捕虜の帰国に合意して以後、さらにその数が増えた。追放の憂き目に遭って帰国した人びとと同様に、復員軍人も自らを戦争および戦後処理でとりわけ不当にあつかわれた犠牲者だと考えていた。ドイツは、とりわけドイツ軍は、彼ら復員軍人が辛酸を嘗めてもやむを得ぬようなひどいふるまいをしたのだということを少しでも仄めかそうものなら、それは怒りを以って否定された。アデナウアー時代のドイツのお気に入りの自己イメージとは、三重の意味での犠牲者だった。まず第一にヒトラーの犠牲者だった——ナチ党に抵抗する女医を描いた『最後の橋』（一九五四年）とか、『誰が祖国を売ったか？』（原題『カナリス』一九五五年）のような映画作品が大当たりして、善きドイツ人の大半は戦時中ヒトラーに抵抗していたのだという観念が広まった。第二には敵の手にかかって——爆撃を受けた戦後ドイツの都市風景は、ドイツ人が戦場と同様本国においても、敵からさんざんに痛めつけられたという考えを助長した。さらに三番目に、戦後のプロパガンダによる悪意ある「歪曲」のおかげでドイツの「犯罪」が故意に誇張された一方で、ドイツの損失は控え目にあつかわれたと、広く信じられていたのである。

　連邦共和国の初期には、こうした心情が重大な政治的反撥へと転化する兆候が見られた。すでに一九四九年の選挙において、連邦議会の四八議席――共産党の三倍で「自由民主党」とほぼ同数――は、民族右翼のさまざまな大衆政党が占めた。難民の政治組織が認められると、「故郷被追放民・権利被剝奪者ブロック（ＢＨＥ）」が出現した。一九五〇年の選挙において、この「ブロック」はシュレースヴィヒ＝ホルシュタイン地方（かつてナチ党の農村拠点だったところ）で投票数の二三パーセントを獲得した。翌年になると、近くのニーダーザクセンで、「社会主義帝国党（ＳＲＰ）」と名乗る政党が――同種の支持票を集めて――一一パーセントの得票率を記録した。コンラート・アデナウアーは、決して取るに足らぬとは言えぬこうした支持層を念頭に置いた上で、細心の注意を払ってドイツの近時の過去に対する直接の批判を手控え、ドイツ問題が今なお継続していること、とりわけそれがポツダム協定の結果であることに関して、ソヴィエト連邦と西側連合諸国とをあからさまに非難したのだった。

　難民とその支援者たちの要求を和らげるべく、アデナウアーとＣＤＵは東側には強硬路線で臨んだ。ボンは国際関係の面では、ドイツの一九三七年の国境線は最終的な講和会議までは法的に有効だと主張した。一九五五年に提起された「ハルシュタイン・ドクトリン」のもと、連邦共和国は東独を承認したいかなる国とも外交関係を結ぶことを拒否した（東独の承認は、一九四九年の基本法ですべてのドイツ人を代表するというボンの主張の否定につながるからである）。唯一の例外はソヴィエト連邦だった。ボンの厳正さが示されたのは一九五七年にチトーが東ドイツを承認したときで、アデナウアーはユーゴスラヴィアとの外交関係を断絶した。その後の一〇年間、東ヨーロッパ諸国とドイツとの関係は実質的に凍結されたままだった。

　国内問題では、一九五〇年代の政府は難民や帰国捕虜とその家族の西ドイツ社会への一体化を支援すべく莫大な資源を振り向けるとともに、ドイツの近時の過去に対してとくに非批判的なアプローチを奨励した。一九五五年、外務省はこの年のカンヌ映画祭でのアラン・レネのドキュメンタリー作品『夜と霧』の上映に公式に抗議した。連邦共和国がＮＡＴＯに全面的に参加しようとしているのに、この作品は西ドイツと他の諸国との関係を損なう可能性がある――公式抗議の言葉によれば、それは「痛ましい過去の思い出を強調することで、この祭典の国際的調和を攪乱する恐れがある」。フランス政府はしかるべく応じて、この作品は引っ込められた(17)。

これはただ一時《いっとき》の脱線などではなかった。一九五七年まで、西ドイツ内務省はハインリヒ・マンの『臣下』を映画化した、(東ドイツ人)ヴォルフガング・シュタウテ監督の『わら人形』(一九五一年)〔日本未公開〕の上映をいっさい禁止した――ドイツの独裁主義には歴史的に深い根があることを示唆するこの作品をきらったのである。これは戦後ドイツが集団的健忘症に冒されていたという説を裏書きするのかもしれないが、現実はもっと複雑だった。ドイツ人は忘れたのではなく、選択的に思い出していたのだ。五〇年代を通じて西ドイツの公式筋はドイツの過去について、国防軍は英雄的だった、ナチは少数派で適正に処罰されたと、心安らぐ見方を奨励したのである。

一連の特赦を通じてそれまで戦争犯罪で投獄されていた人びとが徐々に釈放され、市民生活へと復帰してきた。一方ドイツが犯した最悪の戦争犯罪――東欧や収容所で行なわれたこと――の調査は、決して行なわれなかった。一九五六年には各州の法務省を統括する中央庁がシュトゥットガルトに設立されたが、各州の検察は慎重に捜査を見送り、その後一九六三年に至ってボン政府は捜査するよう圧力をかけ始め、一九六五年以後その実効性が増したのは、殺人の出訴期限を二〇年までとする法令を連邦政府が延長したからだった。

こうした問題に対するアデナウアー自身の態度は複雑だった。彼は一方で真実を公けに暴き立てるよりは賢く沈黙しているほうがよい、と感じていたことは明らかだ――この世代のドイツ人は道徳的に弱みを抱えていたから、こうした代価を支払うことでしかデモクラシーは作動しなかった。これ以外では右翼復活の危険性があった。ユダヤ人がドイツ人から被った苦難について公的に心揺さぶる発言をしたシューマッハーや、一九五二年にベルゲン＝ベルゼン収容所で'Diese Scham nimmt uns niemand ab'(われわれからこの恥辱を拭い去ることは誰にもできない)と宣言したドイツ大統領テオドール・ホイスとはちがって、アデナウアーはこの問題についてほとんど発言しなかった。実のところ、彼はユダヤ人の犠牲者について語っただけで、ドイツ人加害者については決して語らなかった。

もう一方でアデナウアーは、抗しがたい圧力に押されて賠償を容認した。一九五二年九月、彼はイスラエル首相モシェ・シャレットと合意して、ユダヤ人生存者に対して総額一〇〇〇億ドイツマルクを超える支払いを取り決めた。この協定締結の過程で、アデナウアーは国内政治上かなりのリスクを冒すことになった。一九五一年一二月の調査によれば、ユダヤ人に対して「罪の意識」を感じていると認めたのは西ドイツ人のわずか五パーセントだった。加えて二九パーセントは、ドイツはユダヤ人にある程度の賠償をすべきだと答えていた。その他は二つに分かれた――「実際に何か仕出かした連中」だけに責任があるのだから、彼らが支払うべきだと考える（およそ五分の二の）人びとと、「第三帝国時代に起こったことについては、ユダヤ人自身にも幾分か責任がある」と考える（二一パーセントの）人びとである。賠償協定が連邦議会に上程された一九五三年三月一八日、共産党は反対、自由民主党は棄権、キリスト教社会党とアデナウアー自身のCDUの両党とも意見が割れ、多くの議員はいかなる「賠償」にも反対だった。協定批准のために、アデナウアーは反対党である社会民主党の票に頼ったのである。

アデナウアーは西ドイツの同盟諸国を自分が望む方角に動かそうとして、ドイツにおけるナチ復活の可能性をめぐって国際的に広がっている懸念に一再ならずつけ込んだ。彼が暗に示したのは、西側連合諸国がヨーロッパ防衛にドイツを協力させたいなら、ドイツの行為を批判したり、やっかいなその過去を呼びさましたりすることは控えたほうがいい、ということだった。ドイツ国内における急激な逆コースを阻止したいのなら、彼ら西側連合諸国はアデナウアーとともに、東ドイツをめぐるソヴィエトの諸計画を断固拒否しなければならない――などなど。西側連合諸国にはアデナウアーの意図が十分に分かっていた。しかし彼らもまたドイツの世論調査に注目していた。そこで彼らはアデナウアーにたっぷりとしたゆとりを与えようとして、従順さに欠ける国内勢力と西側諸国とのあいだに立ちはだかっているのは自分だけであり、国内でのやっかいごとを防ぐには国外で譲歩を勝ちとらねばならない、という彼の主張を受け入れていたのである。一九五一年一月には、アイゼンハワーさえもが、ドイツ国防軍とナチとを混同していた自分の誤りを公式に認めざるを得なくなった――「ドイツの兵士は祖国のために勇敢に戦ったのだ」と。アイゼンハワーの後任のヨーロッパ連合軍最高司令官リッジウェイ将軍は一九五三年、同じ伝で連合国高等弁務官に要請して、東部戦線での戦争犯罪でかつて有罪宣告を受けたすべてのドイツ人将校を赦免した。

アデナウアーの行動は彼と折衝する人びとにとって愉快なものではなかった――とくにディーン・アチソンは、勝利者である西側連合諸国に対して西ドイツがあたかも恩恵を施しているかのごとく、文明諸国への仲間入りに合意する以前に何かと条件をつけようとするボンの態度に憤慨していた。しかしワシントンやロンドンがたまさかに不満を公けにしたり、ボンに秘密でモスクワと交渉している兆候が見えたりすると、

(17) これに対してレネはこう反応した――「当然ながらわたしは、国家社会主義体制がカンヌに代表を送っているとは知らなかった。しかし今では、もちろん知っている。」

アデナウアーはすぐさまその状況を政治的に利用した――ドイツの同盟国の頼りなさと、しっかり国益を護っているのは自分だけであることとをドイツの選挙民に訴えたのである。

ドイツ再武装への国内の支持は一九五〇年代にはとくに強くはなく、一九五六年の新しい西ドイツ軍隊「連邦国防軍」の創設――敗戦後からわずかに一一年後――も、広範な熱狂を駆り立てたわけではなかった。アデナウアー自身にもアンビヴァレンスがあり、彼なりの最小限の誠意にもとづいて、国際的圧力に対応してのことだと主張していた。一九五〇年代初期のソヴィエト後援による「平和運動」の成果の一つは、多くの西ドイツ人に自分の国は「中立」を宣言すれば統一と安全の両方が成しとげられると、うまく信じこませたことだった。五〇年代初期の世論調査では、成人の三分の一以上がいかなる状況であれドイツの統一と中立を支持しており、ほぼ五〇パーセントの人びとが、有事には連邦共和国が中立宣言することを望んでいた。

ヨーロッパで第三次世界大戦の引き金となる可能性が最も高いのがドイツ情勢そのものだったことを考えると、こうした願いがあることは奇妙に思われるかもしれない。しかしこれは戦後の西ドイツで見られた異常なことの一つなのだが、事実上のアメリカの保護国としての彼らの特権的立場は、一部の市民にとっては安全保障と同時に反撥の源でもあった。

そしてこうした心情が強まったのは、ドイツにおける戦争で戦術核兵器が――完全に他国の独占的管理の下で――使用されるかもしれないということが明らかになった五〇年代後半からだった。

アデナウアーはまだ一九五六年の時点で、連邦共和国が永久に「核の保護国」のままでいることはあり得ないと警告していた。一九六〇年代初期になって、この微妙な問題に関して西側連合諸国がモスクワと話をつけ、ドイツには核兵器は持たせないことで一致したとき、アデナウアーは激怒した(18)。ほんの短い期間、ボン共和国のワシントンに対する忠誠はド・ゴールのパリへと転移したかに見えたが、それはアングロ-アメリカ側の高飛車な仕打ちに対する反撥と、アメリカはヨーロッパの属国のために果たすべき義務から抜け出そうとしているのではないかという疑念とを、独仏双方が共有していたからだった。

独自に核抑止力を持ちたいというフランスの願望が一つの前例として西ドイツを誘引し、ド・ゴールはこれを巧みに利用して、ボンをそのアメリカの友人から切り離そうと画策したことは確実である。ド・ゴールがイギリスのEEC加盟に「ノン！」と答えた、あの一九六三年一月一四日の記者会見での彼の言葉によれば、彼は核保有国になりたいという西ドイツの願望に「共感した」。そして翌週には、彼はその「共感」を仏独協力条約〔エリゼ条約〕へと具体化した。しかし条約そのものは、そこに盛り込まれた派手やかな文言にもかかわらず、内容空疎なものだった。アデナウアーの忠誠対象転換と見えたものも、彼自身の党の多くの人びとによって否定され、同じ年の後半になると、彼の同僚たちは彼を権力の座から降ろし、NATOへの忠誠を再確認しようと共謀したのだった。ド・ゴールについて言えば、万人のうちで彼ほどドイツ人に関して醒めていた人間はいなかった。彼は六カ月前にハンブルクで、熱狂的な群集に向かってこう叫んだ――'Es lebe die Deutsch- französiche Freundschaft! Sie Sind ein grosses Volk!'（フランス‐ドイツの友好万歳！　あなた方は偉大な国民だ！）。ところが側近にはこう注釈した――「今なお本当に偉大な国民なら、わしにこれほど歓呼はすまい。」

いずれにせよ、両者の関係がどれほど冷静であっても、ワシントンと決別してフランスという幻に乗り換える西ドイツ指導者などいなかった。とは言うものの、アデナウアーの外交政策上の策略が、ドイツにとっては避けがたいアメリカへの従属状態に対する反撥ムードと共鳴したのだった。後から振り返ると、戦後の連邦共和国はアメリカのすべてを熱狂的に受け入れたと思いがちだ――当時はドイツ中南部の至るところにGIが駐留していて、その軍事施設、基地、輸送車列、映画、音楽、食べ物、衣服、チューインガム、ドル札は、彼らGIが自由を護ってやろうとしているドイツ人全員から愛され、求められていたと思いがちなのである。

現実はもっと複雑だった。個人としてのアメリカ人兵士（そしてイギリス人兵士）の大半は、たしかに好かれていた。しかし西側によって（つまり赤軍によってではなく）「解放された」という当初の安堵感が消え去ると、他の感情が湧いてきた。連合軍占領下の苦難の戦後期は、ナチ時代の生活よりひどいと言われた。冷戦中一部の人びとは、アメリカがソヴィエト連邦との「自分の」闘争の中心にドイツを据え、この国を危険にさらしたことを非難した。保守派の多くの人びと、とくに南部カトリック地域の保守派は、ヒトラー台頭の原因を西ヨーロッパから及んできた「世俗化」の影響力に帰し、ドイツは近代が生んだ三悪――ナチズムと共産主義と「アメリカニズム」――の「中道」を行くべきだと主張した。さらに西側同盟の東端に位置する西ドイツの重要性が増したことで、潜在意識のなかでは、ソヴィエトというアジア遊牧民と対峙するヨーロッパの文化防壁という、ナチ・ドイツが自らに割り振った役割が想起されたのである。

---

(18) 彼は図らずも深い意味を帯びるようになった誇張表現で、「核不拡散条約」のことを「モーゲンソー・プランに輪をかけたもの」だと言った。

さらに西ドイツ生活のアメリカ化——そして外国占領軍の遍在——によって、一般民衆が望む健全なドイツとのちがいが明らかになってきたが、それを育んだのはとくに五〇年代初期のノスタルジックな国内映画作品だった。これら「ハイマート（故郷）もの」と呼ばれる典型的な作品では、ドイツ南部の山岳風景をバックに、特定の時代あるいは地域の衣裳を着けた人物たちが愛と忠誠と共同連帯の物語を繰りひろげた。大当たりだったこれらの娯楽作品は臆面もなく俗悪で、しばしばナチ時代の作品のそっくりコピーか、時にはタイトルが同じものまであった（たとえば一九五〇年の『黒い森の乙女』は一九三三年の同名作品のリメークだった）。これらの作品を監督したのは、ナチ時代に活躍したハンス・デッペや、彼らの下で修業した若手のルドルフ・シュンドラーたちだった。

『緑のヒース』（一九五一年）、『微笑みの国』（一九五二年）、『白いライラックの花ひらく季節』（一九五三年）、『ヴィクトリアと軽騎兵』（一九五四年）、『忠実なる軽騎兵』（一九五四年）、『陽気な村』（一九五五年）、『アルプスの薔薇が咲く時』（一九五五年）、『黒い森のロージー』（一九五六年）（以上すべて日本未公開）——こうした表題や、同じような表題のさらに数十編もの作品が喚起するのは、難民の大量流入によって乱されることなどない土地と人びとと、「奥深きドイツ」だ。それは健康的で、農村的で、無垢で、幸福で、ブロンド髪である。そしてまさにこうした非時間性がもたらすものとは、東西両軍隊の占領を免れたのみならず、ドイツの近時の過去にまつわる罪と汚れにも染まっていない国と人びとという、心地よい紛《まが》い物だった。

「ハイマートもの」が映し出していたのは連邦共和国初期の地方性と保守性で、「そっとしておいて」という心底からの願いだった。ドイツ人の動員状態解除をこのように促進したのは、おそらく、成人人口における女性比率の過剰状態だった。一九五〇年の戦後第一回目の調査では、西ドイツの全所帯主の三分の一が離婚女性か、寡婦であった。一九五五年と一九五六年にソ連から捕虜が帰国した後でも、不均衡状態はそのままだった。一九六〇年時点の連邦共和国では、女性数が男性数を一二六対一〇〇で上回っていた。イギリスでも、フランスの場合はなおさら、世の中最大の関心事は家族や家庭の問題だった。この女性の世界で、彼女たちの多くは、それぞれに戦争終結直前・直後の恐ろしい個人的記憶を抱きつつ、フルタイムで働き独りで子どもを育てていたので、国家とか、民族主義とか、再武装とか、軍事的栄光とか、イデオロギー対立などにはほとんど魅力を感じていなかった。(19)

過去の不名誉な野心に取って代わるべき公的目標の選択は、きわめて慎重に行なわれた。アデナウアーが一九五二年二月四日、シューマン・プランの重要性を国民に説明しようとして閣議で述べた通り、「国民に新しいイデオロギーを与えなくてはならない。それはヨーロッパ的でなくてはならない。」西ドイツの特徴は、国際組織に加盟することで主権を回復した唯一の国、という点にあった。したがってヨーロッパという理念そのものによって、ドイツ民族主義を抜き取られた後のドイツの公的生活の空洞を埋めることができた――シューマンの願いもはっきりその点にあったのだ。

　知識人や政治エリートにとって、エネルギー発散のこうした方向転換は有効性をもっていた。しかし路上の女性にとっては、旧来の政治に取って代わるべき真の代替物は新しい「ヨーロッパ」などではなく、生き残るという務めだった――さらには裕福になることだった。イギリス労働党の政治家ヒュー・ドールトンによれば、ウィンストン・チャーチルは戦争終結に際して、ドイツは「肥った不能者」になればいいという願いを表明した。そして事実そうなったのだが、それはチャーチルの希望よりずっと早く、ずっと大きな結果を生んだのである。ヒトラーの敗北から二〇年、西ドイツの人びとの関心を政治から生産や消費へと逸らす必要などなかった。それは心の底から、ひたむきにその方向を目ざしていたのである。

　作ること、貯めること、買うこと、費やすことが、西ドイツの大方の人びとの基本的活動であるばかりか、公的に肯定され賛同された国民生活の目標となった。ずっと後になってから、この奇妙な集団的変身ぶりと、連邦共和国市民が仕事に臨んで発揮した熱中ぶりとを振り返って、作家のハンス・マグヌス・エンツェンスベルガーはこう述べた――「ドイツ人は欠点を長所に変えたのだという考えに逆らったら、彼らが発揮しているエネルギーの不思議さは理解できない。彼らはまったく文字通りの意味で正気を失くしたのだが、それが将来の成功の条件となったのだ。」

　こうしてヒトラー没落の後、反道徳的な命令に盲目的に従ったことで国際的に非難されたドイツ人は、実直な従順さという欠点を国民的長所へと転化した。自分の国の完全敗北とその後の占領というさんざんな衝撃をこうむったことで、ドイツ人は一〇年前には想像もできなかった素直さで押しつけられたデモクラシーを受け入れた。一世紀前にハイネが初めてドイツ人のなかに認めた「支配者への献身」に代わって、一九五〇年代のドイツ人は同じような全身全霊の献身を、完成品製造の効率や細部や品質へと向けることで国際的な尊敬を集めたのである。

(19) 現代ドイツの年長の公的人物の多く（本書執筆中の二〇〇五年時点の連邦首相・外相を含む）はこの当時の子どもたちで、仕事をもつ母親によって母子家庭で育てられた。

とくに年配のドイツ人からは、繁栄を築くことへのこの新たな献身は一も二もなく喜んで受け入れられた。一九六〇年代に至るまで、六〇歳以上のドイツ人――役職についている人びとのほぼ全員がここに含まれていた――は、依然としてカイザー時代のほうが暮らしは良かったと考えていた。しかしその後に起こったことに照らしてみれば、連邦共和国における受け身の日常生活が彼らにもたらした平穏無事は願ってもない幸いだったのだ。しかしながら比較的若い市民たちは疑念を抱いていた。「疑い深い世代」、つまりワイマール共和国時代に生まれてナチズムを経験したのだが、その犯罪の責任を負うほどの年齢には達していなかった世代は、新たに見出されたドイツの秩序にとりわけ懐疑的だった。

ともに一九二七年生まれの、作家ギュンター・グラスや社会理論家ユルゲン・ハーバーマスのような人びとにとっては、西ドイツはデモクラットぬきのデモクラシーだった。市民たちは実にやすやすと、ヒトラーから消費主義へ一気に飛び移り、金持ちになることでやましい記憶を癒やしたのだ。グラスを初めとする人びとは、政治から個人的蓄財へというドイツ人の転向のなかに、過去・現在に共通する市民的責任の欠如を見てとった。'Erst kommt das Fressen, dann kommt die Moral'（まずは食べること、モラルはその後だ）とはベルトルト・ブレヒトのアフォリズムだが、これに異論を唱えた西ベルリン市長エルンスト・ロイターをグラスたちは熱烈に支持した。ロイターは一九四七年三月にこう表明したのである――「『まずは食べること、モラルはその後だ』という文言ほど危険なものはない。われわれが飢えと寒さに苦しんでいるのは、この文言が表わしているまちがった教義を認めたからなのだ。」

ハーバーマスは後には「立憲的愛国主義」の探求者と称され、この立場こそ彼が同胞に向かって奨励するのに適切――かつ賢明――と感じた唯一の国民的心情だった。しかしそれ以前の一九五三年、彼が世の注目を惹いたのは、『フランクフルター・アルゲマイネ・ツァイトゥンク』紙の論文で、ナチズムの「内なる偉大さ」に言及したハイデルベルク講義をそのまま復刊することを認めたマルティン・ハイデガーを攻撃したからだった。当時この事件が波紋を広げることはなく、国際的な注目を集めたわけでもない。しかしながら、やはりこれが一つの標識となり、その後一〇年間にわたるきびしい糾問の前兆となったのだった。

ライナー・ヴェルナー・ファスビンダー監督（一九四五年生まれ）は、一九七八年の作品『マリア・ブラウンの結婚』で、若い批判者の目に映った連邦共和国の一連の欠点を辛辣に解剖している。女主人公は敗戦の瓦礫のなかで命拾いをし、当時のドイツでは「すべての男たちが縮こまって見える」な

ライナー・ファスビンダー監督『マリア・ブラウンの結婚』(1978年) は、戦後の「連邦共和国」が抱える弱点を犀利に抉り出す。繁栄の追求と、政治的無関心と、過去の集団的忘却へと陥った西ドイツ社会は、こうした若い世代の批判者から見れば、新しい装いをまとう古いドイツに他ならなかった。

か、自分の過去を冷徹に投げ捨てて、「感情では生きにくい時代」と宣言する。そこでマリアは決然として金もうけという全国民的関心事に専心奮闘し、おどろくべき能力を発揮する。やがてこのヒロインは持ち前の傷つきやすさをシニシズムで包みこみ、男たち――アメリカの（黒人）兵を含む――の財産や、愛情や、信じやすさを利用する一方で、夫のヘルマンには「忠実」なのである。この夫はソヴィエト連邦で投獄されたドイツ人兵士だが、彼が戦時中に上げた手柄は用心深くあいまいに伏されたままである。

　マリアの人間関係、やりとげたこと、楽しみごとのすべては現金で計られ、その頂点をなすのが電化製品でいっぱいの新築住宅で、彼女はもどってくる夫をそこに迎え入れようという計画なのだ。二人が夫婦で暮らす喜びを分かち合おうとするまさにその時、二人と二人のこの世の持ち物とが、ちょっとした見落としから木っ端微塵になる――超モダンなキッチンのガス栓が開いたままだったのだ。そのときラジオは、一九五四年サッカー・ワールドカップでの西ドイツの勝利をヒステリックに放送していた。ファスビンダーや、来るべき世代の怒れる反体制的西ドイツ人にとって、新生ヨーロッパのなかで新生ドイツが新たに見出したさまざまな長所――繁栄、妥協、政治的動員状態からの解除、国民的記憶という眠れる犬は起こさないという暗黙の合意――は、過去の欠陥から目を逸らさせるものではなかった。まさにそれらの長所こそ、新しい装いの下に姿を現わした古い欠陥だったのだ。

IX 失われた幻想

「インド諸国を失えば、われわれも終わりだ」　——一九四〇年代に広く引用されたオランダの格言

「この大陸を変化の風が吹き抜けており、われわれが好むと好まざるとにかかわらず、こうした（アフリカ）意識の成長は一つの政治的事実なのである」

——ハロルド・マクミラン、ケープタウンでの演説、一九六〇年二月三日

「イギリスは帝国を失って、まだ自分の役割を見つけていない」

——ディーン・アチソン、ウェストポイントでの演説、一九六二年一二月五日

「こちらはナジ・イムレ、ハンガリー人民共和国閣僚会議議長です。今朝早く、合法的・民主的なハンガリー政府を転覆しようという明白な意図をもって、ソヴィエト軍が我が首都に攻撃をかけてきました。我が軍は戦っています。政府はその役目を果たしています。わたしはこのことを、この国の人民と世界の世論にお伝えします」

——ナジ・イムレのラジオ放送、一九五六年一一月四日午前五時二〇分

「自国民に教訓を与えてくれと、外国の軍隊に頼むのは重大な誤りだ」

——ヨシプ・ブロズ・チトー、一九五六年一一月一一日

第二次世界大戦の終結時に、西ヨーロッパの諸国民は自国の統治はもとより食べることにさえ困っていたのに、非ヨーロッパ世界の多くの部分に対する支配はつづけていた。こうした不似合いなパラドックスが、ヨーロッパ植民地の現地人エリートに対してもつさまざまな意味合いは失われず、手に負えぬ結果を生み出した。イギリスやフランスやオランダの

多くの人びとにとっては、アフリカ、アジア、中東、南北アメリカにおける自国の植民地や帝国保有財産が、ヨーロッパでの戦争でこうむった苦難や屈辱の癒やし薬となり、それらはあの戦争において、重要な国家資源として物質的価値を提供したのだった。植民地にまつわる遠方の領土や補給や兵員がなければ、とりわけイギリスとフランスとは、ドイツや日本との戦いにおいてそれまで以上に不利な立場に置かれていただろう。

この点はとくにイギリス人には明白なことと思われた。戦後のイギリスで育った者（著者のわたしもその一人）には、「イングランド」「ブリテン」「イギリス帝国」はほとんど同意語だった。小学校の世界地図には帝国の領土が真っ赤に塗られており、歴史の教科書にはとくにインドとアフリカにおけるイギリスの征服が詳しく書かれていた。映画、ニュース映画、ラジオ・ニュース、新聞、絵入り雑誌、童話、漫画、スポーツ大会、ビスケットの缶、フルーツ缶詰のラベル、肉屋のショーウインドー――こうしたあらゆるものが、海上輸送で全世界を結ぶ帝国の歴史的・地理的中心部に位置するイングランドの重要性を想起させた。植民地・自治領の都市や河川や政治家の名前は、イギリス本島のそれと同じように身近なものだった。

イギリスは北アメリカで「最初の」海外版図を失っていた。その後の植民地は、正確には「茫然自失のうちに」手に入れたのではなかったにせよ、決して意図してつくったのではなかった。その治安、公益業務、行政管理の経費は高くついた。そして北アフリカのフランス領と同じように、ケニアやローデシア〔現ジンバブウェ〕などでそれを熱烈に喜び、防衛したのは農民や牧場経営者など小規模植民者階級だった。「白人」自治領であるカナダ、オーストラリア、ニュージーランドと、南アフリカは独立したが、君主への形式上の忠誠、イギリスとの情緒的きずな、彼らが供給する原材料や食糧、その軍隊といったものは、名目はともかく、国民資産と見なされていた。イギリス帝国のその他の地域がもつ物質的価値は、その戦略的使用価値ほどはっきりとは明確でなかった。東アフリカにおけるイギリスの保有財産は、中東やアラビア半島・インド洋周辺でイギリスが支配するさまざまな領土や港湾ともども、イギリスの主要な帝国資産であるインド（後のパキスタンとバングラデシュを含む英領インド）やスリランカやビルマ〔現ミャンマー〕の付属物と考えられていた。

ヨーロッパの海外版図のすべては散発的・気まぐれ的に獲得されたもので（前記英領インド向けの陸海ルートは別だが）、補給面での整合性や経済的利得への顧慮はほとんど全部を払われなかった。スペインはその海外植民地のほとんどを、まずはイギリスに奪われ、後には自国植民者の独立要求で、近いところではアメリカの勃興のおかげで失っていた（当時も今も、スペインには抜きがたい反米感情がある）。残ったのはモロッコと赤道ギニアにある植民地だけだったが、一九五六年から一九六八年にかけてフランコ（いつでも現実主義者の）が手放してしまった。

しかしアフリカとアジアの多くは今なおヨーロッパが支配しており、現地で生まれヨーロッパで教育を受けた知識層を通じて帝国の首都から直接的に統治するか、あるいはヨーロッパ人を主と仰いで服従的に同盟している現地人支配者を介して間接的に統治するか、そのいずれかだった。こうした連中しか知らない戦後ヨーロッパの政治家たちは、したがって、海外植民地中の若い世代の活動家のなかに民族主義的心情が急速に芽生えていることにほとんど気づかなかった（おそらくインドではちがっていただろうが、ここでもその規模と決意とを過小評価していたのだ）。

こうしてイギリスはもとより、ヨーロッパに残存する他の植民地列強も、海外におけるその保有財産や影響力の崩壊が差し迫っているとは予期していなかった。イギリスの歴史家エリック・ホブズボームの証言によれば、ヨーロッパ植民地帝国の終焉は、一九三九年時点では、イギリスやその植民地出身の若い共産主義者向けセミナーの学生にとってもはるか遠い未来のことと思われていた。その六年後も、世界は統治する国とされる国、力ある国と無力な国、裕福な国と貧しい国に分裂していて、近い将来そこに橋が架けられるとは考えられなかった。独立運動が世界的に熱を帯びた後の一九六〇年においてさえ、世界の総生産高の七〇パーセントと製造業における経済付加価値の八〇パーセントは、西ヨーロッパと北アメリカが生み出していた。

ちっぽけなポルトガル――ヨーロッパの植民地列強中最小で最貧の国――は、アンゴラやモザンビークの植民地からきわめて有利な価格で原料を手に入れていたが、これらの植民地はポルトガルの輸出品の押しつけ市場でもあって、他の市場では国際競争に勝てなかった。かくしてモザンビークは、自国民の食糧よりもポルトガルの商品市場向けに綿を栽培したのだが、このゆがみは莫大な利益とともに現地に定常的な飢饉をもたらした。こうした事情の下で、不首尾だったとはいえ植民地における叛乱や本国における軍事クーデターの勃発にもかかわらず、ポルトガルの植民地放棄はできる限り先送りされたのだった(1)。

ヨーロッパの諸国家が海外植民地なしでやっていけたとしても、植民地が自力で、外国の支配という支援なしで生き延びて行けると想像した国など当時はなかった。ヨーロッパの海外臣民のために自治と最終的な独立とを支持していた自由主義者や社会主義者ですら、そうしたゴールにたどり着くには何年もかかると踏んでいた。つい一九五一年のこと、イギリス外相で労働党のハーバート・モリソンが、アフリカ植民地の独立を「一〇歳の子どもに鍵と、預金通帳と、ショットガンを渡すようなもの」と言っていたのを想起するのも悪くない。

しかしながら世界戦争が植民地にもたらした変化は、大方のヨーロッパ人の理解を超えて大きなものだった。イギリスは戦争の過程で、日本軍の占領によって東アジアの領土を失い、これらの領土は日本敗北後に取りもどされたが、旧来の植民地強国の立場は根底的に掘りくずされてしまった。一九四二年二月のシンガポールでのイギリス軍の降伏は、アジアにおけるイギリス帝国にとって二度と挽回できない屈辱だった。イギリス軍はまずはビルマの、次にインドの、日本軍への陥落を防いだとはいえ、無敵のヨーロッパという神話は永久に打ち砕かれてしまった。一九四五年以降、アジアに植民地をもつ列強は、その伝統的な権益の放棄を迫る圧力と対面することになる。

この地域で最も早くからの植民地強国であるオランダにとっては、ことのほか深傷《ふかで》を負う成り行きとなった。オランダ領東インド諸島と、それらを開発した貿易会社とは国民的神話の一部であり、オランダの「黄金時代」と直接つながっており、その商業・航海の栄光のシンボルだった。戦後の暗鬱と貧困の時代にとりわけ多くの人びとから期待されていたのは、インド諸国〔インド、インドシナ、東インド諸島の総称〕の原料——とくにゴム——がオランダ経済の救いとなることだった。ところが日本が敗れて二年も経たぬ間に、オランダはふたたび戦争状態となった。東南アジア（今日のインドネシア）のオランダ領では一四万人のオランダ軍兵士（プロの軍人と徴集兵と志願兵）が釘づけになり、インドネシアの独立革命が太平洋、カリブ海、南アメリカ各地に残存するオランダの領土全域にわたって賞賛と模倣を生み出しつつあった。

その後のゲリラ戦は四年間つづき、オランダの損害は兵士と民間人の死傷者三〇〇〇人を超えた。インドネシアの独立は一九四五年一一月一七日、民族主義の指導者スカルノが一方的に宣言したのだが、最終的には一九四九年一二月、ハーグでの会議でオランダ当局（と涙にくれたユリアナ女王）によって承認された。「帰国」する（といっても彼らの多くはインド諸国生まれでオランダを見たことがなかったのだが）ヨーロッパ人の流れは絶え間なくつづいた。スカルノ大統領がオランダ人実業家のインドネシア入国を禁じた一九五七年末までに、オランダ人「引き揚げ者」は数万人に上った。

植民地独立の経験は、すでに戦争とその苦難に見舞われていたオランダの公的生活に手酷い影響を及ぼした。元植民地住民とその味方の多くは、いわゆる「善き統治の神話」を強調して、日本軍の占領という空白期間の後にオランダ植民地の権威を取りもどせなかったと言って左翼を非難した。一方徴集されていた兵士たち（圧倒的多数）は、誰も誇ることのできない植民地戦争から無事にもどれたことだけを喜んだが、この戦争では国連が交渉による権力委譲に固執したため軍事的成功が阻害されたと多くの人びとが感じており、それはすばやく国民の記憶の奥深くへと仕舞い込まれたのである。

長い目で見ると、オランダは植民地からの撤退を強いられたことで、「ヨーロッパ」へと向かう国民感情が醸成された。第二次大戦ではっきりしたのは、オランダは国際関係から、とくに大きな隣国との関係から立ち離れていることは不可能だということであり、インドネシアを失ったことは、小規模で脆弱なヨーロッパ国家としてのこの国の真の立場を思い起こさせる好機となった。こうしたやむを得ぬ事情から、オランダはヨーロッパ経済統合の、さらに後には政治統合の超熱心な提案者へと生まれ変わった。しかしそのプロセスは痛みがなかったわけではなく、国民の集合的感性が一夜にして切り替わったのではなかった。一九五一年の春に至るまで、戦後オランダ政府の軍事的もくろみと支出の目標はヨーロッパ防衛にあったのではなく（オランダはブリュッセル条約とNATOに加盟してはいたのだが）、植民地へのこだわりに向けられていた。オランダの政治家たちが一致してヨーロッパ問題に関心を払い、旧来の優先事項を廃棄していったのは、きわめてゆっくりと、そして後悔の念を押し殺しつつだった。

程度のちがいこそあれ、同じことは西ヨーロッパのすべての植民地国、元植民地国についても言えた。アメリカの学者たちはワシントンの経験と思い込みとを他の西欧にまで投影して、第二次大戦後ヨーロッパのこうした特徴を時として見落としている。アメリカでは、重要だったのは東西冷戦であり、国内での優先事項やレトリックもこの点を反映していた。しかしこの同じ時期のハーグやロンドンやパリは、遠隔で統治しがたい植民地での出費の嵩むゲリラ戦争にかかりきりだったのだ。一九五〇年代を通じての戦略的頭痛の種は民族独立運動であり、モスクワやその野心などではなかった――も

(1)　ポルトガルの独裁者アントニオ・デ・オリヴェイラ・サラザル博士は一九六八年（一九六一年二月に始まったアンゴラの叛乱の七年目）に、アンゴラとモザンビークというポルトガルのアフリカ植民地の独立をいつ行なうつもりかと問われて、こう答えた――「それは幾世紀にもわたる問題だ。五〇〇年以内かな。そして彼らはその間に発展過程に参入しつづけなければならないだろう。」（トム・ギャラガー『ポルトガル――二〇世紀の解釈』・一九八三年、二〇〇頁を参照）。しかしサラザルの現代世界に対する原理的拒否は伝説的だった――ほぼ一九五〇年代を通して、彼は自分の国からコカコーラを締め出すのに成功したが、これはフランス人にも不可能なことだった。

っとも、二つが重なり合っているケースもあったが。

フランス帝国はイギリスと同じく、一九一九年に敗北した「同盟国」側から奪い取ったアジア・アフリカの保有財産の再分配のせいで膨らんでいた。したがって一九四五年、解放後のフランスはサブ・サハラ〔サハラ砂漠以南〕のアフリカのかなりの部分や、カリブ海と太平洋の島嶼の一部のほか、シリアとレバノンをふたたび統治した。しかしフランス帝国の王冠の「宝石」となっていたのはインドシナの諸領地のほか、とりわけ北アフリカ地中海沿岸部の古くからのフランス入植地――チュニジア、モロッコ、とくにアルジェリアだった。ところがフランスの歴史教科書では、各植民地はおそらくイギリス海峡の境界線以上にあいまいに示されていた――その理由の一端は、フランスが共和国で帝国領土というのがなじまないからであり、あるいはまた、フランスの早くからの征服地の多くがかなり以前から英語圏の統治者に乗っ取られていたからだった。一九五〇年時点でも、幾百万のフランス人男女は一八九八年の「ファショダ事件」を記憶していたが、この時フランスはエジプト、スーダン、上ナイルの支配をめぐるイギリスとの対決で主張を取り下げたのだった。フランスで「帝国」について語るとき、勝利とともに敗北が想起されたのである。

他方でフランスの学童たちは、大洋を横断する連続体としての「フランス」というイメージを執拗に示されるのだが、この連続体のなかではフランスらしさという市民的・文化的属性が万人に開かれていて、サイゴン〔現ホーチミン〕からダカール〔現セネガル共和国の首都〕までの小学校で‘nos ancêtres les Gaulois’（われらの祖先ガリア人）のことを教え、原則論だけのこととしても縫い目なしの文化的同化のありがたみを宣揚していたが、これはイギリスやオランダやベルギーやスペインやポルトガルの植民地の行政官にはまったく考えられないことだったろう[2]。唯一フランスにおいてだけ、首都の当局者は最も価値のある植民地という財産を外国の領地としてではなく、フランス自体の行政の延長として真摯にあつかっていた。したがって「アルジェリア」とは単に地理的な呼称であって、それが指し示す地域ではフランスの三つの「県」としての行政が布かれていた（とは言っても、そこで完全な市民権を享受したのはヨーロッパ人居住者だけだった）。

戦争の過程で、フランスはイギリスやオランダと同様に、その貴重な東南アジア植民地を日本に奪われていた。しかしながらフランスの場合、日本軍の占領時期が遅かった――フランス領インドシナは一九四五年三月までヴィシー政府当局の監督下にあった――し、いずれにせよ一九四〇年のフランス本国の敗北よりはトラウマがはるかに少なかった。フランスがヨーロッパでこうむった屈辱によって、海外植民地の象徴的重要性が高められた。フランス人の目に、自分たちは「みじめで希望のない原形質」(これは一九五四年にアイゼンハワーが見た彼らの姿)へと零落していると映らなかったのだとすれば、それはひとえに主要植民地強国としての威信があったからであり、したがってこの点が重要な問題だったのである。

アフリカではド・ゴールが、一九四四年二月初めに行なわれたブラザヴィル会議でフランスの存在感を再確立していた。ベルギー領コンゴから川を隔てたフランス領赤道アフリカのこの首都で、「自由フランス」の指導者ド・ゴールはフランスの植民地の将来像に独自の表現を与えたのだ。——

「フランス領アフリカにおいても、我が国旗の下で人が暮らすあらゆる土地と同様、もし自分が生まれ育った場所でこの国旗から精神的にも物質的にも恩恵をこうむることができないのなら、もし人が自分自身の事柄について自分で取り計らえるよう少しずつそのレベルを高めることができないのなら、真の進歩とは言えないのである。これを実現することはフランスの責務である。」

ド・ゴールが正確には何を言おうとしているのか——いつもながら——不明瞭だが、おそらく意図的にそうしていたのだろう。しかし彼は植民地の解放と最終的な自治のことに言及しているのだ、と受け取られていたことは確かだ。状況は有利に展開していた。フランスの世論は植民地改革に対して冷淡ではなかった——アンドレ・ジードが『コンゴ紀行』(一九二七年)〔河盛好蔵訳・「アンドレ・ジイド全集」第一三巻・新潮社〕で強制労働の実態を激しく糾弾したことで、中央アフリカでのヨーロッパ人の犯罪に対する一般の意識は戦前から高まっていたし、アメリカでは反植民地の声がわき起こる気配があった。アメリカ国務長官コーデル・ハルはほんの少し前、非先進的ヨーロッパ植民地に対する国際管理の見通しと、その他の植民地での早期の自治実現とについて肯定的に語っていた(3)。

貧困で孤立しているフランス語圏アフリカで発せられた改革論議は、とくに本国のフランス自体が解放される以前では迫力に欠けていた。東南アジアは別の問題だった。一九四五年九月二日、ヴェトナム民族主義の指導者(で、若くして一九二〇年のトゥール会議に出席していてフランス共産党の創

(2) このフランスの主張にも、時たま実質が生まれた——一九四五年の「フランス領赤道アフリカ」の総督フェリックス・エブーエはフランスの植民地担当高官であり、黒人だった。
(3) 一部の資料によると、ド・ゴールは植民地自治についておおっぴらに語ることを止めさせたが、それはヨーロッパ人植民者、とくにアルジェリアの植民者がその機を捉えてフランスから離脱し、分離国家を樹立することを恐れてのことだった。

設者に名を連ねた）ホー・チ・ミンが自国の独立を宣言した。二週間経たぬうちに、イギリス軍が南部のサイゴン市に到着し始め、その一カ月後にはフランス軍がつづいた。その間にそれまで中国の支配下だったヴェトナム北部地域が、一九四六年二月、フランス軍に奪回された。

この時点でパリの当局者は民族派の代表と折衝を開始したので、交渉を通じての自治ないし独立の可能性は十分にあった。しかし一九四六年六月一日、フランス提督で現地の全権大使ティエリー・ダルジャンリューは、民族派が支配する北部からコーチシナ（南部地域）の分離独立を一方的に宣言し、なんとか妥協に漕ぎつけようという自国政府の試みを妨害するとともに、ホーとの政府折衝を止めてしまったのである。同じ年の秋までにフランス軍はハイフォン港を爆撃し、民族派のヴェトミン〔ヴェトナム独立同盟〕はハノイのフランス軍を攻撃し、第一次ヴェトナム戦争が始まった。

インドシナにおける権威再確立のためのフランスの戦後の苦闘は、政治的・軍事的な大惨事となった。ホー・チ・ミンはフランス国内の左翼にとっては民族独立の闘士として、さらには共産主義革命家として、二重の信望を勝ちとった――光かがやくその国際的イメージにおいても彼の思想においても、この二つのアイデンティティーは分かちがたく結びついていた。[4] インドシナでの「汚い戦争」で戦わせ死なせるために若者を送り出すことは大方のフランス選挙民にとって無意味なことであり、支配権をハノイに渡したとて、明らかに無能なバオ・ダイ（フランスは一九四九年三月、彼をこの国の新たな「皇帝」へと祭り上げていた）を支援するより悪いことではないのは明白だった。

一方でフランスの将校団は、ヴェトナムでの戦闘続行にきわめて真剣だった。後のアルジェリアと同様、フランスの武勇の伝統（あるいはその残存物）はこの地で危殆に瀕しており、フランス軍最高司令部にとってはここが踏ん張りどころだった。しかしフランス経済は、外部からの相当な援助がなければ遠く隔たった植民地での長びく戦争は持ちこたえられなかった。インドシナでのフランスの戦争に資金を供給したのはアメリカだった。当初ワシントンの助力は間接的だった――フランスはアメリカの融資と援助のおかげで、経費の嵩む勝ち目のない打倒ヴェトミン戦争に膨大な資源を振り向けることができたのである。フランスが自らの乏しい資源を戦争に回しているあいだ、実際に戦後フランス経済の近代化を引き受けたのがアメリカだった。

（4）味方にとっても敵にとっても、ホー・チ・ミンが国際的共産主義者のイコンへと化身することが確定したのは一九五〇年一月一四日で、毛沢東とスターリンはこの日、ホーが新たに宣言した「ヴェトナム民主共和国」を最初に承認したのだった。

1949年12月26日、ジャカルタ宮殿から撤去されるオランダ人総督の肖像。インドネシア共和国誕生の前日である。「インド諸国」の植民地が失われたことは、オランダ人に大きなトラウマを残した。オランダはこの後ヨーロッパの内部へと身を縮めて、相応の役割を担うこととなる。

1954年５月、ディエンビエンフーの戦闘で捕虜となったフランス軍兵士を護送するヴェトミン軍。ヴェトナムからのこの屈辱的な撤退のせいで、ことにフランス軍部が、北アフリカに保有する植民地を放棄することにますます消極的となり、それが大きな災いをもたらすこととなる。

一九五〇年以降、アメリカの援助はいっそう直接的な形をとった。その年の七月（近くの朝鮮で戦争が勃発して一カ月後）を皮切りに、アメリカは東南アジアのフランス軍に対する軍事援助を急に増強した。フランスはきびしい交渉の揚げ句に懸案のヨーロッパ防衛計画を支持し、西ドイツのＮＡＴＯ加盟を受け入れた。アメリカに自分たちを保護させてやる見返りとして（ワシントン政府内の関係者はずいぶんと悩まされたようだ）フランスが手に入れたのは、きわめて膨大なアメリカの軍事援助だった。全ヨーロッパ国家のなかで、一九五三年時点で現金・現物の両方でアメリカの支援に最も依存していたのは断然フランスだった。

ワシントンがストップをかけたのはようやく一九五四年、ディエンビエンフーで窮地に陥ったフランスの守備隊を救うべく、進退きわまったフランスが懇願した空からの支援要請を拒否した時だった。ほぼ八年にわたる無益で凄惨な戦闘の後でワシントンに明らかになったのは、フランスがインドシナにおけるかつての権威をふたたび確立することなどもはや不可能であるのみならず、ホー・チ・ミン率いる正規軍とゲリラには太刀打ちできない、ということだった。アメリカ側の見解では、フランスはアメリカの金を浪費してしまい、投資先としてきわめて危いものになっていた。一九五四年五月七日にディエンビエンフーが降伏し、フランスが休戦を求めたとき、誰もおどろかなかった。

フランス領インドシナの滅亡は、なんとかそれを持ちこたえようとしていたフランス連合政権の崩壊と、ピエール・マンデス＝フランスによる首相継承とを早めた。マンデス＝フランスの指揮の下でフランスは協定交渉に臨み、一九五四年七月二一日ジュネーヴでの調印に漕ぎつけた。その条項によれば、フランスがこの地域から撤退した後は「北」と「南」のヴェトナムという二つの存在に分かれ、その政治的関係や政治制度は将来の選挙で決められることになった。その選挙はついに実施されず、フランスのかつての植民地の南半分を支える重荷は今やアメリカだけに背負わされたのである。

フランスでは、インドシナがなくなって残念がる人などほとんどいなかった。オランダとちがい、フランスはこの地域に長くいたわけではなかったし、第一次ヴェトナム戦争の戦費を払ったのはアメリカだったとはいえ（そのことをわずかでも知っているフランス人はきわめて少なかった）、そこで戦い、命を落としたのはフランスの兵士たちだった。とくに右翼の政治家たちは、もっとうまく戦争遂行ができたはずだと言ってマンデス＝フランスとその前任者たちを糾弾したが、誰にも良い対案はなく、ほとんど全員がヴェトナムを放棄できたことを密かに喜んでいた。フランス軍――正確に言うとプロの将校軍団――だけは、不平不満を持ち越していた。若い将校の一部、とくに最初の兵役がレジスタンス運動あるいはド・ゴールの「自由フランス」だったことで自立的な政治判断をする習慣を身につけていた連中は、漠然としていたとはいえ危険な憤懣を抱き始めていた。彼らが不平を洩らしたのは、またもや戦場のフランス軍隊が、パリで政治を支配する者からひどくあつかわれたからだった。

インドシナを失ったことで、フランスの関心は北アフリカへと向かった。これはある意味でほぼ文字通りに当然のことだった――アルジェリアで叛乱が勃発したのが一九五四年一一月一日、ジュネーヴ休戦協定調印からわずか一四週間後だったのである。しかし北アフリカこそ、パリ人の年来の関心の中心だった。フランス人が今日のアルジェリアに最初に到着した一八三〇年以来ずっと、この植民地は大西洋からスエズまでのサハラ・アフリカを支配したいという、もっと古くからのフランスの大きな野望の一部だった。東方ではイギリスに妨げられたので、代わりにフランスは西部地中海地方と、サハラ砂漠を越えて中西部アフリカへと先んじて入植していたのである。

はるか昔からのケベックの植民地とカリブ海の一部の島々を除くと、北部アフリカ（とりわけアルジェリア）はヨーロッパ人が大人数で永住してきたフランス唯一の植民地だった。しかしそのヨーロッパ人の多くは出身がフランス人ではなく、スペイン人、イタリア人、ギリシア人その他だった。フランス系アルジェリア人の象徴のようなアルベール・カミュでさえスペイン人とフランス人の混血で、フランス系の祖先もごく最近に住み着いたのだった。フランスが人口過剰だったのははるか昔のことで、ロシア、ポーランド、ギリシア、イタリア、スペイン、ポルトガル、スカンジナヴィア、ドイツ、アイルランド、スコットランド（そしてイングランドも）とはちがって、フランスは幾世代にもわたる移民の国ではなかった。フランス人は天性の植民者ではなかったのである。

とは言うものの、フランス外のフランスというものがあるとすれば、それはアルジェリアのなかにあった――すでに見たように、本国の行政構造の一部として、アルジェリアは規定上フランスの内部的存在と認められていたのである。他の国でこれに最も近かったのはアルスター〔北アイルランド〕で、こちらもかつての植民地の海外飛び地として制度上は「本土」に統合されており、はるか以前に成立したその植民者社会にとって帝国の中心部とのつながりは、本国の大多数の人びとと比べてはるかに重大な問題だった。いつの日かアルジェリアが独立するかもしれない（したがって住民数で圧倒的に優勢なのはアラブ人やベルベル人であることから、アラブ人支配になるかもしれない）などという考えは、現地の少数派であるヨーロッパ人の思いも及ばぬことだった。

したがってフランスの政治家たちは、それについて考えるのを長いあいだ避けてきた。短命に終わった一九三六年のレオン・ブルムの人民戦線以外、フランス領北アフリカの植民地行政官が行なった嘆かわしい悪政に真剣な注意を払う政府などなかった。第二次大戦前後、フェルハト・アッバースのような穏健なアルジェリア人民族主義者のことはフランスの政治家や知識人によく知られていたが、自治つまり「地方自治」という彼らの穏健な目標をパリがすぐにも認めるなどと誰も予期していなかった。にもかかわらずアラブ側の指導層は当初、ヒトラーの敗北が、待ち焦がれた改革の火つけ役になると楽観していた。北アフリカへの連合軍上陸の後の一九四三年二月三日に宣言を発した際、彼らが周到にも強調したのは、一七八九年のフランス革命の理念に忠実であること、「彼らが享受し愛していたフランスおよび西欧の文化」を愛しつづけるということだった。

彼らの訴えは無視された。解放後のフランス政府はアラブ人の心情に関心を示さず、こうした冷淡さが一九四五年五月、アルジェ東方のカビリア地域での蜂起を引き起こしたとき、叛乱者たちは容赦なく鎮圧された。その後の一〇年間、パリ人の関心は他に向いていた。この時期の鬱積した怒りや裏切られた期待が嵩じて組織的暴動として爆発した一九五四年一一月一日の時点では、もはや妥協の余地はなくなっていた。アルジェリアのFLN──「民族解放戦線」──を率いていたのは若い世代のアラブ人民族主義者で、彼らは先輩たちの穏健な、親フランス的戦略を嘲笑していた。彼らの目的は「地方自治」や改革ではなく独立であり、これは歴代のフランス政府が予想できなかったゴールだった。結果は八年間に及ぶ残忍な内戦だった。

遅まきながらも、フランス当局は改革案を提示した。ギー・モレの新しい社会党政権は一九五六年三月、隣接するフランス植民地のチュニジアとモロッコに独立を認めた──アフリカ大陸で植民地強国が行なった最初の降伏である。モレがアルジェを訪問すると、ヨーロッパ人植民者の群が彼に腐った果物を投げつけた。パリは非合法FLNの非妥協的要求と、今や「フランス領アルジェリア防衛委員会」が率いるアルジェリアのヨーロッパ人居住者による、アラブ人隣人とのいかなる妥協をも拒否する方針とのあいだで身動きできなくなった。フランスの戦略（それらしきものがあるとして）は、まずはFLNを武力で打ち負かし、しかる後に植民者に圧力をかけて、政治的改革となにがしかの権力分担手段を受け入れさせようというものだった。

フランス軍は当然ながら、FLNゲリラに対する激しい消耗戦へと突入した。両陣営とも脅迫、拷問、殺人、あからさまなテロ行為へと奔《はし》るのが常態となった。一九五六年一二月に起こった、アラブ側によるとりわけおぞましい一連の暗殺とヨーロッパ側による報復との後で、モレの政治的代表を務めるロベール・ラコストはフランス軍パラシュート部隊のジャック・マシュー大佐に対して、必要なあらゆる手段を講じてアルジェの民族主義暴動を鎮圧するようフリーハンドを与えた。マシューはゼネストを弾圧し、アルジェの戦いで暴徒を鎮圧して、一九五七年九月までに勝利した。アラブ人住民は恐ろしい代償を払ったが、フランスの評判は取り返しのつかぬほど地に堕ちた。しかもヨーロッパ人植民者たちが抱くパリの長期的意図に対する疑念は、そのまま残ったのである。(5)

一九五八年二月、フェリックス・ガイヤールの新政府は、アルジェリアの民族主義者に基地を提供した疑いがあるとして、フランス空軍が国境を越えたチュニジアのサキエトという町を爆撃したことで困惑した。その結果わき起こった国際的な抗議の声と、アルジェリアの難題解決の助力をしようというアングロ－アメリカ側の「善意の尽力」の申し出とが、パリはアルジェリアのヨーロッパ人を見捨てようと計画しているのではないかという懸念を彼らのあいだで募らせた。パリやアルジェの警官と兵士とは、植民者に対する同情のデモを堂々と繰りひろげ始めた。ガイヤール政権は一一カ月のあいだに三番目のフランス政府だったが、四月一五日に総辞職した。一〇日後、アルジェで大デモが行なわれ、フランス領アルジェリアの永久保持とド・ゴール政権への復帰とを要求した。この集会の組織者たちは自ら「公安委員会」を結成したが、これはフランス大革命時の同名の制度を挑発的に再現していたのである。

五月一五日、ピエール・フリムラン率いる次のフランス政府がパリで発足した四八時間後に、ラウール・サラン将軍――アルジェリア駐在フランス軍総司令官――がアルジェの広場で歓呼する群集に向かってド・ゴールの名を叫んだ。ド・ゴール自身は公的生活から引退してフランス東部の故郷コロンベー村にこもって以来まったく沈黙を守っていたのだが、五月一九日には記者会見に姿を現わして公式に再登場した。武装叛乱軍はコルシカ島を掌握し、パリは今にもパラシュート部隊が降下するとの噂でもちきりになった。五月二八日フリムランが辞職し、ルネ・コティ大統領はド・ゴールに組閣を命じた。ド・ゴールは断わるふりさえ見せず六月一日に就任し、翌日には国民議会の投票で全権委任を受けた。彼はまずアルジェへと飛び、六月四日にはそこで歓呼する兵士と喜ぶヨーロッパ人の熱狂的群集に向かっておごそかにこう告げた――'Je vous ai compris'（あなた方の言うことはわか

(5) これらの事件はジッロ・ポンテコルヴォ監督一九六五年の映画『アルジェの戦い』に印象深く描かれている。

った)。

新しいフランス首相は、アルジェリアにおける自分の支持者たちを彼らの想像以上に理解していた。ド・ゴールはアルジェリアのヨーロッパ人のあいだで途轍もなく人気があり、彼らは彼を救世主と見なしていた。一九五八年九月の国民投票で、彼はフランス国内で投票の八〇パーセントを確保したが、アルジェリアでは九六パーセントだった(6)。しかし他とド・ゴールとを分ける数多くの特徴のなか、秩序と合法性の尊重は揺るぎないものだった。「自由フランス」の英雄、ヴィシーに対する仮借なき批判者、一九四四年八月以後フランス国家の威信を回復した男——彼がアルジェリアの叛乱者(その多くはかつてのペタン元帥派だった)の味方であるはずはなく、ましてや叛乱に参加した自由思想の若き将校たちの味方ではなかった。彼の最初の仕事は、彼が理解していたように、フランス本国における政府の権威の回復だった。それに関連した第二の目標が、政府の権威を劇的に崩壊させたアルジェリア紛争の解決だったのである。

一年経たぬうちに、パリとアルジェは衝突へと向かっていることがはっきりした。国際世論はFLNとその独立要求にだんだん好意的になっていった。イギリスはアフリカの植民地に独立を認めつつあった。ベルギーでさえ、一九六〇年六月にはついにコンゴを手放した(とは言えそのやり方は無責任、結果は破滅的だった)(7)。植民地アルジェリアは急速に時代錯誤となりつつあり、ド・ゴールはその点をよく理解していた。彼はフランスのかつての植民地の「連合体」化への第一歩として、すでに「フランス共同体」なるものを設立していた。サハラ砂漠の南ではフランスで教育を受けた現地エリートに対して速やかに形式的な独立が与えられるが、彼らは一本立ちするにはあまりに弱体なので、向こう数十年にわたって全面的にフランスに依存するという構想である。一九五九年九月、権力の座に着いてからわずか一年後、フランス大統領はアルジェリアに「民族自決」を提案した。

これぞやがて行なわれる裏切りの証拠、と憤激したアルジェリアの将校たち、植民者たちは全面叛乱を計画し始めた。陰謀があり、決起があり、革命の風聞があった。一九六〇年一月、アルジェにバリケードが築かれ、「超愛国派」がフランス憲兵に発砲した。しかし叛乱は非妥協を貫いたド・ゴールの前で崩壊し、信頼の置けぬ上級将校たち(マシューとその上官モーリス・シャル将軍を含む)は注意深くアルジェリアから転属された。しかし騒動は収まらず、一九六一年四月の未遂の軍事暴動へと至るのだが、これを扇動したのは新たにつくられたOAS(秘密軍事組織)だった。しかし陰謀者たちはド・ゴールの排除に失敗し、片やド・ゴールはフランス国営放送を通じて、この「一握りの退役将軍による軍事的宣言」を非難した。このクーデターで主に犠牲となったのはフランス陸軍の士気と、国際的イメージ（まだ残っていたとしての話）だった。フランスの男たち、そして息子をアルジェリアに送っていた女たちの圧倒的多数が下した結論は、アルジェリアの独立は避けがたいどころか望ましいということだった――しかもフランスのためには、早ければ早いほどよかったのである。(8)

いつでも現実主義のド・ゴールはレマン湖畔の温泉町エヴィアンでＦＬＮとの交渉を開始した。一九六〇年六月、さらに一九六一年の六月と七月に行なわれた初期の会談では、共通基盤が見出せなかった。一九六二年三月に再開されると大いに進展し、わずか一〇日間の議論の後、両者は三月一九日に合意に漕ぎつけ、ほぼ八年間におよぶ間断なき戦闘の末、ＦＬＮは休戦を宣言した。ド・ゴールはエヴィアンで合意された条項にもとづいて、七月一日の日曜日に国民投票を実施し、フランス国民の圧倒的多数がアルジェリアという足かせから逃れるほうに賛成した。二日後、アルジェリアは独立国家となった。

アルジェリアの悲劇はここで終わらなかった。ＯＡＳは完全な地下組織へと成長し、まずはフランス領アルジェリアの保全、それが失敗した後では彼らの大義を「裏切った」者の処罰に専心した。一九六二年二月だけでも、ＯＡＳの工作員と爆弾が五五三人を殺害した。フランス文化相アンドレ・マルローやド・ゴール本人の暗殺という見せ場は成功しなかったが、大統領の車がパリ郊外のプチクラマールを通る際に待ち伏せして襲うという計画だけは、危うく成功寸前だったのである。六〇年代初期の数年間、フランスは決死的でますます自棄的になるテロリストの脅威に釘づけにされた。フランス情報機関は最終的にはＯＡＳを破壊したが、記憶はなかなか消えなかった。

一方で何百万というアルジェリア人が、自分の意思に反してフランス亡命を余儀なくされた。ヨーロッパ人である「ピエ・ノワール」（独立以前のアルジェリア生まれのフランス人）の大部分は南フランスに移住したが、その第一世代はフランス当局が彼らの大義を裏切ったこと、財産を放棄させ失業させたことに対して、長期にわたる不平不満を抱くこととなった。アルジェリアのユダヤ人もこの国を引き揚げ、一部

（6）この国民投票で新たに第五共和政が発足した。三カ月後にド・ゴールは最初の大統領に選ばれた。

（7）一九六〇年にベルギーがコンゴを放棄した際、四〇〇〇の上級公務員職に充当すべく残したコンゴ人の大学卒業者は、わずか三〇人だった。

（8）一九五四年から一九六二年にかけて、二〇〇万人のフランス人兵士がアルジェリアで勤務した。そのうち一二〇万人は徴集兵だった。

はイスラエルに、多くは——その前のモロッコのユダヤ人と同じく——フランスに渡り、そこで早晩西ヨーロッパ最大の（スペイン・ポルトガル系を主とする）ユダヤ人社会を構成することとなる。多数のアラブ人も独立アルジェリアを離れた。その一部は、抑圧的で教条的なFLNの支配が来ることを予期しての離脱だった。他の人びと——とくにフランスの下で働いたり、フランスの警察や軍当局で補助的役割を務めていた人びと——いわゆる「アルキ」——は、勝ち組民族派の予想される怒りを逃れ出た。多くは捕らえられて恐ろしい報復を受けたが、安全にフランスに到着した連中にもフランス人からの感謝の言葉はなく、自分たちが払った犠牲に対する礼や償いは乏しかった。

フランスはアルジェリアのトラウマを急いで忘れ去ろうとした。一九六二年の「エヴィアン協定」は、フランス人の生活の五〇年近くにわたった戦争ないし戦争の恐怖に終止符を打った。国民はうんざりしていた——危機に、戦闘に、威嚇や風聞や陰謀に、もううんざりだったのである。第四共和政がつづいたのは、一九四六年以来ほんの一二年間だった。この政体は愛されも嘆かれもせず、実効ある執行主体の欠如によって当初からひどく弱体化していた——ヴィシー経験の後遺症で、戦後の立法者たちは強力な大統領制を布くことに消極的だった。ハンディキャップの原因はその議会制と選挙制度で、この制度が多党制に有利なために不安定な連立政府が生み出されていた。それは未曾有の社会変動に臨んでいて、こうした変動が激烈な政治分裂を招いていた。フランス南西部僻地サンセレの書店主ピエール・プジャードは、世界初の「シングル・イッシュー・プロテスト」（単一争点での異議申し立て）の政党をつくって「子どもたち、警棒で殴られた人びと、強奪された人びと、圧迫された人びと、侮辱を受けた人びと」——つまり歴史が取りこぼした人びとを護ろうとした。一九五六年の総選挙では、この反体制「プジャード派」代議士五二人が議席を獲得した。

しかしこの戦後初のフランス共和国がとりわけ低迷したのは植民地紛争のためだった。「アンシャン・レジーム」と同じく、第四共和政は戦費で動きがとれなかった。一九五五年一二月から一九五七年一二月にかけて、フランスは着実な経済成長にもかかわらず外貨準備高の三分の二を失った。為替管理、複合為替相場（同種のものが後の数十年間にソヴィエト圏で行なわれた）、対外負債、赤字予算、悪性インフレなどのすべては、一九四七年から一九五四年までの、そしてさらに一九五五年からの失敗つづきの植民地戦争の抑制の利かない出費に起因していた。あらゆる種類の政権がこれらの障害に直面して分裂し、崩壊した。仮に忠実でない軍隊がなかったとしても、第四共和政はこの国の歴史上最悪の軍事的敗北と四年間の屈辱的占領のわずか一〇年後では、こうした難問を抑えつけるのに苦労させられていただろう。おどろくべきは、この政体がこれほど長くつづいたことである。

シャルル・ド・ゴールの第五共和政の諸制度は、まさにその前の政体の欠点を避けるべく設計されていた。議会と政党はその重要性を減じ、執行権は劇的に強化された――憲法によって、大統領にはかなりの監督権と政策の立案権、首相に対する絶対的な指揮権が与えられて、首相任免は実質的に意のままとなった。アルジェリア紛争の終結に成功した直後、ド・ゴールの提案で以後の大統領は直接普通選挙で選ぶこととなった（それまでは議会によって間接的に選ばれていた）。この憲法修正は一九六二年一〇月二八日の国民投票で、しかるべく承認された。自分でつくった諸制度と経歴と人間的魅力とに支えられ――さらには彼なき時期のフランスの記憶に支えられて、このフランス大統領は国家あるいは政府の首長として、自由に選ばれた者のうちでは今や世界最大の権力を持つに至った。

国内問題では、ド・ゴールは日常業務の大半を安んじて首相に任せていた。一九五八年一二月二七日の新フランの発行で始まった急進的な経済改革プログラムは、以前から国際通貨基金によって推奨されていたものと歩調を合わせており、フランスの混乱財政の安定化に直接貢献した。その特権的人物たる魅力にもかかわらず、ド・ゴールは生まれつきの急進派で、変化を恐れなかった。若い頃に書いた軍隊改革の論文「職業軍をめざして」のなかで、彼はこう述べていた――「絶えず新しくなっていかなければ、何ごとも長つづきしない。」したがってフランスの輸送インフラや都市計画や国家主導の産業投資など最重要の変革の多くが、彼の権威の下で発案され、着手されたというのもおどろくには当たらない。

しかしこうした変革はいつも、ド・ゴールの国内近代化の取り組みの他の部分、たとえばフランスの財産である歴史的公共建造物全体の復旧と清掃というマルローの野心的な計画と同じく、フランスの偉大さの回復というもっと大きな政治目的の一部だった。スペインのフランコ将軍と同様（その他に共通点はなかったのだが）、ド・ゴールは経済の安定や近代化を、国民的栄光を回復する戦いの主要な武器として理解していた。フランスは少なくとも一八七一年の普仏戦争敗北以後は確実に衰退を重ねており、その暗い軌道は軍事的敗北、外交的屈辱、植民地での敗北、経済の悪化、国内の不安定とつづいた。ド・ゴールの目標はフランス衰退の時代を払拭することだった。彼は戦時回顧録で書いている――「わたしは生涯を通じて、フランスについてのある考えをもっていた。」今やそれを実現すべき時が来たのである。

フランス大統領が選んだアリーナ（闘技場）は外交政策で、

そこで個人的な嗜好と国家理性とが強調された。ド・ゴールはフランスが被った一連の屈辱で長いあいだ傷ついてきた——一九四〇年に敵国ドイツにやられたよりも、それ以後にアングロ－アメリカ連合から受けたほうが大きかった。ド・ゴールは戦時中のロンドンにおける、惨めでおおむね無視されていたフランスのスポークスマンとして自分が味わった、あの鬱屈した孤独感を決して忘れなかった。彼は軍事の実際が分かっているだけに、一九四〇年七月、フランスが誇るメル・エル・ケビールの地中海艦隊をイギリスが沈めた際に〔前出146頁〕他のフランス人と分かち合った痛みについては語らなかった。しかしこの一件がもつ象徴的意味は、彼の心に長くうずいた。

ド・ゴールがワシントンに対してアンビヴァレントな気持ちを抱く特別な理由があったのは、こちらではフランクリン・ローズヴェルトが彼をまともに相手にしなかったからだ。アメリカは戦時中のヴィシー政権とは節度と慎慮を超えて長く良好な関係を保った。フランスは戦時中の連合国間交渉には呼ばれず、そのおかげでド・ゴールは後に、自分個人としては賛成だったヤルタ協定に対してその責任を冷淡に拒否することができたのだが、その記憶は彼の心にうずいた。しかし最悪の屈辱は戦争に勝利してからやって来た。フランスはドイツをめぐる主要な決定のすべてから、事実上締め出されたのである。イギリス－アメリカ間の情報共有がフランスまで広げられたことはなかった（フランスを加えると情報漏れの危険があると、正しく推測されていたのだ）。核の「クラブ」もフランスを含んでいなかったが、おかげで国際的な軍事上の思惑に未曾有の誤算が生じる羽目になった。

さらに悪いことに、フランスはアジアにおける植民地戦争では完全にアメリカ頼みだった。一九五六年一〇月、イギリスとフランスとイスラエルが共謀してナーセルのエジプトを攻撃したとき、イギリスに手を引くよう圧力をかけたのがアイゼンハワー大統領で、フランスは激怒したがその甲斐はなかった。一年後の一九五七年一一月、武器がアルジェリアの叛徒の手に渡ってしまうというフランスの心配をよそにイギリスとアメリカの武器がチュニジアに引き渡された際には、フランスの外交官たちは手を拱いて怒るだけだった。ド・ゴール自身も一九五八年に政権の座についてまもなく、彼はフランス領土内に配備されているアメリカの核兵器の詳細について知る立場にないと、NATOのアメリカ人司令官ノストラッド将軍から、にべもなく告げられたのである。

以上が大統領の全権を握った時点での、ド・ゴールの対外政策の背景である。アメリカに対して、彼はほとんど期待していなかった。核兵器から準備通貨としてのドルがもつ特権的な国際的地位に至るまで、アメリカはその利害関心を他の西側同盟国に押し付ける立場にあり、そうするものと予測できた。アメリカは信頼はできないが、少なくとも予知が可能だった。したがってインドシナやスエズの場合にフランスがとった政策のように、ワシントンには依存しないことが重要だった。フランスはできる限り自分の立場を固守すべきだ——たとえば自ら核兵器を持つことで。しかしながら、ド・ゴールのイギリスに対する態度ははるかに複雑だった。

大方の観察者と同じく、このフランス大統領は賢明かつ正確に、イギリスは自分の立場をヨーロッパとアメリカの中間に維持するだろうとの前提に立っていた——と同時に、仮に選ばねばならなくなったら、ロンドンはヨーロッパの隣人の頭越しに大西洋上の同盟国を選択すると踏んでいた。この点が否応なしにはっきりしたのが一九六二年一二月、バハマ諸島のナッソーでイギリス首相ハロルド・マクミランがケネディ大統領と会見して協定を受け入れたときで、それによってアメリカはイギリスに対し潜水艦搭載のポラリス核ミサイルを供給することになった（これはイギリスの核兵器を実質的にアメリカの管理下に組み込んだ多国間戦力の一部だった）。

ド・ゴールは激怒した。ナッソーへ行く前、マクミランはランブイエでド・ゴールと会談したのだが、彼はフランス大統領に対しこれから起こることについて、おくびにも出さなかった。したがってナッソーもまた、フランスの見ていないところで料理された「アングロ-アメリカン」協定だった。こうした侮辱のさらなる上塗りだったのが、論議の当事者でもなかったのに同じポラリス・ミサイルが同じような条件で、パリにも提示されたことだった。こういう背景があって、ド・ゴール大統領は一九六三年一月一四日の記者会見で、フランスはヨーロッパ経済共同体へのイギリスの加盟申請に拒否権を発動する、と宣言したのだった。イギリスがアメリカの衛星国になりたいのなら勝手にそうするがいい。しかしイギリスが「ヨーロッパ」だとは言わせない。一方でド・ゴールは——すでに見たように——ボンのほうに向いて、高度にシンボリックでまったく実質のない「連邦共和国との協力条約」に調印したのである。

フランスがアングロ-アメリカからの圧力に脆いという弱点を、ライン川の向こうの旧敵国と連携することで埋め合わせるという発想は新しいものではなかった。かつて一九二六年の六月、フランス外交官ジャック・セドゥーは自分の政治上のボスたちへの内密な覚え書きにこう記していた——「ヨーロッパを支配するにはドイツ人と対立関係になるより、彼らと協同したほうがいい。……仏独友好によってこそ、われわれは英米の支配から早く抜け出すことができるだろう。」[9]同様の考えは、一九四〇年にペタンを支援した保守的な外交官たちの思惑の背後にも控えていたのだ。しかし一九六三年の状況下では、ドイツとの協力条約はほとんど現実的な変化をもたらさなかった。フランスには西側同盟を離脱する計画などなく、ド・ゴールとて、東欧における戦後の決着を改変しようというドイツの計画に頭を突っこもうなどという気はさらさらなかったのだ。

一九六三年の条約と、新たなフランス－ドイツ・コンドミニアム（共同統治体制）とによって実際に確認されたのは、ヨーロッパへと向かうフランスの決定的な転回だった。シャルル・ド・ゴールにとっての二〇世紀の教訓とは、フランスがその失われた栄光の回復を望み得るとすればヨーロッパでのプロジェクトに投資し、それをフランスの目標に役立つよう改変すること以外にないということだった。植民地は消え去りつつあった。アングロ－アメリカン勢はいつもながら共感性に欠けていた。過去数十年にわたって打ちつづいた敗北と損耗のおかげで、もし過去の影響力の幾分かを回復したいと願うならフランスに他の選択肢はなかった――フランスがアメリカの圧力とイギリスの応諾とによってスエズでの作戦中止を余儀なくされたとき、アデナウアーがフランス首相ギー・モレに確言したように、「ヨーロッパが、あなたの雪辱の機会となるだろう。」

一つだけ重要な例外があるものの、イギリスの海外版図からの撤退はフランスの場合とは非常に異なっていた。イギリスが継承した植民地はもっと大規模で、もっと複雑だった。イギリス帝国はソヴィエトの帝国と同様、攻撃は受けたものの無傷で戦争を生き延びた。イギリスはその基本的な食糧の多くを植民地の耕作者に依存しており（これとちがってフランスは食糧は自給自足で、圧倒的に熱帯が多いその植民地領土で生産していたのはまったくちがう商品だった）、大戦の幾つかの戦域――ことに北アフリカ――では、英連邦の軍勢はイギリス兵よりも多かった。イギリス本国に住む人びとは、すでに見た通り、フランスの本国人と比べてはるかに強く「帝国」を意識していた――パリよりもロンドンがあれほど大都市だった理由の一つは、それが港、商業貨物の集散地、製造業の中心、金融の首都として帝国の役割を発揮して繁栄したからだった。一九四八年のBBCガイドライン〔前出295頁〕ではアナウンサーに、海外の聴衆は非キリスト教徒が圧倒的に多いことに十分注意するよう忠告していた――「仏教徒、ヒンズー教徒、イスラム教徒等々への、侮蔑的とは言わぬまでも無礼な言及は、……深甚な反感を生むので、すべからく避けるべきである。」

しかし一九四五年以後のイギリスには、帝国の遺産にこだわりつづける現実的な見通しなどなかった。この国の資源補給路はどうしようもなく伸び切っており、インド帝国の維持でさえ、その費用はもはや経済的あるいは戦略的利益の点で間尺に合わなかった――一九一三年におけるインド亜大陸への輸出額はイギリス全体のほぼ八分の一に達していたが、第二次大戦後にはわずか八・三パーセントで、さらに下降していた。とにかくほぼ誰の目にも、独立への圧力が抗しがたいものであることははっきりしていた。一九三一年の「ウェストミンスター憲章」で創設された英連邦は、植民地独立への急速な動きの必要性を除去するというのがその立案者のそもそもの意図であり、その代わりにイギリス王権への忠誠や服従は保ったままの自治領・準自治領という枠組みを提示し、帝国の支配という不快なしがらみから解放しようというものだった。ところが今やそれがかつての植民地の持ち合いクラブになっていて、連邦加盟の独立国家をそれぞれ自国の利益と心情の範囲内に拘束するだけのものとなっていた。

インド、パキスタン、ビルマが独立を認められたのは一九四七年、セイロン〔現スリランカ〕はその翌年だった。その過程は流血なしとは言いがたかった――民族浄化やその後の住民交換で何百万ものヒンズー教徒やイスラム教徒が殺害されたが、植民地権力自体は比較的痛手をこうむらずに撤収された。しかしながら隣国マラヤ〔現マレーシア〕の共産党叛乱のために、イギリス政府は一九四八年六月には非常事態宣言を行ない、それが解除になったのはようやく一二年後、叛徒側の決定的敗北によってだった。しかし全体的に見て、インドとその隣国からの何千人もの植民地居住者や行政官の撤収が行なわれたにもかかわらず、南アジアからのイギリスの離脱は予想されたよりも整然と、そしてトラウマを生むこと少なく行なわれたのであった。

中東では事態はもっと複雑だった。イギリス委任統治領のパレスチナで、イギリスは一九四八年、屈辱的ではあっても（これもイギリスの立場から見れば）比較的流血の少ない状況の下でその責任を放棄した――アラブ人とユダヤ人が武力で睨み合ったのはイギリスがその場を去った後のことだったのだ。イギリスとアメリカが石油利権を共有していたイラクでは、アメリカが徐々にイギリスと入れ代わって帝国の支配権を発揮していった。イギリスが非植民地化にともなう皮肉な事態とドラマとを経験し、歴史的規模の敗北を嘗めたのはエジプトだったのは逆説的で、そもそもここは普通の意味でイギリスの植民地とは言えない国だったのである。一九五六年の「スエズ危機」で、イギリスは初めて国際的な屈辱――国の衰退が明らかとなり、さらに加速される事態――というものを経験したのだが、これはフランスにとってはすでにお

（9）フェルナン・リューリエ『仏独対話　一九二五―一九三三年』（ストラスブール・一九七一年）、三五―三六頁に引用されている。

馴染みのことだった。

エジプトにおけるイギリスの利権はインドの重要性から直接派生していたが、後年それに石油の必要性が加わっていた。イギリス軍部隊が最初にカイロを掌握したのは一八八二年で、スエズ運河の開通から一三年後だったが、この運河を運営していたのはパリの「スエズ運河会社」だった。第一次大戦までエジプトを支配していたのは、名目はともかく事実上はイギリス総領事（この時期の大半その任にあったのは尊敬すべきクローマー卿）だった。一九一四年から一九二二年まで、エジプトはイギリス保護領となり、その後に独立国となった。両国の関係はしばらくのあいだ安定し、一九三六年の同盟条約でその形式が整えられた。しかし一九五二年一〇月、エジプトのファルーク王を打倒した陸軍将校が主導する新政府がこの条約を破棄した。これに対抗してイギリスは、戦略的に重要な運河の特権的使用権を失う恐れから、スエズ運河を再占領したのである。

その後二年経たぬうちに、革命派将校の一人ガマール・アブドゥン＝ナーセルが政府の首長となり、イギリス軍兵士のエジプト領からの撤退を迫った。イギリス側は妥協するつもりだった——彼らにはエジプトの協力が必要だったのだ。イギリスではスエズ運河経由で輸入されポンドで支払われる安い石油への依存が、ますます強まっていた。仮にもこの供給が途絶えるか、アラブ側がポンドでの支払いを拒否すれば、イギリスは貴重な外貨準備を取り崩してドルを買い、石油を他から手に入れなくてはならなくなるだろう。さらには当時の外相アントニー・イーデンが一九五三年二月にイギリス内閣に進言したように、「軍事占領を維持するには武力が必要だが、エジプトの場合、現地要員となる労働者なしでは、その基地も役に立たないのである。」

したがってロンドンは一九五四年一〇月、スエズ基地を一九五六年までに明け渡す協定に調印した——しかしそこには、仮にイギリスの権益が攻撃によって、あるいはこの地域の国家によって脅威にさらされた場合には、エジプトにおけるイギリスの軍事プレゼンスが「再活動態勢」に入るという了解事項があった。協定は実行に移され、最後のイギリス兵がしかるべくスエズを撤収したのは一九五六年六月一三日だった。ところがこの時点までに、ナーセル大佐——一九五四年一一月に自ら宣言してエジプト大統領となっていた——自身が一つの問題と化しつつあった。彼は新たにアジアとアフリカから形成された国家独立運動の大立て者であり、この運動は一九五五年四月にバンドン（インドネシア）で会議を開いて「そのすべての宣言のなかで植民地主義」を糾弾したのだ。彼はアラブ地域で急進派のカリスマ的指導者となった。さらに彼はソヴィエトの関心を惹き始めていた。一九五五年九月、エジプトはチェコスロヴァキアとの大規模武器取り引きを発表した。

一九五六年時点で、イギリスはナーセルを脅威と見なすようになりつつあった――生命線である運河に立ちはだかる急進的独裁者という本人自体と、彼が他人に示している手本の両方が脅威だったのである。イーデンとその顧問官たちは常日頃彼をヒトラーになぞらえていた――立ち向かうべき脅威であって、譲歩すべき相手ではないというわけだ。パリもこの見方を共有していたが、フランスのナーセルぎらいはスエズへの威嚇やソヴィエト・ブロックとの友好関係が増していたためではなく、フランス支配下の北アフリカ臣民たちへと及ぶ彼の破壊的な影響力のためだった。アメリカもまた、エジプト大統領を快く思っていなかった。一九五六年七月一八日、ユーゴスラヴィアでのチトーとの会見の折、ナーセルは――インド首相ジャワーハルラール・ネルーともども――「非同盟」の共同声明を発表し、エジプトを西側への依存からはっきりと切り離したのである。アメリカは立腹した。エジプトのナイル川アスワン・ハイダムへのアメリカの融資をめぐって一九五五年一一月に交渉を始めていたにもかかわらず、アメリカ国務長官ダレスはそれを声明の翌日の七月一九日に打ち切った。一週間後の七月二六日、ナーセルはスエズ運河会社を国有化した。(10)

西欧列強の最初の反応は連合戦線だった。イギリス、アメリカ、フランスがロンドンで一堂に会し、対応を決めたのである。会合はうまくいって、八月二三日にはある「計画」を起草し、それをオーストラリア首相ロバート・メンジーズがナーセルに示すことになった。しかしナーセルはそれを拒絶した。ふたたびロンドン会議が九月一九日から二一日まで開かれ、今度は「スエズ運河利用国連合」を結成することが合意された。一方イギリスとフランスは、このスエズ紛争を国際連合に委託すると宣言した。

この時点まで、とくにイギリスは、ナーセルの行為に対する自分たちの対応ではワシントンと歩調を合わせようと意を用いていた。イギリスは今なおアメリカへの大きな負債を抱えて未返済ローンに利子を払っていたが、一九五五年のポンド逼迫の際に、ロンドンはその支払いに対する一時的な権利放棄要求を考慮せざるを得ないところまで追い込まれていた。ロンドンはこの地域におけるアメリカの動機に関して、常づね少なからぬ疑惑を抱いていた。ワシントンは中東でイギリスに取って代わる計画を練っており、だからこそアメリカのスポークスマンは、時おり反植民地主義的レトリックを弄し

(10) 運河そのものはそれまで常にエジプト領土内にあって、疑いもなくエジプトの一部だった。しかしその収入の大半は外国所有の会社へと渡っていた。

て現地人エリートたちの気を惹いているのだと考えられた。しかし両国の関係は概して良好だった。朝鮮——および東西冷戦の力学——のおかげで一九四〇年代の相互不信が覆い隠され、イギリス側としてはアメリカがイギリスの国際的な利害や責務を支援してくれるものと感じていたのである。だからこそイギリスの指導者たちは、ナーセルおよびナーセルが行なっている脅迫について彼らはいささか心配しすぎているとアイゼンハワー自身から告げられたときでさえ、危機が熟せばアメリカはいつでも支援してくれるものと思っていたのだった。

イギリス首相アントニー・イーデン（彼は前年高齢のチャーチルの後を継いでいた）が難物のエジプト人との一回限りの勝負に出たのは、こうした文脈のなかでだった。公式に見せる態度がどうであれ、イギリスとフランスは国連とその厄介な手続きとに苛立っていた。両国は外交的解決を求めてなどいなかったのだ。ナーセルの行動によってさまざまな会議や国際計画が提起され、論議されていたけれども、イギリス政府はフランスと秘密交渉を行ない、エジプトへの共同軍事侵攻を計画していた。一〇月二一日、この計画にイスラエルが加わることになり、セーヴルで三国の極秘交渉が行なわれた。イスラエルの利害はきわめて直截だった。エジプトとイスラエルを分ける国境線は一九四九年二月の休戦協定で確定されていたが、両国ともそれを暫定的なものと考え、とくにガザの境界線では侵犯事件が絶えなかった。エジプト側はすでに一九五一年七月からアカバ湾を封鎖しており、イスラエルの通商と行動の自由に加えられたこの制約をエルサレムは除去しようと決意していた。イスラエルはナーセルの力を弱め、シナイ半島内外の領土および安全保障上の権益を確保すべく登場したのだった。

セーヴルで、陰謀者たちは合意に達した。イスラエルはシナイ半島のエジプト陸軍を攻撃し、前進をつづけて半島西端にあるスエズ運河を含めて半島全体を占領する。フランスとイギリスはイスラエル・エジプト両国に撤退を求める最後通牒を発してから、表面的には国際社会を代表する中立的第三者として初めに空から、ついで海からエジプトを攻撃する。彼らは運河の管理権を掌握し、エジプトにはかくも重要な資源を公正かつ効率的に運営する能力なしと主張し、ステータス・クオ・アンテ（以前の状態）を回復し、ナーセルを致命的に崩壊させる。この計画は実に厳重に秘密が保たれた——一〇月二一—二四日の三日間の討議の末にセーヴルで調印された議定書のことを関知していたのは、イギリスではイーデンと四人の主要閣僚だけだった。

当初はすべてがスケジュール通りに運んだ。一〇月二九日、国連安全保障理事会が（ソヴィエトの拒否権のおかげで）スエズ問題解決で合意できなかった二週間後、さらにセーヴル会談のわずか一週間後、イスラエル軍がシナイ半島に侵入した。同時にイギリス艦隊がマルタ島の基地から東に向かって航行した。翌日の一〇月三〇日、イギリスとフランスはイスラエルに撤退を求める国連決議案に拒否権を行使し、イスラエルとエジプトに対して両国とも停戦して英仏軍による運河地帯占領を認めるよう、腹黒い最後通牒を発した。翌日にはイギリスとフランスの空軍機がエジプトの飛行場を攻撃した。四八時間経たぬうちに、イスラエルは国連総会の停戦要請を無視してシナイ半島とガザを完全に占領し、エジプト側はスエズ運河の船舶を沈めて効果的に航行不能に陥れた。二日後の一一月五日、英仏地上部隊の第一陣がエジプトに上陸した。

　陰謀が破綻を来したのはそれからだった。一一月六日、ドワイト・アイゼンハワーがアメリカ大統領に再選された。ワシントン政府は英仏のだまし討ちに激怒し、両国提携の真の意図に関して嘘を告げられていたことに大いに憤慨していた。ロンドンとパリは一九五〇年の「三カ国宣言」の文言および精神を明らかに無視した——この宣言によれば、イスラエル－アラブ間紛争で事が起こった場合、イギリス、フランス、アメリカ三国は一致して攻撃者に対処することになっていたのである。アメリカは公然・非公然両様で、とくにイギリスに対してエジプト侵攻を中止するよう甚大な圧力をかけ始め、イギリス・ポンドにつないである「プラグを抜く」とさえ脅した。かくもあからさまなアメリカの反対にショックを受けたものの、加速するポンド流出には抗しきれず、イーデンは寸時ためらいはしたもののすぐに屈服した。一一月七日、最初のイギリス軍パラシュート部隊がポートサイドに降下してわずか二日後、イギリス・フランス両軍は停戦した。同日に国連はエジプトへの平和維持軍の派遣を裁可し、ナーセルは一一月一二日、エジプトの主権侵害はさせぬという条件付きでこれを受け入れた。三日後には国連平和維持軍がエジプトに到着し、一二月四日にシナイ半島へと移動した。

　一方イギリスとフランスは自国軍のスエズからの引き揚げを宣言し、この撤退は一二月二二日に完了した。この危機の過程でポンドとドルの準備高が二億七九〇〇万ドル減少したイギリスは、アメリカからの財政援助を約束され（それをアメリカ輸出入銀行からの五億ドルのクレジットという形で受け取り）、すでに一二月一〇日にはＩＭＦがイギリスに対して五億六一四七万ドルの借款を承認しており、さらには七億三八〇〇万ドルを用意していた。イスラエルはアカバ湾とティラン海峡の通行権確保の公約をアメリカから取り付けたので、一九五七年三月の第一週にガザから自国軍部隊を引き揚げた。スエズ運河の浚渫は英仏軍の撤退完了の一週間後に開始され、一九五七年四月一〇日に再開された。それはエジプトのものとなった。

スエズの大失敗から、各国はそれぞれ教訓を引き出した。イスラエルはフランスの軍事的ハードウェアに依存していたにもかかわらず、自分たちの利害をワシントンの利害とできるだけ密接につなげておくことが未来を開くことになると、はっきり見てとった――一九五七年一月の「アイゼンハワー・ドクトリン」すなわち、アメリカは中東における「国際共産主義」からの攻撃に際しては武力を用いると述べたアメリカ大統領声明の後では、ますますそうなった。非同盟諸国世界におけるナーセルの立場は、彼が旧来の植民地列強を威圧することに外見上は成功したので、大いに高まった。フランスが危惧していた通り、アラブ民族主義者およびその支持者たちに対するナーセルの精神的影響力と手本とは今や新しい高みへと到達した。エジプトでの失敗は、アルジェリアのフランス人にとってさらなる困難を予言するものだった。

アメリカにとってスエズの冒険は、外交的屈伸運動の良い機会であったばかりか、自分が抱えている責任を思い起こすよすがともなった。アイゼンハワーとダレスは、モレとイーデンがアメリカの支援を当然と考えていたことに腹を立てた。彼らはフランスとイギリスに当惑させられた。かくも拙劣に計画され、かくも貧弱に実行された外征を秘密裏に画策しただけでなく、そのタイミングが悪かったのだ。スエズ危機はソヴィエトによるハンガリーの占領とほぼ同時期だった。ロンドンとパリはアラブのただ一国を相手に、それが領土主権を行使したことに対する見え見えの報復として明らかに帝国主義的な陰謀に耽ったのだが、そのおかげで世界の注目がソヴィエト連邦による独立国家への侵攻やその政府の破壊から逸らされてしまったのだ。イギリスとフランスは自分たちだけの、ワシントンから見れば時代錯誤的な利害を、西側同盟全体の利害より重要視してしまったのである。

さらに悪いことには、この両国はモスクワに未曾有のプロパガンダ材料をプレゼントしたのだ。ソ連自体は、スエズ危機ではほとんど何の役割も果たさなかった。一一月五日のソヴィエトの覚え書きでは、仮にフランス、イギリス、イスラエルの三国が停戦に応じなければ彼らに対して軍事行動をとると脅していたが、フルシチョフとその同僚たちにはこの威嚇を実行に移す計画などなかった。しかしたとえ象徴的にもせよ、モスクワに被害者側の保護者の役を演じさせてしまったことで、フランスとイギリスは来るべき数十年にわたって、時に応じて熱演できる役回りをソヴィエト連邦に与えてしまった。スエズ危機のおかげで、「冷戦」にまつわる分裂とレトリックとが中東とアフリカに深く持ち込まれることとなった。

スエズでの誤算の影響が最も痛かったのはイギリスだった。

ナーセルに対する共同謀議があったと多くの人びとが疑っていたが、その全容が明らかになるにはそれから何年もかかることになる。しかしアントニー・イーデンは、彼が是認した軍事戦略の不適切さとアメリカによって支援をあからさまに拒否されたこととで、数週間で屈辱的な辞任へと追い込まれた。政権党たる保守党自体は世論調査でもとくに打撃は受けなかった――スエズ攻撃計画にしぶしぶ加わっていた形だった党首ハロルド・マクミランの下で、保守党は一九五九年の総選挙を難なく勝利した。イギリス政府はその対外政策の抜本的見直しを余儀なくされた。

スエズの教訓の第一は、イギリスが地球全体におよぶ植民地を維持するのはもはや不可能、ということだった。スエズではっきりしてしまったのだが、この国には軍事的・経済的資源がなく、イギリスの限界がかくもあからさまに立証された今となっては、独立要求の増加という事態に直面するだろう。イギリスとのきずなを断ち切ったのがスーダン（一九五六年）とマラヤ（一九五七年）だけだった一〇年近い小休止の後、この国はこうして非植民地化の加速局面をとくにアフリカで迎えることとなった。一九五七年、黄金海岸が自由を認められて独立国家ガーナとなったが、これが多くの独立の嚆矢である。一九六〇年から一九六四年にかけて、さらに一七のイギリス植民地が独立記念式典を行ない、イギリス高官が世界中を回ってユニオン・ジャックを下ろして新政府を立ち上げた。一九五〇年にはわずか八カ国だった英連邦が、一九六五年には二一カ国となり、その後も増えつづけた。

アルジェリアのトラウマや、一九六〇年ベルギーによるコンゴ放棄の破局的な成り行きと比べれば、イギリス帝国の解体は比較的平和裏に行なわれた。しかし例外があった。東部と、とりわけアフリカ南部では、帝国の取りつぶしが西アフリカの場合よりも問題含みであることが判明した。ハロルド・マクミランが一九六〇年、ケープタウンでの有名な演説で南アフリカに向かって「この大陸を変化の風が吹き抜けており、われわれが好むと好まざるとにかかわりなく、こうした（アフリカ）意識の成長は一つの政治的事実なのである」と告げたとき、彼は好意的に受け止められると思っておらず、事実その通りだった。一九四八年以来のアパルトヘイト（有色人種差別）制度の実効性を保つために、南アフリカの植民者たちは一九六一年共和国の独立を宣言し、英連邦を離脱した。四年後には隣接する南ローデシア〔現ジンバブウェ〕で、白人植民者が一方的に独立・自治を宣言した。両国ともその後の数年間は、少数派支配層が反対勢力を容赦なく弾圧することに成功した。

しかしアフリカ南部は特異ケースだった。他の国々――たとえば東アフリカ――では、比較的特権に恵まれた白人植民者社会も運命を受け入れた。ロンドンには多数を占める反対勢力に植民地支配を強要する資源も欲求もないことがはっきりすると、ヨーロッパ人植民者は不可避の運命を受け入れて静かに退いたのである。ケニアでのマウマウ団の叛逆に対して、イギリス軍が野蛮で陰険で汚い戦争を遂行していた五〇年代初期の時分にはとても考えられないことだった。

一九六八年、ハロルド・ウィルソンの労働党政府は一九五六年一一月の事件から最終的な、免れようのない結論を引き出し、イギリス軍はこの後さまざまな基地、港湾、貨物集散地、給油港その他、この国が「スエズ以東」——とくにアラビア半島の天然の良港アデン——で維持していた帝国時代の諸施設から恒久的に撤退すると宣言した。この国が大洋をまたにかけて権力と影響力をふるうゆとりなど、もはやなかった。こうした成り行きはイギリスではおおむね安堵の念で迎えられた。一七七六年、アメリカ独立というイギリス初の帝国領土の黄昏のなかでアダム・スミスが予見していた通り、国が「帝国の豪華でこれ見よがしの道具立て」をあきらめ、負債を抑えて「将来の展望や設計を自らの現実的で平凡な実情に合わせる」ことが最善の道だったのである。

スエズの教訓の第二は、イギリス支配層の圧倒的多数がそう思ったようだが、イギリスはもう二度とワシントンを敵に回すようなことをしてはならぬ、ということだった。これはこの二つの国が常に意思一致するということではない——たとえばベルリンやドイツをめぐっては、ロンドンはモスクワに譲歩する気はさらさらなく、この点が一九五七年から一九六一年までのアングロ－アメリカ関係に幾分の冷却をもたらしていた。しかしワシントンはその友好国にとって、いつ何《なん》時《どき》でも支援を当てにできる相手ではないということが立証されたことから、ハロルド・マクミランは同時代フランス人ド・ゴールとは正反対の結論を導き出した。何らかのためらいがあろうとも、アメリカの個別具体的な行動にどれほどアンビヴァレンスを感じようとも、イギリス政府は今後アメリカの立場に忠実に付き随ってゆくだろう。そうすることによってだけ、イギリス政府はアメリカの選択に影響を及ぼし、一朝事ある場合のイギリスへのアメリカの支援を確保することが望めるのだ。こうした戦略的な再提携は、イギリスにとってもヨーロッパにとっても、これから重大な意味合いをもつことになる。

スエズ危機がもたらした長く変わらぬ結果は、イギリス社会で感じ取られた。大ブリテン島、なかでもイングランドは、一九五〇年代初期にはきわめて楽観的だった。一九五一年に保守党政権を選んだことと経済発展の最初の兆候とが、戦後初期の平等主義的暗鬱気分を雲散霧消させた。新女王の治世の最初の頃、イギリス人は自己満足的安穏の居心地のいい小春日に浴していた。エヴェレスト初登頂はイギリス人——植民地人ガイドの助力よろしきを得てのこと——だったし（一九五三年）、一マイル競走で四分を切ったのもそうだった（一九五四年〔のバンクーバー大会〕）。さらには原子を分裂させ、レーダーを発明し、ペニシリンを発見し、ターボジェット・エンジンを設計し、その他もろもろをやってのけたのは我ら大ブリテン人だ——と、この国では再々語られていたのである。

この時期——幾分過熱気味に「新エリザベス時代」などと囃されたが——の風潮は、当時の映画によく捉えられている。五〇年代前半で最も人気が高かったイギリス映画——『ジュヌヴィエーヴ』（一九五三年）や『家のなかのお医者さん』（一九五四年）といったコメディー〔どちらも日本未公開〕——が描くのは、ずいぶんと元気と若さにあふれ、裕福で、自信に満ちた南部イングランドである。背景や登場人物はもはや灰色でも虐げられてもいないが、別の面ではすべてが確固として伝統的である——誰も彼もが快活で、若くて、教育があり、中産階級で、言葉づかいが良く、礼儀正しく、いんぎんなのである。この「イングランド」では、初めて社交界に出る娘たちが宮廷で接見を受け〔時代錯誤であまりに馬鹿ばかしいので一九五八年には女王もついに止めてしまった〕、保守党国会議員の五人に一人がイートン校出身で、労働者階級出身の大学生のパーセンテージが今なお一九二五年より高くはなかったのである。

安穏な社交コメディーに加えて、この頃のイギリス映画では戦争ものが定番メニューとして人気だった——『木馬』（一九五二年）、『残酷な海』（一九五三年）、『ダム・バスターズ』（一九五四年）、『コックルシェル・ヒーローズ』（一九五五年）〔以上日本未公開〕、『戦艦シュペー号の最後』（一九五六年）など。これらの作品は、第二次大戦におけるイギリス人の英雄的行為の実話を（とくに海での戦争に重点を置きつつ）多少とも忠実に再現することで、イギリス人が自尊心をもち、自信満々の気持ちになってもいい理由というものを思い起こさせたのである。これらの作品は戦闘を美化するのではなく、階級や職業を超えた仲間意識の重要性にとくに注目することで、イギリスの戦争という神話を創り上げたのだ。社会的な緊張や階級のちがいが暗示される際には闘争や怒りではなく、都市生活者のウイットや懐疑主義という形をとるのが普通だった。ただ一つ、チャールズ・クライトン監督の『ラヴェンダーヒルの暴徒』（一九五一年）〔日本未公開〕はイーリング（スタジオ）・コメディーのなかで最も先鋭な作品で、少なからぬ社会的論評が込められている——これこそイギリス版「プジャード派」〔前出370頁〕で、窮地に追い込まれたおとなしい人間たちの憤りと夢を描いている。

一九五六年一二月、英仏軍の撤退を要求するエジプト人デモ隊。スエズでの敗北は戦後ヨーロッパの分水嶺だった。これ以後、海外植民地からのヨーロッパの撤収が加速され、フランス、イギリス両国の政治の軌道が（さまざまな形で）修正を余儀なくされた。

1958年５月、ド・ゴールは実質的なクーデターを敢行して政権を掌握した――「これまでの人生を通じてわたしが保持してきたのは、フランスという理念である。」しかし彼が行なったのは世界情勢のなかでのフランスの存在の再確立であり、彼の第五共和政はそれ以前の政権より、はるかに安定したものとなった。

ＯＡＳ（秘密軍事組織）は、アルジェリア喪失に責任ありと認める人びとに対する、血なまぐさい復讐のテロル戦争を敢行した。その怨念の対象となったのはとりわけド・ゴールで、彼はフランスの大義に背いたとされた（ポスターではド・ゴール派の標章である「ロレーヌの十字架」が切り裂かれている）。

1969年７月、コンゴを逃れてタンザニアへと移動するヨーロッパ人。海外版図からのベルギーの撤退は、無責任極まる大失態であった——数十年間にわたる搾取の後、1960年にコンゴを放棄したベルギーは、4000もの上級公務員職に充てるべく、コンゴ人の大学卒業者をわずか30人しか残さなかったのだ。

"ER, COULD I BE THE HIND LEGS, PLEASE?"

「イギリスは帝国を失って、自分の役割をまだ見つけていない」というアメリカ大統領顧問ディーン・アチソンが放った痛烈な言葉（絵柄の左上）に触発されて、漫画家ヴィッキーが描いたイギリス首相ハロルド・マクミランの惨めな立場。絵の下には「後脚でもやらせてもらえませんかね？」とある。以後40年以上にわたって、これがロンドンとワシントンとのあいだの「特別な関係」となった。

しかしながら一九五六年以後、トーンは暗転した。『戦場にかける橋』（一九五七年）や『ダンケルク』（一九五八年）〔日本未公開〕などの戦争映画では疑問や疑念が底流となっており、一九四〇年を確信をもって受け継ぐことにひび割れが生じ始めたようだった。一九六〇年時点では、旧来手法の戦争映画である『ビスマルク号を撃沈せよ』〔日本未公開〕は奇妙に時代錯誤的で、当時の支配的気分にはそぐわないように見えたのである。新しい雰囲気を打ち出したのはジョン・オズボーンの画期的戯曲『怒りをこめてふりかえれ』で、一九五六年にロンドンで最初に上演され、二年後にはきわめて忠実に映画化された。この挫折と幻滅のドラマにおいて、主人公ジミー・ポーターは放棄することも変えることもできない社会と結婚生活のなかで窒息しそうである。彼はブルジョアの出である妻アリソンに酷い仕打ちをする。彼女は彼女で労働者階級の怒れる夫と、元植民地住まいの、今ではもう理解できなくなった世界で惑乱し傷ついている高齢の父親とに挟まれ、動きがとれない。アリソンが父親を諫めて言う科白——「お父さんはすべてが変わってしまったので傷つき、ジミーはすべてが同じままだといって傷ついている。そして二人ともそれに立ち向かえないのだわ。」

スエズの時期のイギリスの不安定な気分の診断として、これがよく機微を捉えているとは言えまいが、真実をうがってはいた。『怒りをこめてふりかえれ』が映画化されるまでに、同じような気持ちが込められた一群の映画が現われており、大半が一九五〇年代後半の小説や戯曲の映画化だった——『年上の女』（一九五九年）、『土曜の夜と日曜の朝』（一九六〇年）、『長距離ランナーの孤独』（一九六二年）、『愛のようなもの』（一九六二年）〔日本未公開〕、『楽しき人生』（一九六三年）〔同〕など。五〇年代初期の映画作品では、BBCアクセントできちんとした身なりの中産階級の俳優——ケネス・モア、ダーク・ボガード、ジョン・グレッグソン、レックス・ハリソン、ジョフリー・キーンなど——を主演させるか、さもなければ通常ユダヤ系の性格俳優（シドニー・ジェイムズ、アルフィー・バス、シドニー・タフラー、ピーター・セラーズなど）が扮する愛すべきロンドンの「タイプ」たちを登場させていた。その後の作品は、日常生活のざらついた描写ゆえに「キッチンシンク・ドラマ（台所もの）」と呼ばれたが、それらに主演したのが一群の新進俳優たち、トム・コートニー、アルバート・フィニー、リチャード・ハリス、アラン・ベイツたちだった。映画の背景は主として北部の労働者階級社会で、アクセントも言葉づかいもそのままだった。そしてそれらの作品が描くのは分裂し、対立し、シニカルで、偏見と強面《こわもて》の世界、幻影を打ち砕かれたイギリスだった。五〇年代初期と六〇年代初期の映画のただ一つの共通点を言えば、女性は脇役に回り、全員が白人ということだった。

帝国の幻影がスエズで失われたとすれば、島国中央部のイングランドの自信は、このところずっと攻撃に曝されてきた。一九五六年の大失態はその崩壊を加速しただけだった。クリケットの英国ナショナル・チームが、一九五〇年にロンドンのローズというクリケット競技の「聖地」で西インド諸島からの遠征チームに初めての敗戦を喫したことの象徴的意味が、三年後にはのっぴきならぬ現実となり、イングランドのサッカー・チームは一九五三年、ナショナル・スタジアムで完敗した――相手は力の劣るハンガリー、しかも六対三という前例のない点差だった。クリケットとサッカーという、イギリス人が世界中に広めた二つの国際競技において、イングランド自体はもはやトップではなくなったのだ。

一国の衰退ぶりを示すこうした非政治的測定値は、この時期のイギリスが概して非政治的社会であっただけにその衝撃は大きかった。スエズの時期に野党だったイギリス労働党は、イーデンの失敗を自分の優勢へと転換することができなかったのだが、その理由というのは、有権者はもはや本来的に政党政治的な網の目を通じて経験を濾過してなどいなかったからだ。西ヨーロッパの他の諸国と同様、イギリス人もだんだん消費と娯楽に関心を抱くようになっていた。宗教に対する彼らの関心は薄れ、それとともにいかなるものであれ集団的結集への彼らの嗜好も弱まった。ハロルド・マクミランは自由主義者の本能をもつ保守政治家で、二〇世紀初頭エドワード時代の田舎紳士然とした中産階級的日和見主義者だが、こうした過渡期の指導者にはうってつけで、対外的には植民地からの撤退を、国内的には繁栄と平和を売りこんだ。旧世代の選挙民はこうした成り行きに十分満足だったが、若者だけは幻滅感を募らせていた。

帝国からの撤退はただちにイギリス国民の方向性喪失への不安を醸成した。帝国の栄光を欠いた今、英連邦はイギリスにとって主として食糧供給源として役立っていた。英連邦特恵（つまり英連邦加盟諸国からの輸入に対する有利な関税率）のおかげで英連邦からの食糧は安価だったので、一九六〇年代当初イギリスの全輸入価額のほぼ三分の一を占めていた。しかしながら連邦諸国へのイギリス自体の輸出は、国全体としては確実に下降線をたどっており、輸出のますます多くは今やヨーロッパへと向かっていた（一九六五年には史上初めて、イギリスの対ヨーロッパ貿易が対英連邦貿易に追いつくのである）。スエズでの失敗の後、カナダ、オーストラリア、南アフリカ、インド各国はイギリスの衰退ぐあいを見定め、それに応じて自国の通商と政策の方向転換を図った――アメリカへ、アジアへ、間もなく「第三」世界と称されるようになる国々へ。

アメリカは不可欠の同盟国にはちがいないが、イギリス自体に関して言えば、イギリスに新たな目的意識はもとより、今日的な国民アイデンティティーを付与することなど不可能だった。それどころかアメリカへの依存そのものが、イギリス国家の根本的な弱さと孤立とを例証していた。したがってそこで彼らの本能、彼らの文化、彼らの教育のなかに大陸ヨーロッパへと向かう部分などほとんどないのだが、イギリスの多くの政治家――とくにマクミラン自身――その他の人びとには、この国の将来はとにもかくにも海峡の向こう側にあることが明らかになりつつあった。この大ブリテン島の国際的立場を回復すべき場所を、今やヨーロッパ以外のどこに求めればいいというのか?

「ヨーロッパ・プロジェクト」は、少数の理想主義者の頭にあるもの以外としては、一九五〇年代半ばで頓挫していた。フランス国民議会はヨーロッパ軍創設の提案を拒否し、それといっしょにヨーロッパ内の協力増大の話も拒んでしまった。ベネルクス・モデルにもとづいたさまざまな地域協定――たとえばスカンジナヴィアにおける一九五四年の「北ヨーロッパ共同労働市場」――が結ばれていたが、より野心的なものが日程に上っていたわけではなかった。ヨーロッパの協力を唱える人びとが指さすことができたのは、一九五五年春に新たに発表された「ヨーロッパ原子力共同体（ユーラトム）」ただ一つであり、これとて――「石炭鉄鋼共同体」と同じく――フランスの発案で、その成功の徴候は、権限を限定して大幅に技術的なものにする点にみとめられた。仮にイギリスがヨーロッパ統一の展望に今なお懐疑的だったとしても、それはまったく道理に合わない見解だったわけではない。

新たなスタートへの推進力は、まことにふさわしくもベネルクス諸国からもたらされたのであり、彼らは国境横断的連合に関して最も経験豊かであるとともに、国民アイデンティティーの希薄化から失うところ最も少なかったのである。ヨーロッパの指導的政治家――とりわけベルギー外相のポール＝アンリ・スパーク――にとって今や明白だったのは、政治的・軍事的な統合は少なくとも当面は実行不可能、ということだった。とにかく五〇年代半ばの時点では、ヨーロッパの関心はそれ以前の一〇年間の軍事優先から明らかな転換をとげていた。重点がヨーロッパの経済的統合に置かれるべきことははっきりしていると考えられ、このアリーナではそれぞれの国益と協力とが、伝統的感性を傷つけることなく協調的に追求されなくてはならなかった。スパークは一九五五年六月、オランダ外相とともにメッシーナで会合を持ち、この戦略を練った。

メッシーナ会議にはＥＣＳＣ（ヨーロッパ石炭鉄鋼共同体）六カ国のほかに、（格の低い）「オブザーバー」としてイギリスが加わっていた。スパークとその協力者たちは関税同盟、通商協定、その他従来型の国境横断協力プロジェクト案を取りそろえ、イギリスやフランスの感性を損なわぬよう注意深くまとめ上げた。フランスは慎重ながらも乗り気、イギリスははっきり懐疑的だった。メッシーナ以後も、スパーク自身が座長を務める国際計画委員会で交渉がつづけられ、ここではヨーロッパ経済の統合をさらに推進する「共同市場」が勧告された。一九五五年一一月までにイギリスが脱落したが、彼らが常づね危惧していた通り、一種の前連邦的なヨーロッパ構想が出てくることを警戒してのことだった。

ところがフランスは、果敢に突入を決断した。スパーク委員会が一九五六年三月に答申して「共同市場」を正式に勧告したとき、パリは賛同した。イギリスのオブザーバーたちは、なおも疑念を抱いていた。彼らが置いてきぼりの危険を意識していたことは確かだ――スパークの勧告が公けになる数週間前にイギリス政府内の委員会で内密に述べられていた通り、「メッシーナに参集した列強が我が連合王国抜きで経済統合を達成すれば、それはヨーロッパにおけるドイツの覇権を意味するだろう。[11]」しかしこれにも、イギリスびいきのスパークの説得にも、はたまた数カ月後にはスエズで露呈してしまうポンド地域の国際的脆弱性にもかかわらず、ロンドンは「ヨーロッパ諸国」と運命をともにする決心がつかなかった。一九五七年三月二五日、「ヨーロッパ経済共同体」（および原子力を管理する「ユーラトム」）設立の条約がローマで調印され、一九五八年一月一日に発効したとき、新しいＥＥＣ――その本部はブリュッセル――を構成したのは、七年前の石炭鉄鋼共同体と同じ六カ国だった。

このローマ条約の重要性を、強調しすぎないことが重要である。それが表現していたものの大半は将来的な善き意図の宣言であった。その調印国は関税の引き下げと相互調整のスケジュールを設定し、最終的な通貨調整の展望を提起し、商品・通貨・労働力の自由な移動の実現に同意していた。条約本文の大部分は、将来的な規制の確立と実施を目的とする制度的手続きの枠組みを示していた。一つだけ真に重要な新機軸――第一七七条にもとづいて各国の裁判所が最終的な裁決を委ねる「ヨーロッパ司法裁判所」を設立する――はその後数十年間にわたってきわめて重要になるはずだが、当時はおおむね注目されずに過ぎてしまった。

ＥＥＣの基盤となっていたのは弱さであって、強さではな

（11）アラン・ミルワード『ヨーロッパにおける国民国家の救済』（バークレーとロサンジェルス・カリフォルニア大学出版・一九九二年）、四二九頁。

かった。スパークの一九五六年の報告にある通り、「かつては製造業を独占し、海外の所有財産から重要資源を入手していたヨーロッパが、今日ではその外部における立場が弱まり、その影響力が衰え、分裂のおかげでその進歩能力が失われたのを目の当たりにしている。」イギリスがEEC加盟を拒否したのは、正確に言って、彼らが自分たちの状況を——いまだに——こういう観点では理解していないからだった。したがって、ヨーロッパ共同市場は増大しつつあるアメリカ合衆国の力に挑戦するための計算ずくの戦略の一部だという考え方——その後数十年のあいだワシントンの政策立案者仲間である程度通用した考え方——はまったく馬鹿げている。というのは新たに形成されたEECはアメリカの安全保障の確約に完全に依存していたのであり、それなしでは、加盟諸国が共同防衛についてのすべての顧慮を度外視して経済統合に専念することなど不可能だったろう。

加盟諸国においても、誰も彼もがこの新計画に満足していたのではなかった。フランスでは多くの保守派（ド・ゴール派を含む）の代議士が「国民的見地」からローマ条約の批准に反対投票をし、社会主義者や左翼急進派（ピエール・マンデス＝フランスを含む）はイギリスという安定要素抜きの「小さなヨーロッパ」の形成に反対だった。ドイツでは、アデナウアーの経済相で熱烈な自由貿易論者のルードヴィヒ・エアハルトが、ドイツとイギリスのつながりを損ない、貿易の流れを抑制し、価格を歪ませる恐れのある新重商主義的「関税同盟」に批判的だった。エアハルトの見解では、EECは「マクロ経済的ナンセンス」だった。ある学者が鋭く指摘した通り、事態はまったく異なる方向へと動いていたかもしれなかったのだ——「エアハルトがドイツを支配していたら、結果はおそらく農業部分抜きのイギリス－ドイツ自由貿易連合が出来上がっていて、フランスは経済的に除外された結果としてやむなく加わることになっていただろう。[12]」

しかし、そういうふうにはならなかった。しかもEECの最終的な姿には、ある種の論理が具わっていた。一九五〇年代を通じて、西側の大陸ヨーロッパ諸国相互間の貿易は拡大していた。しかもそれぞれの国がとりわけ西ドイツと貿易しており、したがってヨーロッパの経済回復は西ドイツの市場と産物とにますます依存するようになっていたのである。さらには今や戦後ヨーロッパ国家のすべてが、計画化や規制や成長目標やあらゆる種類の補助金を通じて、経済問題に深く巻き込まれていた。しかし輸出の促進や、旧来の産業から新産業への資源の振り向けや、農業や運輸など優先部門の振興といったことは、国境横断的な協力を必要としていた。西ヨーロッパ諸国中どの国も、自給自足ではなかったのだ。

したがって相互に有利となる協力へと向かうこうした趨勢

を推進したのは、それぞれの国益であって、シューマン外相の石炭鉄鋼高等機関が掲げる目標を目ざしたわけではなかった。後者は当時としては、経済政策の立案にはそぐわぬものだったのである。一九三九年以前にヨーロッパ諸国家を内向させたのと同じ自国利益の保護・育成への関心が、今やその国家群を結束させた。こうした変化を促す最重要のファクターとなったのは、おそらく、近い過去の障害の除去とその教訓だった。たとえばオランダは国内物価を上昇させる懸念から、EEC外部に対して高い関税率になる可能性があることには不満だったし、隣国ベルギーと同じく、イギリスの不参加を心配していた。しかし彼らは主要貿易相手国から切り離される危険を冒すことができなかったのである。

ドイツでは利害が錯綜していた。ヨーロッパの主要輸出国として、西ヨーロッパ内部でのドイツの自由貿易の利益は増大していた――ドイツの製造業は東ヨーロッパで重要市場を失い、搾取するにもかつての植民地はもうなかったので、ますますそうだった。しかし六カ国だけの、関税率で保護されたヨーロッパ関税同盟というのは、エアハルトの理解では必ずしも合理的なドイツの政策目標とは言えなかった。彼および他の多くのドイツ人はイギリス人と同様、もっと広範で緩やかなヨーロッパ自由貿易圏を望んでいただろう。しかしアデナウアーは対外政策の原則として、どれほど利害が分かれようとも、フランスと決別する気はなかった。さらにそこには農業問題があった。

二〇世紀前半においては、多過ぎるうえに効率の悪い農民がぎりぎり市場を満たすだけの食糧を生産し、それに対して市場は、彼らの生活を支えるだけの対価を支払えなかった。結果は貧困、移住、そして農村ファシズムだった。第二次大戦直後の飢餓の時代には、あらゆる種類の計画が実施されて耕作可能な農民は特別に増産を促され、支援を受けた。カナダやアメリカからのドル払い指定の食糧輸入への依存を減らすべく、効率よりも生産高を増やすことに重点が置かれたのである。農民は戦前の価格デフレの復活を恐れる必要はなくなった。一九五一年まで、ヨーロッパの農業生産高は戦前レベルを回復せず、保護と政府の価格維持とのあいだで農民の収入はともかくも効果的に保証された。したがってある意味では、四〇年代はヨーロッパ農民にとって黄金時代だった。一九五〇年代を通じて、農村の余剰労働力が都市での新しい仕事へと排出されたにもかかわらず、生産高は増えつづけた。ヨーロッパの農民は次第に効率的な農業者へと変身していたのだ。それでも彼らは、結局は永続的な公共福祉政策とでも

(12) アンドルー・モラヴチック『ヨーロッパの選択　メッシーナからマーストリヒトまでの社会的目的と国家権力』(イサカ・コーネル大学出版・一九九八年)、一三七頁。

言うべきものの恩恵に浴しつづけていた。

この逆説がとくに甚だしかったのがフランスである。一九五〇年、この国は正味では今なお食糧輸入国だった。しかしその後の幾年かで、この国の農業生産高は飛躍的に向上した。フランスにおけるバターの生産は一九四九―五六年期で七六パーセント、チーズは一九四九年から一九五七年にかけて一一六パーセント増えた。フランスの甜菜糖生産は一九五〇年から一九五七年で二〇一パーセントの上昇を見た。同じ時期の大麦とトウモロコシは、それぞれ三四八パーセントと八一五パーセントという驚異的な伸びだった。フランスは今や単に自給自足というだけでなく、余剰食糧を抱えたのである。一九五七―六一年期の第三次近代化計画は、食肉、牛乳、チーズ、砂糖、小麦などへのさらなる投資を促進していた（これらは北フランスおよびパリ盆地の主要産品で、この地域はフランスの有力な農業組合の影響力が最も強いところだった）。この間フランス政府は、フランスの公的生活において土地がもつ象徴的な意味――および農村票の現実的重要性――をいつも意識しつつ、価格維持政策の維持と、これらの食糧の輸出市場の発掘とに努めていた。

この問題はＥＥＣ加盟をめぐるフランスの決断にあたって決定的な役割を演じた。ヨーロッパ共同市場におけるフランスの主たる関心とは、それによって外国の――とくにドイツ（またはイギリス）の――食肉・酪農・穀物の市場に優先的にアクセスすることができるかどうかだった。この点に加えて、価格維持を継続する約束と仲間のヨーロッパ諸国がフランスの余剰農産物を買い入れるという確約とによって、フランス国民議会はローマ条約に賛成票を投ずる決心をしたのだった。ドイツからの非農産物輸出に対して国内市場を開放することと引き換えに、フランス側はその国内の農業保障制度を仲間であるＥＥＣ加盟諸国の背中へと巧みに乗せ換え、パリを耐えがたくも費用の嵩む（しかも政治的には波乱含みの）長期的重荷から救い出したのである。

以上が一九六二年にスタートして一〇年に及ぶ交渉の後、一九七〇年に正式に具体化した悪名高き「共通農業政策（ＣＡＰ）」の背景である。ヨーロッパの固定価格が上昇すると、ヨーロッパのすべての食糧生産物が高価になって、世界市場と競争できなくなった。効率の良いオランダの酪農組合が小規模で生産性の低いドイツの農場と同じような暮らし向きだったのは、今やすべてが共通の価格決定構造の下に置かれていたからだ。一九六〇年代を通じてＥＥＣは、この問題に対処するための諸慣行・諸規制の案出にエネルギーを費やした。食糧の全品目に対して目標価格が設定される。ＥＥＣの対外関税をかけて、輸入食糧の原価をこのレベルにまで引き上げる――このレベルは一般的には、ＥＥＣ内での最高価格・最低効率の生産者に合わせてあった。

以後ＥＥＣは毎年、その加盟国すべての余剰農産物を、「目標」価格を五—七パーセント下回る値段で買い上げる。次にＥＥＣは共同市場外で、ＥＵ価格以下での再販売に補助金を出して余剰を売り払う。こうした明らかに非効率的なやり方は、きわめて旧式な駆け引きの結果であった。ドイツの小規模農場が立ち行くには十分な補助金が必要だった。フランスとイタリアの農民にはとりわけ高価格ではなかったが、彼らに生産を制限するよう指示する者はおらず、ましてや市場価格を受け入れるよう要請する者などいなかった。それどころか、各国は自国の農民に対して彼らの望むままに与え、そのコストを一部は都市の消費者へ、しかし大部分は納税者へと回したのだった。

ＣＡＰにはまったく前例がないわけではなかった。一九世紀末のヨーロッパの穀物関税は、北アメリカからの低価格輸入に対抗して行なわれたが、それと似た部分があった。一九三〇年代不況のどん底期には、余剰を買い入れるか生産削減分を農民に支払うかして、農産物価格を維持するさまざまな試みが行なわれた。一九三八年に結ばれ、実施されることなく終わった独仏の協定では、ドイツがフランスの農産物輸出を受け入れる見返りとして、フランスはドイツの化学製品・機械製品に対して国内市場を開放する約束だった（「ヨーロッパのフランス」と銘打って戦時中に占領下のパリで行なわれた展示会は、フランスの農業的豊かさと、ヒトラーの新ヨーロッパ構想に加わることで生まれるその利得とを強調していた）。

近代農業というものは、政治的動機にもとづく何らかの保護から自由ではなかった。アメリカでさえ、一九四七年から一九六七年にかけて対外関税を九〇パーセント下げたにもかかわらず、留意して貿易自由化から農業を除外した（今もそうしている）。さらにはＧＡＴＴの協議からも、農産物は初期段階から除外されていた。したがってＥＥＣが特異だというわけではなかった。しかしそうは言っても、「共通農業政策」がとんでもない結果をもたらしたらしいことは明白だった。ヨーロッパの生産者効率が上がれば上がるほど（保障された高収入のおかげで、彼らは最良の設備や肥料に投資することができた）、とくに政策で優遇された産物では生産が大幅に需要を上回った。フランスの巨大な農業関連企業が特化する傾向のある穀類・家畜が際立って優遇され、南部イタリアの果物・オリーブ・野菜の農民に対する施策はほとんど行なわれなかった。

一九六〇年代後半には世界の食糧価格は下落したが、ＥＥＣの価格はこうしてばかばかしい高価格のままだった。「共通農業政策（ＣＡＰ）」発足後の数年間では、ヨーロッパのトウモロコシと牛肉は世界価格の二〇〇パーセント、ヨーロッパのバターは四〇〇パーセントで売られることになる。一九七〇年時点で、共同市場の行政官五人のうち四人はCAPの雇用であり、予算の七〇パーセントは農業に費やしていたが、世界で最も先進的な工業国家群にしてはなんともアンバランスな状況だった。これほど馬鹿げた政策を維持できた国など一つもなかっただろうが、重荷を共同体一般へと転嫁し、それを共同市場の広範な目的と結びつけることによって、各国の政府は少なくとも短期的には得をした。都市の貧困層(と非EEC国の農民)だけはCAPで損になり、少なくとも前者に対しては概して他の方法で補償が行なわれた。

この段階では当然ながら、大部分の西ヨーロッパ諸国がEECの加盟国ではなかった。共同市場発足から一年後、イギリス――今なお超国家的ヨーロッパ圏の出現を阻止しようとしていた――は新たな提案を行ない、EECを拡大してEEC加盟国、他のヨーロッパ諸国、そしてイギリス連邦を含む工業の自由貿易圏にしてはどうか、という話を持ち出した。予想通り、ド・ゴールはこのアイディアを拒否した。それに対応してイギリスの主導で、一九五九年一一月に多くの国々がストックホルムに会合し、「ヨーロッパ自由貿易連合(EFTA)」を形成した。その加盟諸国――オーストリア、スイス、デンマーク、ノルウェー、スウェーデン、ポルトガル、イギリス、後にはこれにアイルランド、アイスランド、フィンランドが加わる――の大半は裕福で、ヨーロッパの周辺国で、自由貿易の熱烈な擁護者だった。これらの国々の農業は、ポルトガルを例外として小規模ながら高度に効率化され、世界市場を志向していたのである。

こうした理由から、そしてロンドンとの密接なつながり(とくにスカンジナヴィア諸国の場合)から、これらの国々はほとんどEECを必要としていなかった。しかしEFTAは最小限組織であって、本格的な対案というよりブリュッセルが示した欠陥への反作用だった(今もそうである)。それは工業製品だけの自由貿易圏だった。農産物はそれなりの価格レベルが決まるのに任せられていた。加盟国のなかでもオーストリア、スイス、スウェーデンなどの小国は、高付加価値工業製品のニッチ市場や観光客で繁栄することが可能だった。他の国々、たとえばデンマークなどは食肉や酪農品市場としてイギリスへの依存度が高かった。

しかしイギリス自体は、スカンジナヴィアやアルプスの小さな同盟国よりも、はるかに大規模な工業品輸出市場を必要としていた。もはや避けがたいことと認識して――とは言えEECの政策形成に影響を与えることを今もなお希望しつつ――、ハロルド・マクミランの政府は一九六一年七月、ヨーロッパ経済共同体への加盟を正式に申し出たが、これはロンドンが尊大にもメッシーナの会議を離脱してから六年後のことだった。イギリスと経済のへその緒がつながっているアイルランドとデンマークも、同時に申請した。イギリスの加盟申請が成功できたかどうか、はっきりしない――ほとんどのEEC加盟国はイギリスの参加を望んでいたが、当然なことに、ローマ条約の中核目標へのロンドンの関わり方については懐疑的だった。しかしこの問題は現実的には無意味だった――すでに見たように、ド・ゴールは一九六三年一月、イギリスの加盟に対して公式に拒否権を発動したのである。スエズ危機以来の諸事件は速いスピードで展開し、イギリスがこれまで見くびってきたヨーロッパ共同体から拒絶されたことで、マクミランは自分の日記に以下のような絶望的な記入をしなければならなかった――「わたしが長年努力してきたことも……これでお仕舞いだ。国内外のすべての政策が崩壊している。」

イギリスには再度の申請以外に道はなく、彼らはそれを一九六七年五月に行なった。結果は六カ月後、静かに復讐の念を燃やすフランス大統領による再度の拒否権行使だった。最終的には一九七〇年、ド・ゴールの辞任とそれに次ぐ死去の後、イギリスとヨーロッパのあいだの三度目の交渉が開かれ、今度は申請が認められた（その理由の一端として、イギリスと共同体との貿易が大幅に落ち込んでいたので、ロンドンはいやがる消極的なブリュッセルに対して、EEC非加盟国に対する第三国への貿易特恵の保証を強くは求めなかったという事情があった）。しかし一九七三年、イギリス、デンマーク、アイルランドが最終的に加盟した時点では、「ヨーロッパ経済共同体」の形はすでに出来上がっており、新加盟国はかつてイギリス指導層がおろかにも望んでいたような、影響力を発揮する立場にはなかったのである。

EECはフランス‐ドイツの共同統治体であり、ボンが共同体の財政を引き受け、パリが政策を指令した。ヨーロッパ共同体の一員でありたいという西ドイツの願いは、こうして高い値段を払って実現したのだが、アデナウアーとその後継者は数十年にわたって文句も言わずにそれを払いつづけ、フランスとの同盟に固執した――イギリスにとって、これはいささかおどろきだった。一方フランスは、自国の農業助成金や移転所得を主権の喪失という代価なしで「ヨーロッパ化」したのである。主権喪失に対するこの懸念こそが、フランスの外交戦略では常に最重要課題だった。かつて一九五五年のメッシーナで、フランス外相アントワーヌ・ピネーはフランスの目標をきわめて明確にこう述べていた――超国家的管理機構はまことに結構だ、しかしそれは各国政府間レベルの決定が全会一致で行なわれる限りでのことだ、と。

ド・ゴールがヨーロッパ経済共同体の最初の一〇年間を通

じて他の加盟諸国を威嚇しつづけたのは、この目標を念頭に置いてのことだった。ローマ条約の原案によれば、重要な決定のすべて(新規加盟の承認は除く)は、政府間の閣僚理事会の多数決で決めることになっていた。ところがフランス大統領は一九六五年六月、加盟国の指導者たちが農業予算をフランスの要求通りに採択することに同意するまで政府間協議を欠席して共同体の活動を妨げた。半年のあいだフランスが粘りつづけ、他の国々が譲歩した。一九六六年一月、彼らは閣僚理事会は今後、多数決では意志決定ができない旨にしぶしぶ同意した。これは当初の条約への初めての違反であり、フランスの実力のあからさまな誇示だった。

とは言うものの、EECが初期に成しとげたことはめざましかった。共同体内の関税は予定よりも早く、一九六八年までに撤廃された。加盟六か国間の貿易は同じ期間で四倍になった。農業労働力が年四パーセントの割合で次第に減少する一方、農民一人当たりの農業生産は、六〇年代には年率八・一パーセントで上昇した。最初の一〇年が終わるまでに、ド・ゴールという大きな影があるにもかかわらず、ヨーロッパ経済共同体は必然というオーラを放つようになり、そのため他のヨーロッパ諸国も足並みをそろえて加盟し始めたのである。

けれども問題はあった。集権的行政機構と、選挙で選ばれたのではない執行機関とによってブリュッセルから指令を受ける高価格・自己奉仕型の関税同盟というものは、ヨーロッパにとって、あるいは他の世界各国にとって、混じり気なしの利益とはいかなかった。実のところ、フランスの主導で設けられた保護主義的協定や間接補助金の仕組みは、ブレトンウッズ以後の数十年間に姿を現わしていた国際貿易制度の精神や機構にまったくそぐわないものだった。EECの統治システムが(かなり)フランスのそれを範としていた分だけ、そのナポレオン的遺産は良い前兆とは言えなかった。

最後にもう一つ、初期のヨーロッパ共同体に対するフランスの影響力で創り上げられた新しい「ヨーロッパ」は、国民国家がもつ悪しき特徴のすべてを亜大陸の規模で再生産したではないか、という非難に抗し切れないのだ。西ヨーロッパ復興のために支払われる代償として、ヨーロッパ中心型のある種の地方主義が生まれる少なからぬ危険が常にあった。その富の目ざましい増大ぶりにもかかわらず、EECの世界はたいへんちっぽけだった。ある意味でそれは、国民国家としてのフランスやオランダが、遠く海を越えた人びとや地域へと自らを開いていったときの世界と比べ、現実にかなり小規模なものとなっていた。当時の諸事情からしてほとんど問題にならなかった西ヨーロッパ人には、この点はほとんど選択肢のなかった西ヨーロッパ人には、この点はほとんど問題にならなかった。しかしながら、やがてこれが明らかに偏狭な

「ヨーロッパ」ビジョンを生み、将来やっかいな問題を招来するのである。

一九五三年三月のイオシフ・スターリンの死は、落ちつかぬ後継者たちのあいだの権力闘争を加速した。最初は秘密警察の長官ラヴレンチー・ベリヤが独裁者の唯一の後継者となりそうな気配だった。ところがまさしくその理由で、彼の同僚たちが同年七月、彼を暗殺すべく共謀し、その後しばしのあいだゲオルギー・マレンコフという迂回路線を経由して、二か月後にソヴィエト連邦共産党第一書記の座を占めたのは、スターリンの側近としてよく知られていたわけではないニキータ・フルシチョフだった。これはいささか皮肉な成り行きだった——精神病的傾向があるにもかかわらず、ベリヤは改革と、まだ「非スターリン化」という言葉さえなかった当時にそれを主張していたのだから。スターリンの死とベリヤ自身の逮捕とのあいだの短い期間に、彼は「医師団の陰謀」〔前出239頁〕を否定し、幾人かの囚人をグラーグ（強制収容所）から釈放し、衛星諸国の改革さえ提起して、各国指導者たちの混乱を引き起こしていたのだった。

名目的には集団指導であってもフルシチョフが「プリームス・インテル・パーレース」（同等者中の首位者）の立場を次第に強めた新指導部だが、ベリヤが唱道した道を行く以外の選択はほとんどなかった。スターリンの死は、長年の抑圧と貧困化の後で、広範な抗議と改革要求とを巻き起こしていた。一九五三年と一九五四年とを通じて、ノリリスク、ヴォルクタ、ケンギルのシベリア強制労働収容所で叛乱が起こり、クレムリンがそれらを鎮圧するには戦車、航空機、かなり大人数の部隊の展開が必要だった。しかしいったん「秩序」が回復されると、フルシチョフはベリヤの戦略に立ちもどった。一九五三—五六年のあいだに、およそ五〇〇万人の囚人がグラーグから釈放された。

人民民主主義諸国においてポスト・スターリン時代を画するのは、一九五三年当時のベルリン蜂起（第Ⅵ章を参照）ではなく、ブルガリアの僻地のような人目につかぬ、典型的に痛めつけられた帝国居留地での反抗であり、そこでは同じ年の五月と六月にタバコ工場の労働者が叛乱を起こした。ソヴィエトの支配が重大な脅威に曝されたわけではなかったが、モスクワ当局は一般民衆が抱く不満の規模を深刻に受けとめた。フルシチョフとその同僚たちがその時期に直面していた課題は、スターリン主義の恐怖がつくり上げた制度や、権力を独占したことで党が手に入れた多くの利点を危険に陥れることなく、スターリンとその暴虐を葬り去ることだった。

フルシチョフの戦略は、その後数年間に現われたところから判断すると、四つの要素から成っていた。第一は、すでに見たように西ドイツの再武装とNATOへの加盟、ワルシャワ条約締結の後をうけて、西側との関係を安定化させる必要があった。同時にモスクワは第二として、「非同盟」世界に向かって橋を架け始めた――その手始めがユーゴスラヴィアで、一九五五年五月にフルシチョフとブルガーニン元帥の訪問が行なわれ（「オーストリア国家条約」の調印のわずか一か月後だった）、七年間に及ぶ氷結の後のソヴィエト‐ユーゴスラヴィア関係の解凍が行なわれた。第三にモスクワは、衛星諸国家における党の改革派の支援に取りかかり、旧スターリン一派が犯した「過ち」に対する慎重な批判や、スターリン主義の犠牲となっていた人びとの復活を認め、見せしめ裁判と大量逮捕と党の粛清の繰り返しに終止符を打った。

こうしたコンテクストのなかで、フルシチョフは統制つき改革の第四段階（そして彼自身の理解によれば最終段階）へと――すなわちスターリン自身との決別へと――恐る恐る進んでいった。その舞台となったのは一九五六年二月の第二〇回ソヴィエト連邦共産党大会であり、フルシチョフは今では有名な「秘密演説」を行ない、かつての総書記が犯した犯罪、過誤、「個人崇拝」を非難した。今から振り返って見ると、この演説は神話的なオーラを帯びているのだが、その画期的意義を誇張すべきではない。ニキータ・フルシチョフは共産党員であり、レーニン主義者であり、少なくとも同時代の党の指導部連中と同じ程度にその主義の信奉者だったのだ。彼が自らに課したのはスターリンの所業を詳細に開陳することだったが、一方でその責任をスターリン個人へと封じ込めたのである。フルシチョフの仕事は、彼自身分かっていた通り、おやじの遺骸に非難と責任を積み上げて、共産党が企図したことの正当性を確保することだった。

二月二五日に行なわれたその演説は、長さと言葉づかいの点でまったく従来と同じだった。党のエリートに向けて行なわれ、共産党の教義からの「逸脱ぶり」を述べて、その咎《とが》をスターリンに帰するに止めていた。独裁者が弾劾されたのは「党活動の規範を無視し、党の指導の集団性というレーニンの原則を踏みにじった」からだった。彼が自分だけで決断した、というわけだ。かくしてスターリンの下位の同僚たち（フルシチョフは一九三〇年代初期からずっとその一人だった）は、スターリンの目に余る犯罪の数々と、もっと重要なこととして、スターリンの政策上の失敗との責任を免除されたのである。フルシチョフは計算ずくの危険を冒してスターリンの個人的失敗の規模を詳らかにしたが（そしてそのことで聴衆のなかの忠実な幹部たちの感性を揺さぶり傷つけたのだが）、その目的はレーニンの無傷な立場と、レーニン主義の統治制度と、スターリン自身の後継者たちとを保全し、強化することだった。

秘密演説は少なくともソ連共産党の内部では、その目的を達成した。それによってスターリン時代にアンダーラインが引かれてその暴虐と災厄が公表される一方、共産党の現指導部には責任がないというフィクションが保存された。こうしてフルシチョフは権力を確保し、ソヴィエト経済を改革し、恐怖の国家組織を自由化するための相対的フリーハンドを手に入れた。旧来のスターリン主義者たちは今や主流から外された――モロトフは六月、チトーのモスクワ返礼訪問の前日に外相の任を解かれた。フルシチョフと同時代の連中、およびレオニード・ブレジネフのような若手の党官僚たちは、スターリンの犯罪に関与した点ではフルシチョフと同罪だったので、フルシチョフの主張を否定したり、彼の威信を攻撃したりする立場ではなかった。統制された非スターリン化は、ほぼ誰にとっても好都合だったのである。

しかしながらフルシチョフのスターリン攻撃を秘密にしておくことは不可能で、そこに失敗の種子が蒔かれていた。演説はソヴィエト連邦では一九八八年まで公刊されなかったが、西側情報機関は数日以内に嗅ぎつけていた。西側各国の共産党も知っていたが、フルシチョフ演説の意図は彼らには告げられていなかった。その結果、フルシチョフがスターリンを非難したという噂が数週間以内に至るところに広がった。その効き目で異様な興奮が巻き起こった。共産党員にとって、スターリンと彼が行なったことに対する弾劾は混乱と苦悩をもたらしたが、しかし一つの安堵でもあった。もうこれから共産党員は、激烈無礼な批判者に対して言いつくろったり反駁したりする必要がなくなるのだ、と多くの人びとは思ったものだ。西側の党員と同調者の一部は離れていったが、他の人びとは信念を新たにして踏み止まったのである。

東ヨーロッパでは、フルシチョフがスターリンを放棄したという報告の衝撃はいっそう劇的だった。ソヴィエトの指導者が最近チトーと和解したこと、さらに彼が消滅寸前だったコミンフォルムを四月一八日に解散させたというコンテクストで読むと、フルシチョフのスターリン否認は、モスクワが相異なる「社会主義への道」を容認し始め、共産党による支配手段としての恐怖と抑圧を破棄したことを示唆するものと考えられた。今こそ初めて自由にものが言えるだろう、と信じられたのだ。チェコの作家ヤロスラフ・サイフェルトは一九五六年四月、プラハで行なわれた作家会議でこう説明した――「作家たちが真実を語る必要があると、この会議で何度も何度も言われるのを聞きました。つまり彼らは最近、真実を書いていなかったのです。……こうしたことすべては終わりました。悪夢は追い払われたのです。」

チェコスロヴァキアでは、共産党の指導部は自分たちのスターリン主義の過去について固く口を噤んでおり、恐怖の記憶があまりにもなまなましいので、モスクワから伝わってくる噂から政治行動を提起することなどできなかった。[13] 非スターリン化の衝撃波が隣国ポーランドに与えたインパクトは非常に異なっていた。六月にはポーランド軍が西部の都市ポズナニのデモ鎮圧に出動したが、このデモは（三年前の東ベルリンのそれと同じく）賃金とノルマをめぐる紛争が発火点だった。しかしそれはこの年の秋、全国に不満を煽っただけで終わった。この国では他のどこよりもソヴィエト化が徹底して行なわれており、党の指導部は戦後の粛清をおおむね無傷で生き延びてきた連中だった。

一九五六年一〇月、ポーランド統一労働者党は民衆のムード制御が利かなくなることを懸念して、ソヴィエトの元帥コンスタンチン・ロコソフスキーをポーランド防衛相の任から外し、政治局から追放する決断を下した。と同時に、党はスターリン主義者のボレスワフ・ビエルートに代えて、第一書記の地位にヴワディスワフ・ゴムウカを選出した。これは劇的かつ象徴的な動きだった。ゴムウカが投獄されたのはほんの数年前であり、彼は辛うじて裁判を免れていたのだった。ポーランドの一般民衆にとって彼はポーランド共産主義の「国民的」顔であり、したがって彼の昇進は国民の支持とモスクワのいと高き権威とのあいだで二者択一を迫られた党が行なった、暗黙の反抗行動だと広く受けとめられたのである。

たしかにそれは、ソヴィエト指導部の見方でもあった。一〇月一九日、フルシチョフ、ミコヤン、モロトフ、他に三人の幹部がワルシャワへと飛び、ゴムウカの任命を阻止し、ロコソフスキーの追放を禁じ、ポーランドの秩序回復を図ろうとした。その意図を明確に示すべく、フルシチョフは同時にソヴィエト戦車部隊のワルシャワ出動を指示した。しかし一部空港滑走路上でも行なわれたゴムウカ本人との激論の末にフルシチョフが出した結論は、問題を極点まで突きつめてほぼ確実に暴力的対決を招くよりも、ポーランドの党内の新事態を認めるほうがポーランドにおけるソヴィエトの利益に適うだろうというものだった。ゴムウカはこれに応じて、自分は権力奪回が可能であり、権力を放棄したり、ポーランドをワルシャワ条約から脱退させたり、ポーランドからのソヴィエト軍の撤退を要求したりする意図などないことを、ロシア側に確言したのである。

フルシチョフとゴムウカの力の差を考えれば、このポーランドの新指導者が自国の大いなる難局の回避に成功したのはあっぱれだった。しかしフルシチョフは自分の相手を十分に理解したのだ——翌日モスクワに帰った彼がソヴィエトの政治局で説明したところでは、ワルシャワ駐在ソヴィエト大使ポノマレンコが「ゴムウカの評価でおおまちがいを仕出かしていた」のである。ポーランドの共産党が支払う代価は人事の一部変更と公的生活の自由化だろうが、ゴムウカは堅実な党員であって、権力を街頭や党内反対勢力へと投げ出す意図などなかった。彼はリアリストでもあった。ポーランドの騒乱は彼が治めなければ、赤軍の出動だった。非スターリン化とは、ゴムウカの認識では、フルシチョフがソヴィエト連邦の領域的影響力や政治的専権を放棄しようと企てたものではなかった。

したがってこの「ポーランドの一〇月」は、思いがけなくも穏やかな結末となった――ワルシャワにソヴィエトによる第二の占領が近づいていたことを知る人は、当時ほとんどなかったのである。しかしながらハンガリーでは、事態はちがった展開をたどった。これはただちに明らかになったのではない。すでに一九五三年七月に、ハンガリーのスターリン主義指導部は更迭され（これはモスクワの主導）、改革志向の共産党員ナジ・イムレに代わっていた。ナジもゴムウカ同様、以前は追放と投獄の憂き目に遭っており、したがって彼は自分の国が経験してきた恐怖と悪政の季節に対する責任などなかった。実際のところ、党指導者としての彼の最初の行動とは、ベリヤからの支援の下で自由化プログラムを提示することだった。抑留キャンプ・労働キャンプは閉鎖され、農民は希望すればコルホーズを離脱してもよいことになる。全般的に農業振興が図られ、画に描いた餅の工業目標は廃止された――一九五三年六月二八日のハンガリー共産党の秘密決議の、ベールのかかった特徴的な表現によれば、「経済政策が冒した尊大さと危険覚悟の過ちが明らかとなったが、それは重工業の発展を目ざすあまり、一部入手不可能な資源や原材料の存在を前提としていたからである。」

モスクワから見ると、ナジが従来通りの選択肢でないことは確かだった。一九四九年九月、彼はラーコシ・マーチャーシュのウルトラ・スターリン主義路線を批判していたし、ライク・ラースローの処刑に反対したハンガリーのわずか二人の政治局員のうちの一人だった。この点と、農業集団化を批判したことも手伝って、彼は党指導部から追放され公けに「自己批判」させられたが、彼はそのなかで自分の「日和見主義的態度」と党の路線に従いそこなったこととを認めていたのである。とは言うものの、経済と同じく政治的エリート層までがスターリン主義の暴虐によって荒廃していた国に変革の時が来た以上、彼を選ぶことは論理に適っていた。ラーコシの下で一九四八年から一九五三年までに、およそ四八〇

(13)　スターリン主義の指導部は牢固として居座り、非公開裁判が引きつづき二年以上も行なわれ、一九五五年五月一日にはプラハを見下ろす丘の上にグロテスクなスターリンの巨像が建てられた。チェコスロヴァキアに非スターリン化が訪れたのはようやく一〇年後のことで、劇的な結果を生んだ。

人の公職者が処刑されていたし（ここにはライクその他の共産党員犠牲者は含まれていない）、同じ時期に（人口九〇〇万に満たない国で）一五万人以上が投獄されていたのである。

ナジは一九五五年の春まで政権を握っていた。当時のラーコシその他ハンガリー共産党の有力幹部は、厄介者の同僚が職務に復帰して以来ずっとその失脚を画策していたが、ソヴィエト連邦が拡大したＮＡＴＯの脅威と直面し、隣国オーストリアが独立中立国になろうとしているまさにこのとき、ナジにはもはや堅固な統制力の維持は期待できないとモスクワを説得したのだった。ソヴィエトの中央委員会はしかるべくナジの「右翼的偏向」を非難し、彼は任から外され（しかも後には党を追放され）、ラーコシとその一派がブダペストで権力に復帰した。フルシチョフ演説のわずか八カ月前に起こった、改革からのこうした後退で明らかになるのは、スターリンの名声を取りこわすに当たって、ソヴィエトの指導者には前もって共産党権力の円滑な執行を途絶させる計画などほとんどなかった、という点なのである。

一年かそこらのあいだ、ハンガリー共産主義党内の非公式「ナジ・グループ」は一種のインフォーマルな「改革派」という反対勢力として活動したが、これは戦後共産主義においては初めてのことだった。一方、今度モスクワからの芳しからぬ注視を受けるのはラーコシのほうだった。すでに見た通り、フルシチョフはソヴィエトとユーゴスラヴィアとの連携の再構築に熱心だった。しかしあの反チトー・ヒステリー時代のさなか、ラーコシはとりわけ重要な役割を演じていたのだ。ハンガリーの見せしめ裁判で、とりわけライク自身の裁判で、「チトー主義」への告発が突出していたのは偶然ではなかった――ハンガリー共産党はこうした展開のなかで検事の役割を与えられ、党の指導部もその仕事を熱心に遂行したのだった。

したがってラーコシは今や迷惑な存在、ソヴィエトの意図することに対して時代錯誤的な障害物となりつつあった。一九五六年六月、モスクワでソヴィエト‐ユーゴスラヴィア間のハイレベル交渉が行なわれるなか、かつての悪しき日々と密接に結びついていた旧態依然たるスターリン主義者をブダペストの政権に据えておくことは不必要な摩擦を招くと思われた――ラーコシの過去の記録と現在の非妥協性とが、ハンガリーで公然たる抗議行動を巻き起こし始めていたので、ますますそう思われた。ラーコシも最善の努力をつくした。一九五六年三月、彼はハンガリーの新聞『サバド・ネープ（自由な人民）』紙上に、ベリヤおよびそのハンガリー警察副長官ペーテル・ガーボルへの激烈な弾劾文を寄稿したが、それはフルシチョフによる「個人崇拝」の弾劾と密接に響き合っており、無実の人びとに対して犯罪的な迫害を行なったかかる人物の「仮面を剥ぐ」ことを賛美していた。しかしながら、彼の時代は過ぎ去っていた。一九五六年七月一七日、アナスタス・ミコヤンがブダペストへ飛び、体裁をつくろうこともなくラーコシを永久に解任したのだった。

ラーコシの代わりにソヴィエト側が持ち出したのが、申し分のないスターリン主義系のハンガリー人ゲレー・エルネーだった。これがまちがいだったのは、ゲレーには変革を主導することも弾圧することもできなかったからだ。一〇月六日、ブダペスト当局はとくにベオグラード向けのジェスチャーとして、ライク・ラースローおよび彼の見せしめ裁判犠牲者たちの公式再埋葬を許可した。ライク裁判を生き延びた一人、サース・ベーラは墓の傍でこう述べた。――

でっちあげ起訴の結果処刑されたライク・ラースローの遺骸は、七年ものあいだ、碑銘のない墓地で眠っていました。それでも彼の死は、ハンガリー人民と全世界に向けての警告となったのです。なぜなら、この柩の傍らを通り過ぎる幾十万もの人びとの願いというのは、死者を弔うことだけではないからです。一つの時代全体を葬ることこそ、彼らの熱烈な希望であり、固い決意なのです。あの恥知らずな時代に行なわれた法の無視、専制独裁、道義の頽廃こそ、永遠に葬り去らなければなりません。そして力による支配や個人崇拝をハンガリーで実践する連中がもたらす危険を、永久に禁止しなければなりません。

今となってライクの運命に同情の念を掻きたてられても、彼自身多くの無実の（非共産党員の）犠牲者を絞首台へと送った人物なのだから、そこにはいささかアイロニーがあった。しかしアイロニーがあろうとなかろうと、ライクの再埋葬はハンガリー革命点火のスパークとなった。

一九五六年一〇月一六日、地方都市セゲドの大学生が、公式の共産党の学生組織からは独立して「ハンガリー大学生連盟」を組織した。一週間のうちに、さまざまな学生組織が国中あちこちで立ち上がり、ついに一〇月二二日、ブダペストでも工業大学の学生が「一六項目」宣言を打ち出すに至った。学生たちの要求には工業・農業の改革や、民主化の推進や、言論の自由や、共産党支配下の生活をしばる多種多様なこまかい規制・統制の廃止が含まれていた。しかしそこにはまた、いっそう険しいことだが、ナジ・イムレを首相にしたいとか、ラーコシとその同僚たちの犯罪を裁けとか、ソヴィエト軍のこの国からの撤退とかも含まれていたのである。

翌一〇月二三日、その要求を支持するデモの学生たちが、ブダペストの国会前広場に集まり始めた。体制側は対応に迷った。ゲレーは初めはデモを禁止し、次には許可した。それが済んだ同じ午後、ゲレーは夕方のハンガリーのラジオ放送で演説し、デモの集会とその組織者たちを非難し始めた。一時間後には激高したデモ参加者が市の中心地にあるスターリン像を引き倒し、ソヴィエト軍部隊が群集を攻撃すべくブダペストに入り、ハンガリー中央委員会が夜を徹して開催された。翌朝午前八時一三分、ナジ・イムレがハンガリー首相に任命されたと発表された。

ナジ・イムレの復帰で革命に終止符が打てると党の指導部が望んでいたとすれば、それはとんだ計算ちがいだった。ナジ自身も鋭意秩序回復に努めていたことは確かだ。彼は権力掌握後、一時間経たぬうちに戒厳令を布いた。スースロフとミコヤンの二人（同日モスクワから飛来した）との会談で、ナジと他のハンガリー指導部メンバーはデモ参加者との交渉の必要性を主張した。ロシア側が帰国して一〇月二六日のソヴィエト最高会議幹部会特別会で報告した際、カーダール・ヤーノシュ(14)が説明したのは、党が犯した過去の過ちによって疎外されてきた本来忠実な大衆と、武装した反動勢力とを区別することが可能かつ重要であり、ナジ政府は後者を孤立させることを希望しているということだった。

カーダールがつけた区別は、ソヴィエトの指導者の幾人かを納得させたかもしれないが、ハンガリーの現実を反映してはいなかった。学生組織、労働者評議会、革命的「国民委員会」といったものが国中で同時的に形成されつつあったのだ。警察とデモ集団との衝突から反撃とリンチの応酬となった。党員の一部の忠告に逆らって、ハンガリー共産党指導部は当初この蜂起を民主革命と認めることを拒否し、代わりに「反革命」と見なすと主張したため、この運動を吸収する機会を逸してしまった。ようやく一〇月二八日、デモが始まってからほぼ一週間後になって、ナジはラジオを通じて武力衝突の休戦を呼びかけ、近時の抗議行動の正当性と革命的性格を認め、恥ずべき秘密警察の廃絶を約束し、ソヴィエト軍部隊が近々にブダペストを引き揚げると発表したのだった。

ソヴィエトの指導部は、疑念はあるもののともかくハンガリーの指導部の新たな対応を支持することを決断した。スースロフはナジがラジオ放送を行なった日に帰国報告を行ない、大衆運動を党の統制下に置くために支払うべき代価として新たな譲歩項目を示した。しかしハンガリーにおける事件展開はモスクワの計算よりもはるかに早く進んだ。二日後の一〇月三〇日、共産党のブダペスト本部への攻撃と建物を防衛していた人びと二四人の死亡の後、ナジ・イムレはふたたびハンガリーのラジオに登場した。このたび彼が発表したのは、今後の彼の政府はその基盤を「一九四五年に再生した連合諸政党間の民主的協力に置く」というものだった。言い換えれば、ナジは複数政党政権をつくろうとしていたのだ。反対勢力と対決するどころか、ナジは今やその権威を次第に大衆運動それ自体に置こうとしていた。放送の最後の一文で、彼は「自由で、民主的で、独立した」ハンガリーを賛美したが、そこでは初めて「社会主義」という不面目な形容詞が削除されていたのだ。しかも彼はモスクワに対して、ブダペストおよびその他のハンガリー全土から「ソヴィエト軍部隊の引き揚げを開始する」よう、大っぴらに訴えたのである。

ナジが打ったギャンブル――と言ってもそれは、自分にはハンガリーの秩序回復ができ、したがって語られざるソヴィエト介入の脅威を避けることができるという真摯な確信なのだが、これは彼の内閣の他の共産党員から支持されていた。しかし彼は主導権を握ることを断念してしまった。民衆の叛乱参加者の委員会や、さまざまな政党や新聞が国中で立ち上がっていた。反ロシア感情が蔓延し、一八四八―四九年のハンガリー叛乱に対するロシア帝国の弾圧のことが頻繁に言及された。そしてこれが最も重要なことだったが、ソヴィエトの指導部は彼への信頼を失いつつあった。一〇月三一日の午後、ナジが自分はワルシャワ条約からのハンガリーの脱退を勝ちとるべく交渉を開始すると発表するに及んで、おそらく彼の運命は決まってしまった。

フルシチョフとその同僚たちが常づね抱いていた見解では、ハンガリーでは――かつてのポーランドと同じく――仮に「反革命」の統制が利かなくなれば介入せざるを得まい、ということだった。しかし彼らは当初、この選択肢の遂行には消極的なようだった。一〇月三一日の時点では、中央委員会常任幹部会は声明を出して、ハンガリーの領土からのソヴィエト軍部隊の撤退に関してハンガリーの指導部との「適切な交渉に入る」意向を示していた。ところがこうした譲歩にもかかわらず、彼らが得ていた情報ではルーマニアのティミショアラで学生デモが起こり、ハンガリーの革命派に共感するブルガリアの知識人のあいだで「敵対的感情」の発生が見られた。これこそソヴィエトの指導者たちが長年危惧していた汚染効果の始まりのように思われ、彼らは新たな対応を迫られたのである。

そんなわけで、軍の撤退を約束したその翌日、ソヴィエト最高会議幹部会はフルシチョフから、今やそれは問題外だという勧告を受けた。「帝国主義者ども」はそうした撤退をソヴィエトの弱さの証しと考えるだろう。今ソ連がやるべきなのはそんなことではなく、「ハンガリーの秩序回復を主導す

(14) カーダールは三年前ナジによって釈放され、一〇月二五日にハンガリー共産党の第一書記に任命された。同日の朝、ゲレーの保安隊が議会広場の無防備のデモ隊に発砲したので、カーダールがゲレーに代わったのである。

る」ことだ。ルーマニアとウクライナのソヴィエト軍師団はハンガリー国境へと移動するよう、しかるべく命令された。これを知ったハンガリーの首相はソヴィエトの大使ユーリ・アンドロポフを呼び、ソヴィエト軍部隊の新たな動向に抗議してハンガリーは単独でワルシャワ条約から脱退する、と通告した。当日の夕刻、つまり一一月一日午後七時五〇分、ナジはラジオを通じてハンガリーは今後中立国になると発表し、国連がこの新しい地位を承認するよう要請した。この宣言は国をあげて歓迎され、叛逆開始後ずっとストをつづけていたブダペストの労働者評議会は、仕事への復帰を宣言してこれに応えた。それまで彼の意図に疑念を抱いていたハンガリー人の大多数を、ナジは最終的に味方につけたのだった。

ナジが歴史的宣言を行なった同じ夕方、カーダール・ヤーノシュは密かにモスクワに赴き、そこではフルシチョフが彼に、ソヴィエトの支援の下でブダペストに新政府を樹立する必要を説き伏せた。いずれにせよ赤軍が介入して秩序を取りもどすだろうが、唯一の問題はハンガリー人が喜んで協力するかどうかだった。ナジとハンガリー人同胞とを裏切ることについてカーダールが感じたかもしれぬ逡巡も、今になってみればソヴィエトが七月にゲレーを擁立したのがまちがいだった、とフルシチョフが述べたことで克服された。ブダペストに秩序が回復されれば、この誤りは二度と繰り返されないだろう。それからフルシチョフはブカレストへと赴き、ルーマニア、ブルガリア、チェコの指導者たちと会見し、ハンガリー介入計画の調整を行なった（前日に、より低いレベルの代表団がポーランド指導部と会見していた）。一方ナジはソヴィエト軍の活動が増強されたことに抗議をつづけ、一一月二日には国連事務総長ダグ・ハマーショルドに対して、ハンガリーとソ連のあいだの仲介と、ハンガリーの中立について西側の承認をとるよう要請した。

翌一一月三日、ナジ政府は部隊の撤退に関してソヴィエトの軍当局との交渉を開始した（あるいは開始すると思っていた）。ところがハンガリー側の交渉チームがその晩ハンガリーのテケルにあるソヴィエト軍司令部に帰りつくと、彼らはその場で逮捕された。そのすぐ後、一一月四日午前四時、ソヴィエトの戦車がブダペストを攻撃し、その一時間後にはソヴィエトに占領された東部ハンガリーからのラジオ放送で、ナジ・イムレに代わる新政府の樹立が発表された。これに対してナジは自らハンガリー人民に向けての最後のラジオ放送を行ない、侵略者に対する抵抗を呼びかけた。その後で彼と彼に最も近い同僚たちはブダペストのユーゴスラヴィア大使館に避難し、そこで保護された。

軍事的な成り行きははっきりしていた。強烈な抵抗にもかかわらず、ソヴィエト軍は七二時間以内でブダペストを制圧

集団農場を訪れたニキータ・フルシチョフ。「ミスターK」は農業の権威をもって任じていたが、彼の実験の多くは大失敗に終わっていた。しかし非スターリン化に向けての彼の貢献（とくに1956年2月の「秘密演説」）は計り知れなかった——それが引き起こした諸結果は、彼の願望をはるかに凌駕するものだった。

1956年11月1日に行なった国連への請願直後のナジ・イムレ（中央）。彼は挫折したハンガリー叛乱において、自分に与えられた役割のために多大の犠牲を払ったのだが、長い目で見れば、己を信奉する者たちの幻想を打ち砕いたことで、モスクワのほうに高くついたのだった。

し、カーダール・ヤーノシュの政府は一一月七日に宣誓就任した。労働者評議会の一部はさらに一カ月生き延び――カーダールは彼らを直接攻撃したがらなかったのだ――、散発的なストライキは一九五七年までつづいた。ソヴィエト中央委員会に届けられた一九五六年一一月二二日付の秘密報告によれば、ハンガリーの炭鉱は生産能力の一〇パーセントまで落ち込んでいた。しかし一カ月のうちに、新政権当局は主導権を握れると確信した。一月五日、「ストライキの扇動」に対しては死刑が定められ、弾圧は本格化した。戦闘のさなかで死んだおよそ二七〇〇人のハンガリー人に加えて、その後の数年間でさらに三四一人が裁判にかけられて処刑された（最後の死刑判決が執行されたのは一九六一年だった）。総計すると、およそ二万二〇〇〇人のハンガリー人が「反革命」の廉で投獄された（その多くが五年ないしそれ以上の刑だった）。さらに一万三〇〇〇人が抑留キャンプ送りとなり、さらに多数の人びとが、一九六三年三月に全面恩赦が宣言されるまで、職を奪われ厳重な監視下に置かれたのだった。

ソヴィエトによる占領の直後、推定二〇万人――人口の二パーセント以上――がハンガリーを脱出したが、その大半は若者で、その多くはブダペストの教育ある専門職エリートおよび西部の都市地域からだった。彼らの移住先はアメリカ（約八万人のハンガリー難民を受け入れた）、オーストリア、イギリス、西ドイツ、スイス、フランス、その他多くの国々だった。ナジとその同僚たちの運命は、しばらくのあいだはっきりしなかった。およそ三週間をブダペストのユーゴスラヴィア大使館で過ごした後、彼らは一一月二二日、だまされて大使館を離れ、即座にソヴィエト当局に逮捕され、ルーマニアの拘置所へと拉致された。

かつての友人や同志たちの処遇をどうするか、カーダールはその決定に何カ月もかかった。街頭闘争に加わった若い労働者や兵士たちに対する報復は、国際的な抗議を巻き起こすのを避けるためできるだけ内密に行なわれた。それでも作家のガーリ・ヨージェフやオベルショフスキ・ジュラといった多くの著名人の場合には、寛大な措置を求める声が国際的に広がった。ナジ本人の運命はとくに微妙な問題だった。一九五七年四月、カーダールとその同僚たちはナジとその「共犯者」をハンガリーにもどして裁判に付すという決定を下したが、手続きそのものは一九五八年六月まで延期され、その頃でさえ彼らの居所は極秘となっていた。一九五八年六月一五日、被告たち全員が反革命扇動で有罪となり、判決は死刑から長期投獄までさまざまだった。作家のビボー・イシュトヴァーンとゲンツ・アールパード（共産主義崩壊後のハンガリーの未来の大統領）は終身刑だった。他の二人――シラージ・ヨージェフとロションツィ・ゲーザとは裁判開始以前に拘置所内で殺害された。ナジ・イムレとマレーテル・パールとギメシュ・ミクローシュとは、一九五八年六月一六日早暁に処刑された。

ハンガリーの蜂起、すなわちソヴィエト帝国内のちっぽけな居留地における短命かつ絶望的な叛乱は、世界情勢の形状をゆるがすインパクトとなった。まず第一に、それは西側外交官にとって実地教育となった。アメリカはその時まで、東ヨーロッパの衛星諸国をソヴィエトの支配から切り離すのは不可能だと公式には認めつつも、彼らの「抵抗精神」を励ましつづけていた。「国家安全保障会議（ＮＳＣ）」政策文書一七四（一九五三年一二月）の表現にある通り、「将来の好都合な時機において衛星諸国家の自由化が可能となる条件を醸成する」ために、隠密な行動と外交的な支援とが指令されていた。しかしながら後の秘密政策文書――一九五六年七月当時、この年の動乱を説明すべく作成されたもの――が強調したように、「アメリカには、衛星諸国家のソヴィエト支配を除去すべく戦争に訴える覚悟はできていなかった」のである（NSC 5608/1「東ヨーロッパのソヴィエト衛星諸国家に関するアメリカの政策」）。

実を言うと、一九五三年のベルリン蜂起の鎮圧以来、ソヴィエト連邦の「ゾーン」に対する支配権は予見可能な未来において揺るがないだろう、というのが国務省の結論だった。「非介入」こそ、東ヨーロッパに対する西側唯一の戦略だった。しかしハンガリーの叛乱者にはこれは知る由もない。彼らの多くは心から西側の支援を待ち望んでいた。彼らをそう促したのは、アメリカの公的レトリックに宿る非妥協的なトーンや、「ラジオ自由ヨーロッパ」からの放送で、亡命者であるそのアナウンサーたちはハンガリー人に向かって武装蜂起を促し、外国からの緊急援助を約束したのだった。そんな支援は来そうもないとなったときの、敗北した叛乱者たちの憤激と幻滅は当然ながら大きかった。

仮に西側政府がもっと何かをしようと願ったところで、当時の諸事情はきわめて形勢不利だった。ハンガリー叛乱勃発の当日、フランスとイギリスの代表はセーヴルでイスラエルと秘密会談の最中だった。とくにフランスは北アフリカ問題に没頭中で、外務大臣クリスチャン・ピノーは一〇月二七日、国連安保理フランス代表に極秘メモでこう説明していた――「ハンガリー問題で安全保障理事会に付される決議文には、我が国のアルジェリアでの行動を妨げるような要素を含まないようにすることが肝要である。……我が国は調査委員会の設置にはとくに反対である。」ロンドンはソヴィエト指導部に対してハンガリーへの介入を止めるよう直接訴えるべきだという、モスクワ駐在イギリス大使からの提案に答えて、イギリス外務大臣セルウィン・ロイドは四日後にピノーと同じ趣旨で、アントニー・イーデン首相宛に次のように書き送った――「わたし自身の考えを申し上げれば、今はさようなメッセージを送るべきではありません。」

フルシチョフが一〇月二八日に中央委員会常任幹部会の同僚に説明していた通り、「イギリスもフランスも、エジプト問題で大混乱」だった。[15] アイゼンハワーのほうはと言うと、こちらは選挙戦の最後の週だった――彼が再選された日には、ブダペストで最も激しい戦闘が行なわれていたのである。彼が主宰する国家安全保障会議は、ソヴィエト侵攻後三日経ってもハンガリー問題の検討さえしなかった。彼らはナジがとった行動、とくに一党支配の廃絶について、アメリカの世界戦略上とるに足らぬ小国での出来事として十分な検討を加えるのに遅れをとっていた（近時のポーランドの危機は、ワシントンでもっと関心を惹いていたのである）。そしてハンガリーが国家安全保障会議の議題に上った一一月八日の会合でのアイゼンハワー以下全員のコンセンサスは、すべてフランスとイギリスが悪いのだ、ということだった。彼らがエジプトへ侵攻してさえいなければ、ソヴィエト連邦はハンガリー侵攻を敢行する口実など持てなかったはずだ。アイゼンハワー政権は良心潔白だったのである。

ソヴィエト指導部は形勢有利と見るや、すかさずそれを摑み取った。共産党の立場で見れば、ナジが提示した真の脅威とは経済の自由化でも検閲の緩和でもなかった。ハンガリー中立化の宣言でさえ、モスクワでは「挑発的」と見なされたが、ナジ失脚のきっかけではなかった。クレムリンが見過ごすことができなかったのは、ハンガリーの共産党が権力独占、「党の指導的役割」を廃棄したことだった（ポーランドのゴムウカは周到にもこれは容認しなかった）。ソヴィエトの慣行からのこうした逸脱は、やがてはすべての国の共産党の破滅となるやも知れぬ民主主義の切っ先だった。これこそ他の衛星諸国家すべての共産党指導部が、ナジ追放というフルシチョフの決定にかくもやすやすと同調した理由である。チェコスロヴァキア政治局員が一一月二日に会合し、「ハンガリーにおける人民民主主義の堅持に必要なあらゆる措置をとる」ための支援活動を積極的に行なうと表明したとき、その心情は疑いもなくほんもので、心底からのものだった。[16]

チトーでさえも結局のところは、ハンガリーにおける党支配の瓦解や国家保安機関の崩壊が危険な見本になってしまうと認めた。このユーゴスラヴィア指導者は当初、非スターリン化の新たな実例としてハンガリーの変革を歓迎していた。しかし一〇月末までには、ブダペストでの事件の推移が彼の気持ちを変えていった――ハンガリーがユーゴスラヴィアの間近であること、自国のヴォイヴォディナ地域にハンガリー少数民族が大規模に存在していること、それらがもたらす悪影響の危険といったものが彼の気持ちを支配した。一一月二日、フルシチョフとマレンコフがわざわざチトーのアドリア海の島の静養地を訪れ、来たるべきソ連の侵攻について説明したとき、彼は危惧の念は表明したものの理解を示したのである。彼の主要な関心事は、ハンガリーに擁立される傀儡政権にはラーコシその他の旧態依然たるスターリン主義者を入れるべきではない、という点だった。この点を、フルシチョフは喜んで彼に確約した。

そのわずか二日後、チトーがナジと、その政府メンバー一五人およびその家族たちとを大使館に保護したとき、フルシチョフは明らかに機嫌を損ねた。ユーゴスラヴィアのこの決断はハンガリー危機が最高潮に達した時機に、しかもロシア側は殉教者を出したくないはずとの前提で行なわれたと思われる。しかしソヴィエト指導部が不快感を表明したとき、さらにはカーダール自身からの安全な案内の約束の下でユーゴスラヴィア大使館を離れたナジとその一行が拉致された後では、チトーは不安な立場に置かれた。このユーゴスラヴィアの指導者は、カーダールの新政権への支持を公けには表明しつづけたが、彼は非公式には事件の成り行きに対する不快感を隠そうとはしなかった。

共産主義の兄弟国家の問題へのソヴィエトの野放図な介入という先例によって、ユーゴスラヴィア人がソヴィエトの発揮する指導力を好ましいものと受けとめるなどとは考えられなかった。モスクワとベオグラードとの関係はまたもや悪化し、ユーゴスラヴィア政権は西側やアジアの非同盟諸国に対する予備折衝に入っていった。ソヴィエトのハンガリー侵攻に対するチトーの反応は、かくも複雑だった。ソヴィエト指導部と同じく、チトーは共産党の秩序回復には安堵した。しかしそれが成しとげられたやり方は、危険な先例となるとともに後味の悪いものだった。

他の国々での反応は総じて、さほどアンビヴァレントなものではなかった。フルシチョフ演説は西側に洩れ出た途端に、ある種の共産主義信仰の終焉をもたらしていた。しかしそれ

(15) すでに一〇月二八日、つまり英仏のスエズ侵攻三日前の時点でソヴィエト指導者がこれを知っていたとすると、ソヴィエトの情報活動は当時西側で危惧されていた以上に優れていたわけである。

(16) ポーランドのゴムウカでさえ、ソヴィエトの主張にすぐさま同意した。ポーランドでは、ナジのワルシャワ条約からの離脱こそ不安の源だった――ドイツの領土見直しを恐れるポーランド人にしてみれば、ソヴィエトの武力で保障される安全保障措置には特別の関心があった。しかしここで指摘しておかなくてはならないのは、ゴムウカは一九五七年五月のフルシチョフとの会見で、このソヴィエト指導者にナジを裁判にかけないよう懸命に説得した、しかしその甲斐はなかった、という事実である。

はまた、スターリン以後の改革と刷新の可能性を拓くものでもあり、レーニン主義革命理念の純粋性という幻想を保持するため、フルシチョフはスターリン個人を生け贄として党員および進歩派同調者がすがりつくべき神話を提供したのだった。ところがブダペストにおける絶望的な街頭闘争は、この新しい「改革的な」ソヴィエトというモデルにまつわる幻想を一掃してしまった。ここでふたたび、共産党の権威は戦車の大群に依拠していることが何の疑いもなく露わになってしまった。それ以外は単なる弁証にすぎなかった。西側の共産党からは出血が始まった。イタリア共産党自身が数えたところでは、一九五五年から一九五七年にかけて約四〇万人が離党した。トリアッティがハンガリー危機の真っ最中にソヴィエトの指導部に説明していた通り、「ハンガリーにおける事件展開のおかげで、党におけるわれわれの透明化活動が困難になったばかりか、党指導部に好意的なコンセンサスを得ることもむずかしくなった。」

フランスやイギリスや他の国々と同じく、イタリアでも大挙して離党したのは若くて教育のある党員たちだった。[17] 非共産党員の左翼知識人と同じく、彼らが期待を寄せたのはソ連におけるスターリン以後の改革に加えて、ハンガリー革命それ自体、すなわち労働者評議会や、学生が発揮したイニシャティヴや、ソヴィエト・ブロック内の支配的共産党でさえ新たな方向性をとり得るという気配に対してだった。たとえばハンナ・アーレントは独裁に対して民主主義の、暴政に対して自由の、本格的な高まりを表わしていたのは（ナジの複数政党復活ではなく）さまざまな「評議会」だと考えた。共産主義と自由とを、やっとのことで同じ呼気・吸気で語ることが可能になったかに思われたのだ。当時若きスペイン共産党員としてパリで秘密活動に携わっていたホルヘ・センプルンが後日表現した通り、「秘密演説はわれわれをほっとさせた。それは少なくともわれわれに、理性の眠りから……解放されるチャンスを与えてくれたのである。」ハンガリー侵攻の後、その希望の瞬間が消え失せたのだ。

数少ない西側観察者のなかには、ナジ・イムレは反革命を主導した、あるいは反革命に巻き込まれた、という共産党の公式の主張を受け入れて、ソヴィエトの介入を正当化するか、少なくとも説明しようと試みた人びとがいた。サルトルが行なった特徴的な主張では、ハンガリーの蜂起は「右翼的精神」に染まっていた。しかしブダペストその他における暴動の動機が何であれ――そしてその実際の動機には当時はっきりしていた以上にさまざまなものが含まれていたのだが――、外国の観察者に強い印象を与えたのはハンガリー人が叛乱を起こしたことよりも、ソヴィエトが弾圧を行なったことだったのだ。共産主義は今や永久に、革命とではなく圧制と結びつくこととなった。四〇年のあいだ西欧の左翼はロシアを頼みとして、ボリシェヴィキの暴力を革命への信念や「歴史」の行進にともなう代償として許容するか、称賛さえしてきた。モスクワは彼らの政治的幻想を映すうぬぼれ鏡だった。一九五六年一一月、この鏡が砕け散ったのである。

一九五七年九月八日の日付があるメモのなかで、ハンガリー人作家ビボー・イシュトヴァーンはこう述べていた――「ソ連はハンガリー革命を鎮圧したことで、これまで共産主義に力を与えてきた「同調者たち」の運動（平和、女性、若者、学生、知識人など）に対して耐えがたい、おそらくは致命的な打撃を与えたのである。」彼の洞察は核心を衝いていた。ソヴィエト共産主義はスターリン主義の恐怖という奇妙な磁力を失い、ブダペストではその鎧をまとった平凡さが露呈されて、西欧の共鳴者・称賛者にとって魅力がなくなってしまった。「スターリン主義の悪臭」を逃れようと、フランスの詩人クロード・ロワのような元共産党員たちは「鼻先を他の地平線へと」向けた。一九五六年以後、「歴史」の秘密が見出されるのはもはや人民民主主義諸国の陰気な工場や機能不全のコルホーズではなく、別の、もっと魅惑的な領域でのこととなった。旧態依然たるレーニン主義の擁護者は先細りの少数派として過去にしがみついたが、ベルリンからパリに至るまで、新世代の西欧進歩派はヨーロッパのまったく外側、つまり当時まだ「第三世界」などと呼ばれてさえいなかった地域における希望や激動に、慰めや模範を求めたのである。

幻想が打ち砕かれたのは東ヨーロッパも同じだった。一〇月三一日、闘争の第一ラウンドの真っ最中に、イギリスのある外交官はこう報告していた――「ハンガリー国民がこの悪魔的な猛攻撃に耐えて撃退したとは奇蹟以外の何ものでもありません。彼らは決して忘れず、決して許さないでしょう。」しかしソヴィエトの戦車というメッセージを肝に銘じたのは、ハンガリー人だけではなかった。ルーマニアの学生は隣国ハンガリーを支持してデモを行なった。東ドイツの知識人はソヴィエトの行動を批判した廉で逮捕され、裁判にかけられた。ソ連ではレオニード・プリウシクのような、これまで共産党に献身してきた若者の目からベールを剥ぎ取ったのが一九五六年の諸事件だった。ルーマニアのパウル・ゴマや東独のヴォルフガング・ハーリヒなど、新世代の反体制知識人はブダペストの瓦礫のなかから生まれたのである。

東ヨーロッパがちがっていたのは、当然のことだが、恥知

(17) フランス共産党（ここではフルシチョフのスターリン批判に関する情報が長いあいだ伏せられていた）のような特別に遅れた組織で多くの離党者が出たのは、ソヴィエト・ブロックで起こっていたことが原因というより、指導部が討論を禁じたからだった。

らずな体制で生きる臣民たちが顔を振り向けるべき遠方の土地もなければ、遠隔の地で燃え上がる農民叛乱を火種として革命の情熱に再点火することも不可能という点だった。彼らはもはや何の希望も持てない共産党体制の下で生きることを強いられたのだ。東ヨーロッパの人びとは一九五六年の諸事件を、累積してきた失望の最終過程として経験したのだ。共産主義に寄せる彼らの期待は、非スターリン化の約束で一時《いっとき》よみがえったもののすっかり絶やされてしまったのだが、西側の支援に寄せる彼らの希望とて同じように消え失せてしまった。フルシチョフが行なったスターリンの悪行暴露や、見せしめ裁判犠牲者に対するためらいがちながらも名誉回復の動きなどは、共産主義のなかにも再生と解放の種子がまだ残っていたかと思わせたのだったが、ハンガリー以後を支配した心情はシニカルなあきらめだった。

これにはそれなりの利点もあった。今や共産党支配下の東ヨーロッパ住民は静かになり、社会秩序も回復したので、フルシチョフ時代のソヴィエト指導部は遅ればせながらもある程度の自由化を各地で認めるようになった――皮肉なことに、とくにハンガリーで。そこではカーダールが、一九五六年の暴徒とその同調者に対して懲罰的な報復を行なった後、模範的な「ポスト政治主義的」共産国家をつくり上げた。権力と権威を党が独占することを文句なしに認める見返りとして、ハンガリーの人びとは厳格な制限付きの、しかし本格的な生産と消費の自由を認められた。共産党を信じること、いわんやその指導者を信じることなど、誰も要請されなかった。要請されたのはただ一つ、反対表明だけは絶対にしないことだった。人びとの沈黙は、暗黙の同意と受けとめられた。

そこで生まれた「グーラッシュ（シチュー）共産主義」がハンガリーの安定性を確保し、ハンガリーに関するその記憶がその他の「ブロック」の安定性を、少なくともその後一〇年間にわたって確保したのである。しかしこれには代償がともなった。共産主義の下で暮らす大半の人びとにとって、今や「社会主義」体制は、かつてそれに付随していた急進的で前向きでユートピア的な期待の数々――つい先頃五〇年代初期まではとくに若者にとって魅力の一部だったこうした期待を、すっかり喪失してしまったのだ。今やそれは耐え忍ぶべき暮らし方の一つにすぎなくなった。だからと言って、長つづきしなかったわけではない――一九五六年以後、ソヴィエトの支配体制の早期終焉を予期した人などほとんどいなかった。実を言えば、この年の諸事件以前のほうが、この点に関しては楽観的だった。ところが一九五六年一一月以後、東ヨーロッパの共産主義諸国家はソヴィエト連邦自体と同様、数十年にわたる停滞と、腐敗と、シニシズムの黄昏へと下降し始めたのである。

これに関してはソヴィエト側も代償を支払うことになる──一九五六年は多くの面で、レーニンとその後継者たちが巧みに培ってきた革命神話の敗北と崩壊を物語っていた。ずっと後年になって、ボリス・エリツィンが一九九二年一一月にハンガリー議会における演説で認めた通り、「一九五六年の悲劇は……ソヴィエト体制の拭いがたい汚点として永久に残るでしょう。」しかしソヴィエト側がその犠牲者たちに強いた代償と比べれば、そんなことはどうでもいいのだ。三三年後の一九八九年六月一六日、自由への移行を祝うブダペストで、何十万ものハンガリー人がもう一つの埋葬儀式に参列していた。この度はナジ・イムレとその同僚たちの再埋葬である。ナジの墓前演説者の一人は若きオルバーン・ヴィクトル、この国の未来の首相だった。彼は集まった会衆にこう述べた──「われわれが支払い不能な負債を引き受け、自分が追い込まれたアジア的行き止まりからの脱出口を模索しなければならないのは、残忍にも「革命」を弾圧してしまった直接の結果なのです。真実を言えば、ハンガリー社会主義労働者党〔共産党〕は一九五六年に、今日の若者からその未来を奪ったのです。」

X　豊かさの時代

「お互い正直に話そう。われわれ国民の大部分にとって、今ほどいい暮らしはなかったろう！」

——ハロルド・マクミラン、一九五七年七月二〇日〔前出97頁〕

「生産性の増大＋《プラス》インフレーション＋生活水準の向上＋強引な広告とセールス＋マスコミュニケーション＋文化デモクラシーとマス精神・マス人間の創造——こうしたシステムの総体としての私に付けられた名前はアドマス（大量宣伝社会）」

——J・B・プリーストリー

「この人たちを見てごらん！　原始人だ！」
「どこから来たの？」
「ルカニアからさ」
「それはどこ？」
「最低のところさ！」

——ルキーノ・ヴィスコンティ監督『若者のすべて』（一九六〇年）

「ぼくらは出かける　太陽まぶしく輝くところ
みんなで出かける　海が青く澄むところ
映画で見たままかどうか——
行ってこの目で見てみよう」

——クリフ・リチャードが歌う「サマー・ホリデイ」（一九五九年）

「アメリカの時代に生きるのは本当にわびしいよ——もちろん、アメリカ人でない場合のことだが」

——『怒りをこめてふりかえれ』（一九五六年）の主人公ジミー・ポーターの台詞

一九七九年のこと、フランスの経済評論家ジャン・フーラスティエは、第二次大戦後三〇年間のフランスの社会と経済の変容に関する研究を公刊した。その表題──『栄光の三〇年間、あるいは一九四六年から一九七五年に至る目に見えぬ革命』──は、まことによく考えられていた。西ヨーロッパにおけるヒトラー打倒後の三〇年間は、まさに「栄光」に満ちていた。経済成長の目をみはる加速ぶりから、未曾有の繁栄の時代の幕が開いたのである。大陸西ヨーロッパの経済は、わずか一世代のうちに戦争と「大恐慌」の四〇年間の失地を回復し、ヨーロッパ経済のパフォーマンス（実績）と消費パターンとが、アメリカのそれに似てきたのだ。ヨーロッパ人は瓦礫のなかからようやく立ち上がって一〇年も経たぬのに、我ながらびっくり仰天の、豊かさの時代に突入していた。

戦後西ヨーロッパの経済史は、その直前の数十年間の物語の逆と考えると理解しやすい。一九三〇年代に強調されたマルサス主義的な保護と節約の政策が廃止されて、自由貿易となった。政府は支出や予算を削減するのではなく、増やした。ほぼすべての国々で、インフラストラクチュアや機械設備に対する公的・私的な長期投資が行なわれつづけ、旧式の工場や設備が最新化され、あるいは切り換えられて、その効率と生産性が上昇し、国際貿易が顕著に増大し、職をもつ若年層が必要とする、そして購買できる物品の範囲が大幅に拡大したのである。

戦後の経済「ブーム」は場所によってわずかずつそのタイミングがちがっていて、まずはドイツとイギリス、少し遅れてフランスとイタリアに到来した。そしてその成果も、税金、公共支出、投資の面での国ごとのちがいに応じて異なっていた。戦後政府の大半が行なった初期投資は、とくにインフラストラクチュアの近代化に向けられた──道路、鉄道、住宅、工場の建設や改良である。一部の国々では消費支出が周到に抑えられた結果、すでに見たように、多くの人びとは戦争直後の時期を打ちつづく窮乏（若干の改善は見られたものの）のなかで送る羽目になった。当然のことだが、変化の程度に相対的なちがいが生じた根拠は出発点にもあって、その国がもともと裕福であれば変化の直截性・激変性は少なかった。

とは言うものの、あらゆるヨーロッパの国々が一人当たりGDP（国内総生産）とGNP（国民総生産）で着実な成長を示した──国力・国富を測るものさしとして、GDPとGNPが新たに公認されたのである。一九五〇年代を通じて、一人当たり国民生産高成長の年率の平均は西ドイツが六・五パーセント、イタリアが五・三パーセント、フランスが三・五パーセントだった。これほど高い成長率がつづいたことの重要性は、各国の数十年前の実績と比べたとき明らかになる。一九一三─一九五〇年期のドイツの成長は年率でわずかに〇・四パーセント、イタリアは〇・六パーセント、フランスは〇・七パーセントだった。一八七〇年以後のヴィルヘルム帝国最盛期数十年間においてさえ、ドイツ経済がどうにか成しとげた成長は平均年率で一・八パーセントだった。

一九六〇年代になって増加率は下降し始めたが、西ヨーロッパ各国の経済は依然として歴史上未曾有のレベルで成長した。総体的に見ると、一九五〇年から一九七三年のあいだにドイツの人口一人当たりGDPは実質で三倍となった。フランスの一人当たりGDPの成長は一五〇パーセントだった。イタリア経済は出発点が低かったので、もっと高かった。歴史的に貧しかった国々でも、経済のパフォーマンスは目ざましく改善された。一九五〇年から一九七三年のあいだに、オーストリアの一人当たりGDPは三七三一ドルから一万一三〇八ドルへと上昇し(一九九〇年のドルに換算)、同じくスペインでは二三九七ドルから八七三九ドルへと上昇した。一九五〇年から一九七〇年までのドイツ経済の成長は毎年三・五パーセントだったが、これはそれ以前の四〇年間の平均成長年率の七倍もあった。

こうした成長物語に主たる貢献をしていた要因とは海外貿易の増大がつづいたことで、それは大半のヨーロッパ諸国における国民総生産を上回る速さで成長した。戦後の西欧各国政府は国際通商上の障害物を取り除くことだけで、それ以前の数十年間にわたる停滞の克服に向かって大きく動き出したのである。(1) 最も恩恵を受けたのは西ドイツで、世界中の工業製品輸出高に占める割合が一九五〇年の七・三パーセントからわずか一〇年後に一九・三パーセントへと上昇し、ドイツ経済を一九二九年の「大暴落」以前に占めていた国際貿易上の地位へと復帰させたのである。

一九五〇年以後の四五年間で、全世界の輸出量は一六倍となった。この間世界貿易に占める割合が一〇パーセント近辺に固定していたフランスでさえ、国際通商総体の莫大な増加によって大いに恩恵をこうむった。実のところ、この時期にはすべての工業国が得をした——第二次大戦以後は通商条件が大幅に有利になり、非西欧世界からの原材料と食糧の輸入原価が確実に下がりつづける一方で工業製品の価格は上昇しつづけた。三〇年にわたる「第三世界」との特権的・不等価的交換のなかで、西欧は紙幣印刷権のようなものを手に入れたのである。(2)

しかし西ヨーロッパの経済ブームで特徴的だったことは、それがヨーロッパの経済統合を事実上大いに促進した点である。ローマ条約の締結以前でさえ、ヨーロッパ経済共同体の将来の加盟国は基本的にはお互い同士で貿易を行なっていた。一九五八年におけるドイツの輸出の二九パーセント(価格ベース)はフランス、イタリア、ベネルクス諸国向けであり、さらに三〇パーセントは他のヨーロッパ諸国が相手だった。ローマ条約調印の前年、すでにベルギーの輸出の四四パーセントは将来のEECパートナー諸国に対して行なわれていた。ずっと後年になるまでヨーロッパ共同体に正式加盟しなかったオーストリア、デンマーク、スペインといった国々でさえ、その通商ネットワークへの統合はすでに完了していた。オーストリアは一九七一年、すなわちこの国が将来のヨーロッパ連合に加盟する二〇年前だが、輸入の五〇パーセント以上をEECの創始国である六カ国から行なっていた。ヨーロッパ共同体（後のEU）は、ヨーロッパ経済統合の基盤をつくったのではなかった。そうではなくて、すでに起こりつつあったプロセスを制度として表現したのである。(3)

戦後経済革命のもう一つの決定的な要素は、ヨーロッパの労働者の生産性が向上したことだった。一九五〇年から一九八〇年にかけて、西ヨーロッパにおける労働生産性はそれ以前の八〇年間に比べて三倍上昇した。労働時間一時間当たりのGDPの成長は、人口一人当たりのGDPより速かったのである。いかに多くの人びとが働いていたかを考えると、このことは効率のいちじるしい増大を示すとともに、ほぼすべての国において対労組関係が大幅に改善されたことを示している。この点もまた、ある程度は追い上げの結果だった——それ以前の三〇年間にわたる政治の激動、大量失業、低投資、物理的破壊によって、ヨーロッパの大半が一九四五年以後は歴史的に低い出発点に立っていた。したがって近代化や技術改良に対する当時の関心がなかったとしても、経済のパフォーマンスはおそらく改善を示していただろう。

しかし生産性の着実な増大の背後には、労働の質の面での深く永続的な転換があった。一九四五年時点では、ヨーロッパの大半は今なお前工業化の状態だった。地中海諸国、スカンジナヴィア、アイルランド、東ヨーロッパは農業が主であり、どう見ても後進国だった。一九五〇年時点で、ユーゴスラヴィアとルーマニアの成人労働者の四人に三人は農民だった。スペイン、ポルトガル、ギリシア、ハンガリー、ポーランドの労働者の二人に一人は農業就労者であり、イタリアではそれが五人に二人だった。オーストリアの被雇用者の三人に一人が農場で働き、フランスでは被雇用者一〇人中ほぼ三

(1) しかしながらここで、旧来の諸規制が撤廃されたスピードを誇張してはならない。たとえばイタリア政府は一九六〇年代に入っても、外国車に対するファシスト党時代の関税率や輸入割り当てを維持して、国内生産者（とくにフィアット社）を保護するのが政治的に賢明だと考えていた。イギリス政府も同様の戦略を取っていた。

(2) その大部分は同じ第三世界への借款として還流されたが、これが今や不良債権化してしまった。

(3) いつもながらイギリスはちがっていた。一九五六年、イギリスの輸出の七四パーセントはヨーロッパ以外、主として植民地および英連邦向けだった。イギリスが最終的にEECに加盟した一九七三年時点でも、一九九二年にヨーロッパ連合を形成する一二カ国向けの輸出は三分の一にすぎなかった。

人が、なんらかの形で農業従事者だった。西ドイツにおいてさえ、労働人口の二三パーセントは農業部門だった。一九世紀の工業革命によってポスト農業社会への本格的な移行が済んでいたのは、この数字がわずか五パーセントだったイギリスと、程度はやや低いがベルギー（一三パーセント）の二国だけだった。(4)

次の三〇年のあいだに膨大な数のヨーロッパ人が土地を放棄して町や都市で仕事に就いたが、その変化が最も激しかったのが一九六〇年代だった。一九七七年時点になると、イタリアの農業被雇用者はわずか一六パーセントとなった。北東部のエミリア＝ロマーニャ地方では、農業就労人口の割合が一九五一年の五二パーセントから一九七一年のわずか二〇パーセントへと急激に下降した。オーストリアの全国統計では一二パーセントへ、フランスでは九・七パーセントへ、西ドイツでは六・八パーセントへと、それぞれ下降した。スペインでさえ、一九七一年の農業被雇用者はたった二〇パーセントになった。ベルギー（三・三パーセント）とイギリス（二・七パーセント）では、農民は統計的には（政治的にではないにせよ）無意味な存在と化しつつあった。農業および酪農生産の効率が増し、労働集約性が減少した——それがとくに顕著だったのがデンマークやオランダで、バター、チーズ、豚肉製品は今やもうかる輸出品として国内経済の頼みの綱だった。

農業がＧＤＰに占める割合は着実に減少した。イタリアでは、国民生産におけるその割合は一九四九年から一九六〇年にかけて二七・五パーセントから一三パーセントへと落下した。その主な受益者は第三次産業（政府雇用を含む）で、かつての農民——あるいはその子どもたち——の多くがここに集まった。地域によって——イタリア、アイルランド、スカンジナヴィアやフランスの一部——は、わずか一世代のあいだに農業経済からサービスを基盤とする経済への直接移行が起こり、イギリスやベルギーが一世紀近くも囚われていた工業段階を実質的に迂回してしまった。(5) 一九七〇年代末には、イギリス、ドイツ、フランス、ベネルクス諸国、スカンジナヴィア、アルプス諸国における雇用人口の過半数がサービス部門へと移行したことが明らかになった——通信、運輸、金融、公務などである。イタリア、スペイン、アイルランドがすぐ後を追っていた。

これと対照的に共産主義の東ヨーロッパでは、かつての農民の圧倒的多数は労働集約的で技術の遅れた鉱工業生産へと回された。チェコスロヴァキアでは一九五〇年代を通じて、第三次サービス業は実際には衰微したのである。一九五〇年代半ばのベルギー、フランス、西ドイツ、イギリスで石炭および鉄鉱石の産出高が尻すぼみになりつつあるとき、それが増えつづけたのがポーランド、チェコスロヴァキア、東ドイツだった。原料の採収と基本物品の製造に重きをおく共産主義ドグマが、ＧＤＰの総額と一人当たり額で急速な初期成長を生み出したことは確かだった。したがって短期的に見て、共産党が指令する工業重視の経済には（多くの西側観察者が見ても少なからず）目ざましいものがあった。しかしその地域の将来にとっては、悪い前兆だった。

すでに一世紀前にイギリスで起こった最先進国への上昇には農村から都市へ、農業から工業への移行が付随していたから、ヨーロッパの大半の国々の成長は農業の衰微からだけでも説明がついただろう。実際のところ、イギリスにはもはや低賃金の製造業やサービス業へと移る余剰農業人口など残っておらず、したがって後進性からの急速な脱出がもたらす効率性の増加などなかったという事実から、イギリスがこの時期に相対的に貧弱なパフォーマンスを示し、成長率がフランスやイタリアに（その点で言えばルーマニアにさえ）遅れをとりつづけていたことの説明がつく。まったく同じ理由から、この数十年間のオランダは隣りの工業国ベルギーのパフォーマンスをしのいだが、それは農村の余剰労働力がそれまで未発展だった工業部門やサービス部門に「一気に」移行したおかげだったのである。

ヨーロッパ経済の奇蹟で果たした政府と計画化の役割を秤量するのは、なかなかむずかしい。それは一部の地域ではほとんど無用の長物だった。たとえば北イタリアの「新」経済がそのエネルギーの大半を引き出したのは、幾千もの小規模企業からだった――これらの家族企業では農民からの雇用が季節的に倍増することが多々あったし、諸経費と投資のコストは低く、税金はほとんど、あるいはまったく払っていなかった。一九七一年時点では、この国の労働力の八〇パーセントは被雇用者一〇〇人以下――多くはそれを大きく下回る――事業所で働いていた。会計や区域指定や建築などの違反に目をつぶってやること以外、イタリアの中央当局者がこれら小企業の経済努力を援助するためにどんな役割を果たしたのかは不明である。

と同時に、個人の創意や民間投資のらちを超えるような大規模な刷新に融資するには、国家の役割が決定的に重要だった。政府によらないヨーロッパの資本投資は長いあいだほと

（4）比較のために挙げれば、一九五〇年当時のアメリカでは農業部門の被雇用者が一二パーセントだった。

（5）スウェーデンは部分的な例外事例である――スウェーデンの戦後の繁栄の鍵は、高価格工業製品への特化を成しとげたことだった。しかしスウェーデンには安価でいつでも雇える（フィンランドからの）移住労働者がおり、それに加えて水力発電がクッションとなって石油価格の高騰を吸収することができた。同じような理由によって、スイスとともに特殊なケースなのである。

んど行なわれぬままであり、アメリカからの民間投資がマーシャル援助や軍事援助に代わり始めたのはようやく五〇年代末だった。イタリアでは世界銀行からの巨額融資を受けた「南部開発公庫」〔前出330頁〕が、当初はインフラストラクチュアや農業改善への投資を行なった。土地の再利用、道路建設、排水、架橋などである。後には新設の工業プラントを支援するようになった。それは南部の投資意欲の旺盛な私企業に対して貸し付けや補助金や優遇税などのインセンチヴを提供し、それを通じて南部への新たな投資に政府保有株が六〇パーセントを占めるよう指導され、それによって一九五七年以後の数十年間には、イタリア半島の南三分の一にわたって一二の「成長圏」と三〇の「成長の核」とが設置されたのである。

他の国における大規模国家プロジェクトと同じく、この「公庫」も非効率的で少なからず腐敗した。その恩恵の大部分は情実を通じて沿岸地帯へと振り向けられ、それが導入した新規産業は資本集約型で雇用をほとんど生まなかった。この地域の農業改革の結果形成された数多くの小規模な「自営」農場は国家依存から抜けきれず、イタリアの「メッツォジョルノ（南部）」を半永久的な福祉地帯としてしまった。にもかかわらず一九七〇年代半ばまでには、南部の一人当たり消費は倍増し、現地所得は年率で平均四パーセント上昇し、幼児死亡率は半減し、電化は順調に完成に向かって進んでいた——一世代前のこの地の記憶といえば、ヨーロッパで最も見捨てられた後進地域だったのである。北部の工業地域が離陸をとげつつあった——すでに見たように、ある程度まで南部からの移入労働者のおかげ——そのスピードを勘案すれば、瞠目すべきは「公庫」がローマ以南の地で経済の奇蹟を起こせなかったことではなく、ともかくこの地域も遅れずについてゆくことができたという事実にある。この点はローマの当局者の手柄である。

政府が果たした役割は他の国々でも千差万別だったが、決して無視し得ぬものだった。フランスでは、国家はその役割をいわゆる「指示的計画」へと限定し、権限を梃子として特定の地域、特定の産業、場合によっては特定の製品へと資源を振り向け、戦前の数十年間のマルサス主義による低投資の歪みを意図的に是正していった。政府の役人が国内投資に関してかなり実効的な権限をふるうことができた特段の理由は、通貨法規と国際資本の移動制限とによって、戦後数十年にわたって対外競争が抑止されていたからだった。短期的に利益の上がる海外でのリターンを追求する自由が制限されたので、フランスその他の諸国の銀行や個人投資家は国内に投資したのである。[6]

西ドイツでは、戦間期の記憶で残りつづけているのが紛争や不安定（政治面でも金銭面でも）だったので、ボンの当局者はフランスやイタリアの同類と比べると、経済行動を企画したり指導したりすることにさほど積極的ではなく、むしろ社会紛争、とりわけ雇用者–労働者間紛争を予防ないし鎮静化する措置のほうに注意を向けていた。彼らがとくに奨励し助力を惜しまなかったのは、ストライキや賃金インフレに陥る危険を減らす目的の交渉や「社会契約」だった。その結果、民間企業（およびそれらと提携関係にあるか、それらを所有する銀行）は労働者側の長期的な賃金抑制を期待できるがゆえに、未来への投資意欲が強まった。西ドイツの組織労働者は、スカンジナヴィアの場合と同じく、こうした相対的従順さの代償として雇用の保障と、低いインフレと、さらには高度の累進課税でまかなわれる包括的な公共福祉サービスや給付金を手に入れたのである。

　イギリスでは、政府はもっと直接的に経済に介入した。一九四五—五一年期の労働党政権が行なった国有化の大部分は、その後継の保守党政権によってもそのまま保持された。しかしながら両党とも、経済の長期計画や対労組関係への攻撃的介入には反対だった。実施された積極介入は需要調整という形をとり、貯蓄あるいは消費の促進のために利率や限界課税帯を操作したのである。これらは短期的な戦術だった。この時期のイギリス政府で最も特徴的な主要戦略目標は、あの傷跡深い一九三〇年代の失業レベルへの逆もどりを防ぐことだった。

　こうして西ヨーロッパ全体にわたって政府と経営者と労働者とが結託して、高い政府支出・累進課税・賃金上昇の抑制という好循環をつくりあげたわけだ。すでに見てきたように、これらの目標は、経済計画となんらかの形の「福祉国家」の必要性とをめぐって戦中・戦後に形成された広範なコンセンサスのなかにすでに書き込まれていた。したがってそれらは、政府による政策と人びとの集合的意図の産物だった。しかしそれらの未曾有の成功を可能にした条件は、政府の直接的関与の届かぬところにあった。ヨーロッパ経済の奇蹟、さらにその後にやって来た社会的・文化的大変動の引き金となったのは、ヨーロッパにおける急速で持続的な人口増加だったのである。

　ヨーロッパは過去においても何回か、人口の急激な増加を経験した——最近では一九世紀半ばにそれが起こっていた。

（6）過去の慣行と対照すると事態がはっきりする。フランスの工業化のごく初期の段階では、パリ最大級の投資銀行でさえこの国の工業インフラストラクチュアの近代化を支援する資金に事欠いており、政府からは補助も援助もなかった。一九四五年時点におけるフランスの工場、道路、鉄道網、公共施設の荒廃ぶりは、こうした資金不足を雄弁に物語っていた。

しかしそれらは概して持続的な人口増加にはつながらなかった――その理由として、伝統的農業では過剰な人口を養いきれなかったか、戦争や疫病か、新たに生まれた過剰人口、とくに成人期前半の若者が、よりよい生活を求めて海外移住したことなどが挙げられる。そして二〇世紀になると、ヨーロッパの人口増加は戦争と海外移住とによって、それ以前の数十年間の出生率の増加から期待される数字よりずっと低く抑えられたのだった。

第二次大戦直前の時点では、第一次大戦における若い世代の人命損失が引き起こしたドミノ効果と、一九三〇年代の大恐慌や内戦や政情不安とが相俟って、西ヨーロッパの一部における出生率が歴史的低水準まで下がった。イギリスでは一〇〇〇人当たりの新生児出生率はわずかに一五・三、ベルギーでは一五・四、オーストリアでは一二・八だった。フランスでは一九三九年の出生率は一〇〇〇人当たり一四・六だったが、死亡者数が出生者数を上回ったのが第一次大戦中と一九一九年と一九二九年の二回だけにとどまらず、一九三五年から一九四四年までの毎年へと及んだ。ここでは内戦期スペインと同じく、全人口数が確実に減少していた。その他の地中海ヨーロッパとウィーン以東では出生率が高く、西欧の出生率の倍になった時もある。しかしながら幼児死亡率が高かったのと、あらゆる年齢層の死亡率が高かったために、そこでの人口増加も顕著なものではなかった。

戦後のベビーブームを理解するにはこうした背景と、それに加えて第二次世界大戦自体がもたらした人口統計学的災厄とを踏まえなくてはならない。一九五〇年から一九七〇年にかけて、イギリスの人口は一三パーセント増加し、イタリアでは一七パーセントだった。西ドイツにおける同じ時期の人口増は二八パーセント、スウェーデンは二九パーセント、オランダは三五パーセントだった。これらの事例のなかには、現地での増加を移入民（植民地からオランダに帰国した人びとや、東ドイツその他からの西ドイツ連邦共和国への難民たち）が押し上げていた。しかしフランスではこうした外因的要素はわずかしかなかったにもかかわらず、一九四六年の戦後初の調査から六〇年代末までの人口増はほぼ三〇パーセントで、この国における最速の増加率を記録したのである。

したがって一九五〇年代・六〇年代ヨーロッパの目立った特徴は多数の子どもたちと若者たちであり、これは当時のあらゆる街頭風景からたちどころに看取される。四〇年にわたる中断の後、ヨーロッパは若返りつつあったのだ。大方の国々における戦後出生数のピークは一九四七―一九四九年だった――一九四九年にフランスで誕生した赤ん坊は八六万九〇〇〇人で、一九三九年にはそれはわずか六一万二〇〇〇人だったのである。一九六〇年時点で、オランダ、アイルランド、フィンランドでは人口の三〇パーセントが一五歳未満だった。一九六七年時点で、フランスでは三人に一人が二〇歳未満だった。戦後になって何百万もの子どもが生まれただけでなく、そのうちの生き延びた子どもたちの数が未曾有に増加したのである。

栄養と住宅と医療の進歩のおかげで、この数十年間のヨーロッパの幼児死亡率――普通出産で生まれた子ども一〇〇〇人中一歳の誕生日までに死亡した子どもの数――は急激に降下した。それはベルギーでは、一九五〇年の五三・四から一九七〇年の二一・一へと下がったが、変化の大半は前半の一〇年間に起こっていた。イタリアでは六三・八から二九・六へ、フランスでは五二・〇から一八・二への下降だった。老人も長生きするようになった。少なくとも西ヨーロッパでは、同じ時期に死亡率が着実に下がったのである。東ヨーロッパにおける幼児生存率も、非常に悪かった出発点と比べれば改善された。ユーゴスラヴィアでは、一九五〇年の子ども一〇〇〇人当たり死亡率一一八・六から、二〇年後には五五・二へと下がった。[7] ソヴィエト連邦自体では、一九五〇年の一〇〇〇人当たり八一が一九七〇年の二五へと下がったが、内部の共和国ごとに大幅な変動があった。しかし共産主義諸国家における出産率は西側諸国よりもやや早く先細りとなり、六〇年代半ばからは、だんだん悪化した死亡率（とくに成人男性の）に太刀打ちできなかった。

ヨーロッパにおける多産性の回復についての説明は数多くあるが、詰まるところ楽観主義プラス無料ミルクである。一九一三―一九四五年の長い人口統計上の谷間の時期に、各国政府は出産奨励を行なったが――男性と住宅と仕事口と安全の慢性的な不足を、愛国心高揚や家族関係諸法その他の立法で埋め合わせようとしたのだが――効果はなかった。ところが今や――戦後成長が安定雇用や消費経済へと転換してゆく前だったにもかかわらず――平和と安全と国家の奨励策とが重なり合って、一九四〇年以前のいかなる「産めよ殖やせよ」プロパガンダも成しとげることができなかったことが実現されたのである。

動員を解除された兵士たち、帰国してきた戦争捕虜や政治難民たちは、子どものいる夫婦を優遇する配給制・割り当て制や現金による児童手当の支給に促されて、まずは結婚して家族を持つ好機を逃さなかった。さらにもっと別の要素もあった。一九五〇年代初期になると、西ヨーロッパの国々は自

（7）一九五〇年時点のヨーロッパで、一歳未満の幼児一〇人中一人以上が死亡する国はユーゴスラヴィア、ポーランド、ルーマニア、アルバニアだけだった。西ヨーロッパでのしんがりはポルトガルで、その一九五〇年の幼児死亡率は一〇〇〇人当たり九四・一だった。

国の市民に対して単に希望や社会的セーフティー・ネット以上のものを提供することが可能になった――つまり、有り余る仕事口が供給されたのだ。一九三〇年代を通じ、西ヨーロッパにおける平均失業率は七・五パーセント（イギリスでは一一・五パーセント）だった。それが一九五〇年代までに、イタリアを除く各国で三パーセント以下へと下がっていた。一九六〇年代半ばでは、ヨーロッパの平均が一・五パーセントとなった。記録が保存されている限りで、西ヨーロッパは初めて完全雇用を経験していたのだ。数多くの分野で、今や労働力不足が深刻になった。

これによって組織労働者が勝ちとった有利さにもかかわらず、労働組合は（イギリスを顕著な例外として）弱体のままか、さもなければ自分たちの力を発揮することに消極的だった。これは戦間期数十年の遺産だった。戦闘的ないし政治的組合は、大恐慌やファシズムからこうむった弾圧の衝撃から十分に回復していなかったのだ。全国レベルの交渉当事者として新たに身につけたリスペクタビリティー（体面）と引き換えに、組合代表者たちは五〇年代から六〇年代初期にかけて、この労働力不足につけ込んで自分たちに有利になるよう図るよりは、使用者側との協調を選ぶほうが多かった。一九五五年、フランスで自動車産業労働者の代表と国営自動車メーカーのルノーとのあいだで初めて生産性協定が取り決められた際、労働者側の主要成果は賃金ではなく三週間の有給休暇という新しい形の譲歩だったことは、考え方の転換の兆しであった。(8)

西ヨーロッパで旧来のブルーカラー労組が重要性を失ったもう一つの理由は、その構成員たる男性熟練労働者が減少していたからだった。石炭、鉄鋼、繊維、その他の一九世紀からの産業が縮減していたのだが、それがはっきり見えるようになったのは六〇年代になってからだった。第三次産業の仕事口はますます増大し、それに就いたのは多くが女性だった。織物製造や家事労働など、職業によっては数十年にわたって多くが女性に担われてきた。ところが戦後はこの両方とも、雇用機会が急激に減少した。女性の労働力を構成するのは、もはや召使や紡績女工などの独身女性ではなかった。それに代わって商店やオフィスや、低賃金の専門職――看護婦や教師――で働く年配女性（既婚者が多い）が増えていった。一九六一年時点で、イギリスの被雇用労働者の三分の一が女性であり、被雇用女性の三人に二人は事務ないし秘書の仕事に就いていた。年配女性が（正式に）被雇用者の一員となることなど伝統的になかったイタリアでさえ、一九六〇年代末には労働力の二七パーセントが女性だったのである。

ヨーロッパの四分の一を占める繁栄する北西地域で労働力需要が極度に高まったことが、一九五〇年代と一九六〇年代初期における異常な大量移住現象を説明する。そこには三つの形態が見られた。第一は男性が（数は少ないが女性や子どもも）田舎を棄てて都会を目ざし、自国内で開発が進んだ地域へと移動するケース。スペインでは一九五〇年以後の数十年間に、百万を超える住民がアンダルシーアからカタルーニャへと北方へ移動した。一九七〇年時点で、アンダルシーア生まれのスペイン人一六〇万人が生まれた地域の外で暮らしており、その数はバルセロナだけで七一万二〇〇〇人に達していた。ポルトガルでは、貧困なアレンテージョ地方から住民のかなりの部分がリスボンへと移住した。イタリアでは一九五五年から一九七一年にかけて、約九〇〇万人が自国内移住を行なった。

住民移動のこのパターンは地中海沿岸地方に限られていたわけではない。一九五〇年から一九六一年にかけて、西ドイツを目ざしてドイツ民主共和国を棄てた何百万もの若者は政治的自由を選択していたのかもしれないが、彼らは西へと移ることで給料のいい仕事や良い暮らしを求めていたのだ。この観点で見れば、彼らも同時期のスペイン人やイタリア人となんら変わるところはなかった――あるいは一九四五年以後の一〇年間に、都会を目ざして農村地域と北部から移動した一〇〇万人のスウェーデン人もこの部類である。この移動の大部分を促したのは所得格差だったが、とくに若い人びとにとっては貧乏や、孤独や、村の生活のわびしさや、伝統的な農村の上下関係のしがらみなどを逃れたいという欲望も一役買っていた。ここで生じた利点の一つは、後に残った人びとが受け取る賃金と、彼らに利用可能な土地とが結果的に増えたことだった。

移住者がたどった第二のルートは、ヨーロッパ内の一国から他国への移動だった。ヨーロッパ人の移住は何も新しいことではなかった。一八七〇年から一九二六年にかけて、一五〇〇万人のイタリア人がアメリカやアルゼンチンへと向かって海を越えて国を離れたのだった。この時期に移住した幾百万のギリシア人、ポーランド人、ユダヤ人その他や、もう一世代以前のスカンジナヴィア人、ドイツ人、アイルランド人も同じだった。また第一次大戦後には、たとえばイタリアやポーランドからフランスへと鉱山労働者や農業労働者の定常的な流入が見られたし、一九三〇年代にはナチズムやファシズムから西へと逃れた政治難民がいた。しかしヨーロッパ内の移住、とくに仕事を求めてのそれは例外的だったのである。一九五〇年代末までに、このすべてが変わった。国境をま

（8）翌一九五六年三月、この権利はフランスの全労働者へと拡大された。ルノーの労働者は一九六二年には四週間の有給休暇を獲得したが、こちらの場合、この国の全労働者がそれにならうには七年かかった。

たいでの労働力移動が始まったのは戦後すぐからだった——一九四六年の協定にしたがって、何万人ものイタリアの若者が隊列を組んでワロン地域の鉱山へと働きに出かけ、見返りとしてベルギーはイタリアに石炭を供給したのである。しかし一九五〇年代を通じて、ヨーロッパ北西部の経済発展は現地の人口増を上回りつつあった。「ベビーブーム」世代はまだ労働力とはならず、労働力需要は頂点に達しつつあったのだ。とくにドイツ経済の加速が始まると、ボン政府は国外の安い労働力を求めざるを得なくなった。

一九五六年時点で、アデナウアー首相はローマに赴いてドイツまで行くイタリア人労働者に無料輸送を申し出、南部の失業者たちをアルプス越えでドイツに招き入れるべくイタリアに対して正式の協力を求めた。その後の一〇年間のうちに、ボンの政府当局が一連の協定に調印することになった相手にはイタリアだけでなく、ギリシアとスペイン(一九六〇年)、トルコ(一九六一年)、モロッコ(一九六三年)、ポルトガル(一九六四年)、チュニジア(一九六四年)、ユーゴスラヴィア(一九六八年)が含まれていた。外国人労働者(いわゆる「ゲスト労働者」)はドイツで仕事に就くよう奨励された。その場合彼らの滞在は厳密に一時的、つまり彼らは最終的には出身国に帰るというのが諒解事項だった。スウェーデンにおけるフィンランドからの移住労働者や、イギリスにおけるアイルランド人労働者と同じく、これら男性労働者は大半が二五歳以下で、ほとんどすべてが貧困地帯か農村か山岳地域から来ていた。大多数が未熟練だった(なかには職を得るために「単純作業」に従事した者もいた)。ドイツその他北方の国々における彼らの稼ぎは、彼らが後にしてきた地域の経済を支えるのに重要な役割を果したが、彼らが国を出たこと自体、仕事口や住宅をめぐる出身地の競争を軽減してもいたのだ。一九七三年にはトルコの輸出額の九〇パーセントが国外労働者からの送金であり、ギリシア、ポルトガル、ユーゴスラヴィアではそれが五〇パーセントだった。

こうした住民移動が生む人口統計上のインパクトは大きかった。移住は正式には「一時的」だったが、彼らは実際には永久に故郷を出ていたのだ。帰国するとしても、それはずっと後になって引退するときだけなのだ。一九四五年から一九七〇年にかけて、七〇〇万のイタリア人が国を離れた。一九五〇—一九七〇年期に、ギリシアの全労働力の四分の一が国外で職に就いた。六〇年代半ばの移住の最盛期には、毎年一万七〇〇〇人のギリシア人が国を後にした[9]。一九六一年から一九七四年までに、概算で一五〇万のポルトガル人労働者が国外で仕事を見つけた——これはポルトガルの歴史始まって以来最大の住民流出で、ポルトガル国内に残った労働力はわずか三一〇万人となってしまったのである。一九五〇年の総人口がわずか八三〇万人そこそこの国にとって、こうした数字は劇的なものだった。パリその他での家内雇用を求めて若い女性が流出移住したことで田舎はとくに顕著な影響をこうむり、そこでの成人若年層不足を不十分ながら補ったのがカーボ・ヴェルデ諸島〔大西洋セネガル沖〕やアフリカのポルトガル植民地からの流入移住者の到着だった。ポルトガルのある地方都市、北部農村地帯のサブガルでは一九五〇年の現地人口四万三五一三人が、流出移住のために三〇年後にはわずか一万九一七四人へと減少したのである。

「輸入国」側の経済的利得は甚大だった。一九六四年までにスイスの労働力の四分の一が外国人（大半がイタリア人）となったが、この国の観光業は安価な季節労働に多くを依存していた。てっとり早く雇い、手数をかけずに解雇できたのである。西ドイツではピーク時の一九七三年に二八〇万の外国人労働者がいて、大半が建設業や金属加工や自動車製造で働いていた。これは全国の労働力人口の八人に一人に当たっていた。記録によればこの年のフランスにおける外国人労働者の数は二三〇万だが、これは全労働力人口の一一パーセントだった。その多くが女性で、料理人、掃除人、管理人、子守として家事労働に雇われており、圧倒的にポルトガル出身者が多かった。

これらの人たちの大部分は永住権を持っておらず、しかも現地の被雇用者の安全や福祉や退職に関しては労使間協定の対象外だった。したがって彼らは、移住先の国と雇い主に責任や長期コストを負わせることがなかった。ドイツの「ゲスト労働者」は一九八〇年代に至るまでも、新入社員並みの地位と賃金に抑えられていた。彼らはぎりぎり切りつめた暮らしをして、稼ぎの大部分を故国に送金した。マルクやフランで受け取る賃金がどれほど安くても、生まれ故郷の村々で稼げる賃金の何倍もの価値があったのだ。彼らが置かれた状況は、あのフランコ・ブルザーティ監督の一九七三年作品『パンとチョコレート』〔日本未公開〕でやや戯画化されて描かれていた、ルツェルン〔スイスの観光地〕の孤独なイタリア人ウェイターのそれに似ていたのである。

一九七三年時点では、西ドイツだけで五〇万に近いイタリア人、五三万五〇〇〇のユーゴスラヴィア人、六〇万五〇〇〇のトルコ人がいた。[10] ドイツ人は——スイス人やフランス人やベルギー人やイギリス人と同じく——自分の国に突然大挙して押し寄せてきた外国人をとくに歓迎したわけではなかっ

(9) その結果、六〇年代末にかけて観光事業が発展し始めると、とくに熟練を要さない仕事で、ギリシア自体において労働者不足が発生した。

(10) わずか一五年前の一九五八年では、イタリア人二万五〇〇〇人、ユーゴスラヴィア人四〇〇〇人、トルコ人はほんのわずかで公式の調査には記録されなかった。

た。よく知らない外国からやって来た大勢の人びとともに暮らすことは、大半のヨーロッパ人にとって初めての経験だった。それでも、外国人労働者の居住地域に対する偏見や暴力のたまさかの爆発はみられたものの、かなり寛容に受け入れられていたとすれば、こんな理由が挙げられよう——外国人労働者が住んだのが地元住民から離れた大都市のさびれた郊外であったこと、完全雇用時代だったために彼らが経済的脅威とはならなかったこと、ポルトガル、イタリア、ユーゴスラヴィアから来たキリスト教徒の場合に限れば、彼らは身体的にも文化的にも「同化可能」だったこと（つまり黒人でもムスリムでもなかったこと）、さらに彼らはいつか立ち去るものと一般に諒解されていたからである。

しかしながら輸入労働力の第三の源泉に対しては、こうした考察が当てはまらなかった——つまり過去および現在のヨーロッパ植民地からの移民たちである。このカテゴリーに属する人びとの数は、当初は問題にならなかった。アジア、アフリカ、南アメリカ、太平洋地域のかつての帝国保有地からオランダ、ベルギー、フランスへと帰国した人びとの多くは、白人専門職か引退した農業者たちだった。一九六九年時点でフランスに住んでいたアルジェリア国籍者でさえ、その数はわずかに六〇万人で、各地のイタリア人住民やスペイン人住民より少なかったのである。

イギリスでは一九五〇年代の政府が積極的に奨励して、この国の列車やバスや都市の公共サービスの職員にカリブ海地域からの移住民を雇用したが、そのイギリスでさえ数字はさほどおどろくべきものではなかった。一九五一年の調査では、西インド諸島（主にバルバドス）からのイギリス居住者は一万五〇〇〇人、そのうち四〇〇〇人はロンドンだった。一九五九年になると、西インドからイギリスへの移住は年間一万六〇〇〇人ほどだった。英連邦の他の地域からの移住はもっと少なく、一九五九年のインドとパキスタンからの移民はわずか三〇〇〇人だった。これらの数字は後年にはもっと増えるのだが（とくにウガンダの独裁者イディ・アミンによって追放された東アフリカ系アジア人の受け入れをイギリス政府がしぶしぶ認めたときなど）、一九七六年に至ってもイギリス人口のなかの「非白人」数はわずかに一八五万人で、総計の三パーセントだった。しかもそのうちの四〇パーセントがイギリス生まれだった。

ちがいは何かと言えば、当然ながらこれらの人びとの皮膚の色（褐色ないし黒）だった——それと彼らは英連邦の市民だったから、帝国首都における推定永住権やそれにもとづく市民権を有していた。すでに一九五八年にロンドン西部で起こった人種暴動が、歴史的な白人社会に「過剰な」移民の流入を認めることの危険性を政府に警告していた。そこでイギリスは、非熟練移民の場合は経済的事情が優勢で、総数としては重大問題ではなかったにもかかわらず、非ヨーロッパ人移民に対する多くの規制を導入し始めた。一九六二年の「英連邦移民法」によって最初の「雇用クーポン券」が導入され、イギリスへの非白人移民に対する厳格な管理が行なわれた。一九六八年の「継承者法」はこうした管理をさらに強化して、イギリス市民権は少なくとも親の一人がイギリス人である人びとへと限られることとなり、一九七一年には明白に非白人を対象とするさらに別の法律が定められて、すでにイギリスに在住している移民の扶養家族の入国をきびしく制限したのである。[11]

こうした法律の純効果とは、非ヨーロッパ人のイギリス移入を、それが始まってから二〇年も経たぬうちに止めてしまうことだった。したがって今後、イギリスの人口中で非白人が占める割合は、イギリス国内のアフリカ人、カリブ人、南アジア人の高出生率の関数となるだろう。その一方で、黒人およびアジア人に対するこうした徹底した入国制限のおかげで、やがて彼らの入国後のライフ・チャンス（生活機会）にはかなりの改善が見られた。一九六五年の「人種関係法」は公共の場所での差別を禁止し、就業差別に対する救済を導入し、人種憎悪の扇動に対して刑罰を科した。一一年後の「継承者法」は人種にもとづくすべての差別を非合法化し、「人種平等委員会」を設置した。イギリスにおける（そして後にはフランスにおける）この新たな非ヨーロッパ人住民は、ある意味ではアルプス以北で仕事を持っていた権利不十分なヨーロッパ人よりも幸運だった。イギリスの女家主はもはや「黒人、アイルランド人、犬はお断り」の看板を出せなくなったが、スイスの公園では「犬とイタリア人」の入場を禁ずる掲示が、まだ当分のあいだ目についたのである。

北ヨーロッパでは、外国人労働者その他の居住者の状況は故意に不安定なまま放置されていた。オランダ政府はスペイン、ユーゴスラヴィア、イタリア（そして後にはトルコ、モロッコ、スリナム〔旧オランダ領ギアナ〕）からの労働者の流入と、織物、鉱山、造船での彼らの就業を促進した。しかし旧来型産業が閉鎖したときに失業したのはこれらの労働者で、彼らには自分や家族がこうむった衝撃を吸収できる保険

(11) 植民地からの移民に対するこうした厳格な規制は、二大政党双方の主流派の意見を反映していた。しかしながら、一九四八年七月という一世代も経たぬ昔には別の事情の下で、労働党首相のクレメント・アトリーはこう書いていた――「伝統によれば、出身が自治領であれ植民地であれ（人種や皮膚の色を問わず）、イギリス帝国臣民は連合王国への自由な入国が適うのである。わたしの見解では、この伝統を軽々に放棄すべきではない、多数の外国人労働者を移入しているときこそ、とくにそうしてはならないのだ。」

もセイフティー・ネットもなかった。西ドイツでは一九六五年の「外国人法」の条文に、一九三八年にナチが初めて制定した「外国人に対する警察規制」を組み入れていた。外国人労働者は当局の裁量権の下に置かれた、一時的存在としてあつかわれていたのだ。しかしヨーロッパ経済が失速して移住労働者の多くが不要になった一九七四年時点では、彼らは永住市民になっていた。この年に西ドイツで生まれたすべての子どもたちの、一七・三パーセントは「外国人」の子どもだった。

人びとのこうした移動がもたらす最終的なインパクトの評価が、過大に陥ることはない。全部を勘定してみると、およそ四〇〇〇万に上る人びとがそれぞれの国内を、国と国のあいだを、さらには海外からヨーロッパへと移動したのだった。こうした脆弱かつ大半が組織されない形での、安価で豊富な労働力がなかったとしたら、ヨーロッパの好景気など起こり得なかっただろう。戦後のヨーロッパ諸国家――および民間企業主――は、従順で低賃金の労働者から恩恵を受けること甚大だったにもかかわらず、彼らのために社会的コストを十全に支払うことをしばしば回避してきた。好景気が終わって余剰労働力を解雇する段になると、最初の犠牲者は移民労働者たちだった。

他の誰とも同じように、新しい労働者たちは物を作るだけではなく、物を買った。これはまったく新しい事態だった。歴史の記録が始まって以来、ヨーロッパの大半の人びとは――地球上の他の地域とて同じことだが――四種類の物品を所有してきた。親から受け継いだ物品、自分で作った物品、他人と交換取り引きした物品、やむを得ず現金で買ったわずかの物品で、これはほとんどの場合自分の知り合いが作った物だった。一九世紀に起こった産業化の過程で町や都市に住む人びとの世界が様変わりしたが、ヨーロッパの農村地域の処々方々では伝統的な経済があまり変わらぬまま作動していて、第二次大戦以後まで残ったのである。

伝統的な所帯予算で最大の出費は食糧と衣服だったが、それに住居が加わって家族の収入の大半が費やされた。大部分の人びとは買い物、すなわち現代的な意味での「消費」などせず、ぎりぎりの生活だった。二〇世紀中頃までのヨーロッパの住民の圧倒的多数にとって、「可処分所得」というのは語義矛盾だった。つい最近の一九五〇年でも、西ヨーロッパの標準所帯は現金支出の半分を生活必需品に費やしていた――食べ物、飲み物、タバコである。地中海ヨーロッパでは、この数字は明らかにもっと高かった。これに衣料と賃料を加えると、必需品以外の物を買う余裕などなかった。

次の世代になると、このすべてが変わってきた。一九五三年以後の二〇年間で、西ドイツとベネルクス諸国において実質賃金はほぼ三倍増となった。イタリアでは、所得の伸び率はもっと高かった。イギリスにおいてさえ、平均的市民の購買力はこの時期にほぼ二倍となった。一九六五年までに、食糧と衣服はイギリスの消費支出のわずか三一パーセントとなったが、一九八〇年時点では、北西ヨーロッパ全体の平均は二五パーセントを下回ったのである。

人びとは金銭に余裕ができ、それを使い始めていた。一九五〇年、西ドイツの小売業者が販売した婦人用ナイロンストッキングはわずか九〇万足だった（これは戦後すぐの時期の「ぜいたく品」の象徴だった）。四年後の一九五三年、売り上げ数は五八〇〇万足になった。もっと伝統的な商品では、こうした消費革命のインパクトは主として商品の包装や、その売り上げ規模で起こっていた。スーパーマーケットが出現し始めたのはとくに一九六〇年代だったが、この一〇年間は購買力増大の影響が最も劇的に感じられた一〇年だった。オランダのスーパーマーケット数は一九六一年にはわずかに七店舗だったが、一〇年後には五四〇になった。同じ一〇年間に、隣国ベルギーのスーパーマーケット数は一九から四五六へと増加し、フランスでは四九から一八三三への増加だった(12)。

スーパーマーケットが成り立つ理論的根拠は、買い物客（おおむね主婦たち）は仮に自分が欲しい物――あるいは欲しいと思わせられた物――の大半が都合よく一箇所で手に入るなら、買い物に出かけるごとに必要以上の出費をするだろう、という点にある。しかしこれは半面で、女性が買い物から帰宅したとき食料品を保管する場所があることを前提としており、それはすなわち冷蔵庫数の増加を意味していた。一九五七年、西ヨーロッパの所帯の大部分はまだ冷蔵庫を持っていなかった（数字は西ドイツの一二パーセントからイタリアの二パーセント未満まで）。一九五〇年代半ばまでに実質的に西ヨーロッパ全体に電力供給が行きわたり、例外と言えばノルウェーの農村地方の一部とイタリアの南部高原地方だけだったから、冷蔵庫がなかった理由は電力の技術問題ではなく収蔵物の補給問題だった。主婦が一回の買い物で腐りやすい食べ物をたくさん購入し、それを自宅まで運んで帰ることができるようにならなければ、冷蔵庫に大金を費やす意味はあまりなかったのだ(13)。

(12)　例外だったのがイタリアで、一九七一年にこの国の五三八のスーパーマーケットで行なわれた買い物は全購買数の五パーセント未満であり、ほとんどの人は各地の専門商店を使いつづけていた。この点は二〇年後でも同じだった。一九九一年と言えば、西ドイツにおける食品小売店数が三万七〇〇〇軒へと減少し、フランスではわずか二万一五〇〇店へと落ちたのだが、イタリアの食品ストアはたっぷり一八万二四三二軒もあった。住民一人当たりで見ると、これより多かったのはポーランドだけだった。

したがって一九七四年までには、一連のたくさんの変化を示す徴候として多くの国で冷蔵庫の有無が注目されるようになっていた。ベルギーとイギリスでは八二パーセントの所帯が持っており、フランスでは八八パーセント、オランダと西ドイツでは九三パーセントだった。実のところ、冷蔵庫その他「大型家電」の製造ではイタリアがヨーロッパ第一位になっていた。一九五一年、イタリアの工場が製造した冷蔵庫はわずか一万八五〇〇台だったが、二〇年後になると年間生産台数は五二四万七〇〇〇台でほぼアメリカに匹敵し、他のヨーロッパ諸国の合計よりも多かったのである。

家庭用冷蔵庫とともに、この時期には洗濯機が出現した。これもまた新しい豊かな社会の主婦の仕事を軽減し、購買物品の幅を広げることをねらっていた。しかし洗濯機は冷蔵庫と比べて、流行に時間がかかった。その理由の一端は、一九五〇年代半ばのベルギー、イタリア、オーストリア、スペイン、フランスとスカンジナヴィアの多くの地域で半数以上の所帯に水道が引かれていなかったからであり、さらには多くの地域の配電能力では、一戸で二台の大型機器は動かせなかったからでもあった。[14] 西ヨーロッパ人の大部分が屋内トイレと完全配管工事の家に住んでいた一九七二年になっても、洗濯機を持っていたのはたった三軒に二軒で、この割合は着実に、しかし一〇年単位でゆっくりと上昇した。洗濯機は貧しい人びと、とりわけそれが大いに必要だった大人数家族にとって、長年のあいだ高嶺の花だったのである。こうした理由もあって、洗濯機は——一九七〇年代半ば以後の皿洗い機ともども——コマーシャル・イメージのなかでは、ずっと長いあいだ裕福な中産階級家庭の飾りものとなっていた。

洗濯機と冷蔵庫はだんだん安くなった。玩具や衣服と同じく、以前よりはるかに大規模に製造されるようになり、投資と高い需要の維持とが相俟って価格を引き下げた。大量生産では常に遅れをとっていたフランスでさえ、玩具産業の総売上高は一九四八—一九五五年の初期ベビーブーム期に三五〇パーセント増となった。しかし新たに雇用された幾百万人もの商品消費世代による好循環が最大のインパクトを与えたのは、家庭内ではなく屋外だった。ヨーロッパの繁栄を測る唯一最大のものさしは、ファミリー・カーがもたらした革命だった。

一九五〇年代まで、自動車は大方のヨーロッパ人にとってぜいたく品で、めったに見られない地域が数多くあった。大都市においてさえ、その普及はごく最近のことだった。多くの人びとは娯楽のために長距離旅行することはなく、仕事や勉学での旅行には汽車、電車、バスなど公共交通機関を用いた。一九五〇年代の初め、スペインの自家用車の数はわずかに八万九〇〇〇台（タクシーは除く）で、三一万四〇〇〇人に一台の割合だった。一九五一年にフランスで自動車を持っていたのは、一二所帯中わずか一所帯だった。イギリスだけは、自動車の所有がマス現象となっていた。一九五〇年に二二五万八〇〇〇台の自家用車があったのだ。しかしその配分には地理的な不均等があった。全車両の四分の一近くがロンドンで登録されており、大ブリテン島の田舎の大部分では車の姿が見られぬこと、フランスやイタリアと同じだったのである。しかもなお、ロンドン人の多くは車など持っておらず、仕事に馬車を使っている幾千人もの市場商人や行商人がいた。

自動車の所有が飛躍的に増えたのは次の二〇年間だった。イギリスでは一九三〇年代に始まった離陸が戦争と戦後の品不足で阻まれていたのだが、一九五〇年から一九八〇年まで一〇年ごとに倍増した。一九五〇年代には二二五万台だったイギリスの自動車所有数が一九六四年時点で八〇〇万台へと上昇し、六〇年代末には一一五〇万台に達したのである。戦争が始まったときにイタリア人が所有していた自家用車の数はわずか二七万台、一九五〇年には三四万二〇〇〇台だったが（これは当時の大ロンドン州だけの台数より少なかった）、一九六〇年までに二〇〇万台、一九六五年までに五五〇万台、一九七〇年には一〇〇〇万台超、その五年後にはおよそ一五〇〇万台となり、この国の居住者七人に二台の割合となった。(15) フランスの自動車所有は、一九五〇年代のあいだに二〇〇万台未満から六〇〇万台近くへと上昇し、さらに次の一〇年間でふたたび倍増した。こうした兆候を示すものとして、パーキング・メーターが導入されたのは一九五〇年代末であり、初めはイギリス、やがて六〇年代のあいだにフランスその他で普及したのである。(16)

ヨーロッパ人が個人用としてかくも前例のない数の車を買うことができた理由は、単に使えるお金が余分にあったから、というだけではなかった。不況と戦争の数十年間の積もりに積もった需要に応える以上の数の車があった。すでに一九三

(13) そこには「文化的」な反撥もあった。一九五二年にフランスの共産党員作家ロジェ・ヴァイヤンはこう主張していた――「フランスのような国では――年に二カ月（それも毎年ではなく）を除いて――いつも寒冷で、食べ物箱を窓台に載せておけばロースト は一週間かそこらは保存できるから、冷蔵庫は「シンボル的存在」であり（アメリカ的）「思わせぶり」なのである。」

(14) ようやく一九六二年から、フランス電力会社は都市向け送電線を増強し始めて複数機器の使用を可能にした――田舎はもっと後になった。

(15) 幾何級数的な増加ぶりは、フェリーニ監督『8½』（一九六三年）の冒頭シーンにうまく捉えられている。フェリーニの個人的基準からしても、この都市のあまりの交通混雑はわずか数年前には信じがたいことだったろう。

(16) これに対する国による反応は歴史の前例にならっていた。イギリスのドライバーはメーター料金を一種の非公式課税と見なして、支払いを手控えた。フランス人は反対の意思を、パリのメーターの首を刎ねる［カッターでコードを切る］ことで示した。

九年以前から、ヨーロッパの自動車製造会社の多く（ドイツのポルシェ、フランスのルノーとシトローエン、イギリスのモーリス）は、不況が過ぎて後の自家用車の需要増を見越して、新しいタイプのファミリー・カーについて考えていた。二〇年以前のヘンリー・フォードのT型モデルに似通った機能をもつ、信頼性・大量生産・買いやすさという三拍子そろった車である。戦争によってその登場が遅れたものの、これらの会社は一九五〇年代初めには、新設生産ラインの稼動数を次第に増やしていた。

西ヨーロッパ各国にはそれぞれに優勢な自動車の型やモデルがあったが、本質的にはすべて非常に似ていた。フォルクスワーゲン・ビートル、ルノー4CV、フィアット500と600、オースチンA30、モーリス・マイナーは、いずれも小型で2ドアの家族用ユニット車で、値段が安く、維持費が安く、修理が簡単だった。薄くて軽い車体と、小型で低馬力エンジンを搭載し（燃費を最大限下げるため）、設備とアクセサリーは最小限に抑えてあった。フォルクスワーゲン、ルノー、フィアットはリアエンジン・リアドライブだったので、運転席の前部のコンパートメントにバッテリー、スペアタイヤ、クランクハンドル、工具類の他に少量の荷物が入るだけだった。

フロントエンジンのモーリスは、同時代の競合車であるフォード・ポピュラー（アメリカ企業ではあるものの国内向けにはロンドン近郊ダグナムにあったフォードのイギリス工場で生産されていた）と同じく、やや高いレベルの快適さをねらっていて、後には4ドア・モデルを生産するのだが、これはそれが登場した時期のイギリスの繁栄ぶりに合っていた。フランスのシトローエンは独特の2CVを導入したが、これはそもそも牛車のグレードアップないし差し換え用として農民市場向けだったもので、4ドア、取り外し可能なルーフとシート、中型オートバイ用のエンジンを装備していた。こうした文化的バリエーションがあるにもかかわらず、五〇年代の小型車には共通の目的があった。それは西ヨーロッパのほとんどすべての家族に対して、自動車の入手可能性と購買可能性を実現することだった。

ヨーロッパの戦後輸送革命が始まってからしばらくのあいだ、車の供給は需要に追いつけなかった（東ヨーロッパでは一九八九年までつづいていた状況である）。したがって小型バイクやオートバイやサイドカー・オートバイなどが一時《いっとき》盛んになり、とくに最後のサイドカー付きはお金にゆとりのない家族の、あるいは供給不足でまだ自動車を入手できない家族の間に合わせとして使われた。スクーターが登場したのはこの場面だった。フランスと、とくにイタリアでだったが、後者では第一回全国スクーター・ラリーが一九四九年一一月一三日にローマで開催され、その後はこうした便利で手頃な値段の、都市の自由と機動性のシンボルのような乗り物の市場が爆発して若者の人気を博するとともに、当時のあらゆるイタリア映画、あるいはイタリアがテーマの映画で――とくにヴェスパ・モデルが――もてはやされたのだった。

しかし一九六〇年代の開始とともに、車はしっかりと西ヨーロッパに定着して、交通を線路から道路へ、公的輸送手段から私的輸送手段へと切り換えていった。鉄道網がその延長距離と輸送人員でピークに達したのは第一次大戦後の時期だったが、今や不採算部分はカットされ、何千マイルもの路線が運行中止となった。一九四六年のイギリスでは鉄道が九億一〇〇万人の乗客を運んだが、これは歴史的ピークに近かった。その後この数字は毎年下がる一方だった。西ヨーロッパの他の国々では、鉄道交通が比較的持ちこたえていた――ベルギー、オランダ、デンマークといった効率的な鉄道網のある、小さくて人口稠密な国々ではむしろ鉄道が成長したのだが、道路交通の伸びよりはずっとゆっくりだった。

車で通勤する人が増えたために、バスの利用者数も初めて減少し出した。イギリスの過密首都では一九四八年から一九六二年にかけて、ロンドン交通局のバス、市街電車、トロリーバス、地下鉄網の年間総乗客数が三九億五五〇〇万から二四億八五〇〇万へと減少したが、これは通勤者が車を利用するようになったからだった。ヨーロッパの道路状態が明らかに不十分だったにもかかわらず（ドイツを除けば一九二〇年代後半以来、全国的な道路網の整備などまったく行なわれてこなかった）、個々人とりわけ家族単位で自由に行なう遠出では車の利用がますます増えた。都市の周辺地域に新設されたハイパーマーケットでの買い物や、とくに週末旅行、祝日旅行で車が不可欠となった。[17]

ヨーロッパにおけるリクリエーション旅行は新しいことではなかったが、これまでそれを行なったのはまずは貴族に、後には裕福で文化的野心の旺盛な中産階級に限られていた。しかし他のすべての経済部門と同様、「観光産業」も戦争と不況で被害を受けた。一九一三年におけるスイスの観光産業は宿泊客延べ二一九〇万人・泊を誇ったが、この数はその後一九五〇年代半ばまで回復できなかった。ところがいざ一九

(17) ヨーロッパで最初のハイパーマーケットが出現し始めたのは一九六〇年代末だった。ハイパーマーケットの定義では、一階当たりのスペースが最低でも二万五〇〇〇平方フィート〔約二三二六平方メートル〕で、町の中心から通常少なくとも二マイル〔約三・二キロメートル〕は離れている。一九七三年時点で、西ヨーロッパにはこうした巨大店舗がおよそ七五〇あり、フランスと西ドイツだけで六二〇もあった。同じ年のイタリアでは、わずかに三店舗だった。二〇年後のフランスではハイパーマーケットやスーパーマーケットの数が八〇〇〇を超えた……イタリアではなぜか今なおわずかに一一八店舗だった。

五〇年代の観光ブームとなると、様相はまったくちがったものになっていた。それを促進し奨励したのは個人的交通手段が活用できるようになったことと、とくに有給休暇の利用者が増大したことだった。一九六〇年までに大陸ヨーロッパの大半の被雇用者には二週間（ノルウェー、スウェーデン、デンマーク、フランスでは三週間）の有給休暇が法的に定められ、それを自宅外で過ごす人びとが増えたのである。

レジャー旅行はマス・ツーリズム（大衆の観光旅行）となっていった。観光バス会社が大繁盛し、工場・会社で働く人びとの伝統行事だった毎年の大型遊覧バスを仕立てての海浜旅行が、国内はもとより国外にもわたる商業サービスへと拡大された。イギリスのフレディ・レイカーのような駆け出しの航空業界の起業家は、戦争で余ったブリストル・ブリタニアのターボプロップ機を買い上げて、イタリア、フランス、スペインで新規に開業した夏のバカンス・リゾートへのチャーター便サービスを開発した。キャンピングはさほど裕福ではない避暑客やアウトドア愛好家のあいだではすでに戦前から人気があったが、五〇年代後半から大産業となり、海浜や田園のキャンプ地、キャンプ用品専門店、ガイドブック類や専門ウェアの直販店などを数多く生み出した。ヨーロッパの北西部の海浜や田舎にあった旧来のホリデー・リゾートが繁盛した。新発見（あるいは再発見）のロケーションが登場し、豪華なパンフレットやおとぎ話のような魅力で人気を博した。かつてエドワード時代の紳士たちの閑静な避寒地だったフランスのリヴィエラは、新ジャンル「太陽族」映画のなかで魅惑的で若さあふれる模様替えを施された。ロジェ・ヴァディム監督は一九五六年の『素直な悪女』で、ブリジット・バルドーを売り出す陳列用ガラスケースとしてのサントロペというものを「発明」したのだった。

誰もがサントロペやスイスというわけにはいかなかった――しかしポンドやドイツマルクを当時の格安なフランやリラと交換することで、イギリスやドイツからの旅行者にとってフランスやイタリアの海浜や山岳は割安だったのである。しかしイギリス人、オランダ人、ドイツ人がとくに好んだ国内での海辺の休暇となると、まだ本当に安いとは言えなかった。ビリー・バトリンはもともとカナダの移動遊園地で働いていたのだが、一九三六年にスケグネス〔イングランド中部東岸〕で最初にホリデー・キャンプを開業し、五〇年代には戦略的に設えられた工業国イギリスの海浜ホリデー・キャンプでの「安くて素敵で」すべてこみこみ価格の家族休暇を売り出してひと儲け企んだ。ある批評家はこれをシニカルに回顧して「簡易宿泊施設付ウォールマート」と切り捨てたが、バトリンは当時大評判だった――これは後年の、もっとコスモポリタンな世代が好むフランスの集合的レクリエーション会社「クラブ・メッド（地中海クラブ）」の未公認の祖先であり、（バトリンが「レッド・コート（赤い制服の植民地駐留英国兵士）」と呼んだ）「外人インストラクター」はその子孫だった。

もう少し冒険好きな人のためにスペインの地中海沿岸リゾートも新規開業し、そこを訪れた客はＢ＆Ｂ（朝食付き民宿）か「ペンシオン」つまり新種のパッケージツアー業者がまとめ契約したまあまあの海浜ホテルのどちらかを選ぶことができた。そしてこれらのすべてに、今や車で行けたのである。夏のレジャー着（それ自体が新たな産物――豊かさの証明だった）で身を装い、幾百万の家族がフィアットやルノーやフォルクスワーゲンやモーリスにすし詰めで乗り込み（それがしばしば同じ日になったのは各会社の正式の休暇日が八月の何週かに集中しやすかったからだ）、昔の旅行用につくられた狭くて管理の悪い道路を、彼方の海辺へと向かった。

結果は未曾有かつ最悪の道路渋滞で、これが一九五〇年代以降年ごとにひどくなった。彼らが使う幹線道路は予測可能だった。ロンドンからコーンウォルへは南西に向かうＡ３０３、パリから地中海海岸まではＲＮ（国道）６と７、パリからスペイン国境へはＲＮ９である（フランスからのスペイン観光客は一九五五年には数千人だったが、一九六二年までに三〇〇万人、その二年後には七〇〇万人となった――フランコ時代のスペインでは、とくにド・ゴール主義にもとづく平価切り上げ後は、フランス・フランでさえ相当強かったのである）[18]。ドイツ人観光客は中世の通商ルートを南方へと向かい、オーストリアのチロルを抜けブレンナー峠を越えてイタリアへと入ったが、その数はますます増えていった。多くの人がユーゴスラヴィアへと足を伸ばしたが、こちらもスペイン同様、この時期に外国人観光客を受け入れた。このヨーロッパで唯一アクセス可能な共産主義の国（アドリア海の海岸は長くて安価だった）への外国人旅行者数は、一九六三年ですでに一七〇万人だったが、一〇年後には年間ほぼ六三〇万人を数えた。

これまで言われてきた通り、マス・ツーリズムは環境面では無神経だが、再分配の恩恵をもたらすことははっきりしている。裕福な北部の人びとがそれまで貧困だった地中海地域に群がり集まったことで、建築労働者・料理人・ウェイター・部屋係・タクシー運転手・娼婦・ポーター・空港の整備

（18）一九五九年から一九七三年にかけて、スペインを訪れる人の数は三〇〇万から三四〇〇万へと上昇した。すでに一九六六年の段階で、スペインの年間の観光客数――一七三〇万人――はフランスやイタリアを凌いでいた。北西部の一部およびスペイン沿岸地域では、前工業化社会経済からクレジットカード時代への移行が半世代で完了した。その審美的・心理的影響は必ずしも肯定面だけではなかった。

員その他に仕事ができたのだ。ギリシアやユーゴスラヴィアやイタリアやスペインなどの非熟練の男女は、初めて国外ではなく自分の国のなかで低賃金の季節労働にありつけたのだった。今や彼らは北の拡大経済圏へと移住するのではなく、同じ経済に自国でサービスを供給したのである。

外国旅行は精神を広げなかったかもしれない。外国の目的地の人気が上がれば上がるほど、そこは観光客の出身地点に――気候風土以外の本質的特徴のすべてにおいて――急速に似てきた。実を言えば一九六〇年代の大規模観光業は、イギリス人、ドイツ人、オランダ人、フランス人その他の新米《しんまい》旅行者たちをできるだけくつろがせること、周りを同国人だらけにして風変わりなもの、馴染みのないもの、予期せぬものから絶縁してしまうことで成功したのだった。しかし定期的な（毎年の）ベースでどこか遠方に出かけるという事実だけでも、さらにはそこへ行くための新たな輸送手段――自家用車やチャーター機――が、それまで島国根性で生きてきた何百万の男たち女たち（そしてとくにその子どもたち）にとって遠い大きな世界への窓となったのである。

一九六〇年代までは、ヨーロッパ人の圧倒的大多数にとっての情報・意見・娯楽の源泉はラジオだった。ニュースを知るのはラジオからで、国民に共通の文化というものがあったとすれば、それが形成されたのは人びとが聞いたことからであって、見たり読んだりしたことからではなかった。当時のヨーロッパのほとんどの国では、ラジオは国家から規制を受けていた（フランスの国営放送網は夜の十二時に放送が終了した）。放送局や送信所や波長は免許制で、通常は政府が支配していた。その象徴として、国境線の外側から送信する数少ないラジオ局は通常船舶や島嶼に設けられていて、俗に「海賊」と呼ばれていた。

ラジオの所有はすでに戦前から広まっていたが、一九六〇年までにはほぼ完全普及だった。この年ソ連では五人に一台、フランスとオーストリアとスイスでは四人に一台、スカンジナヴィアと東ドイツで三人に一台だった。実質的にほとんどあらゆる家族がラジオを持っていたのだ(19)。家庭用ラジオの大部分は、大戦間時代の大型であつかいにくい、真空管使用の無線機からほとんど進化していなかった。通常は一家に一台だった。それは居間あるいはキッチンの最もいい場所に置かれていたので、家族が集まると必ず耳を傾けることになった。この点はカー・ラジオも同じで、いっしょに旅行した家族はいっしょにラジオを聴き、親たちが番組を選んだ。したがっ

(19) イベリア半島と南部バルカン諸国とは例外で、一九六〇年のラジオ所有はおおまかに言って三五年前の西ヨーロッパと同じであり、人びとは今なおカフェに集まってニュースや音楽を聴いていた。

モダニティーのイコン・1　1959年、チェコスロヴァキアのブルノ貿易フェアに展示されたチェコ製「タトラ603」。ソヴィエト・ブロックでつくられる自動車には、共産圏経済の問題点が要約されていた——デザインがお粗末で、少数特権階級にしか入手できなかったのだ。しかし耐久性はきわめて優れていた。

1960年のロンドン、３人の婦人がリムジン車をのぞき込んでいる。現代の耐久消費財——車と冷蔵庫と洗濯機——は、西ヨーロッパの多数の所帯にとって今や手の届くものとなったのだが、富と階級と特権の面では広大な格差が残存していた。このリムジンを運転したのも、おそらくお抱え運転手だったろう。

「そして神は女性を創造し給うた」。ヨーロッパの行楽客は増えつづけ、大勢の人びとにとって、太陽がいっぱいの休日を過ごす現実性が高まった。バルドーは自分が有名にしたコート・ダジュールでしばらく暮らしたが、友人たちの多くは大量観光客の襲撃に恐れをなして早々に引き移ってしまった。

て無線機型ラジオは内容はもとより、それが推奨し維持した社会パターンにおいても、保守的なメディアだった。

トランジスターの登場が、これらすべてを変えることになる。トランジスター・ラジオは一九五八年にはまだめずらしかった——たとえばフランス全土でわずか二六万台だった。ところが三年後の一九六一年には、フランス人が持っているトランジスター・ラジオは二二五万台になった。一九六八年時点では、フランスでは一〇人中九人がラジオを持っており、その三分の二がポータブル型だった。夕食後にいつも家族が集まって、大人の好みに合わせた「家族アワー」に放送されるニュースやドラマに聴き入る。ティーンエージャーはもうそんなことに付き合わなくてもよくなった。彼らには自分たち向けの番組があった——フランス国営放送「サリュ・レ・コパン（やあ！仲間たち）」や、BBC「ピック・オヴ・ザ・ポップス（おすすめポピュラー音楽）」など。個人向けのラジオはターゲットを絞った番組を生み出し、国営放送側の適応が遅れているあいだに、ラジオ・ルクセンブルクやラジオ・モンテカルロやラジオ・アンドラ〔アンドラ公国はピレネー山中のミニ国家〕といった合法的ながら国境を越えて送信され、コマーシャルで運営される「周辺」ラジオ局が、その好機を摑んだのである。

電池で作動するトランジスター・ラジオは軽くて持ち運びに便利だったので、移動性増大の時代にぴったりだった——それが最も活用されるのは観光ビーチや公園だった。しかしなんといってもラジオは聴覚メディアで、視覚化していく時代には適応能力に限界があった。老人たちにとって、ラジオは依然として情報と修養と娯楽の主たる源だった。共産主義諸国でも、ラジオ受信機は不十分とはいえ検閲のないニュースや意見への、唯一のアクセス手段だった。「ラジオ自由ヨーロッパ」や「ヴォイス・オヴ・アメリカ」、とりわけBBC国際放送がそれを提供した。しかし今やどこの国の若者たちも、ラジオを聴くのはポピュラー音楽が目当てになった。それ以外のことは、すべてテレビジョンへと向かっていったのである。

テレビ放送はゆっくりとヨーロッパに浸透し、場所によってはきわめて遅かった。イギリスで定常送信が始まったのは一九四〇年代で、多くの人びとが一九五三年六月のエリザベス女王戴冠式をテレビの生中継で見た。一九五八年までにはラジオの認可よりはテレビの認可のほうが多く発行されるようになり、この国の家庭用テレビは六〇年代が始まる前に一〇〇〇万台となった。これと対照的にフランスでは、一九五三年六月のテレビ台数はわずかに六万で（この時期すでに西ドイツでは二〇万、アメリカでは一五〇〇万だった）、一九六〇年に至ってもフランスでは八家族にたった一台、人口との割合で比較すればイギリスの五分の一だった。イタリアの数字はもっと少なかった。

しかしながら六〇年代を通じて、テレビはほぼどこの国でも普及していった――小型の白黒テレビ受像機が買いやすくなり、きわめて質素な家庭でも家庭用家具の必需品となっていった。一九七〇年までに、西ヨーロッパでは平均四人に一人の割合でテレビがあり、イギリスではこれより多く、アイルランドでは少なかった。この時期、フランスやオランダやアイルランドやイタリア（ここは冷蔵庫と同じくヨーロッパ最大のテレビ受像機製造国だった）では、家庭で電話よりもテレビを備えることが多かったのだが、後年の標準からすると彼らの視聴は少な目だった。イタリア人成人の四分の三は、一週間当たりの視聴時間が一三時間未満だった。東ドイツでは三所帯中二所帯がテレビを持ち（冷蔵庫があったのはその半分以下）、チェコスロヴァキア、ハンガリー、エストニア（ここではすでに一九五四年からフィンランドのテレビ放送を視聴することができた）がそれに迫っていた。

テレビジョンの与えた影響は複雑だった。その主題は最初のうちは、とくに目新しくはなかった――国営テレビの各チャンネルは、子どもと成人の両方に向けて番組の政治的・道徳的内容がきびしく規制されるよう取り計らった。商業テレビジョンが始まったのは一九五五年にイギリスにおいてだが、他国ではずっと遅くなり、ヨーロッパの大半の国々では一九七〇年代に至るまで、民間テレビジョン・チャンネルの認可など問題にならなかった。このメディアが生まれて最初の数十年間における番組の大部分は陳腐で、堅苦しく、かなりお高く止まっていた――伝統的な規範や価値を掘り崩すのではなく、むしろ強めるものだった。イタリアでは、一九五四―五六年にＲＡＩ（イタリア国営放送）会長を務めたフィリベルト・グアラがその従業員に向かって、番組が「家族制度を掘り崩すことのないよう」、あるいは「低劣な本能を刺激するような態度やふるまいや具体例」などは描写せぬよう指示した。[20]

選択の余地はほとんどなかった――たいていのところでチャンネルは一つ、ないしせいぜい二つで、放送は午後と夕方のわずか二、三時間だった。にもかかわらず、テレビジョンはまちがいなく社会転覆のメディアだった。それは誰彼の別なく同一の経験と共通の視覚文化を供給することによって、広範囲に及ぶさまざまな共同社会間の隔絶や無知に終止符を打つことに大きく貢献した。今や「フランス人」あるいは「ドイツ人」あるいは「オランダ人」であることは、初等教育

（20）ポール・ギンズボーグ『現代イタリア史―社会と政治一九四三―一九八八年』（一九九〇年）、二四〇頁。

や公的祝賀行事によって形成されるのではなく、各家庭に飛び込んでくるイメージ群から各人が拾い集めたその国についての理解によってつくられるのだ。「イタリア人」というものは、良かれ悪しかれ一世紀にわたる統一国民政府がつくるのではなく、ＲＡＩのスポーツ番組やバラエティー・ショーを視聴するという経験の共有がつくり上げるのだった。

なかんずく、テレビは国の政治を茶の間へと持ち込んだ。テレビ以前には、パリやボンやローマやロンドンの政治はエリートたちの問題で、ラジオによる身体なしの声か、生気のない新聞写真か、ニュース映画で見る型通りの姿だけで垣間見られる、はるか遠くの指導者たちが行なうものだった。それが今や二〇年も経たぬうちに、政治指導者はテレビ映りが良くなければつとまらなくなった。マス視聴者に向かって権威性や信頼性を示しながらも、平等主義者としての気さくさや温かな親しみやすさをアピールする能力が求められたのだが、こうしたパフォーマンスとなれば、ヨーロッパの政治家はアメリカの政治家と比べてはなはだ準備不足だった。年配政治家の多くがテレビ・カメラと直面して惨めな失敗を犯した。若くて適応能力に優れた野心家たちには大いに有利になった。イギリスの保守党政治家エドワード・ヒースは、自分の強敵だった労働党党首ハロルド・ウィルソンがメディアで成功したことに関して、回想録のなかでこう書いた――テレビジョンとは「それを巧みに操る能力のあるいかさま野郎が自由に悪用できるものだ。以後の一〇年間でそれが明らかになった。」

視覚メディアとして、テレビジョンは映画に対する直接の挑戦だった。それはもう一つ別のスクリーン娯楽を提供しただけではなく、それを通して長編映画を家庭に持ち込むことが可能になり、最新の封切り作品以外のものを見るための外出を省くことができた。イギリスでは一九四六年から一九五八年にかけて、映画観客の五六パーセントが失われた。この数字の落ち込みはヨーロッパの他の諸国ではもっとゆっくりだったが、早かれ遅かれどこの国でも減少した。映画観客が最も長く持ちこたえたのは地中海ヨーロッパで、とくにイタリアでは観客レベルは一九七〇年代半ばまでかなり固定したままだった。しかし当時のイタリア人は映画を定期的に（通常毎週）見に行っただけではなく、盛んに作りもした。一九五〇年代半ばのローマでは、映画産業は建設業に次いで第二の大規模雇用主であり、有名監督による古典的名作はもとより、美人コンテストの女王やすぐにも消え去る若手スター（le maggiorate fisiche つまり「肉体的なすぐれ者」）を登場させて、あっという間に忘れられる作品もせっせと製作していた。

最終的には、イタリアの映画産業もイタリアの映画観客数も減衰してしまった。ヨーロッパの映画製作者にはハリウッドのような資源はなかったから、規模や「製作費」でアメリカの作品と競合するのは不可能で、「ヌーヴェルヴァーグ」にせよ「キッチンシンク・ドラマ」にせよホーム・コメディーにせよ、次第に「日常性の世界」へと閉じこもっていった。ヨーロッパでは映画が社会活動から芸術形式へと衰退した。一九四〇年代・一九五〇年代の観客は何が上映されていようと機械的に各地の映画館に通っていたのに対し、今では魅力を感じた特定の作品だけを見に行くようになった。何でも「やっているもの」を見るという無作為的娯楽としては、テレビが映画に取って代わったのである。

テレビは「若い」メディアだったにもかかわらず、国家規制を受けて文化的に用心深かった草創期には、とくに年配視聴者の関心を惹きつけた。かつてならラジオを聴いていたか映画館に出かけていた男たち女たちが、今や家でテレビに見入っていた。商業的なスポーツ、とくにサッカーやドッグレースなど伝統的見世物スポーツにはこれが打撃だった。第一に、観客たちは別の娯楽源、もっと手軽で気軽な娯楽源を手に入れてしまったのであり、第二に、毎週末にテレビでスポーツ中継が行なわれるようになったからである。大挙して出かけるのは若者だけになった。そして彼ら若者たちの娯楽嗜好に変化が生じ始めたのである。

一九五〇年代末の時点で、ヨーロッパ経済はベビーブームがもたらす商業的な影響を全面的に感じ始めていた。初めに爆発的需要が起こったのは乳児・幼児・児童向けの製品だった。ベビーカー、ベビーベッド、おむつ、ベビーフード、子供服、スポーツ用品、本、ゲーム、おもちゃ、など。次に爆発したのが学校や教育事業で、その先導によって制服、机、教科書、教具・教材など（教職員を含む）広範な教育用必需品の市場が生まれた。しかしながらこうした商品やサービスの購入者はすべておとなだった。すなわち両親、親戚縁者、学校管理者、中央政府である。ところが一九五七年頃に、ヨーロッパ史上初めて、若者たちが物を買い始めたのである。

この時まで、消費者の一グループとしての若者など存在していなかった。実を言えば、「若者」というものが存在しなかった。伝統的な家族や地域社会のなかでは、子どもは学校を出て働き始めるまで子どもであって、働き始めた時点では若きおとなだった。「ティーンエージャー」という新しい中間的カテゴリーは、世代を地位ではなく年齢によって定義づけ、子どもでもおとなでもないとするのだが、こんなことはかつてなかった。したがってこうした人びと――ティーンエージャー――が個別の消費者グループを構成するなどということは、数年前には思いも及ばなかっただろう。と言うのは、多くの人びとにとって家族とは生産の単位であって消費の単位ではなかったからだ。家族内の若いメンバーが自分なりの現金収入を稼いでも、それはそのまま家族全体の収入となって集団的支出の支払いに当てられたのである。

ところが実質賃金の急激な上昇のおかげで、大半の家族は主たる稼ぎ手の収入で生活できる――以前よりも楽に生活できるようになった。両親共働きの場合はなおさらだった。一四歳（当時のヨーロッパにおける一般的な学校教育修了年齢）で学校を出た息子・娘たちは、家で暮らして定職あるいはパートタイムの仕事に就いていても、金曜日ごとに自分の稼ぎを決まって家に入れなくても済むようになったのだ。フランスでは一九六五年時点で、親と暮らす一六歳―二四歳年齢層の六二パーセントが自分の稼ぎを好きなように使うことができた。

こうした新たな青春時代消費パワーの兆候が、直接目に見える形ではっきり現われたのが着る物だった。ベビーブーム世代がミニスカートと長髪を発見する以前に、その前の連中つまり戦争直後というよりは戦争中に生まれた世代が、五〇年代後半のギャング・カルトとしてその存在と服装とを主張した。ダークで身体にぴったりの装い――時にレザー製、時にスエード製でどれもシャープなカットで威嚇的雰囲気が漂う装いの、フランスなら「ブルゾン・ノワール」（黒の革ジャン）、ドイツやオーストリアなら「ハルプシュタルカー」（ちんぴら）、スウェーデンなら「スキンクヌッター」（革ジャン）と呼ばれる連中が、ロンドンの「テディーボーイ」（エドワード七世＝愛称テディーの時代を思わせる華美な異装の非行少年）と同じように、『乱暴者』のマーロン・ブランドや『理由なき反抗』のジェイムズ・ディーンよろしく、シニカルでクールなふるまいを見せていた。しかしたまさかの暴発はあったものの――深刻だったのはイギリスで、若い革ジャンパーの一群がカリブ人移民を襲撃した――これらの若い連中とその服装が引き起こした主たる脅威というのは、おとなたちの礼儀作法を無視した点にあった。彼らは異装をひけらかし、異様にふるまったのである。

年齢別の服装というのは自立宣言・反抗宣言として重要だった。しかもそれは新しいことでもあった――過去において、若き成人たちには自分の父や母と同じ衣服をまとう以外の選択肢などなかった。しかしこの点も経済的に言えば、ティーンエージャー消費習慣がもたらした最重要の変化ではなかった。若者たちは衣服に多くの金を使ったが、もっと多くを、はるかに多くを費やしたのは音楽だった。六〇年代初期になると、「ティーンエージャー」と言えば即「ポップ・ミュージック」が連想されるようになったが、これには文化的ベースとともに商業的な基盤があった。家族の予算がティーンエージャーの分担金なしで済ませられるようになると、ヨーロッパにおいてもアメリカと同様、解放された若者たちはまず街に出てレコードを買ったのである。

ＬＰレコードが発明されたのは一九四八年だった。その翌年にはＲＣＡ社が片面一曲ずつの四五回転「シングル盤」を売り出した。ヨーロッパでの売れ行きの伸びはアメリカほどではなかった——あちらでのレコード売り上げは、一九五五年の二億七七〇〇万ドルから四年後の六億ドルへと上昇していた。とは言うものの、こちらでも上昇した。イギリスではもともと、大陸ヨーロッパと比べて若者がアメリカのポピュラー音楽に触れる機会が格段に多かったが、観察者たちはポップ・ミュージック爆発のきっかけを一九五六年の映画『ロック・アラウンド・ザ・クロック』の公開としており、この映画に主演していたのがビル・ヘイリーとコメッツやプラターズだった。映画自体はロック・ミュージックの紹介映画というゆるい基準に照らしても凡庸な作品だったが、ヘイリーが歌う同名の曲は、イギリスのティーンエージャー世代に衝撃を与えた。

ジャズに魅力を感じたことがなかった労働者階級ティーンエージャーだが、アメリカのポピュラー音楽革命（つづいて起こったイギリスでのそれ）には、たちどころに惹きつけられた。それは興奮を掻き立て、甘美な調べをもち、親しみやすく、セクシーで、なんといっても自分たちの音楽だった。(21)

しかしそこに怒りの要素はなく、ましてや暴力的ではなく、セックスもレコード会社のプロデューサーや販売部長や放送会社の重役連中によってしっかり覆いがかけられていた。これはポップ・ミュージック革命が当初は五〇年代の現象だったからで、六〇年代の文化変革をともなってはおらず、それに先行していたからである。その結果、それはしばしば当局からの非難の的となった。不寛容な地方自治体の監視委員会は『ロック・アラウンド・ザ・クロック』を上映禁止にした——まぎれもない傑作であるエルヴィス・プレスリーのロック・ミュージカル映画『監獄ロック』を禁止したように。ウェールズのスウォンジー市のお歴々は、イギリスのスキッフル（フォーク・ジャズ）ミュージシャンのロニー・ドネガンを「不適切」と認定した。トミー・スティールといえば五〇年代末の適度にエネルギッシュなイギリスのロック・シンガーだったが、安息日（日曜日）のポーツマス公演は許可

(21) ジャズが周縁的存在にすぎなかったことを強調してもよいだろう。六〇年代アメリカ・フォークミュージックと同じで、ジャズが好きでそのレコードを買う人は西ヨーロッパではごく少数だった。通常は学歴が高く、ブルジョアかボヘミアン（あるいはその両方）で、ロックンロール・ファンの平均より高年齢だった。東ヨーロッパの状況は少しちがっていた。こちらではジャズはアメリカ的で黒人的、したがってエキゾチックで破壊的、西側のものではあってもラジカルで、西側では感じられない興奮を伝えていた。

されなかった。ジーン・ヴィンセントやエディー・コクランといったタイプのアメリカ・ロック歌手をフランスで複製しようとして半ば成功したのがジョニー・アリディだったが、一九六〇年に最初のレコードが出たときには、フランスの保守派知識人一同の憤激を買った。西ヨーロッパ中の親、教師、聖職者、学者先生、政治家たちが見せたショック反応は、今振り返ってみればなんとも過剰に見える。ヘイリーやドネガンやスティールやアリディといった歌手たちは、一〇年も経たぬうちにどうしようもない時代遅れ、他愛ない先史時代の遺物と思われるようになったのだから。

五〇年代後半と六〇年代前半のヨーロッパのティーンエージャーは、世界を変えようなどと望んではいなかった。彼らは安全と適度な豊かさのなかで育っていた。彼らの多くはちょっと変わった恰好がしてみたい、もっと旅行をしたい、ポップ・ミュージックをやってみたい、いろんな物を買いたいだけだった。この点で彼らは、トランジスター・ラジオで聴いていたお気に入りの歌手やディスクジョッキーの行動や嗜好を真似ていたのだ。にもかかわらず彼らは、革命というくさびの切っ先を務めていた。彼らは両親たち以上に、消費ブームを先導し、それと同伴し、それをフォローした広告産業の標的となった。大量の商品がこれでもかこれでもかと生産され、購買され、その種類の多さは前代未聞だった。自動車、衣服、ベビーカー、パッケージ食品、洗剤などが、今や途方もなく多種多様な形・大きさ・色で市場に出回ったのである。

広告はヨーロッパでは長い歴史があった。新聞、ことに一八九〇年代から盛んになった大衆紙には広告が付き物だった。道路脇の広告板や貼り紙は一九五〇年代のはるか以前からイタリアの悩みの種だったし、世紀半ばにフランスを旅行した者なら、農家の壁面や都市のバルコニーに「サン・ラファエル」や「デュボネ」の飲用を奨める広告文が高く掲げられているのをしばしば目にしたことだろう。ヨーロッパ中の映画館で、調子の良い宣伝文句やスチール写真がニュースと二番手上映作品の付き物だった。しかしこうした宣伝も、ターゲットを定めての製品配置とか、年齢や嗜好別の市場セグメントにはなんの注意も払っていなかった。それとは対照的に、一九五〇年代半ば以降は消費者を選択することが販売の主要関心事となり、戦前のヨーロッパでは比較的小規模な事業出費だった宣伝広告が際立った役割を担うようになった。

さらに加えて、イギリスにおける初期の商業テレビで広告された洗剤や朝食用シリアルが主婦や子ども向けだったのに対し、「ラジオ・モンテカルロ」その他のコマーシャルはとりわけ「ヤング・アダルト」市場をねらっていた。ティーンエージャーが自分で決める消費——タバコ、アルコール、モペットやモーターバイク、手ごろな値段のファッション衣料、

一九五五年七月のロンドン、エレファント・アンド・キャッスル地区にたむろする「テディーボーイ」たち。一九五〇年代の「失われた世代」は、不況時代の両親と後続のベビーブーマーとの中間で、娯楽やレクリエーション施設に恵まれていなかった。そこで多くの連中――フランスの「ブルゾン・ノワール」、ドイツの「ハルプシュタルカー」、スウェーデンの「スキンクヌッター」など――は、集団暴力へと奔った。

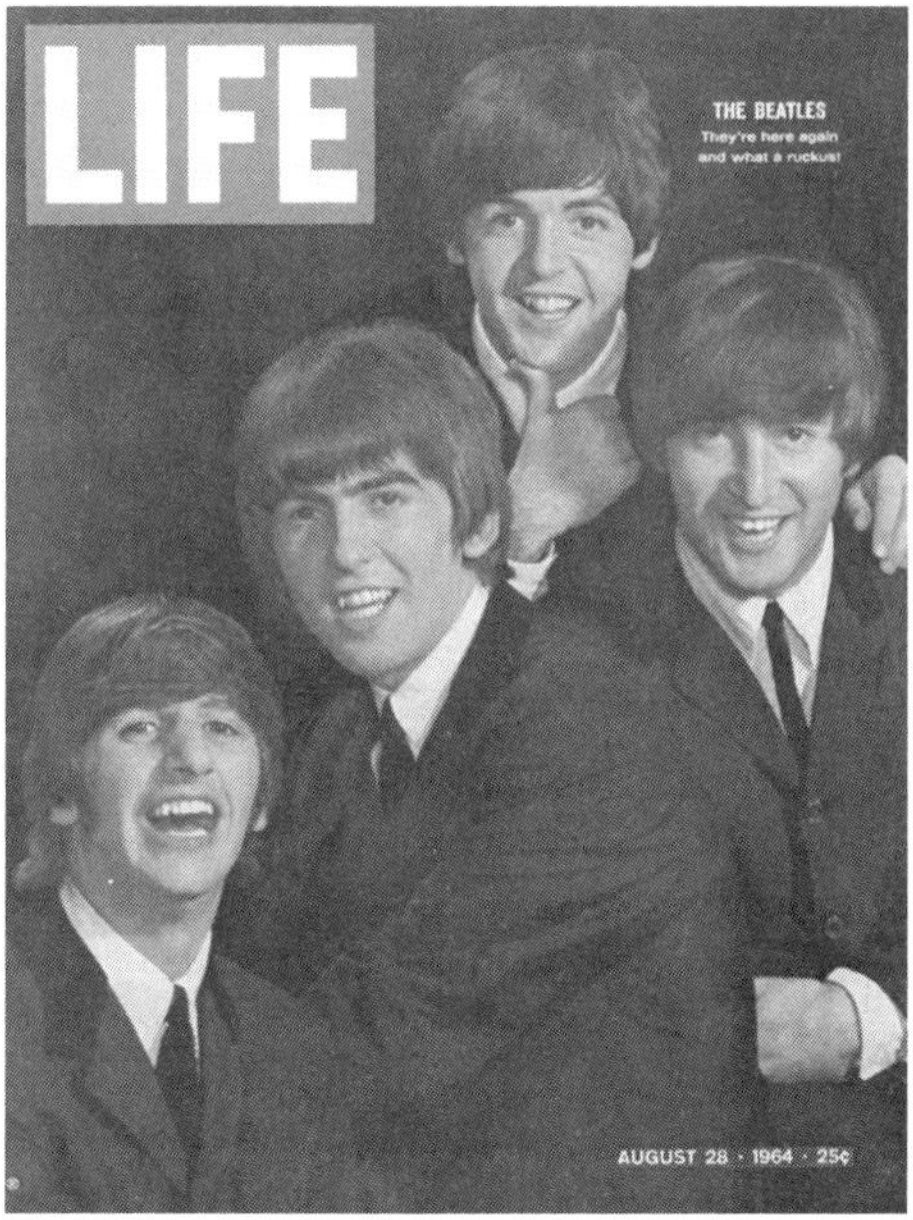

「ビートルズ」こそ、本物だった。四〇年経った今日でも、彼らは依然として世界中の「六〇年世代」に共通する卓越した――おそらく唯一の――基準点でありつづけている。そして彼らは本当にすばらしい音楽を創造した――「サージェント・ペパー」が「西欧文明史の決定的瞬間」（ケネス・タイナン）などと言われるほどではなかったにせよ。

靴、化粧品、ヘアケア、ジュエリー、雑誌、レコード、レコードプレーヤー、ラジオなど――は巨大な、まだ手が付いていない現金の池のようなものだった。広告代理店がこれにありつこうと群がったのである。イギリスにおける小売り業の広告出費は、一九五一年の年額一億〇二〇〇万ポンドから、一九七八年の二五億ポンドへと上昇した。

フランスでは若者をねらった雑誌広告が、決定的な時期だった一九五九―一九六二年に四〇〇パーセント増となった。多くの人びとにとって広告に描かれた世界はまだ手の届かないものだった。一九五七年のフランスで世論調査の対象となった若者たちの大多数は、自分が選びたい娯楽や、夢見ている休日や、自分なりの交通手段に手が届かぬことに不満を抱いていた。しかし調査対象となった人びとがすでに、こうした商品やサービスを高嶺の花の幻想ではなく、奪われた権利と見なしていたということは予見的である。その同じ年にイギリス海峡の向こうでは、商業広告のむき出しのインパクトとそれが売り込んでくる商品の花盛りにうろたえた中産階級の活動家グループが、ヨーロッパ初の消費者ガイドを刊行した。彼らはそれをいみじくも「何を」ではなく、『どれを買うべきか?』と名づけたのだった。

これこそイギリスの作家J・B・プリーストリーが、一九五五年に「アドマス」(大量宣伝社会)と呼んだすばらしい新世界だった。同時代の他の多くの観察者にとっては、それこそまさに「アメリカナイゼーション」だった。現代アメリカのさまざまな慣行・さまざまな期待を、ヨーロッパで全面的に取り入れることだった。これは多くの人びとにとって根本的な逸脱と見えたのだが、事実としては新しい経験ではなかった。ヨーロッパの人びとは少なくとも三〇年間ずっと「アメリカナイズ」しつづけ、そしてその想念を恐れつづけていたのである。[22] アメリカ型生産ラインや労働の「テイラー式科学的管理化」の流行は、アメリカの映画やファッションと同じく、第二次大戦以前の古くさい話だった。両大戦間時代のヨーロッパ知識人は、万人を待ち受けるアメリカ的現代化の「魂なき」世界を嘆いたものだった。ナチ党員と共産党員とがともに文化や諸価値の擁護者として大きな役割を演じたのは、無軌道なアメリカ資本主義や、ニューヨークとそのお手本の広まりが象徴する根無し草の「雑種的」コスモポリタニズムに直面してのことだった。

ところがアメリカ合衆国は、ヨーロッパ人の想像力のなかに陣どるその存在感にもかかわらず、はたまた西ヨーロッパ中の基地に駐留するアメリカ人兵士という物理的現実にもかかわらず、大方のヨーロッパ人にとっては今なお大いなる未知の国だった。アメリカ人は英語をしゃべった――それはこの時期の大陸ヨーロッパ人の多くにとって馴染みのない言語だった。アメリカの地理・歴史はヨーロッパの学校では教えていなかった。この国の作家のことは少数の教育ある人びとさえ知らなかった。その政治制度は特権的少数者以外には不可解だった。長い時間と費用を要するアメリカ旅行をする人など、めったにいなかった。戦後この国を訪れたのはわずかに裕福な連中（といってもほんの少数）と、マーシャル基金をお手盛りで使えた労働組合関係者と、数千人の交換留学生――それと一九〇〇年以後アメリカに移住していて、高齢になってシチリアやギリシア諸島に帰っていた若干のギリシア人、イタリア人たちだった。西ヨーロッパ人よりも東ヨーロッパ人のほうがアメリカとのつながりが多かったのは、ポーランド人やハンガリー人で親戚や友人がアメリカに渡った人が数多くあり、できれば自分もそうしたいと願っていた人びとが多数いたからである。

アメリカ政府とさまざまな私的機関――とくにフォード財団――とが、ヨーロッパとアメリカを隔てる溝を埋めようと懸命だったことは確かだ。一九五〇年代と一九六〇年代初期は、「アメリカ・ハウス」〔前出288頁〕から「フルブライト奨学金」まで、海外文化投資の最盛期だった。いくつかの国々で――とりわけドイツ連邦共和国において――その結果は重大だった。一九四八年から一九五五年にかけて、一万二〇〇〇人のドイツ人が一カ月あるいはそれ以上の延長滞在でアメリカにやって来た。一世代丸ごとの西ドイツ人がアメリカの軍事的・経済的・文化的影響を受けて成人した。かつてルートヴィヒ・エアハルトは、自らを「アメリカの発明品」と称したものだ。

しかしながら、こうしたアメリカの影響力や模範は、奇妙なことに、アメリカとの経済的な関わりとはほとんど無関係だったことを強調しておくことが重要だ。一九五〇年のアメリカは西側資本ストックの五分の三を有し、生産高もほぼ同じ比率だったが、その利益のほとんどは大西洋を渡らなかった。一九四五年以後の投資は、とりわけアメリカ政府からのものだった。一九五六年のヨーロッパにおけるアメリカの私的投資額は、わずかに四一億五〇〇〇万ドルだった。その後にそれは急激に上昇し始め、一九六〇年代に（とくにイギリスで）離陸をとげ、一九七〇年には二四五億二〇〇〇万ドルに達した――経済大国アメリカの勃興を危惧し警告する一群の出版物の出現を見たのがこの頃で、有名になったのがJ－J・セルヴァン＝シュレベールの一九六七年の論文『アメリカの挑戦』〔林信太郎ほか訳・タイムライフインターナショナル〕だった。

---

(22) アメリカの作家ウィリアム・ステッドは、一九〇二年に『アメリカ化する世界』を出版して自分の主題の実現を予期したが、たぶんこれほどとは思わなかったろう。

ヨーロッパにおける経済的プレゼンスとしてのアメリカが感じ取られたのは、直接的な経済投資や影響力の行使においてではなく、アメリカとヨーロッパの双方を席捲しつつあった消費者革命のなかでだった。ヨーロッパ人は今や、アメリカの消費者にはお馴染みの未曾有の広範な商品群を手に入れつつあった。電話、大型家電、テレビ、カメラ、洗剤、パッケージ食品、安価な原色の衣服、車とその付属品などである。これこそ暮らし方としての繁栄と消費、すなわち「アメリカ式生活」だった。若い人びとにとっての「アメリカ」とは、その攻撃的な同時代性のことだった。抽象的に言えば「アメリカ」は過去と真反対を意味し、広大で、あけっぴろげで、繁栄していて、とりわけ若さに溢れていたのである。

すでに指摘したように、「アメリカナイゼーション」の一つの側面はポピュラー音楽だった。とは言うものの、これ自体は新しいことではなかった。「ラグタイム」がウィーンで初めて演奏されたのが一九〇三年であり、アメリカのダンス・バンドやジャズ・グループは第二次大戦の前にも後にも広く各地を回っていた。しかもそれはまったくの一方通行ではなかった。現代ポピュラー音楽はたいていが輸入物と現地物の交配から生まれていたのだ。イギリスにおける「アメリカ」音楽は、フランスやドイツにおける「アメリカ」音楽と微妙にちがっていた。とくにフランス人の好みは、本国での偏見を逃れてパリへとやって来た黒人アーティストの影響を受けていた――フランス文化における「アメリカ」の認識に人種差別のイメージが色濃く混入している理由の一つはここにある。

一九五〇年代までにアメリカという手本がヨーロッパの観衆にもたらしていたインパクトは、圧倒的に映画というメディアを通じてのものだった。ヨーロッパの観衆は、ハリウッドが輸出するものをほぼ無制限に手に入れていた。一九五〇年代末の時点で、アメリカが売り込んだ映画は年間ほぼ五〇〇本、これに対してヨーロッパ製は総計で約四五〇本だった。当然ながら、アメリカ映画は言語面で不利だった（といっても多くの国々では、とくにイタリアでは、一括して現地語への吹き替えが行なわれた）。そしてこの点が一つの理由となって、一定年齢以上の観客は国内作品を選好した。しかしその子どもたちの感覚はちがっていた。若い観客層はアメリカの本格長編ものを好んだ――その多くはヒトラーやスターリンを逃れた監督たちの作品だった。

当時の批評家たちが危惧していたのは、アメリカのポピュラー文化のいい気な順応主義とマス観客目あての作品がもつ明白な、あるいは潜在意識的な政治メッセージとが相俟って、ヨーロッパの若者の感受性を堕落させるか沈滞させてしまうのではないか、という点だった。いずれにせよ、結果はむしろ逆だったように思われる。ヨーロッパの若い観客たちはアメリカ映画の主流に含まれるプロパガンダ成分を濾過して除去してしまった――スクリーンに描き出された「良い暮らし」を羨んだのは二〇年前の両親たちと同じだったが、アメリカ式ロマンスや家庭内の日常の平凡さ・単純さには大声で笑ったのだ。しかし一方で彼らは、出演者たちがしばしば見せる破壊的なスタイルには深甚な注意を払っていた。

　アメリカ映画で使われた音楽がラジオや、カフェや、バーや、ダンスホールに登場した。映画のスクリーンで見られた反抗的なアメリカの若者のボディーランゲージは、ヨーロッパの同類たちのファッション宣言となった。ヨーロッパの若者は「アメリカ」を着始めた――一九六三年五月、パリの「蚤の市」で初めて「本物のリーヴァイス」ジーンズが売り出されたとき、需要は供給をはるかに上回ったのである。ジーンズにＴシャツというアメリカの若者のユニフォームには、階級を感じさせる要素が何もなかった（やがて高級品のファッション・デザイナーがこの二つに目をつけるようになったが、そこで現われたちがいは社会的ランクではなく素材だった）。実際のところ、中産階級と労働者階級の両方がジーンズを着たことで、服装スタイルが上から下へと「こぼれ落ちる」という伝統的な展開をみごとに逆転させ、まぎれもない労働着が「下から上へ」浸透したのだった。それはさらに明確に若者向けだった。一九五〇年代後半の映画から模倣された数多くの「体にぴったり」ファッションと同様、年配者など相手にしていなかった。

　モーターバイクやコカコーラや長髪（男女とも）やポップ・スターなどとともに、ジーンズはまたたく間に西ヨーロッパ中にその地なりの変種を大量発生させた（彼らがひけらかした映画も物品も東欧では入手不可能だった）。これとて、もっと大きなパターンの一部だった。アメリカ映画お決まりのテーマといえばＳＦ、探偵もの、西部劇だが、これらのヨーロッパ・スタイル版が国内製作された。何百万の西ドイツ人が、アメリカなど行ったこともない地元作家の手になるペーパーバック小説からカウボーイの知識を仕入れた。一九六〇年時点で、ドイツ語の「ウエスタン」小説の売り上げが連邦共和国だけで年間九一〇〇万部に達した。ベルギーの少年探偵「タンタン」以後、ヨーロッパ第二の人気を博した漫画キャラクターは同じくベルギー産の「ラッキー・ルーク」で、向こう見ずで魅力的なこのカウボーイはフランス語とドイツ語のコミック誌に毎週登場した。現実にせよ想像上のことにせよ、アメリカは軽い娯楽の全ジャンルで自然当然の背景となりつつあった。

　ヨーロッパの若者に対するアメリカのインパクトは、すでに「世代間ギャップ」として広く慨嘆されていたものを直接増幅した。年配の連中は、ヨーロッパ中の若者が彼らの会話に現実の、あるいは想像上のアメリカ語法をちりばめる傾向を認めて嘆いた。ある調査によれば、そうした「アメリカ語法」はオーストリアとドイツの新聞紙上で、六〇年代のあいだに一四倍も増加した。一九六四年、フランスの批評家ルネ・エチアンブルは『あなたはフラングレを話しますか?』を刊行したが、これは英語使用のおかげでフランス語がこうむった汚染の害について語ったおもしろい(そして一部の人びとに言わせれば予言的な)本である。

反アメリカニズム——アメリカ文明とそれが表わすものすべてに対する原理的な不信や不快感——をもつのは概して文化エリートに限られていて、彼らの影響力の分だけ実際より広まっているように見えた。アンドレ・シーグフリードは一九五四年に『アメリカ一覧』を出版して、戦間期に行なわれた論争に込められていた対米反発のすべてや反ユダヤ主義の一部を反復したのだが、彼のようなフランスの保守派文化人が、ジャン゠ポール・サルトルのような急進派文化人(後年のイギリスで言えばハロルド・ピンターだ)と以下の点ではまったく意見が一致していた——アメリカはヒステリックなピューリタンの国で、テクノロジーと標準化と画一化にうつつを抜かしており、思想のオリジナリティーなどかけらもない、と。こうした文化的な不安感は、アメリカが突きつけた挑戦や脅威というよりヨーロッパ自体で起こっていた変化の速度と関係していた。ヨーロッパのティーンエージャーが見も知らぬアメリカに未来を結びつけていたのとまったく同様に、彼らの親たちはありもせぬヨーロッパ、すなわちアイデンティティーや権威や価値観の定まったヨーロッパ、近代性やマス社会から発せられるサイレンの音に少しも動じないヨーロッパが失われたことを、アメリカのせいにしていたのである。

こうした心情がドイツやオーストリアでは、あるいはイタリアでも、さほど広く目についたわけではなかったのは、これらの国々ではまだ多くの比較的年配の人びとがアメリカ人を解放者と見なしていたからである。逆に反アメリカニズムがしばしば支持されたのがイギリスとフランスだったが、これら二つのかつての植民地強国は、アメリカの勃興で直接その立場を取って代わられていたのだった。モーリス・デュヴェルジェが一九六四年三月、フランスの週刊誌『レクスプレス』の読者に告げた通り、「ヨーロッパには差し迫った危険が一つだけあって、それはアメリカ文明である」——この文明を詩人のルイ・アラゴンは一三年前に、「バスタブと電気冷蔵庫の文明」だと言って切り捨てていた。しかしパリの知識人たちの傲慢な侮蔑にもかかわらず、バスタブと電気冷蔵庫の文明、さらには室内配管やセントラル・ヒーティングやテレビや車の文明は、大半のヨーロッパ人が求めていたものだった。そして彼らがこうした物品を求めたのは、それらがアメリカ的だったからではなく、安楽さとかなりの快適さを表象していたからだった。歴史始まって以来初めて、今や快適と安楽とがヨーロッパの大部分の人びとの手の届くところとなった。

戦後ヨーロッパのいたるところで、「スラム・クリアランス」と「タウン・プランニング」による高層アパートの建設が一世を風靡したが、居住者には不人気で、大概は早々と老朽化し、程なく取り壊されてしまった。これはグラスゴー「モス・ハイツ」の建設中の写真だが、この種のアパートの典型だった。

補章　経済二国物語

「ドイツは子どもだらけの国だ。長期的な観点に立って見て、やはりドイツ人が勝っていたのかもしれないと思うとぞっとする」

――ソール・パドーヴァー、一九四五年

「仮にわれわれが二つの世界大戦でうまく敗戦国になりおおせ、負債をすべて踏み倒し――三〇〇〇万ポンドにも上る新たな借金を背負ったりせずに――、対外的な義務のすべてを免れて海外に軍隊など持たなくなれば、当然ドイツ人のような金持ちになれるだろう」

――ハロルド・マクミラン

「一九五三年および一九五四年の演説で（イギリス蔵相のR・A・）バトラーが賛美したイギリス経済の繁栄と力強さは、ヨーロッパの小艦隊を引き込んで前進するドイツ経済の繁栄のうねりがイギリス海岸に達した最後だった。今振り返ってみると、一九五四年は連合王国イギリスの幻想が最後の輝きを見せた年だったように思われる」

――アラン・ミルワード

戦後の西ヨーロッパの歴史のきわだった特徴は、西ドイツとイギリスの両国が見せた対照的な経済パフォーマンス（実績）だった。一世代のあいだに二度までも、ドイツは敗戦国となった――都市は破壊され、通貨は無価値となり、男性労働力は死亡するか捕虜収容所に閉じ込められ、輸送や公益業務のインフラストラクチュアはずたずたになった。イギリスは第二次大戦からまぎれもない戦勝国として立ち上がった、ヨーロッパで唯一の国だった。空襲の被害と人的損害とを別にして、国としての骨格――道路、鉄道、造船所、工場や鉱山――は無傷のままで戦争を生き延びていた。ところが一九六〇年代初期の時点で西ドイツがヨーロッパの強大国として繁栄を極めていたのに対し、イギリスは水準以下に落ちこぼれ、その成長率は他の西ヨーロッパ諸国をはるかに下回っていたのだ[1]。すでに一九五八年までに、西ドイツ経済がイギリスのそれを凌駕していた。多くの観察者の目には、イギリスは今やヨーロッパの病人になりつつあると映っていた。

こうした皮肉な運命の逆転の原因は教訓的である。五〇年代ドイツの経済「奇蹟」の背景は、実は三〇年代の回復だった。ナチ党によるさまざまな投資――通信・運輸、武器や車輌の製造、光学・化学・軽機械工業、非鉄金属――は戦争向けの経済として行なわれたが、それが二〇年後に実ったのだ。ルートヴィヒ・エアハルトの社会的市場経済のルーツは、アルベルト・シュペーアの諸政策にあった――実際のところ、戦後西ドイツのビジネス界・政界で高い地位に昇った若手の経営者や計画担当者の多くは、ヒトラー政権下で頭角を現わした連中だった。彼らはナチの官僚たちが支持していた諸政策・諸慣行を、連邦共和国のさまざまな委員会や、計画当局や、企業へと持ち込んだのである。

ドイツのビジネスの基本的インフラストラクチュアは、無傷で戦争を生き延びた。製造企業、銀行、保険会社、販売業者は五〇年代の初めにすべてが復活をとげ、貪欲な国外市場に製品とサービスを供給していた。ようやく高値になっていったドイツマルクも、ドイツのこの前進の妨げとはならなかった。それは輸入原材料を安価にしたが、ドイツ製品に対する国外からの需要の制約要因にはならなかった――これらの製品は通常高価値で技術的に進んでおり、売れたのはその質によってであって値段によってではなかった。なにしろ戦後の最初の数十年間は競合などほとんどなかった。スウェーデンやフランスやオランダの会社が何か工学製品や機械類を求めようとすればドイツから、しかも言い値で買う以外の選択肢はなかったのである。

ドイツにおけるビジネスのコストは、新規で効率的な生産方法への継続的な投資によって、さらには融通の利く労働力によって、低く抑えられた。連邦共和国は安い労働力の、実質的には無尽蔵な供給に恵まれていた――東ドイツから逃亡してくる若い熟練技術者、バルカン諸国からの半熟練の機械保守工や製品組み立て工、トルコ、イタリアその他からの非熟練労務者たちである。こうした労働者のすべては定常雇用の見返りに得られる安定した交換可能通貨の賃金に満足で、三〇年代の遺産である不平を言わない旧世代のドイツ人労働者さながら、問題を起こす気などさらさらなかった。

その結果は一つの産業について見るだけで明らかになる。一九六〇年代までに、ドイツの自動車製造業はその技術の質と製品の信頼性の評判確立に成功し、シュトゥットガルトのメルセデス＝ベンツやミュンヘンのＢＭＷなどの会社はだんだん高価になってゆく車を、初めは国内の、やがては国外の

(1) 一九六〇年、ドイツの経済成長が年率で九パーセントだったのに対し、イギリス経済は二・六パーセントで、アイルランドを除く先進諸国中の最低だった（当時のアイルランドはとても「先進国」とは言えない状態だった）。

準専属の市場で販売することができた。ボン政府は恥じる気配もなく、かつてナチがしたままにこれら「国家的チャンピオン企業」を支援し、初期には有利な融資で助成するとともに金融業務提携を奨励し、これがドイツの企業に投資資金を供給したのである。

フォルクスワーゲンの場合は、すでに一九四五年までに基礎が築かれていた。多くの戦後西ドイツ産業と同じく、フォルクスワーゲンも自由市場経済がもつ利点――とくに製品需要の増大――から恩恵を受けたが、競合から生じる欠点や調査・開発・設備投資の費用負担に苦しんだことはなかった。この会社は一九三九年以前に、すでに無尽蔵な資源を付与されていた。ナチズムと戦争と軍事占領のすべてがこの会社を優遇した――連合軍政府がフォルクスワーゲンに対して友好的だった理由は、その生産能力がすでに戦前から出来上がっており、さらに何も手をかけずに操業できたからに他ならない。大量生産の小型ファミリー・カー需要に火がついたとき、VWビートルには本格的な国内競合車はなく、低定価でも利益が出た――ナチのおかげで、この会社には清算すべき負債などなかったのである。

イギリスにも「国家的チャンピオン企業」があった――「ブリティッシュ・モーター・コーポレーション（BMC）」は、かつてのモーリスやオースチンなどさまざまな独立の自動車製造会社が合併してできたコングロマリットだが、やがてそれ自体がレイランド・モーターズと合併して「ブリティッシュ・レイランド（BL）」となった。ようやく一九八〇年に至って、BLはイギリスを象徴する車の売り出しにかかった――「国産車で走ろう！　オースチン・モーリスを買いましょう」。そしてイギリスの自動車メーカーもドイツ企業と同様、重点をだんだん海外市場へと移していった。しかし類似性はそこまでだった。

戦後の歴代イギリス政府は、すべての車をできる限り海外で販売するよう、とくにBMCを督励したのだが（アメリカ所有のフォードやゼネラル・モーターズのイギリス子会社に対しては政府の影響力が届かなかった）、それはこの国の巨大な戦争債務を相殺すべく必死で外貨を稼がなくてはならなかったからだ。一九四〇年代末における政府の公式輸出目標は、イギリスの全自動車生産の七五パーセントだった。そこでBMCはしかるべく周到に、生産増大を優先して品質管理の手を抜いた。その結果生まれた見かけ倒しのイギリス車は、初めのうちは問題なかった。イギリスの会社は専有市場をもっており、国内とヨーロッパにおける需要は供給可能性を上回っていたのである。しかも大陸ヨーロッパの製造会社は生産台数で太刀打ちできなかった。一九四九年のイギリスは他のヨーロッパ諸国の合計よりも多くの乗用車を生産した。ところが低品質と貧弱なサービスという悪評がいったん定着すると、これを払拭するのは困難だった。ヨーロッパの消費者たちはもっとましな代わりの国産車が手に入るようになるや否や、いっせいにイギリス車をやめたのである。

イギリスの自動車会社が車種を更新し生産ラインを近代化しようと決断したとき、彼らにはドイツ式に投資資金や融資を求めるべき系列化した銀行などなかった。さらに彼らは（イタリアのフィアットやフランスのルノーとちがって）不足分を国家に頼ることができなかった。にもかかわらずロンドンからの強い政治的圧力の下、彼らは国内の不採算地域に工場や流通センターを建設し、政府の地域政策に順応するとともにそれぞれの地方政治家や労働組合に迎合したのだった。こうした経済的に不合理な戦略が取りやめられ、幾らかの整理統合措置が取られた後でも、イギリスの自動車企業は絶望的な拡散状態に置かれていた。一九六八年のブリティッシュ・レイランドは、ばらばらな六〇の工場で構成されていたのである。

歴代政府はイギリスの生産者の非効率を積極的に推進した。政府当局は戦後になっても、製造業への乏しい鉄鋼の供給を戦前の市場占有率に則って配分し、こうすることで経済の主要部門を過去の鋳型に押し込めるとともに、新しい潜在的に効率的な生産者を決定的に不利な立場へと追いやってしまった。原料供給保証制、生産したものすべてに対する作為的な高需要、経済的に非効率的にふるまうようにとの政治的圧力——これらすべてが絡み合ってイギリス企業を破産へと導いた。一九七〇年までにはヨーロッパと日本の生産者がイギリスの市場を乗っ取り、質と価格の両面で彼らを打ち負かしつつあった。一九七〇年代初期の石油危機、ＥＥＣへの加盟、さらには自治領や植民地におけるイギリス最後の保護市場も失われたことで、イギリスの独立自動車産業は最終的に破滅してしまった。一九七五年にはこの国唯一の自動車大メーカーであるブリティッシュ・レイランドが倒産し、国有化による救済が行なわれた。数年後にはその採算部門が二束三文で買収される……買うのはＢＭＷ。

自立した部門としてのイギリス自動車産業が見せた衰退過程と最終的消滅に、イギリスの経済的経験全般を代表させることが可能だ。イギリス経済は当初それほど悪くはなかった。一九五一年のイギリスは依然としてヨーロッパの主要製造業センターで、フランスとドイツを合わせた額の二倍を生産していた。それは完全雇用をもたらすとともに、他と比べてゆっくりとではあったが成長をとげていた。しかしながらそれは有害な二つのデメリットを抱えていた——一つは歴史の不運の産物、もう一つは自業自得だった。

イギリス特有の国際収支の危機の大部分は、ドイツと日本に対する六年がかりの戦争遂行費用として積み上がった負債の結果であり、さらにそれに戦後の実効的な防衛体制維持のための巨額費用が加わっていた（それは国民所得の八・五パーセントに上り、これに対してドイツの場合はこの数字の半分にも達しなかった）。ポンド――依然として一九五〇年代の国際決済の主たる単位通貨だった――は過大評価になっており、そのためイギリスが外国で稼いでドルに対する慢性的なポンド不足を補うのは困難だった。食糧と必要欠くべからざる原材料とを完全に輸入に依存している島国として、イギリスはこれまでの歴史を通じ、帝国および英連邦内の保護市場への特権的アクセスによって、この構造的脆弱性を補ってきたのだった。

ところが遠隔の地にある市場や資源へのこうした依存は、他のヨーロッパ諸国が回復を目ざして苦闘していた戦後間もない時期には有利だったものの、ヨーロッパ――とくにEEC圏のヨーロッパ――が離陸した途端に深刻な不利へと一転した。イギリスは保護のない海外市場ではアメリカに、後にはドイツに太刀打ちできなくなり、一方ヨーロッパ自体への輸出でも他のヨーロッパの生産国の輸出の後塵を拝するようになったのである。一九五〇年におけるイギリスの工業生産物輸出は価格で世界の二五パーセントを占めていたが、二〇年後にはわずか一〇・八パーセントになった。イギリスは世界市場でのシェアを失ったのであり、これまでの原料供給国――オーストラリア、ニュージーランド、カナダ、アフリカ植民地諸国――は、今や他の市場へと向き始めていた。

したがってイギリス経済の相対的な衰退は、ある程度まで避け難かった。しかしイギリス自体が生み出した要因を過小評価してはならない。イギリスの製造工業は第二次大戦以前からも、その効率の悪さや過去の成功によりかかっていることで、もっともな悪評を勝ち得ていた。イギリス人が高賃金だったということではない。その正反対だった。メイナード・ケインズがイギリスの戦後の経済見通しについて嘲弄的な見解で述べた通り、「この国の賃金は（おおよそ）一時間当たり二シリング、アメリカではそれが五シリングである。……イギリスの製造業者の名高い非効率でさえ、彼らに有利なこのイニシャル・コストのちがいの全額を産業全般にわたって相殺してしまうことなど不可能だろう（と思う）が、幾つかの重要なケースではどうもそういうことが行なわれたようだ。……入手可能な限りの統計によれば、仮にわれわれが物をこしらえなかったとしたら、全世界がそのコストで食っていけたのである。(2)」

一つの問題は労働力だった。イギリスの工場の従業員はそれぞれに長い歴史をもつ――文字通り――幾百もの職業別労働組合へと伝統的に組織された男たち（そして一部は女たち）だった。一九六八年時点でのブリティッシュ・レイランドの自動車工場には二四六もの相異なる組合があり、経営側はその一つ一つと、仕事の格付けや賃金について細かい交渉をしなければならなかった。当時は完全雇用の時代だった。実のところ、完全雇用の維持こそ当時のイギリス政府をあげて最重要の社会目標だった。労働力と設備とが使う当てもなく朽ちていった、あの三〇年代の恐怖が立ちもどってくることを回避しようという決意が、こうして成長や生産性や効率性への配慮すべてに勝ったのである。労働組合――そしてとくに各地の代表者つまり工場の職場委員――が、この当時ほど強力だったことはなかった。労働側の戦闘性と経営側の無能性の象徴であるストライキは、戦後イギリス産業界の持病だった。

仮にイギリスの労組指導者がドイツの手本に倣って、投資と安定と成長の見返りに友好的な職場関係や賃金抑制を提案したとしても、雇用者側の大半がその餌に食いついたとは思えない。一九三〇年代の昔に未来の労働党首相クレメント・アトリーは、イギリス経済の病状を投資不足、技術革新の欠如、労働の非流動性、経営陣の凡庸さにあると正確に見定めていた。しかしいざ政権に就いてみると、彼や彼の後継者がこの衰退にストップをかけるためにできることなどほとんどないように思われた。ドイツの産業がナチズムと戦争とがもたらした変革の利点をすべて引き継いだのに対し、イギリスの旧態依然たる競争を避けようとする産業が引き継いだのは、停滞と変化に対する深い恐怖とであった。

織物、鉱山、造船、鉄鋼、軽機械工業の工場設備のすべてが、戦後数十年のあいだに再編成や更新を必要とするはずだった。ところがイギリスの工場経営者たちは、非効率的な労働慣行を攻撃するよりは労組との妥協を選んだように、新しい市場目ざして新製品を提供するリスクよりも、低投資・研究開発の抑制、低賃金、顧客層の縮減という循環のなかで営業するほうを選んだのだ。解決策がはっきりしていたわけではない。ふたたびケインズにご登場願うと、「仮に何か不幸な地理的な横滑りによって、アメリカ空軍機が（今や敵にそれを望むには時機を失したので）イギリス北東部沿岸地域やランカシャーにある工場のすべてを（経営者だけがそこにいて他には誰もいない時間に）破壊するとしても、われわれが危惧すべきことは何もない。成功には不可欠と思われる旺盛な未経験というものを取りもどすには他にどんな方法があるのか、わたしには見当がつかないのだ。」

フランスで経営の無能力・無気力という同じ遺産を克服し

（2）ピーター・ヘネシー『二度ともどらず　イギリス一九四五―一九五一年』（一九九三年）、一一七頁。

たのは、公的投資と積極的で指示的な計画だった。しかしながらイギリス政府は自分の役割を、もっぱら団体交渉と需要調整と勧告とに限定していた。一九四五年以後、経済の諸領域を広範囲に国有化した国家としては、その結果一九七〇年時点でこの国のGNPの四七パーセントの費消に責任がある国家としては、こうした慎重さは奇妙なパラドックスのように思われる。しかしイギリス国家は、輸送・医療・教育・通信の各部門を所有し運営したとはいえ、総体的な国家戦略的野心を披瀝したことなど決してなく、経済は実際の目的に適うよう、それ自体の工夫に委ねたのである。イギリスの経済的停滞の問題に中央政府の総力を傾ける仕事は、後の世代の自由市場派改革論者――および根っから国家をきらう保守党首相――の役割となった。しかしその時点では、適応不良のイギリス「旧」経済に向けられた非難の一部が、今度は別の理由から、よろめくドイツ経済にも向けられていたのである。

XI 社会民主主義の季節

「政府にとって大事なのは、個人がすでに行なっていることをすることでも、それを少し上手に、あるいは少し下手に成しとげることでもない。現在まったくなされていないことをやってのけることだ」

――ジョン・メイナード・ケインズ（一九二六年）

「挑戦が来るのはアメリカからではなく……西ドイツからでもフランスからでもない。挑戦してくるのは、どんなにまちがっていても――わたしは彼らが多くの基本的な点でまちがっていると考える――最後の最後には経済の計画化と公有とから物質的成果をもぎ取ることができる国々である」

――アナイリン・ベヴァン（一九五九年）

「われわれの国が標榜しているのは、民主主義と、立派な下水設備だ」

――ジョン・ベッチマン

「わたしは教会の窓を開け放って、われわれが外を見えるように、人びとが中を見えるようにしたいと願っています」

――教皇ヨハネ二三世

「写真は真実だ。映画は一秒に二四回の真実だ」

――ジャン＝リュック・ゴダール

一九六〇年代はヨーロッパ国家がその最高点に達した時期だった。前世紀を通じての西ヨーロッパにおける市民と国家との関係は、軍事的必要性と政治的主張とのあいだを揺れ動く妥協で成り立っていた。新たに獲得された近代的市民権が、領土の防衛という旧来の義務と相殺された。ところが一九四五年以後、この関係はだんだん社会的利得と経済的戦略との濃密な絡み合いという特徴を示すようになり、そこで国家は臣民に奉仕する存在となって、その逆ではなくなったのである。

もっと後になると、すべてを包含しようという西ヨーロッパ福祉国家群の野心もその魅力をやや失うのだが、とくにそれはどの国家にも約束を実行する能力がもはやなくなったからだった。失業、インフレーション、国民の高齢化、経済の失速などが、国家の取り組みに対して克服不可能な制約となり、国家側の支払い不履行に陥ったのである。国際資本市場やエレクトロニクス通信分野のさまがわりが、政府による国内経済政策の立案・施行の妨げとなった。さらに最も重要なこととして、国家が介入すること自体の正当性に疑念が生じたのだ。その原因は国内的には公的部門の組織や生産に硬直性や非効率性が認められたこと、国外的にはソヴィエト・ブロックの社会主義諸国において経済の慢性的機能不全や政治弾圧の動かぬ証拠が示されたことだった。

しかしこうしたことすべてはもっと先の話だ。現代ヨーロッパ福祉国家の絶頂期においては、行政機構が広範な権能を発揮するとともにその信頼性が揺らぐことはなく、たぐいまれなコンセンサスが出来上がった。国家はいつでも規制のない市場よりはよいことをする、と広く一般に信じられた。国家は正義の施行や国土の安全確保、物品とサービスの分配といったことにとどまらず、社会的結束やモラルの維持や文化の活性化を企図してその戦略を実行に移すもの、とされたのである。こうした事柄は開化された利己心とか、商品や思想の自由市場の働きとかに委ねておくのがよかろうという考え方は、ヨーロッパにおける政界や学界の主流ではケインズ以前の風変わりな遺物と見なされた。良くてもあの「大恐慌」の教訓の無視、悪くすると闘争への誘い、野卑な人間本能への暗黙の呼びかけと受け取られたのである。

したがって国家とは良いものであり、現に良い点がたくさんあった。一九五〇年から一九七三年にかけて、フランスでは政府支出が国内総生産の二七・六パーセントから三八・八パーセントへと上昇し、それは西ドイツでは三〇・四パーセントから四二パーセント、イギリスでは三四・二パーセントから四一・五パーセント、オランダでは二六・八パーセントから四五・五パーセントだった——しかもこれらは国内生産自体の伸びが最高に達していた時期のことである。この膨大な支出増が費消されたのは保険、年金、医療、教育、住宅だった。同じく一九五〇年から一九七三年にかけて、スカンジナヴィアでは国民所得のうち社会保障に費やされた分だけで、デンマークとスウェーデンで二五〇パーセントの上昇が起こった。ノルウェーでは三倍増だった。戦後国家によるGNPの費消が比較的低く保たれていたのはスイスだけ（一九八〇年に至るまで三〇パーセント以下）だったが、六・八パーセントという一九三八年の数字と比べると、ここでさえ劇的なちがいがあった。

戦後ヨーロッパにおける資本主義の成功物語には、どの国でも公的部門が果たす役割の増大が見られた。しかし国家介入の特質には国ごとに大きなちがいがあった。大陸ヨーロッパの大半の国々は国家による産業の直接的な所有を（公共輸送と通信は別として）避け、間接的な統御を選好した。名目的には自律的な組織によることが多かったが、その規模が最大で最も有名なのがイタリアの巨大なＩＲＩ（産業復興公社）である（第Ⅷ章参照）。

ＩＲＩのようなコングロマリットの恩恵に浴したのは従業員や消費者だけではなく、さまざまな政党、労働組合、社会的サービス機関であり、さらにはコングロマリットが教会の行なう保護活動の肩代わりをし、その影響力を増進させた。イタリアのキリスト教民主党は村落から国家資本までのあらゆるレベルで、多方面にわたる公共サービスと国家管理ないし国家補助による生産活動を「植民地化」していた。輸送、エレクトロニック・メディア、銀行、エネルギー、機械・化学工業、建設業、食糧生産などである。この党自体に次ぐその主要な受益者とは、その結果出来上がった官僚機構で確かな雇用を獲得した土地なし農民の、幾百万という子どもたち・孫たちだった。「戦争孤児のためのイタリア国立協会」は孤児七〇人当たり一二人を雇用し、その年間予算割当ての八〇パーセントを人件費・管理費に費消した。

ベルギーでも同様のやり方で、ブリュッセルの全国政府が公的部門の諸会社を統御してサービス、雇用、費用の嵩むインフラ投資などを行ない、地方の反感を和らげるとともに反抗的な地域勢力・言語勢力の買収に成功した。フランスでは戦後の国有化が影響力と保護－被保護関係の永続的ネットワークを確立した。「フランス電力会社（ＥＤＦ）」がこの国の主要エネルギー供給者となった。しかしそれはこの国で最大規模の雇用主の一つでもあった。戦後のごく初期の立法にもとづく協定によって、ＥＤＦのフランスにおける売上高の一パーセントが当時の支配的な労組「労働総連合（ＣＧＴ）」が管理する社会金庫へと毎年振り込まれた。（その職員の雇用機会は言うに及ばず）この金庫でまかなわれるヴァカンスやその他の利得が、その後数十年にわたってＣＧＴ自体の保護者であるフランス共産党に対して守護役を演じるために有用で、政治的に重要な梃子となったのである。

こうして国家はさまざまな仕方を通じて、商業と政治と社会の歯車の潤滑油となった。さらに国家は直接的にも間接的にも何百万人もの雇用と報酬を請け負うこととなり、彼らはそれによって専門職ないし官僚として国家の受益者集団になった。イギリスの有名大学の卒業者たちは同時代のフランスの「グランゼコール〔大学以外のエリート専門校〕」卒業生と同じく、一般的には民間の専門職には就こうとせず、ましてや産業や商業へは進まず、教育・医療・公共サービス・公法関係・国家独占企業・公務員へと進もうとした。一九七〇年代末の時点で、ベルギーの大学卒業生全体の六〇パーセントは公共サービスあるいは公的支援のある社会分野へと就職した。ヨーロッパの国家は、自分が供給する物品やサービス向けに独自の市場をつくり上げていた。国家は雇用と影響力との好循環を成立させ、それがほぼ全面的な好評を博したのである。

国家というものの表向きの諸目標をめぐる教義のちがいは、左翼と右翼、キリスト教民主党と共産党、社会党と保守党とを騒々しく対立させるだろうが、ほとんど誰もが国家が提供する機会を利用してなんらかの収入や影響力を手に入れていた。計画者・調整者・促進者・裁定者・供給者・管理者・守護者としての国家に対する信頼は広く行き渡り、ほとんどすべての政治的境界線を横断していた[1]。福祉国家は確かに社会的だが、社会主義とは程遠かった。その意味で福祉資本主義は、西ヨーロッパで明らかになった限りでは、真に「脱イデオロギー」的だった。

とは言うものの、戦後ヨーロッパの一般的コンセンサスのなかにも一つだけ明確なビジョンがあり、それを社会民主党が掲げていた。「社会民主主義」とはそれまでいつも一種の混成物だったが、実のところこの点こそ左右両翼にわたるその敵が均しく攻撃の的としたのである。二〇世紀初期の一群のヨーロッパ社会主義者たちが、生涯かけて行なった理論的探求の果てに達した洞察から結実したのが「社会民主主義」だった。近代ヨーロッパの中心地域における急進的な社会革命は、一九世紀の思想家が社会主義を夢見て予見し計画した限りでは過去のものであって未来のものではない、というのがその主張だった。都市を中心とする暴力蜂起という一九世紀のパラダイムは、産業資本主義の不正や非効率に対する解決策としては望ましくもなければその目標に適うとも思えず、むしろ不要な部分が多すぎる。すべての階級が置かれている状態の本格的な改善は、漸進的・平和的に達成される。

だからと言って、一九世紀社会主義者たちの教義が放棄されたわけではない。二〇世紀中葉のヨーロッパ社会民主党員の圧倒的多数は、マルクスやその後継者を自認する人びとから距離を置いているとはいえ、資本主義は本来的な機能不全に陥っており、社会主義こそ道徳的にも経済的にも優れているという信条を堅持していた。彼らが共産党員とちがっていたのは、資本主義の差し迫った終焉の不可避性とか、自らの政治行動によってその終焉を早めるといったさかしらには与《くみ》したくない、という点だった。数十年にわたる経済不況と、政治分裂と、独裁の過程で彼らが理解するに至った自分たちの務めとは、資本主義的生産形態と市場経済の無制限な働きとにつきものの社会病理を取り除くために国家の資源を活用することーー経済のユートピアを建設するのではなく、良い社会をつくることだった。

社会民主主義の政治学は、後の諸事件が示すように、性急な若者たちには必ずしも魅力的ではなかった。しかし一九一四年以来の恐ろしい数十年を生き抜いてきた人たちにとっては直感的に惹かれるところがあり、西ヨーロッパの一部では六〇年代半ばまでに、社会民主主義はもはや政治というより一つの生き方となっていた。それが最もはっきりしていたのがスカンジナヴィアだった。一九四五年から一九六四年にかけての全国選挙で、「デンマーク社会民主党」はその得票率を三三パーセントから四二パーセントへと伸ばし、同じ時期の「ノルウェー労働党」の得票率は四三パーセントと四八パーセントの範囲内であり、「スウェーデン社会民主党」について言えば、戦後の得票率が五〇パーセントを割ったことはなかった。一九六八年の選挙では実に五〇パーセントを超えたのである。

こうした得票率で注目すべきは、その数字自体の高さではないーーオーストリア社会党も時には同程度を獲得したし、イギリスにおける一九五一年総選挙でクレメント・アトリー率いる労働党は四八・八パーセントを獲得した（とは言え保守党は、得票総数は少なかったものの獲得議席数は多かった）。注目すべきはその定常性だった。スカンジナヴィアの社会民主党は、選挙となればいつもいつも全国票数の五分の二以上を確保し、その結果数十年にわたって切れ目なく政府を支配しつづけ、時には少数党を従えて連立政権を主導したこともあったが通常は単独政権だったのだ。一九四五年から一九六八年にかけて、デンマークの一〇の歴代政権のうち八つが社会民主党首班であり、同じ時期の五つのノルウェー政権中三つが社会民主党、スウェーデンの政権は四つすべてが社会民主党だった。人事面でも定常性があった。ノルウェーのアイナル・ゲルハルドセンは社会民主党政権を二期合計一四年間にわたって指揮したし、スウェーデンではターゲ・エルランデルが一九四六ー一九六九年の二三年間、党と国を支配した(2)。

スカンジナヴィア諸国の社会にはいくらか有利な遺産があ

（1）ドイツとイタリアの自由主義政党と自由主義思想家とは、イギリス保守党の少数の自由市場派とともに、このコンセンサスには加わらなかった。しかし当時はーーこの点も理由の一端となってーー彼らはほとんど影響力がなかった。

（2）イタリアと比較してみると、こちらでは同時期に一三の政権に一一人の首相が登場した。フランスでは一九四五年から一九六八年にかけての二三の政権で首相は一七人だった。党首の在任期間が長いのはスウェーデンの特殊性だった。スウェーデン社会民主党議長としてエルランデルの前任者だったペル・アルビン・ハーンソンがそのポストにいた期間は、一九二六ー一九四六年だった。

った。小規模で社会的に同質的であり、海外植民地や帝国的野心などなかったので何年にもわたって立憲国家を維持していた。一八四九年のデンマーク憲法は限定的な議会統治を導入していたが、言論や宗教の自由は広範に認められていた。一八〇九年のスウェーデン（当時はノルウェーを含む）の憲法は、比例代表制や元祖オンブズマン制――後者は後にスカンジナヴィア諸国中で採用された――を含む近代政治の諸制度を制定して、政党政治の発展を促す確かな枠組みを提供した。この憲法は一九七五年まで効力をもつこととなる。

しかしスカンジナヴィアは歴史的に貧困だった――森と農園と漁場の地域で、一握りの初期工業の大半はスウェーデンにあった。スウェーデンおよびとくにノルウェーにおける対労組関係は慢性的な紛争つづきで、二〇世紀初めの数十年間の両国のストライキ突入率は世界でも最高の部類だった。一九三〇年代の「大恐慌」期には、この地域の失業は慢性化していた。一九三二―三三年にはスウェーデンの労働力の三分の一に仕事がなく、ノルウェーとデンマークでは成人労働力の四〇パーセントに職がなかった――これらの数字はイギリスや、ワイマール・ドイツや、アメリカ工業諸州の最悪期の失業のそれに匹敵する。スウェーデンでは危機が暴力対決へと発展し、とりわけ一九三一年にはアダレンで製紙工場のストライキが軍隊によって鎮圧された（スウェーデンの監督ボー・ヴィデルベルイの一九六九年の作品『アダレン三一年』〔第二二回カンヌ国際映画祭審査員特別賞〕で印象深く回想されている）。

スカンジナヴィアが――とくにスウェーデンが――両大戦間中にヨーロッパ辺境の経済的に陥没した他の社会と同じ道を歩まなかったと言えるなら、その功績は社会民主党にある。第一次大戦後、スカンジナヴィアの社会主義諸政党の大半は第二インターナショナルのドイツおよびその他の社会主義運動と共有していた急進的ドグマと革命的野心とを放棄し、一九三〇年代を通じて資本と労働の歴史的妥協のほうへと向かった。一九三八年にはサルトシェバーデンでスウェーデンの雇用者と労働者の代表が一つの協定に調印したが、これがこの国の未来の社会関係の基盤を形づくった――これは一九四五年以後にドイツとオーストリアでつくられた新協調主義的社会提携のまえぶれだったのだが、戦前にはファシストの主導によるもの以外は事実上知られていなかったものだ(3)。

スカンジナヴィアの社会民主党がこうした妥協の道を閉ざさなかったのは、他の社会主義諸政党が支援の中核として当てにしている、いわゆる「プロレタリア」層というものに彼らは何の幻想ももっていなかったからだ。彼らが都市の労働者、あるいは中産階級の改革派と連携した労働者の投票だけに依拠したなら、スカンジナヴィアの社会主義諸政党は永久に少数派に止まっていただろう。彼らの政治的展望はこの地域の圧倒的多数を占める農村住民へと訴えかけることで拓かれた。しかもこうすることで、他のヨーロッパのほとんどすべての社会党あるいは社会民主党とはちがい、スカンジナヴィアの社会民主党は「農村生活の愚昧さ」についてのマルクスの言及からレーニンの「クラーク」（富農層）ぎらいへと至る、ヨーロッパ左翼の大いなる特徴である農村への本能的反感という思想的難点を回避することができたのである。

大戦間期の中南ヨーロッパにおいて恨みいっぱいだった貧窮農民たちは、ナチ党やファシスト党や「シングル・イッシュー（単一争点）」を掲げる農民ポピュリスト党の潜在的支持者層を形成していた。ところがはるか北部のヨーロッパの農民や木こりや小作人や漁師たちは、同じように困窮してはいたがその多数がだんだん社会民主党に頼るようになり、彼らは積極的に農業協同組合を支援し（この点はとくに、小規模ながらも商品生産農業が普及して効率を上げていたデンマークで重要だった）、それによって私的生産と集団的目標、「遅れた」田舎と「近代的な」都会という、これまで長くつづいてきた社会主義的な区別をあいまいなものとしてしまった。他の国々では、こうした区別が選挙に際して大きな害毒を振りまいていたのだ。

労働者と農場とのこうした提携が可能になったのはスカンジナヴィア農民の並はずれた自立性と、農村における聖職者や地主への伝統的な従属状態に制約されない、熱烈なプロテスタント信仰をもつ地域社会とが結びついたからだった。この提携はやがて長期的なプラットフォーム（政策綱領）を形成してゆき、それを基盤としてヨーロッパで最も成功した社会民主主義諸国が建設されたのである。「赤－緑」連合政権（最初は社会民主党と農民党との、後には前者だけの内部的な）など他の地域ではとても考えられないことだが、スカンジナヴィアではそれが規範となった。社会民主主義諸政党が媒体となって伝統的農村社会と工業労働者とがともに手を取り合って都市化時代へと入っていった。その意味でスカンジナヴィアの社会民主主義は、他の多くの政治のなかの一つの政治というに止まらず、まさしくモダニティー（新規な現代性）を示していた。

したがって一九四五年以後に進展したスカンジナヴィアの

（3）「サルトシェバーデン協定」は幾つかの点で、前年にスイスで締結された「労使休戦」に似ていた。「労使休戦」では雇用者と労働者とが非対決的な団体交渉制度を確立したのだが、これがやがてこの国の将来の安定と繁栄の永続的な礎石となった。しかしながらスイスの「労使休戦」の意図が政府を経済交渉から締め出すことだったのに対し、「サルトシェバーデン協定」は、経営者と従業員を共通の利益のために協調させる仕事を政府に委ねたのだった。

福祉国家には、一九三〇年代の二つの社会協約があった。雇用者と被雇用者とのあいだの、そして労働者と農民とのあいだの協約である。スカンジナヴィア「モデル」を特徴づけるに至った社会的サービスその他の公的支給はこうした起源を反映して、普遍性と平等性を重視した――国民全般に適用される社会権、所得の平等化、高度の累進課税で支払われる均一的な社会給付、などである。したがってこれらは大陸ヨーロッパにおける典型的なやり方とは正反対であった――大陸では国家が家族や個人に所得を移転ないし返還して、基本的には国家に補助された民間のサービス（とりわけ保険と医療）に現金で支払えるようにした。しかし一九一四年以来すでに全般的・包括的になっていた教育を別にすると、このスカンジナヴィア型福祉制度も一夜にして構想され実施されたわけではなかった。漸進的に実現されたのである。とくに医療面が遅れをとった――デンマークでの全般的医療保険の実施はようやく一九七二年で、北海一つ隔てたイギリスでアナイリン・ベヴァンの手で「国民健康保険」が実施されてから二三年後のことだった。

さらに言えば、外からは単一の北欧型制度としか見えないものも、実際は国ごとで大きなちがいがあった。デンマークは最も「スカンジナヴィア的」ではなかった。この国の農産物（とりわけ乳製品と豚肉製品）が決定的に海外市場に依存していたために、そのぶん他のヨーロッパ諸国の政策や政治動向に敏感だったばかりか、その熟練労働力は伝統的な職能別の心情と組織によって大きく分断されていた。この点から見れば、たとえばノルウェーよりもイギリスに似ていた。実際のところデンマークの社会民主党は、六〇年代には一再ならずイギリス政府を真似て、不安定な労働市場に対する物価と賃金の統制策を実施せざるをえない羽目となった。イギリスの基準からするとその政策は成功だったのだが、より厳しいスカンジナヴィア的尺度に照らせば、デンマークの社会関係やデンマークの経済運営には常に何らかの不具合が認められた。

ノルウェーは北欧の全社会（アイスランドは別として）のなかでは最も小規模で、最も均質的だった。この国は戦争の被害も受けていた。さらに沖合で石油が発見される以前から、ノルウェーが置かれていた状況は特別だった。冷戦期には最前線の国として小さなデンマークや中立国スウェーデンよりはるかに大きな防衛支出を行なう一方、北方諸国中地理的に最も長く伸びた国でもあって、ヨーロッパ最長の一七五二キロメートルの海岸線に沿ってわずか四〇〇万足らずの住民が数珠つなぎに暮らしていたのである。互いに遠く隔たった町や村の生活は当時も今も漁業依存である。社会民主党であろうとなかろうと、オスロの政府は国家資源を社会的・地方自治的目的に適うよう使わなくてはならなかった。中心から周縁へと流れる助成金は国民国家ノルウェーの命を支える血液だった。それは輸送、通信、教育、そしてとくに北極圏以北にあるこの国の三分の一の地域に対する専門職やサービスの供給として実施された。

スウェーデンにも独自な要素があったが、その特異性はやがてスカンジナヴィアの標準と考えられるようになった。ノルウェーとデンマークとを合わせたほどの人口規模（広域のストックホルムだけでノルウェー人口の四五パーセントに当たる数の人びとが暮らしていた）を有するスウェーデンは、スカンジナヴィア中の社会で最も裕福で最も工業化が進んでいた。一九七三年時点で、その鉄鉱石の産出はフランス・イギリス・西ドイツを合わせた量に匹敵し、アメリカのほぼ半分に相当していた。製紙、木材パルプ、海運では世界一だった。ノルウェーの社会民主主義が貧しい社会のなかで希少資源を多年にわたって統括し、割り当て、配分してきたのに比べ、スウェーデンは一九六〇年代にはすでに世界で最も裕福な国の一つだった。その社会民主主義とは、富とサービスを共通の善のために割り当て、平等化することだった。

スカンジナヴィア全体にわたって、とりわけスウェーデンでは、生産手段の私的所有や私的利用は決して問題とされなかった。一九一八年以来の中核的教義やプログラムが国家所有の美点への抜きがたい信仰に依拠していたイギリス労働運動とはちがって、スウェーデンの社会民主主義は資本や自発性を民間の手に委ねて満足だった。イギリスの「ブリティッシュ・モーター・コーポレーション（ＢＭＣ）」のような、政府による中央集権資源配分の哀れな実験用モルモットとなった実例は、スウェーデンには決してなかった。ボルボ、サーブその他の私企業は栄えるも滅びるも自由だった。

実際のところ、「社会主義」のスウェーデンにおける産業資本は、西ヨーロッパのいかなる国におけるよりも少数企業に集中していた。政府は民間の富の蓄積にも、商品や資本の市場にも決して介入しなかった。ノルウェーにおいてさえ、一五年間の社会民主党政権の後では、直接的な国有ないし国家経営の経済部門は、現実にはキリスト教民主党の西ドイツよりその規模が小さかった。しかしスウェーデン、ノルウェー両国においては、デンマークやフィンランドでもそうだったが、国家が断固として実施したのは情け容赦のない累進課税と私的利益の公的目的への再分配だった。

国外からの多くの観察者と大半のスカンジナヴィア人にとって、結果がすべてを語っていた。一九七〇年までにスウェーデンは（フィンランドとともに）、住民一人当たりの購買力で測った場合の、世界の四つの経済大国の一つとなっていた（他の二国はアメリカとスイスだった）。スカンジナヴィア人は他の世界中の大部分の国民よりも長寿で健康な生活を送っていた（孤絶と貧窮のなかにあった三世代前の北欧の農民が見たら、仰天したにちがいない）。教育、福祉、医療、保険、老後、レジャーなどのサービスや施設の供給は（アメリカと比べてひけをとらずスイスにさえ）比類のないもので、北方ヨーロッパの市民たちは類い稀な経済的・物質的安心無事のなかで自足した生活を送っていた。一九六〇年代半ばまでに、ヨーロッパの「凍りついた北部」はほとんど神話的とも言える地位を獲得した。スカンジナヴィア型の社会民主主義モデルは他所ではおいそれとは複製できまいが、至るところで称賛され、世界中の羨望の的となった。

イプセンやムンクからイングマール・ベルイマンを通じての北欧文化を知っている人なら、スカンジナヴィアの生活にもう一つの面があることを認識するだろう――つまり自分を問いつめる病的にメランコリックな特質で、当時一般には抑うつ症、アルコール中毒、高い自殺率への傾向と理解されていた。一九六〇年代およびそれ以後では、こうした短所は経済的な安全の過剰と集権化された政治指導による道徳麻痺が原因だとして、スカンジナヴィア型政治を非難するのが保守的評論家の喜びとなった。そしてさらには公衆の面前で（そしてフィルム上で）衣服を脱ぎ捨て、（広まった噂によれば）まったく見ず知らずの人と寝るというスカンジナヴィア人の傾向まで指摘され、これが一部の観察者からは、何でも与えて何も禁止しない超強大国家がもたらした心理的障害のさらなる証拠と考えられたのである。(4)

スカンジナヴィア「モデル」に対する非難がこの程度で済むなら、スウェーデンその他の社会民主党員たちは銀行への道すがら笑いっぱなしでも（あるいは、言わば不満たらたらでも）大目に見てやってよかろう。しかし批判者側にも一理あった――すべてを包括する国家には暗黒な面があったのだ。国家の能力で社会をより良いものにできるという二〇世紀初期の確信は、さまざまな形態をとった。スカンジナヴィアの社会民主主義は――イギリス福祉国家のフェビアン改革と同じように――あらゆる類いの社会工学に対して広まった心酔から生まれていた。そして所得や、支出や、雇用や、情報の調節に国家を活用できることが分かったその少し先には、個人に対してもあれこれ干渉したいという誘惑が潜んでいた。

優生学――人種改良の「科学」――は、菜食主義や散歩健康法といったエドワード時代〔二〇世紀初頭〕の一時的流行とはちがっていた（それに入れ込んだ人びとはしばしば重複していたが）。それはどんな政治的傾向の思想家からも採択されたが、とりわけ善意の社会改革者が抱く大望にぴったりはまったのである。社会が目ざしているのが人間の条件の大口の改善だとすれば、近代科学が提供するせっかくの好機を、それに沿った小口の改良に追加しないという手はないではないか？　人間条件の不完全さの予防ないし除去を、人間存在の不完全さの予防（ないし除去）へと拡大して何が悪いのか？　科学的な操作による社会の計画化、遺伝の計画化を唱える声は、二〇世紀初期の数十年間には立派な考えとして大いに広まり、戦後ヨーロッパでそれが広範に権威失墜したのはナチのおかげで、彼らの「衛生学的」大望が模造人体技術に始まりガス室に終わったからだった――あるいは、広くそう受け止められたのである。

ところがずっと後になって分かったように、スカンジナヴィアの政府当局は「人種衛生学」の理論――および実践――への関心を、少なくとも放棄してなどいなかった。一九三四年から一九七六年にかけて、ノルウェー、スウェーデン、デンマークで不妊化プログラムが実施され、いずれの場合もそれを後援し関知していたのが社会民主党政権だった。この時期およそ六〇〇〇人のデンマーク人、四万人のノルウェー人、六万人のスウェーデン人（その九〇パーセントが女性）が「衛生学的」目的、すなわち「国民改良のために」不妊化された。こうしたプログラムを陰で思想的に推進したスウェーデン・ウプサラ大学の「人種生物学研究所」が設立されたのは一九二一年で、このテーマ流行の最盛期だった。そして以後五五年間も存続したのである。

こうした悲しむべき話が、社会民主主義に関してわれわれにいったい何を物語っているのかは不明確だ――はっきりと、非社会主義的で非民主主義的な社会や政府が、もっと多くの、もっとひどいことを行なってきた。戦後のスカンジナヴィアにおける国家の正当性や、大半はおまかせ主義の市民層によって容認されている権威やイニシアチヴを背景に、政府は自分が共通利益と考えることを、さしたる監視などほとんどなしに自由に実行した。税金を払って諸権利を保有している市民的共同社会の圏外に置かれた人びとに対する虐待についての調査を、「オンブズマン」が思い立ったようには見えない。累進課税制や夫の出産休暇制と、「障害のある」市民の生殖能力に対する強制的干渉とを分ける境界線が、社会民主主義のスカンジナヴィアにおける戦後の一部の政府にとって明確になっていたとは思えない。この点だけ見ても、第二次大戦の教訓は考えられていたほど明確ではなかったのだ――集団

（4）一九七三年までの西ヨーロッパにおいて、自殺率が非常に高かったのは、最も開発が進んで繁栄していた国々――すなわちデンマーク、オーストリア、フィンランド、西ドイツだった。もっと貧しい辺地では低かった。人口比で見れば、オランダの自殺率はイタリアの六倍、アイルランドの一四倍だった。この点が繁栄や気候や緯度や食事や宗教や家族構造や福祉国家が発揮する抑うつ的効果と関係しているのかどうか、当時の人びとには不明だったし、今日もはっきりしていない。

的良心が広く明確になったとされる、他ならぬスウェーデンのような国にして（しかもおそらく偶然ではなく）、そうだったのだ。

スカンジナヴィア以外で社会民主主義の理想に最も近づいたのは、西ヨーロッパの端に位置するもう一つの小国にして中立国、すなわちオーストリアだった。実際のところ、表面的な類似性があまりに顕著なので、観察者たちは「オーストリアースカンジナヴィア・モデル」という言い方をした。オーストリアにおいても、スウェーデンやノルウェーですでに見てきたように、圧倒的に農業主体で歴史的に貧困だった国が、繁栄と安定と国家福祉がいっぱいの、政治的に静穏なオアシスへと変貌したのだ。オーストリアでも事実上の協定があったが、この国の場合それは「社会党」（一九九一年に「社会民主党」と改称）と保守的な「人民党」とのあいだで結ばれ、両大戦間時代数十年間のあからさまな対立にもどることを回避した。しかし類似性はそこまでだった。

オーストリアは実際には「社会化」されていた（そしてフィンランドに次いで西ヨーロッパの民主主義国のうちで最大の国有化部門を有していた）が、とくに社会民主主義的というわけではなかった。ようやく一九七〇年になってブルーノ・クライスキー首相が誕生し、この国は戦後初めて社会党員が政府の首長となった。オーストリアはこれまで長期にわたって、スカンジナヴィアの社会民主主義社会と関連性のある社会的サービスや公共政策を数多く実施してきた――児童手当て、気前のいい失業保険、公的年金、家族扶助、全国民対象の医療・教育扶助、輸送に対する模範的な国家補助などである。しかしオーストリアがたとえばスウェーデンとちがっていたのは、雇用や影響力や情実や資金を政治的な系列関係にしたがってほぼ全国的に配分した点だった。こうして政治的優先で市場を安定させようとオーストリア国家とその資源が私物化されたのは、社会的理想よりも過去のトラウマの記憶と関係していた。両大戦間時代の経験の結果、オーストリアの社会主義者たちは社会政策を革命的なものにするよりも、自分たちの国の脆弱な民主主義を安定化するほうに腐心したのである[5]。

オーストリア社会の他の部分と同じく、この国の社会民主党も過去を捨て去ることには目を見張るばかりの老練ぶりを示した。他国の社会民主党は急進的改革というものへのある種のノスタルジーを放棄するのにいささか長い時間を要した。西ドイツではSPDが一九五九年まで待って、ようやくバートゴーデスベルクでの大会でその目標・目的を練り直した。そこで採択された新しい「党綱領」は、大胆にもこう述べていた――「民主主義的社会主義は、ヨーロッパにおいてはキリスト教の倫理やヒューマニズムや古典哲学にその淵源をもち、絶対的真実の宣言を意図するものではない。」その主張によれば、国家は「経済を操作するに当たって主として間接的な方法を取るよう、自らを規制しなくてはならない。」商品や雇用の自由市場こそ最も重要で、「全体主義的に管理される経済は自由を破壊する。(6)」

疾《と》うに分かりきったことをかくも遅ればせに公認したわけだが、これは翌一九六〇年にベルギーの労働党が、生産手段の集団化を求めた一八九四年の創立憲章を再確認した決断とはいちじるしい対照をなす。さらには同じく一九六〇年にイギリスの労働党が、一九一八年の党綱領第四条に掲げられた同趣旨の宣言を削除するようにとの、改革派指導者ヒュー・ゲイツケルの勧告を拒否したのとはいちじるしい対照をなす。こうした行動のちがいの説明の一端は近時の経験にあった。直近の過去のことであれ間近の国境越しのことであれ、破滅的な闘争の記憶や全体主義の脅威の切迫が、ドイツやオーストリアの社会民主党の関心を――イタリア共産党の場合と同様に――妥協の美徳へと転向させていたのだ。

イギリス労働党はそんな悪夢に悩まされたことはなかった。この点ではベルギー（およびドイツ）の同類党も同じで、そもそも党の始まりが労働運動であって社会主義政党ではなく、それを動かしていた関心事（と資金）は傘下の労働組合のものだった。したがってイデオロギー性は少ないが、視野も狭かった。各労働党のスポークスマンは問われれば、大陸ヨーロッパ社会民主党が掲げる一般的目的に喜んで同意しただろうが、彼ら自身の利害関心ははるかに実際的で個別的だった。イギリスの、あるいは少なくともイングランドの政治文化に具わる他ならぬ構造的安定性のゆえに、さらには長いあいだに培われた労働者階級の基盤――今ではいささか縮小気味ではあるが――のおかげで、労働党はスカンジナヴィアおよびドイツ語圏の福祉国家を形成した革新的な諸施策にほとんど関心を示さなかったのである。

その代わりにイギリスにおける妥協を特徴づけていたのは、需要操作的な財政政策と全国民を対象とする高額の社会給付であり、不安定で歴史的に根の深い敵対的な対労組関係という背景に抗してこれらを支えたのが、きびしい累進課税と大

（5）皮肉なことだが、二〇世紀初期ウィーンの「オーストリア－マルクス主義」の理論家であるオットー・バウアーやルドルフ・ヒルファーディンクに長期にわたって関心を示していたのは、スウェーデンの社会民主党員たちだった。そのオーストリアにおける継承者たちは、これと対照的に、こうしたことすべてを気安く置き去りにしてしまった。と言っても、一九五八年のオーストリア社会党の綱領に見られるように時たまの残響はあって、あいまいにこんなふうに主張されていた――「民主主義的な社会主義は資本主義と独裁主義の中間に位置を占め……。」

（6）このテキストの英訳文は、バークとグレス『影から実体へ――西ドイツの歴史』第一巻（一九九二年）第一六章を参照。

規模な国有化だった。労働党が国有化のもつ本質的な長所を強調したのを別にすれば、こうしたその場限り的諸施策は保守・労働両党の主流派からおおむね支持された。イギリスの政治にも過去のショックの影響があったとすれば、それはどんな犠牲を払っても大量失業だけは回避しなければならないという、広範かつ政党横断的な認識に示されていた。

反対党政権の一三年間が過ぎて、一九六四年に新党首ハロルド・ウィルソンが労働党を政権に復帰させ、新時代の「白熱した技術革命」のことを熱烈に語ったにもかかわらず、ほとんど何の変化もなかった。一九六四年の選挙は辛勝だった（わずか四議席での多数党）のでウィルソンは政治的リスクを冒す気はなかったが、二年後の選挙で労働党は議席を伸ばしたにもかかわらず、経済政策・社会政策での急進的な刷新など見られなかった。ウィルソン自身はアトリー－ベヴァリッジ系のフェビアン主義的理論とケインズ主義的実践の継承者で、経済的（あるいは政治的）な新機軸を打ち出すことには関心がなかった。典型的なイギリスの政治家だった彼は、骨の髄まで慣例踏襲的・現実主義的であり、公的問題に関して臆せずに近視眼的視野で動いた。彼はかつて「政治における一週間は長い時間である」と言っていたのだ。

とは言うもののイギリスの「社会民主主義的」国家には、そう呼ばれることに対する関係諸政党すべての頑なな拒否を超えてある種の特徴が確かにあった。イギリス左翼が（そして同時に政治スペクトルの中道あるいは中道右派が）とくに掲げていたのは、公正さという目標だった。ベヴァリッジ改革〔前出96頁〕や一九四五年選挙における労働党の圧勝をもたらしたのは戦前における明白な不正義、つまり生活上の不公正だった。一九五一年に保守党が政権を取り、その後長いあいだそれを保ったのも、彼ら保守党には経済の自由化とともに報酬やサービスの公正な分配ができると約束したからだった。イギリス人が累進課税を受け入れ、全国民対象の医療給付を歓迎したのは、これらが「社会主義的」政策として提示されたからではなく、もっと直観的な正しさがあったからである。

同じ伝で、イギリスにおける給付金やサービス給付の均一制がもつ奇妙な逆進性――これによって比較的恵まれた専門職中産階級が不釣合いに優遇された――が広く受け入れられたのは、見かけだけとは言え、それが平等主義的だったからである。さらに一九六〇年代の労働党政権が行なった最も重要な新機軸は、非能力別の総合中等教育の導入と選択制グラマースクール〔大学進学コース〕への入学試験の廃止で、これらは一九四五年以後アトリーによって長いあいだ慎重に無視されていた公約だったものだが、こうした刷新が歓迎されたのはその本質的な長所によるというより、それが「反エリート主義」であるがゆえに「公正」と思われたからだった。そうした改革は逆効果を招く[7]という各方面からの警告にもかかわらず、一九七〇年にウィルソンが政権を去った後にも保守党が教育改革を推し進めた理由もこれだったのである。

労働党は労働組合の支援に依存していたために、とうの昔にやっておくべきことだと多くの人びと（そこには一部の党指導者も含まれる）が気づいていた各種の産業改革を先延ばしにしてしまった。イギリスの対労組関係はスカンジナヴィアやドイツやオーストリアやオランダでは実際聞いたこともないような敵対的な職場対立や、職能別の出来高割り当てと賃金紛争によって泥沼状態になっていた。労働関係閣僚はこのやっかいな遺産を清算しようと気乗りのしない試みを繰返してうまくは行かず、この点も一因となって、イギリスでは大陸の社会民主主義はまったく見習われなかった。

さらに言えば、たとえばフランスやイタリアよりも二、三〇年は早く実施されたイギリス福祉制度の普遍的特徴が、イギリス国家が成しとげたことには物質的平等という分野でも実際的な制約が多かったという事実を見えなくしていた。一九六七年に至ってもなお、イギリス国民の一〇パーセントの人びとが個人資産総額の八〇パーセントを所有していたのである。戦後の最初の三〇年間にわたった再分配政策の実質的効果は、所得と資産を上位一〇パーセントの人びとから次の四〇パーセントの層へと移すことであり、さらに下位の五〇パーセントの人びとは、保障と福祉に見られた全般的な改善にもかかわらず、得たものはほとんどなかったのだ。

西ヨーロッパの福祉国家時代を総決算するとなると、その後の数十年間に直面することとなった諸問題をわれわれが知ってしまっているがゆえに、どうしてもそこにかげりが生じてくる。したがって今日では、一九五七年西ドイツの「社会保障改革法」――労働者に対して退職時の賃金に応じて生活費基準とリンクする年金を保証した――のような施策が、人口動態や経済情勢の変化によって耐えがたい予算上の重荷となることは容易に分かる。さらにあと知恵を以てすれば、社会民主主義のスウェーデンにおける急進的な所得の平準化が個人貯蓄の減少をもたらし、そのため将来への投資が妨げられたこともはっきりしている。当時でさえ、政府移転支出や

(7) イギリスの選択制公立学校の破壊が中産階級の多くを私立校進学へと駆り立てただけに終わったのは、彼らがそれによって労働党急進派の軽蔑の的だった私費の「パブリック・スクール」がもつ将来性や利点を確保しようとしたからである。一方で選別は引きつづき行なわれ、それには成績よりも所得がものを言った。余裕のある親たちは「良い」学校のある地域に家を購入し、貧困家庭の子どもたちは粗末な学校やひどい教師へと委ねられて上の学校に進む可能性を大幅に狭められたのである。イギリス中等教育の「総合制化」は、戦後イギリスが行なった立法のなかで社会的に最も後退的なものとなってしまった。

均一の社会給付金はその最大限の利用法を知っている連中――とくに教育ある中産階級――に有利だったことは明らかで、彼らはこの新たな特権ともいえるものを手放すまいと闘うのである。

にもかかわらず、その主導者が社会民主党であれ、温情主義のカトリック教であれ、慎重主義の保守派ないしリベラル派であれ、ヨーロッパの「子守国家」が実現したことには現実性があった。核となる社会的・経済的な保護プログラムに始まって、福祉国家は受給資格、給付金、社会的公正、所得再分配へと進んだ――そしてこの実体的な変革を、ほぼ政治的コストなしでやりとげたのである。福祉官僚という利己的な階級やホワイトカラー受益者層を創造したことでさえ、メリットなしとは言えなかった。痛めつけられていた「ロワー・ミドルクラス（下層中産階級）」も、今や農民たちと同様に民主主義国家の諸制度・諸価値のなかに既得権を持つようになったのである。これが社会民主党とキリスト教民主党にとってともに歓迎すべきこととなった点は、両党が正しく指摘している通りだ。しかしこれはファシズムや共産主義にとっては歓迎できないことでもあって、この問題のほうが大事だった。

こうした変化に反映されていたのは、すでに指摘した人口動態の変容に加えて、個人の安全安心レベルのかつてない高まりや、教育面・社会面での流動性の新たな高まりだった。今や西ヨーロッパの人びとは自分が生まれついた場所や職業や所得階層や社会階級に止まっている可能性が少なくなり、そのぶん自分の親たちの世界の政治運動や社会集団に機械的に同一化する気はなくなっていた。一九三〇年代生まれの世代は経済的な安全安心を見出したあかつきに、政治動員やそれに付随する危険に背を向けることで満足だったが、彼らの子どもたち、一九六〇年代生まれの大人数世代は平和と政治的安定と福祉国家とを経験しただけだった。彼らにとって、これらは当たり前のことだったのである。

市民の雇用や福祉に対する国家の影響力の増大には、市民の道徳や意見に対する国家の権威の減少が付随していた。と同時に、これはパラドックスとは見なされなかったのである。ヨーロッパの福祉国家に賛成して自由民主主義や社会民主主義を唱える人びとは、政府が宗教やセックス、芸術上の嗜好や判断といった厳密に個人的な事柄に関する見解や実践に完全にノータッチなら、国民の経済的あるいは医療的福祉にきめ細かな注意を払って市民生活の「揺り籃から墓場まで」の保障をする義務もない、などとする根拠は原理的にはないと考えていた。ドイツやイタリアのキリスト教民主党員たちにとって、国家とはその臣民の習慣や規範に正当な関心を払うべきものだったから、こうした使い分けにはおいそれとは乗れなかった。しかし彼らとて、高まる圧力には順応せざるを得なかった。

一九六〇年代の初期に至るまで、西ヨーロッパ中の政府は（スカンジナヴィアの一部を例外として）一般市民の個人的事柄や意見に対して確固たる、おおむねは抑圧的な統制を行なっていた。同性間のセックスはほぼ全域で非合法であり、長期の禁固刑に処せられる可能性があった。多くの国々ではその芸術表現さえ許されなかった。大部分の国々で中絶が非合法だった。避妊も一部のカトリック諸国では実際には大目に見られたものの、正式には違法だった。どの国でも離婚はむずかしく、一部の国ではまったく不可能だった。西ヨーロッパの多くの地域で（この点でもスカンジナヴィアの一部は例外だが）、政府機関は依然として演劇、映画、文学の検閲を実施しており、ラジオとテレビはほとんどどこの国でも公共的独占組織であって、すでに見てきた通り、内容に関わる厳格な規定の下、異論や「侮蔑表現」に対する非寛容のなかで運営されていた。一九五五年に商業テレビが始まったイギリスでさえも、それが娯楽や広告の他に「教養や情報」をも提供することが、厳格に規定され公的に指令された義務だったのである。

検閲は課税と同じく、戦争によって推進された。イギリスとフランスでは行動や意見表明に対する最も厳格な制約の幾つかが第一次・第二次両大戦時に導入され、その後も決して撤回されなかった。他の諸国――イタリアと西ドイツと、かつてこの両国が占領した国々の一部――では、戦後の規制はファシズム時代の立法の遺制だったが、民主的立法者たちもそのまま維持することを選んだのだった。一九六〇年時点まで強制力を保っていた最も抑圧的な「道徳的」力のうち、一九世紀以前へと遡るものは比較的少なかった（明らかに時代錯誤の最たるものといえば、劇場作品の事前検閲を行なっていたイギリスの宮内庁だろうが、この庁の戯曲審査官ないし審査官代理のポストが創設されたのは一七三八年だった）。当然のことながら、こうした法則の顕著な例外がカトリック教会だった。

カトリック教会は一八七〇年の初のヴァチカン公会議以来、公然たる反動派教皇ピウス九世の影響力と主導の下、その信徒の道徳の監督者としての責任に関して全体包括的で断固としてドグマチックな見解をとってきた。近代国家によって政治権力の領域から徐々に締め出されてきていたからこそ、ヴァチカンはその信奉者たちに別のやり方で非妥協的な要求を突きつけたのだった。実際のところ、長期にして――振り返ってみれば――喧々囂々だったエウジェニオ・パチェリ、すなわち教皇ピウス一二世の在位（一九三九―一九五八年）によって、ヴァチカンはその精神的権威を維持したばかりか、教会当局を現実政治へと復帰させたのである。

ヴァチカンとムッソリーニとの緊密な連繋やナチズムへのあいまいな対応ぶり、スペインとポルトガルのカトリック独裁者への熱烈な支援など、パチェリの教皇としての政治も民主主義諸国の国内政治のなかで非妥協的路線をとった。とりわけイタリアのカトリック信者は、キリスト教民主党への反対投票に関してははっきりと精神的ふしだらか、それ以上の悪だとされたが、比較的リベラルだったベルギーやオランダでも、地元のカトリック聖職ヒエラルキー権力は、カトリック信者の投票はカトリック政党だけに絞るよう厳命されていた。ピウス一二世の死後ようやく一九六七年になって初めて、オランダのある司教の英断によって、オランダのカトリック信者は非カトリック政党に投票しても破門の憂き目に遭うことはないことが公然と示されたのだった。

こうした状況のなかでは、戦後カトリックの聖職ヒエラルキー権力も家族や道徳行為や不適切な書籍・映画作品に関する問題では非妥協的路線をとったとして、少しもおどろくには当たらない。しかしカトリックでも若年層の平信徒や新世代の司祭たちは、一九五〇年代末の時点で、公的・私的両方の問題に関するヴァチカンの権威主義的な厳格さは時代錯誤的かつ無分別だと意識して、心安らかならぬものがあった。一九〇〇年の昔であれば、イタリアでの結婚の大半が二〇年かそこらはつづき、配偶者の死によって終わるのだった。この世紀の第三四半期末の時点では結婚が三五年以上もつづくので、離婚の権利を求める声が次第に大きくなっていたのである。

他方では、戦後のベビーブームが避妊禁止の人口統計学的根拠を切り崩してしまい、非妥協的に反対する教会当局を孤立へと追い込んだ。西ヨーロッパのあらゆる国で、ミサへの出席者が減少した。その理由はどうあれ——これまで黙々と教会に来ていた村人たちに地理的・社会的な流動性が生じたからか、女性が政治的に解放されたからか、福祉国家の時代になってカトリックの慈善活動や教区学校の必要性が減少したからか——問題は現実に起こっており、より鋭敏なカトリック指導者層は感づいていたのだが、伝統や権威を持ち出したとて説得力はなく、一九四〇年代末のスタイルで反共産主義を唱えたところで抑え切れなかった。

パチェリの死を機に、後継者ヨハネス二三世はこうした難題に対処し、教会の姿勢や諸慣行を刷新すべく新たなヴァチカン公会議を召集した。後に第二ヴァチカン公会議として知られるこの会議は、一九六二年一〇月一一日に開かれた。以後数年にわたる作業を通じて、この会議はカトリック・キリスト教の典礼文や用語を改変したのみならず（まさに文字通りの改変で、日常の教会儀式ではもはやラテン語は使われなくなり、少数派の伝統主義者たちは頑なに理解を拒んで憤激した)、もっと重大なこととして、現代の生活上のジレンマに対する教会の対応をも改変したのだった。第二ヴァチカン公会議の決定で明らかになったのは、教会はもはや変化や挑戦を恐れないこと、自由民主主義や混合経済や近代科学や合理的思考や世俗の政治をも敵対者とは見なさない、ということだった。キリスト教の他宗派との和解に向かって——ためらいがちながらも——最初の一歩が踏み出され、キリストの死に対するユダヤ人の責任をめぐる永年の説明を練り直すことによって、教会には反ユダヤ主義を挫く責任があることを幾分か(十分にではないが)認めたのだった。とりわけ重要なことは、これからのカトリック教会は独裁主義体制の支持者にはならない、という点だった。まるでその反対に、アジア、アフリカ、とくにラテンアメリカでは独裁主義体制の対抗者側につく気配さえ示したのである。

こうした変化はカトリック教会内部の改革派のなかでさえ、全面的に歓迎されたわけではない——第二ヴァチカン公会議に派遣されたクラクフの若い司祭が後に教皇の地位へと昇って〔ヨハネ・パウロ二世〕、道徳的権威の重要性や非妥協的なカトリック聖職ヒエラルキーの影響力の回復を自分の責務と考えた。第二ヴァチカン公会議はまた、ヨーロッパのカトリック信者の宗教的礼拝の逓減傾向を逆転することもできなかった。イタリアにおいてさえ、ミサに出たのは一九五六年の全カトリック信者の六九パーセントから、一二年後の四八パーセントへと下がった。しかしながらヨーロッパにおける宗教の衰退は何もカトリック信仰に限られていたわけではないから、これはおそらく彼らの力を超えたことだったろう。第二ヴァチカン公会議がやりとげた——あるいは少なくとも推進し公認した——のは、大陸ヨーロッパにおける政治と宗教との最終的な分離だった。

ピウス一二世の死後は、正しい道を票決しそこなえば重大な結果を招くと言ってカトリック信者を脅かすような教皇も司教も現われず、オランダ、ベルギー、西ドイツ、オーストリア、イタリアにおける教会ヒエラルキーとカトリック民主党ないしキリスト教民主党との、かつての緊密な関係も失われてしまった。[8] 現地カトリックのヒエラルキーがなみなみならぬ特権や権力を享受していたフランコのスペインにおいてさえ、第二ヴァチカン公会議は劇的な変化を引き起こした。六〇年代半ばまで、このスペインの指導者はカトリックに非ざる宗教の信仰や礼拝を公然と表明することをいっさい禁じ

(8) 聖職者政治の終焉とともに、政治的な反聖職権主義もその存在理由を失った——ほぼ二世紀にわたってつづいてきた紛争と強迫観念の悪循環に終止符が打たれたのだ。

ていた。ところが一九六六年、彼は依然としてカトリックに特権を付与しつつも、他のキリスト教会の存続も認める法案を通過させねばならぬと考え、四年以内に（キリスト教の）信仰の全き自由が公認されたのだった。スペインにおけるカトリック教会の、こうした遅ればせの「非国教化」をうまく根回しして実現し、それによってフランコ存命中に教会と政権とのあいだに透明性を差し入れたことで、ヴァチカンはスペイン教会に対して、「アンシャン・レジーム（旧体制）」との長期にわたるやっかいなつながりが生む重大な結果の、少なくとも一部を取り払ってやったのである。

こうした宗教と政治との、またカトリック教会とその過去との、ベルギーその他の国で知られている言葉を使えば「文化的決別」は、「六〇年代」というものの形成に重要な役割を演じた。当然ながら、ヴァチカンの改革ムードにも限界があった――そこに加わった多くの人びとにとって、第二ヴァチカン公会議の背景にあった戦略的な動機とは急進的変化を受け入れることではなく、先回りして阻止することだった。数年後に中絶の権利と離婚の自由化とが票決に付されたときには、イタリア、フランス、西ドイツといった圧倒的にカトリックの強い諸国では教会当局者が猛烈に反対したがうまく行かなかった。しかしこうした微妙な問題についても教会は譲らず、反対派ももはや分裂の危険まで冒そうとはしなかった。「宗教以後」へと進みつつある社会のなかで、教会はその弱まった立場を受け入れ、そこで最善をつくそうとしたのだった(9)。

非カトリックの社会、つまりスカンジナヴィア、イギリス、オランダのある部分、西ヨーロッパのドイツ語圏のほんの一部分では、伝統的な道徳の権威からの市民の解放が必然的に浸透してはいたが、いざその時となるときわめて劇的だった。その移行が最も目覚ましかったのはイギリスだった。一九五〇年代末まで、イギリス市民はギャンブルすること、有識者たちが「わいせつ」あるいは政治的に「要注意」と判断したものを読むこと・書くこと、同性愛行為に耽ることはもとよりそれを支持すること、自分に対しても他人に対しても中絶処置を講ずること、何の苦もなく公的な恥辱もなしに離婚してしまうこと、などを禁じられていた。さらに、もしも殺人その他の重犯罪を仕出かした場合には、絞首刑に処せられる可能性があった。

それが一九五九年以降、因習の糸巻がほどけ始めた。この年に成立した「わいせつ出版物取締法」に則れば、削除なしの成人向けの文献・文学は「科学、文学、芸術、ないし学問上の関心にもとづくもの」と考えられれば、「わいせつ性」によって告発されることはなくなった。以後出版者と著作者とは、作品の全体としての価値を言いつのることで法廷で自らを守れるようになり、「専門家」の意見を徴して弁論に努めた。一九六〇年には悪名高き『チャタレイ夫人の恋人』〔伊藤整完訳・新潮文庫〕がテストケースとなり、ペンギン・ブックス社はD・H・ローレンスの、他の点では凡作であるこの作品の初の無削除版をイギリスで出版したことで起訴された。チャタレイ裁判がとりわけイギリス人の関心を惹いたのは、それまで違法だった箇所が初めて読めただけではなく、その悪評の根拠が階級間のエロティシズムにあったためでもあった。この小説を「妻や女中（原文のまま）」に読ませるか、と検察側から質問された証人の一人は、それは少しもかまわないと思うが自分の森番の手に渡るようにはしたくない、と答えたのである。

ペンギン・ブックス社は弁護のために三五人もの専門家証人を呼び、わいせつ性に関して無罪宣告を勝ち取ったが、イギリス「エスタブリッシュメント（支配層）」の道徳的威信の衰退はこの無罪判決から始まったと言えよう。同じ年のイギリスでは、ギャンブルも合法化された。四年後には後継の労働党内閣によって死刑が廃止され、さらに同党は一九六七年、改革派で著名な内務大臣ロイ・ジェンキンズの主導の下、国費による家族計画クリニックの設置や同性愛関係の法改正や中絶の合法化を、そして翌年には劇場検閲の廃止を行なった。一九六九年にはこれに「離婚法」がつづいたが、これは結婚制度の劇的な変貌を早めたというより、その実情を露わにした。イングランドとウェールズにおける第二次大戦勃発前年の離婚は五八組中一組だったが、四〇年後にはそれが三組に一組の割合へと近づくのである。

一九六〇年代イギリスにおける自由主義的な自由化改革は、さまざまな遅れはあったものの北ヨーロッパ各国で追随された。ウィリー・ブラントが率いた西ドイツの社会民主党主導の連立政権は、六〇年代後半から七〇年代を通じて同様の改革を実施したが、彼らの場合に制約となったのは法律や前例ではなく、連立政党の消極性だった――つまり「自由民主党」は経済的には自由主義だが社会的には保守主義だった。フランスにおける死刑廃止は一九八一年の社会党フランソワ・ミッテラン政権の登場まで待たなくてはならなかったが、ここでも――イタリアと同じく――中絶と離婚に関する法律は七〇年代初期に改正された。全般的に見ると、イギリスとスカンジナヴィアは例外として、解放の「六〇年代」がヨーロッパで実現されたのはようやく七〇年代になってからだった。しかしながら、いったん法改正が済むと、その社会的結果はきわめて急速に進行した。ベルギー、フランス、オラン

（9）しかしながらアイルランドでは、教会の権威と日常政治への容喙とはやや長くつづいた――九〇年代までも。

ダにおける離婚率は、一九七〇年から一九八五年にかけて大雑把に見て三倍増となったのである。

道徳や個人に関わる問題で公的当局の立場が衰微したといっても、国民の文化的領域における国家の役割にかげりが生じたわけではなかった。まるでその反対だった。この時代の西ヨーロッパにおける広範なコンセンサスによれば、市民の文化的需要に応える資源があるのは国家だけだった。個人もさまざまな共同体も、自分たちだけでは資源も発意も持てないのである。食糧、住宅、雇用に劣らず、文化の栄養を供給するのが良き公的当局というものの責任であった。こうした問題では社会民主党とキリスト教民主党の考え方は同じで、両党はヴィクトリア時代の偉大な改革者の衣鉢を継いでおり、しかも彼らが手にする資源は膨大なものになっていた。六〇年代に起こった美の叛乱も、この点ではほとんど変わっていなかった。新しい(「対抗的な」)文化も旧文化と同じ基金を申請し、獲得していたのである。

一九五〇年代・一九六〇年代は文化助成金の黄金時代だった。すでに一九四七年に、イギリス労働党政権は地方税に六ペンスを上乗せして、各地の芸術的創意——劇場、音楽愛好組織、地元オペラその他——に金を出したが、これが一九六〇年代の「アーツ・カウンシル(芸術文化評議会)」へと発展し、芸術教育のみならず各地方および全国のフェスティバルや団体に対して、かつてない広範な公的施しを振り撒いた。財政的に行き詰まっていたフランス第四共和政はそれほど前向きではなかったが、高級文化のための伝統的で権威ある中心——美術館やパリ・オペラ座や、コメディー・フランセーズ——と、国家独占のラジオ・テレビ局は例外だった。しかしド・ゴールが政権に返り咲いてアンドレ・マルローを文化相に任命すると、この国でも状況が一変した。

フランス国家は長いこと「メセナ(文芸・学術の庇護者)」の役割を果たしてきた。しかしマルローは自分の役割をまったく新しいやり方で構想した。これまで伝統的に、王の宮廷およびその共和派の後継者たちの権力と財力とは、芸術および芸術家をパリ(ないしヴェルサイユ)へと集中させるよう配分され、その結果この国の他の地域は枯渇していた。今や政府は、催し物とその出演者が地方に分散するよう金を使おうとしたのである。博物館、美術館、フェスティバル、演劇公演がフランス各地で芽生え始めた。これらのうちで最も有名な、ジャン・ヴィラール主宰のアヴィニヨンの夏の演劇祭が始まったのは一九四七年だが、ヴィラールの演出がフランス演劇の変貌や革新に主要な役割を果たした五〇年代・六〇年代を通じて、これが大いに発展した。フランスの有名俳優の多く——ジャンヌ・モローやマリア・カザレスやジェラール・フィリップ――は、アヴィニヨンで仕事をした。フランスの芸術ルネッサンスが始まったのは、ここの他にもサンテティエンヌ、トゥールーズ、レンヌ、コルマールなど、とても考えられない土地においてだった。

マルローが行なった地方における文化生活の促進は、もちろん中央集権にもとづくイニシアチヴだった。ヴィラール自身の企画でさえ、その偶像破壊的な目的という点では典型的にパリ的だった。主眼は文化を地方に持ってゆくことではなく、主流の演劇にまつわる慣習・慣行と決別することだった――「演劇に、集団芸術に生気を吹き込むこと、……地下室や客間から解放してやって自由に呼吸させること、建築とドラマと詩とを融合させること」。それにはパリから離れていたほうが実現しやすいのだが、中央政府の基金や行政の後押しが必要だった。これに対して、ドイツ連邦共和国のような本格的に地方分権化された国の文化や芸術は、それぞれの地方における政治と地元利益の直接の産物だった。

ドイツにおいても西ヨーロッパの他の国々と同じく、芸術への公的出費は戦後の数十年間で劇的に増大した。しかしながら西ドイツにおける文化・教育問題は州の権限の下にあったから、かなりの取り組みが重複してしまった。それぞれの州と、有力な町や都市ごとにオペラ劇団、オーケストラとコンサート・ホール、舞踏団、補助金付きの劇団や美術グループがあった。ある概算によれば、西ドイツ各地には東西統一の時点で二二五の劇場があり、それらの予算のうち州ないし市から受けた補助金の割合は五〇―七〇パーセントにも達した。フランスの場合と同じく、この制度にも過去のルーツがあった――ドイツの場合、近代以前の小公国、公爵領、教会領の多くが常勤の宮廷音楽家や画家を抱えていて、定期的に新しい仕事を注文していたのである。

その恩恵はかなりのものだった。ナチ以後の西ドイツの文化的自信喪失にもかかわらず、この国の気前のいい文化施設はあらゆる種類の芸術家たちのメッカとなった。シュトゥットガルト・バレエ、ベルリン交響楽団、ケルン・オペラ、さらに何十もの小規模施設――マンハイム国立劇場、ヴィースバーデン国立劇場など――が、何千人もの舞踏家、音楽家、俳優、振付師、劇場の裏方、事務方などに定常的に仕事を出した（失業給付金や治療保険や年金もあった）。舞踏家や音楽家の多くは、アメリカを含む外国からやってきた。彼らは補助金付き料金を払って彼らの公演を楽しむ地方観客に劣らず、華やぐヨーロッパの文化シーンで大いなる恩恵を受けたのだった。

「一九六〇年代」が多くの国で実際にその姿を現わしたのがようやく七〇年代の初期だったと同様に、ステレオタイプの――生真面目で堅くるしくて不毛で沈滞した――「一九五〇年代」というのも、おおむねは神話にすぎなかった。ジョン・オズボーンは『怒りをこめてふりかえれ』(一九五六年)のなかで、主人公ジミー・ポーターに戦後の繁栄と自己満足のまやかしを罵らせているし、この一〇年の末期に至るまで払拭されなかったうわべだけの慇懃な順応性が多くの観察者、とくに若者の失望を買っていたことは疑いない。[10] 実際には、一九五〇年代にはすぐれて独創的な仕事があった——その多くは演劇、文学、とりわけ映画の分野で、後世の作品よりも朽ちないおもしろさを持っていた。西ヨーロッパは権力や政治的権威で喪失したものを、今や芸術で取りもどしつつあった。実際のところ五〇年代後半は、ヨーロッパの「高級」芸術にとってインディアン・サマー(小春日和)の感があった。状況は今までになく好転していた——「高級なヨーロッパ」(こうした言葉は後の数十年で皮肉な否定を受ける定めだが)が初めて大規模な公的財源によって支えられ、しかも「とっつきやすさ」「分かりやすさ」「時宜性」といった大衆主義者の要求に晒されていなかったのである。

一九五三年三月、パリのバビロン座におけるサミュエル・ベケット作『ゴドーを待ちながら』(安堂信也訳・白水社)の初演を皮切りに、ヨーロッパ演劇はモダニズムの黄金時代へと入った。海峡を越えたロンドンのロイヤルコート劇場では、「イングリッシュ・ステージ・カンパニー」がジョン・オズボーン、ハロルド・ピンター、アーノルド・ウェスカーの作品を上演するとともに、ベケットや東ドイツのベルトルト・ブレヒトを取り上げたが、彼らの戯曲のすべては文体上のミニマリズムを美への反撥と結びつけたもので、こうした技法をこれまでの政治スペクトル上に位置づけるのは困難な場合が多かった。イギリスの主流派演劇もかなり大胆になった。五〇年代末には、かつてない多くのイギリス演劇人——ローレンス・オリヴィエ、ジョン・ギールグッド、ラルフ・リチャードソン、マイケル・レッドグレイヴ、アレック・ギネス——がナイト爵位を授けられ、彼らに大学出(大部分はケンブリッジ)の若い役者たちと、ピーター・ブルックやピーター・ホールやジョナサン・ミラーを含む革新的な演出家・プロデューサーのすぐれた一群が合流したのだった。

イギリスの「ナショナル・シアター(国立劇場)」が最初に提案されたのは一九四六年だが、正式に設立されたのは一九六二年で、ローレンス・オリヴィエが創立の指揮をとり、劇評家のケネス・タイナンがその助言者・助手を務めたが、本拠地がロンドンのサウスバンクに定まったのはようやく一九七六年だった。このナショナル・シアターは「ロイヤル・シェイクスピア・カンパニー」とともにイギリスの新しい芝居の後援者・公演施設として主導的な役割を果たしてゆくのだが、「アーツ・カウンシル」の気前のよさの最初の受益者だった。しかしここで留意しなければならないのは、だからといって演劇が人気のある娯楽形態になったわけではなかったということだ。その反対で、ミュージック・ホールが衰退してからは、劇場は中間層のなわばりとなっていた――たとえ主題が表向きプロレタリア的だったとしても。劇作家は労働者階級の生活について書くかもしれないが、それを観にきたのは中産階級だったのである。

ベケットとその作品がやすやすとイギリスで迎えられたように、イギリスの演劇とその主導的人物たちも国外で気持ちよく仕事ができた。ロンドンでシェイクスピアを上演して評判をとった（とりわけ有名になったのが『真夏の夜の夢』）ピーター・ブルックは、その後は美的・言語的国境をやすやすと越えてパリで名声を確立した。一九六〇年代の初めまでには「ヨーロッパの」演劇について、あるいは少なくとも問題提起的で同時代的なヨーロッパのテーマを取り上げた演劇について、語ることが可能になってきた。ロルフ・ホーホフートの『神の代理人』〔森川俊夫訳・白水社〕は初めは一九六三年にドイツで、ほどなくイギリスで上演されたが、この芝居は教皇ピウス一二世が戦時中にユダヤ人を救助できなかったことを攻撃したものだった。ホーホフートは次の『兵士たち』（一九六七年）で、戦時中のドイツ都市の空爆に関して矛先をウィンストン・チャーチルへと向け、当初はイギリスで上演禁止となった。

ヨーロッパの芸術が作家や映画監督の「新しい波」に席巻されたのも一九五〇年代のことで、彼らが行なった旧来の語り口との決別や、セックス、青春、政治、疎外などへの注目がさきがけとなって、「六〇年代」世代が自分たちの達成と考えている数多くの作品が生まれたのだった。五〇年代の西ヨーロッパで最も影響力があった小説群――アルベルト・モラヴィア『体制順応主義者』（一九五一年）〔邦題『孤独な青年』千種堅訳・ハヤカワ文庫、映画『暗殺の森』の原作〕、一九五六年刊のアルベール・カミュ『転落』〔佐藤朔訳・新潮社「カミュ全集」8〕、ギュンター・グラス『ブリキの太鼓』（一九五九年）〔高本研一訳・集英社文庫〕――はすべて、後代のどの作品と比べてもさまざまな意味で独創的であり、確実に大胆な試みであった。フランソワーズ・サガン『悲しみよこんにちは』（一九五三年）〔朝吹登水子訳・新潮文庫〕やコリン・ウィルソン『アウトサイダー』（一九五六年）〔中村保男訳・集英社文庫〕といった、青春後期の自己陶酔のナルシスティックな記述でさえ、当時は独創的なものだった（ウィルソンの場合は、権威主義の色合いをもつ人間ぎらい

（10）典型的な悪態のなかで、オズボーンはイギリス王室のことを「虫歯だらけの口の、金《きん》の詰め物」と書いている。

が少なからず顔をのぞかせていた)。この二作は著者がそれぞれ一八歳と二四歳のときに書かれたもので、彼らの主題——およびその成功——は、たっぷり一〇年後の「若者革命」を予言していたのである。

すでに指摘したような映画の衰退にもかかわらず、ヨーロッパの映画作品がその芸術性と独創性で不朽の名声を獲得したのは一九五〇年代の後半と一九六〇年代初期を通じてであった。実際のところ、西ヨーロッパの映画が大衆の娯楽から高級文化へと進級した(あるいは衰退した)については、おそらく一つのつなぎ目があっただろう。

ヨーロッパ映画のルネサンスは、観客の要求がその原動力ではなかったことは確かだった——観客に委ねられていたとしたら、フランス映画は五〇年代初期の「高級」コスチューム・ドラマのままだったろうし、ドイツの映画館は「黒い森」を背景としたロマンチックな「ハイマートもの」(前出350頁)を上映しつづけていただろうし、イギリスの観客は相も変わらぬ戦争映画とますます思わせぶりな軽コメディーにご満悦だっただろう。いずれにせよ、ヨーロッパの大衆観客はアメリカの大衆映画への選好をはっきりと示しつづけていた。

皮肉なことに、フランスのシネアスト(映画監督)の新しい一群による革命のきっかけとなったのはアメリカ映画、とくに一九四〇年代後半の「フィルム・ノワール」流の、暗い飾り気なしの作品だった。年長世代の陳腐な主題とロココ的飾り気とに絶望した若きフランス人グループが、フランスの批評家ピエール・ビヤールによって「ヌーヴェル・ヴァーグ(新しい波)」と呼ばれたのは一九五八年だったが、彼らはフランスにおける映画製作の刷新に乗り出した——まずは理論で、ついで実作で。理論面は新雑誌『カイエ・デュ・シネマ(映画手帖)』でその輪郭が示されたのだが、「作者」としての監督概念を中心に展開された。これらの批評家たちが、たとえばアルフレッド・ヒッチコックやハワード・ホークス、あるいはイタリアのネオリアリズムの作品を称賛したのはその「自律性」、つまり撮影スタジオの内部で作業しつつも、彼らがなんとかして作品に自分なりの「記号」をつけようとした、そのやり方だった。同じ理由から彼らは——当時無視されていた——もっと前の世代のフランスの監督たち、とくにジャン・ヴィゴやジャン・ルノワールの作品を擁護したのだった。

こうしたことすべては直観としての良い趣味の存在を示してはいたが、その周囲を包んでいた理論は限られた仲間以外には関心がもてず、実際はちんぷんかんぷんなことが多かった。しかしルイ・マル、ジャン＝リュック・ゴダール、クロード・シャブロール、ジャック・リヴェット、エリック・ロメール、アニエス・ヴァルダ、そしてなんといってもフランソワ・トリュフォーの手になるその実践は、映画作品の相貌を変えてしまった。一九五八年から一九六五年にかけて、フランスのスタジオはおびただしい作品群を送り出した。マルが監督したのは『死刑台のエレベーター』と『恋人たち』がともに一九五八年、『地下鉄のザジ』一九六〇年、『私生活』一九六一年、『鬼火』一九六三年だった。ゴダール監督の作品は『勝手にしやがれ』一九六〇年、『女は女である』一九六一年、『女と男のいる舗道』一九六二年、『はなればなれ』一九六四年、『アルファヴィル』一九六五年だった。同じ時期のシャブロールの作品には『美しきセルジュ』一九五八年、『二重の鍵』一九五九年、『気のいい女たち』一九六〇年、『悪意の眼』一九六二年がある。

もっとおもしろいリヴェットの仕事は少し遅れて出た。この時期に『5時から7時のクレオ』一九六一年や『幸福』一九六五年で有名なヴァルダと同じく、彼もしばしば自己惑溺へと迷い込んだが、この点でこのグループの最長老エリック・ロメールはまったくちがっていて、後年その挽歌的な「教訓物語」で国際的に有名になるのだが、その最初の二作品『モンソーのパン屋の女の子』と『シュザンヌの生き方』が作られたのは、ともに一九六三年だった。しかし「新しい波」がもつスタイルとインパクトを体現するようになるのは比類なきフランソワ・トリュフォーだった。ジャン゠ピエール・レオ演ずるアントワーヌ・ドワネル（トリュフォーの自伝的「主人公」）を主演させた一連の作品——とくに『大人は判ってくれない』一九五九年、『二十歳の恋』一九六二年、『夜霧の恋人たち』一九六八年——で有名になったトリュフォーは、フランス映画の革命を支えた主たる理論家だったばかりか、なんといっても一貫して成功作を生み出した実践者だった。彼の個人的作品の多く——『突然炎のごとく』一九六二年、『柔らかい肌』一九六四年、『華氏451』一九六六年、『終電車』一九八〇年——は芸術の古典である。

ヌーヴェル・ヴァーグの監督たちの強味の一つは、作品を気晴らしの娯楽ではなく思想的な意思表明と見なしつつも（『カイエ・デュ・シネマ』の寄稿家たちは「実存主義」と称されていたものへの恩義をしばしば語っていた）、その作品が娯楽性をもっていた点である（トリュフォーやマルについては、後にゴダールやリヴェットについて広く囁かれていたように、その映画を観るのはペンキが乾くのを見ているようだ、などと言った者などいなかった）。外国の競争者にとって重要だったのは、こうした思想的な深刻さと視覚的な分かりやすさの組み合わせだった。アラン・レネの『二十四時間の情事』（一九五九年）への反響が示すように、フランス映画は国際的な道徳論争の恰好の媒体となっていたのである。

かくして一九六二年、二六人の若いドイツの映画監督がオーバーハウゼンに寄り集って「旧套墨守のドイツ映画の崩壊」を宣言し、自分たちの意図は「ドイツの新しい本格長編映画を……既成業界の因習から自由に、特定の利益集団からも自由に創造すること」だと述べたとき、彼らはフランスの影響を率直に認めたのだった。ジャン＝リュック・ゴダールが一九五七年の『カイエ・デュ・シネマ』の「ベルイマノラマ」という表題の有名な評論でイングマール・ベルイマンを褒め称え、このスウェーデンの「作者」こそ「ヨーロッパ映画界で最高のオリジナリティーをもつ映画作家」だと主張したのと同じように、ドイツのエドガー・ライツとその仲間たちは、西ヨーロッパとラテンアメリカ全体の若い映画監督たちとともに、ゴダールとその友人たちから合図をもらったのだった。(11)

トリュフォーやゴダールやその仲間たちが、彼らの青春時代のアメリカ白黒映画で感心していたのは、そこには「うそっぽさ」がないからだった。アメリカ人その他の観察者がフランス人映画監督によるアメリカン・リアリズムへのいれ込みぶりを羨んだのは、そこに繊細さと知的洗練があったからだった。人間の些細なやりとりに荘重な文化的意義を賦与する、あのフランス人ならではの才能である。エリック・ロメールの『モード家の一夜』（一九六九年）では、ジャン＝ルイ・トランティニャンが扮する田舎の数学教師ジャン＝ルイが、雪に閉ざされた一夜をモードの家のソファで過ごす。モード（フランソワーズ・ファビアン）はある知人の女ともだちだが、その聡明さは人を惹きつける。カトリックであるジャン＝ルイは、こうした状況がもつ倫理的意味合いと、この家の主人と寝たものかそうすべきでないかについて思い悩みつつ、時おり共産主義者の同僚と道徳的考察を交わす。何ごとも起こらぬまま、彼は帰ってゆく。

こんな作品をつくること、ましてやそれを配給するなどということは、アメリカの監督には、あるいはイギリスの監督でさえ、思いもよらぬことである。ところがユーロ－アメリカンの新世代インテリたちにとって、ロメールの作品はフランス映画のもつあらゆる魅力を具えていた――それは洗練され、世の中に倦み、機知に富み、それとなく示し、成熟していて、ヨーロッパ的だったのだ。同時代のイタリアの作品も広く世界に出回っていたが、こうしたインパクトはなかった。比較的成功だった作品は、金持ちで「セクシー」だというイタリアおよびイタリア人の新しいイメージを過度に意識的に打ち出していたが、それはしばしばソフィア・ローレンの肉体的魅力や、マルチェロ・マストロヤンニ扮する屈託のない道楽者というコミカルな役柄の上に築かれていた。たとえば『イタリア式離婚狂想曲』（一九六一年）、『あ、結婚』（一九六四年）など。

マストロヤンニが最初にこの役を演じたのだが、フェデリコ・フェリーニの『甘い生活』（一九六〇年）ではもっと暗い調子だった。フェリーニ自身は、とくに『8½』（一九六三年）や『魂のジュリエッタ』（一九六五年）が出た後には、トリュフォーやゴダールと同じ仲間の多くに忠実な信奉者があった。旧世代の才能ある監督たちもまだ退場していなかった――ヴィットリオ・デ・シーカはサルトルの戯曲『アルトナの幽閉者』を映画化した『アルトナ』（一九六二年）を監督し、『ボッカチオ70』（一九六二年）をフェリーニと共同で監督し、六〇年代末には『悲しみの青春』を監督する。しかし彼らの仕事も、とりわけデ・シーカが永遠にその名を連ねる一九四〇年代の偉大なネオリアリズム作品群のもつ政治的・美的インパクトを再興することはできなかった。比較的影響力が大きかったのは、ミケランジェロ・アントニオーニのような連中だった。いずれもモニカ・ヴィッティが主演している『情事』（一九六〇年）、『太陽はひとりぼっち』（一九六二年）、『赤い砂漠』（一九六四年）のなかで、アントニオーニのシャープな映像表現と、素っ気なくシニカルで屈託のない登場人物たちとが先取りしていたのは後の六〇年代芸術の不信と分裂の世界であって、アントニオーニ自身もそれを『欲望』（一九六六年）で自覚的に捉えていたのだ。

イタリア映画はフランス（あるいはスウェーデン）映画の惹き込むような思想性には欠けていたが、これらにたっぷり共通していたのはスタイルだった。外国の（とりわけアメリカの）観察者にとって大陸ヨーロッパのシーンを際立たせていたのは、こうしたヨーロッパのスタイルだった――芸術的な自信と、思想的な自負と、教養で裏うちされた機知との変幻自在なバランスがそこにあったのだ。一九五〇年代末までに西ヨーロッパは不況や戦争から回復していたばかりか、野心に燃える教養人たちをふたたび惹きつけていた。ニューヨークには金《かね》と、おそらくは現代芸術があった。しかしアメリカは、多くのアメリカ人にとってさえ、今なお少々生《き》のままだった。候補者および大統領としてのジョン・F・ケネディの魅力の一端は、「キャメロット」と呼ばれたそのワシントンの側近グループの教養あるコスモポリタニズムにあった。そしてキャメロットのほうも、大統領の妻のヨーロッパ的背景と大陸的な自己表出に多くを負っていたのだ。

ジャクリーン・ケネディがホワイトハウスにヨーロッパ・スタイルを輸入したとしても、おどろくには当たらなかった。五〇年代後半と六〇年代にはヨーロッパ的「デザイン」がか

(11) とくにゴダールは、断固として折衷的な嗜好の持ち主だった。彼はニコラス・レイ監督ジョーン・クローフォード主演の『大砂塵』（一九五四年）に「完全にいかれていた」と伝えられている。

つてないほど持てはやされて、地位と高級さの証明となった。ヨーロッパのレッテルが貼られていれば、商品であれ思想であれ人物であれ、それは非凡さの保証でプレミアムがついたのだ。こうした展開は実はまったく最近のことだった。「高級装身具」といえばパリ製が一八世紀末以来のぜいたく品商売で長らく上位を占め、スイスの時計が何十年にもわたって大いに尊重されてきたことは確かである。しかしドイツ製の車ならその事実だけで他より出来が良いと思ったり、イタリア・デザインの衣服、ベルギーのチョコレート、フランスの台所用具、オランダの家具ならまちがいなく最高という観念は、わずか一世代前だったら奇妙に思われただろう。

つい最近までなら、こうした評判を有していたのはむしろイギリスの製造業で、それは一九世紀イギリスの産業における優位性の遺産だったのである。イギリス製の家庭用品、車、工作機械、武器などは長いあいだ外国市場で高く売られていた。ところが一九三〇年代・一九四〇年代のあいだに、イギリスの生産者は男物の衣服を除くほとんどあらゆる商品で自分の立場をみごとに掘り崩したので、一九六〇年代時点でイギリスの小売商人に残されていた唯一のニッチは見てくれはよくても質の悪い「トレンディーな」流行品だけとなってしまい、彼らはこの市場を次の一〇年間で無残に食い荒らすのである。

ヨーロッパ商業のスタイルで注目すべき点は、その国別・製品別のセグメンテーション（区分）だった。イタリアの車——フィアット、アルファロメオ、ランチア——と言えば、見かけ倒しで信頼性が乏しいので悪名高いのだが、そうしたはた迷惑な評判が革製品、オートクチュール（高級ファッション）、さらにさほど評判を取ったわけでもない冷蔵庫その他の大型家電などの、他の市場で高まったイタリアの立場を損なうことはほとんどなかった。[12] ドイツ製の衣服とか食料品への国際需要は皆無と言ってもよく、それはもっともなことだった。しかし一九六五年までには、ドイツの旋盤製品やドイツ人エンジニアの考案品が、イギリスあるいはアメリカのショールームの外で、言い値で売れるようになった。さまざまな製品にわたって全般的な高品質の評判をとっていたのはスカンジナヴィアだけだったが、そこでも市場ごとにはっきりとしたちがいがあった。金持ちの外国人は家中にスウェーデンあるいはデンマークの最先端の家具を入れたが、それは少々壊れやすいとはいえ非常に「モダン」だったからだ。しかし同じ消費者が、まるで不恰好とはいえスウェーデンのボルボ車に惹かれたのは、まさにそれが頑丈そうに見えたからだ。しかし「スタイル」と「値打ち」という特色の両方が今や分かちがたく「ヨーロッパ」と結びついて、しばしばアメリカと対比されたのである。

パリは女性の衣服ではハイファッション（流行の先端）の首都でありつづけた。しかしイタリアは（フランスやイギリスとちがって）労賃が安価で布地の配給制という制約がなかったので、第一回の「メンズ・ファッション・フェスティヴアル」がサンレモで催された一九五二年から、すでに有力な競争者だった。クリスチャン・ディオールからイブ・サンローランまでのフランスのオートクチュールは、そのスタイルがどれほど斬新だろうと社会的にはまったく型にはまっていて、一九六〇年時点では、フランスその他の雑誌編集者やコラムニストたちは毎年のファッション・ショーへの出席に帽子と手袋を着用したばかりか、机に向かっているときもそれを着けていた。中産階級の女性がひと握りのパリのデザイナーやファッションハウスから服飾のヒントを入手している限り、後者の地位（と利益）は安泰だった。ところが一九六〇年代初めともなると、ヨーロッパの女性は――そして男性も――お定まりのフォーマルな帽子や、きちんとした上着や、イブニングドレスなど着なくなった。衣服のマス・マーケットは今やそのヒントを、上からも下からも取り入れていた。上品さやシックの源としてのヨーロッパの名声は揺るがなかったが、ファッションの未来はもっと幅広い流行の選択にあり、その多くはアメリカの、場合によってはアジアの原型をヨーロッパ風に翻案したもので、この点ではとくにイタリアが熟達していた。衣服の面でも思想の面でもパリがヨーロッパのシーンを支配していて、今しばしそれは変わらなかった。けれども未来は別のところにあった。

一九五五年三月にミラノで行なわれた「文化自由会議」という集まりで、レーモン・アロンは討論の話題として「イデオロギー時代の終焉」を提起した。当時の参加者の一部には、この提案を時期尚早と考えた人びともいた――詰まるところ、イデオロギーは「鉄のカーテン」の向こう側では、そしてそこに限らずとも、今なお健在かつ有効だと思われていたのである。しかしアロンは核心を衝いていた。この時期の西ヨーロッパ国家は、教義に関わる企てからますます距離を置きつつあった。これまで見てきたように、福祉国家の勃興が旧来の政治的敵意というものを和らげていたのだ。かつてない多くの人びとが国家の政策や支出に直接的関心を抱くようにな

(12) 自動車レースに熱中した人なら誰もが認めるのだが、イタリア人は確かに車のデザインは得意だった。小型のファミリー・カーから泥よけや踏み板など余計な突出物を最初に取り払ったのはイタリアの車体製造工で、これは同じ時期にミラノの仕立屋がズボンの折り返しを取り除き、現代イタリアン・スーツのシャープで明確なラインとカットを発明したのとまったく同じである。イタリアの自動車製造業者が一貫して不得意のように見えたのは、製図工が思い描いた車をしかるべく作り上げることだった。

ったが、それを誰が統御すべきかについて彼らは争わなかった。西ヨーロッパの人びとは予想よりも早く、繁栄と平和という「陽光きらめく広々とした高地」（チャーチル）〔前出14頁〕にたどり着いていたと思われ、そこで政治は政府へと道を譲り、政府はますます行政へと限られていった。

ところが、である。たとえ脱イデオロギーの子守国家であっても、その分かりきった成り行きとは、それ以外の国家をまったく知らずに育った者にとっては、社会を絶えず良くするという約束の履行こそ国家の義務である、したがってことがうまく運ばない場合は国家の責任になる、ということだった。公的な諸問題を善意の民生委員階級の手に委ねて明白に日常化しても、公的無関心への担保にはならなかったのだ。少なくともこの点では、アロンの予測は的はずれだった。かくて両親が待ち望んだ社会民主主義的天国のなかで成人したまさにその世代が、国家がもつ短所欠点に苛立ち、怒りを抱くようになった。こうしたパラドックスの——文字通りの——予兆が見られるのは、「冷戦」が分断した両陣営の進歩的国家がきわめて積極的に活動した、公共的計画という仕事の圏域においてだった。

第二次大戦後の人口増加と都市化との組み合わせは、都市計画家への未曾有の需要を生み出した。東ヨーロッパでは主要な都市が戦争末期までに破壊されるか半ば放棄されたのだが、戦後の最初の二〇年間で二〇〇〇万人の人びとが田舎から町や都会へと移住した。リトアニアでは一九七〇年時点で人口の半分が町に住んでいたが、二〇年前にはこの数字が二八パーセントだった。ユーゴスラヴィアでは農業人口が解放の年から一九七〇年にかけて五〇パーセント減少し、田舎から都市への巨大な移住の波が起こった。一九四八年から一九七〇年にかけて、クロアチアの首都ザグレブは規模が倍増し、居住者数二八万人が五六万六〇〇〇人となり、同じように首都ベオグラードは三六万八〇〇〇人から七四万六〇〇〇人へと成長した。

ブカレストは一九五〇年から一九七〇年のあいだに、八八万六〇〇〇人から一四七万五〇〇〇人へと成長した。ソフィアの住民の数は、四三万五〇〇〇人から八七万七〇〇〇人へと上昇した。一九六一年に都市人口が農村人口に追いついたソ連邦のなかで、ベラルーシ共和国の首都ミンスクは一九五九年の五〇万九〇〇〇人から、わずか一二年後に九〇万七〇〇〇人になった。これらベルリンからスターリングラードまでの全都市におけるその結果とは、ソヴィエト時代の住宅問題の古典的解決例となった——何マイルもつづく同じ灰色ないし褐色のセメントの建物群で、安価で貧弱な造作には建築的に目ぼしい特徴が何もなく、美的なあそびなど皆無だった（公共的利便性さえなかった）。

都市の中心部分が無事に残ったところ（たとえばプラハ）や、旧い地図によって丹念に再建されたところ（ワルシャワ、レニングラード）では、新しい建物の大半は都市のはずれに建てられ、郊外住宅の長い連なりとなって田舎まで達していた。他のところ——たとえばスロヴァキアの首都ブラティスラヴァ——では、町のど真ん中に新しいスラムができてしまった。小さな町や農村に関しては、保存すべきものなど何もなく、元農夫で今や炭鉱夫あるいは鉄鋼労働者となった幾万の人びとを吸収する必要から実質的に一夜のうちに工業住宅団地へとさまがわりして、古い町の名残などすっかり失われてしまった。集団農場の労働者たちは農業都市へと強制的に移住させられたが、これは一九五〇年代にニキータ・フルシチョフによって始められ、後年ニコラエ・チャウシェスクによって完成されたものだ。新しい公共建築といえるもの——「専門学校」「文化の家」「党支部」——は注意深くソヴィエトの前例を踏襲し、時には意識的に社会主義リアリズムで、どれも特大で、魅力的であることはごく稀だった。

共産主義的都市計画がもたらした災厄は、むりやりの工業化、農業の集団化、そして私的な要求というものへの手ひどい侮蔑といったものから説明できる。しかし西ヨーロッパ諸都市のお歴々とて、うまくやりとげたわけではない。とくに地中海ヨーロッパでは、農村から都会への大量移住が都市の資源に対して東欧と同様の歪みをもたらした。近郊を含めた大アテネは、一九五一年の一三八万九〇〇〇人から一九七一年の二五四万人へと成長した。同じ時期、ミラノの人口は一二六万人から一七二万四〇〇〇人へと上昇し、バルセロナは一二八万人から一七八万五〇〇〇人だった。これらすべての場所では、イタリア北部の小都市群やロンドン、パリ、マドリードその他で急速に広がっていた郊外地区の場合と同じく、都市計画者たちは求めに応じきれなかった。同じ時期に共産党の都市事務所にいた連中と同様、彼らは本能的に均質住宅の巨大な団地を建造した——戦争や都市改造で片づけられた空きスペースか、都市のはずれの緑地帯かのどちらかに。とくにミラノやバルセロナでは、南から移住してきた最初の世代が一九六〇年代を通じて小屋住まいから高層アパートへと移住を開始したので、ソヴィエト圏を想起させるうっとうしい結果となった——しかもそこにはさらなるハンディキャップがあって、多くの入居希望者は家賃が高くて職場の近くには入居できなかった。こうして彼らはお粗末な公共交通機関を使っての毎日の長距離通勤を強いられた——あるいは新しく買った車で通勤したのだが、これが都市のインフラストラクチュアの歪みに拍車をかけたのである。

しかしこの時期の西ヨーロッパにおける都市建築の際立った見苦しさを、人口増加圧力だけのせいにすることはできない。こうした「ニュー・ブルータリズム」（建築評論家レイナー・バンハムの命名）の発生は、偶然でもなければミスでもなかった。主要都市が想像力や構想力のおどろくべき欠如の下で再建された西ドイツにおいて、あるいは、アグレッシブな線形で吹きさらしの、ル・コルビュジエ風オールトン公営住宅団地（ローハンプトン）さながらの集合住宅プロジェクトを州議会建築局が認可したロンドンにおいて、見苦しさはほとんど意図的というか、周到なデザインの産物だった。おそるべきミラノの「ヴェラスコ塔」は一九五七年から一九六〇年にかけてイギリス－イタリアの私的合弁企業によって建てられた鉄筋コンクリートの高層ビルで、当時のアグレッシブな超モダニズムの典型だが、そのデザインの主眼は過去へのあらゆる愛着を断ち切ることだった。一九五九年三月、「フランス建築審議会」が、やがて建つ「モンパルナス・タワー」のデザインを承認したときの報告書の結論にはこう書かれていた──「パリは己が過去に埋没するわけにはいかない。近き将来にはパリも壮大なメタモルフォーゼ（変身）をとげるであろう。」

その結果はただモンパルナス・タワー（あるいはその私生児たるデファンス地区のぞっとする建物群）だけにとどまらず、ニュータウンの氾濫だった。それは超過密人口の複合居住地区で（いみじくも「グラン・ザンサンブル」と呼ばれていた）、雇用機会も現地のサービス施設もなく、パリ近郊に位置していた。したがって最も有名になったパリ北方のサルセルでは、一九五四年の住民数八〇〇〇が七年後には三万五〇〇〇へと成長した。社会学的にも美学的にもそれは根無し草で、他の国々における同時代の労働者用近郊ベッドタウンそっくりであり（たとえばリトアニアの首都ヴィリニュス郊外ラズディナイにある、まったく同類の住宅地）、地元フランスの住宅デザインや都市伝統とは似ても似つかぬものだった。

こうした過去との断絶は意図的だった。生活の他の圏域であれほど称賛されたヨーロッパの「スタイル」は、ここではまったく見られなかった。実のところ、それは意識して注意深く避けられていたのだ。一九五〇年代と、とりわけ一九六〇年代の建築は自覚的に非歴史的になろうとし、デザインと規模と資材（鋼鉄とガラスと鉄筋コンクリートがとくに好まれた）の面で過去と決別した。[13] その結果は必ずしも以前より想像力に富んだというわけではなく、その反対に、ここ数十年間に多くのヨーロッパ都市の相貌を一変させた「都市再開発」案は、機会喪失の最たるものだった。

他の国と同じくイギリスでも、都市「計画」はせいぜいのところ戦術的で、つぎはぎ仕事だった。住宅と、もろもろのサービスと、仕事やレジャーを統合するような長期の戦略策定など行なわれなかった（ニュータウンや住宅複合体のどれとして映画館のあるものはなく、ましてやスポーツ施設や十分な公共交通機関などなかった[14]）。目標は都市のスラムを取り払い、増大する住民を迅速かつ低費用で収容することだった。一九六四年から一九七四年にかけて、ロンドンだけでも三八四の住宅用高層ビルが建てられた。これらの多くは二〇年以内に取り壊される運命だった。最も目にあまるものの一つ、ロンドンのイーストエンドにあった高層アパート「ローナン・ポイント」は、実は良い趣味の建物だったので、一九六八年には自ら倒壊したのである。

公共建築もほぼ同じ状況だった。パリの「ポンピドゥー・センター」は一九六〇年代にデザインされたものの使用開始は一九七七年一月だったが、その西側にある「レ・アル」と同じく、大衆的な文化資源をパリの中心部に取りそろえるはずだったのだが、長い目で見ると周辺地域との統合ないし近隣の古い建築との調和には無残にも失敗した。同じことが古いブルームズベリ地区のど真ん中のウォーバーン・スクウェアにこれ見よがしに建てられたロンドン大学の新しい「教育研究所」についても言えた――ロンドンの歴史家ロイ・ポーターの表現を借りれば「ユニークな醜さ」である。同じ気持ちで言えば、ロンドンの「サウスバンク」は演劇・芸術関係のサービスを提供する価値ある総合施設だが、そのいかめしくも低い仰角といい、吹きさらしの通路といい、ひび割れたコンクリートのファサードといい、都市評論家ジェーン・ジェイコブズが言う「癒やしがたい低調さ」の重苦しい証明となっている。

二つの世界大戦と長びいた経済不況の結果、何か斬新で過去と切れたものが求められたということを勘案しても、なぜ戦後の政治家や計画家がかくも多くの過ちを犯したのかは依然として不明である。当時の人びとが自分の環境の見苦しさに気づいていなかったということではない。巨大な住居ビルや高層ビルやニュータウンの居住者たちはそれを好んでおらず、あえて尋ねた人に対してははっきりそう答えていた。建築家や社会学者には、自分たちのプロジェクトが一世代も経たぬうちに浮浪者の群れや暴力的集団を育むことが分からなかったかもしれないが、そうした見通しは居住者にははっきり

(13)　パリのある批評家の称賛の辞によれば、新しい「団地」に詰めこまれている幾千もの同一アパートメントこそ「同じワイン・ラックに収められた相異なる多数のボトルさながら、垂直構造と一体化した真の小住居」であった。『エスプリ』誌・一九五三年一〇―一一月号掲載、ピエール・アガール「居住の単位」を参照。この資料に関してはニコル・ルドルフ博士にご教示いただいた。

(14)　しかしロッテルダムは対照的で、ドイツ軍の空爆で根こそぎやられたものの、その後数十年かけて段階的に再建された結果、このオランダの港は意識的・本格的に「デザインされた」都市となった。

していた。ヨーロッパ映画でさえ、ほんの数年前までは古い都市や都会暮らしに愛着とノスタルジーの目を向けていたのが、代わりに今では現代の大都会の冷たく硬質な非人格性に焦点を絞ったのである。ゴダールやアントニオーニといった監督たちは、『アルファヴィル』（一九六五年）や『赤い砂漠』（一九六四年）などの作品で、新しい安ぴかの都市的・産業的環境をフィルムに収めることにほとんど官能的な悦びを感じていた。

戦後に起こった建築の聖像破壊で格別の犠牲となったのは、ヴィクトリア時代の精巧にして高雅な完成品で、それ自体しばしば重要な建築的モニュメントでもあった鉄道駅だった。鉄道駅はアメリカでもひどいあつかいを受けたが（一九六六年にニューヨークのペンシルヴァニア駅が取り壊されたことは、お役所フーリガニズム（乱暴行為）誕生の決定的瞬間として多くの人びとに記憶されている）、少なくともアメリカの都市計画担当者には、車と飛行機の挟み撃ちに遭って汽車旅行の先行きは暗いのだという口実があった。しかし小さな大陸の人口過密な環境では、汽車旅行の未来に本気で疑問が呈されたことはなかった。ヨーロッパでは取り壊された駅に代わって、まったく同一の機能を遂行する無味乾燥な建物群が出現した。ロンドンの「ユーストン・ステーション」やパリの「ガール・モンパルナス」、あるいはベルリンの優雅な「アンハルター・バーンホーフ」の取り壊しには実際的な目的がなく、美的には弁護の余地のないことだった。

途轍もないスケールで行なわれた都市破壊、過去とおさらばして一世代のうちに廃墟から超モダンへと飛躍しようという汎ヨーロッパ的衝動は、その応報天罰を受けることとなった（一九七〇年代の景気後退のおかげで、公企業および私企業の予算がともに切りつめられ、更新また更新の大騒ぎにストップがかかった）。早くも一九五八年、都市刷新の発作が頂点に達する以前から、イギリスの保護主義者グループが「ヴィクトリアン・ソサエティー」を設立した。これはイギリスの典型的なボランティア組織で、この国で危機に瀕している建築遺産の特定と保存に腐心したが、その後の一〇年間には同じ熱意に燃えるネットワークが西ヨーロッパの至るところに出現し、居住者、学者、政治家に対してこれ以上の損失を避けるための協力を強く求めたのである。特定の地域や建物を保存するには遅きに失したところでも、彼らは最低限残っているものの保存に努めた——たとえばミラノのマジェンタ通りにある「パラッツォ・デッレ・ステッリーネ」のファサードと内部回廊のように、一七世紀の市立孤児院で残っているのはこれだけ、他は一九七〇年代初めに取り壊されてしまったのである。

ヨーロッパの都市の物理的な歴史において、一九五〇年代と一九六〇年代は真におそろしい数十年間だった。この時期に都市生活の物質的な骨組みがこうむった損害は、経済成長の「輝かしい三〇年間」の暗黒の、今なおよく認識されていない面であって、その意味では前世紀に起こった産業都市化のために払われた犠牲と類似している。その後の数十年間で少しは改良が施されるとはいえ――とくにフランスでは計画的な近代化と、道路や輸送ネットワークへの莫大な投資とが、ひどい状態だった一部の都市郊外の生活の質に顕著な改善をもたらしはしたが――、損害の全体的な挽回など絶対に不可能だった。主要都市、とりわけフランクフルトやブリュッセルやロンドンは、ブルータリストのごった煮スープのために都市としての生得の権利を売り払ってしまったのだが、それに気づいたのが遅すぎた。

　無残にも「更新」され再建されたこの時代の都市景観が、そこで暮らしていたとりわけ若い連中によって深くきらわれたということは、一九六〇年代のアイロニーの一つだ。彼らの住宅、街路、カフェ、工場、事務所、学校や大学は、いずれも現代的で文句なく「新しい」ものだった。しかしその結果、彼らのうちでもきわめて特権的だった連中以外にとっての環境経験というのは、見苦しい、魂なしの、息の詰まる、非人間的な、（通用し始めていた言葉を使うなら）「疎外的」なものだった。ヨーロッパの慈悲深きサービス国家の食糧十分、住宅十分、教育十分な子どもたちが成人して「体制」に叛逆したとき、その来るべき大爆発の最初の兆候が感じられたのは魂のない大学「増設キャンパス」にあるプレハブ・セメントづくりの寄宿舎でのことで、それはパリから郊外へと溢れ出る高層ビルや交通混雑のまっただなかに無造作に設えられていた。

XII 革命の亡霊

「性交が始まったのは一九六三年
チャタレイ解禁と
ビートルズLPの出現が重なり合って」
——フィリップ・ラーキン

「革命——ぼくらは本当にそれが好きだった」

——ダニエル・コーン＝ベンディット

「自足して抑圧的になったプロレタリアートに対する、悔い改めたブルジョアジーの反抗というのは、当代の最も奇妙な現象である」

——サー・アイザイア・バーリン

「今や世界中のジャーナリストが君たちの尻をなめているが、……おれはごめんだね。君たちは甘ったれのガキの顔をしている。おれは君たちの父親を憎むと同じように、君たちを憎む。……きのうヴァッレ・ジューリア通りで君たちが警官を殴ったときも、おれが同情したのは警官のほうさ、彼らは貧乏人の息子たちだからな」

——ピエル・パオロ・パゾリーニ

「われわれはドプチェクを支持しているのではない。われわれは毛沢東支持だ」

——イタリアの学生スローガン、一九六八年

大きな文化的意味をもつ瞬間というものは、後になって初めてそれと分かることが多い。六〇年代はそうではなかった。当時の人びとは自分の時代に対して——そして自分自身に対して——超越的な重要性を付与していたことが、この時代の特徴の一つだった。六〇年代のかなりの部分は、イギリスのロック・バンド、ザ・フーの表現を借りるなら、「マイ・ジェネレーションについて語ること」に費やされた。これから見ていくように、これがまったく不合理な思い込みだったと

いうわけではない。しかし予測的に言えば、それによって展望にかなりの歪みが生じたのである。一九六〇年代は、実をいうと現代ヨーロッパにとって途方もなく重要な一〇年間だったが、当時重要と思われたことのすべてが「歴史」に跡を残したのではない。自己称揚的で聖像破壊的な衝動——衣服や思想における——は時代遅れになるのが速かったが、それとは逆に、一九六〇年代後半に始まった政治や公的諸問題における真に革命的な変化が十全にその結果を現わすにはある程度の歳月を要した。しかも六〇年代に描かれた政治的な地図は人を誤らせる可能性がある——本当に重要な発展が起こったのは、必ずしも最も名の知れた場所とは限らなかった。

一九六〇年代の中頃までに、戦後の人口爆発がもたらす社会的影響があらゆるところで感じられていた。見たところ、ヨーロッパは若者で溢れていた——フランスでは一九六八年時点で、一六歳から二四歳までの学生年齢軍団は八〇〇万人の強力部隊で、全人口の一六・一パーセントを構成していた。以前であれば、こうした人口爆発は一国の食糧供給に大きな負担となったはずであり、仮に食糧は足りたとしても、就職の見通しは暗かっただろう。しかし経済の成長と繁栄の時代にヨーロッパの諸国家が直面した主たる問題とは、こうして増えつづける若者に食糧や衣服や住宅や、最終的には仕事口をいかにして与えるかではなく、彼らをいかに教育するかということだった。

一九五〇年代までは、ヨーロッパの子どもたちの大半は、通常なら一二歳から一四歳までのあいだに初等教育を終えて学校を離れた。多くの国々では、一九世紀末に導入された義務教育そのものにもあまり強制力がなかった——スペイン、イタリア、アイルランド、共産主義以前の東ヨーロッパの農家の子どもたちは、春と夏と秋の初めには登校しないのがふつうだった。中等教育は依然として中産階級や上流階級だけの特権だった。戦後のイタリアでは中等教育修了者は人口の五パーセント以下だった。

将来の数の増加を見こして、また広範な社会改革の一環として、戦後ヨーロッパの各国政府は一連の教育大改編を断行した。イギリスでの学業修了年齢は一九四七年に一五歳へと引き上げられた（後に一九七二年には一六歳となった）。イタリアでは、戦後しばらくは大半の子どもが事実上一一歳で学校を離れていたのだが、一九六二年にはそれが一四歳になった。イタリアで全日制の授業を受ける子どもの数は一九五九—一九六九年の一〇年間で倍増した。フランスでは、少数であることが自慢の「バシュリエ（大学入学資格取得者）」は一九五〇年にわずか三万二〇〇〇人だったが、これが次の二〇年間で五倍以上に膨れ上がった。一九七〇年時点で、バシュリエは同年齢層の二〇パーセントを占めたのである。

教育面でのこうした変化には破壊的な要素があった。これまでヨーロッパ社会の文化的断層線は圧倒的多数と特権的少数とを分断していた。前者は読み書きそろばんと国の歴史のアウトラインの朗読とを習って学校から離れたが、後者は一七、八歳まで学校にとどまって価値ある中等教育修了証をもらい、しかる後に専門的訓練あるいは職業へと進んだのである。ヨーロッパの「グラマースクール」や「リセ」や「ギムナジウム」は支配エリートの飼育場だった。農村や都市の貧困階層には閉ざされていた古典カリキュラムの継承が、今や絶えず増大するあらゆる社会的環境の若者たちに対して開かれたのだ。中等教育へと進み、そこを通過する子どもの数が増えれば増えるほど、彼らの世界と彼らの両親が知っていた世界とのあいだに亀裂が生じた。

こうした新たな、まったく前例のない世代間ギャップは、それだけでも事実上の社会革命だった——もっとも、その意味合いは、今なお家族の領域に限られてはいたのだが。しかしながら何万人という子どもたちが慌しく中等教育へと進学し、別の時代向けにつくられた教育制度の物質的・財政的骨組みに大きな歪みを与えるようになるにつれ、その当時まで少数エリートの飼育場だった大学にとってこうした変化がどんな意味をもつかについて、計画立案者たちはすでに関心を払いつつあった。

一九六〇年以前のヨーロッパ人の大部分が中等教育を知らなかったのだから、大学進学の夢を抱いた人はもっと少なかったはずだ。伝統的大学の拡張は一九世紀にも行なわれ、さらに主として専門的訓練のための別の高等教育機関の増設も行なわれてきた。しかし一九五〇年代ヨーロッパの高等教育は依然として特権的な少数者に限られていた——子どもが一八歳まで学校に行って稼がなくても済む家族、中等教育および大学に必要な出費に耐えられる家族である。もちろん貧困層や中間層に向けての奨学金はあった。しかしフランス第三・第四共和政のみごとな能力主義的・平等主義的制度を別にすれば、こうした奨学金では正規の授業料増にも足りないことが多く、ましてや無収入の補償など及びもつかなかった。

早い世代の改革者たちが抱いていた善き意図にもかかわらず、オックスフォード、ケンブリッジ、エコール・ノルマル・シュペリユール（高等師範学校）、ボローニャ大学やハイデルベルク大学、さらにその他ヨーロッパの古くからの学術機関は、ほぼ万人にとって立ち入り無用のままだった。一九四九年のスウェーデンの大学生は一万五〇〇〇人、ベルギーは二万人だった。スペイン全土の大学生はわずか五万人、イギリス（人口四九〇〇万）でもその二倍には達していなかった。同じ年のフランスの学生数は一三万をわずかに超えていた。しかし中等教育のマス化が進行していたヨーロッパでは、高等教育拡大への圧力はすぐにも抗しがたいものとなるだろう。大改革が必要だった。

まず第一に、ヨーロッパはもっと多くの大学を必要としていた。多くの国で高等教育の「制度」そのものがなかった。大半の国々が受け継いでいたのは個々別々の機関の無作為なネットワークとでもいうべきものだった。毎年せいぜい数百人の入学者を受け入れるようつくられた古くからの、小規模ながら名目的には独立の施設群で、公共的基盤が乏しいか、あるいは皆無の地方都市に置かれていることが多かった。これらには拡張する余地がなく、教室、実験室、図書館、学生寮（があるとして）にさらに何千人もの若者を収容することなど不可能だった。

ヨーロッパの典型的な大学都市——パドヴァ、モンペリエ、ボン、ルーヴェン、フライブルク、ケンブリッジ、ウプサラ——は小規模で、主要な都市から少し離れたところにあった（何百年も前に意図的にその理由で選定されたのだ）——例外はパリ大学で、これは重要な例外だった。ヨーロッパの大学の大半にはアメリカ的な意味でのキャンパスというものがなく（この点でも明らかな例外はイギリスの大学、とくにオックスフォードとケンブリッジ）、物理的に周囲の都市と一体化しており、学生たちは町で暮らして下宿その他のサービスを住民に依存していた。特筆すべきは、多くの場合数百年を経ているにもかかわらず、ヨーロッパの大学には独自の物質的資源が何もなかったことである。それらは資金面では、都市あるいは国家への完全な依存状態に置かれていた。

したがって、もしもヨーロッパの高等教育が初等・中等学校から攻めのぼってくる不吉な人口の激増に早晩対応しなければならないのなら、それを主導すべきは中央だった。イギリスと、ある程度までスカンジナヴィアでは、田舎の都市や郡部の町の外側の「グリーンフィールド（緑野）」地域のなかに新大学を建設することでこの問題に対処した——イングランドのコルチェスターやランカスター、デンマークのオーフスである。これらの大学は建築的にどれほど魂のないものであろうと、最初の中等教育修了軍団が到着し始める時までに、少なくとも場所的な需要増に応えるよう整えられた——さらには教師の職を探していた大学卒業生の仕事口を創出したのである。

イギリスの教育計画立案者たちは、これらの新大学をそのままマス学生の受け入れに当てるのではなく、旧来のエリート制度に統合することを選んだ。したがってイギリスの大学は、入学の時点で学生を選択あるいは拒否する権利を確保した。大学入学を希望できるのは、全国の高校卒業試験でしかるべきレベル以上の成績を取った志願者に限られ、各大学は入学させたい学生を入学させ、対応可能な人数だけを受け入れる自由をもっていた。イギリスの大学生には特権的少数者のおもむきがまだ残っており（一九六八年時点の同年齢層の六パーセント以下）、それがもつ長期的な意味合いは社会的には逆行していたことは疑いない。しかし当の幸運な少数者にとっては、この制度はきわめて円滑に機能した――しかもヨーロッパの他の国々の同輩たちが直面させられた諸問題のほとんどすべてから、彼らを隔離したのである。

それと言うのも、大陸では高等教育がまったく別の方向へと向かったからだ。西ヨーロッパの大多数の国家では、中等教育から高等教育への進学には何の障壁も設けられてこなかった。全国一斉の卒業試験を受けてそれにパスすれば、自動的に大学の入学資格を授かったのである。一九五〇年代末まで、これには何の問題もなかった――学生数が少なく、大学が彼らに制圧される心配の種はまったくなかったのだ。ともかく大陸の大部分の大学における学問研究は、昔からの慣例上少なからず超然と浮世離れしていた。傲慢で近寄りがたい教授連は、名前もわからぬ学生でいっぱいの講堂で格式ばった講義を行ない、その学生たちは期間内に学位を取らねばならぬという強制はなく、彼らにとって学生であるということは教育の手段であるとともに一種の社会的通過儀礼だった。(1)

ヨーロッパの中央の計画立案者の大半は、新しい大学を構想するのではなく、既存の大学の拡張を命じただけだった。それと同時に追加的な入学障壁も選抜制度も課さなかった。それどころか、もっともらしい理由から、彼ら計画者たちは残存していた障壁の除去へとしばしば乗り出した――イタリアの文部省は一九六五年、大学入学試験と必修科目を全廃した。かつては特権だった高等教育が、今では当然の権利と化しつつあった。結果は壊滅的だった。たとえばバーリ大学〔アドリア海に臨むイタリア南部の都市〕は伝統的に五〇〇〇人を登録していたのだったが、一九六八年時点では三万人を超える学生集団に対応しようとしていた。同じ年、ナポリ大学は五万人、ローマ大学は六万人だった。これら三大学だけの登録学生数で、わずか一八年前のイタリアの全学生数を上回り、多くの学生は卒業にまで至らなかったのである。(2)

一九六〇年代末の時点で、イタリアの若者の七人に一人は大学に通っていた（一〇年前には二〇人に一人だった）。ベルギーの数字は六人に一人だった。西ドイツでは一九五〇年の学生数が一〇万八〇〇〇人で、伝統ある大学はすでに過剰人員に苦しみ始めていたのだが、六〇年代末にはそれがほぼ四〇万人に達した。フランスは一九六七年時点で、一九五六年の「リセの生徒」と同数の大学生がいた。ヨーロッパ中にかつてない膨大な数の学生がいたのである――そして彼らの学園経験の質は急速に低下していた。あらゆるもの――図書館、学生寮、教室、食堂――が混雑していて、明らかに劣悪な状態だった（とくに新設の場合）。戦後政府による教育支出はあらゆる国で急激に増加したのだが、それは初等・中等教育の拡充や、施設や、教員の供給に集中していた。これは確かに正しい選択だったが、いずれにせよ選挙政策のなせるわざだった。しかしそれには犠牲がともなっていた。

一九六八年というこの重大な時点で、ヨーロッパのあらゆる国々の若者の大半は学生ではなかったことを思い起こす必要がある（この時期の説明で看過されやすいディテールだ）。とくに親が農民や、労働者や、非熟練労働者や、周辺部からの、あるいは国外からの移住民だった場合、その子どもたちは学生ではなかった。当然のことながら、この非学生の大多数にとっての六〇年代経験はいささかちがったものだった——とりわけあらゆることが大学内外の事件を軸に動いたかに見える六〇年代後半においては。彼らの意見、とくに彼らの政治は、同時代の学生たちの意見や政治から推し量ってはならないのだ。しかし他の点では、若者たちはすでに特有なものとなっていた——彼らに共通の——文化を分かち合っていたのである。

あらゆる世代が世界を新しいものとして眺める。六〇年代世代は世界を新しいもの、そして若いものとして眺めた。歴史上の若者の大方は年長者でいっぱいの世界に入ってきて、そこで影響力や手本を示す地位を占めているのは先輩たちであるものだ。ところが一九六〇年代半ばの世代にとっては、状況がちがっていた。文化の生態系は昔よりも速く進化しつつあった。大人数で、裕福で、甘やかされていて、自信があって、文化的に自律している世代と、通常は少人数で、不安定で、大恐慌の痛手や戦争の傷あとを抱え込んでいる両親世代とを分けていたギャップは、従来の年齢集団間の距離よりもはるかに大きかった。ともかくも多くの若者は、自分たちの目の前で、自分たちの要請で価値観やスタイルやルールをしぶしぶながら変えつつある世界に自分は生まれついた、と思ったことだろう。ポピュラー音楽、映画、テレビは若者で満ち溢れ、その視聴者・市場としての彼らにますます訴えかけるようになった。一九六五年までには、若者だけを対象として彼らの支持に依存するラジオ・テレビ番組や、雑誌や、ショップや、商品や、各種の産業が生まれていた。

各国の若者文化にはそれぞれ独自のイコンや慣行、その国

(1) この点はフランスの「エコール・ポリテクニーク」（理工科学校）や「エコール・ノルマル・シュペリユール」（高等師範学校）のような、小規模なエリート養成学校には当てはまらなかったことは明らかだ。これらは厳しい試験で少数の学生を選抜し、徹底的に教育した。しかしきわめて稀で例外的なものだった。

(2) 一九六〇年代の半ば、イタリアの大学生で卒業したのはわずか四四パーセントで、こうした数字は一九七〇年代を通じてさらに悪化する。

だけの参照ポイントがあった――たとえば一九六三年六月二二日、パリの国民広場での「コパン（仲間）祭」はフランスの六〇年代若者文化の創立イベントとなったのだが、他の国々では何も気づかれずに過ぎてしまった。ところがこの当時のポピュラー文化の多くは、かつてなくやすやすと国の境界線を越えていった。マス文化は定義上国際的になりつつあった。音楽なり衣服なりのトレンドが英語圏、とくにイギリス本島で生まれるとしばしば南へ東へと移動し、ますます視覚的になってゆく（したがって国境横断的になってゆく）文化によってそれが増幅されるか、ほんの時たまには現地産の別のトレンドによって、あるいはしばしば政治的介入によって、妨げられるだけだった。(3)

新しい流行は必然的に金回りのよい若者向けとなった。それはヨーロッパの白人中産階級の子どもたちで、彼らはレコード、コンサート、靴、衣服、化粧、流行の髪型を楽しむ余裕があった。しかしこうした商品は、従来の境界線をこれ見よがしに踏み越えて提供された。当時大成功したミュージシャンたち――ビートルズやその模倣者たち――は、アメリカのブルース・ギタリスト（ほとんどが黒人）のリズムを取り入れ、それをイギリス労働者階級の言葉や経験から直に引き出した材料と組み合わせたのである。(4)こうした高度な創意に富む組み合わせが、やがて固有の、国家超越的なヨーロッパの若者文化となった。

ポピュラー音楽は内容がものを言ったが、その形はもっと大事だった。一九六〇年代の人びとはスタイルに特別の関心を払った。この点はどうやら新しいことではなさそうだ。しかしスタイルが直接中身に代わり得るというのは、おそらくこの時代の特異性だった。一九六〇年代のポピュラー音楽はそのトーンに、その演奏の仕方に反逆性があった――歌詞は感情を和ませるものが多く、いずれにせよ外国人の聴衆にとってはせいぜい半分しか理解できなかったのだ。オーストリアでは、イギリスやアメリカのポップ・ミュージックを演奏したり聴いたりすることは、ヒトラー世代の親たちにあかんべーをしてショックを与えることであり、必要な変更を加えれば、同じことが国境を越えたハンガリーやチェコスロヴァキアでも言えた。いうなれば、あなたに代わって音楽がプロテストしたのである。

六〇年代音楽文化の主流が多くセックスに関わっていた――一時的にドラッグや政治へと移行するまでのことだが――としても、これもおおむねはスタイルの問題だった。ますます多くの若者たちが、これまでよりも若い年齢で両親と離れて暮らすようになった。(5)しかも避妊が安全、簡単、合法的になった。肉体をひけらかすことや、映画および文学における野放図な性的放縦の表出が、少なくとも北西ヨーロッパではますます普通のこととなった。こうしたすべての理由から、旧世代の連中は性に関するつつしみは完全に崩壊したことを確信した――そしてその悪夢を助長することが、子どもの側の楽しみだった。

六〇年代の「性の革命」が、実際には老若を問わず圧倒的多数の人びとにとって蜃気楼のごときものだったことはほぼ確かだ。われわれが知り得る限り、ヨーロッパの大半の若者たちの性的な関心や慣行は、当時の人びとが主張したがったほど急速かつ根底的には変化しなかった。当時の調査に照らしてみると、学生たちの性生活でさえ、それ以前の世代とさほどちがってはいなかった。六〇年代の解放的な性のスタイルは五〇年代とよく対照され、後者は（不当にも）道徳的廉直さと情緒的抑制の時代と目されていた。しかし一九二〇年代や、ヨーロッパの世紀末や、一八六〇年代パリの「ドゥミモンド（高級娼婦）」と比べれば、「フリーセックスの六〇年代」はおとなしいものだった。

スタイルの重視と合わせて、六〇年代世代は人とちがった装いをすることに異常にこだわった。衣服、髪型、化粧、今でも「ファッション・アクセサリー」と呼ばれているものなどが、世代的・政治的自己証明の重要な目じるしとなった。ロンドンはそうしたトレンドの発信源で、衣服、音楽、写真、モデルの仕事、広告、大衆雑誌までのすべてが、そこから出される合図で動いた。単調なデザインや見かけ倒しの造りで悪名を馳せていたイギリスとしては、これは若者による伝統的秩序のひっくり返しという予期せぬ成り行きだったが、長くはつづかなかった。しかし「フリーセックスのロンドン」――一九六六年四月の『タイム』誌がそう呼んだのだが――といういつわりの夜明けも、時代を照らす光ではあった。

(3) 共産主義ブロックにおけるポップ・カルチャーとしての「六〇年代」は、当然ながら間接的な経験だった。しかしこのちがいを誇張してはならない。この時代の最も一般的な参照基準を適用するなら、東ヨーロッパの誰もがビートルズを知っており、多くの人びとはその音楽を聴いたことがあった。しかもビートルズに限らない。フランスのロック・スターのジョニー・アリディが一九六六年、スロヴァキアのコシツェという小さな町で公演したときには、二万四〇〇〇人の聴衆が集まった。

(4) ビートルズはリヴァプールの労働者階級の出身だった――あるいはポール・マッカートニーの場合、その少し上の階級だった。六〇年代を代表するもう一方のロック・バンド、ローリング・ストーンズは、その主題は従来型のボヘミアンで、ロンドンの中産階級というメンバーの出自に適っていた。このハンディキャップは計算されたラフ・スタイルと、メンバーの私生活のふしだらぶりをこれ見よがしに宣伝したことで乗り越えられた。

(5) しかしながら六〇年代の大半を通じ、東西両ヨーロッパの多くの地域で、避妊情報を流すことは禁じられていた。イギリスが一九六一年にピルの使用を認めたのは例外だった――海峡の向こう側では一九六六年、歌手のアントワーヌがミリオン・ヒットを出したが、それはフランスでも「全国チェーンのスーパーマーケットで」ピルを買える日が来ることを空想する内容だった。

このイギリスの首都ロンドンには、一九六七年までに「ブティック」と称する店が二〇〇〇軒以上も開いた。その多くはカーナビーストリートに出現していた衣服ショップを恥じも外聞もなく真似たものだった――カーナビーストリートは長いあいだ男性同性愛者の溜り場だったが、今では同性愛者・異性愛者を問わぬ「モッズ」ファッションの中心へと生まれ変わっていたのである。パリでは、仕立て革命をフランスで最初に模倣したブティック「ニュー・マン」が、一九六五年四月一三日にランシェンヌ・コメディ通りで開店した。一年経たぬうちに続々と模倣者が現われ、そのすべてが流行のブリティッシュのひびきをもつ店名だった――「ディーン」「トゥウェンティ」「カーディフ」などなど。

カーナビーストリート・スタイルは西ヨーロッパ中で真似され（イタリアではさほどでもなかったが）、カラフルで体の線を目立たせるその外装は両性具有的で、三〇の坂を越えた連中には絶対に似合わぬよう意図されていた。赤のコーデュロイのタイトなパンツや「ニュー・マン」の黒のぴったりシャツなどは、以後三年間のパリの街頭デモ参加者の定番ユニフォームとなり、至るところで広く模倣された。六〇年代関係の他のものごと同様、それらは男性によって男性のためにつくられていたが、若い女性も着ることが可能で、ますますそうなっていった。パリの主流ファッションハウスも影響を受け、一九六五年以後、この都市のドレスメーカーはスカートよりもスラックスのほうを多く売り出した。

帽子の生産も激減した。究極の自己表現として髪型がかぶりものに取って代わったことが若者市場の優勢を示しており、旧来の帽子の着用は「年配者」のフォーマルな場面に限られてしまった。(6) しかし帽子は決して消えたわけではなかった。服装の移行の第二段階になると、快活な原色の「モッズ・ギア」（五〇年代末から引き継がれたもの）に代わって、もっと「まじめな」アウターが登場するが、これは音楽における同じ変化を反映していた。今や若者向けの衣服は、少なからぬ注意を「プロレタリア的」で「ラジカルな」インスピレーション源へと向けつつ裁断され、市場へと出された――ブルー・ジーンズや「ワーク・シャツ」のみならず、ブーツ、黒のジャケット、革の「レーニン帽」（ないしはフェルト製の同種のキャップで、これは一九世紀のハンガリーの暴徒が被った「コッシュート・キャップ」を模していた）などである。こうした自意識の強い政治的なファッションがイギリスで真に広まることは決してなかったが、六〇年代末期にはドイツやイタリアの急進派とその学生追随者たちの準公式ユニフォームとなった。(7)

こうした二組のファッションと重なり合う形で、ヒッピーたちのジプシー風ドレープがあった。本来的にヨーロッパが発祥の「カーナビーストリート」や「街頭闘争ルック」とはちがって、ヒッピー・ルックはアメリカからの輸入物だった――非西洋的で「カウンター・カルチャー的」で脱‐性的な低消費の倫理として、それとなく「ユートピア的」だった。その商業的な利用価値ははっきりしていて、六〇年代半ばの体にぴったり・シャープカットのファッション需要に応えるべく生まれた特約店の多くは、在庫をこちらに合わせようとおおわらわだった。短期間だったが、彼らは「毛沢東ルック」を売り込もうとさえした。詰め襟ずん胴のジャケットと、どこにでもある「プロレタリア帽」を組み合わせた毛沢東ルックは、とくにこの中国の独裁者の革命的洞察の書である『毛主席語録』を「アクセサリー化」したとき、六〇年代スタイルの三つの側面をコンパクトに結合させたのだった。しかしゴダールの一九六七年作品『中国女』で、フランス人学生が熱心に毛沢東を学習して見習おうとしたにもかかわらず、「毛沢東ルック」は「毛沢東主義者」のあいだでさえ少数派の嗜好にとどまった。

カウンター・カルチャー的政治とそのシンボルは、「第三世界」のゲリラ蜂起へのロマンチックな思い入れと結びつき、一九六七年以降その勢いを増した。しかしそれでもヨーロッパを席捲したことはなかった。われわれはチェ・ゲバラのすばらしい死後の生、不満を抱えた西欧ティーンエージャーにとって殉教のキリストを思わせるあのポスター・ボーイになった死後の生に幻惑されてはならない。ヨーロッパの六〇年代はあくまでヨーロッパ中心的だった。「ヒッピー革命」でさえ、大西洋を渡って来たことなどなかった。せいぜいのところ、その波はイギリス本島とオランダの海岸に打ち寄せ、それを証する沈殿物として他国より進んだドラッグ・カルチャーを残した――それと、みごとなオリジナリティーをもつLPレコードを一枚残した。

六〇年代の軽薄な面――ファッション、ポップ・カルチャー、セックス――を、あぶくや見せかけとして斥けてはならない。それは新世代による、おじいちゃん時代との決別宣言だった――この大陸を動かしていたのは今なお老人支配（アデナウアー、ド・ゴール、マクミラン、それとフルシチョフ）だったのである。六〇年代の目立ちたがり屋的・気どり屋的側面――この時代はそのナルシスティックな自己惑溺ぶりで末永く思い起こされるだろう――は、総じてうさん臭い。しかしその当時には、その支持者にとっては新しいもの、新

（6）しかし遠隔地ではタイムラグがあって、黒のベレーやハンチングや婦人用ボネットさえ日常的に使われていた。かぶりものは出身地や出身階級を示す伝統的な標識として、今しばらくのあいだ信頼性を保ったのである。
（7）これが次の一〇年間には、スキンヘッド・スタイルへとスムーズな進化をとげた。

鮮なものと映ったのだ。冷徹できびしい輝きをもつ当時の芸術、六〇年代後半のシニカルな映画作品でさえ、その前代のブルジョア的・微温的なうそっぽさの後では、清新で本格的なものに見えた。この時代の独我論的なうぬぼれ――若者は「自分にかまけることで」「のびのびとやることで」「戦争よりも愛で」世界を変え得るなどというぬぼれ――はいつも幻想であって、長持ちしなかった。しかし当時の幻想はこれ一つではなく、これが最もばかげた幻想だったというわけでもないのだ。

一九六〇年代とは大文字の「理論」の時代だった。これが何を意味するのかを明確にしておくことが大事だ。それは当時の生化学、天文物理学、遺伝学で進行中だった真に最先端の研究について言っているのではない。これらは非専門家からはおおむね無視されていたのだから。それはヨーロッパの社会思想におけるルネッサンスのことでもない。ヘーゲル、コント、マルクス、ミル、ヴェーバー、デュルケームに匹敵するような社会理論家は、二〇世紀の中葉には生まれなかった。「理論」とは哲学のことでもなかった。当時最も著名だったヨーロッパの哲学者たち――バートランド・ラッセル、カール・ヤスパース、マルティン・ハイデガー、ベネデット・クローチェ、モーリス・メルロ＝ポンティ、ジャン＝ポール・サルトル――は他界したか、高齢か、他のことで忙しかったし、東ヨーロッパの指導的哲学者――ヤン・パトチカ、レシェク・コワコフスキ――は、自分の国の外ではほとんど知られていなかった。一九三四年以前の中央ヨーロッパで活躍した一群の輝ける経済学者、哲学者、社会理論家たちについて言えば、生き残った人びとの大半は永久的亡命者としてアメリカ、イギリス、オーストラリア、ニュージーランドへと渡り、その地でそれぞれの分野の現代「アングロサクソン」学派の思想的中核となった。

最新流行の用語法によると、「理論」の意味はまったくちがっていた。それは主に学問修得の方法や目的の「問い直し」(現代芸術の用語)に際して使われた。とりわけその対象となったのが歴史学、社会学、人類学などの社会科学だが、人文学や後には実験科学までもが含まれた。大学というものが膨大に広がり、定期刊行物も会報も教員も必死で「コピー」を求めている状態で、あらゆる種類の「理論」市場が出来上がった――それを焚きつけたのは知的進歩という供給要因ではなく、貪欲な消費者の存在という需要要因だった。

理論革命の最前線にあったのが、学問研究としての「歴史」その他の軟派の社会科学だった。ヨーロッパにおける歴史研究の刷新が始まったのは一世代前のことで、『経済史評論』と『アナール(年報)―経済・社会・文明』はともに一九二九年に創刊されたが、リヴィジョニスト（見直し論者）としての彼らの企図がこれらの誌名に込められていた。一九五〇年代に登場したのは「イギリス共産党歴史家グループ」と有力な社会史会報『パースト・アンド・プレゼント（過去と現在）』、リチャード・ホガートやレイモンド・ウィリアムズの研究から影響を受けたイギリス・バーミンガム大学の「カルチュラル・スタディーズ（文化研究）」部、そしてやや遅れて西ドイツ・ビーレフェルト大学のハンス＝ウルリヒ・ヴェーラーを中心とする社会史学派だった。

これらのグループや組織と結びついた研究者たちによる学問が、決まって聖像破壊的だったわけではなく、実際のところその質がきわめて高いにもかかわらず、方法論上はまったく旧套のままのものが多かった。しかしそれは自覚的に解釈理論に立っていて、非ドグマ的ではあっても明らかに左傾的であるのが通例だった。ここで歴史は社会理論の知見を取り入れ、階級、それも下層階級の重要性を強調したのである。主眼は所与の歴史の瞬間を語ることとでも説明することでもない、主眼はその深層的な意味を明らかにすることだった。こうした歴史記述が過去と現在とのギャップを、学問的思弁と同時代への関わりとのギャップを架橋するかに思われて、新世代の学生たちはこの観点から読んだ（そして少なからず誤読した）。

ところがどれほど政治的な適用を試みようとしても、「歴史」とは高度の理論的思弁などとりわけ受けつけない分野である。「理論」が大手をふれば「歴史」は遠ざかってゆく。六〇年代の主導的な歴史家の一人二人は高齢になって聖像的な地位に昇ったとはいえ、そのうちの誰として――その学問がもつ破壊性にもかかわらず――文化的なグールー（導師）となった人はいなかった。他の分野はかなりうまくいった――見方しだいでは、まずかったとも言えようが。言語学分野での初期の思弁を借用しつつ、文化人類学者たちは――クロード・レヴィ＝ストロースを先頭に――社会間に見られる変異や差異に対して新しい包括的な説明を提示した。重要なのは社会の表層的な慣行や文化表象ではなく、内なる本質、人間社会の深層構造だった。

「構造主義」（とやがて呼ばれるようになった）には強烈な魅力があった。それは人間経験の分類の仕方に関して歴史の「アナール」派と近親関係にあり、その主唱者として当代最も有名なフェルナン・ブローデルは「長期持続」の研究で名声を確立したのだが、これは長期間にわたってゆっくりと変化する地理的・社会的諸構造を記述する鳥瞰的歴史で、当時の学問のスタイルにしっくりとはまっていた。しかしもっと社会的適合性に富んでいたのは、知識人や非専門家たちに対して構造主義がもっていた直観的な分かりやすさだった。同種の学問分野のレヴィ＝ストロース讃仰者たちの解説によれば、構造主義とは具象的な理論ではなかった。それが記述する社会的コードすなわち「記号」は、何か特定の人びとや、場所や、出来事と関連しているのではなく、閉じた体系のなかで他の記号と関連しているだけだった。したがってそれは経験的な検証や反証の対象ではなく——構造主義はまちがっているなどと論証しても何の意味もなかった——、したがってその主張の聖像破壊的野心は、この反駁不可能性と相俟って、広範な聴衆を獲得することとなった。何であれあらゆるものが「構造」の結びつきとして説明可能になった。ピエール・ブーレーズは自分の曲の一つに「構造」と名づけたときにこう書いた——「これがわれわれの時代のキーワードだ。」

一九六〇年代を通じて、構造主義の過剰な応用が現われた。人類学、歴史学、社会学、心理学、政治学および文学においてである。その著名な実践者たちは——通常彼らは学者としての大胆さと自分を売り込む天性の才能とを程よく兼ね備えた連中だったが——、テレビがマスメディアになりつつあるときに思想的脚光を浴びたことが幸いして、国際的有名人の仲間入りをした。もっと前の時代ならば、ミシェル・フーコーは五〇年前のアンリ・ベルクソンさながら、客間の人気者、パリの講演会のスターだっただろう。ところが一九六六年、彼の『言葉と物』〔渡辺一民／佐々木明訳・新潮社〕が刊行されてわずか四カ月のうちに二万部が売れると、彼はほとんど一夜のうちに名士の地位を獲得したのである。

アルベール・カミュがいつも自分は決して「実存主義者」ではなかった、実際のところその意味さえわからない、と言っていたのと同じように[8]、フーコー自身も「構造主義者」というレッテルを拒否した。しかしフーコーとてしばしば認めざるを得なかったはずだが、彼がどう考えようと関係なかった。今や「構造主義」は、過去あるいは現在に関して破壊的であると標榜する記述すべての合い言葉となったのであり、そこでは従来型の線形的な説明やカテゴリーは揺さぶりをかけられ、その諸前提が疑問に付された。もっと重要なことだが、「構造主義者」は人間社会の諸事における個人の役割や、個人のイニシアチヴを軽視するか、否定さえした[9]。

しかしその変幻自在の適用可能性にもかかわらず、あらゆるものは「構造化」されているという考えは肝心な点が説明されないままだ。フェルナン・ブローデルやクロード・レヴィ＝ストロースにとって、あるいはミシェル・フーコーにとってさえ、目標は文化体系の深層の働きを明らかにすることだった。これは学者の衝動として破壊的かもしれないし、そうではないかもしれない——ブローデルの場合は確かにそうではなかった——が、変化や移行というものをごまかすか、軽視しているのである。とくに決定的な政治事件ともなれば、このアプローチでは通用しないことが判明した――所定の段階で物事がなぜ変化しなければならなかったかは説明できても、いかに変わったか、あるいは個々の社会的行為者がそのプロセスを促進することをなぜ選択したのかは、はっきりしなかった。人間の経験の解釈に当たって人間の選択行為を除外して諸構造の配列というものに依拠する理論は、いずれもそれ自身の前提によってこのように足かせをはめられていたのだ。構造主義は思想的には破壊的であっても、政治的には受動的だった。

六〇年代の若者たちの衝動は、世界を理解しようとしていたのではなかった。カール・マルクスの「フォイエルバッハにかんするテーゼ・一一」〔松村一人訳・エンゲルス『フォイエルバッハ論』所収・岩波文庫〕は彼がわずか二六歳のときに書いたものだが、この時期頻繁に引用された――「哲学者たちは世界をさまざまに解釈したにすぎない。大切なことはしかしそれを変えることである。」〔前掲邦訳書九〇頁〕世界を変えるとなれば、世界の解釈と包括的な変革の企図とを関係づけると称している大理論はただ一つあるのみ、ただ一つの「マスター・ナラティヴ（大きな物語）」が君臨してすべてを解き明かし、人間のイニシアチヴ発動の場を開放した――マルクス主義の政治的企図がそれだった。

ヨーロッパの一九六〇年代が抱えていた思想の類似性や政治的強迫観念は、マルクスおよびマルクス主義に魅了されることのこうした継続ぶりに照らしてのみ了解可能である。ジャン＝ポール・サルトルは一九六〇年、彼の『弁証法的理性批判』〔竹内芳郎ほか訳・サルトル全集・人文書院〕でこう述べた――「わたしはマルクス主義を、乗り越え不可能な現代哲学だと考えている。」サルトルの揺るぎなき信念が至るところで共有されたわけではないが、世界を理解したいと願う者は誰であれマルクス主義とその政治的遺産とを真剣に受けとめなくてはならないという全般的な合意が、政治スペクトルの全範囲で存在した。サルトルと同時代で、彼のかつての友人かつ思想的強敵だったレーモン・アロンは、終生の反共主義者だった。しかしその彼も、〔悔恨と憧憬の念をつき

(8) 一九六〇年の時点での「実存主義」は、その数年後の「構造主義」と同じく多目的なレッテル語となっていて、その意味は数十年前の「ボヘミアン」にほぼ近かった。ハンブルクのリーパーバーンにビートルズを聴きに集まった失業美術学生は、自分たちを「エグジス」〔実存〕と称していた。

(9) その場合、流行の精神分析理論家のジャック・ラカンが、一般的には構造主義者のカテゴリーと見られているのは奇妙なことだ。しかしラカンは特別なケースだった。六〇年代パリのゆるやかな基準に照らしても、彼は当時の医学、生物学、神経学の発展にまったく無知であり、それが彼の臨床や評判を害したようすはないのだ。

混ぜて）マルクス主義こそ現代の最も有力な思想だと公言してはばからなかった。当代の世俗宗教だったのだ。

一九五六年から一九六八年にかけてのヨーロッパで、マルクス主義は活動停止状態で生きていた――そして言うなれば、盛んになっていた。一九五六年のスターリン批判をめぐる暴露や諸事件のおかげで、スターリン主義の共産主義は権威失墜していた。西欧各国の共産党は政治的に時代遅れとなるか（スカンジナヴィア、イギリス、西ドイツ、低地三国）、ゆっくりと、しかし紛れもない衰退の道をたどるか（フランス）、イタリアの場合のようにモスクワから引き継いだものと距離を置くことに懸命だった。レーニン主義諸政党の歴史や教義に体現されていた公式のマルクス主義は、おおむね権威喪失状態だった――とくにその支配がつづいていた諸地域においてて。西欧で共産党に投票する人たちも、この話題にはほとんど無関心だった。

それと同時に、ソヴィエト版とは区別され、その道徳的難破状態から救い出された形でのマルクス主義の継承には思想的・学問的な関心が広まった。その創始者の死以来、マルクス主義および親マルクスの党派・分派が常に存在してきた――すでにはるか一九一四年以前から、「真の継承」を主張する小さな政党があった。これらのうちの一握りが、たとえば「イギリス社会党（ＳＰＧＢ）」のように存続していて、自分たちの政治的処女性を誇り、マルクス主義原典の自分たち独自の解釈の正しさを主張していた。[10] しかし一九世紀後半の社会主義の運動、同人仲間、クラブ、協会の大部分は、一九〇〇―一九一〇年に合流した多目的の社会党・労働党へと吸収されてきた。現代マルクス主義論争は、その後に起こったレーニン主義の分裂にそのルーツがある。

マルクス主義「異端」のなかで最も強靭なもの、トロツキーとその信奉者たちの異端が生まれたのはソヴィエト時代初期の党派闘争からだった。トロツキスト党は、トロツキーがメキシコでスターリン主義者の刺客の手で殺されてから四半世紀の後（むしろ少なからずそれが理由となって）、それをはっきりとは禁止しなかったヨーロッパの各国でつくられるようになった。それらは揃いもそろってみな小規模で、その名を戴いた創設者のひそみに倣い、教義や戦術を指図するカリスマ的・独裁的党首に率いられていた。彼らに特徴的な戦略は「潜入主義」であり、比較的大きな左翼組織（政党、労働組合、学術団体）の内部で活動してそれらを植民地化するか、その政策や政治的同盟者をトロツキー理論が指示する方向へと誘導したのである。

外部の者から見ると、トロツキスト諸政党――およびそれらが加盟した束の間の「第四（労働者）インターナショナル」――は、トロツキーとスターリンの権力闘争で分裂しただけで、同じくレーニンへの忠誠を共有していたので共産党とは奇妙なくらい見分けがつかないのだった。ドグマの決定的な分岐点は確かにあった――トロツキストは「永久革命」を唱えつづけ、公式の共産党は労働者の革命を一国に封じ込めることで流産させてしまったと言いつづけた。しかし他の点で唯一明瞭だったちがいとは、スターリニズムが政治的に成功したのに対し、トロツキストの経歴は汚点のない失敗だった点である。

後の時代のトロツキー信奉者を惹きつけたのは、当然ながらこの失敗のほうだった。過去は暗黒に見えようとも、何がまちがいだったのかを分析してみると、この先には成功が保証されていると彼らは感じた。ソヴィエト革命は官僚主義的反動に乗っ取られたのであって、それは一七九四年にジャコバン派を滅ぼしたテルミドールのクーデターに比すべきものだったから。しかしトロツキーといえども権力の行使なしとはいかなかった――彼とて結局のところ、ソヴィエト政権の初期には重要な役割を演じており、その逸脱ぶりにはいくらか責任を負っていたのだ。政治的に無邪気な新世代にとって、真に魅力的な挫折者とはヨーロッパ共産主義の失われた指導者たち、政治的責任を担う機会を決して持たなかった者たちだった。

したがって一九六〇年代が再発見したのは、ポーランド・ユダヤ人の社会主義者で、一九一九年一月に運命のベルリン革命でドイツの反革命義勇軍「フライコール」の兵士に暗殺されたローザ・ルクセンブルクや、一九二〇年代の短期間の政治的著作が歴史および文学に関する公式共産党の解釈と別のものを提示していて、後にそれを撤回せざるを得なくなったハンガリーの共産主義思想家ルカーチ・ジェルジや、とりわけイタリア共産党結成者の一人で革命政治やイタリア史に関する才気溢れる未刊のノートを書いたアントニオ・グラムシだった――グラムシがそれを執筆したのはファシストの獄のなかであって、彼はそこで一九二六年から一九三七年四月に四六歳で死ぬまでを過ごしたのだった。

一九六〇年代を通じて、これら三人は多くの言語で膨大に再刊されたり、初めて刊行されたりした。彼らに共通するものなどほとんどなく、共有していたことの大半は否定形だった。三人のうちの誰も権力をふるわなかったし（ルカーチの場合は例外で、一九一九年の三月から八月までだが、ブダペストでのクン・ベーラの短命な共産党独裁政権の文化統制委員を務めた）、三人とも一時はレーニン主義の実践に反対だったし（ルクセンブルクの場合、ボリシェヴィキの権力掌握

(10) SPGBは本書執筆時にも現存している。変化を受けつけず、あまりに小規模なので自分の適応不良が逆風になることもなく、この党はおそらく無限に生きつづけるだろう。

以前からそうだった）、三人のすべてが他の多くの人びとと同様に、公式共産党の理論と実践が支配するなかで長期にわたって無視されてきたのだった。

ルクセンブルク、ルカーチ、グラムシ、その他二〇世紀初期の忘れられたマルクス主義者たち(11)の著作の発掘には、マルクス自身の再発見がともなっていた。実のところ、新しく、かつこれまでとは表面上大いにちがうマルクスを掘り起こすことが、この時期マルクス主義が魅力を保持するためには決定的に重要だった。「古い」マルクスとはレーニンとスターリンのマルクスのことであり、その一九世紀後半ヴィクトリア時代の社会科学者としての新実証主義的著作が、民主集中制やプロレタリア独裁を先どりし、正当化していたというのである。その成熟した思想の応用に関して、マルクスに直接の責任はないのだとしても、まるで無関係というわけにはいかなかった。著作が力をふるったのが共産主義であれ社会民主主義であれ、それらは「旧」左翼のものとなったのである。「新」左翼という自称は一九六五年から始まり、彼らは新しい原典を探し回った揚げ句、若きカール・マルクスが書いたものにそれを見出した――ようやく十代を超えたばかりの、ヘーゲルの歴史主義と究極の自由を夢想するロマン主義とにどっぷり浸った若いドイツ人哲学者の、一八四〇年代初期の形而上学的論文やノートである。マルクス自身はこれらの著作は刊行しまいと決断していた。実際には一八四八年の革命の挫折の直後の時期で、彼はこうした著作とは断固決別して政治経済学や同時代政治の研究へと向かったのであり、以後の彼はそちらが本領だった。

したがって初期のマルクスの著作の多くは、学者のあいだにも広まっていなかった。一九三二年にモスクワの「マルクス＝エンゲルス研究所」によってその全貌が刊行されたときには、ほとんど誰の注目も惹かなかった。それら――とくに『経済学・哲学草稿』〔城塚登／田中吉六訳・岩波文庫〕と『ドイツ・イデオロギー』〔広松渉編訳・岩波文庫〕――に対する関心がよみがえったのは三〇年後のことだった。突如として、伝統的な西欧左翼の重たくうす汚れた手荷物を放り出してもマルクス主義者であることが可能になった。「若きマルクス」がかかずらっていたのはおどろくほどに現代的な諸問題のようだった。「疎外された」意識を変革して人間の真の条件や諸能力に関する無知から彼らを解放するにはどうすればいいか、資本主義社会における優先順位を逆転させて人間をそれ自身の存在の中心に据えるにはどうすればいいか、要するに、世界をいかに変革するか。

旧世代のマルクス学者や既成のマルクス主義諸政党にとって、マルクス自身が刊行しようとしなかった著作をかくも執拗に持ち出すことは途方もない不真面目と映った。しかしそこには暗黙の破壊性もあった。誰もが原典に立ち返って自分なりにマルクスを解釈できるのなら、共産党（この場合はトロツキストも含む）指導部の権威は崩壊するはずだし、それとともに当時理解されていた限りでの主流派革命政治の正当性の大部分が崩壊を免れなかった。当然ながら、既成マルクス主義者も反撃に出た。ルイ・アルチュセールといえばフランス共産党の指導的理論家で、マルクス主義の国際的な権威にしてフランスのエコール・ノルマル・シュペリユールの教授だったが、専門家としての彼の評判と束の間の名声は、「若き」ヘーゲル主義者マルクスと「熟年の」唯物論者マルクスとのあいだに防火壁を築いたという主張で成り立っていた。アルチュセールによれば、後半の著作だけが科学的であり、したがって真のマルクス主義だった(12)。

共産党その他保守派のマルクス主義者が正しく予見していたのは、この新たな人間主義的マルクスが当時の嗜好・流行にやすやすと適合する可能性だった。マルクスのような一九世紀初期のロマン派が抱いた、資本主義の近代性や工業社会がもつ非人間化のインパクトに対する不満の思いは、工業化以後の西ヨーロッパの「抑圧的寛容」に対する当代のプロテストにうまくなじんだ。自由で豊かな西欧の一見無際限の柔軟性や、激情や差異をことごとく吸収するスポンジのような力が、その批判者を憤激させていた。彼らの主張によれば、ブルジョア社会には抑圧が瀰漫していた。それは自然に雲散霧消するものではなかった。街頭で見失われた抑圧は、どこかへ行ったにちがいなかった——それは人びとの魂そのものと、さらには、とりわけ彼らの身体のなかへと入り込んだのだ。

ハーバート・マルクーゼはワイマール時代の知識人で、最後は南カリフォルニアで生涯を終えたのだが、彼はこの地で自分の旧来の認識論を新しい環境に手際よく適応させ、こうした思考の脈絡のすべてを有益な合成物として提供した。彼の説明によれば、西欧の消費社会はもはや無産階級プロレタリアに対する直接的な経済搾取に依拠しているのではなかった。そうではなくて、それは人間のエネルギーを充足（とく

(11) たとえばグラムシとほぼ同時代のドイツ人マルクス主義者カール・コルシュ、オーストリアのマルクス主義作家オットー・バウアーやルドルフ・ヒルファーディンクなどである。

(12) アルチュセールの主張が依拠していたのは、マルクスについての奇怪な構造主義的説明で、「理論」を求める当時の若者たちにとっての魅力はそのイエズス会的不可解さに比例していたのである（年配の学者は感銘など受けなかった）。しかし権威性の主張は実にはっきりしていた。マルクスについての正しい思考はただ一つ、それはわたしの思考だ、と彼は主張した。フランスでは、アルチュセールの星は彼が支持した党の没落とともに輝きを失った。今日、彼の反啓蒙主義がアピール力をもつのはアングロサクソン学究世界の外縁部に限られている。

に性的充足）の追求から逸らして、商品および幻想の消費へと向かわせたのだ。性的・市民的な真の必要性はいつわりの必要性に取って代わられ、そちらを充足させることが消費中心文化の目的なのである。これは若きマルクスを、彼自身が願った到達点よりさらに先へと押し出すものだったが、広範な読者を惹きつけた。マルクーゼの評論を読んだ少数だけではなく、彼の議論が広範な文化的流通性を獲得するにつれ、その用語と大筋とを摘み取った大勢の読者がいたのである。

急進的な目標としての性の充足の強調は、旧世代左翼人にとってはきわめて不快なことだった。自由な社会における自由な恋愛というのは新しい考えではなく、一九世紀初期の社会主義者の一部のセクトがそれを支持していたし、ソヴィエト連邦の最初の数年間は明らかに道徳的なゆるみが見られたのだが、ヨーロッパの急進主義の主流的伝統は道徳的・家庭的な廉直さだった。「旧左翼」が若い頃には文化的な面で意見が分かれるとか、性的に大胆などということはなかった。それはボヘミアンや、唯美主義者や、芸術家の問題であり、多くの場合、個人主義あるいは政治的反動性のしからしむるところだった。

しかしどれほど攪乱的であろうとも、性と政治の合成が現実の脅威となることはなかった——実を言えば、少なからぬ共産主義者知識人が骨折って指摘した通り、集団的闘争よりも私的欲望を重視する新たな方向は客観的には反動だった[13]。新左翼によるマルクス解釈がもつ真の破壊的意味合いは別のところにあった。共産主義者や他の人びとは、性の解放の話などさっさと済ませることができた。彼らは若い世代が掲げる反権威主義的美学、寝室や教室や職場での彼らの自律要求にも、煩わされはしなかった。こうしたことのすべてを、ものごとの自然の秩序のなかの束の間の攪乱要因として、彼らはおそらくすげなく斥けてしまった。もっと深刻な打撃だったのは、若い急進派連中に見られる、マルクス主義理論を異国の地での革命的実践に結びつけようとする傾向だった——彼の地では既成のカテゴリーや権威がまったく通用しないと思われていたのだ。

ヨーロッパの歴史的左翼の中核的主張は、自分たちがプロレタリアすなわちブルーカラーの工業労働者階級を代表している、共産主義の場合なら実際に彼らを体現している、という点だった。こうして社会主義と都市労働者とを緊密に一体化したのは、単なる選択親和力以上のものだった。それはイデオロギーとしての左翼を識別する標章であり、善意のリベラルやカトリックの社会改革者たちとの分岐点だった。労働者階級の投票、とりわけ男性の労働者階級の投票を権力・影響力の基盤に据えていたのがイギリス労働党や、オランダ・

ベルギーの労働者党や、フランス・イタリアの共産党や、中央ヨーロッパのドイツ語圏の社会民主主義諸政党だったのである。

スカンジナヴィアを除き、労働者人口の大多数は社会主義や共産主義だったことはなく、その忠誠対象は政治スペクトルの全域にわたっていた。とは言うものの、伝統的左翼の諸政党は圧倒的に労働者階級の票に依存し、したがってそれと緊密に結びついていた。ところが一九六〇年代半ば時点で、この階級は消え去りつつあった。西ヨーロッパの先進諸国においては、鉱山労働者、鉄鋼労働者、造船労働者、金属労働者、織物工、鉄道従業員、その他あらゆる種類の現場労働者が、大挙して退職しつつあった。サービス産業時代の到来のなかで、彼らの職はまったく別種の労働者に取って代わられつつあった。

これは従来の左翼にとっていささか不安の種だったにちがいない。労働組合や党のメンバーや基金は、主としてこの大衆的基盤に依存していたからである。しかし古典的なヨーロッパ・プロレタリアートの消失が始まっていることが、当時の社会調査で広く報じられていたにもかかわらず、旧左翼は労働者階級「基盤」にこだわりつづけた。とくに共産党は非妥協を決め込んだ。革命的階級はただ一つ、プロレタリアートだった。その階級の利益を代表し、向上させることができる政党はただ一つ、共産党だった。そして共産党による指導の下での労働者闘争の正しい成り行きはただ一つ、革命だったが、それは五〇年前にロシアにおいて特許権が取得されていたのである。

しかしながら、こうしたヨーロッパ版の歴史と無関係な者にとって、プロレタリアはもはや急進的社会変革の唯一可能な担い手などではなかった。今や「第三」世界として言及されることが多くなっていた部分に別の候補者たちがいた。北アフリカや中東の反植民地民族主義者、アメリカの黒人急進派（第三世界とは言えないが、それと密接に一体化していた）、中央アメリカから南シナ海までの至るところの農民ゲリラ、である。これらに「学生」と単に若いというだけの連中も加わって、繁栄する西欧の真面目で満足し切った労働者大衆よりはるかに大規模で動員しやすい、希望をもつ革命支持者が構成された。一九五六年以後から、西ヨーロッパの若い急進派はヨーロッパ東方における共産主義の幻滅の記録に

(13) 彼らには一理あった。したがってベルギーの「シチュアシオニスト（状況主義者）」のラウル・ヴァニジェムは一九六七年にこう書いた――「エクスタシーの快楽を手に入れるために、われわれが失うものと言えば退屈さだけだ。」今から振り返ってみて、こうしたスローガンが機知に富んでいたのか、無邪気なのか、それとも単にシニカルなだけだったのか決めがたい。いずれにしても、それが現状を危険に曝したことはほとんどなかった。

背を向けて、霊感を遠く海外に求めたのだ。

こうした新たな異国嗜好が焚きつけられたのは、一部は当時の非植民地化と民族解放運動が高まったためであり、一部はヨーロッパ自身の失われた幻想が他者に対して投影されたためだった。アカデミーのなかでは「農民研究」が家内工業的に発展しつつあったが、現地情報はきわめて乏しかった。キューバと、とくに中国の革命は、ヨーロッパではまったく欠けていた特質や成果に包まれていた。イタリアのマルクス主義作家マリア＝アントニエッタ・マキオッキは、当時のヨーロッパのみじめな状態と文化大革命真っ盛りの毛沢東中国の革命後のユートピアとを対比して、熱烈にこう書いた――「中国には消費社会で見られる疎外、神経失調、あるいは個人内面の分裂状態の徴候などまったくない。中国人の世界はすっきりとまとまっており、無差別であり、絶対的に健全である。」

非ヨーロッパ世界の農民革命には、当時の西ヨーロッパの知識人や学生に訴えかけるさらなる特質があった――暴力的だったのである。もちろん数時間東へ行けば、ソヴィエト連邦とその衛星諸国では暴力に事欠かなかった。しかしそれは国家の暴力、公式共産主義の暴力だった。第三世界の叛逆の暴力は解放の暴力であった。フランツ・ファノンの『地に呪われたる者』〔鈴木道彦／浦野衣子訳・みすず書房〕のフランス語版に一九六一年に付けられた序文のなかでの、ジャン＝ポール・サルトルの有名な説明によれば、反植民地革命の暴力は「自らを再び人間として作りあげつつある者の姿なのである。……一人のヨーロッパ人をほうむることは一石二鳥であり、圧迫者と被圧迫者とを同時に抹殺することであるからだ。こうして一人の人間が死に、自由な一人の人間が生まれることになる。そして生き残ったこの人間は自分の足下に初めて祖国の大地を感ずる。」〔前掲邦訳書二二―二三頁〕

異質なモデルに対するこの種の自己否定的な礼賛は、ヨーロッパでは新しいことではない――一八世紀フランスの革命前の知識人にとってのその魅力については、とうの昔にトクヴィルが指摘していたし、ソヴィエト革命自体が発揮した牽引力においても、それが一定の役割を果たしていた。しかし一九六〇年代には、極東やはるか南方での実例が今やヨーロッパにおいても目ざすべき目標として掲げられた。ミラノやベルリンの学生急進派は東洋における戦略の成功を見習うよう奨励された。毛沢東主義のレトリックとトロツキストの戦術という目ざましい組み合わせで、ドイツの学生指導者ルディ・ドゥチュケは一九六八年、自分の追随者たちに「諸制度を突き破って長征」を敢行するよう呼びかけたのだった。

彼らの保守的な先輩たちにとって、こうした異質なモデルの思いつき的な発動は、旧来のヨーロッパの威厳に満ちた革命的文脈が訓練を経ていない連中の気楽さで破綻を来たして、イデオロギーの混乱状態へと陥っていくさまと映った。新しいサービス経済における大学は知識生産の中心点であり、したがって学生は新しい労働者階級なのだとイタリアの学生たちが提起したとき、彼らは交換についてのマルクス主義の述語の意味を限界点いっぱいまで引き伸ばして使っていた。しかし彼らには弁証法の先例という味方があり、了解済みのルールのなかでやっていたのだ。その数年後に、ミラノの学生新聞『レ・ヌド（裸の王様）』が「ヨーロッパのプロレタリアたる若者よ、ジミ・ヘンドリックスがわれわれを団結させる！」と宣言したとき、弁証法はパロディーへと陥没していった。批判者たちが当初から主張していた通り、六〇年代の少年少女たちは本気さを欠いていた連中だった。

とは言っても、六〇年代はきわめて重要な一〇年間でもあった。ボリヴィアから東南アジアにかけての第三世界が激動していた。ソヴィエト共産主義の「第二」世界が安定していたのは表面上のことで、これから見ていくように、それも長くはつづかなかった。さらに西側を主導する強国は暗殺や人種暴動に震撼されつつも、ヴェトナムでの全面戦争に乗り出していた。アメリカの防衛費は六〇年代中期に絶え間ない上昇をつづけていたが、一九六八年にピークに達した。ヴェトナム戦争は政治スペクトルの全域で不評を買ってはいたが、ヨーロッパにおいては重大問題ではなかった。しかし大陸挙げての動員の触媒作用を果たした。イギリスにおいてさえ、この一〇年間で最大規模のデモが組織され、それははっきりとアメリカの政策に反対してのことだった。一九六八年、「ヴェトナム連帯運動」の数万人の学生デモがグロヴナースクウェアのアメリカ大使館目ざしてロンドンの街中を行進し、ヴェトナム戦争終結を求めて怒りの声を上げた（そして労働党政府はそれをしぶしぶ支持していた）。

当時の紛争や要求のかくも多くが政治的問題として持ち出され、経済の問題としてではなかったという点は、六〇年代の特殊事情と、突出した社会活動家たちの社会的出自とに何か関係があるのかもしれない。一八四八年〔フランス二月革命ほか各地の革命〕と同じく、六〇年代は知識人の革命だった。しかしたとえその参加者たちの多くが気づいていなかったとしても、当時の不満には経済的次元が確かにあった。戦後数十年間の繁栄がまだ終わってはおらず、西ヨーロッパの失業率は史上最低だったが、六〇年代初期の西ヨーロッパ全域における一連の労働紛争は来るべき騒乱を予告していた。

これら初期のストライキや一九六八―六九年のストライキの背景には、戦後成長の波がそのピークを過ぎるにつれて実質賃金が低下したことに対する不満もあったが、その真の原因は労働条件、とくに被雇用者とその雇用主との関係だった。オーストリア、ドイツ、スカンジナヴィアという特別のケースを除いて、ヨーロッパの工場やオフィスにおける経営者－労働者関係は良くなかった。ミラノ、あるいはバーミンガム、あるいはパリ工業地帯の典型的な職場では、反感を抱く戦闘的な労働者とそれを監督する極端に横暴な雇用者とがいて、両者のあいだにコミュニケーションはほとんどなかった。「対労組関係」という言葉は西ヨーロッパの各所で撞着語となっていた。

さまざまなサービス業や専門職の世界でも、同じことが言えた。突出したケースを二つだけ挙げるなら、フランスの国営ラジオ・テレビ放送のＯＲＴＦと「原子力エネルギー庁」で、両者はジャーナリストからエンジニアまでの憤懣やるかたない専門職スタッフで騒然となっていた。権威と規律と物腰（あるいは実際には服装）の伝統的スタイルは、この一〇年間の急速な社会的・文化的変容と歩調を合わせそこなっていた。工場もオフィスもトップダウンで運営され、下からのインプットに欠けていた。経営者は職員たちを意のままに統制し、侮辱し、解雇することができた。雇われている者は敬意を払われぬこと多く、意見を徴されること少なかった。労働者の発意の尊重や専門職の自律性の拡大、さらには「自主管理」（フランス語で「オトジェスチオン」）をさえ求める声が広がった。

これらは一九三六年の「人民戦線」運動以来の、ヨーロッパにおける労働紛争では目立った形では現われなかった争点だった。こうした要求が大方の労働組合や政党の関心を惹かなかったのは、彼らが焦点を絞っていたのがもっと伝統的で取り組みやすい要求、つまり賃上げと時間短縮だったからである。しかしそれらの要求は、すし詰めでひどい管理が行なわれていた大学に対して同様な不満の声を挙げた学生急進派のレトリックと、あっさり重なり合った。

意思決定から、したがって権力から排除されているという意識は、六〇年代がもっていたもう一つの次元を反映しているのだが、その意味合いは当時は十分に認識されてはいなかった。普通選挙権による立法府・大統領の二回選挙制度のおかげで、フランスの政治状況は一九六〇年代半ばまでに片や共産党と社会党の左翼、片や中道派とド・ゴール派の右翼という二つの政治勢力を中心とした、選挙面・議会面での合従連衡という安定したシステムへと連合していた。政治スペクトルの全域にわたる暗黙の合意によって、小政党や周縁集団は上述の四大政治グループのどれか一つと合併するか、政治の主流からはじき出されるかしかなくなった。

ちがう理由からではあるが、同じことがイタリアとドイツで起こっていた。一九六三年以降、イタリアでは中道左派の幅広い連携が国内政治空間の大部分を占拠していて、そこから排除されていたのは共産党と元ファシスト党だけだった。ドイツ連邦共和国は一九六六年以降、キリスト教民主党と社会民主党の「大連立」政府が出来、それが自由民主党ともども連邦議会を独占した。こうした情勢が政治的安定性と連続性を確保したのだが、その結果として西ヨーロッパの三大民主主義国家では、急進的反対派は周縁へと押しやられたばかりか議会から完全に排除されてしまった。新左翼がしばらくのあいだ主張していた通り、「体制」は実際上「やつら」だけで運営されるように思われた。急進派の学生たちとしてはやむをえず、自らを「議会外」反対派と宣言し、そこで政治が街頭へと移ったのである。

一九六八年春のフランスにおけるその実例が最も有名になったが、それはまた最も短命でもあった。それが卓越していたのは、持続的な結果より何より衝撃を与えたからであり、他ならぬパリの街頭での蜂起という特別な象徴性のためだった。五月「事件」は一九六七年秋にナンテールから始まったのだが、ここはパリ西部のわびしい郊外で、古いパリ大学の増設校の一つとして急ごしらえされたものだった。ナンテールの学生寮は一時正規の学生たちと、「不法な」急進派と、わずかながらもドラッグの売人や常用者など、流動的住人たちの住処《すみか》となっていた。家賃は支払われぬままだった。公式の禁止事項だったにもかかわらず、男女の寮生あいだには夜間の行き来もかなりあった。(14)

ナンテールの大学当局は規則を強制して紛争を引き起こすことに消極的だったのだが、一九六八年一月、「無断居住者」の一人を追放するとともに、正規学生のダニエル・コーン＝ベンディットに対して、来校した政府閣僚を侮辱した件で懲戒措置をとると警告した。(15)それからはデモがつづき、三月二二日、パリ中心部のアメリカン・エキスプレス・ビルを襲撃した急進派学生の逮捕をうけて運動が組織され、コーン＝ベンディットがその指導者の一人となった。二週間後、さらな

(14) これは長年にわたる軋轢の源だった。一九六六年一月、パリ南部のアントニーの学生寮施設での何カ月にもわたる討論の末、新たに任命された管理者は当時としては急進的な体制を導入した。二一歳以上の男女学生は今後、自分の部屋に異性の寄宿生を迎え入れてもいいことになったのだ。二一歳未満でも親からの書面による許可があれば同じことができた。こうした自由化が導入されたところは他にはなかった。

(15) フランソワ・ミソフという青少年問題閣僚が、新しいスポーツ施設開場のために来校していた。当校の怒れる学生コーン＝ベンディットは、教育省が学寮闘争（彼の表現では「性の問題」）に何も対応しようとしないのはどうしたわけかと訊ねた。閣僚はこの挑発に乗って、コーン＝ベンディットが性の問題を抱えているなら新設のすばらしいプールに飛び込んだらどうだ、と言った。半ドイツ系のコーン＝ベンディットはやり返した——「それはヒトラー・ユーゲントが言ってたことじゃないか。」

る学生と警官との衝突の後でナンテール・キャンパスは閉鎖され、運動——およびその行動——はパリ中心部ソルボンヌの由緒ある大学の建物群へと移行した。

その後の数週間のあいだに繰りひろげられたイデオロギーに充ちた言語や野心的プログラムの数々に惑わされぬよう、この「五月事件」の発端が個別的・自己完結的な問題だったことを強調しておく必要がある。学生たちのソルボンヌ占拠と、それにつづく街頭バリケードや警官との衝突、とくに五月一〇—一一日夜と五月二四—二五日夜の衝突は、既成の学生同盟幹部たちのほかに（トロツキストの）「革命的共産主義者青年同盟」の代表者たちが指導していた。しかしそれにまつわるマルクス主義のレトリックがすでにおなじみのものだっただけに、その直接の目的は権威を貶めて排除するという、本質的にアナーキーな精神だったことが覆い隠されてしまった。

その意味では、フランス共産党指導部が馬鹿にして力説していた通り、これは革命ではなくパーティーだった。そこにはフランスの伝統的叛乱に見られるすべての兆候があった——武器を持つデモ隊、街頭バリケード、戦略的な建物や交差点の占拠、政治的な要求と対抗要求などだが、何一つ実質はないのだった。学生群集のなかの青年男女は圧倒的に中産階級だった——実際に彼らの多くは他ならぬパリのブルジョアジー出身で、ＰＣＦ（フランス共産党）指導者のジョルジュ・マルシェが嘲笑して言ったように、「パパの良い子たち」だった。彼らが武装したフランスの国家権力に立ち向かおうとして街頭でスクラムを組んだとき、それを快適なブルジョア・アパートの窓から見下ろしていたのは彼らの両親や、おばさまや、おばあさまたちだったのである。

ド・ゴール派の首相ジョルジュ・ポンピドゥーはただちに紛争解決に取りかかった。最初の対決が終わると、彼は党内・政府内からの批判にもかかわらず警察をひっこめ、パリの学生に事実上大学および周辺のカルチエ（地区）を支配させた。ポンピドゥー——および大統領ド・ゴール——は、学生たちの巧みな広報活動に当惑した。しかし不意を衝かれた初期の短期間を除いて、彼らが学生に脅威を感じたことはなかった。やがて時が来れば警察、とくに警察機動隊——貧しい地方農民の息子たちから徴募され、特権的パリジャンの若者をぶん殴ることにためらいのない連中——の秩序回復力を当てにすることができた。ポンピドゥーを悩ませたのは、もっと深刻な問題だった。

学生の叛乱と占拠が引き金となって、一連の全国的なストライキや職場占拠が起こり、五月末にはフランス全体がほぼ休業状態に立ち至った。たとえば国営ラジオ・テレビの報道記者たちによる最初の抗議行動の一部は、学生運動に関する報道とくに一部機動隊員の過剰暴力の報道を、彼らの政治的な上司たちが検閲したことに向けられた。しかしゼネストがトゥールーズの航空機製造工場や電気・石油化学産業を通じて、パリ近郊の巨大なルノーの工場へと不気味に拡大してゆくにつれ、扇動された数千人の学生だけでは済まぬ問題があることがはっきりしたのである。

ストライキ、座り込み、建物占拠、それにともなうデモや行進は、近代フランス最大の社会的抗議運動へと発展し、一九三六年六月のそれよりもはるかに広範なものとなった。今振り返ってみて、彼らがいったい何をしようとしていたのか、しかと答えることはむずかしい。共産党主導の労働組合組織である「労働総連合（ＣＧＴ）」は、当初は戸惑っていた。組合のオルグがルノーのストライキを牛耳ろうと乗り込んだとき、彼らは怒鳴り倒されたし、政府・組合・雇用者間でつくられた合意も、賃上げや時間短縮や事前協議制の拡大などが約束されていたにもかかわらず、ルノーの労働者によってきっぱりと拒否されたのである。

働くことをやめた何百万の人たちに、学生たちと共通するものが少なくとも一つあった。彼らなりの個別の不平が何であれ、彼らがとりわけ不満を抱いていたのは自分たちの存在条件だった。彼らは労働の取り引き条件を改善することよりも、自分たちの生き方に関する何かを変えたいと望んでいた。パンフレットやマニフェストや演説が、はっきりとそう語っていた。これは公的当局にとってはスト参加者の高まったムードを弱め、政治的目標から注意を逸らす点で望ましいことだったが、対応困難な全般的不安感の存在を示すものだったのである。

フランスは繁栄し、安全が保たれ、したがって保守派の評論家の結論によれば抗議の波は不満から発したのではなく、単に退屈がなせる業だった。しかしながら本当の不満は確かに存在し、しかもそれは長期にわたって労働条件が劣悪だったルノーのような工場だけではなく、至るところに存在していた。第五共和政は権力を一箇所あるいは一握りの機構に集中するという、フランス積年のしきたりに拍車をかけていた。フランスはパリの少数エリート――社会的に排他的で、文化的に特権的で、傲慢で、上下意識が強烈で、近寄りがたい連中――によって運営されており、確かにそう見て取れた。その連中の一部（とくにその子女たち）にとっても、それは多大な窒息感をもたらしていたのだ。

年老いたド・ゴールは、一九五八年以来初めて事件の推移を理解しそこなった。彼の当初の対応はあまり効果がなかったテレビ演説だが、その後彼は姿を見せなくなった。(16) 彼は反権威主義的な国民のムードを察知し、翌年の国民投票でそれを自分に有利に転回しようとして、フランスにおける統治や意思決定の分権化を意図した一連の手段を提起したのだが、決定的かつ屈辱的な敗北をこうむった。ド・ゴールはすぐさま辞任し、田舎の自邸に退き、数カ月後に死去した。

一方ポンピドゥーのほうは、正しくも学生デモをやり過ごしていた。学生の座り込みと加速するストライキの真っ最中に、学生指導者の一部と分別あるはずの一握りの年長政治家たち（前首相ピエール・マンデス＝フランスや未来の大統領フランソワ・ミッテランを含む）は、政府当局は無力だ、今こそ権力掌握だと宣言した。これは危険かつ愚劣な言い種だった。当時レーモン・アロンが指摘したように、「普通選挙で選ばれた大統領の追放は、国王の追放とはわけがちがう」のである。ド・ゴールとポンピドゥーはすかさずこの左翼の失策につけ込んだ。この国には共産主義クーデターの脅威がある、と彼らは警告した。[17] 五月末にはド・ゴールが臨時選挙を挙行して、フランス国民に正当政府とアナーキーのどちらを選ぶかを問うた。

選挙戦の開始早々、右派は大規模な対抗デモを行なった。五月三〇日、二週間前の学生デモよりはるかに大規模な群集がシャンゼリゼを行進し、当局が統制力を失ったという左翼の主張が嘘であることを証明した。警察は大学の建物や工場やオフィスを占拠し返すよう指令された。次の議会選挙ではド・ゴール派の政権諸党が圧勝し、得票を五分の一以上増やして国民議会で圧倒的多数派の地位を確保した。労働者は職場にもどった。学生はヴァカンスに出かけた。

フランスにおける「五月事件」は、その真の意味よりも心理的な影響力が圧倒的に大きかった。これははっきりとリアルタイムに、国際的なテレビ視聴者の前で繰りひろげられた革命だった。そのリーダーたちはおどろくほどテレビ向きの連中で、魅力的で言語明瞭な若い男たちがフランスの若者を率いてパリ左岸の由緒ある大通りを行進させたのだ。[18] 彼らの要求は——「大学環境の民主化」にせよ、「精神に対する検閲の廃止」にせよ、単に「良い世界」にせよ——身近で分かりやすく、握りしめたこぶしや革命的レトリックにもかかわらず威圧的なところはまったくなかった。不透明で不穏な全国的ストライキ運動も、学生たちの行動のオーラを増幅しただけだった。社会的鬱憤の爆発に火を点けることになったのはまったくの偶然だったが、振り返ってみると、それを先どりし、それに言葉を与える役割を果たしていたのである。

特筆すべきことに、フランス五月革命は他国の革命騒乱あるいはフランス自体の過去の基準に照らせば、奇妙なほど平和的だった。建物や器物に対するたくさんの暴力があり、五月二四日の「バリケードの夜」の後には多数の学生と警官が入院を余儀なくされた。しかし両陣営とも手控えていた。一九六八年五月に学生の死者は出なかった。共和国を政治的に代表する人びとは襲撃を受けなかった。さらにその制度機構が深刻な疑義にさらされたことなど決してなかった（フランスの大学制度は別だった——すべてはそこから始まり、有意義な改革など行なわれぬまま、打ちつづく内部的な崩壊と不面目とに遭遇したのである）。

一九六八年の急進派は、過去のさまざまな革命のスタイルや支持者たちをまねたこと、ほとんどカリカチュアと言ってもよいほどだった——結局のところ、彼らは同じ舞台で演じていたのだ。しかし彼らは暴力の繰り返しだけはしなかった。その結果、一九六八年のフランスの「サイコドラマ」（アロンの言葉）は、過去の人間生活の無感覚・灰色・退屈さに対して「生命」と「エネルギー」と「自由」とが対比されたかっこいい闘争として、すぐさまノスタルジーの対象となって民衆神話へと繰り入れられた。五月の群集に大うけして有名になった連中の幾人かは、政治家としての旧来のキャリアへと進んだ。トロツキスト学生のカリスマ的指導者だったアラン・クリヴィーヌは四〇年後の今日すでに六〇歳代だが、フランス最古のトロツキスト政党の党首である。五月にフランスから国外追放となったダニエル・コーン＝ベンディットは、フランクフルトに移って立派な自治体議員となり、その後〔フランス選出の〕「緑の党」の欧州議員へと進んだ。

しかし一九六八年五月に関して一世代後に書かれたフランスのベストセラーは、あの時の基本的に非政治的なムードを反映してか、重厚な歴史的分析の本ではなく、ましてや思想を真正面から検討したものでもなく、当時のグラフィティ（落書き）やスローガンのコレクションである。壁や掲示板や街頭で採集された機知に富むこれらの言葉は、若者に向かってセックスすること、楽しむこと、権威ある連中をおちょくること、総じて気持ちいいことをしなさい——そしてその副産物として世界を変えなさい、と奨励している。そのスローガンによれば、「敷石をはがすと、そこは砂浜だ。」一九六八年五月のスローガン作者たちが固く慎んでいるのは、読み手を何らかの深刻な加害行為へと誘うことだ。ド・ゴールへの攻撃文にしても、彼を政敵としてではなく、時代遅れの障

(16) その後明らかになったところでは、彼はドイツのフランス陸軍を訪れ、一旦緩急あった際の軍の忠誠と出動可能性を確認した。しかしこれは当時は知らされなかった。

(17) これが正しくないことは明らかだった。一九六八年のフランス共産党には、学生急進派を罵倒して労働運動への影響力を保持しようという以外、一貫した戦略などなかった。政治権力の掌握など、その実力と想像力を超えることだった。

(18) 学生指導者たちに女性はいなかった。当時の写真やニュース映画では女子学生がボーイフレンドの肩越しに写ってはいるが、せいぜいのところ学生軍の補助的歩兵部隊だった。一九六八年の若者の叛乱は性について多くを語ったが、ジェンダー間の不平等についてはまったく無関心だった。

害物としてあつかっている。それらは苛立ちや不満を語ってはいるが、怒りを表明しているのではないことは明らかだ。これは犠牲者のない革命というべきで、その最終的な意味とは、革命などではまったくなかった、ということである。

学生運動のレトリックの表面的な類似性にもかかわらず、イタリアでの状況は非常に異なっていた。まず第一に、イタリアの闘争はその社会的背景がまったくちがっていた。六〇年代前半における南から北への広範な移住が、ミラノやトリノやその他北部工業都市のなかに、この国の政府がかつて対処したことのない輸送・サービス・教育、とりわけ住宅への需要を発生させていた。イタリアにおける「経済の奇蹟」は他国より遅れてやってきたが、農業社会からの脱出はきわめて急激に起こっていた。

その結果、第一世代工業化の混乱が現代社会の不満と重なり合い、衝突したのである。非熟練・半熟練の労働者——主として南部出身者で多くが女性——は、工業化が済んでいた北部の熟練男性労働者の既成組合には決して吸収されなかった。労働者－雇用者間の伝統的な緊張が、今や熟練と非熟練の労働者、組合員と未組織の労働者の対立によって増幅された。フィアットやピレッリ・ゴム会社などの工場の高賃金の手厚く保護された熟練従業員たちは、交替時間制・賃金格差・懲戒処分といった経営に関わる決定への発言権を増やすことを要求した。非熟練労働者はこうした目標の一部は要求したが、他の部分には反対だった。彼らのほうが主として反対していたのは、出来高払い制、機械化された大量生産ラインの情け容赦もない速度、危険な職場環境などだった。

イタリアの戦後経済は何百もの小規模な機械、繊維、化学の会社によってさまがわりしたのだが、その従業員の大部分には上司の命令に対抗するために頼るべき法律や制度などなかった。一九六〇年代のイタリア福祉国家は今なお応急の建物で、それが（六〇年代社会的動乱のおかげもあって）成熟するには次の一〇年間を待たねばならず、多くの非熟練労働者とその家族には職場の権利や家族給付の権利など、まだないままだった（一九六八年三月には、包括的な国民年金制度を要求して全国的なストライキが行なわれた）。これらの問題に対して、伝統的な左翼の政党や組合は対処能力がなかった。それどころか当時の彼らの主要関心事は、この新たな非熟練労働者によって旧来の労働者の制度・機構が弱体化されるのではないかということだった。半熟練の女性労働者が仕事割当て量の急速な増加に関する不満で労組の支援を要請した際、代わりに彼女たちが奨められたのは報酬の引き上げ要求だった。

こうした事情の下では、イタリアの社会的緊張の主たる受益者は左翼の既成組織ではなく、「議会外」左翼の一握りの非公式ネットワークだった。その指導者たち――異端派の共産主義者や、労働者自主管理のアカデミックな理論家や、学生組織のスポークスマンたち――は、産業職場における不満の新しい源をいち早く突きとめてそれを自分たちの計画に取り入れた。さらには大学自体も、否定しようのない同種の問題を提起していた。そこには新しい未組織の労働力（大量入学した第一世代学生）があり、きわめて不満足な生活条件・学習条件と直面していた。そこでも旧来のエリートが学生大衆に対して無制限の意思決定権を行使して、学習量やテストや進級や処罰を自由に課していたのである。

こうした観点で見ると、学校・大学における管理者や既成連合やその他の専門職組織は、工場や職場とまったく同様に現状維持を「客観的な」既得権として共有していた。イタリアの学生が圧倒的に都市中産階級の出身だったことは、こうした論法のさまたげとならなかった――彼らは知識の生産者および消費者として、（彼ら自身の見立てによれば）権威と権力に対して伝統的なプロレタリア勢力よりもはるかに手ごわい脅威となっていた。新左翼の思考のなかでは、重要なのはその集団の社会的出自ではなく、権威の諸制度・諸構造を破壊し得る能力であった。教室は工場に劣らず、恰好の出発点だった。

この時期イタリアの急進主義政治学の変幻自在な適用性は、ミラノの「リセオ（高等学校）」で配られた以下の諸要求によく見て取れる。その宣言によれば、学生運動の目標は「管理権を掌握して評価や落第をなくすこと、したがって教育における選別を全廃すること、すべての人に教育を受ける権利と奨学金の保証を与えること、集会の自由、朝の全体集会、教師の学生に対する説明責任、反動的・権威主義的教師全員の追放、下からのカリキュラム編成」であった(19)。

イタリアにおける六〇年代後半の一連の抗議行動と混乱が始まったのは一九六八年のトリノで、大学の一部（理学部）の郊外への移転に学生が反対してのことだった――まったく同じ時期にパリ郊外のナンテールで起こっていた抗議行動の影響である。ついで一九六八年三月、議会の大学改革法案に抗議した学生の暴動の後でローマ大学を閉鎖した点も、まったく同じだった。ところがフランスの学生運動の場合とはちがって、イタリアの学生オルガナイザーたちの大学制度改革に対する関心は、常に労働者運動との一体化が最優先だったこと、彼らの組織名が示す通りである――「労働者たちの前衛」あるいは「労働者権力」など。

(19) ロバート・ラムレイ『緊急事態――一九六八年から一九七八年にかけてのイタリアにおける叛逆文化』（ロンドン・一九九〇年）九六頁に引用されている。

一九六八年九月にピレッリ社ミラノ工場で始まった労働紛争は、学生抗議勢力にとっては産業側における共闘勢力と励みとを提供し、一九六九年一一月いっぱいつづいた（最後は政府がピレッリに圧力をかけ、ストライキ参加者の主たる要求を認めさせた）。一九六九年のストライキ運動はイタリアでは史上最大規模のもので、イタリアの急進派に対するその動員力と政治的影響力には、前年にフランスで起こった束の間の、ひと月そこそこの抗議行動とは雲泥の差があった。その年の「熱い秋」は工場運営に関する発言権を要求する労働者の小規模グループによる山猫ストや自然発生的占拠が頻発し、当時のイタリアの学生理論家とその信奉者たちは、「ブルジョア国家」を根こそぎ拒否するという自分たちの戦術は正しかったという結論に導かれた。労働者の自主管理――戦術であるとともに目的でもある――こそ、未来を拓くものだった。学校にせよ工場にせよ、改革など達成不可能であるのみならず望ましいことでもなかった。妥協は敗北だった。

「非公式の」イタリア・マルクス主義者がなぜこうした方向転換を行なったかについては論争の余地がある。イタリア共産党伝統の巧妙かつ柔軟な戦略は「体制」内活動への非難、つまり安定性を既得権としたために左翼の批判者が「客観的反動」と攻撃するものに成り下がっている、という非難を招いていた。しかもイタリアの政治体制自体が腐敗し、変化など受けつけぬものと見て取れた。一九六八年の議会選挙ではキリスト教民主党と共産党の両党とも得票を伸ばしたが、どちらも過半数にはならなかった。この点が議会外左翼の不満を説明するとしても、彼らが暴力へと転回したことの十分な説明にはならない。

「毛沢東主義」――あるいは何であれ、当時真っ盛りだった中国の文化大革命への無批判な肩入れ――は、ヨーロッパのどこよりもイタリアで広まっていた。（軽蔑すべき公式共産党と区別するため）「マルクス‐レーニン主義的」という形容詞にこだわることで識別される毛沢東思想の政党・集団・定期刊行物がこの時期陸続と誕生し、中国の「紅衛兵」を称賛するとともに労働者・知識人の利害関心の一体化を強調した。ローマとボローニャの学生理論家たちは北京の狂信的レトリックの真似までして大学の科目をこう分類した――「ブルジョア以前の残滓」（ギリシア語・ラテン語）、「純粋イデオロギー」（たとえば歴史学）、「間接的イデオロギー」（物理学・化学・数学）。

革命的ロマンティシズムと労働者主義のドグマとを毛沢東主義で結合させたと思われるものが、『ロッタ・コンティヌア（継続闘争）』という新聞（およびその運動）で具現化された――よくあることだが、この紙名が企図を要約している。『ロッタ・コンティヌア』が発刊されたのは一九六九年秋で、

一九六八年のパリで、ソルボンヌを占拠した学生たち。「ハンマーと鎌」の旗の上部に並んだマオ、スターリン、エンゲルス、マルクスなどマルクス主義の諸聖像にもかかわらず、一九六八年の叛乱者たちがとくに教義を振りかざしたことはなかった。彼らの大半は、本気でもなかった。彼らの一人が回想して曰く、われわれは単に「革命が好きだった」（ダニエル・コーン＝ベンディット）。

一九六九年九月二五日、トリノのサン・カルロ広場でデモを繰りひろげる自動車プラントとタイヤ工場の労働者たち。イタリアでもフランスでも、当局にとってはストライキや労働者の抗議運動のほうが、大学における束の間のラディカリズムよりもよほどの脅威となっていた。

暴力への方向転換はこの時までに進んでいた。一九六八年のトリノにおける学生デモのスローガンのなかには、「工場の社会的平和にNOを！」とか、「暴力が支配するところ、救いは暴力だけだ」というのがあった。その後の数カ月間の大学と工場のデモには、レトリック（「国家を変えるな、ぶち壊せ！」）にせよ実際にせよ、暴力への傾斜が先鋭化するのが見られた。この数カ月間のイタリア学生運動で最も人気があった歌といえば、もっともなことだが「ラ・ヴィオレンツァ（暴力）」だった。

こうしたことすべてに含まれるアイロニーは、当時の人びとにも感得されていた。ローマのボルゲーゼ公園での学生と警官の衝突の後で映画製作者ピエル・パオロ・パゾリーニが述べたように、今や階級の役割が逆転していた。ブルジョアジーの特権的子女たちが革命のスローガンを叫び、市民的秩序を護るよう命じられた南部の小作人の低賃金の息子たちに殴りかかっていたのだ。近時のイタリアの過去についてものごころついてからの記憶がある者にとっては、こうした暴力への転換が良い結果を生むはずはなかった。フランスの学生たちは公的権威は下からの攪乱に弱いなどという考えと戯れることができたが、これはド・ゴール体制の諸制度が堅固であったために、彼らの気まぐれが懲罰なしで済んだというだけのことであり、一方こちらイタリアの急進派は、自分たちが現実にファシスト以後の共和国の骨組みを破壊することができるかもしれぬと信ずる十分な理由があって、熱烈にそれを試みた。一九六九年四月二四日、ミラノの貿易見本市と中央駅に爆弾が仕掛けられた。八カ月後、ピレッリ紛争が収まりストライキ運動が終焉した後で、ミラノ・フォンタナ広場の農業銀行が爆破された。「七〇年代」という鉛の時代の背景をなす「テンション（緊張）戦略」が始まっていた。

六〇年代のイタリア急進派は、自分たちの国の近過去を忘れたことで非難を受けるべきかもしれない。西ドイツでは、その正反対だった。一九六一年まで、戦後世代は戦争と敗戦の責任はナチズムにあると考えるよう育てられてきたが、その真におそろしい側面は一貫して控え目にあつかわれていた。一九六一年、エルサレムでアドルフ・アイヒマン裁判が行なわれ、つづいて一九六三年から一九六五年にかけて、いわゆる「アウシュヴィッツ裁判」がフランクフルトで行なわれて、遅まきながらナチ体制の悪がドイツ世論の前で明らかになった。フランクフルトでは二七三人の証人が人道に対するドイツの犯罪の規模と深刻さを証言したが、その責任は起訴された二三人の男性（二二人はSS、一人は収容所のカポ）をはるかに超えて広がっていた。一九六七年、アレクサンダーおよびマルガレーテ・ミッチャーリッヒは多大の影響力をもつ研究『喪われた悲哀　ファシズムの精神構造』（林峻一郎／

馬場謙一訳・河出書房新社〕を刊行して、西ドイツにおける公式のナチ認識には心底からの個人の責任意識がともなっていないと主張した。

西ドイツの知識人は勇んでこの考えを取り上げた。すでにその地位を確立していた作家、劇作家、映画製作者——すべては一九二七年から一九三二年までに生まれたギュンター・グラス、マルティン・ヴァルザー、ハンス・マグヌス・エンツェンスベルガー、ユルゲン・ハーバーマス、ロルフ・ホーホフート、エドガー・ライツ——たちは、今や自分の仕事の焦点をナチズムと、それに対する対応の失敗とに絞り込むようになった。しかし比較的若い知識人たち、第二次大戦中かその直後に生まれた連中がとったスタンスはもっと辛辣だった。以前何が起こったかについての直接の認識を欠いていたので、彼らのすべてはドイツの過ちを、ナチズムというよりボン共和国の欠陥というプリズムを通して見ていた。したがってルディ・ドゥチュケ（一九四〇年生まれ）や、ペーター・シュナイダー（一九四〇年）や、グドルン・エンスリン（一九四〇年）や、やや若いアンドレアス・バーダー（一九四三年）や、ライナー・ヴェルナー・ファスビンダー（一九四五年）にとって、西ドイツの戦後の民主主義は解答ではなく、問題なのであった。非政治的で消費主義でアメリカに護られた「連邦共和国」という繭《まゆ》は欠陥だらけの記憶喪失症で、ドイツの過去を否認するよう、それを大量の商品と反共プロパガンダのなかに埋め込んでしまうよう、西側の支配者と結託してきたのだ。その立憲民主国という属性とてほんものとは言えず、ファスビンダーによれば、「われわれの民主主義は西側占領地区に命令として下されたので、自分たちで闘い取ったのではなかった。」

ドイツ六〇年代の若き急進的知識人はボン共和国を、それをつくり上げた世代の犯罪を覆い隠したとして糾弾した。戦争および戦争直後のドイツで生まれた男たち女たちの多くは自分たちの父親が何者であり、何を仕出かしたのか分からなかった。彼らは学校では一九三三年以後のドイツの歴史について何も教わらなかった（ワイマール時代についても多くは教わらなかった）。ピーター・シュナイダーその他が後に説明するように、彼らは虚空の上に築かれた真空のなかで暮らしていた。家庭においてさえ、いや家庭だからこそ、誰も「それ」については話そうとしなかった。

彼らの両親たちは一九一〇年から一九三〇年にかけて生まれた世代だが、過去について話そうとしなかっただけではなかった。政治的な期待や大思想といったものには懐疑的で、彼らの頑な、しかもやや不安げな関心が集中していたのは物質的な福利と安定性と世間体だった。アデナウアーが理解していた通り、彼らがアメリカや「自由主義陣営」と一体化した原因の少なからぬ部分は、「ドイツ人であること」にまつわるものすべてとの関わりを避けたいという願いからきていた。その結果、息子たち娘たちの目から見れば、彼らには何の名分もなかった。彼らが物質的に達成したものは彼らが道徳的に引き継いだものに染まっていた。その反抗の真の根拠が両親たちの代表するもの何もかも――国民としての誇り、ナチズム、自由主義陣営、平和、安定性、法と民主主義――を拒否することにあるという世代があったとすれば、それこそ「ヒトラーの子どもたち」、つまり六〇年代西ドイツの急進派のことだった。

　彼らの目で見ると、連邦共和国は自己満足と偽善を分泌していた。まずは「シュピーゲル事件」があった。一九六二年、ドイツの代表的なこのニュース週刊誌が西ドイツの防衛政策を調査した記事を連載したが、それがアデナウアー内閣の国防大臣でバイエルン州出身のフランツ・ヨーゼフ・シュトラウスによる取り引き疑惑の存在をにおわせた。アデナウアーの裁可とシュトラウスの命令によって、政府は新聞社を急襲して発行者を逮捕するとともに事務所を捜索した。好ましくない報道を禁止するというこの恥知らずな警察力の濫用には全国的な非難が寄せられた――申し分なく保守的な新聞『フランクフルター・アルゲマイネ・ツァイトゥンク』でさえ、「これはわれわれの民主主義にとってこの上ない迷惑行為である。民主主義は自由な報道、丸ごとの表現の自由がなければ存続できない」と述べた。

　つぎには四年後の一九六六年一二月、政権党のキリスト教民主党はルートヴィヒ・エアハルトの後継首相として、かつてのナチ党員クルト・ゲオルク・キージンガーを選出した。新首相は一二年間にわたって熱心なナチ党員であり、彼を指名したことは多くの人びとにとってボン共和国がもつ鉄面皮なシニシズムの決定的な証拠と受けとめられた。政府の首長がヒトラーを一二年間支持していたのであっても問題ないのだとすれば、ネオ・ナチ組織がふたたび政界の片隅に姿を現わしているこの時、西ドイツ人の悔恨の告白や自由の価値への傾倒など、いったい誰が真面目に受けとめるだろう？　ネオ・ナチ復活に当たって、グラスがキージンガー宛の公開書簡で表明した通り、「もしもあなたが首相の職に、あなた自身の過去という甚大な重荷を負わせつづけるのであれば、二〇年前に死んだにもかかわらず今やＮＰＤ〔ドイツ国家民主党〕として復活している政党に対する論難を、若者たちはどう受けとめればいいのでしょう？」

　キージンガーが首相を務めたのは三年間、一九六六―一九六九年だった。この時期にドイツの「議会外左翼」〔自らそう呼び始めていた〕は大学への移行に劇的な成功を収めた。ＳＤＳ〔ドイツ社会主義学生同盟〕が取り上げた目標の幾つかは大陸西ヨーロッパ中で今や陳腐なものとなっていた――過密な学生寮や授業、疎遠で近寄りがたい教授連中、退屈で独創性のない講義。しかしこの時期の灼熱の争点は西ドイツに固有の問題だった。活発この上ないキャンパスがあったのは、既成のフンボルト大学のキャンパスが共産地区に閉じ込められた代わりとして一九四八年に設立された「ベルリン自由大学」で、ここの学生の多くが徴兵拒否へと奔っていたのである。[20]

反軍思想はドイツの学生抗議行動のなかで、連邦共和国とその前身のナチを非難する恰好の方法として特別の位置を占めていた。ヴェトナム戦争反対の声が高まるにつれ、過去と現在とのこうした合成が拡大されて西ドイツの軍事の助言者アメリカにまで及んだ。少数の急進派のレトリックで絶えず「ファシスト」だったアメリカが、今やはるかに広範な人びとの敵となった。実のところ、ヴェトナムにおけるアメリカの犯罪的戦争を攻撃することがドイツ自体の戦争犯罪に対する考察の代わりを務めるに至っていた。ペーター・ヴァイスの一九六八年の戯曲『ベトナム討論』（岩淵達治訳・白水社、因みにサブタイトルは「被抑圧者の抑圧者に対する武力闘争の必然性の実例としてのベトナムにおける長期にわたる解放闘争の前史と過程ならびに革命の基礎を根絶せんとするアメリカ合衆国の試みについての討論」）では、アメリカ合衆国とナチとの並行関係がはっきりと描かれている。

アメリカがヒトラー体制と同じだと言うなら――当時のスローガン「USイコールSS」なら――ドイツそのものをヴェトナムと見なすようになるにはあと一歩だ。両国とも外国占領軍に分断され、両国とも他国民同士の紛争に否応なく巻き込まれていたのだから。こうした語り方を通じて、西ドイツの急進派はボンの共和国を、現在行なわれている帝国主義‐資本主義諸国との連携のゆえに、さらには過去に行なわれたファシズム諸国との連携のゆえに、蔑むようになった。もっと不吉なことには、ここで急進派左翼は真の犠牲者はドイツ人自身であるという主張――これまで極右のものとされていた主張を、堂々と利用し始めたのだった。[21]

したがって六〇年代ドイツの若者たちは「アウシュヴィッツ世代」に対するその怒りにもかかわらず、「ユダヤ人ホロ

(20) この時期の西ベルリンには、どこやらカウンター・カルチャー（対抗文化）的なところがあった。国際政治の緊張のど真ん中での奇妙な孤立によって化石化し、ボンとワシントンからの援助に依存し、その未来がいつまでも不透明なこの都市は、時間的・空間的に宙づり状態だった。そのため異端派や急進派など政治的・文化的な辺地を求めていた連中にとっては、むしろ魅力ある都市となっていた。西ベルリンが置かれていた状況のアイロニー――自由主義陣営のボヘミアンな飛び地としての存続がアメリカ人兵士の駐留に完全に依存しているというアイロニーは、その若き住人の多くには感得されていなかった。

コースト」にはほとんど無関心だったと分かっても、おどろいてはならないのだ。実を言えば、彼らは親たちと同じく「ユダヤ人問題」について不快感をもっていた。彼らはこの問題を、大学に「ファシズム理論」講座を設けるという要求に振り替えてナチズムの人種差別的次元をあいまいにするとともに、それに代えて資本主義生産や帝国的権力との関連――したがってワシントンやボンとの関連を強調したのである。真の「抑圧的国家機構」とはボンにいる帝国の下僕どもである、その犠牲となっているのが、アメリカのヴェトナム戦争に反対している人びとである。こうした奇妙なロジックにおいては、学生政治運動に対して辛辣な批判を繰りひろげる大衆タブロイド紙『ビルト・ツァイトゥンク』はナチ時代の反ユダヤ主義新聞『シュトゥルマー（攻撃者）』の再来であり、学生は新たな「ユダヤ人」であり、ナチの強制収容所は帝国主義の犯罪の恰好のメタファーに過ぎなくなった。急進派グループによって一九六六年、ダッハウの壁に書きつけられたスローガンの言葉は、「ヴェトナムはアメリカのアウシュヴィッツだ」というものだった。

ドイツにおける議会外左翼は、こうして反ナチの主流のなかでは孤立していった。ウィリー・ブラントの社会民主党がキージンガーの連立政権に参加したのを怒ったかつての社会民主党の学生組織は、急速に非主流化していった。ヨーロッパにおける他国の六〇年代運動よりも際立って「反西欧」を標榜していた各セクトは、意図的に第三世界の名称を採用した。毛沢東派は当然としても、「インディアン」「メスカレロ〔アパッチの一支族〕」といったものまであった。こうした反西欧の強調が波及して、当時の基準に照らしても少なからず風変わりでエキゾチックを意識したカウンター・カルチャー（対抗文化）が助長された。

六〇年代の文化的混乱でとくにドイツ的な変種の一つにおいては、性と政治のからまり方が他国よりも緊密だった。マルクーゼ、エーリヒ・フロム、ウィルヘルム・ライヒその他、性的・政治的抑圧に関する二〇世紀のドイツ人理論家の後をうけて、ドイツ（およびオーストリア、少なくともウィーン）の急進的グループは裸体、フリーセックス、反権威主義的育児を賛美していた。ヒトラーが性的神経症だったことが大いに喧伝されて、ナチズムの説明に盛んに引用された。そしてここでもまた、ヒトラーによるユダヤ人犠牲者と、両親による性的抑圧体制の受難者である一九六〇年代若者とのあいだに、奇妙でぞっとするようなアナロジーが持ち出されたのだった。

「コミューン（人民公社）1」は解放としての性的乱交を積極的に奨励する毛沢東派の小セクトだが、一九六六年に自画像を配布した。一九六七年六月の『シュピーゲル』誌に掲載された写真では、七人の裸体の若い男女が壁を背に両脚を開いていて、「裸の壁を背にした裸の毛沢東主義者たち」というキャプションが付されていた。裸体の強調が意図していたのは、強制収容所における無力な裸の肉体が写った写真を想起させることだったことは明らかだ。それはこう語っていた――見よ、初めはヒトラーの犠牲者たち、今は毛沢東派革命家たちの反抗的な丸裸の肉体。ドイツ人が自分たちの肉体をめぐる真実を直視できるなら、彼らは他の真実も同様に直視することができるだろう。

この「メッセージ」――若者世代の乱交は旧世代を性に関して開放的にし、したがってヒトラーその他に関しても開放的にするだろう――はSDSの指導者ルディ・ドゥチュケ（こうした問題では古いタイプのモラリスト左翼だった）を怒らせ、彼は「コミューン主義者」を「神経症患者」だと非難した。まったくその通りだった。しかしながら彼らのひどく時代遅れなナルシシズム、つまりブルジョアジーに性的な刺激でショックを与えようと大量殺戮と性的露出癖とを気軽にいっしょくたにしたことも、まったく何も生まなかったわけではなかった。「コミューン1」のメンバーの一人は、自分のオルガスムスはヴェトナムよりも重大な革命的意義をもつと高らかに宣言していたが、一九七〇年代には中東のゲリラ訓練キャンプに再登場する。ドイツにおいては、放縦から暴力への道のりが他国よりずっと短かった。

一九六七年六月、イランのシャー（国王）に反対するベルリンのデモで、警察はベンノ・オーネゾルクという学生を射殺した。ドゥチュケはオーネゾルクの死を「政治的殺人」と宣言し、大衆行動を呼びかけ、数日のうちに西ドイツ中で一〇万人の学生がデモを行なった。これまでボン当局に対する著名な批判者だったユルゲン・ハーバーマスは数日後、ドゥチュケとその仲間たちに火遊びの危険を警告した。彼がSDSの指導者に想起させたのは、「左翼ファシズム」は右翼のそれと同じく危険だということだった。平和的なボン政権の「隠された暴力」や「抑圧的寛容」について漫然と語っていた連中――しかも自発的暴力行為で意図的に当局を弾圧行動へと挑発した連中――は、自分たちが行なっていることの意味が分かっていなかった。

翌年の三月、急進派の学生指導部が繰り返しボン「政権」との対決を呼びかけ、政府側は西ベルリンその他における暴力的挑発行為への報復を警告していたとき、ハーバーマスは――新たにグラスやヴァルザーやエンツェンスベルガーやホ

(21) これと同じような逆転が見られたのは一九九一年の第一次湾岸戦争のときで、当時のドイツの反対派は躊躇なくアメリカを二〇世紀最大の戦争犯罪国家と断じ、……ドイツをその最初の犠牲者としたのである。

ホフートも加わって――ふたたび民主的理性の回復を訴え、学生・政府双方に共和国の法律の遵守を呼びかけた。翌月、一九六八年四月一一日にはドゥチュケ自身がベルリンでネオ・ナチの共鳴者に銃撃され、彼が進めてきた暴力的分極化のつけを払うこととなった。その後の怒りの数週間にベルリンだけで二人が殺され、四〇〇人が負傷した。キージンガー政府は「非常事態法」を成立させ(三八四票対一〇〇票で、社会民主党員の多くが支持した)、ボンは必要とあらば布告によって統治できることになった――そしてちょうど三五年前のワイマールと同じように、ボン共和国は今や崩壊の危機に立っているという恐怖があまねく湧き起こったのである。

ドイツの学生政治セクトでますます暴力化した過激派――「K-グルッペン」や「アウトノーメ(自律派)」やSDSの先鋭――は、すべて表面的には「マルクス主義」だが、通常はマルクス-レーニン主義(つまり毛沢東主義)だった。彼らの多くは密かに東ドイツあるいはモスクワから資金を得ていたが、当時このことは一般には知られていなかった。実のところ他国と同じくドイツでも、新左翼は公式の共産主義とは距離を置いていた――いずれにせよ西ドイツでは、公式のほうは政治的に通用しなかったのだから。しかし西ドイツ左翼(左翼だけではないが)の大多数と同じく、急進派は東のドイツ民主共和国とはあいまいな関係にあった。

彼らのかなり多くが東ドイツか、さもなければその「民族としてのドイツ人」だった家族が追放の憂き目に遭った東方の地域――東プロイセンやポーランドやチェコスロヴァキア――の生まれだった。彼らの親たちの失われたドイツの過去に対するノスタルジーが、もう一つの良き東方のドイツへの彼らの夢に無意識のうちに反響していたとしても、おどろくには当たるまい。東ドイツはその抑圧的・検閲的独裁主義にもかかわらず(あるいはそのゆえに?)、筋金入りの若き急進派にとって特別の魅力をもっていた。それはボンとはまったくちがうものだったし、同じものだというふりなどしていなかった。

こうして連邦共和国の「偽善」を憎悪する急進派は、ドイツの歴史と正面から向き合って自分たちのドイツからはファシズムの過去を拭い去った、という東ドイツ共産党の主張に対してとくに敏感に反応したのだ。もっと言えば、西ドイツを大西洋同盟〔NATOのこと〕に縛りつけるとともにその中核的な政治ドクトリンを規定していた反共産主義そのものが、とくにヴェトナム戦争の時代には新左翼の攻撃目標となったのであり、彼らの反・反共産主義をうまく説明してくれるのである。共産主義の犯罪を強調することは、資本主義の犯罪への関心を逸らすことに過ぎなかった。ダニエル・コーン=ベンティットがパリで言ったように、共産主義者は「スターリン主義者というごろつき」かもしれないが、自由民主主義者がましというわけではなかったのだ。

　こうしてドイツの左翼は、ワルシャワやプラハの不満の声には耳を傾けていなかった。西ドイツにおける六〇年代の顔は、西ヨーロッパ全体と同じく頑として内向きだった。この時期の文化の革命は顕著に地方的だった。西欧の若者が国境の彼方に目をやったとしても、それは親近性や情報という厄介な制約を逃れて自由に浮遊できるエキゾチックなイメージの土地だった。自分により近い異国文化について、西欧の六〇年代はほとんど何も知らなかった。ルディ・ドゥチュケがプラハを友好訪問したのは一九六八年の春、チェコの改革運動の真っ最中だったが、多元的民主政こそ真の敵というドゥチュケの主張に現地の学生は仰天した。彼らにとっては、それが目標だったから。

XIII ことは終わった

「革命はまた少数支配者に反対する圧倒的多数者によってになわれる。だから革命は政治危機および強制装置の崩壊と並行して進行する。したがって革命は必ずしも武装闘争形態をとるとは限らない」
——ヤツェク・クーロンとカロル・モゼレフスキ『ポーランド共産党への公開状』(一九六五年三月)

「共産党はそれぞれの自国において、マルクス＝レーニン主義および社会主義の諸原理の適用を自由に行なってよいが、共産党でありつづけるのなら、これらの諸原理から逸脱する自由はない」
——レオニード・ブレジネフ(一九六八年八月三日)

「誰が誰であるか分かり始めたのは、ようやく一九六八年プラハの春の後のことだった」
——ズデニェク・ムリナーシュ

「イエスタデー(昨日)は突然やって来た」
——ポール・マッカートニー

ソヴィエト・ブロックにおける六〇年代は必然的に西側とはきわめて相異なる経験となった。一九五六年の非スターリン化が変化への要求を大いにつのらせた点は西側における非植民地化やスエズでの大失敗と同じだったが、ハンガリーでの叛乱を殲滅したことからも分かる通り、改革が党の主導でのみ行なわれることは当初からはっきりしていた。かえってこれによって共産主義の大元はモスクワの権威であることが再認識され、ソヴィエト指導部のムードや政策がものを言うようになった。一九六四年に失脚するまで、ヨーロッパ東半分の歴史を決めたのはニキータ・フルシチョフだった。

フルシチョフ世代のソヴィエト指導部は、依然として国際的階級闘争というものを信じていた。実を言えば、一九六二年のキューバ危機と自らの転落を生む過誤へとフルシチョフを導いたのは、ソヴィエト革命の記憶をラテン・アメリカの蜂起へと投影した彼のロマンチシズムだった。一九六〇年に公然化し、モスクワに対する左派批判勢力をソヴィエト・モデルに対抗して「毛沢東主義」へと走らせた中国との対立は、単なる地理的な主権争いではなく、「世界革命」の魂をめぐる本格的闘争でもあったのだ。こうした外見の下での北京との競り合いによって、スターリン以後のモスクワの支配者は二律背反の立場へと追い込まれた。反資本主義革命の本家として彼らはその革命的野心を広宣するとともに、ソ連およびその衛星諸国における党のゆるがぬ権威を主張しつづけた。一方でクレムリンは、西側列強と——さらには自国の市民たちとの共存を大切にしつづけたのである。

フルシチョフ時代には真の改善が見られた。スターリンが取った革命への「近道」は一九五九年以後、もはやソヴィエトの歴史やマルクス主義の権威ある源泉ではなくなった。(1) 恐怖による支配は和らいだが、それを生み出した制度や慣行はそのままだった。依然としてグラーグ（収容所管理総局）が存在し、何万人もの政治犯（その半数がウクライナ人）が収容所や流刑先で苦しんでいた。フルシチョフの下で転職を制限する法律が廃止され、公式の労働日が短縮され、最低賃金制が確立して出産・育児休暇制が導入されたのみならず、国民年金制度もできた（一九六五年以降それは集団農場にも拡大された）。要するにソヴィエト連邦——およびその比較的進んだ衛星国——は、少なくとも形の上では萌芽期の福祉国家となったのである。

しかしながらフルシチョフのもっと野心的な改革は、公約していた余剰食糧の生産に失敗した（一九六四年一〇月、彼の同僚たちが彼を見限ったもう一つの理由がこれだった）。とりわけカザフスタンやシベリアの「処女地」開拓は大失敗だった。むりやりの穀物栽培にまったく不向きだった土地から、毎年何百万トンもの表土が流失してしまい、なけなしの収穫物はしばしば雑草まみれだった。中央集権的計画化と地方の腐敗とが悲喜劇的に混じり合った例として、キルギスタンの党幹部は集団農場に対して、公式の農場供出割り当てに応えるべく供出食糧を地元の店で買い上げるよう促したのだった。地方都市では食糧暴動が起こった（とくに一九六二年六月のノヴォチェルカスク）。一九六三年の大凶作の後をうけて、一九六四年一月時点のソ連は西側からの食糧輸入を余儀なくされた。

それと同時に、フルシチョフが時たま奨励していただけの私有小農場のほうは、戸惑うほどの成功を収めていた。六〇年代初期の時点では、全耕地の三パーセントが私有されてい

(1) と言っても、それは新たな神話に取って代わられ、そのなかではスターリン自身の存在とその犯罪が半ばぼやかされてしまった。

て、そこでソヴィエト連邦の農業生産の三分の一がつくられていた。一九六五年時点では、ソ連で消費されるじゃがいもの三分の二と卵の四分の三が私有農場の産物だった。ポーランドやハンガリーと同様、ソヴィエト連邦においても「社会主義」の存続は内部の禁制の「資本主義」経済に依存していたのだが、その存在には目をつぶっていたのだ[2]。

五〇年代・六〇年代の経済改革はそもそもの初めから、構造的な機能不全に陥った体制への気まぐれな対症療法だった。改革は経済の決定権を分権化し、事実上の私的生産を公認することにやや積極的になった分だけ、古顔幹部の強硬派にとって不快なものだった。しかしその他の面では、フルシチョフおよびその後のブレジネフによって行なわれた自由化政策が、ソヴィエト体制が依拠している権力と情実のネットワークに直接の脅威となることはなかった。実際のところ、ソヴィエト・ブロックにおける経済改良がほとんど何の実績も生まなかったのは、いつもそれが政治的優先順位に従属させられていたからだった。

文化改革となると話は別だった。レーニンが常に気にかけていたのは自分の諸原則よりも自分を批判する者のことだったが、その後継者たちもまったく同じだった。思想的な対立者となると、党の内部あるいは外部に共鳴者が現われるか否かにかかわらず、フルシチョフを含む共産党幹部はきわめて神経をとがらせた。一九五六年の最初のスターリン批判の後には、ソヴィエト連邦でも他国でも検閲が緩和されて慎重な異論や批判の余地が生まれるのではないかという楽観論が広がった（同じ一九五六年、ボリス・パステルナークは自作の『ドクトル・ジバゴ』〔江川卓訳・新潮文庫、第Ⅵ章のエピグラフは下巻四一一頁から引用〕の原稿を文芸誌『ノーヴィ・ミール（新世界）』に持ち込んだが失敗に終わった）。しかしやがてクレムリンは、文化的な自由放任主義の始まりと目されるものに悩まされるようになり、第二〇回共産党大会から三年も経たぬうちにフルシチョフは何回かの攻撃的な演説を行なって、芸術における公式の社会主義リアリズムを擁護するとともに、それに対する批判者が誹謗をつづけるなら、過去の行為も含めて重大な結果を招くと威嚇したのである。と同時に一九五九年には、当局はスターリンの死後ある程度の自由を認められていた文化的異端とも言える、ロシア正教会司祭やバプテスト派に対して弾圧を加えた。

とは言うものの、同僚たちはさておき、フルシチョフ自身には確かに意外性があった。一九六一年一〇月に行なわれた第二二回ソ連共産党大会は、中国とソ連との亀裂の深さを露呈し（翌月、ソヴィエト側は北京のヨーロッパにおける代理国アルバニアの大使館を閉鎖した）、世界に対する影響力争いのなかでモスクワは、混乱し動揺する他の諸国に新しい顔を見せ始めた。一九六二年、無名の田舎教師アレクサンドル・ソルジェニーツィンはその悲観的かつ破壊性を秘めた小説『イワン・デニソビッチの一日』（小笠原豊樹訳・河出書房新社）を『ノーヴィ・ミール』に発表することを許可されたが、この雑誌がかつてパステルナークを拒絶してからまだ六年も経っていなかったのである。

フルシチョフ時代末期の相対的な寛容さは、ソヴィエト指導部に対する直接的批判には至らず、ソルジェニーツィンのその後の作品は「雪解け」が最高潮を迎えたとしても、おそらく刊行されなかっただろう。しかし以前と比較すれば、六〇年代初期は文学的自由と用心深い文化実験の時期だった。ところが一九六四年一〇月のクレムリン・クーデターですべてが変わった。反フルシチョフ派は彼の政策上の失敗と横暴なスタイルに苛立っていたが、とりわけ彼らを不安に陥れたのは彼の一貫性のなさだった。何を許し何を許してならぬかは、第一書記自身にははっきり分かっていたかもしれないが、他の連中は彼の表面的な寛容さを誤解しかねなかった。まちがいが起こるかもしれない。

権力を掌握してから数カ月のうちに、クレムリンの新指導部はインテリゲンチアの弾圧を開始した。一九六五年九月、二人の若い作家アンドレイ・シニャフスキーとユーリー・ダニエルが逮捕された。アブラム・テルツとニコライ・アルジャークという筆名を用いて、二人はさまざまな小説を西側で出版すべく密かに持ち出したのだ。テルツ＝シニャフスキーはまた『社会主義リアリズムについて』という、現代ソヴィエト文学についての短い評論も——国外で——出版していた。一九六六年二月、この二人は裁判にかけられた。ソヴィエト連邦には作品の国外出版を禁止する法律がなかったので、当局は二人の作品の内容自体が反ソヴィエト活動の証拠だと主張した。二人は有罪と認められ、強制労働が宣告された。シニャフスキーは七年（六年で釈放になったが）、ダニエルは五年だった。

二人の作家を非難するプレスキャンペーンによって世間の注目は彼らの運命に集まったが、シニャフスキー－ダニエル裁判は非公開審理だった。しかしその過程は傍聴を許された幾人かによって密かに記録され書き写され、一年後にはロシア語と英語で出版されたために、二人に対する国際的な嘆願や赦免要求が起こった[3]。この事件の異常な側面は、スターリ

（2）ソヴィエト体制の威信は、きわめて異常と思われるほどに土地からの収穫能力に依拠していた。その八〇年の歴史の大半を通して、農業はなんらかの意味で常に非常時体制下に置かれていた。一八世紀ヨーロッパとか二〇世紀アフリカの観察者にとってなら、これもとくに異常なこととは映らなかったろうが、ソヴィエト連邦は比較的高水準の生産能力を維持していた。

ン時代の数十年間は野蛮だったとはいえ、虚構作品の内容が悪いというだけの理由で逮捕され投獄された者などいなかった、という点だった。たとえ物的証拠が自由自在に捏造されたにせよ、過去の知識人は常にその行為を告発されたのであり、言葉だけを告発されたことなどなかったのだ。

シニャフスキーとダニエルに対する処遇はフルシチョフ時代の相対的寛容さと明らかにちがっていたので、ソヴィエト連邦自体の内部で前例のない抗議の声を巻き起こした。ソヴィエト連邦最後の数十年間の反体制運動は、この瞬間が出発点である。地下の「サミズダート（自力出版）」は二人の逮捕の年にそれを理由に始められたのであり、七〇年代・八〇年代のソヴィエト反体制派の最重要人物の多くは、シニャフスキーとダニエルの処遇に対する抗議者として現われ出たのだった。ウラジーミル・ブコーフスキーは当時二五歳の学生だったが、一九六七年、市民的権利と表現の自由の擁護のためのデモをプーシキン広場で組織して逮捕された。彼はすでに一九六三年にKGBに逮捕されたことがあり、その罪状は反ソヴィエト文学の所持で、精神病院での強制治療に付されていた。今度は「反ソヴィエト活動」を行なった廉で、三年の強制労働を宣告された。

シニャフスキー－ダニエル事件とそれが引き起こした反応は、ソヴィエト連邦内の状況をきわめてはっきり示したと考えられた――何が変わっていて、何が変わっていなかったのか、を。自国の歴史以外のいかなる基準に照らしても、この国の体制は不動のままで、抑圧的で、硬直的だった。一九五六年の蜃気楼は消えてしまった。過去の真実を語る可能性や未来の改革は遠のいてしまったと思われた。フルシチョフ時代の幻想は打ち砕かれた。西側列強に対してどんな顔を見せようとも、ソヴィエト体制は本国では、経済の停滞と精神的衰退の漠然とした薄暗がりのなかに佇んでいたのである。

しかしながら東ヨーロッパのソヴィエト・ブロック衛星諸国家では、変化の兆しがもっとはっきり見て取れた。表面的には、これはパラドックスである。ソヴィエト連邦の市民がスターリン以後の独裁者に直面して無力な状態に置かれていたとするなら、ハンガリーやチェコスロヴァキアの国民は結局二重に無力だった――彼らは抑圧的体制のなかで暮らしていたのみならず、彼らの支配者自身も帝国首都モスクワの真の権威に束縛されていたのだから。ソヴィエト支配の諸原理は、一九五六年一一月のブダペストにおいて簡潔に示されていた。さらにチェコスロヴァキアとルーマニアでは、以前の見せしめ裁判の生き残りの犠牲者たちが一〇年後の今なお牢獄で衰弱しつつあったのだ。

それでもなお、東ヨーロッパは確かにちがっていた――もちろんその理由の一端は、それが共産主義支配の近時の植民地的延長だったからだ。一九六〇年代まで、共産主義は大半のソヴィエト連邦住民が経験した唯一の支配形態であり、「大祖国戦争」の影響でそれはある種の正当性を獲得していた。しかしもっと西方では、ソヴィエトによる占領とむりやりの政権奪取の記憶が今なお新しかった。衛星諸国家の党指導者はモスクワの操り人形であり、したがって自国での信頼性に欠けるという事実からだけでも、彼ら指導者たちは現地の心情を汲みとることで得られる利益には敏感だった。

　この点の可能性が高まったのは、一九五六年から一九六八年にかけて東ヨーロッパにおいて国内で共産党支配体制を批判した人びとが決して反共産主義者ではなかったからだ。ハンガリーにおける革命の特徴は「右派的精神」だったという一九五六年のサルトルの主張に対して、ハンガリー人の亡命学者〔一九五五年にフランス国籍を取得した〕フランソワ・フェイトーは、右にいたのはスターリン主義者たちだったと答えた。やつらこそ「ヴェルサイユ」だった。「われわれは一貫して左の人間で、自分たちの思想、自分たちの理想、自分たちの伝統に忠実だった。」反スターリン主義左翼の一貫性をめぐるフェイトーの主張は、以後一二年間にわたる東ヨーロッパの反対派思想のトーンをうまく捉えている。主眼は共産主義を非難することでも、いわんや転覆することでもなかった。そうではなくて、これまでの恐ろしい過ちについて考え抜いた上で、共産主義という土俵のなかで対案を提起するのが目標だった。

　これは「修正主義」だった。この言葉をこの文脈で最初に使ったのはポーランドの指導者ヴワディスワフ・ゴムウカで、一九五七年五月のポーランド統一労働者党中央委員会で自分の思想的批判者をこう呼んだのである。これらの「修正主義者たち」――ポーランドで最も有名だったのは若きマルクス主義哲学者レシェク・コワコフスキ――は多くの場合、一九五六年までは正統派マルクス主義者だった。彼らは一夜にしてその立場を棄てたのではなかった。それどころか彼らはその後の一二年をかけて、スロヴァキアの作家ミラン・シメチカの言葉によれば、「青写真のミスを探し出そうとした」のである。同時代の大半の西側マルクス主義者と同様、彼らはマルクス主義の信頼性とスターリンの犯罪とのあいだに一線を画することが可能だと固く信じていたのだ。

　東ヨーロッパのマルクス主義者の多くにとって、スターリン主義はマルクス主義の教義の悲劇的パロディーであり、ソヴィエト連邦は社会主義的変革の企ての信頼性に対する絶え間のない問題提起だった。しかし西側の新左翼とはちがって、

（3）シニャフスキーは釈放されて一年後にフランスに移住し、ソルボンヌでロシア文学を教えるポストに就いた。ダニエルはロシアに留まり、一九八八年にそこで死んだ。

東側の修正主義知識人は共産党とともに、多くの場合その内部で、活動しつづけた。当然そうせざるを得なかったというのが理由の一端だが、実は誠心誠意そう確信していたという面もあったのだ。長い目で見れば、とりわけ次第に西側同世代のムードに同調してスターリン主義の過去よりも資本主義の現在を評価の基準点としていた新世代の目から見ると、この時期の改革派共産党員は党とのこうした親密関係によって孤立化や失墜さえ招くに至るだろう。しかし一九五六年から一九六八年にかけて、東ヨーロッパにおける修正主義運動は作家、映画制作者、経済学者、ジャーナリストその他にとってもう一つの社会主義の未来についての楽観主義という、束の間の窓を開いたのであった。

ポーランドで最も重要な批判空間を提供していたのはカトリック教会であり、教会はその下で活動する人びとを保護することができた——とりわけルブリンのカトリック大学と、『ズナク（兆し）』や『ティゴドニク・ポフシェフヌィ（世界週報）』などの定期刊行物である。マルクス主義哲学者とカトリック神学者とに、言論の自由や市民の自由の擁護に関してある程度の共通基盤があったというのがゴムウカ時代のポーランドの特殊性で、これは七〇年代に築かれる両者の同盟関係を予期させるものだった。しかしながら他の国々では共産党自体が、そうした批判の声を安全にあげることのできる唯一の広場となっていた。「有益な」批判ができそうな見込みのある領域は、共産党の経済運営に関してだった。

そうなる理由の一つは、従来のマルクス主義は政治経済学にその論拠をもつとされており、したがって経済政策が（スターリンの死の手から解放されたので）思想的異論の存在が許されるアリーナ（闘技場）となったからである。もう一つの理由は、当時の東ヨーロッパ知識人の多くは依然としてマルクス主義を重大なものと考えており、共産党の経済運営を真摯な改革のための決定的に重要な理論的出発点と捉えていたからである。しかし主たる説明はもっと簡単で、ヨーロッパの共産主義諸国家の経済が、六〇年代初期の時点で深刻な破綻の前ぶれを見せ始めていたのだ。

共産主義諸国の経済の失敗は、ほとんど隠しようがなかった。彼らは市民に十分な食糧を供給することができただけだった（ソヴィエト連邦ではこれにも失敗したことが再々あった）。彼らは余分な第一次工業製品の大量生産に躍起になっていた。日用品——とりわけ消費物資——の需要は確実に増大していたのだが生産されないか、量が不足か、質が不十分だった。しかもそうした物品の既成の流通・販売システムの運営はひどいもので、人為的原因がもたらした不足によって本来の不足に輪がかけられた。さまざまな渋滞、掠め取り、汚職と、食糧など腐りやすい物の場合は高レベルのむだとが蔓延していたのである。

共産主義固有の非効率は、戦争直後の一〇年間には戦後の再建需要によって部分的にカモフラージュされていた。しかし六〇年代の初期に至って、共産主義が西側に「追いつく」というフルシチョフの大言壮語や、今や社会主義への移行が完了したなどという公式宣言の後では、党のレトリックと日常の欠乏とのギャップは戦後復興や生産増強の掛け声ではもはや埋められなくなってしまった。そして共産主義の前進を遅らせている責任はクラーク（富農）や、資本家やユダヤ人やスパイや西側「関係者」などサボタージュ分子にあるという非難の声は、依然として耳には入ってくるものの、今ではそれが恐怖の瞬間と結びつけられていた。フルシチョフ以後の共産党指導者の大半が必死になって隠そうとしていた瞬間である。問題は共産主義の経済体制自体にあるはずだということが、ようやく是認されるようになっていったのだ。

自称「改革派経済学者」（「修正主義者」という言葉には侮蔑の意味があったので）は、ハンガリーにたくさんいた。一九六一年カーダール・ヤーノシュによって、党‐国家はこれ以降、行動によって歯向かうことのない者はすべて党‐国家の味方と見なすという布告が出され、その結果このカーダール政権の掩護の下で共産党の経済運営の批判者が初めて安全に発言できるようになった。(4) 改革派経済学者の認識によれば、四〇年代・五〇年代の土地の集産化はまちがいだった。さらに彼らの認識では、こちらはやや慎重な主張だったが、第一次鉱工業産品の大規模な採収や生産に対するソヴィエトの執心が成長を阻害していた。彼らは多言を弄したわけではなかったが、要するに、ソヴィエト連邦自体のむりやりの工業化や私有財産の破壊を東ヨーロッパにもやみくもに適用したことが大まちがいだった、と認めたのである。さらにもっと急進的な動きとして、彼ら改革派は共産主義経済で価格シグナルその他の市場インセンチヴを資産・生産の集産主義システムに取り入れることができないか、模索し始めたのである。

東ヨーロッパの経済改革をめぐる六〇年代の論議は微妙な経緯をたどった。一部の党指導者は過去の技術的まちがいを認めるのにやぶさかではなかった――ネオ・スターリン主義者であるチェコの指導部でさえ、第三次五カ年計画が惨憺たるありさまだった一九六一年には重工業重視をやめてしまった。しかし中央による計画化や集団所有の失敗を認めるとなると、それは別問題だった。オタ・シクやハンガリーのコルナイ・ヤーノシュなどの改革派経済学者は、代わりに「第三の道」を定義づけようとした。共同所有権や中央による計画

(4) 六〇年代の改革派経済学者で著名だったのはチェコ人のオタ・シクだが、広範な影響力と実際的なインパクトを与えたのはハンガリー学派だった。

化といった交渉余地のない部分を軽減すべく、各地の自律性や価格シグナルや統制の緩和を推し進める混合経済である。結局こうした経済論議は論ずるまでもなく明白で、共産主義体制はそうした改革なしでは停滞と貧困へと没落していこうとしていた——コルナイの有名な論文の表現によれば、「欠乏の再生産」だったのである。

ハンガリーにおいてだけ、カーダールが批判者に対応して一定の本格的な改革を講じた。一九六八年に発足した「新経済メカニズム」である。集団農場には実質的な自律性が認められ、余分に私的所有地を持つことが許されたばかりか積極的に奨励された。独占権の一部が廃止された。商品によって価格は世界市場と連結され、複数相場制の下での変動を認められた。私営の小売店が認可された。こうしたことを実施した主眼は、両立しがたい二つの経済体制の中道をひらくというより、経済の司令塔である政治の統制をゆるめることなしに可能な、最大限の市場活動を導入することだった（と同時に、これによって消費者の満足度を高めてその繁栄を図ることが企図されていた）。

今振り返ってみて、共産主義と資本主義のあいだの「第三の道」が実現すると考えていたのなら、改革派の思いちがいは明らかだ。しかしそれは彼らの経済分析になんらかの形式上の欠陥があったからではない。彼らが真に誤ったのは、自分たちが暮らす体制について奇妙にナイーブな読みまちがいをしていたからだった。共産党指導部にとっての重大問題は経済ではなく、政治だった。経済改革派の理論に含まれている免れようのない意味合いとは、正常な経済生活の復活を望むなら党‐国家中央の権威を弱めなくてはならない、ということだった。しかしながら、いざこの選択に直面すれば、共産主義の党‐国家というものは常に経済的異常性のほうを選ぶのである。

とは言うものの一方で、政権にとってとりわけての関心は安定性だった。この点に関して三つのモデルが出現しつつあった。第一の「カーダール主義」は、おいそれと輸出するわけにはいかなかった——しかもクレムリンに対しては、ハンガリー・モデルなどというものはない、この国だけの実際的な解決法に過ぎない、と保証したのが、このハンガリーの指導者の戦略の一部だったのである。ハンガリーが置かれた状況はまことに独特なもので、皮肉なことにカーダールは、旅行に飢えていたハンガリー人同胞の面前に善行へのご褒美として繁栄する西側への出入り許可をちらつかせていた——共産主義の挫折を暗黙のうちに告白していたのだ。今やこの国の運営が「新しい階級」によって「新しい階級」のために行なわれていたことは、ユーゴスラヴィア反体制派のミロヴァン・ジラスが一九五七年に著わして大きな影響力をもった本

〔『新しい階級』〕で指摘した通りである。「新しい階級」とは教育ある官僚・専門職テクノクラシーのことで、彼らの現実主義的関心はとりわけ自分たちの巣づくろいと生き残りの保障だった。真の解放など考えにくかったが、抑圧体制への逆もどりはほとんどあり得なかった。

カーダールのハンガリー——「ラーゲリのなかの最良のバラック棟」——は大いなる羨望の対象だったが、発作的にしか見習われなかった。第二のモデルであるチトーのユーゴスラヴィアは、特殊例である点でさらに輪をかけていた。それはユーゴスラヴィアが近隣諸国の問題とならぬよう努めたからではなかった。ソヴィエトの衛星諸国家における経済の機能不全の多くはユーゴスラヴィア人にはおなじみのもので、自分たちの国が東西両陣営のあいだで動きを差し止められているのはイデオロギー的な選択というより、歴史的偶然の産物であることを彼らに想起させていた。しかしチトーは五〇年代・六〇年代においてすでに部分的に意思決定の分権化を導入し、工場および労働者の「アウトノミー（自律）」の実験を認めていたのである。

こうした新機軸が生まれたのは経済的必要性からはもとより、民族的・地理的な分裂からだった。不幸な、そして相互に敵対的な記憶以外の共通項をもたない共和国や民族を含む連邦国家においては、ベオグラードからの単一の指令を押しつけることは多分に戦前の諸慣行への回帰のように見えた。この地域のむずかしい地政にとっては、地方ごとのイニシアチヴが有効であり、チトー独自のプロレタリア独裁はスターリンと決別したおかげで、ソヴィエト連邦が犯した工業的近代化路線の誤まりを細部にわたって模倣せよとの圧力など、まったく受けなくなっていた。ユーゴスラヴィア・モデルが形成されたのはこうした顧慮からであって、当時の西側の礼賛者がチトーの功績と祭り上げた創造的・代替的な社会主義の青写真からではなかったのだ。

しかしやはりユーゴスラヴィアは他とちがっていた。ジラスその他がチトーの正統に異論を唱えたときに身に染みて分かった通り、批判者に対して必ずしも寛容だったわけではなかったが[5]、一般国民の必要や要求には柔軟に対処していた（それは少なからず西側からの援助のおかげだった）。ユーゴスラヴィア人エッセイストのドゥブラヴカ・ウグレシッチは、自分の青春時代の失われたユーゴスラヴィアへのノスタルジーを書くとき思い浮かぶものとして、「本物の先のとがったブーツ、ビニール製のレインコート、初めてのナイロン下着、……トリエステへの初めての旅行」を挙げている。たとえば

（5）ジラスはその著『新しい階級』〔原子林二郎訳・時事通信社〕が西側で出たとき四年間投獄されたし、釈放後すぐ、さらに四年も再投獄された。

ブルガリア人やルーマニア人の記憶には、こうした安価な消費物資の一覧表が現われることはほとんどなかっただろうし、「トリエステへの初めての旅行」など問題外だっただろう。ユーゴスラヴィア人は豊かでも自由でもなかったが、気密体制に閉じ込められていたのではなかった。「チトー主義」は非道な面はあったが、抑圧的ではなかった。当時このちがいは重大だった。

安定へと向かう第三の道は「国をあげてのスターリン主義」だった。これがアルバニアの選択だった——偏執病的で全権を有する現地の党独裁者による絶対的支配の下での、貧窮した閉鎖社会である。しかしこれはまた、輪をかけた形でルーマニアのモデルでもあった。ニキータ・フルシチョフはルーマニアが大きらい（彼の世代のロシア人に広まっていた感情）だったため、共産圏における労働の国際配分では農業の役割のみをルーマニアに与えようと画策していた。ところがブカレストの党の指導部としては、より豊かで進んだ共産主義経済国向けの、原料や食糧の供給国へとおとしめられるのはごめんだった。

ハンガリーの叛乱分子を投獄したり鎮圧したりして順応的な役割を演じた後、ルーマニアは一九五八年、ルーマニアの領土からのソヴィエト軍の引き揚げを勝ちとり、次第に自立の道を進み始めた。デジと（一九六五年以降は）チャウシェスクの下で、ルーマニアはモスクワの対中国紛争に巻き込まれることを断わり、自国内でのワルシャワ条約軍の演習をも拒否した。ルーマニアの指導者たちはチトーと予備交渉を行ない（チトーのワルシャワ条約との関わりは友好的というより形式的だった）、デジは一九六三年にユーゴスラヴィア国民議会で演説までして、両国はルーマニアの新スターリン主義的工業化を西ヨーロッパからせしめた資金と機械で促進することに同意したのだった。ルーマニアの西側との取引は次第に増加した——コメコン諸国との貿易は減少し、一九六〇年代初頭にルーマニアの全対外貿易の七〇パーセントだったものが、一〇年後には四五パーセントになった。

大いに吹聴されたこの「ルーマニアが第一」戦略は、国内では不評ではなかった——実際には、ルーマニア共産党がそのいちじるしく非ルーマニア的な起源を公式に埋め合わせたやり方の一つが、自ら民族主義のマントを羽織ることだったのである。これを始めたのはデジで、チャウシェスクはたんに推し進めただけだった。しかしこの戦略は国外でいっそうの成功を収めた。ヨーロッパにおける中国の代理人を務めるアルバニアが、追憶にひたるスターリン主義者かずぶずぶの毛沢東主義者以外にはまったく魅力がなかったのに対し、共産主義国ルーマニアの国際イメージは奇妙に肯定的だった。たんにモスクワと距離を置いたというだけで、ブカレストの連中は西側で一群の礼賛者を刈り集めた。一九六六年八月の『エコノミスト』は、チャウシェスクを「東ヨーロッパのド・ゴール」と呼んだのである。

ド・ゴール自身について言うと、彼は一九六八年五月にブカレストを訪問した際、チャウシェスクの共産主義は西側には不向きかもしれないが、おそらくルーマニアには合っていると述べた――「こうした体制はあなた方には有用でしょう、これによって人びとが前進し物事が進歩するのですから。」ルーマニアの共産主義が西欧向きでないという点で、ド・ゴールはまったく正しかった。共産主義はルーマニアにおいて極端に邪悪で抑圧的だった。一九五八年以降ソヴィエト連邦から距離をとったことで、デジとチャウシェスクは非スターリン化やフルシチョフ時代の諸改革を真似る必要からも自由になってしまったのだ。他の衛星諸国家とは対照的に、ルーマニアは国内の反対派にはまったく余地を与えなかった。六〇年代のブカレストの知識人は、自分たちの社会から切り離されて、国内での論争（そんなものは皆無だった）には何の役割も果たさず、その代わりにパリから到着したヌーヴォー・ロマンの新作を読み耽り、教育あるルーマニア人が絶えず親近感をもっていたコスモポリタンなフランス文化の一員となることで満足しなければならなかった。

しかし西側諸国の政府はルーマニアの独裁者たちを非難するどころか、大いに激励したのだった。一九六七年一月、ルーマニアがソヴィエトの拒否に反して正式に西ドイツを承認した後で、関係は一段と友好的になった。リチャード・ニクソンは一九六九年八月にブカレストへと出向いて、共産主義国を訪問した最初のアメリカ大統領となった。「彼はアカかもしれないが、われわれの味方のアカだ」というわけで、チャウシェスクは民族共産主義とされた――当然の成り行きで、ルーマニアはワルシャワ条約国では最初にＧＡＴＴ（一九七一年）に、さらに世界銀行とＩＭＦ（一九七二年）に加盟し、ヨーロッパ共同体の貿易特恵（一九七三年）とアメリカの最恵国待遇（一九七五年）を受けることとなった。(6)

西側外交官がブカレストの反ロシア的独裁者連中のなかに見たと思ったのは、新しいチトーの萌芽だった――堅忍不抜で、従順で、国際的な波乱よりも局地的な権力維持に執心する連中だ。少なくとも一つの意味で、彼らの観測は正しかっ

(6) リチャード・ニクソンがルーマニアの独裁者からの誘惑に乗った最後のアメリカ大統領だったわけではない。一九七八年のルーマニア訪問中にニコラエ・チャウシェスクに感銘を受けた上院議員ジョージ・マクガヴァンは、彼を「軍縮に関して世界をリードする重要人物の一人」と持ち上げたし、一九八三年九月に至ってチャウシェスク政権にまつわる恐ろしい真実が広く知れわたったときでも、副大統領ジョージ・ブッシュは彼を称えて「ヨーロッパの善き共産主義者の一人」と言った。

た。チトーとチャウシェスクはカーダールや東独の新スターリン主義指導部と同じく、六〇年代という難所をうまく交渉で通り抜けたのだ。彼らはそれぞれ自分なりのやり方で国内での権威と支配とを確保する一方、モスクワとは少なくとも「モードゥス・ヴィヴェンディ〔一時しのぎ〕」の関係を保ちつづけた。ワルシャワとプラハの共産党指導者たちは、その点で不成功だったのである。

＊＊＊

ポーランドにおいて一九五六年蜂起の平和的な結末が達成された〔前出400頁〕のは、犠牲をともなってのことだった。ゴムウカ時代のポーランドではカトリックの団体や作家たちは容認されていたが、党内部の反対派はきびしい制約を受けていた。ポーランド統一労働者党は、スターリン時代の凶暴な粛清はなんとかうまく免れたが、非常に保守的になっていた。一九五六年の騒乱が再発することに神経をとがらせていた党指導部は、党の政策に対するどのような批判をも政治的権力の独占に対する直接の脅威と見なした。その結果「修正主義派」知識人のあいだに深い不満が生じていたが、それは体制一般に対してというより、新しい方向をめざした「ポーランドの一〇月」という未完の仕事の好機が失われてしまったからだった。

一九六四年の夏、二人のワルシャワ大学卒業生ヤツェク・クーロンとカレル・モゼレフスキは、人民ポーランドの政治的・経済的体制を批判する学術論文を起草した。彼らの論文はそのトーンと内容の両面でまちがいなくマルクス主義的だったが、それでも二人が党と社会主義青年同盟から追放され、反党プロパガンダを広めたとして公的世界で非難されるのを防ぐことはできなかった。そこで二人は一九六五年三月、『ポーランド共産党への公開状』〔塩川喜信訳・柘植書房、本章冒頭の引用は一七六頁〕を公刊してワルシャワ大学の党支部へ提出した。この公開状のなかで著者たちは、官僚的で独裁的な体制、すなわちそれが仕える支配エリート以外の利益には耳を貸さず、貧困にあえいで働く人民を無能に支配し、すべての論評や批判を未然に封じてしまう体制の姿を描き出したのである。クーロンとモゼレフスキの結論によればポーランドの希望はただ一つ、労働者評議会と言論・表現の自由と政治警察の廃止とにもとづく本物の革命しかなかった。

公開状を発表した翌日、二人は国家の転覆を唱導した廉で逮捕・起訴された。一九六五年七月一九日、彼らにはそれぞれ三年および三年半の禁固刑が宣告された。当局がとくに神経を尖らせたのは、二人の批判が申し分のないマルクス主義用語で書かれていたこと、この体制のさえない経済運営を指摘するのに諸種の社会データが効果的に用いられたこと、現在の官僚主義的独裁に代えて労働者による革命を求めていたこと、だった（三点目には新トロツキズムの気配があるが、これが二人のためにはならなかった）(7)。おそらく党としては、このクーロン＝モゼレフスキの公開状が求めている知識人の処方箋とプロレタリアの行動との結びつきは絶対に阻止すべく、特段の決意を固めていたのだろう。

「クーロン＝モゼレフスキ事件」は大学内で大きな反応を呼び起こした。二人の学生に対して秘密裁判が行なわれたことが衝撃をもたらし、彼らの釈放のみならず二人が書いた研究論文の公開が要求された。先輩学者たちがこれを取り上げた。ワルシャワ大学哲学教授レシェク・コワコフスキは翌年、「一九五六年一〇月」一〇周年記念の党の総会の日に、歴史研究所の学生たちに呼びかけた。「ポーランドの一〇月」は取り逃した機会だった、と彼は説明した。一〇年が過ぎて、ポーランドは今や特権と非効率と検閲の国と成り果てた、共産党は国民との接点を失っており、クーロンやモゼレフスキや彼らが行なった批判に対する弾圧は、党の――この国の――衰退のしるしである、と。

コワコフスキは「ブルジョア自由主義者」として当然ながら党から追放されたが、ワルシャワ大学の同僚たちは敢然としてマルクス主義者としての彼の国際的名声を主張した。ついで二二人の著名なポーランド共産党員の作家や知識人が中央委員会に書状を送り、「同志コワコフスキ」を「自由な、真正の社会主義文化と民主主義」のスポークスマンとして擁護した。今度は彼らが党追放になった。一九六七年の春の時点で、左派からの批判に激怒した出来の悪いポーランド指導部は本格的な知識人反対派をつくり上げてしまい、ワルシャワ大学は学生叛乱の中心となっていた――その大義は言論・表現の自由であり、それが擁護するのは、何を措いても、迫害を受けた教授たちだった。

一九六八年一月、ワルシャワ大学における言論・表現の自由の問題にもう一つの進展があった。一九六七年一一月以来、大学の劇場ではポーランドの国民詩人アダム・ミツキェヴィチ（一七九八―一八五五年）の戯曲「父祖の祭り」を上演していた。一八三二年の作品ながら、圧制と闘う一九世紀の叛徒たちの描写が危険な現代性を帯びていて、この戯曲は活気ある、明らかに関心の高い観客たちを惹きつけていた。一月末になって、共産党当局は上演を中止すべきことを告知した。最後の公演の後、幾百人もの学生が検閲反対と「自由な劇場」を要求して、ポーランドの首都のミツキェヴィチ記念碑まで行進した。学生のなかの二人、ヘンリク・シュライフェ

（7） 翌年パリで『公開状』のフランス語訳を配布したのは、「革命的共産主義者青年同盟」というトロツキスト組織だった。

ルとアダム・ミフニクは『ル・モンド』紙のワルシャワ通信員に状況を説明し、その報告が「ラジオ自由ヨーロッパ」へと伝えられ、ミフニクとその同僚は当然ながら大学を追われることとなった。

その反響は学生組織によるポーランド議会への請願デモの波、ポーランド作家連盟ワルシャワ支部による支持決議、コワコフスキその他の著名教授や作家たちによる学生擁護の演説だった。ある作家は共産党の文化政策を「愚鈍な独裁制」と言って、公然と非難した。三月八日、ミフニクとシュライフェルの追放に抗議するワルシャワ大学の学生集会が警官の暴力で解散させられた。そこで三日後には、全国的な学生デモとワルシャワ大学自体でのストライキとなった。党内の新スターリン主義派は党の統制力喪失について不安げに言及し始め、その一部はモスクワに向かってチェコスロヴァキア流「修正主義」の危険が差し迫っていると警報を送っていた。

ゴムウカ政権は断固たる反撃に出た。ストライキとその後に起こった抗議行動はひどい暴力で鎮圧された――あまりにひどかったので、政治局員一人と閣僚の二人が抗議の辞任をした。さらに学生三四人と教授六人(コワコフスキを含む)がワルシャワ大学から追われた。ついで隣国チェコスロヴァキアの「プラハの春」の鎮圧(後述)の後、当局はソヴィエトの侵攻に反対する抗議や請願の組織者たちを逮捕して裁判にかけた。一九六八年九月から一九六九年五月の長期にかけて行なわれた一連の裁判において、ワルシャワ、ヴロツワフ、クラクフ、ウッチからの学生たちや知識人たちは、「秘密組織への参加」や「反国家刊行物の配布」などの罪名で六カ月から三年の幅で禁固刑に処せられた。きびしい宣告が下されたのはアダム・ミフニク、ヤン・リチンスキ、バルバラ・トルンチクといった人びとで、彼らは当初の学生抗議行動のときからの活動分子だった。

一九六七―一九六九年期のポーランドで逮捕され、追放された、投獄された学生や教授たちのうち、不釣合いに多くの人びとがユダヤ人だったが、これは偶然のことではなかった。一九五六年にゴムウカが権力に復帰してから、ポーランド党の保守派(新スターリン主義派)は彼ゴムウカが導入した限定的な自由化さえも覆そうとその機会を狙っていた。内務大臣ミェチスワフ・モチャルの指示の下、この党内反対派は反ユダヤ主義で結束した。

スターリンの死から一九六七年まで、反ユダヤ主義は東ヨーロッパおよびソヴィエト連邦自体のなかに瀰漫していたが、共産党の公式レトリックからは締め出されていた。戦後、東ヨーロッパの生き残りユダヤ人の大半は西へ向かうか、イスラエルへと移住した。後に残った人びとも、その多くはスターリン晩年の迫害のなかでできるだけ逃亡した。ポーランドと（とくに）ハンガリーには依然として相当数のユダヤ人社会が残存していたが、これらのほとんどはユダヤ人として生活していたのではなく、一般的にはユダヤ人の自覚などもってはいなかった。戦後生まれの場合、自分がユダヤ人であることさえ知らない場合が多かった――彼らの親たちが、黙っておくのが賢明と考えたからである。(8)

とくにポーランドでは、依然としてかなりの数のユダヤ人共産党員がおり、そのなかには政治的役職についている者も大学や専門職の者もいたが、大方は自分がユダヤ人であることに無頓着で、その自分の無頓着さはポーランド人一般にも共有されていると思っていた無邪気な人びともいた。しかし党内で権力の地位に昇ろうとし、扇動者として全国的人気を勝ち得ようとする連中にとって、彼らは恰好の攻撃目標となっていたのである。(9) あと欠けていたのはチャンスだけという状態で、一九六七年六月にイスラエルと隣接アラブ諸国とのあいだで起こった「六日戦争」がこれを埋めた。ソヴィエトがアラブの大義を支持したことが、イスラエル、シオニズム、そしてユダヤ人への声高な批判を正当化したのである。

こうしてゴムウカは一九六七年六月一九日の演説で、最近の紛争でイスラエルを支持した人びとを非難しつつ、彼を批判するユダヤ人とシオニズム国家とを鉄面皮に結びつけてこう言った――「ユダヤ国籍を有するポーランド市民がイスラエルに帰国（原文のまま）するのを望むなら、それを阻むべきではないと、わたしははっきり申し上げたい。すべてのポーランド市民は一つの国、人民のポーランドをもつべきだというのが、われわれの立場です。……こうした言葉が自分に向けられているとお感じの方は、国籍の如何を問わず、どうか適正な結論を導き出していただきたい。われわれはこの国に裏切りの第五列などいらないのです。」ユダヤ人をポーランドの「第五列」だと言ったこの演説はテレビとラジオで放送され、何百万のポーランド人が聴いた。そのメッセージにはあいまいさなどなかった。

ゴムウカは自分の考え方を表明していたのか、過去一〇年間の政策の失敗を償わせるスケープゴートを探していたのか、それとも自分を追放しようとするモチャルの動きを予知して反対派のスターリン主義者を側面攻撃しようと決意したのか、はっきりしない。しかし彼の決断がもたらした結果は劇的なものだった。ポーランド当局の差し金でユダヤ人に対する偏見が堰を切ったように溢れ出た――ポーランド中で、そして

(8) 六〇年代半ばのポーランドでは、およそ三万人のユダヤ人のうち、公式のユダヤ人組織に所属していたのは七五〇〇人以下だった。

(9) 一九六六年、反ユダヤ主義の偽書『シオン賢者の議定書』のポーランド語版が党関係者、大学、陸軍の内部で非公式に回覧された。

とりわけ党と大学などの機関で。党の小役人たちは、経済の不振その他の問題がユダヤ人共産党員の仕業であるかのように言いふらした。根っからポーランドの国益で動く「善い」共産党員と、真の所属先がどこか外にある他の（ユダヤ人）共産党員とのちがいが公然と主張されるようになった。

一九六八年、逮捕あるいは追放された学生の両親およびその他の親類たちまでが、党の公式の地位や大学のポストを奪われた。検察官は法廷に引き出された学生や教授たちの名前や出自にとりわけ注目した――これは五〇年代のスラーンスキーその他の裁判ではおなじみだったが、共産主義ポーランドでは初めてのことだった。反ユダヤの熱狂が最高潮に達したとき、新聞各紙はナチの「ニュルンベルク法」が定めた基準でユダヤ人を定義していた――この政権党のスターリン主義派には復活したポーランド人ファシストがいたことを考えると、おどろくべきことではなかったのだろう。

今やユダヤ人は、この国を出て行けと言われていた。屈辱的な条件と多大な個人的出費にもかかわらず、多くの人びとはそうした。ポーランドの三万人のユダヤ人のうち、およそ二万人が一九六八―六九年のあいだに国を離れ、大半が年配者と若者の数千人を残すのみとなったが、そのなかには監獄で服役中のミフニクやその仲間の学生たちが含まれていた。こうした激動の受益者となったのがモチャルとその支持者連中で、彼らはユダヤ人が就いていた党や政府機関の公職を奪い取った。ポーランドのユダヤ人以外で敗北側となったのは、この国の教育機関（コワコフスキ――彼自身はユダヤ人ではなかったがユダヤ人と結婚していた――を含む最良の学者や教師の多くを失った）と、自分が始めたことの意味を悟るのに遅れて、本人も二年後には解任されることになったゴムウカと、ポーランド自体だった――その国際的な評判が再度（そしてその後の幾年にもわたって）ユダヤ少数民族いじめと解きがたく結びついてしまったのである。

ポーランドの支配者たちが比較的やすやすと抗議学生たちを孤立化させ、殲滅することができたのは、彼らが知識人やその不満分子を他の国民から切り離すことに成功したからだった――反ユダヤ主義はこの戦略のなかで、自ずと有益な役割を果たした。これに関しては、おそらく学生たち自身にも責任があった。とりわけワルシャワ大学の場合、抗議行動やデモで顕著な役割を担ったのはポーランド共産党の「ノーメンクラトゥーラ（特権層）」の特権的息子・娘たちで、彼らの関心が集中していたのは言論・表現の自由や政治的諸権利だった。敵方の新スターリン主義者たちが機敏に指摘した通り、ワルシャワの反体制派インテリゲンチアは労働者一般国民のパンとバターへの関心には無頓着だったのだ。そのお返しに、ポーランドの国民大衆はユダヤ人や学生、ことにユダヤ人学生に対する迫害には慎重な無関心を決め込んだのだった。

二年後の一九七〇年、政府が食糧品価格を三〇パーセント引き上げ、それに抗議して造船所の労働者がストライキを行なったとき、意図的ではなかったにせよ悲劇的な挨拶が返ってきた。この行動を誰も取り上げなかったのだ。しかしこの時期に得られた教訓――もしもポーランドの労働者と知識人とが党に挑戦しようとするなら、お互いの無関心を克服して政治的な同盟関係をつくり上げなくてはならないという教訓は、とりわけアダム・ミフニクやヤツェク・クーロンたち自身によって時とともによく学び取られ応用されて、やがて歴史的な結果を生み出すことになる。少なくともこの点で、ポーランドの一九六八年は遅ればせながらも肯定的な結果を生んだのである。同じことが、隣国のチェコスロヴァキアについても言えるだろう。

六〇年代初めのチェコスロヴァキアは一種の混成物で、民族的スターリン主義から改革的共産主義への不安定な移行のなかにあった。一九五〇年代の見せしめ裁判や粛清はプラハにも遅れてやって来て、そのインパクトは他国より大きく、かつ長くつづいたのである。旧来のスターリン主義エリートの交代はなく、チェコにおけるゴムウカやカーダールは現われなかった。政権内の守旧派はそのままだった。スラーンスキーその他の裁判について二つの調査委員会が設けられ、初めは一九五五―五七年に開かれ、次には一九六二―六三年に開かれた。両委員会の目的はこの体制の近時の過去の犯罪を、現在の統制力を弱めることなしにある程度認めようというものだった。

短期的に見れば、この目標は達成された。スターリン主義裁判の犠牲者たちは釈放され、名誉回復された――多くの場合、彼らを最初に告発したのと同じ政治家や判事や検察官や尋問者の命令によって。かつての囚人たちは党員証や、現金や、クーポン券（たとえば車の）や、場合によってはアパートまで返還された。彼らの妻子はふたたび仕事に就き、学校に通えるようになった。しかしこうして過去の不正を事実上認めたにもかかわらず、党およびそのスターリン時代からの指導層は無傷のまま公職に留まっていたのだ。

フランス共産党指導者のモーリス・トレーズと同じように、第一書記のアントニーン・ノヴォトニーは、フルシチョフを手本にしてソヴィエトの独裁者を非難する前に風向きを確かめるべく、何年も待っていた。チェコが経験したスターリン主義強硬派の恐怖政治があまりに新しく、かつ極端だったので、党の指導者連中はいささかなりとも「誤り」を仕出かすことに消極的だった――その結果がポーランドやハンガリーにおける五六年の激動を上回るものになることを恐れていた化は可能な限り意図的に先送りされていた――チェコの首都プラハを見下ろす高台のスターリンの記念像は、スロヴァキアの首都ブラチスラヴァにあるやや小さめの複製同様、一九六二年一〇月まで手つかずのままで置かれていた(10)。

共産党による社会革命の結果が最も劇的に感じ取られていたのが、他ならぬチェコスロヴァキアだったが、そうなった理由の一端は、すでに見た通り、チェコスロヴァキアが実際には先進的なブルジョア社会だったからで、この点でソヴィエトの支配下にあるすべての国とは対照的だった。チェコスロヴァキアにおけるスターリン主義恐怖政治の主たる犠牲者はすべて知識人で、通常は中産階級出身、その多くがユダヤ人だった。チェコスロヴァキア社会の他の階級はさほどの被害は受けなかった。労働者たちの社会的上昇移動――つまりもっと正確に言えば、他のすべての人びとの下降移動――は、チェコとスロヴァキア両地方における一九五〇年代の顕著な特徴だった。チェコスロヴァキアにおいて非職業的高等教育を受ける労働者の子女の割合は、一九三八年の一〇パーセント未満が一九五六年までに三一パーセント、一九六三年までにほぼ四〇パーセントへと上昇した。六〇年代初期のチェコスロヴァキアの所得分配は、ソヴィエト圏ヨーロッパのなかで最も平等主義的だった。

こうして共産党指導部は、一九六〇年の新憲法が宣言したように、チェコスロヴァキアを「完全な社会主義」へと前進させた。しかしこの達成にはかなりのレベルの停滞がともなっており、それはソヴィエトの基準からしても容認しがたいものだった。そこで「全民族の経済」をこの国の社会的発展の先進的段階に合わせるという、一九六二年一二月の第一二回党大会の決定となった――すなわち、避けがたいものは受け入れて、停滞する経済を活性化すべく最低限の非社会主義的改革を認める、というわけである。ところがオタ・シクその他党の改革派経済学者が提起した変革――労働者のインセンチヴ（やる気）を促すには公式の「計画」やノルマよりも工場ごとに利益分配を行なうなど――は党の強硬派に不評で、最終的に支持されたのはようやく四年後の第一三回大会においてだった。

指導部が懸念した通り、その頃までには公的な名誉回復や、スターリンが犯した過ちの慎重な認定や、穏健な経済改革の可能性なども組み合わさって、公的生活に対してふるわれる党の強権への真正面からの疑問が提起されるようになってきた。一九六三年から始まった経済改革は工場に雇われている人びとから全面的に歓迎されたのではなかったが、作家や教師や映画製作者や哲学者のあいだでは、スターリン主義の束縛が緩和されるという見通しの下、批判や希望や期待がなだれのように解き放たれた。

こうして、一九六三年リブリツェで開かれた作家会議はフランツ・カフカに捧げられた。これまで、この主題はタブーだった。その理由の一端はカフカがドイツ語で書いたプラハのユダヤ人で、ボヘミアの失われた歴史を想起させるからだったが、主たる理由はカフカの多くの作品に全体主義支配の論理の予見的洞察が含まれていることに困惑していたからだった。しかしこうしてカフカについて議論することが公認されたことで、さらに広範な討論の自由化が起こるように思われた。禁じられた作家について論ずることから、殺害された指導者のことに言及するのはほんの一歩だった。一九六三年四月、名誉回復されたスロヴァキアの作家ラディスラフ・ノヴォメスキーは、スロヴァキア作家会議の席上で自分の「同志にして友人」だったクレメンティス、あのスラーンスキー裁判の犠牲者について公然と賛辞を述べた。依然として慎重な「修正主義」言語ではあったが、語る欲望、過去のことを語る欲望が中央に躍り出てきた。若い作家ミラン・クンデラが、一九六三年六月、プラハの文化雑誌『リテラールニー・ノヴィニ』に寄稿したときにも、彼の批判は用心深くも、チェコ文学におけるスターリン主義的「偏向」と、それに関して真実を語る必要があるという指摘に限られていた。

この時期の比較的自由なムードは、フルシチョフの雪解けが遅ればせながらチェコにまで及んだからだった。ブレジネフのクーデターの後でモスクワのトーンが変わったにもかかわらず、チェコスロヴァキアの芸術ルネッサンスは進展しつづけ、時たまの検閲や圧力を受けるだけとなった。外国人にとってはっきりした兆候となったのは立てつづけに出てきた新しい映画作品で、それらが注意深くあつかっていたテーマは数年前なら禁止されていたはずのものだった——イジー・メンツェル監督『運命を乗せた列車』（一九六六年）は、戦時中の反ナチ・レジスタンスの中核をなす共産党神話の正体をやんわりと暴くのだが、その脚本に加わっていたのがヨゼフ・シュクヴォレツキーで、彼の小説『臆病者たち』は同様のテーマを用心深く暗示的に描いていて、数年前に彼の名声を確立していた。しかし劇作家や詩人や小説家（当時はクンデラを含めてその多くは映画の脚本を書いていた）が果たした役割は、さらに重要だった。

(10) 反発を恐れたのは、ノヴォトニー一人だけではなかった。一九六三年四月五日、イタリア共産党指導者パルミーロ・トリアッティはノヴォトニーおよび彼の同僚宛の秘密書簡で、スラーンスキーその他裁判犠牲者の名誉回復を来るべきイタリアの選挙の後にするよう要請した。このイタリア共産党の首領がよく理解していた通り、一〇年前の大規模な司法殺人の隠蔽に指導者が関与していたことを知って嫌悪の念を抱かせられるのは、チェコ人だけではなかったのである。

一九六六年、ルドヴィーク・ヴァツリークが『斧』を刊行したが、これは彼の父親の共産党員としての理想と、さらにはその後の息子の幻滅をフィクション仕立てで描いたものだった。一九六七年、もう一人の作家ラディスラヴ・ムニャチコは第一書記ノヴォトニーと党のノーメンクラトゥーラに対する痛烈な批判を発表したが、これは自由な小説という形ではあるものの『権力の味』〔栗栖継訳・河出書房新社〕という見え見えの表題がついていた。同じ年、クンデラも『冗談』〔関根日出男／中村猛訳・みすず書房〕を出版し、これはチェコスロヴァキアにおけるスターリン世代の明らかに自伝的な新実存主義小説として、彼の代表作となった。この時期は公式には「社会主義建設の時代」とされているが、大っぴらな思想闘争が繰りひろげられ、一九六七年夏の第四回チェコスロヴァキア作家会議ではヴァツリーク、詩人で劇作家のパヴェル・コホウト、若手劇作家のヴァーツラフ・ハヴェルらが当時の共産党指導部を、それがもたらした物質的・精神的荒廃のゆえに攻撃した。彼らはチェコスロヴァキアの文学的・文化的伝統への復帰や、この国がもう一度自由なヨーロッパの中心で「正常な」地位を占めるようになることを求めた。

これが現在のチェコスロヴァキア指導部に対する攻撃であることは誰の目にも明らかだった——今にしてわれわれには分かることだが、クレムリンはプラハのこの状況をすでにかなり憂慮しつつ注視していただろう。ブレジネフはこれまでずっと、チェコスロヴァキアをワルシャワ条約中でイデオロギー的には最も信頼の置けない部分だと見なしてきた。プラハ城の年配のスターリン主義者が長期にわたって路線に固執しようとしたのは、この点を知っていたからだった。一九六七年に出現した思想的反対派を完全に弾圧しなかったのは、そうするつもりがないのではなかった。しかし彼らには二つの制約があってそれができなかった。最近実施された経済改革を進める必要があって、それにはハンガリーの路線に沿った、異論に対するある程度の公開性・寛容性が求められたこと、それに、スロヴァキアで問題が生じていたのである。

チェコ＝スロヴァキア（当初はこう呼ばれていた）は、これまで常に不安定・不均衡な国家だった。この国の南部および東側のスロヴァキア人は少数派で、北西部のチェコ人より貧しく、農民が多かった。一九一八年にハンガリーの支配を脱したスロヴァキア人は、両大戦間期の多民族的チェコスロヴァキアのなかの貧しい親族で、プラハからは必ずしも良いあつかいは受けていなかった。したがってスロヴァキア人政治指導者の多くは、一九三九年のこの国の解体と、ブラチスラヴァを首都としてナチの支援を受けた「独立した」傀儡国家の出現とを歓迎した。それとは対照的に、戦後の選挙で共産党の候補者を支援したのはボヘミアやモラヴィア都市部の、圧倒的多数のチェコ人社会民主党員であり、一方カトリック教徒のスロヴァキア人は無関心か、反対派に回ったのである。

けれどもスロヴァキアは共産主義の下でほどほどうまくやっていた。スロヴァキア人知識人はブルジョア民族主義か反共産党陰謀（あるいはその両方）を告発されて、共産党による粛清の犠牲となった。さらに生き残っていたわずかのスロヴァキア・ユダヤ人は、チェコ・ユダヤ人とともに苦難を嘗めた。しかし「ブルジョア民族主義者」、共産党員、ユダヤ人、知識人のいずれもがスロヴァキアでは少人数で、社会の他の部分からは孤立していた。スロヴァキア人の大半は貧しく、田舎で働いていた。彼らにとって戦後一〇年間の急速な都市化・工業化は実際的な福利をもたらした。彼らはチェコ人の場合とちがって、自分のめぐり合わせを決していやがってなどいなかった。

しかしながらこの国のスロヴァキア地方のムードは、一九六〇年以降がらりと変わった。新しい「社会主義」憲法では、その前の憲法と比べて地方の発意や意見を斟酌する度合いが少なくなり、この国の戦後復興のなかでスロヴァキアに認められていた自律性が取り上げられてしまったのである。しかし大半のスロヴァキア人にとっての緊急の重大事は経済の停滞であり（一九六四年時点でのチェコスロヴァキアの成長率は共産圏中の最低だった）、それが他のどこよりもスロヴァキア中部の重工業に打撃を与えたのである。

一九六七年一月、ノヴォトニーは自党の専門家が奨めた遅ればせの経済改革を実施に移そうとしていた。意思決定の分権化と地方の自律性の拡大という改革派経済学者たちの提案は、ブラチスラヴァでは歓迎されていた――とは言っても改革の一部、たとえば利益と連動した賃金でインセンチヴを向上させることなどは、スロヴァキアの非効率な工業プラントで働く非熟練労働者には受け入れられるはずもなかったが。しかしノヴォトニーの本能がこぞって彼に告げたのは、そうした党の統制力の弱体化に抵抗することであり、代わりに彼が率先して行なったのは中央による計画策定機関を支える目的での、改革案への修正だった。これはシクその他の党の経済学者の提案に対する妨害となったのみならず、スロヴァキアの意向にも反していた。スロヴァキア人共産党員自身が、今や連邦制の必要やプラハの老いぼれ党員と協力し合うことのむずかしさについて語り始めた。スロヴァキア人の清掃作業員や建設労働者や教員や店員などが抱いていた長いあいだの不満を反映して、彼らは多数派のチェコ人から軽んじられ、無視されていると感じていた。彼らは長く忘れられていた戦前の屈辱のみならず、スターリン主義者によるスロヴァキア人党員の粛清についても語り始めた。

他方長い年月を通じて初めてのことだが、まったく別次元でやっかいごとが起こり始めていた。一九六七年一〇月三一日、プラハの工業大学の学生の一団が、学生寮の電気が止められたことに抗議してストラホフ地区で街頭デモを組織した。ところが「もっと光を！」という彼らの叫びは、局所的な日常の不自由という問題をはるかに超えて、正当にも別の意味へと転換された。後に「ストラホフ事件」と呼ばれたこの事件は警察によって能率的かつ暴力的に弾圧されてしまったが、当時の張りつめた雰囲気のさらなる加圧に役立ったというのは、共産主義国家といえども西側の学生ムードの影響を免れてはいないことを示すように思われたからである。

ポーランドのゴムウカと同様、ノヴォトニーにもこうした挑戦にどう対応していいかが分からなかった。反ユダヤ主義を煽るという選択肢がなかったので、足元の批判勢力をどうあつかうべきか、彼はブレジネフに助けを求めた。ところが一九六七年一二月、このソヴィエト指導者はプラハへとやって来て、チェコスロヴァキア大統領が思うままにやれ、「それはおまえの仕事だ」と、ややあいまいな勧告を行なっただけだった。ノヴォトニーの同僚たちはこの機会を逃さなかった。一九六八年一月五日、チェコスロヴァキア共産党中央委員会は新しい第一書記にアレクサンデル・ドゥプチェクを選出した。

この新人は若く（四七歳でノヴォトニーより一六歳年下だった）、党では改革派に属し、何よりスロヴァキア人だった。過去三年間スロヴァキア共産党の指導者だった彼は、多くの党員の目に信頼のおける折衷的候補者と映ったのである。共産党の古顔ながら改革を支持し、しかもスロヴァキア人の反発を和らげることができよう、というわけだ。ドゥプチェクの当初の動きはこの読みを確認するかに見えた。就任一カ月後、党の指導部は遅滞していた経済改革プログラムに全面的なゴーを出した。ドゥプチェクの朴訥なやり方はとくに若者にうけ、党と「社会主義」に捧げる疑問の余地なき彼の忠誠は、心配気に見守るクレムリンや外国の共産党首脳を当面安堵させていた。

ドゥプチェクの意図が観察者によく分からなかったとすれば、その原因はおそらく、どちらへ進むべきか、彼自身確信がもてなかったからだろう。初めはこのあいまいさが彼に有利に働き、さまざまな党内分派が彼の支持を競い合い、彼の権力強化を支援した。彼が選出された後の数週間に行なわれたプラハの公開集会では、検閲の廃止、報道・出版の自由の拡大、五〇年代粛清とノヴォトニー周辺の古顔たちの責任の本格的究明などが要求された（ノヴォトニーは党指導部から追い出された後も、この国の大統領の地位に留まっていた）。こうした民衆的熱狂の波に運ばれて、ドゥプチェクは検閲緩和要求を支持し、党および陸軍からのノヴォトニー派の追放に着手した。

三月二二日、ノヴォトニーはしぶしぶ大統領を辞任し、後任には一週間後にルドヴィーク・スヴォボダ将軍が就任した。その五日後に中央委員会は、スロヴァキアの自律性と地位の平等、過去の犠牲者の名誉回復、政治・経済制度の「民主化」を要求する「行動綱領」を採択した。党は今や、この綱領が「民主的共産主義へのユニークな実験」と称していたものを公式に支持したわけだが、これはやがて「人間の顔をした社会主義」と呼び親しまれるようになった。いずれ一定期間が過ぎれば（文書では一〇年の移行期間が語られていた）、チェコスロヴァキア共産党は他の複数政党の出現を認可して、本格的な選挙で競い合うことになるだろう。これは独創的な考えではなかったが、政権をもつ共産党の公式機関から大っぴらに宣言されたことで、政治的大激動の引き金となった。「プラハの春」が始まったのだ。

チェコスロヴァキアにおける一九六八年の春・夏の事件は、当時の三つの幻想に依拠して起こった。第一はドゥプチェクの登場と、とくにその後の「行動綱領」の発表の後でこの国にひろまったのだが、今検討されている自由や改革は「社会主義的」（つまり共産主義的）な企てのなかに取り込むことが可能だという幻想だった。今振り返ってみて、一九六八年の学生や作家や党の改革派たちが「ほんとうに」求めていたのは共産主義をやめて自由な資本主義にすることだった、「人間の顔をした社会主義」に彼らが熱狂したのは要するにレトリック上の妥協もしくは習慣にすぎなかったのだ、などと推測するのはまちがいだろう。それとはまったく反対に、「第三の道」つまり自由な諸制度と共存可能な、集団的な目標とともに個人の自由をも尊重する民主的な社会主義が存在するという考えが、ハンガリーの経済学者のみならずチェコの学生の想像力を惹きつけたのである。

ノヴォトニー世代の権威失墜したスターリン主義と、ドゥプチェク時代のよみがえった理想主義との明確なちがいが広く受け入れられるようになった——党員のあいだでさえ、いや、とくに彼らのあいだで[11]。チェコの政治裁判に関する第三報告書（一九六八年ドゥプチェクの委嘱で始められたが彼の失脚後は差し止められた）の序文でイジー・ペリカーンが主張していたように、「共産党はおそるべき人気と威信を獲得し、人びとは自発的に社会主義への支持を表明した[12]。」これはいささか誇大表現かもしれないが、当時の世論と大きく食いちがってはいなかった。そしてかえってこれが、第二の幻

(11) 一九六七年一二月、党員はチェコスロヴァキア人口の一九・六パーセントで、どの共産主義国家よりも高かった。

想を育んだのだ。
党は社会主義をその歴史から救い出すことができる、と人びとが信じたとすれば、党の指導部のほうは、自分たちはこの国の統治権を失わずにそれをやりとげることができる、と思うようになった。四月一八日にはオルドジフ・チェルニークを首相とする政府が発足し、好感と支持を表明する大デモンストレーション（伝統的メーデー行事とも重なって）に促されて、意見の公的表明に対するすべての正式な統制を事実上緩和してしまった。六月二六日には、報道やマスメディアの検閲が正式に廃止された。同じ日にはチェコスロヴァキアが本格的な連邦国家になることが布告され、チェコ社会主義共和国とスロヴァキア社会主義共和国とで構成されることになった（これは一九六八年一〇月二八日に法制化されて、ドゥプチェクが行なったなかで後で潰されるのを免れた唯一の改革となった）。

ところが意見表明に対する統制をすべて撤廃した今、共産党指導部は四方八方からその論理の実行を迫られることとなった。自由選挙の実施まで、なぜ一〇年も待たなければならないのか？　検閲をやめたのなら、メディアに対する正式の管理や所有をなぜつづけるのか？　六月二七日、『リテラールニー・リスティ』その他チェコの雑誌はルドヴィーク・ヴァツリーク起草の「二千語宣言」を掲載し、「労働者、農民、公務員、芸術家、学者、科学者、技術者」への呼びかけを行なった。それは複数政党制の再確立や、改革の大義を擁護し推進させるための市民委員会の形成などの提案を行なって、改革推進のイニシアチヴを党の管理から取り出そうとしていた。まだ闘いに勝ったわけではない、とヴァツリークは警告した――党の反動どもは自分の特権を維持するために闘うだろうし、「我が国での事態の進展に対して外国軍隊介入」の噂さえある、と。人びとは共産党内部の改革派の力を強化し、前進の速度を速めるよう圧力をかける必要があった。

ドゥプチェクはヴァツリークの宣言と、共産党は権力独占を放棄すべきだというその含意とを拒否した。共産党員としての人生を歩んできた彼としては、こうした決定的な質的転換（「ブルジョア的多元主義」）を支持するわけにはいかなかったし、そんな必要などないと思っていた。ドゥプチェクにとっては、もしも社会主義体制の重要な諸属性を保持しようとするのなら、党こそが急進的な改革の唯一適正な手段にほかならなかった。党への支持が増えれば、それだけ多くの改革をたやすく制度化することができるというわけだ。しかしヴァツリークの宣言がきびしくも明らかにした通り、党への支持や信頼が生まれるかどうかは、改革を進めようという意欲があるか否かにかかっており、しかも改革を突き詰めてゆけば党そのものの権力が駆逐されるはずなのである。共産主義国家と開かれた国家とのあいだに横たわる断層線が、今や完全に露出してきたのだ。

そして今度はこの点が、一九六八年夏の国をあげての関心を第三の幻想へ、最も危険な幻想へと向かわせた。ドゥプチェクが確信していたのは、自分はモスクワを寄せつけずにやっていけるだろう、ソヴィエトの同志に対して、チェコスロヴァキアでの事件を心配する必要はないとうまく説得できるだろう、実を言えば、新たに獲得されたチェコスロヴァキア共産党への支持と新生社会主義プロジェクトに寄せられた新たな信頼とによって、ソヴィエトの同志が得るものは計り知れないものになるはずだ、ということだった。ドゥプチェクがこうした致命的な誤算を犯したとすれば、その特段の理由はチェコの改革派が一九五六年の教訓を決定的に誤解していたからだった。彼らはナジ・イムレの過ちを、ワルシャワ条約を離脱してハンガリーの中立を宣言したことにあったと考えていた。チェコスロヴァキアが確固として条約に留まり、明確にモスクワと同盟関係にある限り、レオニード・ブレジネフとその同僚はきっと自分たちに干渉しないだろう。

ところが一九六八年時点で、ソヴィエト連邦が懸念していたのは軍事的安全の問題よりも党が独占的権力を失うことだった。すでに三月二一日にはソヴィエト政治局員会議の席上で、ウクライナの党指導者ペトロ・シェレストはチェコスロヴァキアの手本からの感染を心配していた。プラハから流れてくる噂は、若いウクライナ人のムードに逆の影響を与えている、と彼は報告した。同じ月に開かれたドレスデンでの会合でも、ポーランドと東ドイツの指導者はソヴィエトの同僚に対して同様の諫言を行なった（自国でやっかいごとを抱えていたゴムウカは、ポーランドが反ユダヤ主義に転じたというプラハでの公然たる批判に激怒していた）。プラハには気づかれていなかったが、KGB長官のユーリ・アンドロポフはすでに「明確な軍事的手段」の可能性について語っており、四月にはソヴィエトの国防相アンドレイ・グレチコに対して、チェコスロヴァキアにおける軍事作戦計画の起草が秘密裏に指令されていた――後に「ドナウ作戦」となるものの、これが第一案だった。

プラハでの自由化が一歩また一歩と進むごとに、モスクワの不安が嵩じていった。ドゥプチェクはこの点に気づいていたはずだ。五月の四日から五日にかけて、彼と他のチェコ共産党員がモスクワを訪問すると、東側ブロックの指導者たちからそれぞれの自国内での事態の進展に関して苦情が述べられた。しかしドゥプチェクが党はすべてを掌握している、チ

(12) イジー・ペリカーン編『チェコスロヴァキアの政治裁判――一九六八年ドゥプチェク政府調査委員会の差し止められた報告書』（スタンフォード・一九七一年）、一七頁。

エコの言論がどれほど自由になろうと我が国が友好の義務を破棄することはないと言い張っていたあいだにも、チェコ軍の信頼性はあやしくなり、検閲なしのチェコの出版はソヴィエトの反体制派の著作を刊行していた。プラハを訪れるロシア人学生は、今まで自分の国で長いあいだ禁制だった人物や意見を読みかつ聞くことができた。プラハは西側へと開いた窓となりつつあった。

　モスクワは一九六八年七月までに、プラハの諸事件が党の統制のらちを超えつつあると結論していた――実際のところ、その通りだっただろう。七月一四日にモスクワで開かれたソ連、ポーランド、東ドイツ、ブルガリア、ハンガリーからの――チェコ人はいなかった――党指導者たちの会合は、チェコスロヴァキアの党に友好の書簡を送り、反革命の危険性を警告するとともに取るべき措置を列挙することで合意した――「チェコスロヴァキアの状況は他の社会主義諸国に共通の、きわめて重要な利益を危険に曝すものである。」二週間後、ソヴィエトとチェコの指導者はチェコスロヴァキア－ソヴィエトの国境チエルナ・ナド・チソウで会談し、ドゥプチェクはふたたびブレジネフに対して、共産党は改革を実行に移すことで立場を危険に曝してなどいない、実際には民衆の支持を強固にしているのだ、と説得しようとした。

　ソヴィエトの指導者は説得されぬどころか、ドゥプチェクの見通しにますます懐疑的になった。ワルシャワ条約機構は、近々にチェコの国境近くで演習を行なうと発表した。ブラチスラヴァにおける八月三日のワルシャワ条約会議（ルーマニアのチャウシェスクは出席を拒んだ）で、ブレジネフはこれ以後彼の名を冠して呼ばれる「ドクトリン」でこう提起した――「共産党はそれぞれの自国において、マルクス－レーニン主義および社会主義の諸原理を自由に適用してよいが、共産党でありつづけるのなら、これらの諸原理から逸脱する自由はない。……社会主義の世界的体系の連結点に脆弱な部分が生じれば、その影響は直接すべての社会主義諸国へと波及し、われわれはそれを看過するわけにはいかないのである。」

　どの社会主義国においてであれ社会主義に対する脅威が生じれば、クレムリンには予防措置を講じる権利があることをやんわりと主張した宣言を出され、ドゥプチェクはここで一息入れてもよかったのだ。しかし彼はほとんど何もできぬまま、自分が行なっている国内改革は社会主義国体系の脅威となることはない、と言いつづけた。八月一三日、不信感いっぱいのブレジネフとの電話会談でドゥプチェクは、自分はソヴィエト連邦に対する民衆の批判を抑えようと努めている、しかし「この問題は上からの指示で解決できることではない」と縷々説明した。チェコスロヴァキア最高会議常任幹部会の同僚五人がすでに八月三日にロシア側に秘密書簡を送り、チェコスロヴァキアの共産党支配体制に差し迫った脅威があるので軍事介入を要請すると述べていたのを知っていたら、ドゥプチェクの気持ちも変わっていたことだろう。(13)

ソヴィエトが正式にチェコスロヴァキア侵攻を決断したのは、ようやく八月一八日のことだった。ブレジネフは躊躇していたように見える――勝つことはたやすいが、やっかいな余波が生じることを本能的に感じ取っていたのである。しかしそれはずっと以前から、すでに避けがたいこととなっていた。ソヴィエト指導部は、次回のチェコスロヴァキア共産党大会で党内の改革派の主導権が確立されると予想しており、彼らはチェコの実例がインパクトとなって近隣諸国に波及することを心底恐れていた。国防相グレチコはソヴィエト軍幹部に侵攻の決定を告げる際に言った――「第三次世界大戦になろうとも、この侵攻は行なわれる。」しかしソヴィエト指導部はそういう危険がないことを十分心得ており、しかもその理由は、ワシントンがヴェトナム戦争で手いっぱいだったからではなかった。わずか五週間前のことだが、ワシントンとモスクワは「核不拡散条約」に調印していた。アメリカはせいぜい数百万人の心得ちがいのチェコ人のためにこれほどのもうけを台なしにするはずはなかった。そこで一九六八年八月二一日、ポーランド、ハンガリー、ブルガリア、東独、ソヴィエト連邦からのワルシャワ条約機構軍五〇万人が、チェコスロヴァキアへと侵攻した。(14)

侵攻は多少の消極的な抵抗と、とくにプラハでの多大の街頭抗議行動に遭遇したが、チェコ政府が緊急要請を行なったので他の反攻は見られなかった。この非友好的な歓迎ぶりがソヴィエト指導部にとっていささかおどろきの源泉だったのは、彼らは侵攻軍の戦車が広範な支持で迎えられると思っていたからである。まずはドゥプチェクとその主要な同僚を逮捕してモスクワに移送し、彼らの綱領の部分的な破棄と、ソヴィエト軍による彼らの国の占領とに同意する文書に署名させた後、クレムリンは今や改革派がチェコとスロヴァキアの

(13) この要請は自発的なものではなかった。二週間前のこと、ハンガリーのバラトン湖畔でカーダール・ヤーノシュが主宰した秘密会談で、ヴァジル・ビラク（チェコ共産党指導部のなかのドゥプチェク反対派の一人）はウクライナのシェレストから、モスクワは「招待状」を欲しがっているのだと忠告された。その後に書かれた書簡は党の「統制不能」状態、「反革命クーデター」の可能性、モスクワの「介入と全面支援」がなければ「社会主義の危機」になるということを、はっきり述べている。末尾にはこうある――「この書面は極秘あつかいとされるようお願いいたします。そのためにこうして私信の形で、ロシア語で書いております。」

(14) チャウシェスクがこの侵攻への参加を拒否し、ワルシャワ条約軍のルーマニア領通過を承認しなかったので、代わりにブルガリアの分遣隊をわざわざウクライナまで空輸して、そこから侵攻させなければならなかった。彼らの参加によってこの難題が正当化されるわけではないが、できるだけ多くの友好諸国に攻撃の責任を分担させることの重要性が、他の顧慮に優先したのである。

民衆に支持されていることを認め、彼らにこの国の正式の支配権を、少なくとも当面は保持させることを認めざるを得なかった。これ以外のことをするのは、明らかに無分別というものだった。

とは言っても、プラハの改革に対する弾圧——「正常化」と呼ばれた——はすぐに始められた。次の党大会は中止になり、検閲が再開され、「行動綱領」を実施に移す話はすべて中止となった。ソヴィエトの指導部内にはプラハに軍事独裁制を布くことに賛成する連中がかなりいた。これはアンドロポフやシェレストだけが推した案ではなく、東独のヴァルター・ウルブリヒト、ブルガリアのトドル・ジフコフ、ポーランドのゴムウカからの本音でもあった。しかしブレジネフの選択はそれとちがって、ドゥプチェクをもう数カ月その地位に留めておき、この国の連邦化を推進し（目的はスロヴァキア人の分離で、彼らの主たる要求は今や急進的なチェコ人よりもはるかに後退していた）、万一に備えてワルシャワ条約軍を駐留させたまま、ことの成り行きを見守ることだった。

改革擁護の学生デモが時たま行なわれ、ボヘミアやモラヴィアの工業都市では、束の間ではあったが、一九五六年のハンガリーをモデルとした労働者評議会のネットワークが出現した（一九六九年一月の最盛時において、これらの評議会は全国労働者の六人に一人を代表していると主張していたが、スロヴァキアではきわめて弱体だった）。そこに起こったのがヤン・パラフの自殺だった。彼は二〇歳のカレル大学学生で、ソヴィエト軍の侵入とその結果に抗議してプラハのヴェンツェスラス広場の国立博物館への階段で自分の身に火を点けた。パラフは火傷がもとで三日後の一九六九年一月一九日に死亡した。一月二五日に行なわれたその葬儀は国を挙げて弔意を捧げる機会となった——パラフのために、そしてチェコスロヴァキアの失われた民主主義のために。

民主主義擁護のデモ隊がまた街頭に繰り出したとき（アイスホッケーの試合でチェコスロヴァキアがソ連邦に勝利した後だった）、クレムリンはすかさずドゥプチェクを更迭し、一九六九年四月一七日、彼のかつての同僚の一人グスターフ・フサークを就任させた。フサークはスロヴァキア人でかつての裁判の犠牲者だった（スターリン時代に「民族主義」のゆえに投獄されていた）ので、スターリン主義への逆行という非難を引き起こすことなしにこの国から異端派を排除するには、理想的な候補者だった。その後の弾圧は過去と比べると地味ではあったが、きわめて効果的に行なわれた。公開裁判こそなかったが、その後の二年間でチェコスロヴァキア共産党はその「信頼できない」部分をすっかり排除してしまった（追放された人びとの一〇人中九人がチェコ人だった）。「プラハの春」で活躍したか突出していた人たちは「インタビュー」を受け、自分の行動を否認してドゥプチェク改革を拒否するという文書に署名を求められた。大半が署名した。拒否した人びとは職を失い、親類と子どもまでが社会的パリア（下層民）となった。犠牲者のなかの最大グループは、党の内外を問わずここ数年で目立った役割を果たしていたジャーナリスト、テレビ・アナウンサー、エッセイスト、小説家、劇作家、映画監督、学生運動指導者といった人びとだった。(15)

こうした知識人たちの「スクリーニング（選別）」や粛清を実行したのは、低い地位の官僚、警官、党職員たちで、その多くが犠牲者自身の同僚たちだった。彼らの目標はささいな自白を引き出すことだった――犠牲者を有罪に追い込むためというより、彼らを辱めてやっかいな社会からの自己回復運動に協力させるためだった。この国は一九六八年に集団精神病にかかった、つづいて起こった「ヒステリー」をいつわりの予言者たちが利用した、したがって全国民をふたたび正しい道へともどす必要がある、というメッセージが流布され、それを誘導したのがアメとしての消費物資と、ムチとしての遍在する監視機構だった。

当然ながら暴力による威嚇が絶えず待っていたのだが、それがめったに実行されないという事実は集団的屈辱感を倍加しただけだった。一九三八年そして再度一九四五年にそうだったように、チェコスロヴァキアはここでもう一度、敗北を自業自得と受けとめさせられていた。一九七二年時点では、詩人や劇作家はボイラー磨きや窓拭きを、大学講師は煉瓦積みをさせられ、もっと厄介者だった学生は追放され、警察のファイルには重要な「自白」がいっぱい、改革派共産党員は嚇しつけられるか、亡命を余儀なくされていた――「正常化」の犠牲者の一人が書いた、才気溢れて辛辣きわまるエッセーの言葉を借りるなら、「秩序」が「回復」されていたのである。(16)

共産主義ブロック全体に、抗議のさざ波が起こった。一九六八年八月二五日、チェコスロヴァキア占領に抗議する「赤の広場」のデモにはパヴェル・リトヴィノフ（スターリンの外務大臣の孫）とラリッサ・ダニエル（投獄されたソヴィエト作家の妻）が含まれていた。チェコスロヴァキア侵攻を行

(15) 一九八九年以後に明らかになったことだが、「正常化」時代のチェコの秘密警察には特別の部署が設けられ、この国のユダヤ人を監視してねらいを定めていたが、これは当時のポーランドのみならず過去のチェコスロヴァキアの反響でもあった。ドゥプチェクの有力同僚のなかで一人だけが、自分の行動を否認するモスクワ文書に署名することを拒否したということが当局の注意を惹いていた。彼はフランチシェク・クリーゲル――このグループ唯一のユダヤ人だった。

(16) ミラン・シメチカ『秩序の回復』（ブラチスラヴァ・一九八四年・地下出版）。ソヴィエト軍の侵入後、八万人のチェコ人・スロヴァキア人が亡命した。

なった東ヨーロッパの軍隊は、自分たちはこの国を西ドイツやアメリカの侵略者から護っているのだと信じ込まされていて、後に彼らの一部が密かに撤退させられることとなったのはその信頼性――とくにスロヴァキアを占領していたハンガリー部隊の信頼性があやしくなったからだった。すでに見たように、ポーランドではプラハにおける弾圧が学生の抗議を呼び起こすとともに、それを抑え込もうとする当局の支配を強化した。一九六九年四月、ラトヴィアの首都リガで、ユダヤ人学生イリヤ・リプスがドゥプチェクに対するソヴィエトのあつかいへの関心を惹こうと我が身に火を点けた。チェコ人とスロヴァキア人の態度は、これまではソヴィエト・ブロック中で最も親ロシア的だったのだが、今やそれが不機嫌な黙従へと変わってしまった。

しかしこれらすべてを押さえ込むことは簡単だった。クレムリンはその立場を貫いた――友好的社会主義諸国は限定的な主権をもつのみであり、共産党の権力独占の停止は軍事介入の引き金となるのだった。国内外での不評判など、これから生まれる安定性と比べればわずかな犠牲にすぎなかった。一九六八年以後、ソヴィエト圏の安全保障は、必要とあれば軍隊に頼るというモスクワの意思が新たに確認されたことで強固に担保された。しかしながらもう決して――これこそまずチェコ人にとって、そしてやがては他国の誰にとっても一九六八年の真の教訓だったのだが――共産主義を人びとの同意や改革された党の正当性や「歴史」の教訓に依拠させることは、もう決してできなくなったのである。

プラハでは、改革運動を骨抜きにしたことで苦い後味が残った。熱狂的に粛清を行なった連中の多くは、わずか数カ月前には声高の熱烈なドゥプチェク支持者だった。共産党改革派の有力者だったズデニェク・ムリナーシュはこう書いた――「誰が誰であるか分かり始めたのは、ようやく一九六八年プラハの春の後のことだった。」ソヴィエトの大親分や現地づめのその雇われ子分どもを前にして、まずドゥプチェク、そして党、ついには社会全体が表面上いともやすやすと屈服したように見えたことは、たんに屈辱的だったばかりではなく(ハンガリーとのいつわりのない比較は一二年前に済んでいた)、さかのぼって改革時代そのものの理想や希望に疑念を投げかけるものとなった。

一九六八年八月二一日、赤軍兵士がチェコ指導部の会議へと乱入し、政治局員一人ひとりの背後に立ち並んだときの記憶を後年に回想して、ムリナーシュはこう述べた――「こうした瞬間こそ、社会主義の観念が最も遠のいて行く。しかし同時に社会主義というものは、背中に向けられた自動小銃となんらかの直接的なつながりがあることも分かるのだ。」共産主義の歴史のなかで、一九五六年のハンガリーの悲劇にも増して決定的な転換点を画したのが、このつながりだった。

共産主義は改革可能だ、スターリン主義は悪しき方向転換だったが修正可能な過誤だ、民主的多元主義の中核にある理想はマルクス主義的集団主義の諸構造とどうにか両立できる——こうした幻想は一九六八年八月二一日、戦車によって蹂躙され、二度とよみがえらなかった。アレクサンデル・ドゥプチェクと彼の「行動綱領」は、始まりではなく終わりだった。急進派や改革派がその望みや企てを党の権力に託すということは、もう二度と起こるまい。東ヨーロッパにおける共産主義は外国からの借款とロシアの銃剣という、とても本当とは思えない同盟の力で支えられて、辛うじて生きつづけた。この腐りゆく死骸が最後に取り片づけられたのは、ようやく一九八九年のことだった。しかし共産主義の魂はすでにその二〇年も前、一九六八年八月のプラハで死んでいたのである。

「六〇年代」はどこもかしこも、ひどい形で終わった。成長と繁栄の長い戦後サイクルが幕を閉じて、「新左翼」のレトリックや企てを一掃してしまった。ポスト工業化社会の疎外や、現代生活における魂の欠如を気楽に強調していたのが、すぐにも職や賃金への新たな関心に取って代わられるだろう(17)。東側における六〇年代のメッセージとは「体制」内部での活動はもはや不可能ということ、西側では、もっと良い別の選択などない、ということだった。「鉄のカーテン」の両側で、幻想が吹っ飛んだのである。真に急進的だった連中だけが、政治的コンセンサスの外側に留まる決意をしていた——米国やラテンアメリカのほかに、ドイツやイタリアでも見られた選択で、彼らはこれによって非合法活動、暴力、犯罪へとのめり込んでいった。

短期的に見ると、六〇年代が現実に達成したものは乏しかったようだ。初めにイギリス、やがて他の国でも一八歳が選挙権を得た。大学は施設や講座の質を高めるとともに、広く学生の要求に応えるよう努め、成功を収めたところもあった。次の一〇年間には、ほぼどの国においても離婚、中絶、避妊が容易になり、性的行動に対する制約は——表現上も実際上も——おおむね消滅した。一九七〇年五月の「労働法」によって、イタリアの労働者は不当解雇から保護される権利を獲得した。全体的に見ればこうした改革がヨーロッパ社会の文化的変容の背景を形づくるのだが、これらは一九六八年世代のスローガンや行動が思い描いていたような「革命」ではなかった(18)。

(17) ベビーブーム世代自体が失業することはなかった。職が見つけにくくなったときに雇用市場へと参入したのは、その直後の世代、一九五三年以後に生まれた一団だった。後継世代の政治が明らかにちがってきたとて、おどろくには当たらない。

本当のところ、あの革命は初めから自滅的だった。「消費文化」を軽蔑し嫌悪すると称する運動が、最初から文化的な消費の対象物となり、レトリックと実践とのあいだの広範な分裂を反映していたのだ。パリやベルリンで「世界を変えよう」と攻撃的な宣言を行なった連中は、個別的・身体的とでも言うべき強迫観念に取りつかれていて、次の一〇年間の独我論的な「ミー（わたし）」の政治学を先取りしつつ、ひとりよがりの瞑想に沈潜していたのだった。「六〇年代」は過ぎ去る前から、すでにカルトと化していた。

しかし仮に六〇年代が最終的には惜しまれずに過ぎ去ってしまい、その永続的な記念物などほとんどないように見えたとしても、その理由はおそらく、それがもたらした変化がきわめて全体的なものだったがゆえにあたりまえのことのように見え、七〇年代初期の時点では完全に正常なものとなっていたからであろう。六〇年代の一〇年間の初頭、ヨーロッパは老人によって、言わば老人のために運営されていた。寝室であろうと、家庭であろうと、街頭であろうと、教育機関であろうと、職場であろうと、メディアや政治であろうと、権威そのものは不問に付されていた。ところがこの一〇年間に長老たち（チャーチル、アデナウアー、ド・ゴール）が死去した。社会生活の大方の圏域から権威というものが引っ込められるか、さもなければ破綻したときにだけその存在が認知された。フランスやイタリアでは、この移行が劇的だった。他の国、たぶんイギリスでは移行が何年もかかって起こり、それがどの次元でのことだったかが完全に分かるのは後年の回顧においてである。(19)

六〇年代が政治意識の高まりの時期だったというのも、この時代の自己欺瞞の一つだった。「誰も彼も」、つまり少なくとも二五歳以下で教育機関に通い、急進的な思想に惹かれた誰も彼もが街頭に出て、大目的のために結集した。大目的が縮んでしまった後の数十年間の非結集ぶりから振り返って眺めると、熱狂的な政治行動の一〇年間は挫折の気配を帯びてくる。しかしいくつかの重要な面から見ると、六〇年代は実際には正反対の理由で決定的な一〇年だった。大陸の両半分のヨーロッパ人がともどもに、イデオロギー政治からの決別を開始した時期だったのだ。

こうして六〇年代世代のスローガンや企ては、彼らが全精力を注ぎ込んでその言語や象徴を再活性化しようとした伝統的革命を呼び覚ますどころか、あと知恵で見るとその白鳥の歌になったと考えられる。東ヨーロッパでは、「修正主義」登場の一幕とその悲劇的な大団円とが、実践としてマルクス主義の最後の幻想を見送った。西側では、マルクス主義および準マルクス主義の諸理論が個別の現実と切れたまま飛翔し、重要な公的議論で果たすべき将来の役割を自ら放棄してしまった。一九四五年、急進的「右翼」は政治を表現する正当な媒体としての資格を自ら失った。一九七〇年、急進的「左翼」が同じ羽目になった。ヨーロッパにおけるイデオロギー政治〔フランス革命以後の〕一八〇年間のサイクルの、終わりに近づいていたのである。

（下巻に続く）

(18) スペインでだけは、一連の社会的抗議行動が七〇年代半ばまでつづいて議会制民主主義への復帰運動と合流した結果、六〇年代の激動が本格的な政治改革の先ぶれとなった。この話は第一六章で取り上げる。

(19) 一九六三年のイギリスの「プロヒューモ事件」は、セックス、階級、ドラッグ、人種、政治、スパイが絡んだおあつらえ向きに多面的なスキャンダルで、何カ月にもわたって全国を釘づけにしたが、数年後には考えにくい事件だった。没落エリートが起こす小犯罪はその後も一定の好色な興味を掻き立てつづけるが、六〇年代以後は、それがショックをもたらすことはもはやないのである。

1968年８月のプラハ。「共産党はそれぞれの自国において、マルクス－レーニン主義……の諸原理の適用を自由に行なってよいが、共産党でありつづけるのなら、これらの諸原理から逸脱する自由はない」（レオニード・ブレジネフ、1968年８月３日）。ソヴィエトの侵攻で「プラハの春」は消え失せた――と同時に、共産主義そのものにまつわるすべての幻想も。

写真提供

第一部　戦後・1945－1953年

p.29　上（ベルゲン＝ベルゼンの遺体群）George Rodger/*Time Life*/Getty Images.　下（ソヴィエトの報復，1946年）AKG Images.

p.57　上（ミハイロヴィッチ裁判，1946年）John Phillips/*Time Life*/Getty Images.　下（フランスの報復）Bettmann/Corbis.

p.107　上（石炭不足，ロンドン，1947年）Harry Todd/Fox Photos/Getty Images.　下（福祉窓口，ロンドン，1946年）Topical Press Agency/Getty Images.

p.117　上（マーシャル援助による砂糖到着）Edward Miller/Keystone/Getty Images.　中（マーシャル援助，ギリシア）Bettmann/Corbis.　下（漫画，マーシャル援助を拒むソヴィエト連邦）Alain Gesgon/CIRIP.

p.179　上（チェコのクーデター，1948年）Bettmann/Corbis.　下（ユーゴスラヴィアのチトー，1948年）Walter Sanders/*Time Life*/Getty Images.

p.189　上（ベルリン封鎖，1948年）AKG Images.　下（シューマン，ベヴィン，アチソン）Keystone/Getty Images.

p.227　上（子供とスターリン）Wostok Press.　下（ベルリン蜂起，1953年）AKG Images.

p.245　上（ライク裁判，1949年）Bettmann/Corbis.　下（グラーグの強制労働，1949–1953年）Wostok Press.

p.279　上（レニングラードのサルトル，1954年）AFP/Getty Images.　下（RFE のレーモン・アロン）Archives familiales, Raymond Aron, Radio Free Europe.

第二部　繁栄と不満と・1953－1971年

p.323　上（ベルリンの壁，1961年）AKG Images.　下（アデナウアーとベルリンの壁，1961年）AKG Images.

p.353　ファスビンダー監督『マリア・ブラウンの結婚』ポスター。 Ronald Grant Archive.

p.363　上（インドネシアから去るオランダ，1949年）Magnum/Henri Cartier Bresson.　下（フランス兵捕虜，インドシナ，1954年）Gamma/J.C.Labbe Colection/Katz Pictures.

p.384　上（スエズでの抗議運動，1956年）ECPAD.　中（権力に着くド・ゴール，1958年）Loomis Dean/*Time Life*/Getty Images.　下（OAS のポスター）Alain Gesgon/CIRIP.

p.385　上（コンゴから去るベルギー人，1960年）Gamma/Keystone/Katz Pictures.　下（ヴィッキー描くイギリス帝国，1962年）Vicky/Evening Standard 6.12.1962/Centre for te Study of Cartoons & Caricature, University of Kent.

p.407　上（ソ連のフルシチョフ）Wostok Press.　下（ナジ・イムレ，1956年）AFP/Getty Images.

p.442　上（チェコスロヴァキアの自動車，1959年）Bettmann/Corbis.　中（イギリスの自動車と婦人方）Magnum/Bruce Davidson.　下（海辺のブリジット・バルドー）George W. Hales/Getty Images.

p.449　上（テディーボーイたち，1955年）Popperfoto.　下（ビートルズ，1964年）John Leongard/*Time Life*/Getty Images.

p.455　グラスゴーの都市計画，1953年。 Haywood Magee/Getty Images.

p.531　上（フランスの学生ストライキ，1968年）Magnum/Bruno Barbey.　下（イタリアの労働者ストライキ，1969年）Bettmann/Corbis.

p.574　プラハの春。 Bettmann/Corbis.

下巻目次

著者略歴

（Tony Judt, 1948–2010）

1948年ロンドン生まれ．ケンブリッジ大学キングズ・カレッジ，パリのエコール・ノルマル・シュペリユール（高等師範学校）卒業．ケンブリッジ，オクスフォード，バークレーなどで歴史学を講じた後，ニューヨーク大学のエーリヒ・マリア・レマルク講座でヨーロッパ研究教授，レマルク研究所長．『ニューヨーク・レビュー・オヴ・ブックス』『タイムズ文芸付録（TLS）』『ニューヨーク・タイムズ』ほか，ヨーロッパ，アメリカの紙誌に寄稿．著書『マルクス主義とフランス左翼』（1990）『半過去』（1992）『知識人の責任』（1998，晃洋書房，2009）『失われた二〇世紀』（2008，NTT出版，2011）『荒廃する世界のなかで』（2010，みすず書房）『記憶の山荘』（2010，みすず書房，2011）『20世紀を考える』（2012，みすず書房，2015）『真実が揺らぐ時』（2015，慶應義塾大学出版会，2019）など．本書『ヨーロッパ戦後史』はピュリッツァー賞の最終候補となるなど高く評価され，20カ国語以上に翻訳されている．これまでの業績により，2007年度ハンナ・アーレント賞を受けた．2010年8月6日，ルー・ゲーリック病により死去．

訳者略歴

森本醇〈もりもと・じゅん〉 1937年北九州市生まれ．翻訳者・編集者．訳書　池上英子『名誉と順応――サムライ精神の歴史社会学』（ＮＴＴ出版），マイケル・マン『ソーシャルパワー：社会的な〈力〉の世界歴史Ｉ』（共訳，ＮＴＴ出版）トニー・ジャット『荒廃する世界のなかで――これからの「社会民主主義」を語ろう』（みすず書房）ジョン・キーン『デモクラシーの生と死』（みすず書房）など．

解説者略歴

長部重康〈おさべ・しげやす〉 1942年東京生まれ．東京大学大学院経済学研究科博士課程修了．経済学博士．法政大学経済学部名誉教授．著書『権謀術数のヨーロッパ――社会主義壊走と欧州新秩序』（講談社，1992）『変貌するフランス――ミッテランからシラクへ』（中央公論社，1995）『新版　現代ヨーロッパ経済』（共著，有斐閣，2006）『現代フランスの病理解剖』（山川出版社，2006）など．

トニー・ジャット
ヨーロッパ戦後史
上　1945-1971
森本醇訳

2008年3月19日　第1刷発行
2021年12月15日　第8刷発行

発行所　株式会社 みすず書房
〒113-0033 東京都文京区本郷2丁目20-7
電話 03-3814-0131(営業) 03-3815-9181(編集)
www.msz.co.jp

本文組版　プログレス
本文印刷所　理想社
扉・表紙・カバー印刷所　リヒトプランニング
製本所　松岳社

ISBN 978-4-622-07341-3
[ヨーロッパせんごし]